NARUTO

MASSIV VOL.08

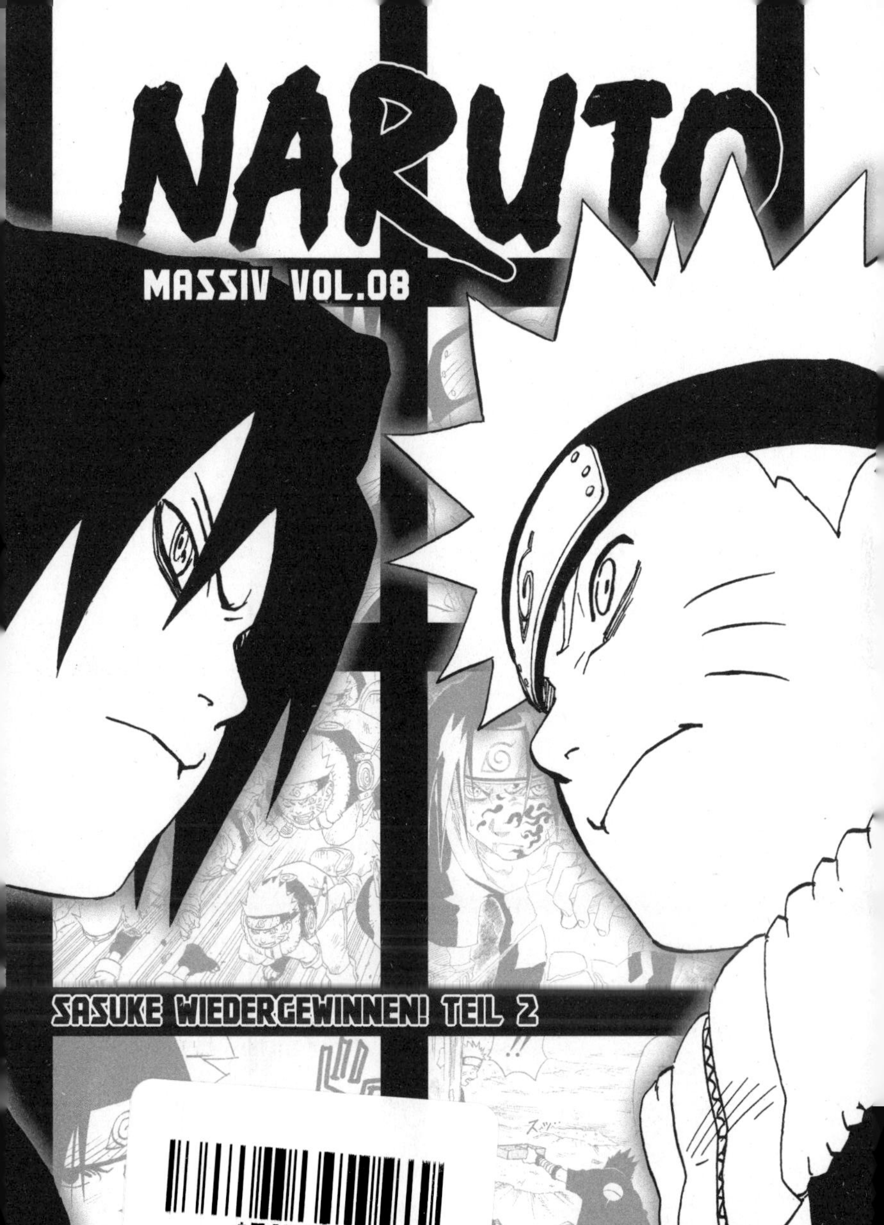

SASUKE WIEDERGEWINNEN! TEIL 2

JEDER KÄMPFT AUF LEBEN UND TOD!!

MASASHI KISHIMOTO

CARLSEN MANGA!

NARUTO CHARACTERS

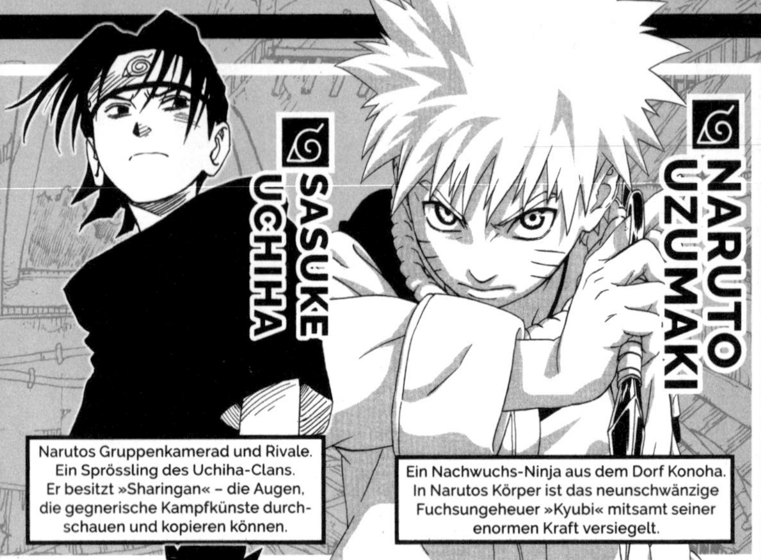

NARUTO UZUMAKI

Ein Nachwuchs-Ninja aus dem Dorf Konoha. In Narutos Körper ist das neunschwänzige Fuchsungeheuer »Kyubi« mitsamt seiner enormen Kraft versiegelt.

SASUKE UCHIHA

Narutos Gruppenkamerad und Rivale. Ein Sprössling des Uchiha-Clans. Er besitzt »Sharingan« – die Augen, die gegnerische Kampfkünste durchschauen und kopieren können.

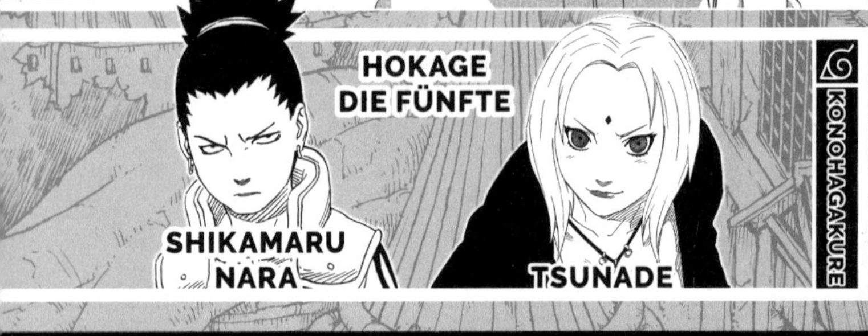

STORY

1

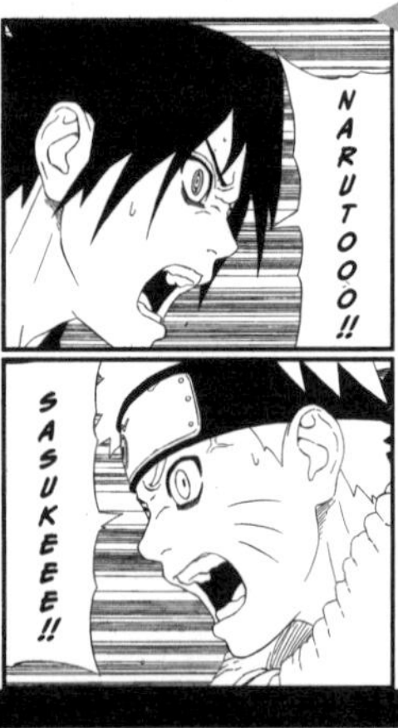

Emotionen prallen aufeinander...! Naruto und Sasuke kämpfen gegeneinander!!

2

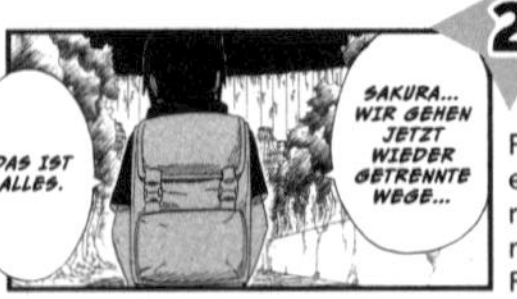

Naruto will Hokage werden, der stärkste Ninja in Konoha. Für diesen Traum trainiert er hart. Seit Orochimarus Angriff auf Konoha macht Naruto so große Fortschritte, dass Sasuke langsam nervös wird. Während Naruto hofft, dass Sasuke ihn für gleichwertig hält, spitzt der Konflikt sich zu. Die beiden verstehen sich nicht mehr – es kommt zum Kampf!!

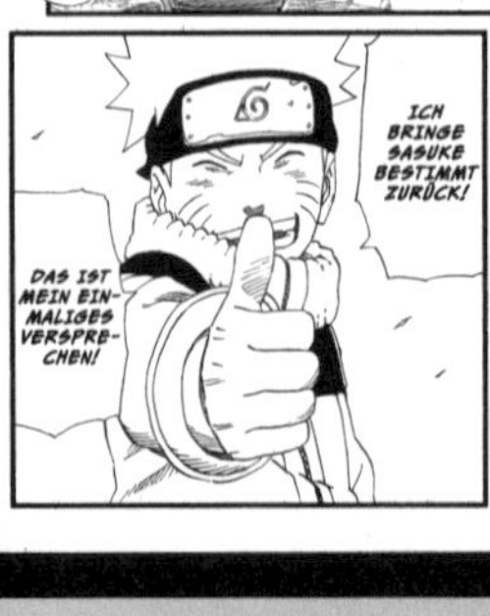

Sasuke verlässt das Dorf! Seine Kameraden aus Konoha wollen ihn zurückholen!!

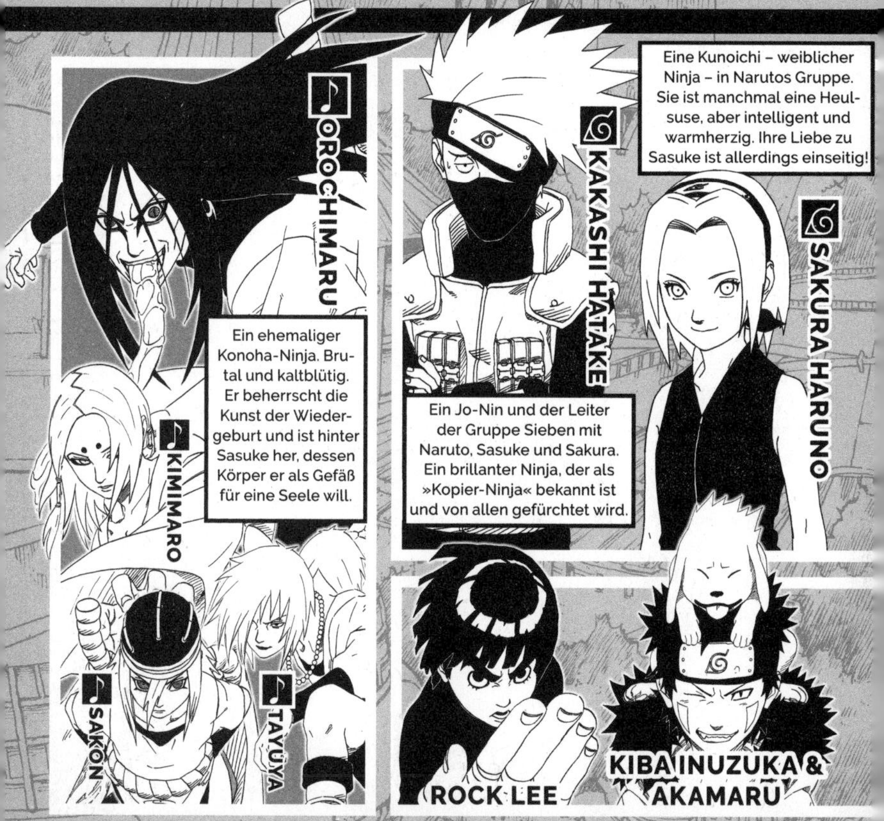

Die Konoha-Ninja riskieren ihr Leben, um ihren Kameraden zu retten! Ihnen steht ein starker Gegner gegenüber: Kimimaro aus Oto!!

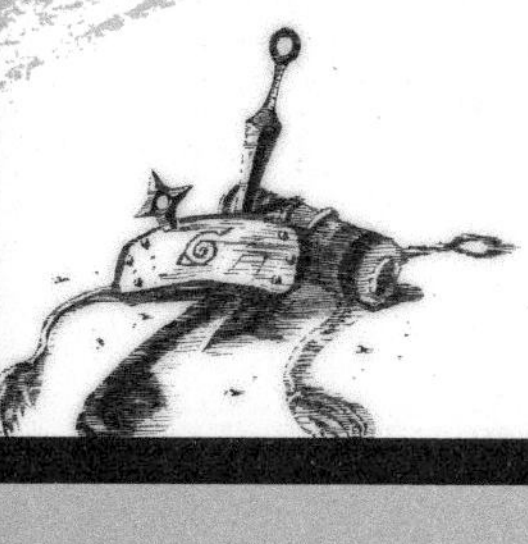

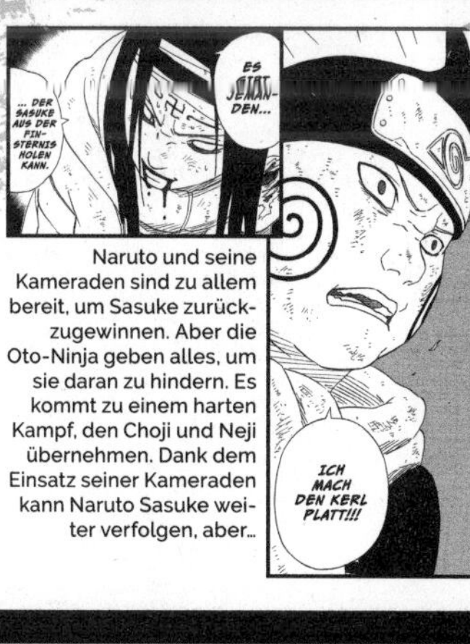

Naruto und seine Kameraden sind zu allem bereit, um Sasuke zurückzugewinnen. Aber die Oto-Ninja geben alles, um sie daran zu hindern. Es kommt zu einem harten Kampf, den Choji und Neji übernehmen. Dank dem Einsatz seiner Kameraden kann Naruto Sasuke weiter verfolgen, aber...

3

Ein Kampf auf Leben und Tod...!

Choji und Neji setzten ihre Hoffnung auf Naruto!!

Sasuke will zu Orochimaru, um

Zusammen mit den Oto-Ninja verlässt er Konoha. Die Hokage Tsunade schickt einen Trupp hinterher, um ihn zurückzuholen. Auch Naruto ist in der Truppe und macht sich mit auf den Weg!

NARUTO

512 SEITEN MASSIV 100% NARUTO

INHALT

201. Kapitel: Falsch gerechnet!

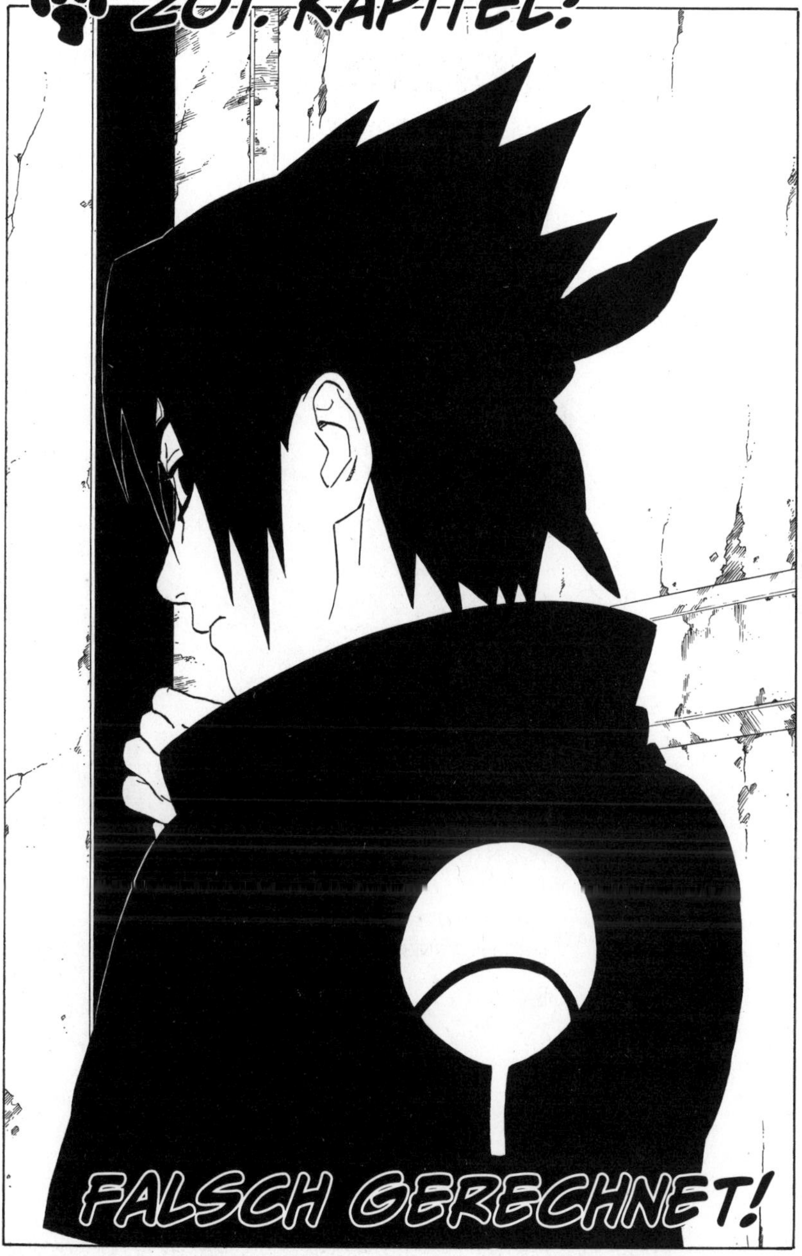

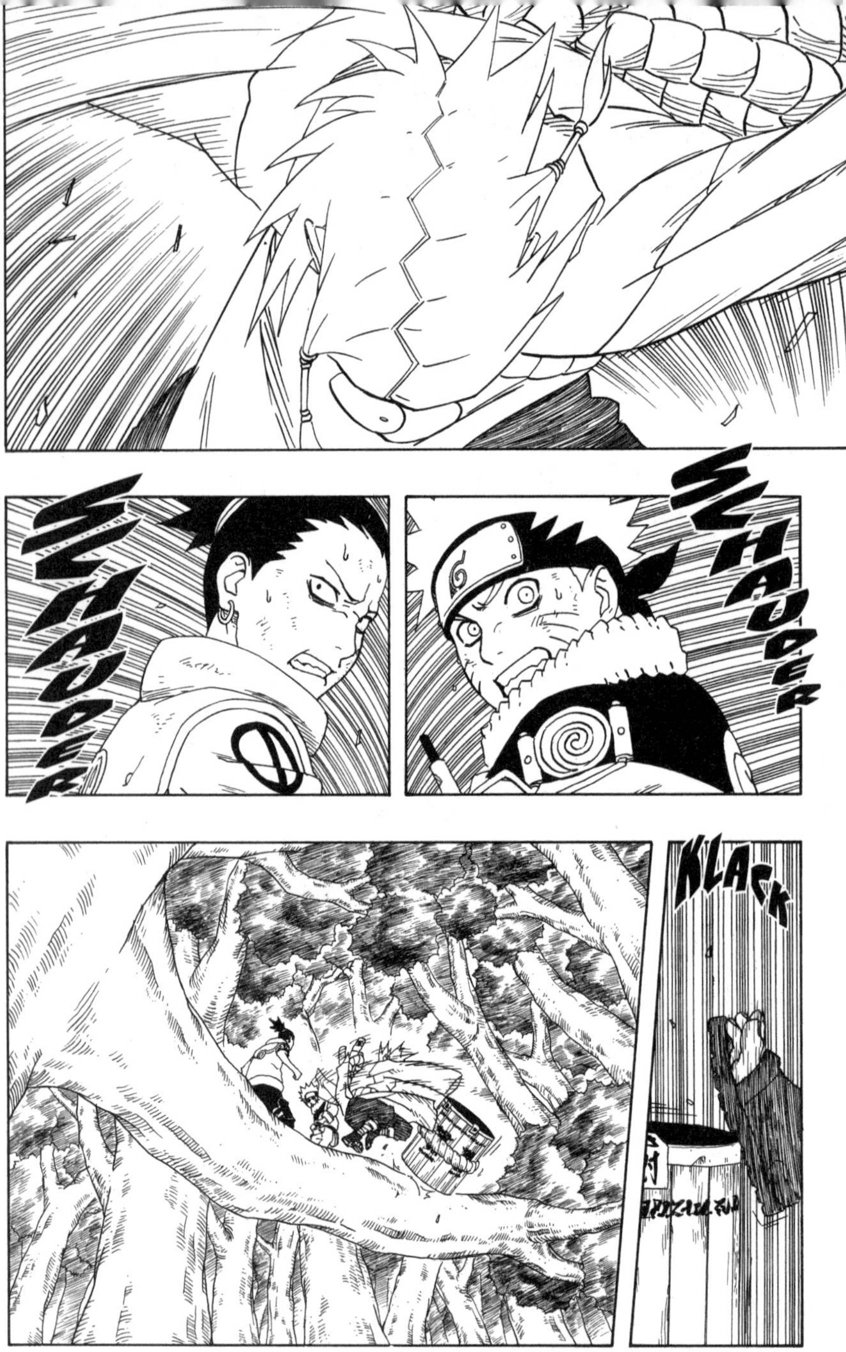
SCHAUDER
SCHAUDER
KLACK

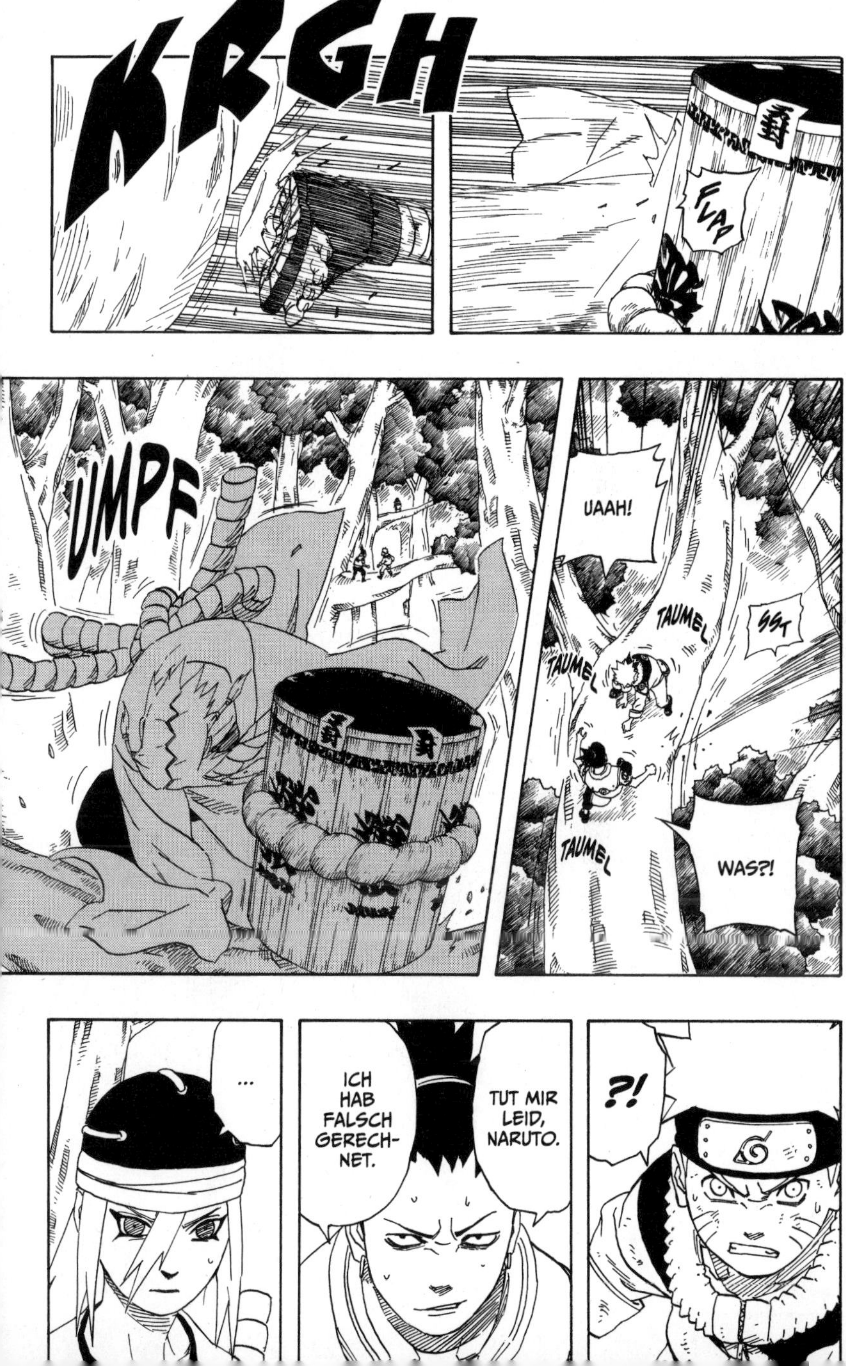
KRGH
FLAP
UAAH!
TAUMEL
SST
TAUMEL
TAUMEL
WAS?!
UMPF
?!
TUT MIR LEID, NARUTO.
ICH HAB FALSCH GERECH-NET.
...

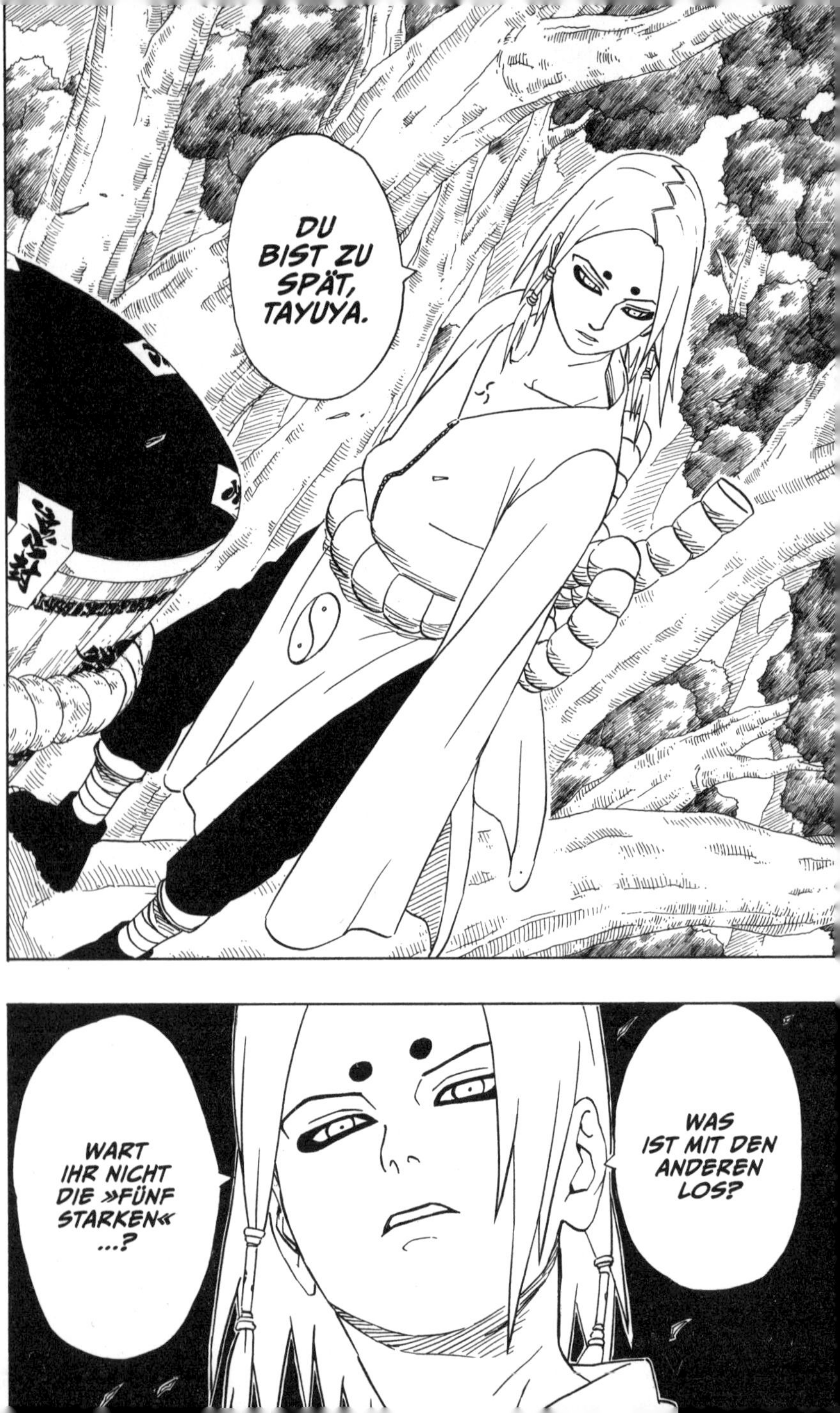
DU BIST ZU SPÄT, TAYUYA.
WAS IST MIT DEN ANDEREN LOS?
WART IHR NICHT DIE »FÜNF STARKEN« ...?

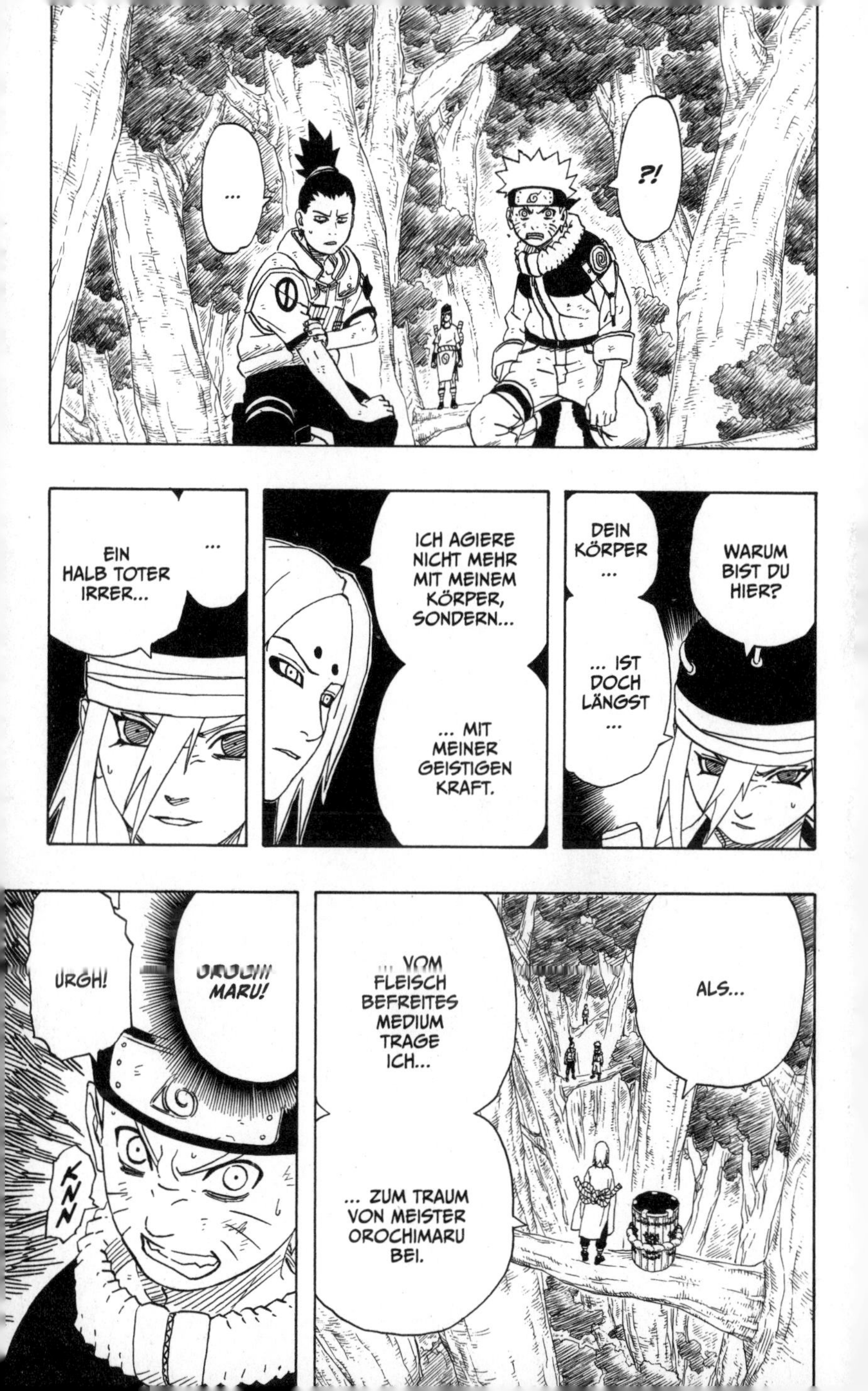
?!
...
WARUM BIST DU HIER?
DEIN KÖRPER ...
... IST DOCH LÄNGST ...
ICH AGIERE NICHT MEHR MIT MEINEM KÖRPER, SONDERN...
... MIT MEINER GEISTIGEN KRAFT.
...
EIN HALB TOTER IRRER...
ALS...
... VOM FLEISCH BEFREITES MEDIUM TRAGE ICH...
... ZUM TRAUM VON MEISTER OROCHIMARU BEI.
OROCHI MARU!
URGH!
KNN

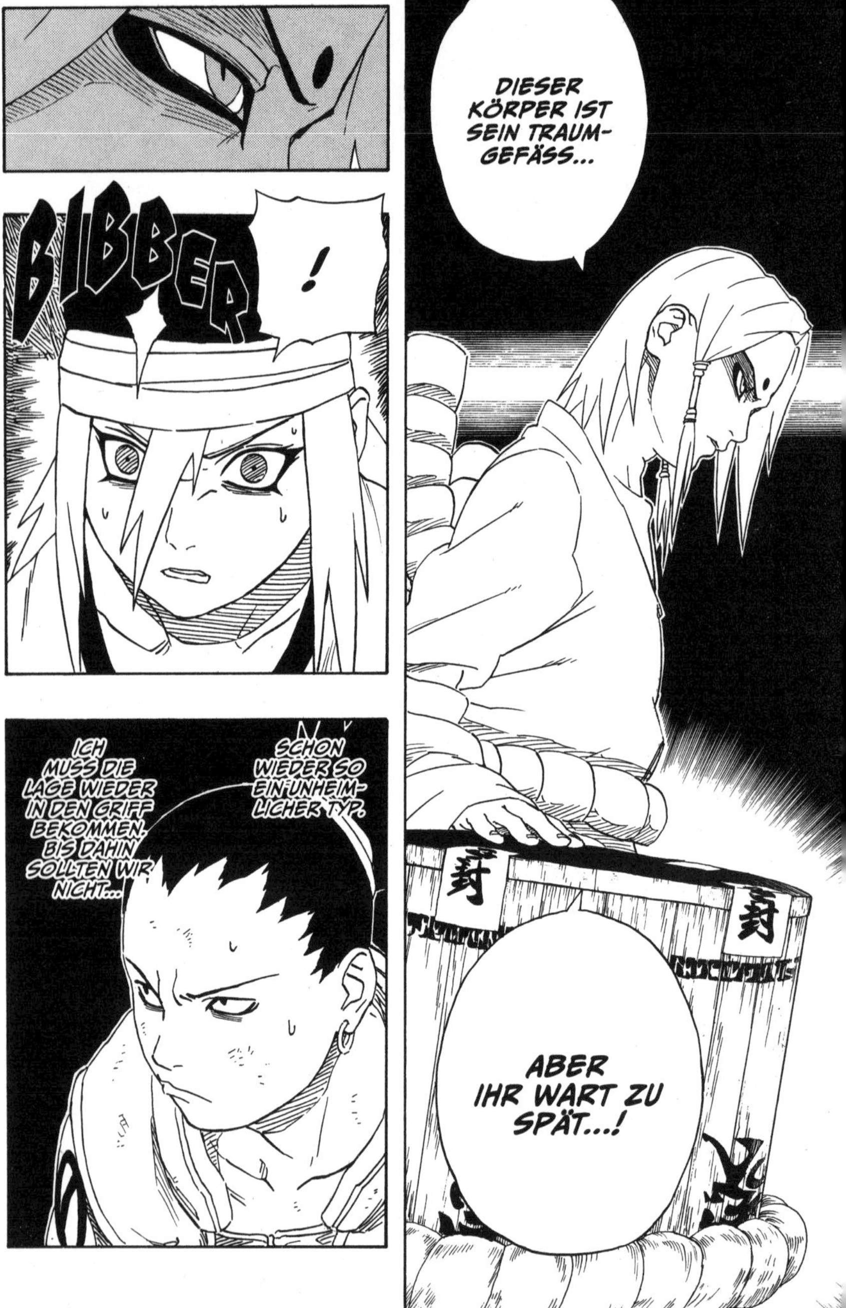
DIESER KÖRPER IST SEIN TRAUM-GEFÄSS...
ABER IHR WART ZU SPÄT...!
BIBBER
!
SCHON WIEDER SO EIN UNHEIM-LICHER TYP.
ICH MUSS DIE LAGE WIEDER IN DEN GRIFF BEKOMMEN. BIS DAHIN SOLLTEN WIR NICHT...

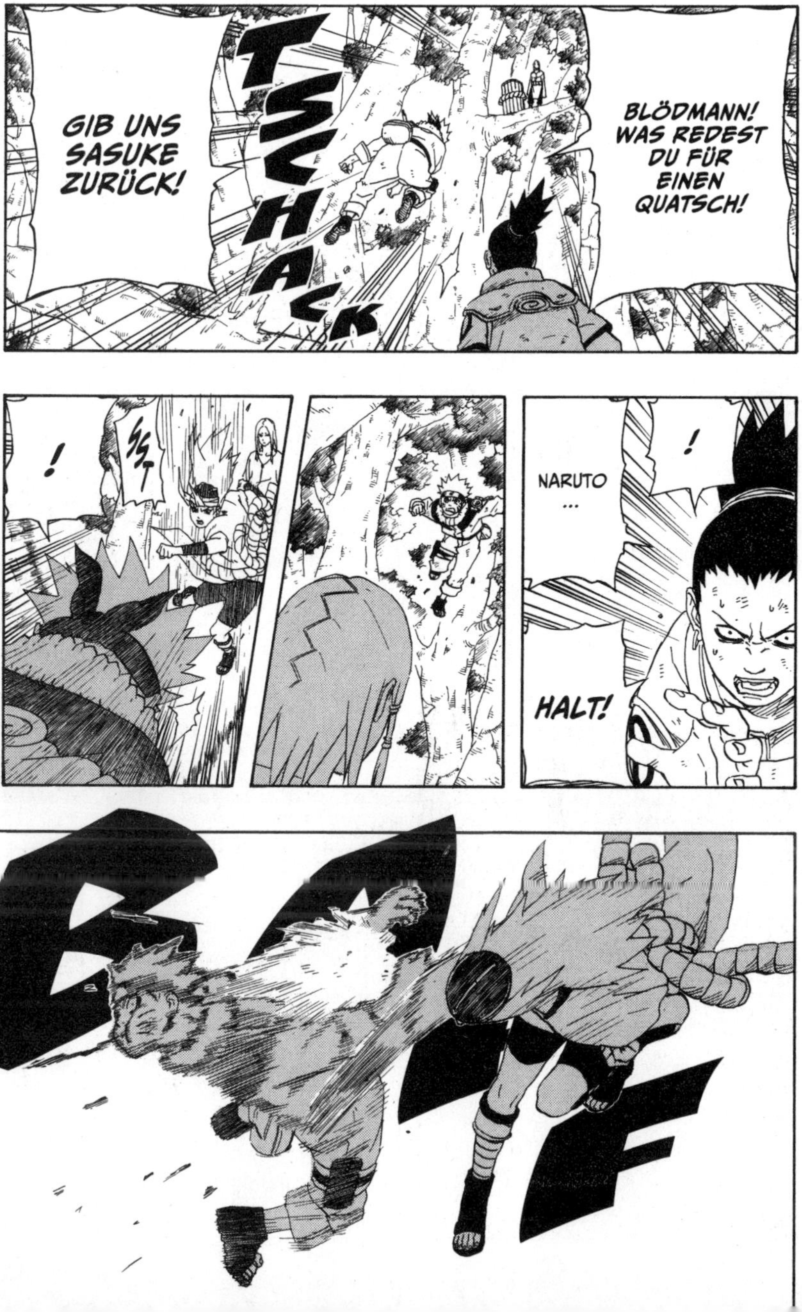
BLÖDMANN! WAS REDEST DU FÜR EINEN QUATSCH!
GIB UNS SASUKE ZURÜCK!
TSCHACK
!
NARUTO …
HALT!
!
SST
BAFF

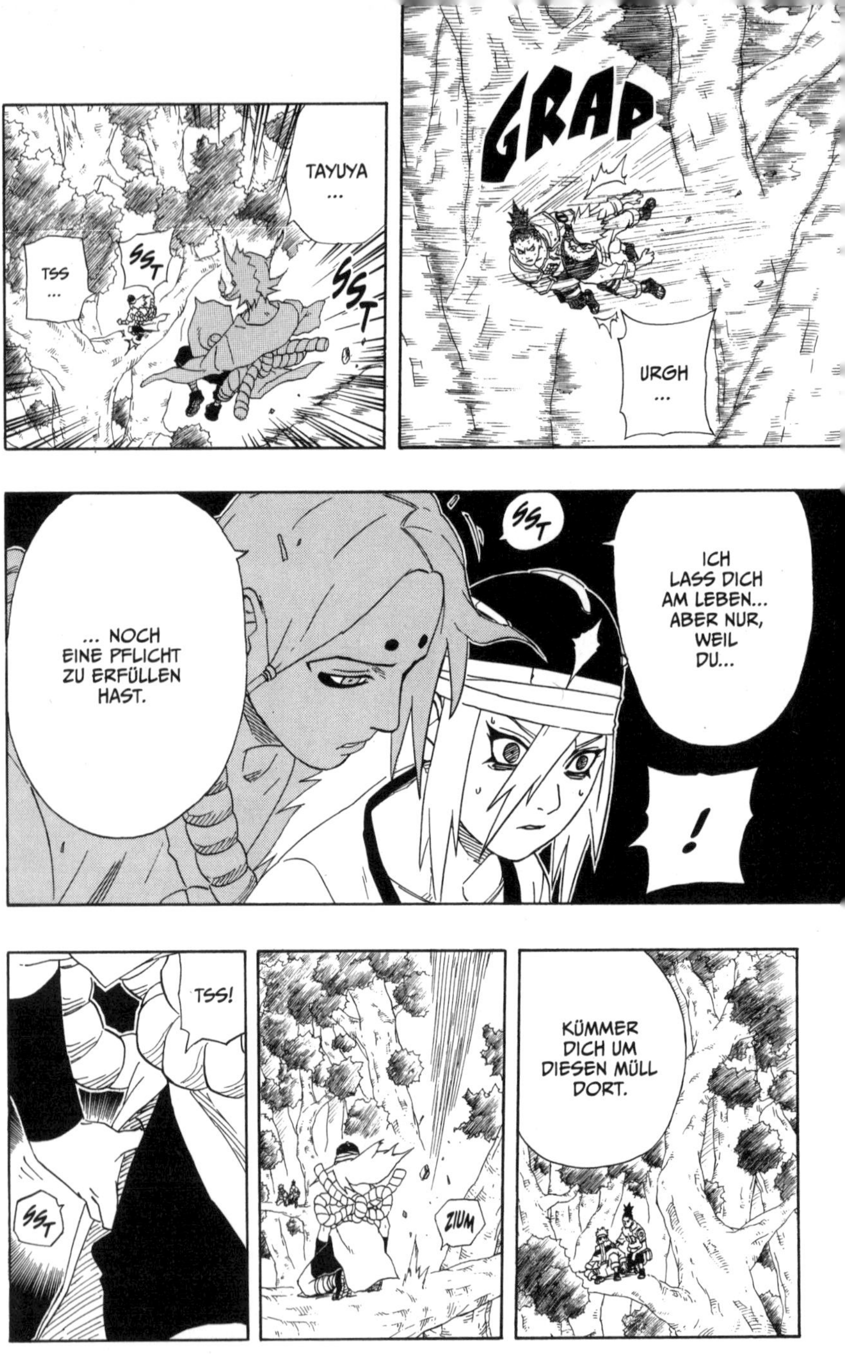
GRAP
URGH ...
TAYUYA ...
SST
TSS ...
SST
ICH LASS DICH AM LEBEN... ABER NUR, WEIL DU...
SST
!
... NOCH EINE PFLICHT ZU ERFÜLLEN HAST.
KÜMMER DICH UM DIESEN MÜLL DORT.
ZIUM
TSS!
SST

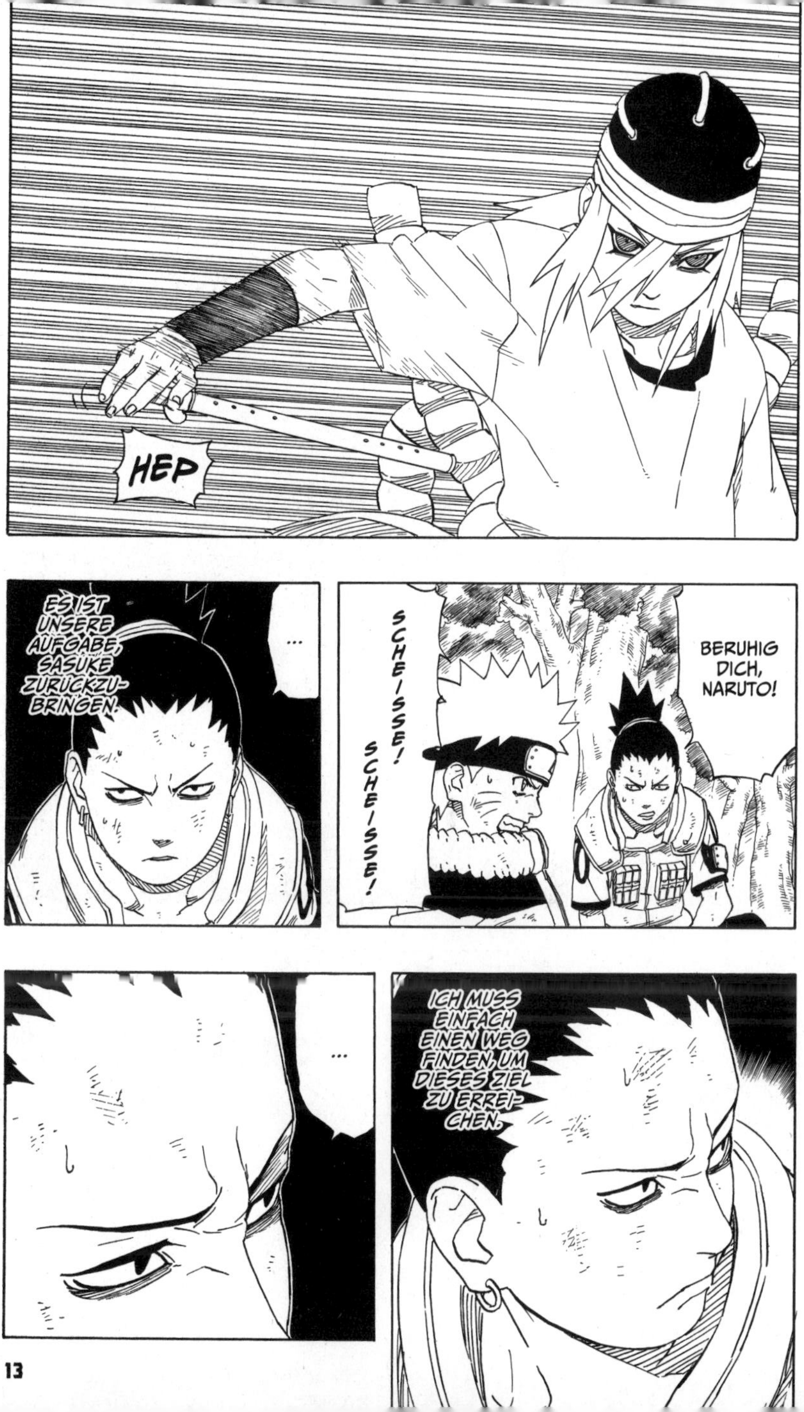
HEP
BERUHIG DICH, NARUTO!
SCHEISSE! SCHEISSE!
...
ES IST UNSERE AUFGABE, SASUKE ZURÜCKZU-BRINGEN.
ICH MUSS EINFACH EINEN WEG FINDEN, UM DIESES ZIEL ZU ERREI-CHEN.
...

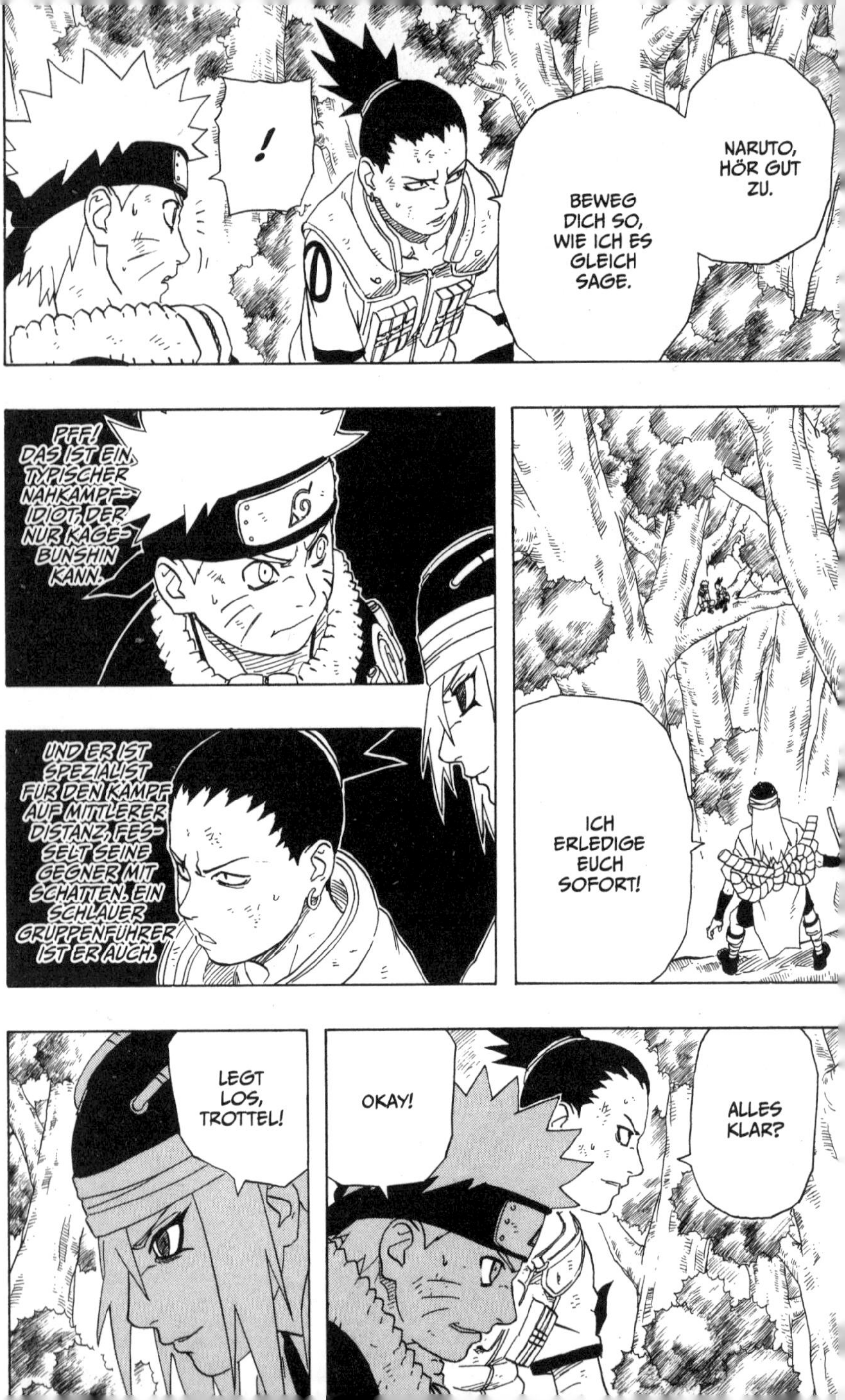
NARUTO, HÖR GUT ZU.
BEWEG DICH SO, WIE ICH ES GLEICH SAGE.
!
ICH ERLEDIGE EUCH SOFORT!
PFF! DAS IST EIN TYPISCHER NAHKAMPF-IDIOT, DER NUR KAGE-BUNSHIN KANN.
UND ER IST SPEZIALIST FÜR DEN KAMPF AUF MITTLERER DISTANZ, FES-SELT SEINE GEGNER MIT SCHATTEN. EIN SCHLAUER GRUPPENFÜHRER IST ER AUCH.
ALLES KLAR?
OKAY!
LEGT LOS, TROTTEL!

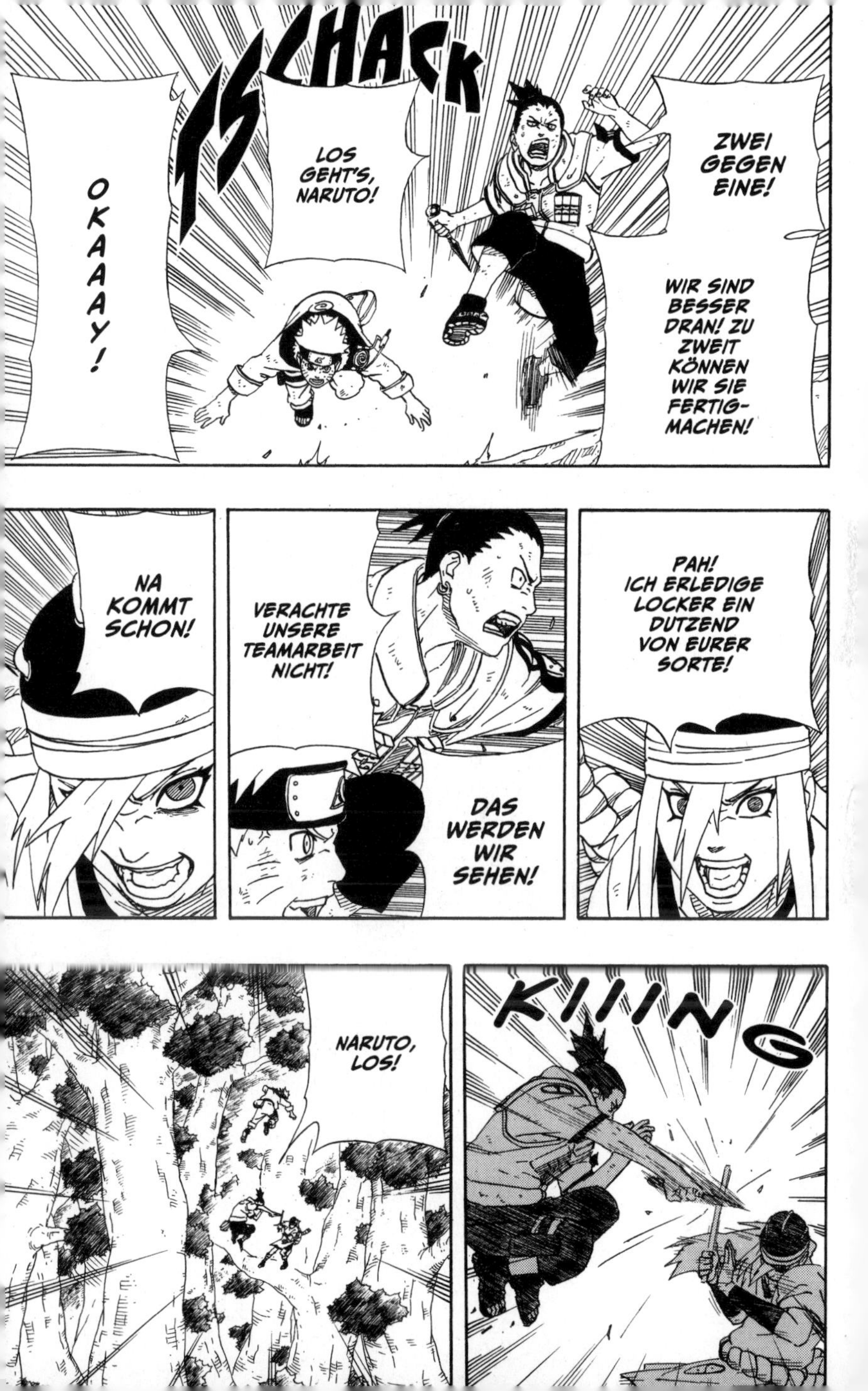
ZWEI GEGEN EINE!
WIR SIND BESSER DRAN! ZU ZWEIT KÖNNEN WIR SIE FERTIG-MACHEN!
TSCHACK
LOS GEHT'S, NARUTO!
OKAAAAY!
PAH! ICH ERLEDIGE LOCKER EIN DUTZEND VON EURER SORTE!
VERACHTE UNSERE TEAMARBEIT NICHT!
DAS WERDEN WIR SEHEN!
NA KOMMT SCHON!
KIIING
NARUTO, LOS!

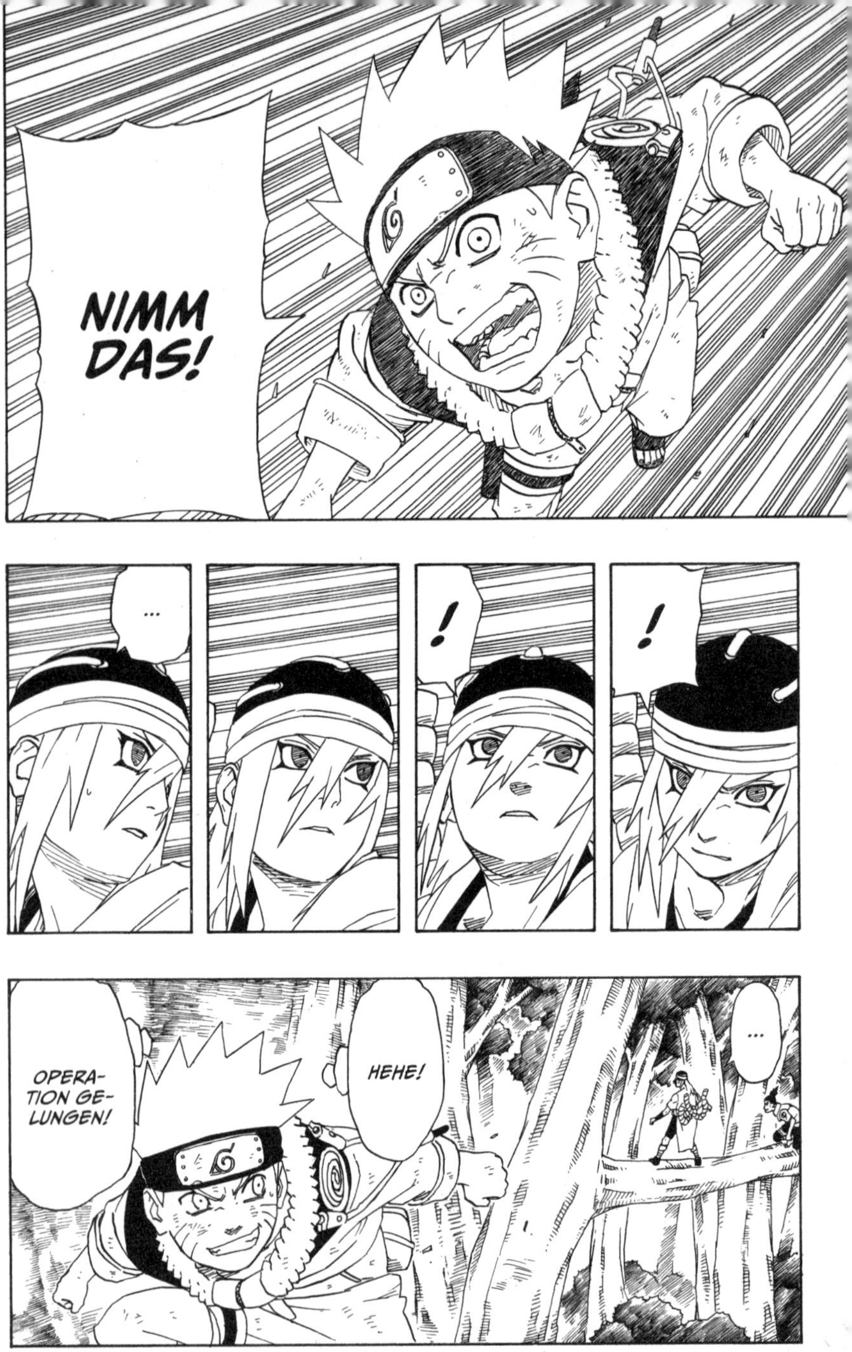
NIMM DAS!
...
!
!
...
HEHE!
OPERATION GELUNGEN!

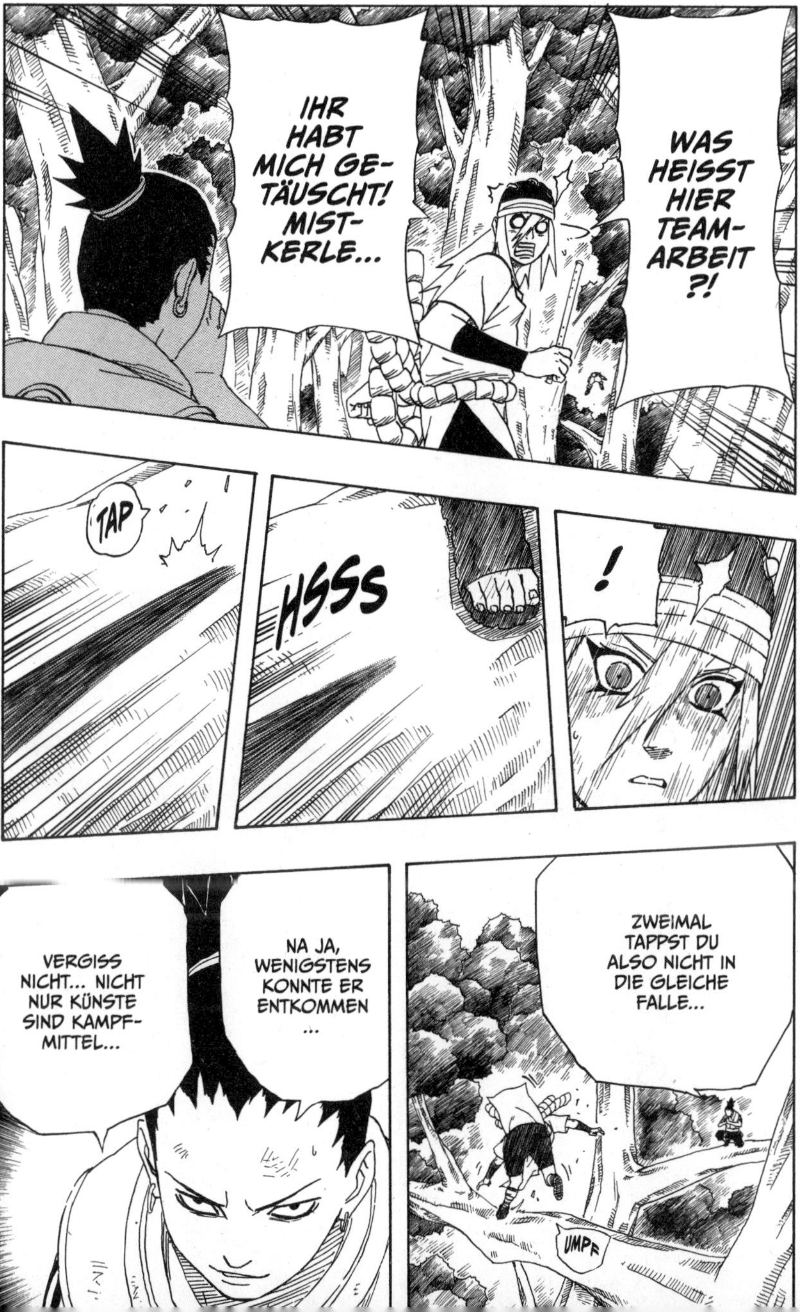
WAS HEISST HIER TEAM-ARBEIT ?!
IHR HABT MICH GE-TÄUSCHT! MIST-KERLE...
!
HSSS
TAP
ZWEIMAL TAPPST DU ALSO NICHT IN DIE GLEICHE FALLE...
UMPF
NA JA, WENIGSTENS KONNTE ER ENTKOMMEN ...
VERGISS NICHT... NICHT NUR KÜNSTE SIND KAMPF-MITTEL...

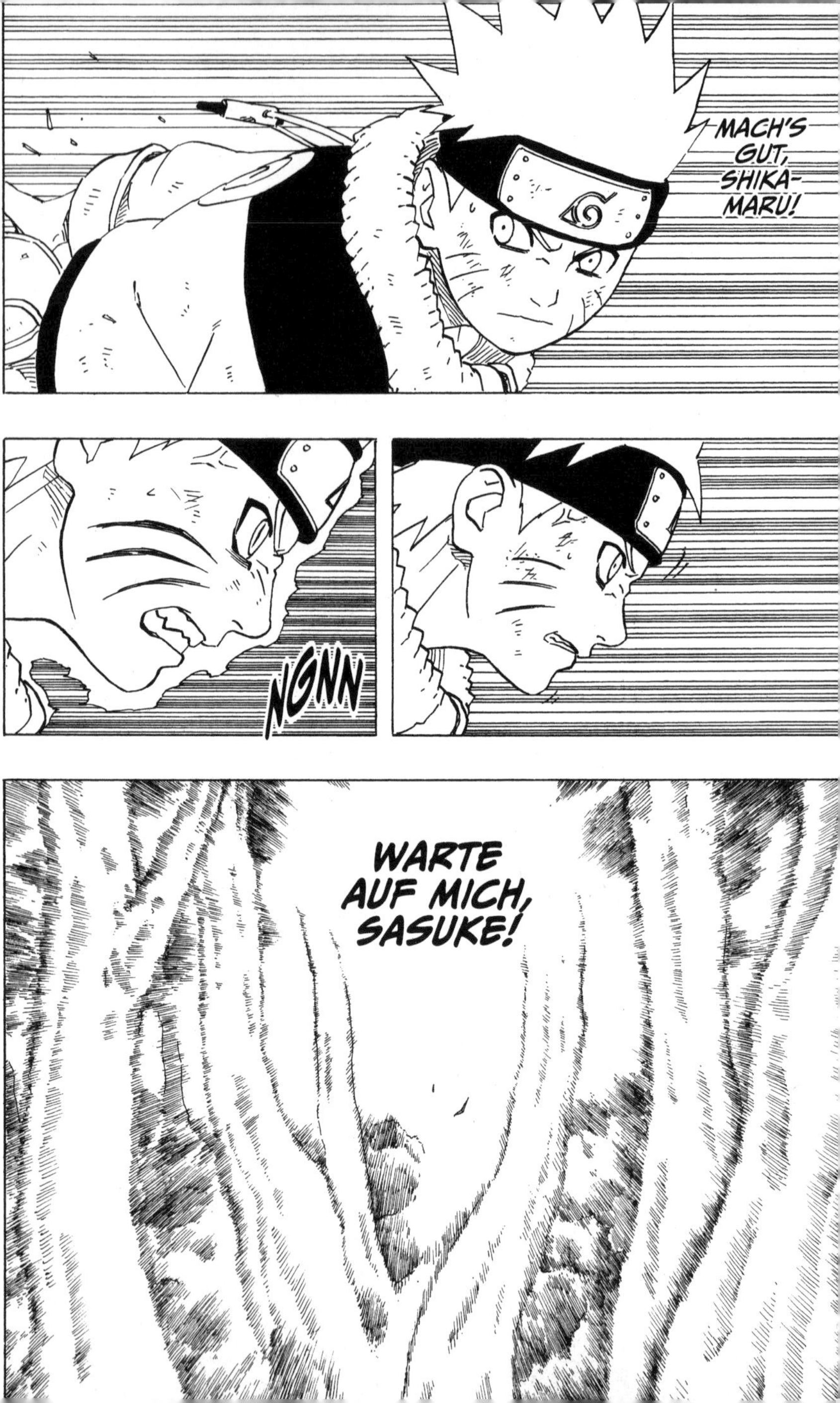
MACH'S GUT, SHIKA-MARU!
NGNN
WARTE AUF MICH, SASUKE!

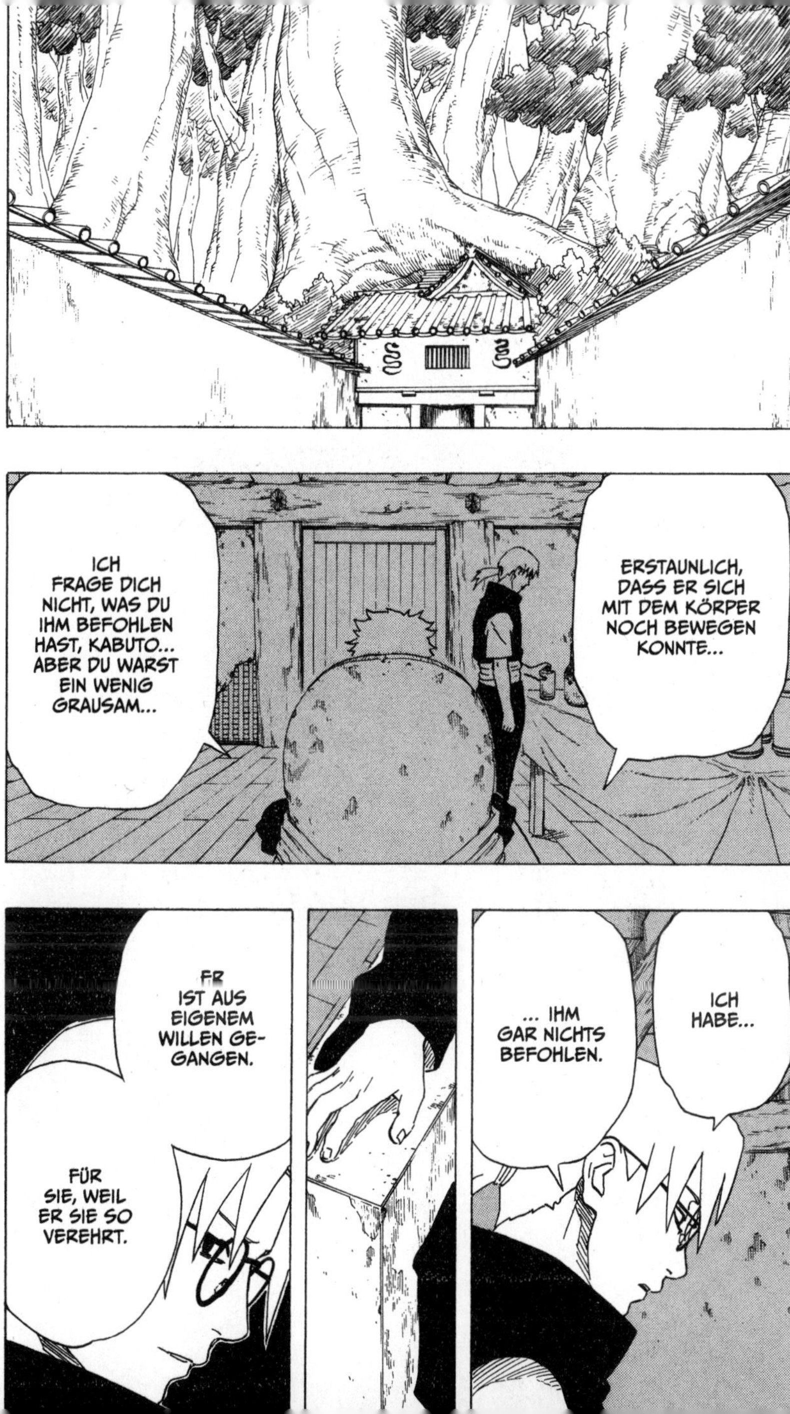
ERSTAUNLICH, DASS ER SICH MIT DEM KÖRPER NOCH BEWEGEN KONNTE...
ICH FRAGE DICH NICHT, WAS DU IHM BEFOHLEN HAST, KABUTO... ABER DU WARST EIN WENIG GRAUSAM...
ICH HABE...
... IHM GAR NICHTS BEFOHLEN.
ER IST AUS EIGENEM WILLEN GE-GANGEN.
FÜR SIE, WEIL ER SIE SO VEREHRT.

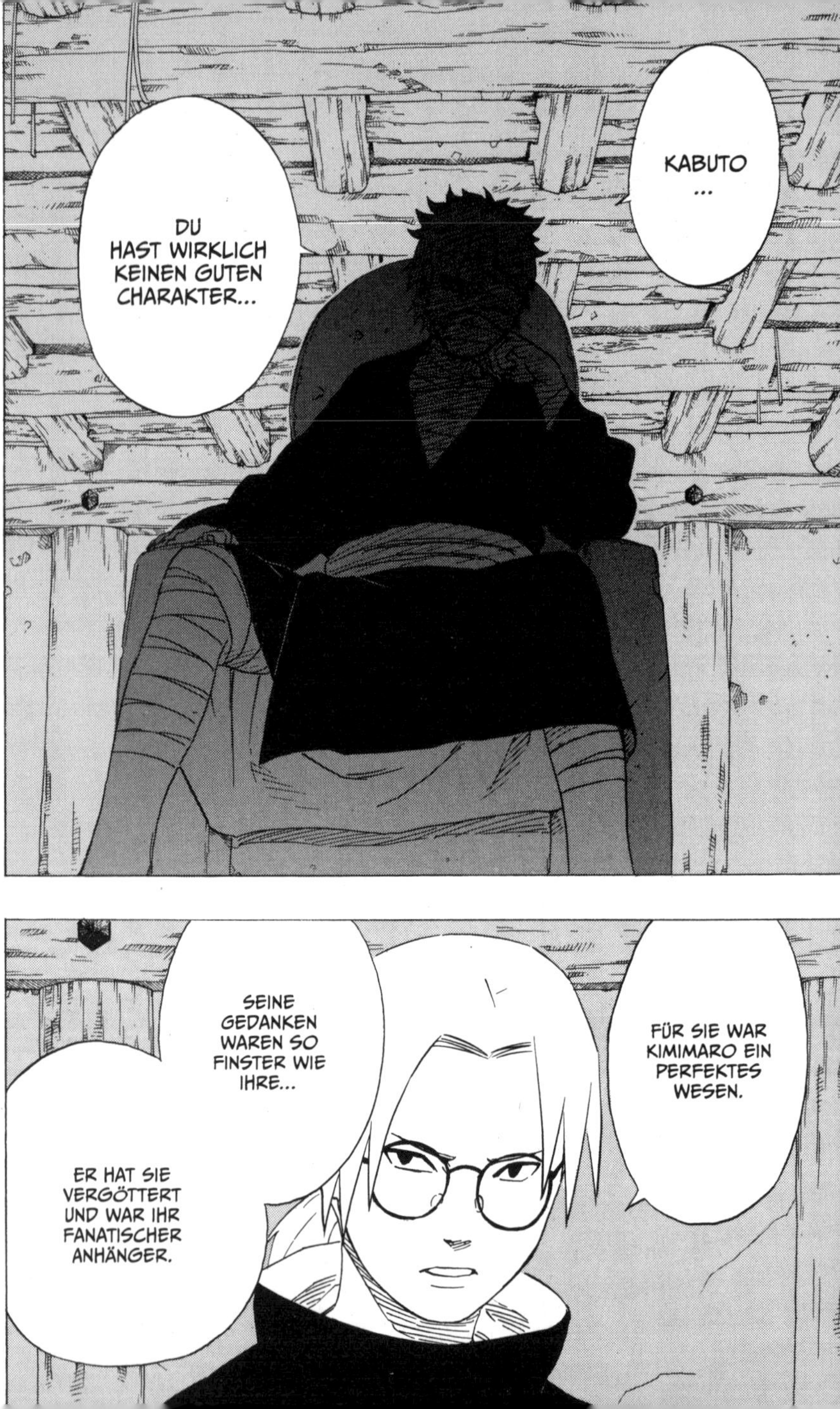
KABUTO ...
DU HAST WIRKLICH KEINEN GUTEN CHARAKTER...
FÜR SIE WAR KIMIMARO EIN PERFEKTES WESEN.
SEINE GEDANKEN WAREN SO FINSTER WIE IHRE...
ER HAT SIE VERGÖTTERT UND WAR IHR FANATISCHER ANHÄNGER.

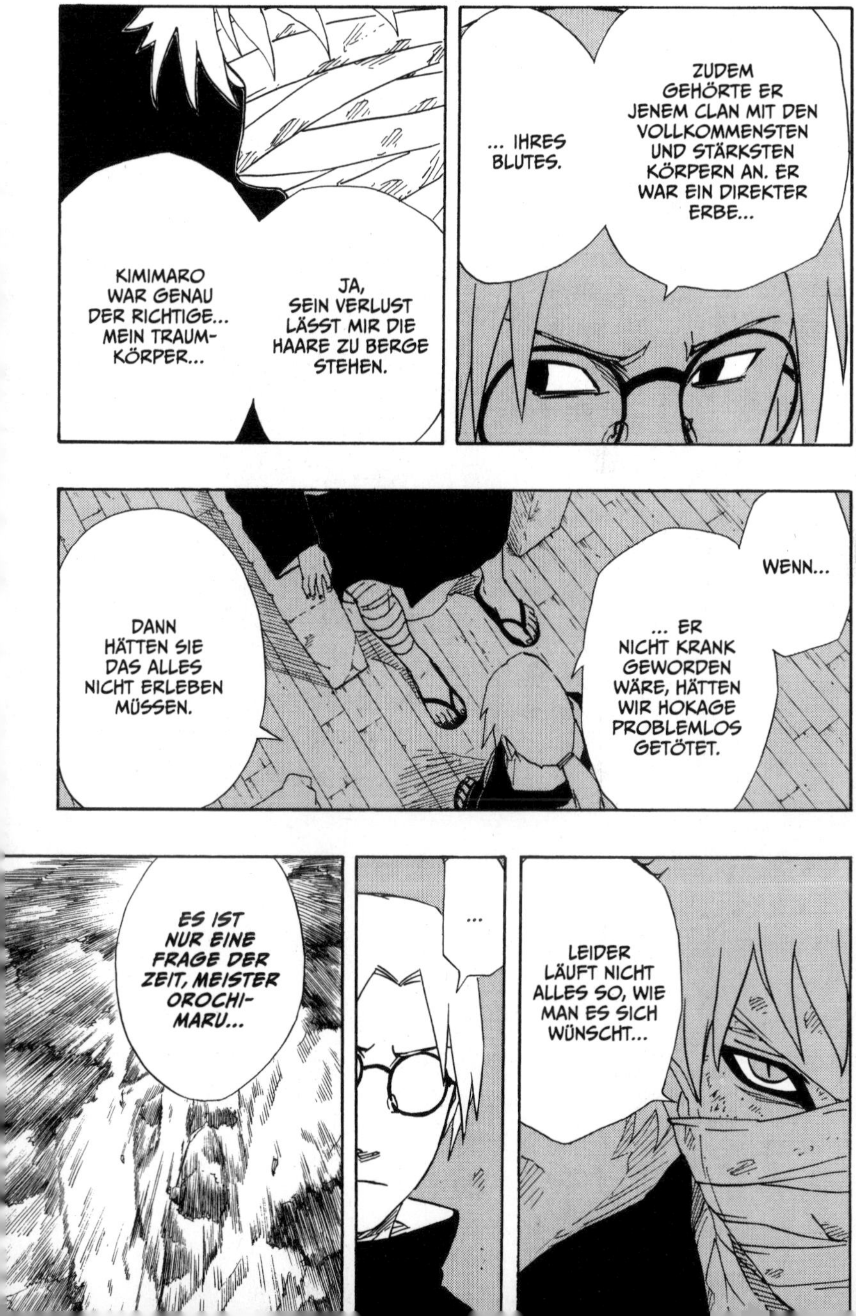
ZUDEM GEHÖRTE ER JENEM CLAN MIT DEN VOLLKOMMENSTEN UND STÄRKSTEN KÖRPERN AN. ER WAR EIN DIREKTER ERBE...
... IHRES BLUTES.
JA, SEIN VERLUST LÄSST MIR DIE HAARE ZU BERGE STEHEN.
KIMIMARO WAR GENAU DER RICHTIGE... MEIN TRAUM-KÖRPER...
WENN...
... ER NICHT KRANK GEWORDEN WÄRE, HÄTTEN WIR HOKAGE PROBLEMLOS GETÖTET.
DANN HÄTTEN SIE DAS ALLES NICHT ERLEBEN MÜSSEN.
LEIDER LÄUFT NICHT ALLES SO, WIE MAN ES SICH WÜNSCHT...
...
ES IST NUR EINE FRAGE DER ZEIT, MEISTER OROCHI-MARU...

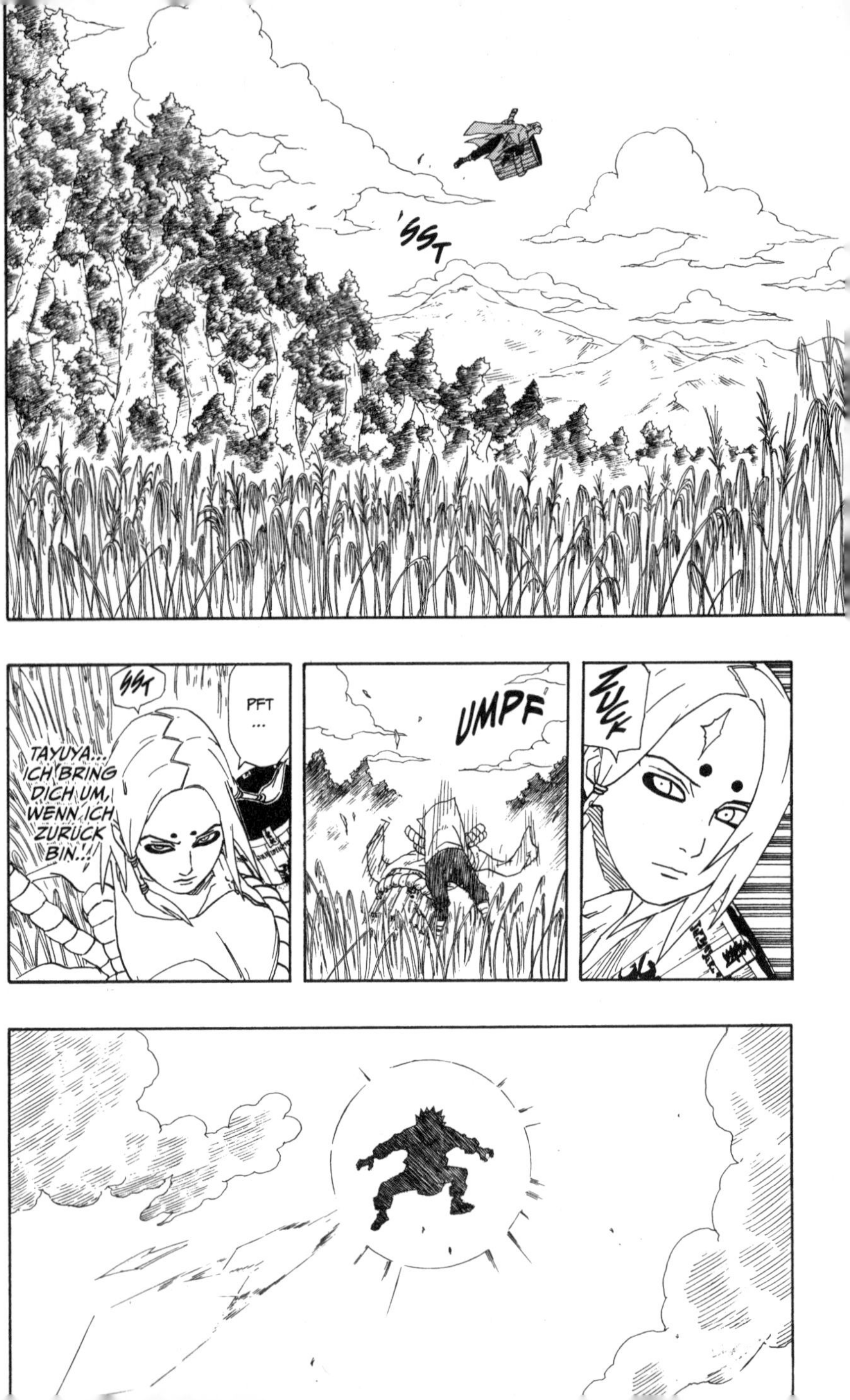
SST
ZUCK
UMPF
SST
PFT ...
TAYUYA... ICH BRING DICH UM, WENN ICH ZURÜCK BIN...!

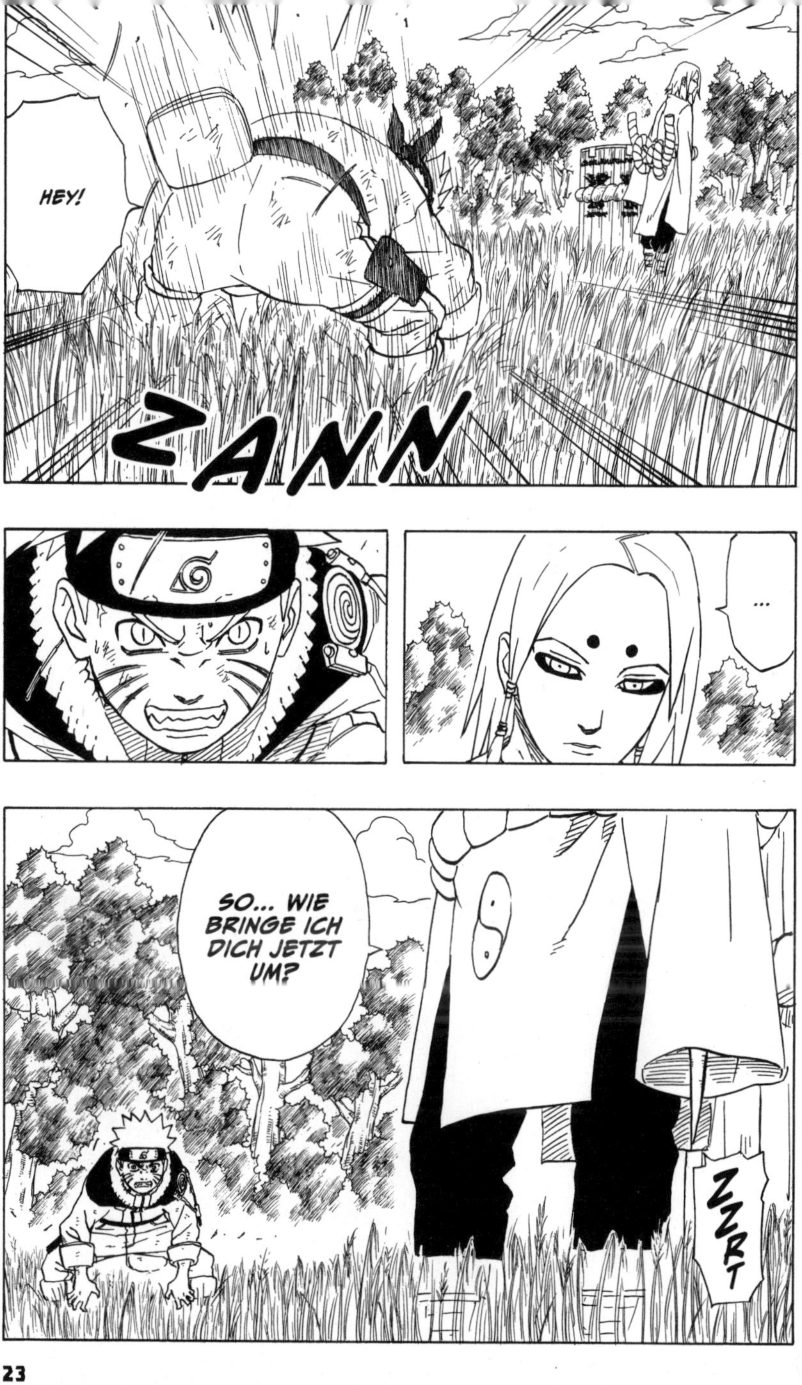
HEY!
ZANN
...
SO... WIE BRINGE ICH DICH JETZT UM?
ZZRT

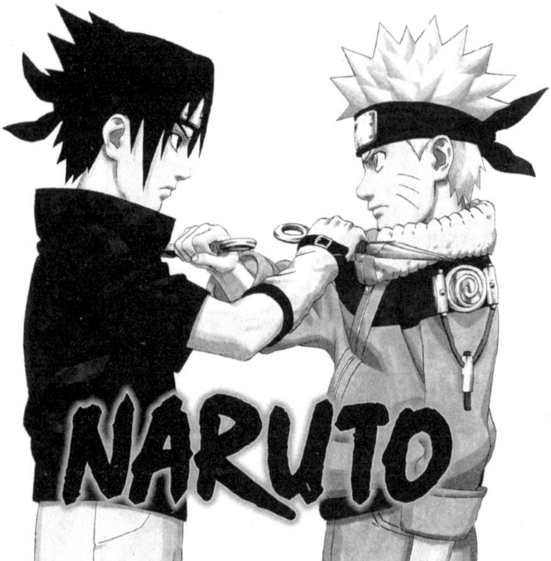
NARUTO

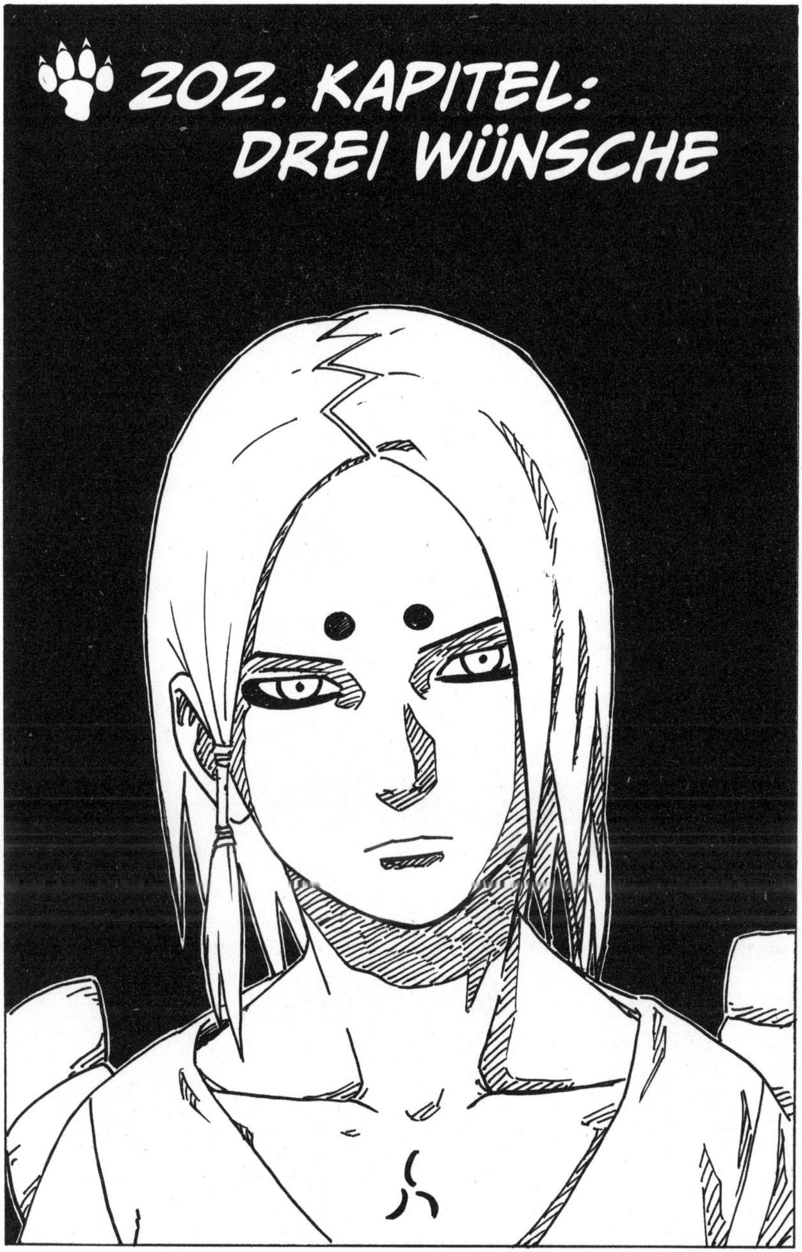
202. KAPITEL:
DREI WÜNSCHE

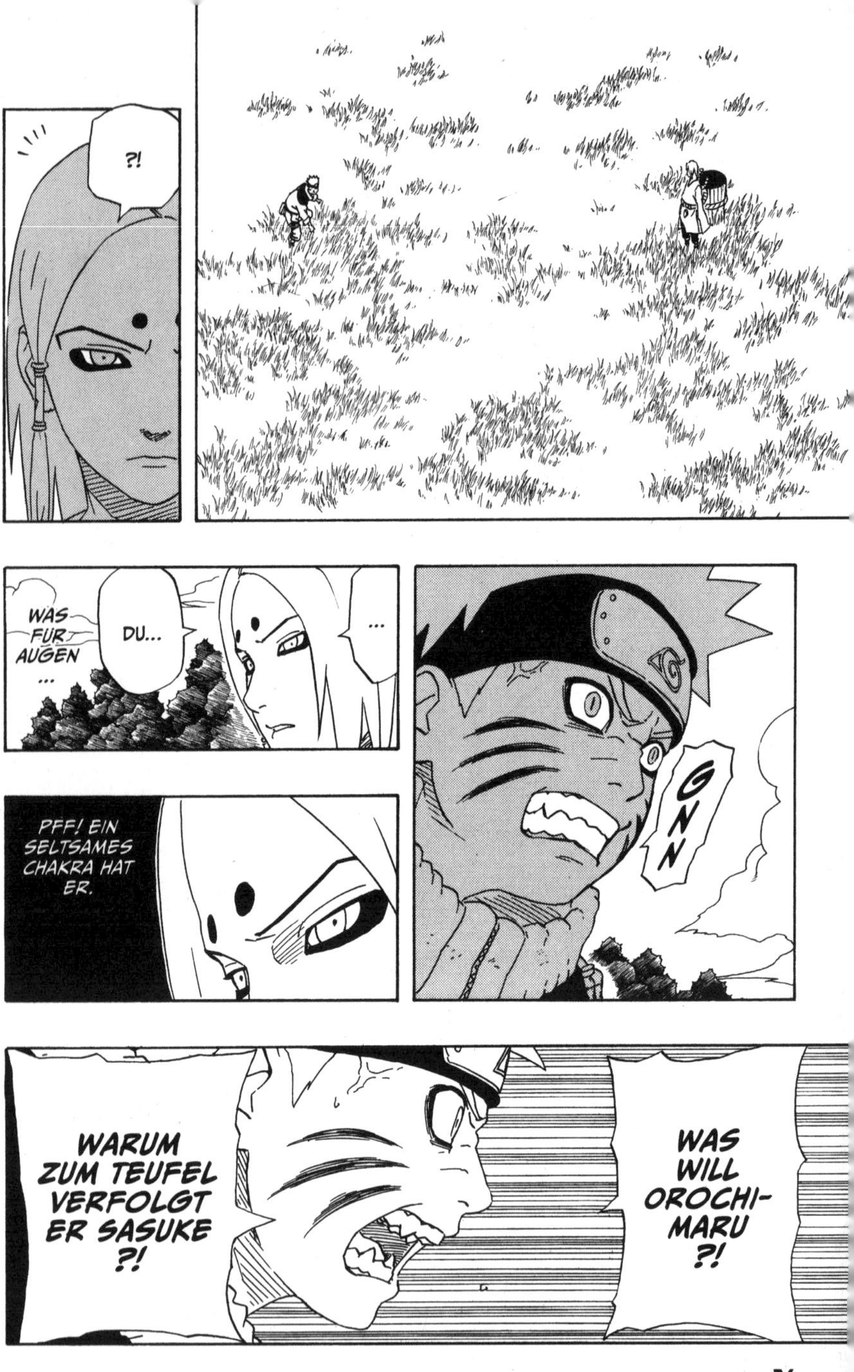
?!
...
DU...
WAS FÜR AUGEN ...
GNN
PFF! EIN SELTSAMES CHAKRA HAT ER.
WAS WILL OROCHIMARU ?!
WARUM ZUM TEUFEL VERFOLGT ER SASUKE ?!

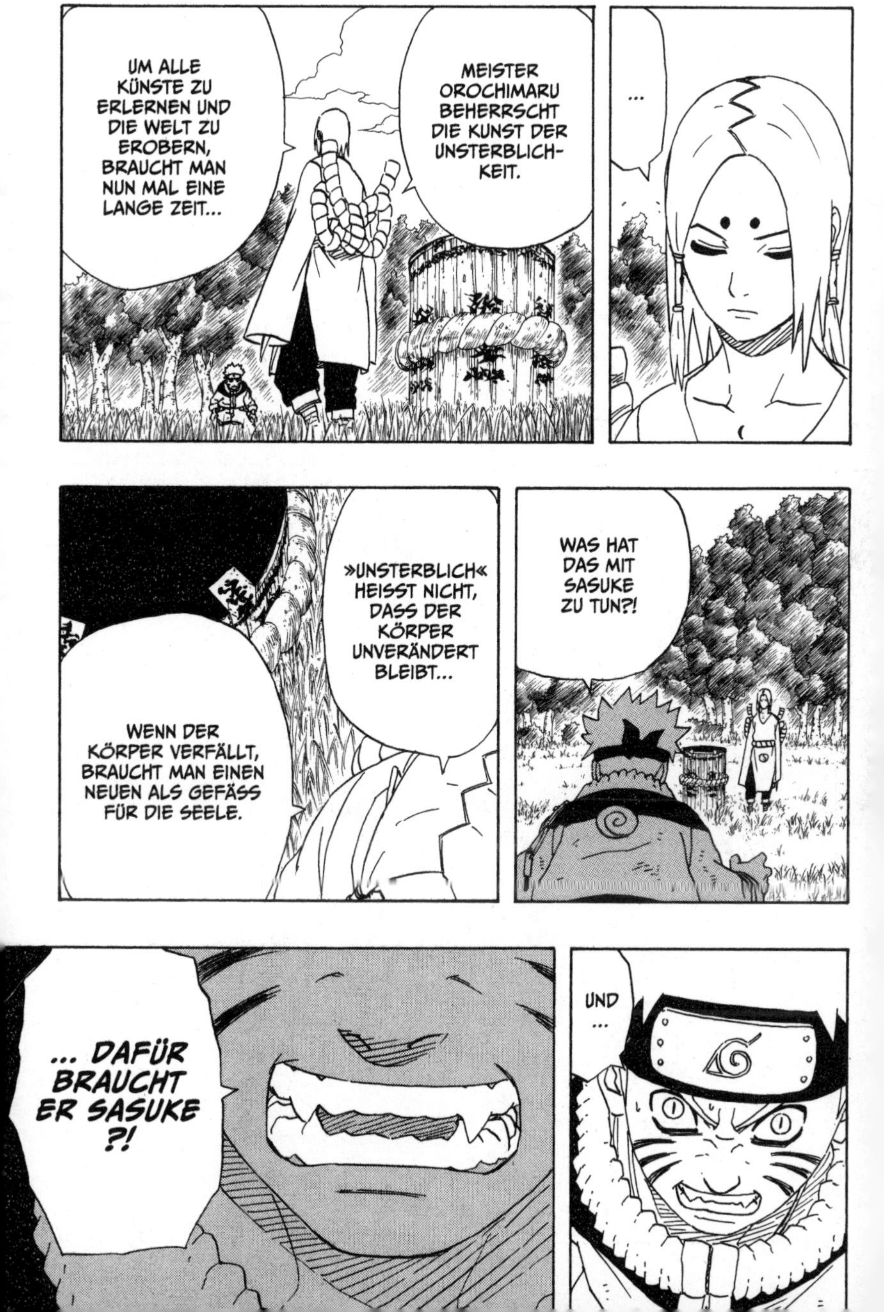
...
MEISTER OROCHIMARU BEHERRSCHT DIE KUNST DER UNSTERBLICH-KEIT.
UM ALLE KÜNSTE ZU ERLERNEN UND DIE WELT ZU EROBERN, BRAUCHT MAN NUN MAL EINE LANGE ZEIT...
WAS HAT DAS MIT SASUKE ZU TUN?!
»UNSTERBLICH« HEISST NICHT, DASS DER KÖRPER UNVERÄNDERT BLEIBT...
WENN DER KÖRPER VERFÄLLT, BRAUCHT MAN EINEN NEUEN ALS GEFÄSS FÜR DIE SEELE.
UND ...
... DAFÜR BRAUCHT ER SASUKE ?!

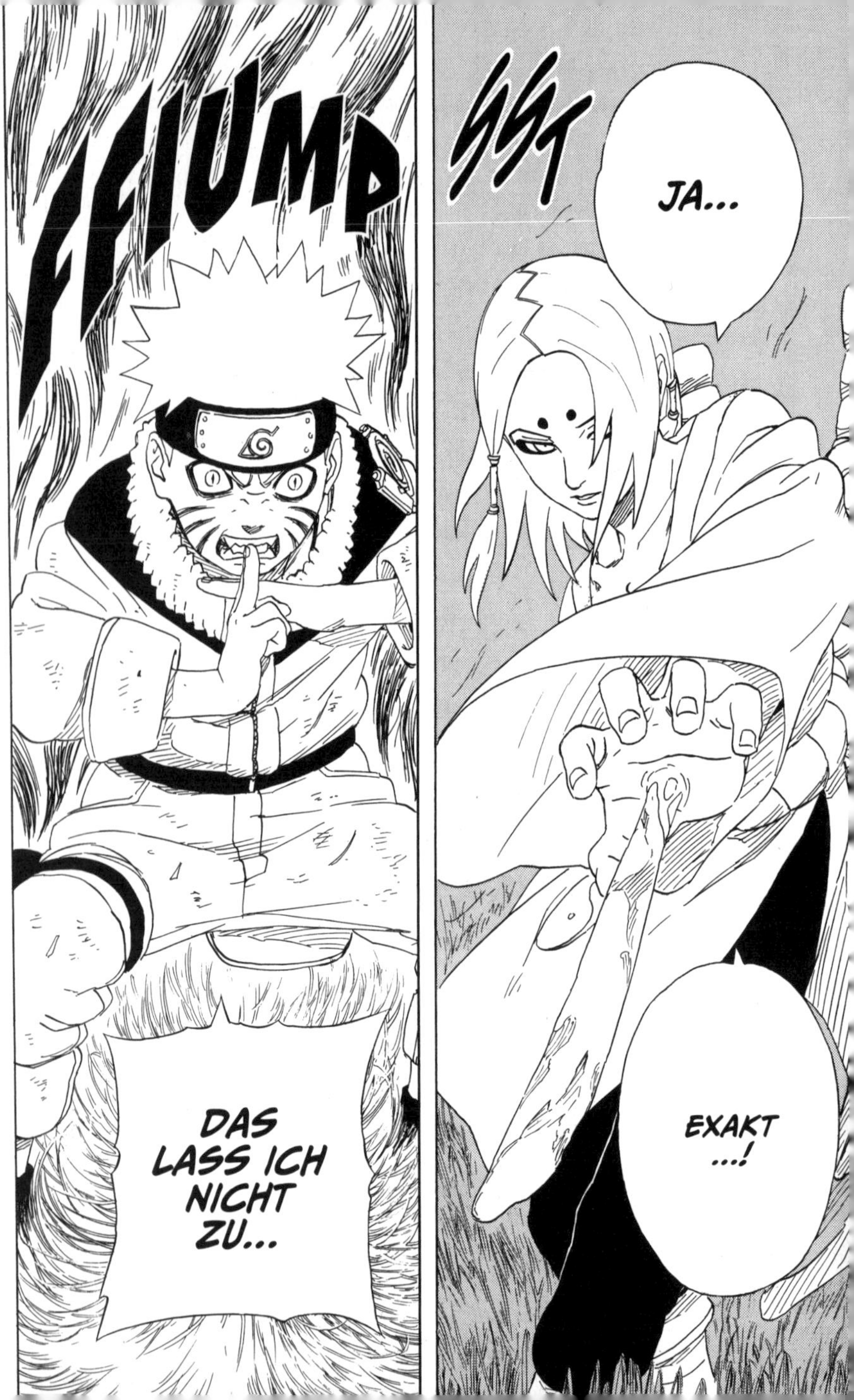
SST
JA...
EXAKT ...!
FFLUMP
DAS LASS ICH NICHT ZU...

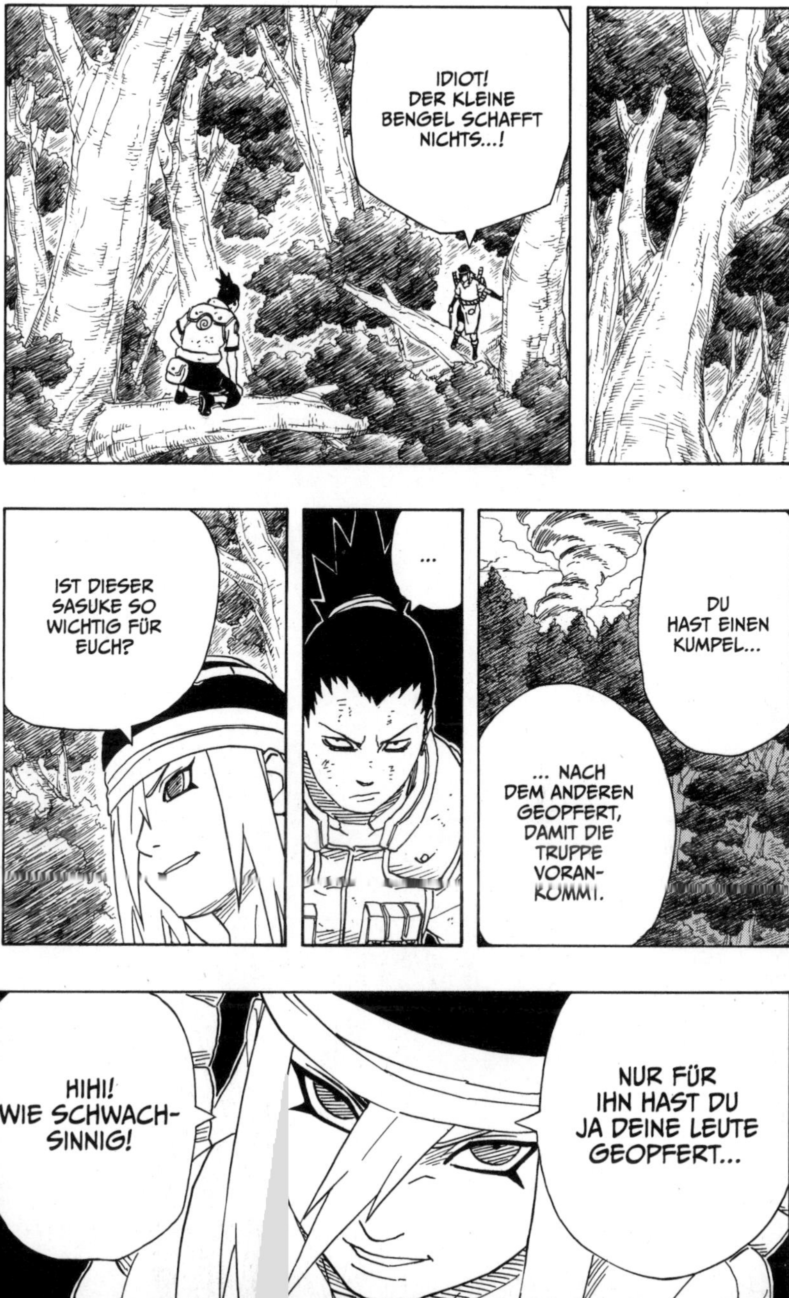
IDIOT! DER KLEINE BENGEL SCHAFFT NICHTS...!
DU HAST EINEN KUMPEL...
... NACH DEM ANDEREN GEOPFERT, DAMIT DIE TRUPPE VORAN-KOMMT.
...
IST DIESER SASUKE SO WICHTIG FÜR EUCH?
NUR FÜR IHN HAST DU JA DEINE LEUTE GEOPFERT...
HIHI! WIE SCHWACH-SINNIG!

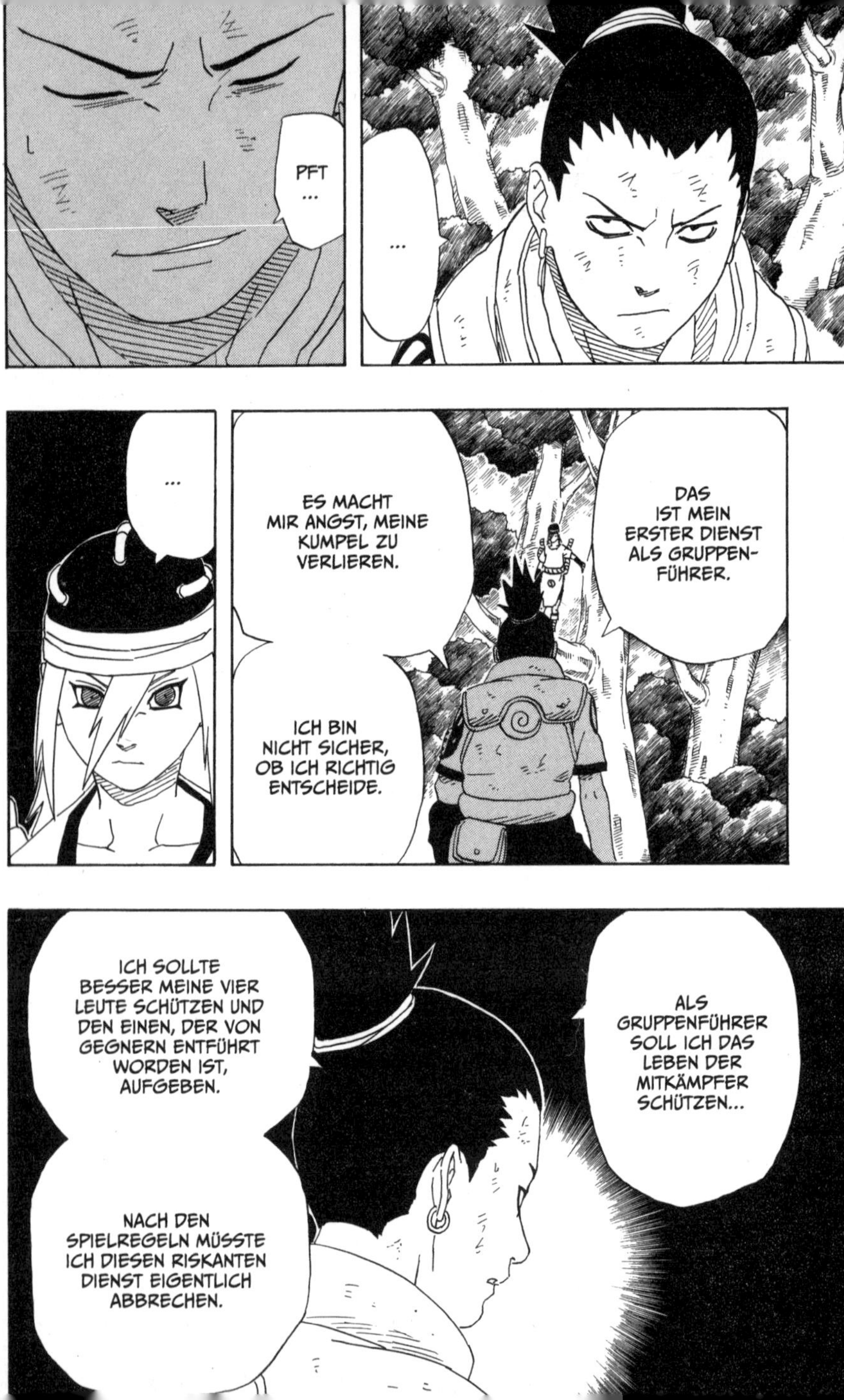
...
PFT ...
DAS IST MEIN ERSTER DIENST ALS GRUPPENFÜHRER.
ES MACHT MIR ANGST, MEINE KUMPEL ZU VERLIEREN.
ICH BIN NICHT SICHER, OB ICH RICHTIG ENTSCHEIDE.
...
ALS GRUPPENFÜHRER SOLL ICH DAS LEBEN DER MITKÄMPFER SCHÜTZEN...
ICH SOLLTE BESSER MEINE VIER LEUTE SCHÜTZEN UND DEN EINEN, DER VON GEGNERN ENTFÜHRT WORDEN IST, AUFGEBEN.
NACH DEN SPIELREGELN MÜSSTE ICH DIESEN RISKANTEN DIENST EIGENTLICH ABBRECHEN.

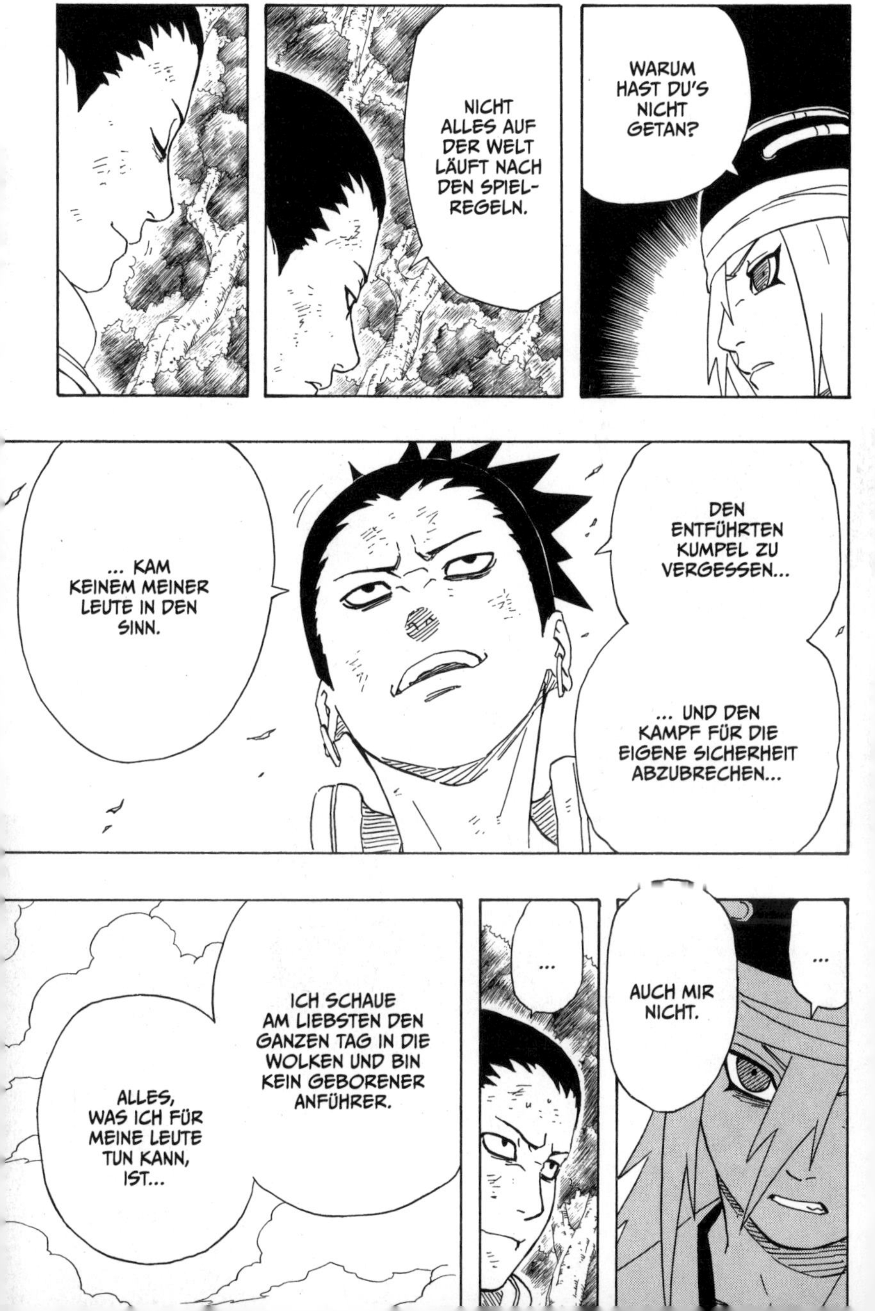
WARUM HAST DU'S NICHT GETAN?
NICHT ALLES AUF DER WELT LÄUFT NACH DEN SPIEL-REGELN.
DEN ENTFÜHRTEN KUMPEL ZU VERGESSEN...
... UND DEN KAMPF FÜR DIE EIGENE SICHERHEIT ABZUBRECHEN...
... KAM KEINEM MEINER LEUTE IN DEN SINN.
...
AUCH MIR NICHT.
...
ICH SCHAUE AM LIEBSTEN DEN GANZEN TAG IN DIE WOLKEN UND BIN KEIN GEBORENER ANFÜHRER.
ALLES, WAS ICH FÜR MEINE LEUTE TUN KANN, IST...

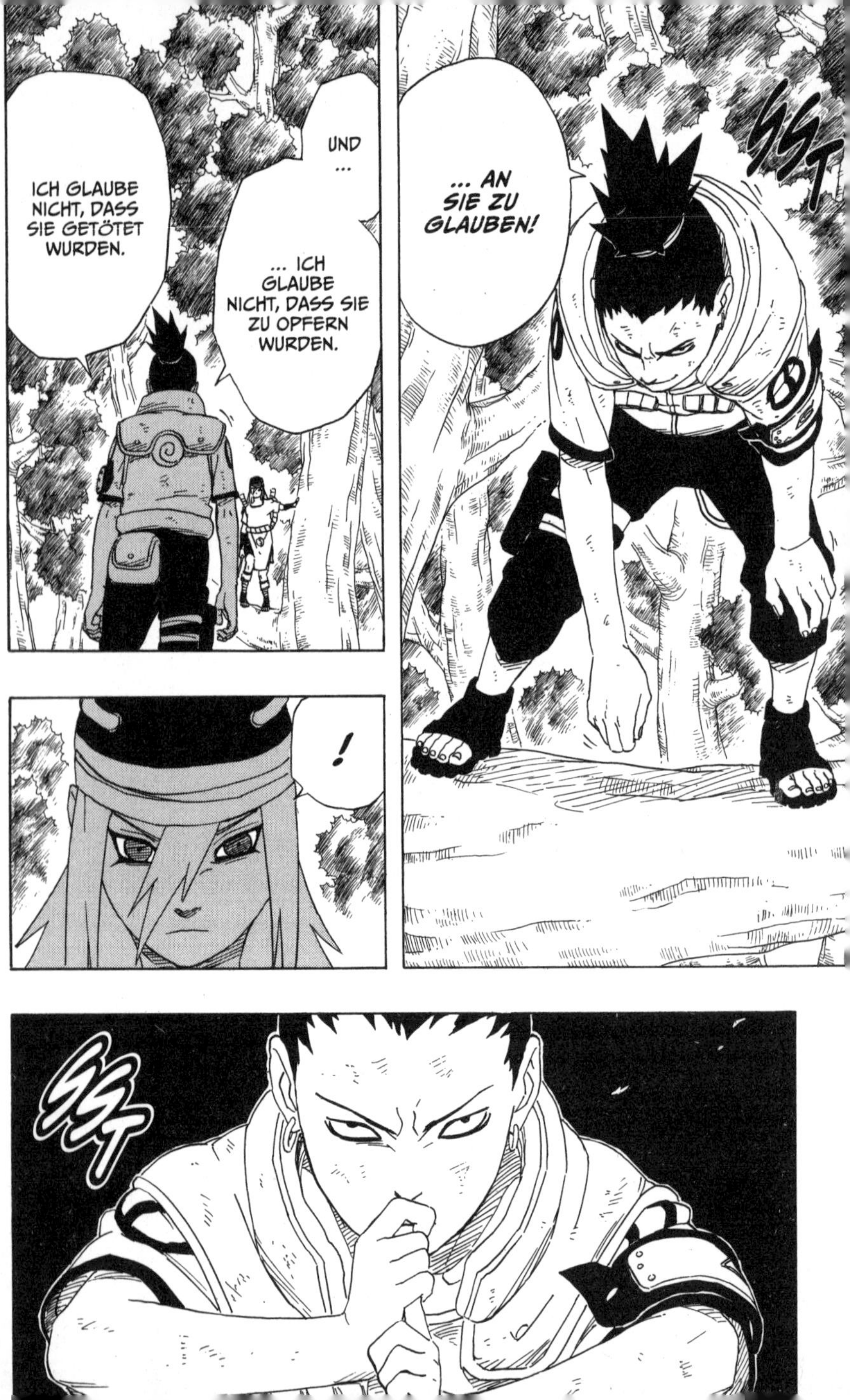
ICH GLAUBE NICHT, DASS SIE GETÖTET WURDEN.
UND ...
... ICH GLAUBE NICHT, DASS SIE ZU OPFERN WURDEN.
... AN SIE ZU GLAUBEN!
SST
!
SST

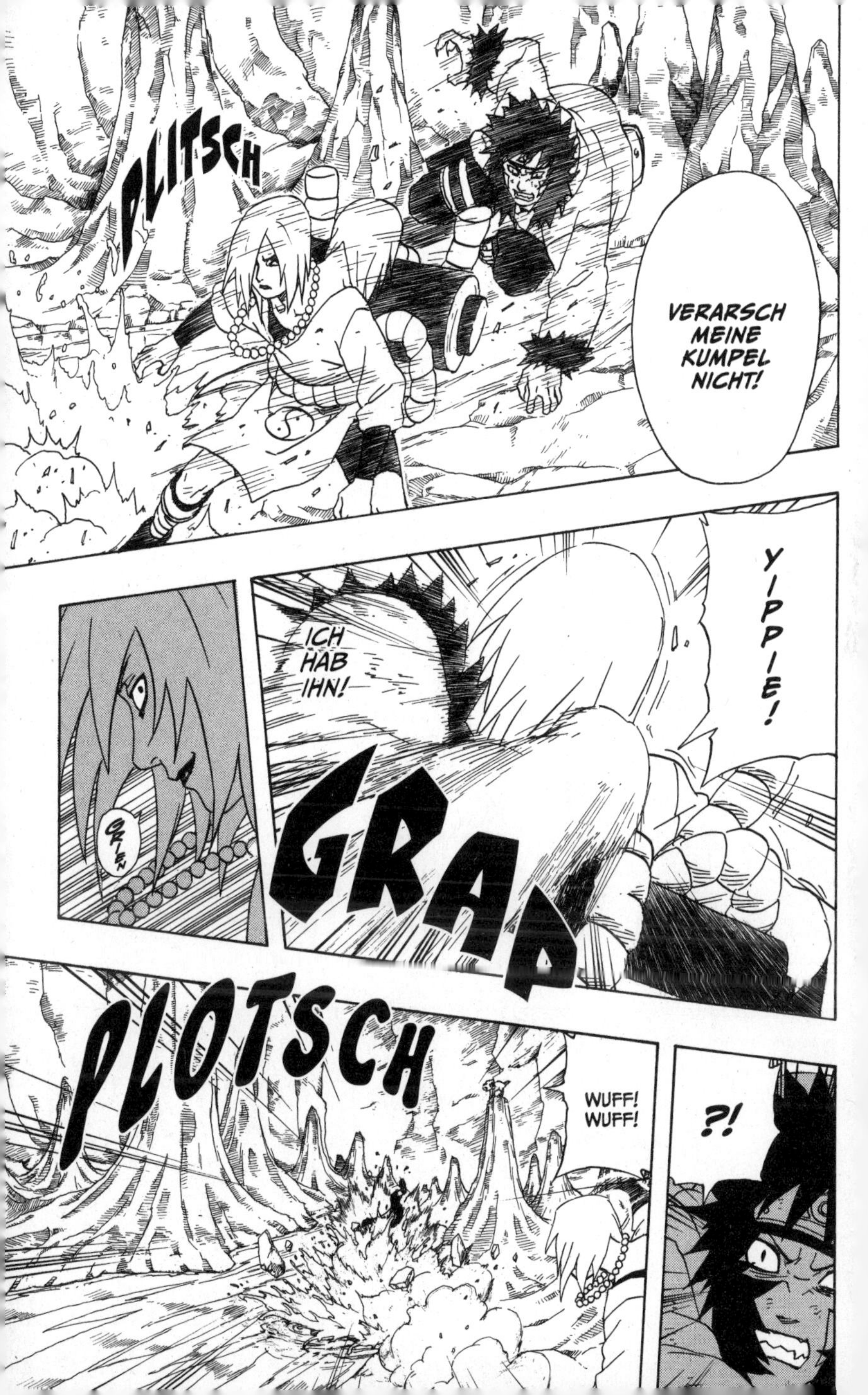
VERARSCH MEINE KUMPEL NICHT!
PLITSCH
YIPPIE!
ICH HAB IHN!
GRAD
GRIEN
?!
WUFF! WUFF!
PLOTSCH

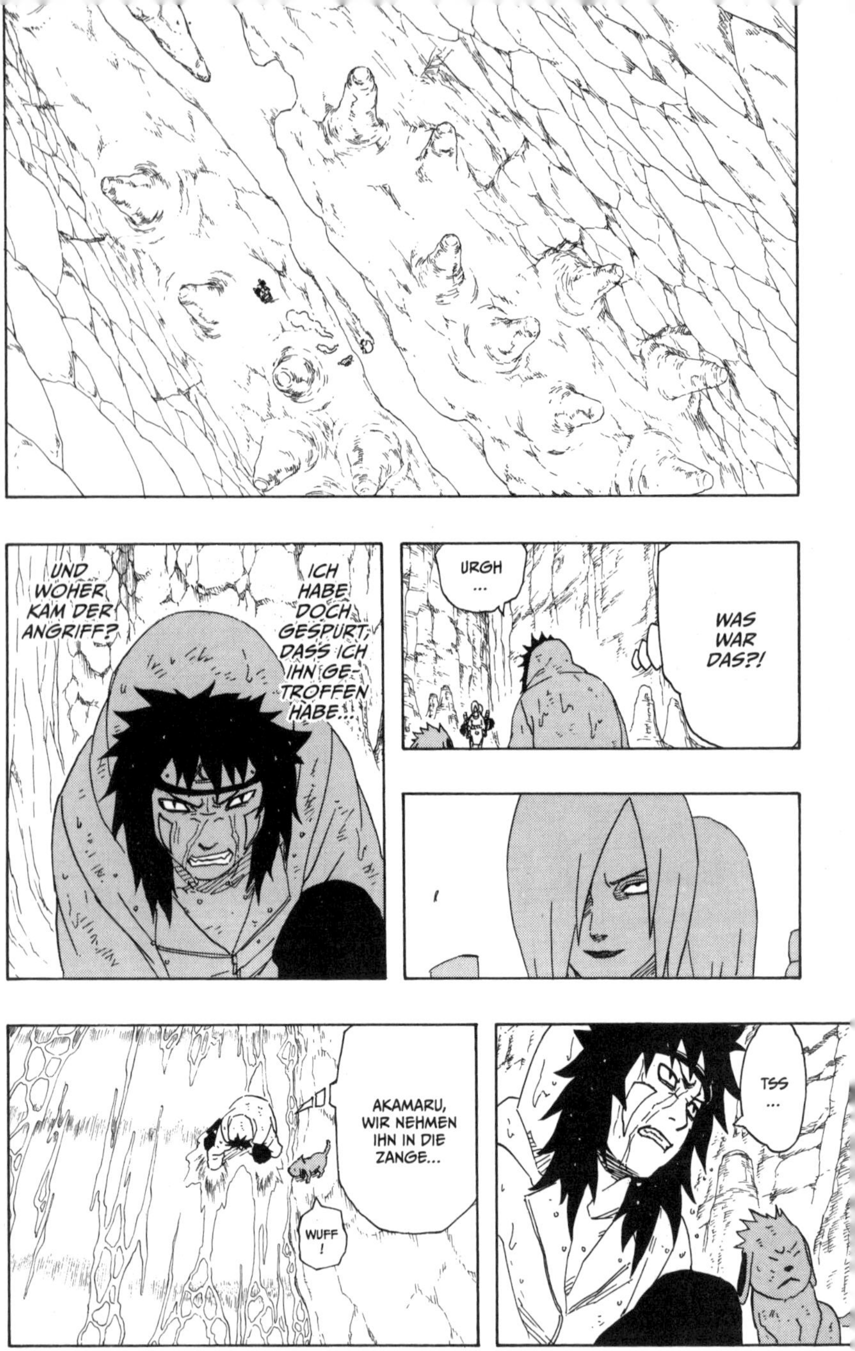
WAS WAR DAS?!
URGH ...
ICH HABE DOCH GESPÜRT, DASS ICH IHN GETROFFEN HABE...!
UND WOHER KAM DER ANGRIFF?
TSS ...
AKAMARU, WIR NEHMEN IHN IN DIE ZANGE...
WUFF !

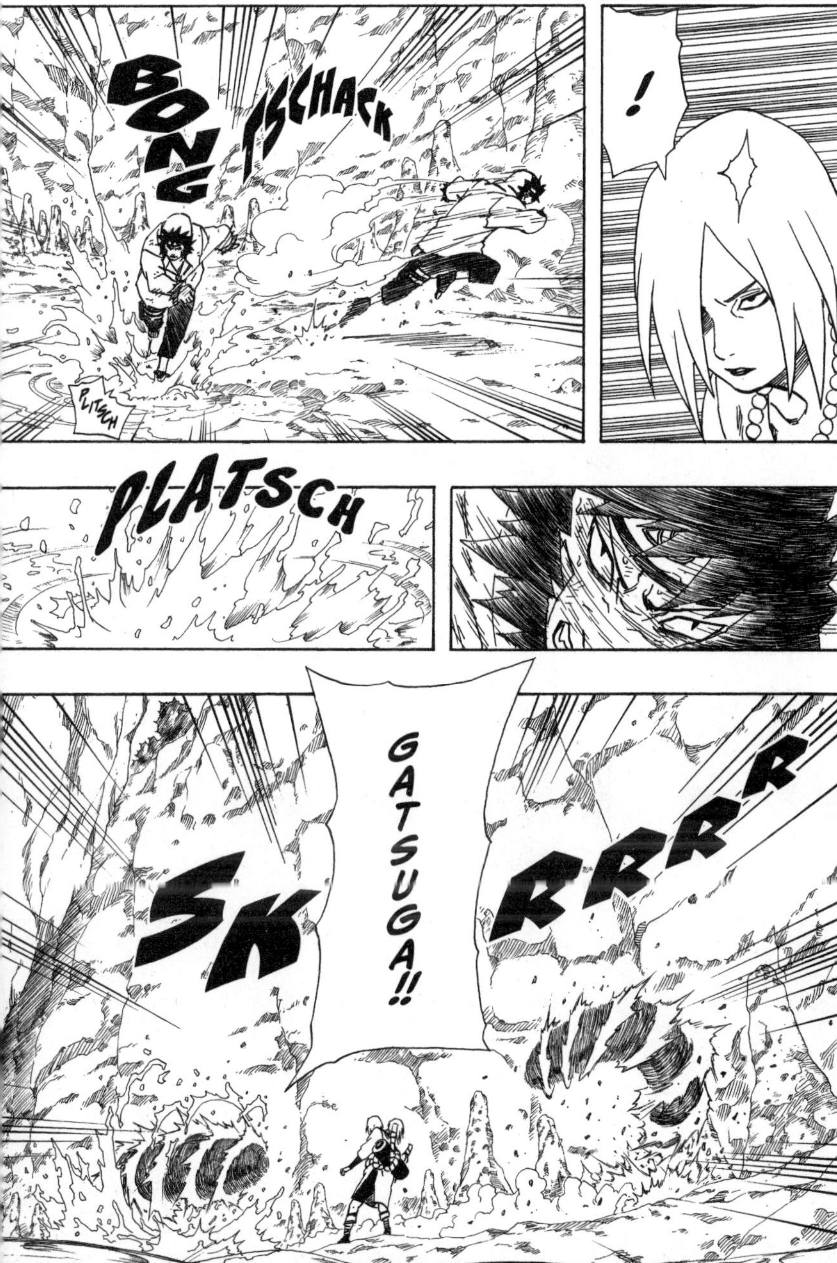

!
BONG
TSCHACK
PLITSCH
PLATSCH
GATSUGA!!
SK
RRRRR

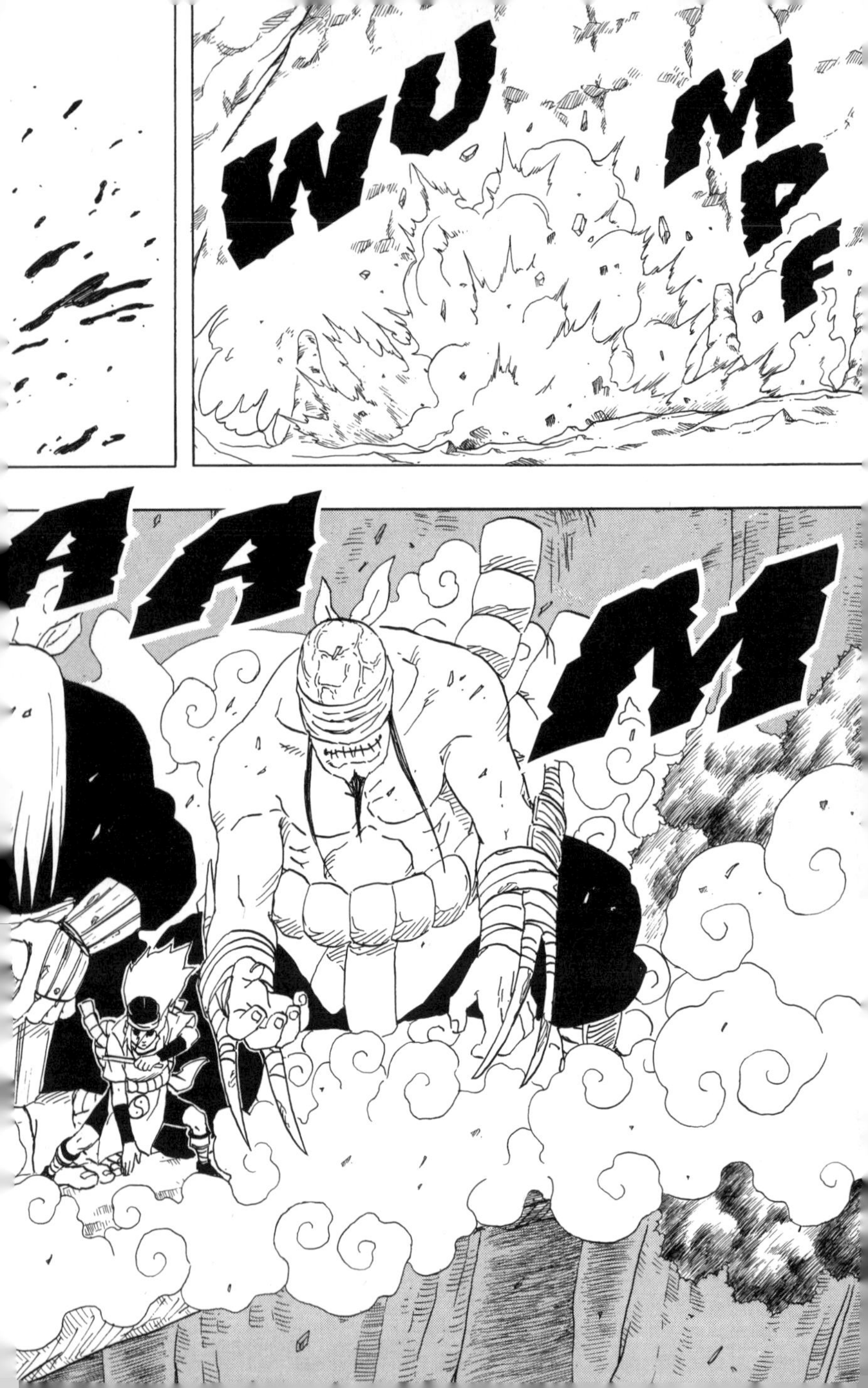
WUMPF
BAAAM

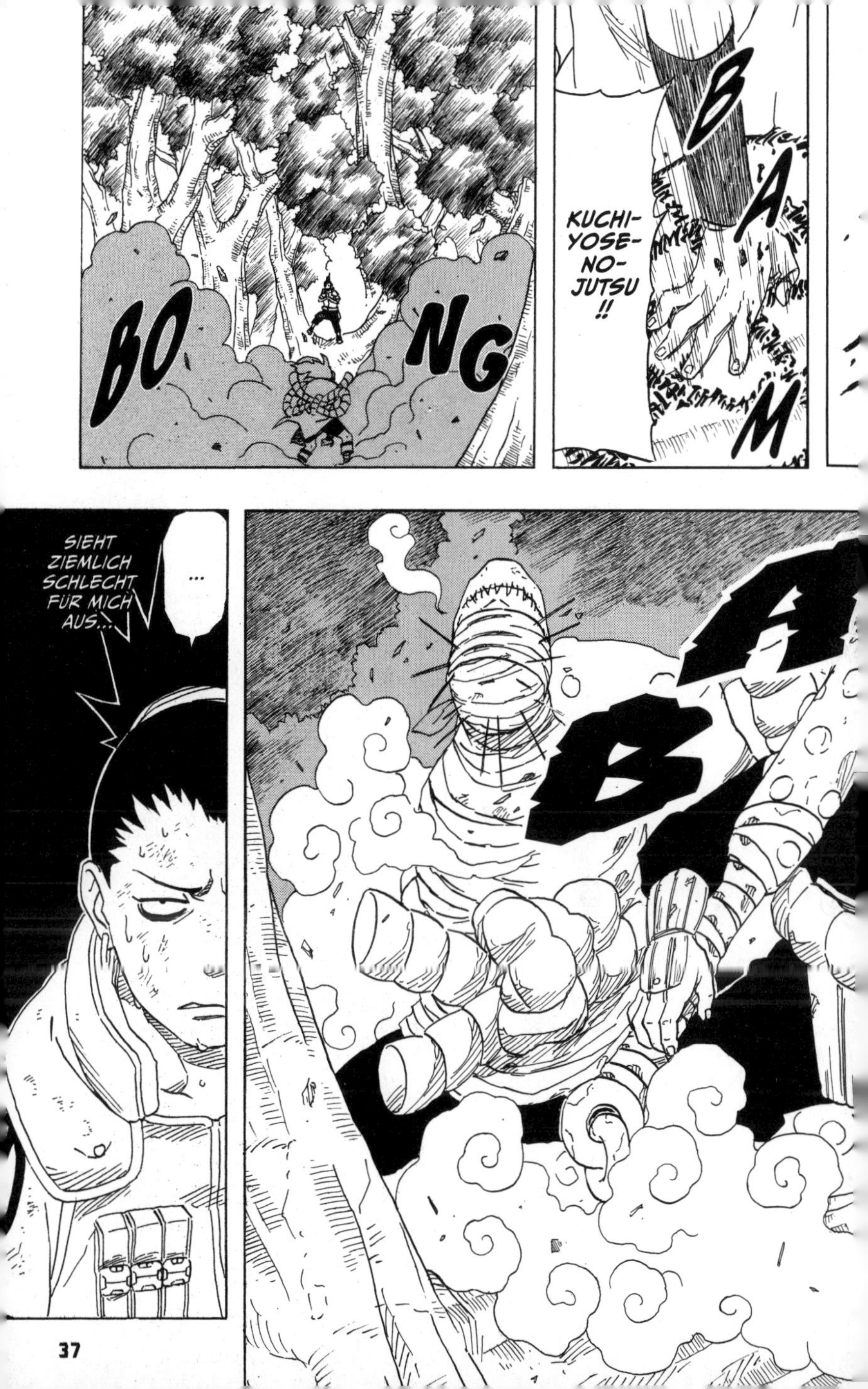
BONG
KUCHI-YOSE-NO-JUTSU!!
BAM
...
SIEHT ZIEMLICH SCHLECHT FÜR MICH AUS...
BAM

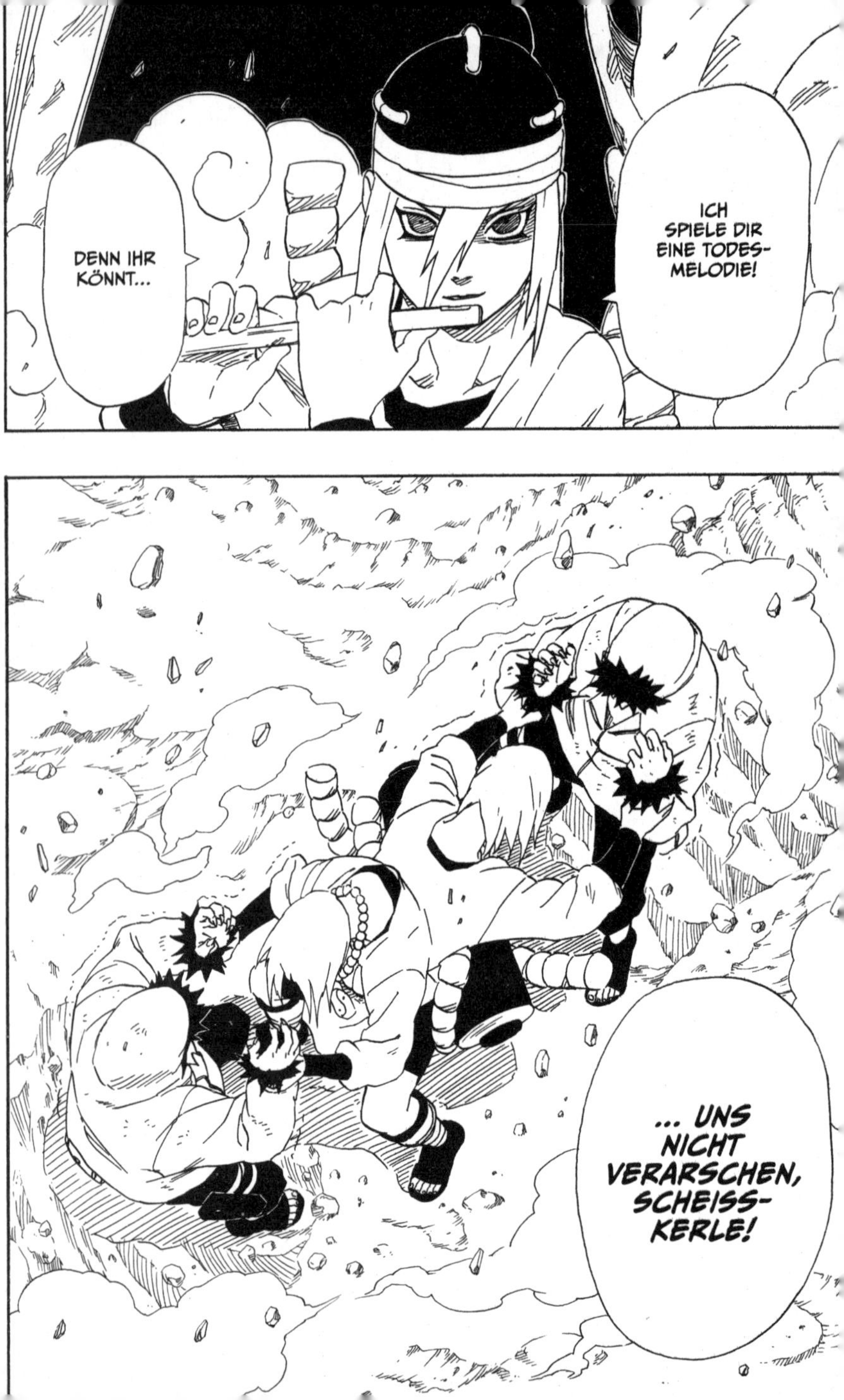
ICH SPIELE DIR EINE TODES-MELODIE!
DENN IHR KÖNNT...
... UNS NICHT VERARSCHEN, SCHEISS-KERLE!

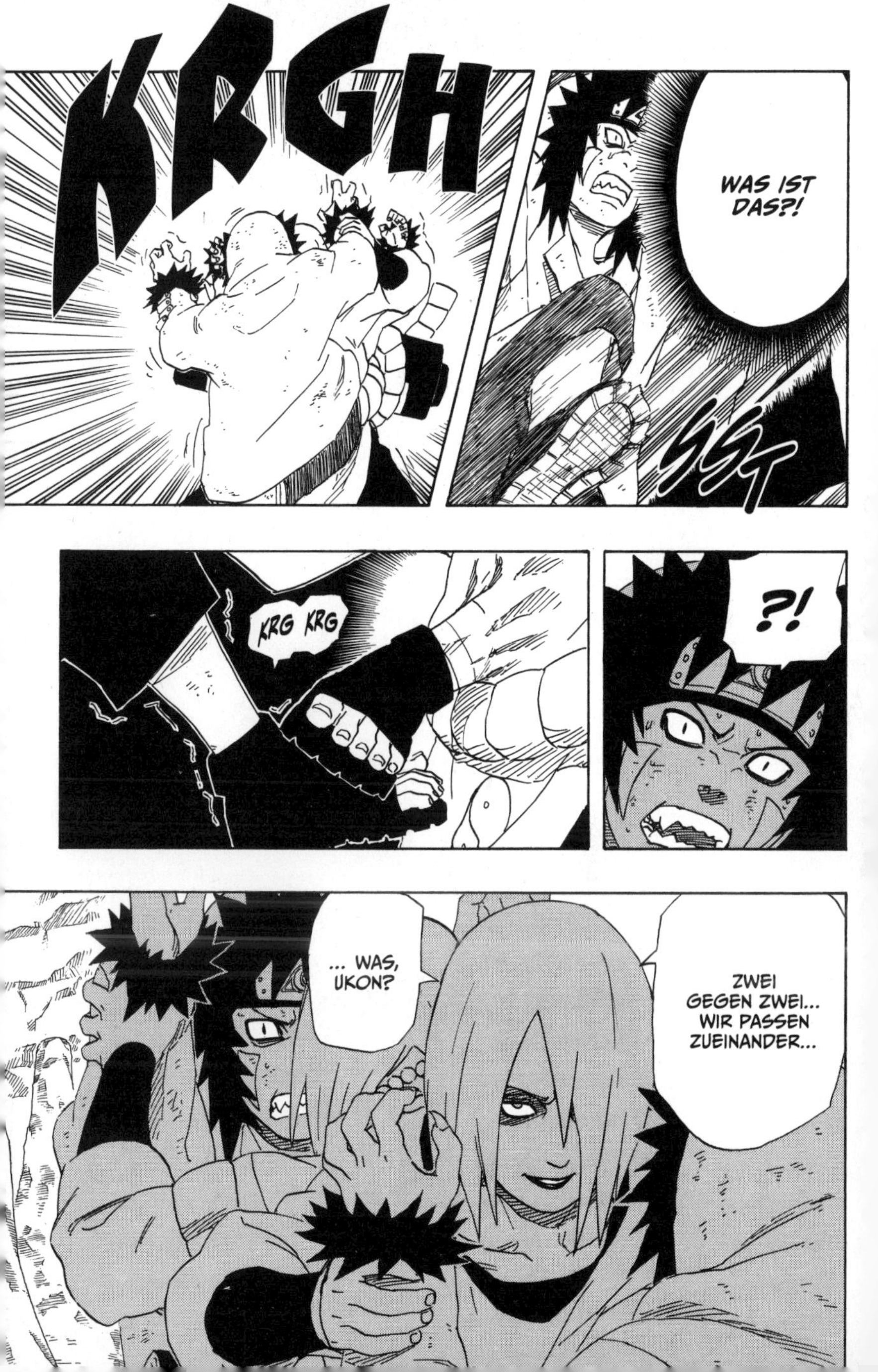
WAS IST DAS?!
SST
KRGH
?!
KRG KRG
ZWEI GEGEN ZWEI… WIR PASSEN ZUEINANDER…
… WAS, UKON?

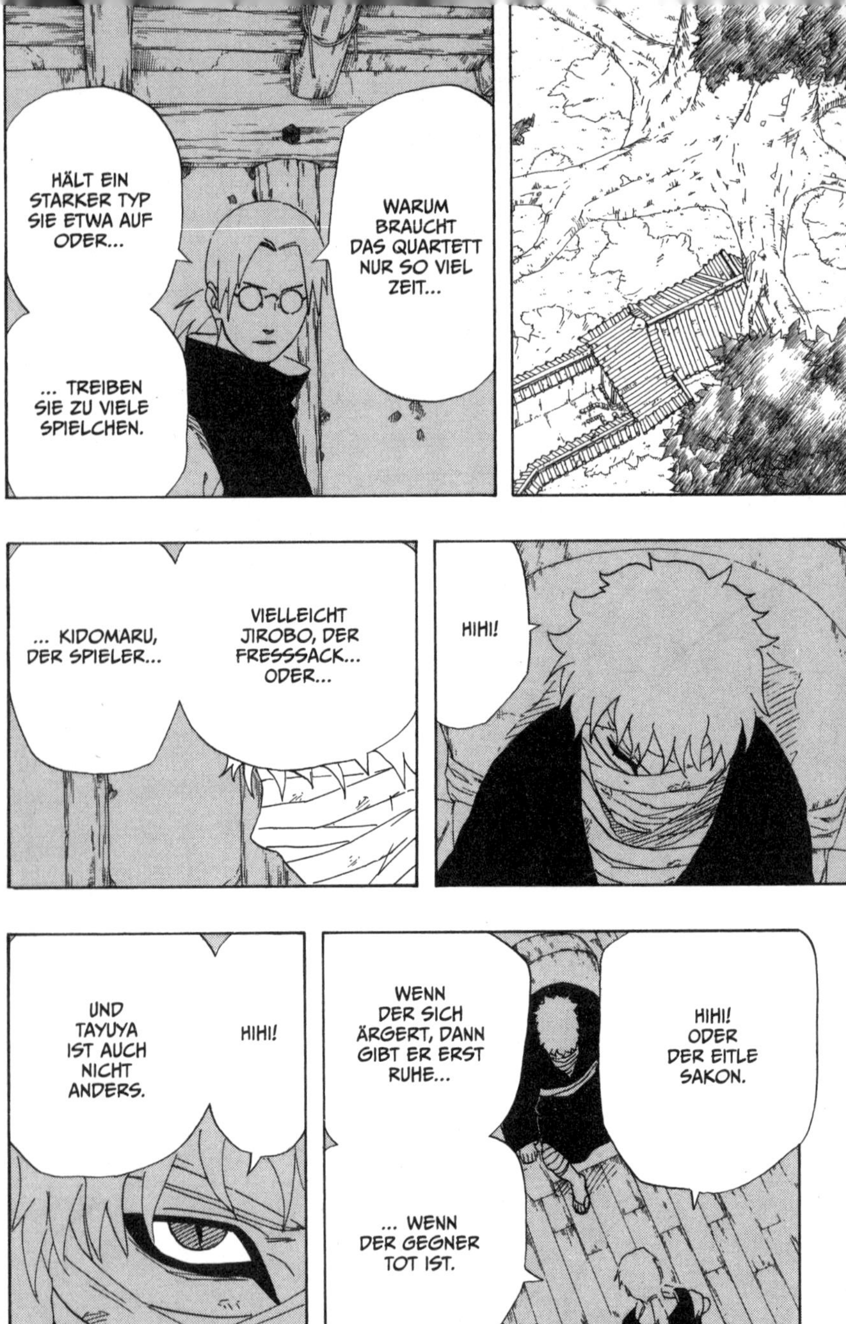
WARUM BRAUCHT DAS QUARTETT NUR SO VIEL ZEIT...
HÄLT EIN STARKER TYP SIE ETWA AUF ODER...
... TREIBEN SIE ZU VIELE SPIELCHEN.
HIHI!
VIELLEICHT JIROBO, DER FRESSSACK... ODER...
... KIDOMARU, DER SPIELER...
HIHI! ODER DER EITLE SAKON.
WENN DER SICH ÄRGERT, DANN GIBT ER ERST RUHE...
... WENN DER GEGNER TOT IST.
HIHI!
UND TAYUYA IST AUCH NICHT ANDERS.

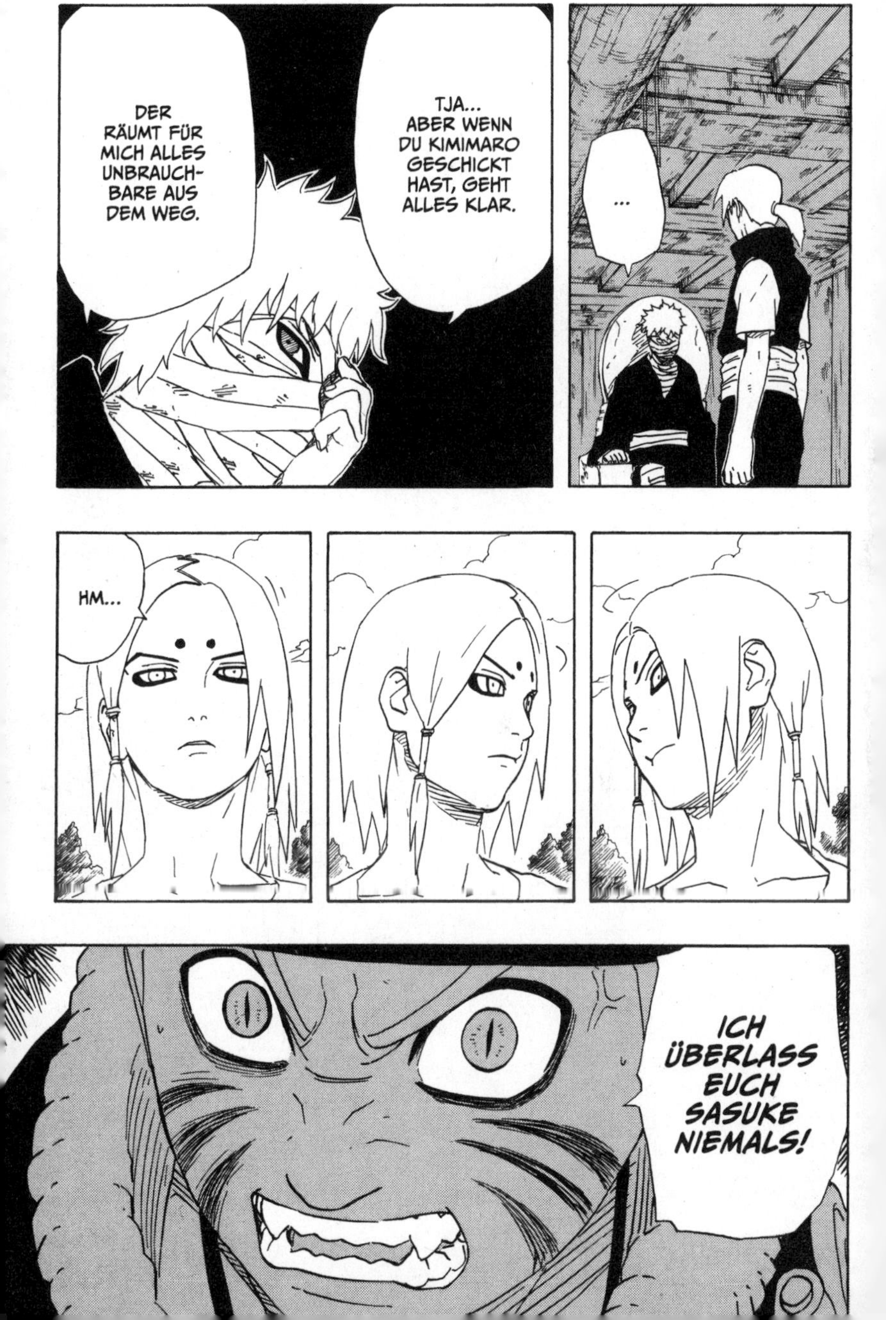

...
TJA... ABER WENN DU KIMIMARO GESCHICKT HAST, GEHT ALLES KLAR.
DER RÄUMT FÜR MICH ALLES UNBRAUCHBARE AUS DEM WEG.
HM...
ICH ÜBERLASS EUCH SASUKE NIEMALS!

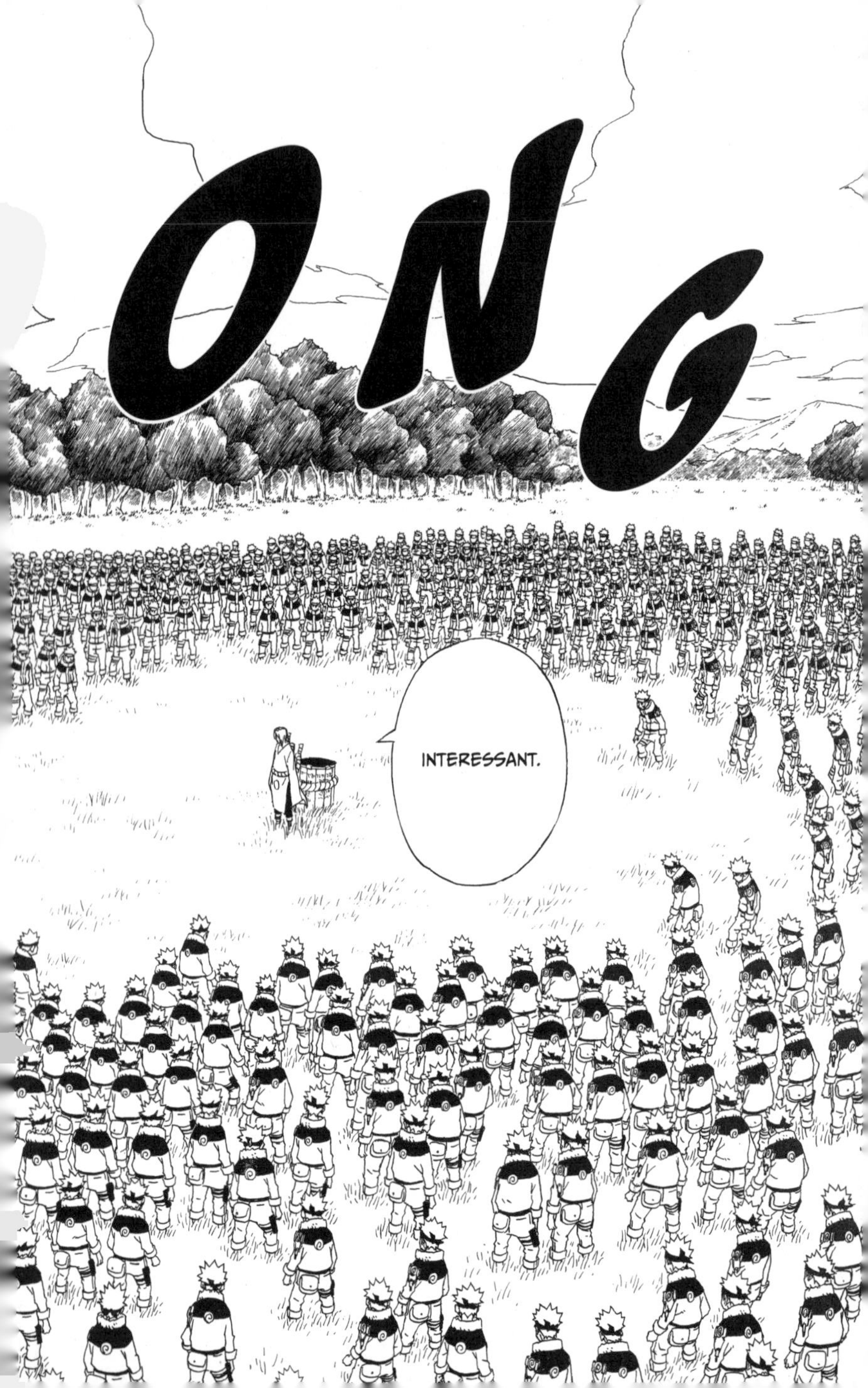
ONG
INTERESSANT.

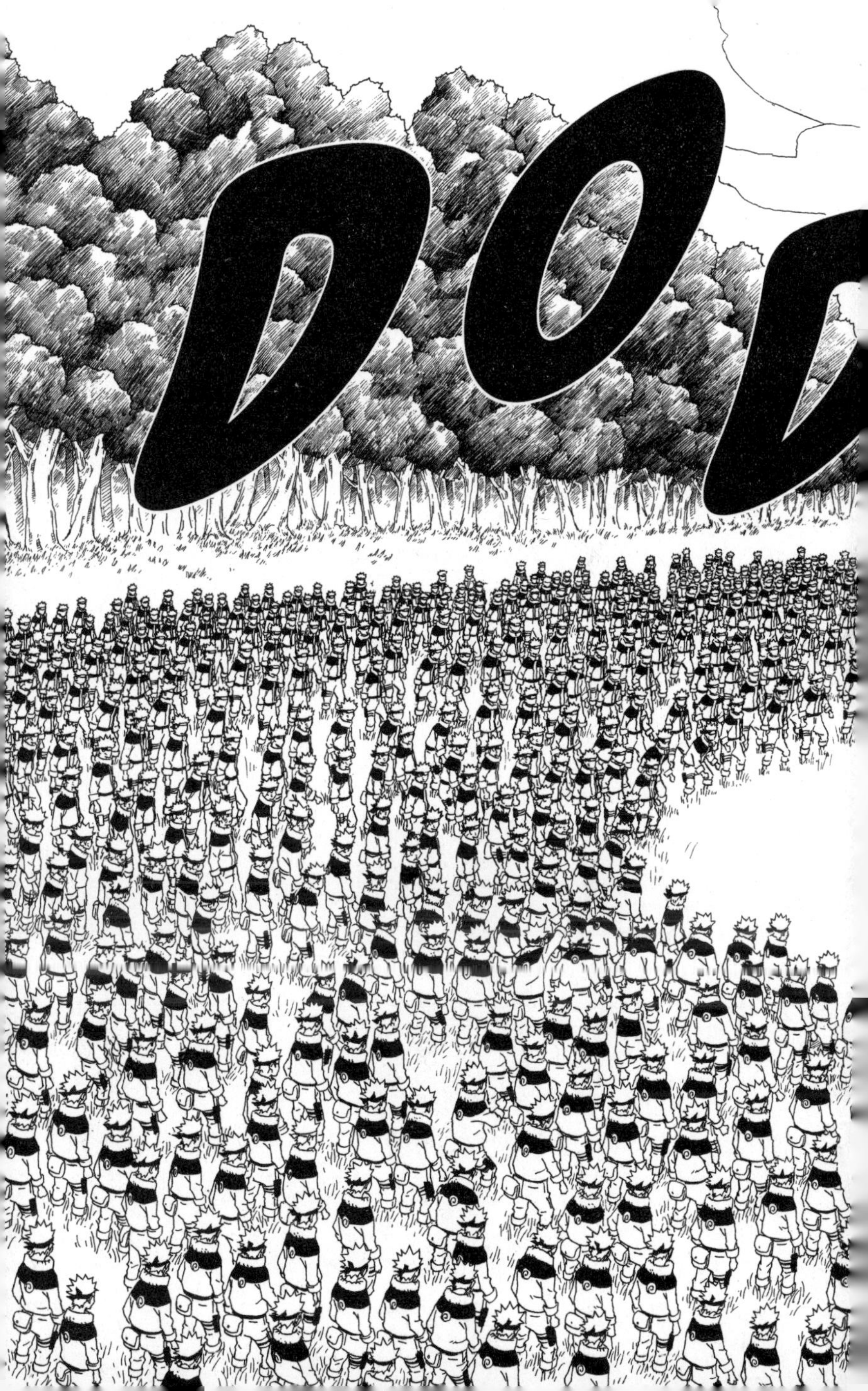
DOD

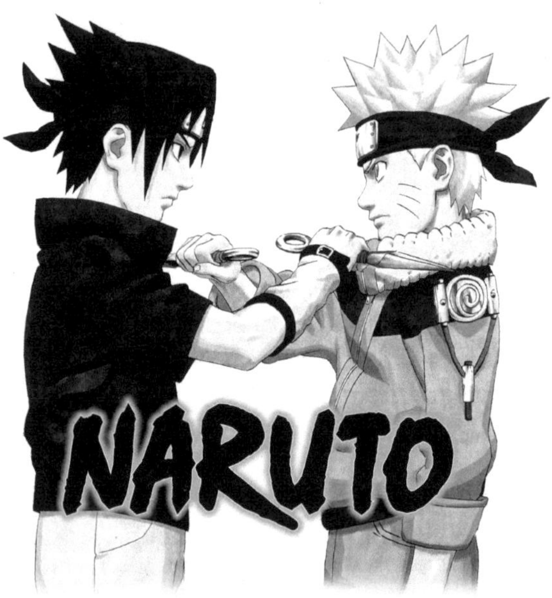
NARUTO

203. Kapitel: Sakons Geheimnis

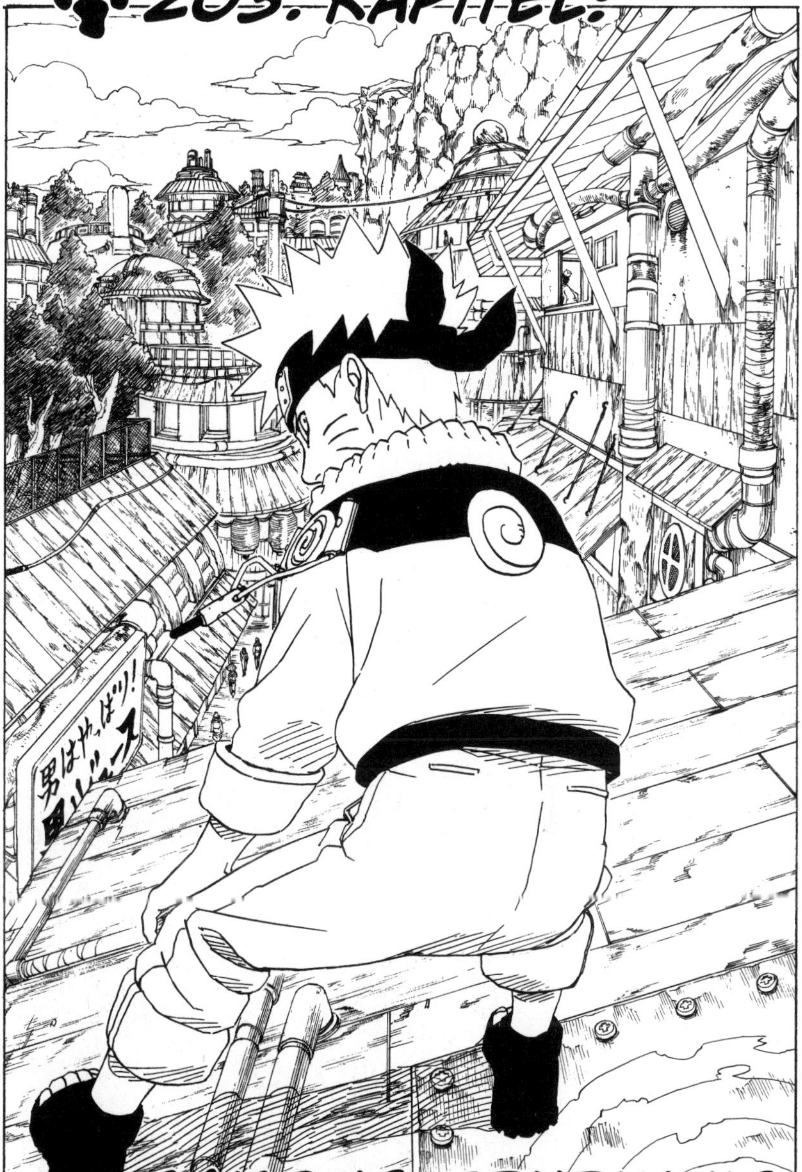

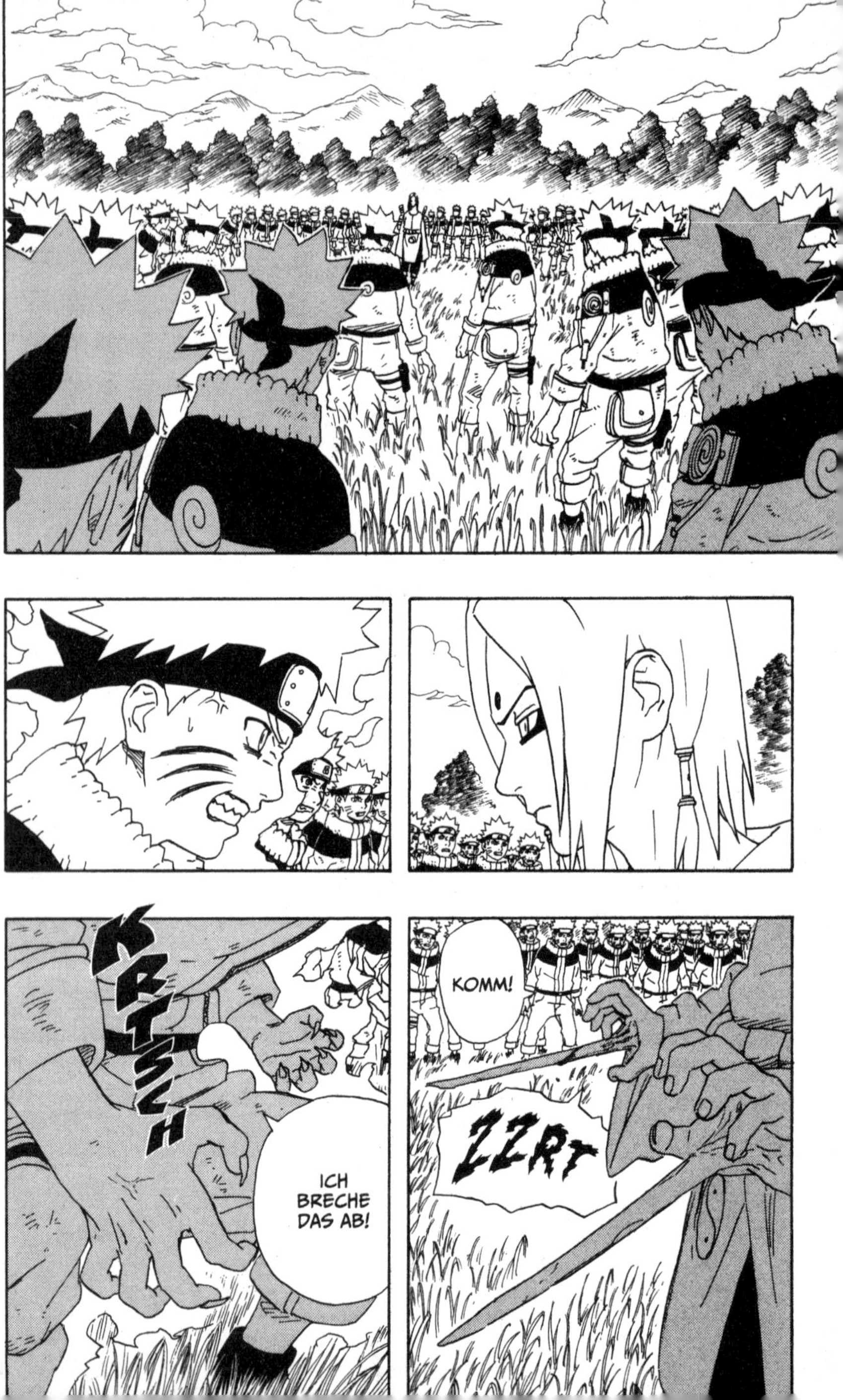
KOMM!
ZZRT
KRTSCH
ICH BRECHE DAS AB!

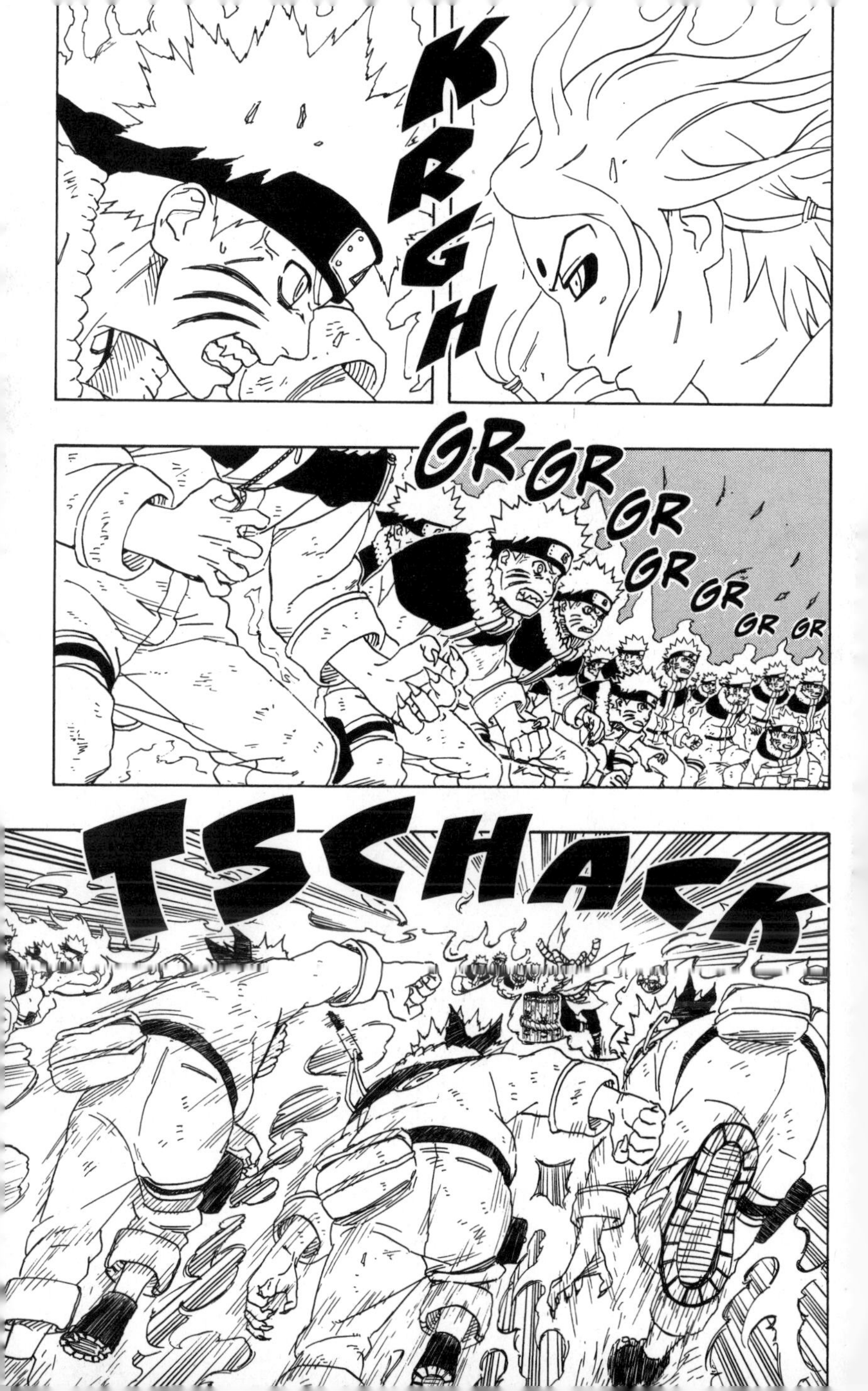
KRGH
GR GR GR GR GR GR GR
TSCHACK

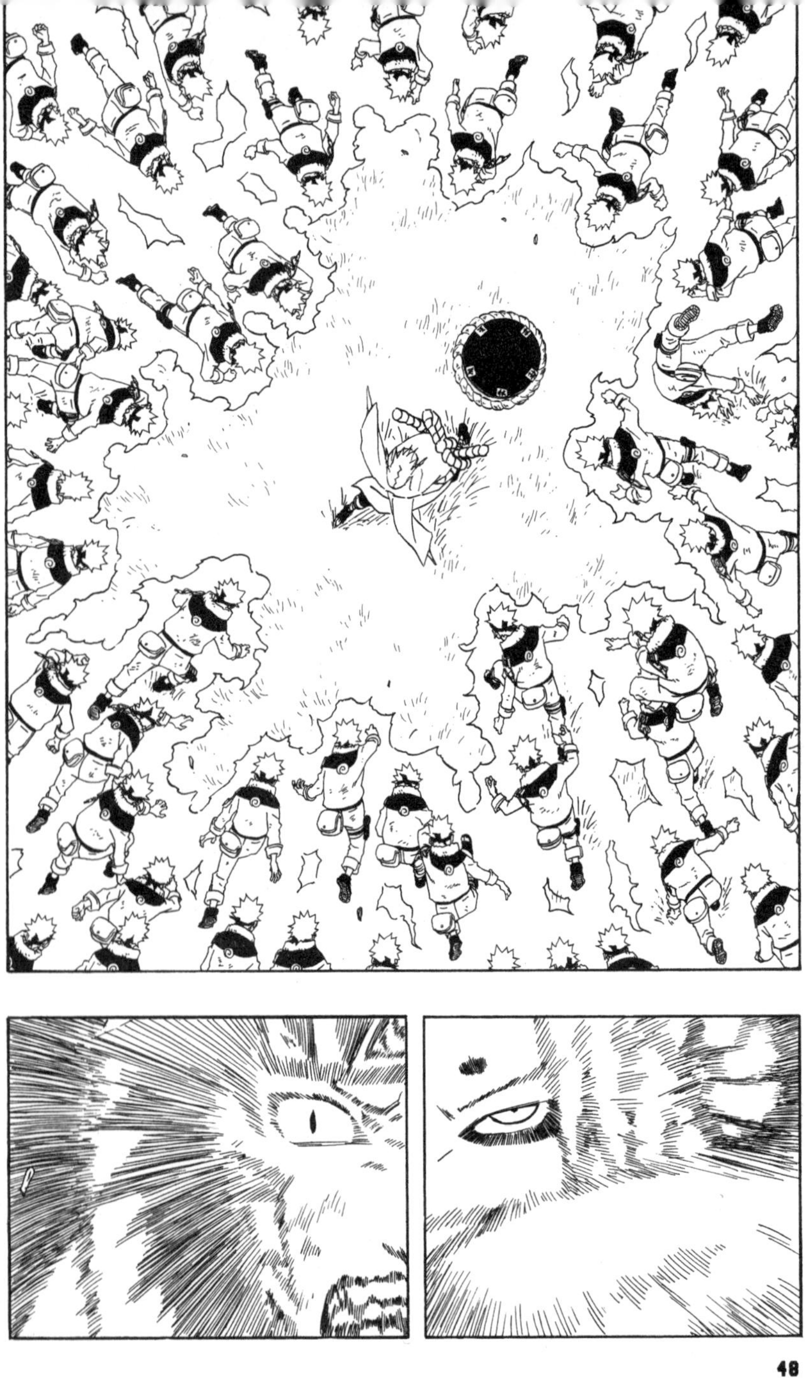

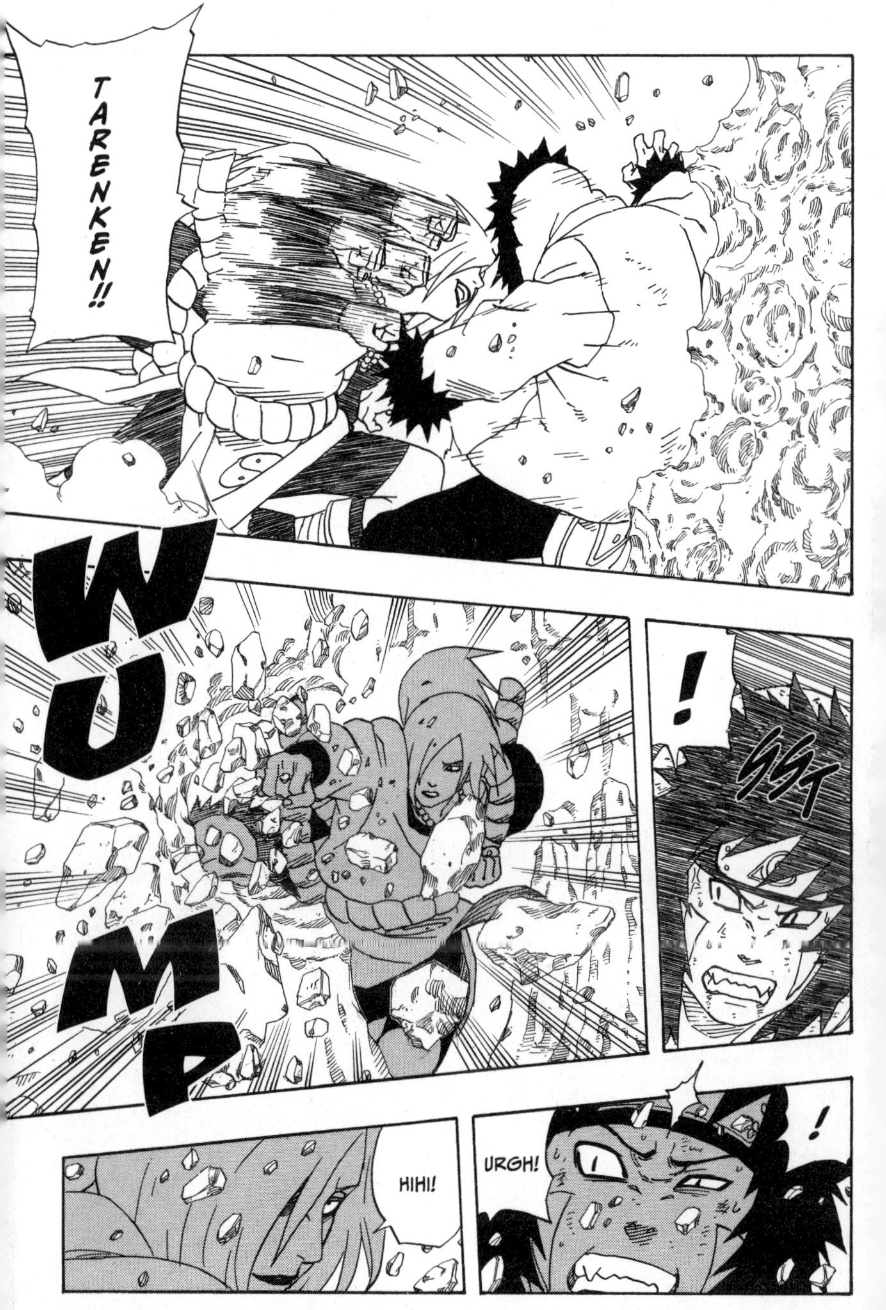
TARENKEN!!
WUMP
!
SST
HIHI!
!
URGH!

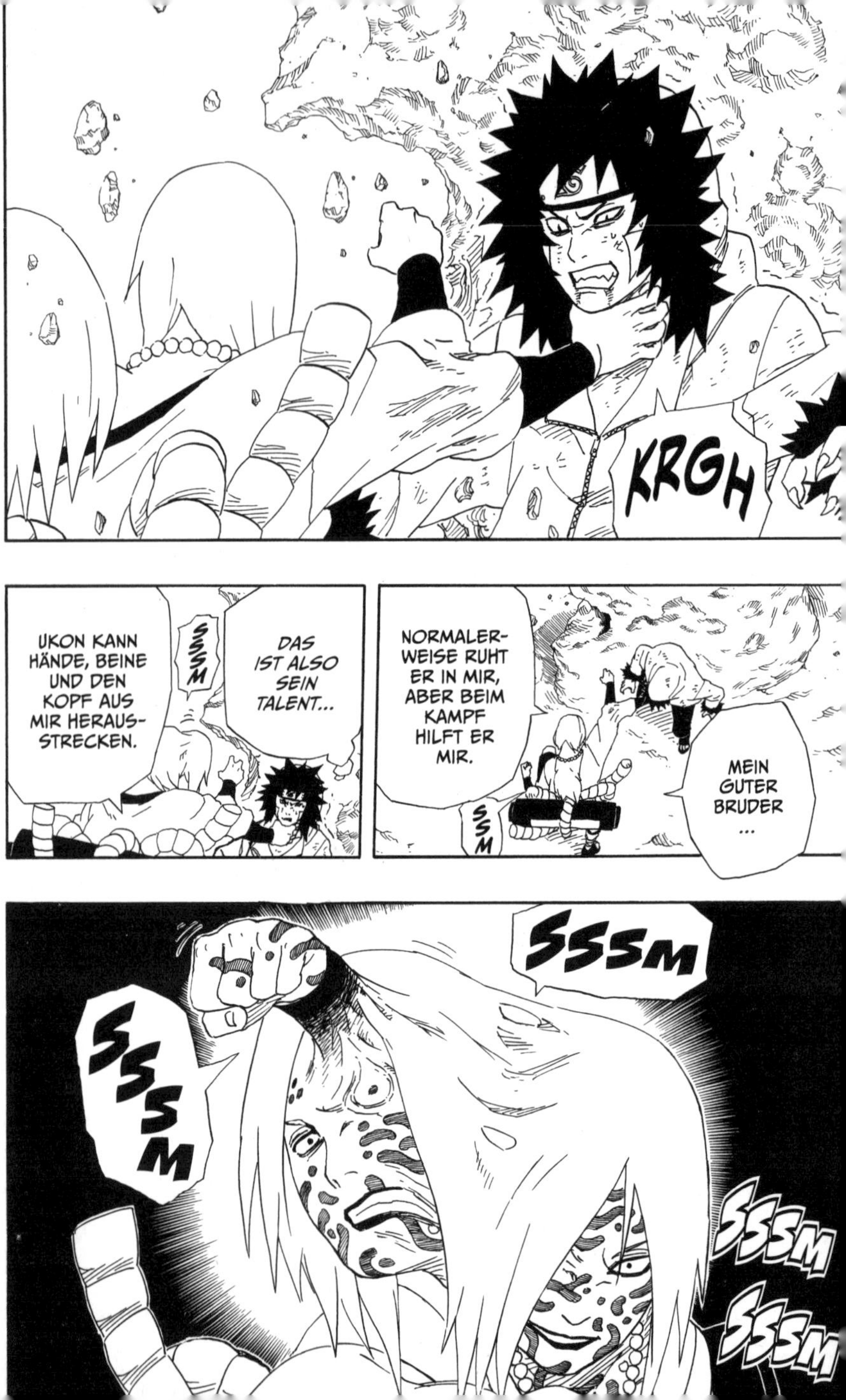
KRGH
MEIN GUTER BRUDER ...
NORMALERWEISE RUHT ER IN MIR, ABER BEIM KAMPF HILFT ER MIR.
SSSM
DAS IST ALSO SEIN TALENT...
SSSM
UKON KANN HÄNDE, BEINE UND DEN KOPF AUS MIR HERAUSSTRECKEN.
SSSM
SSSM
SSSM
SSSM

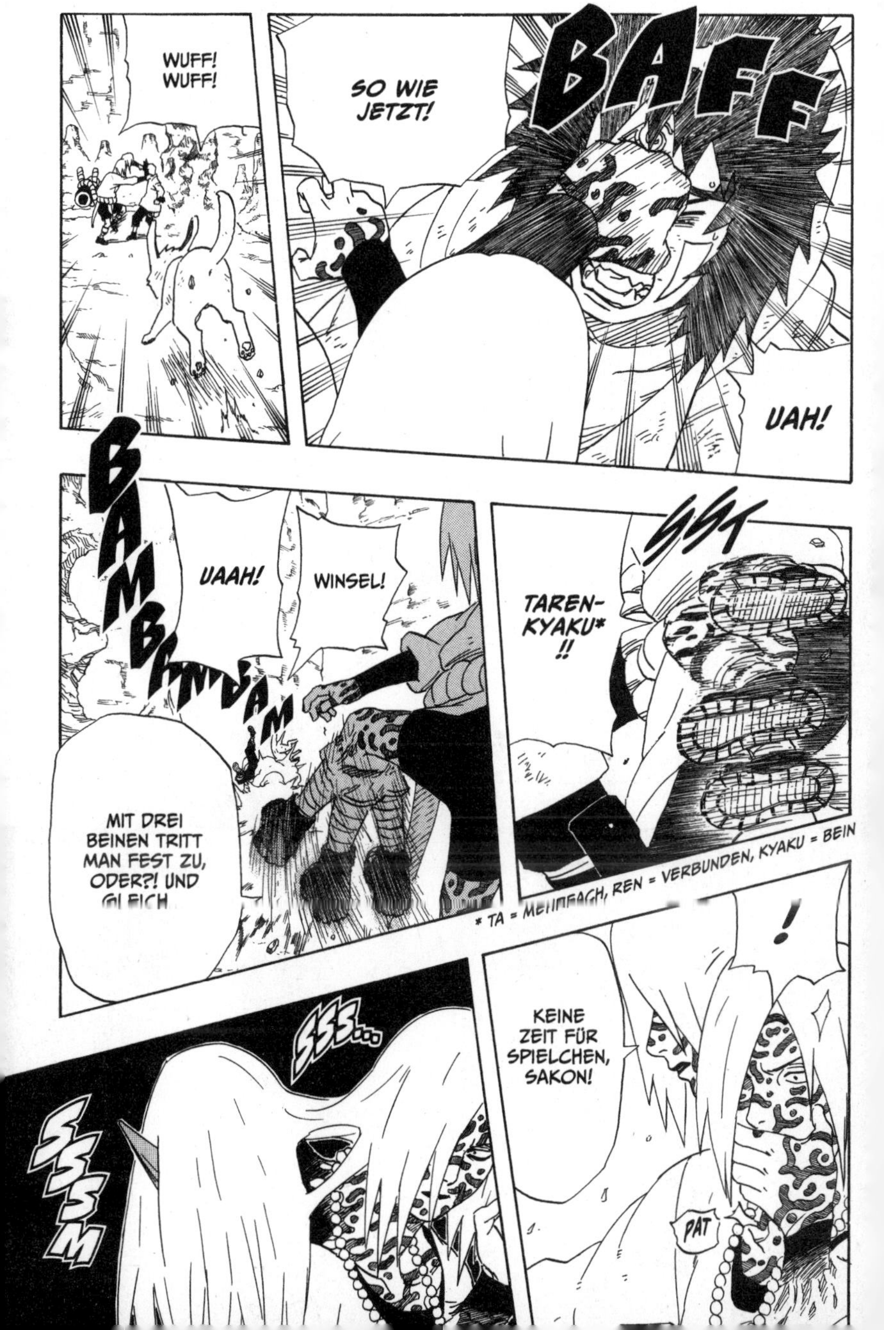
BAFF
SO WIE JETZT!
UAH!
WUFF! WUFF!
SST
TAREN-KYAKU* !!
BAMBAMBAM
WINSEL!
UAAH!
MIT DREI BEINEN TRITT MAN FEST ZU, ODER?! UND GLEICH
* TA = MEHRFACH, REN = VERBUNDEN, KYAKU = BEIN
!
KEINE ZEIT FÜR SPIELCHEN, SAKON!
PAT
SSS...
SSSM

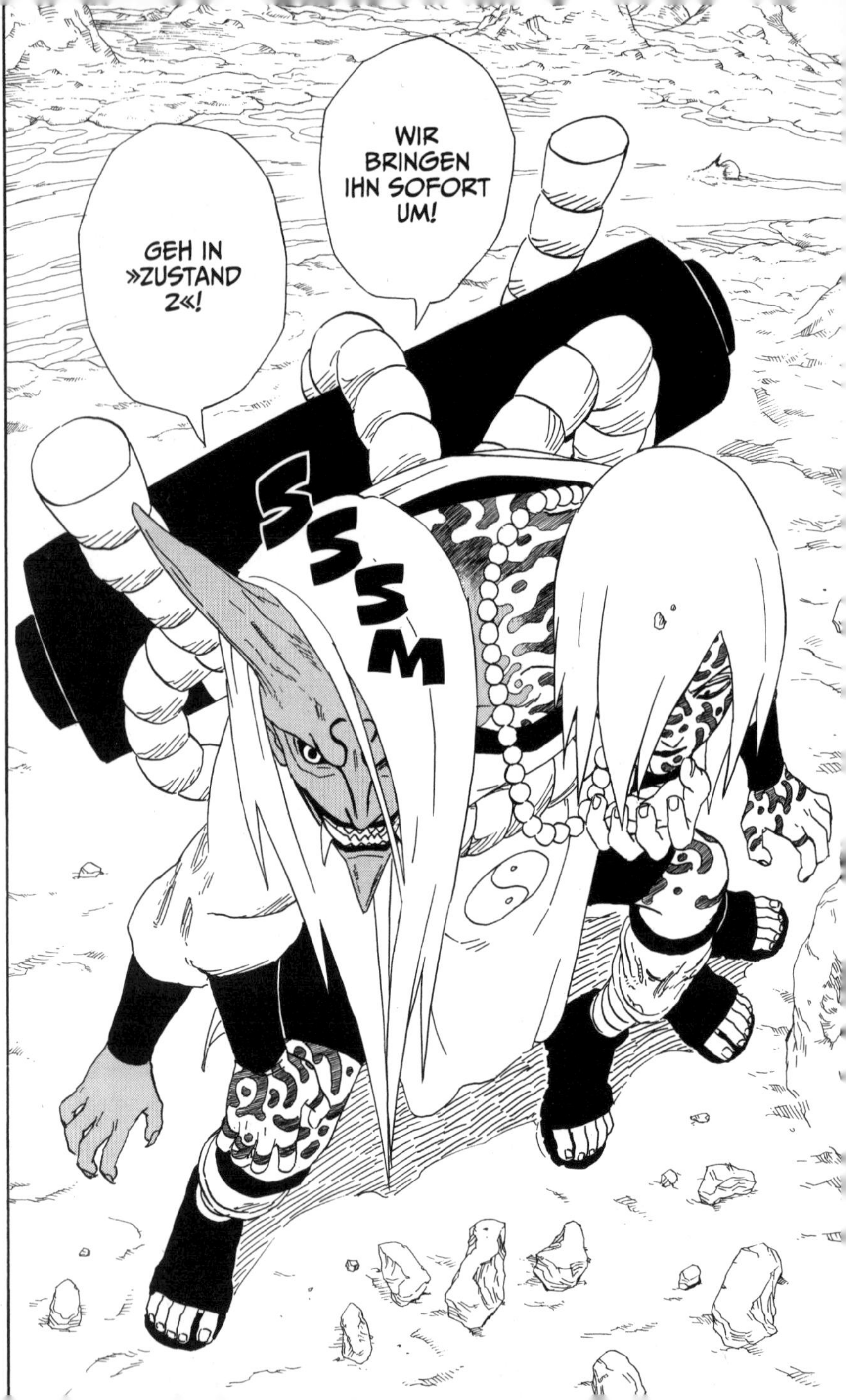
WIR BRINGEN IHN SOFORT UM!
GEH IN »ZUSTAND 2«!
SSSM

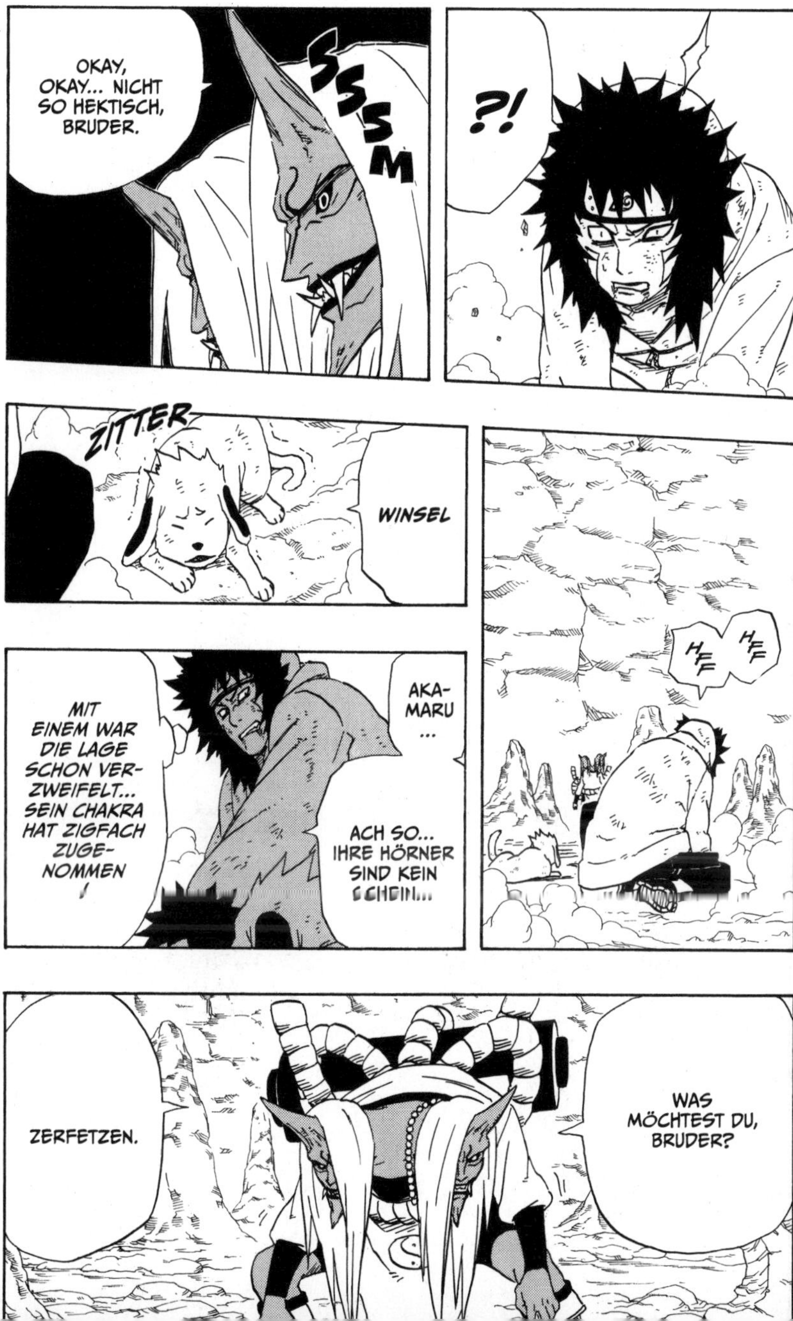
?!
SSSM
OKAY, OKAY... NICHT SO HEKTISCH, BRUDER.
HFF HFF
ZITTER
WINSEL
AKA-MARU ...
ACH SO... IHRE HÖRNER SIND KEIN SCHEIN...
MIT EINEM WAR DIE LAGE SCHON VERZWEIFELT... SEIN CHAKRA HAT ZIGFACH ZUGE-NOMMEN !
WAS MÖCHTEST DU, BRUDER?
ZERFETZEN.

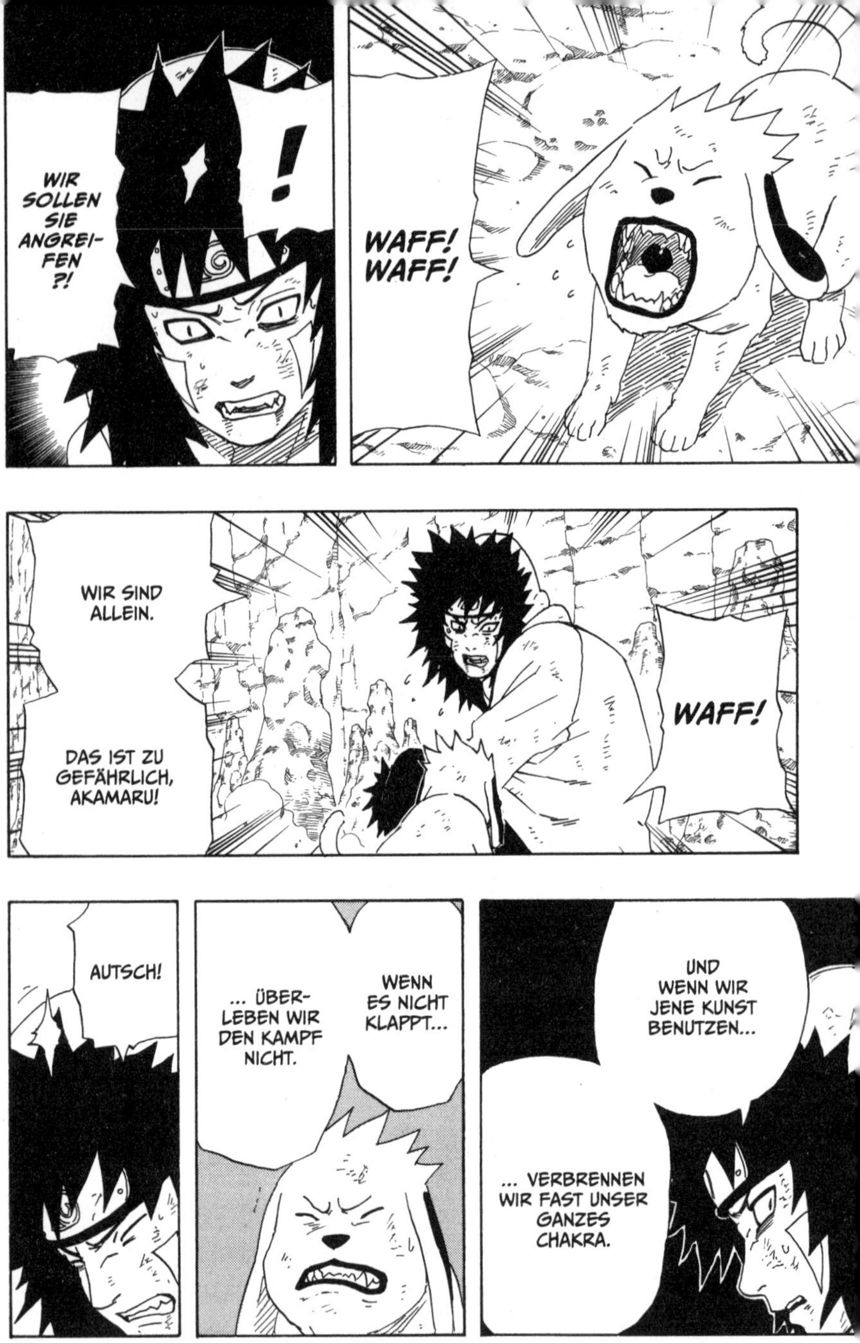
WIR SOLLEN SIE ANGREIFEN ?!
!
WAFF! WAFF!
WIR SIND ALLEIN.
DAS IST ZU GEFÄHRLICH, AKAMARU!
WAFF!
AUTSCH!
WENN ES NICHT KLAPPT...
... ÜBERLEBEN WIR DEN KAMPF NICHT.
UND WENN WIR JENE KUNST BENUTZEN...
... VERBRENNEN WIR FAST UNSER GANZES CHAKRA.

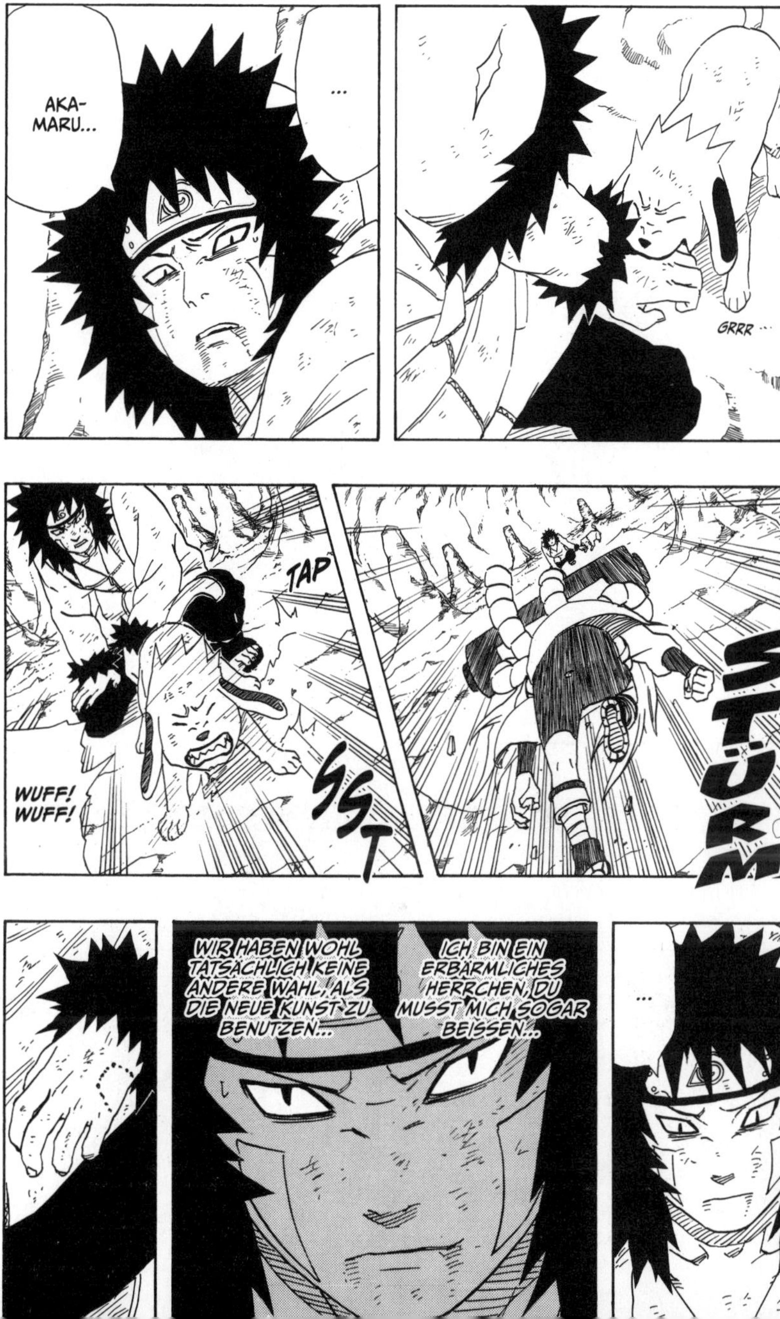

GRRR...
...
AKA-
MARU...
STÜRM
SST
TAP
WUFF!
WUFF!
...
ICH BIN EIN ERBÄRMLICHES HERRCHEN, DU MUSST MICH SOGAR BEISSEN...
WIR HABEN WOHL TATSÄCHLICH KEINE ANDERE WAHL, ALS DIE NEUE KUNST ZU BENUTZEN...

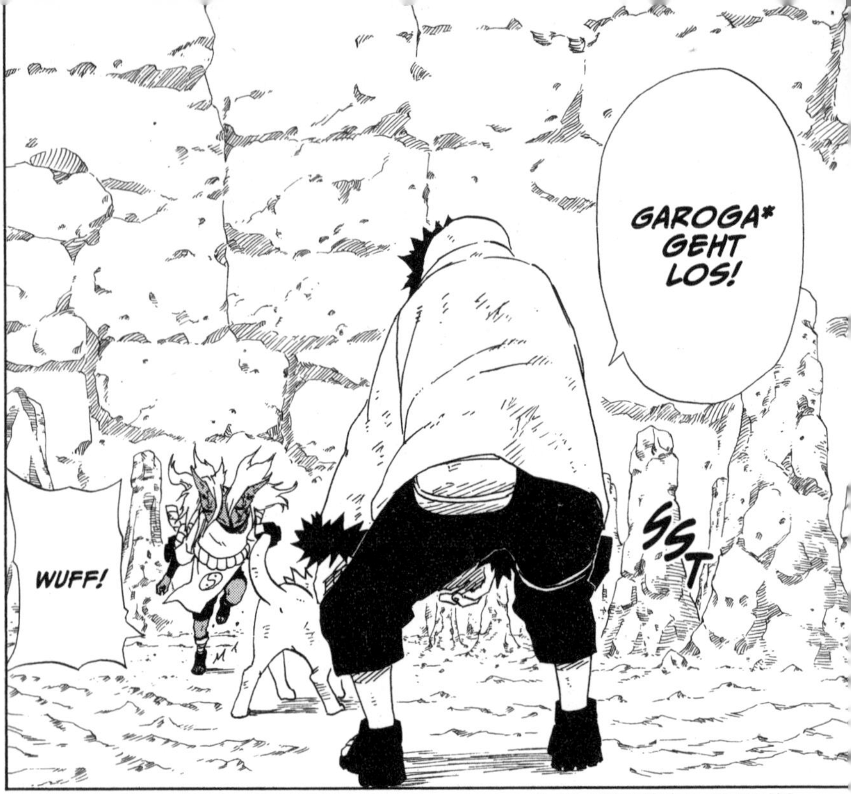

* GA = (STOSS)ZAHN, RO = WOLF

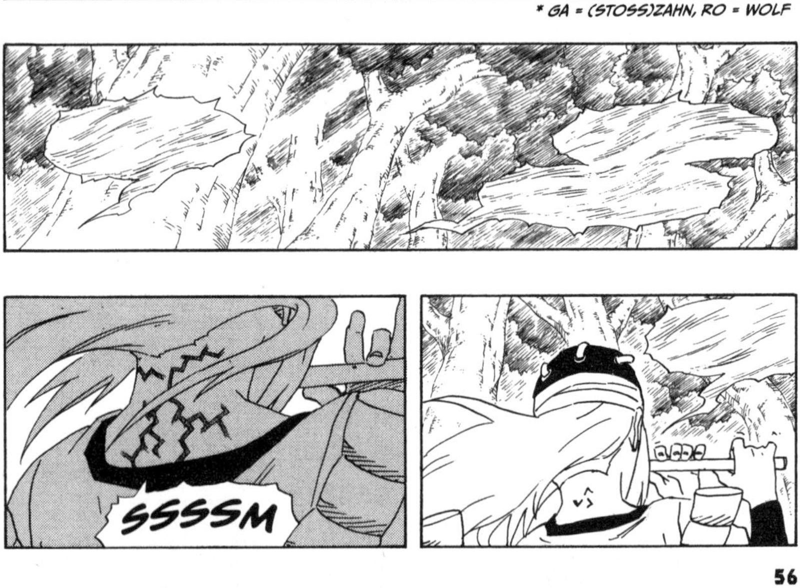

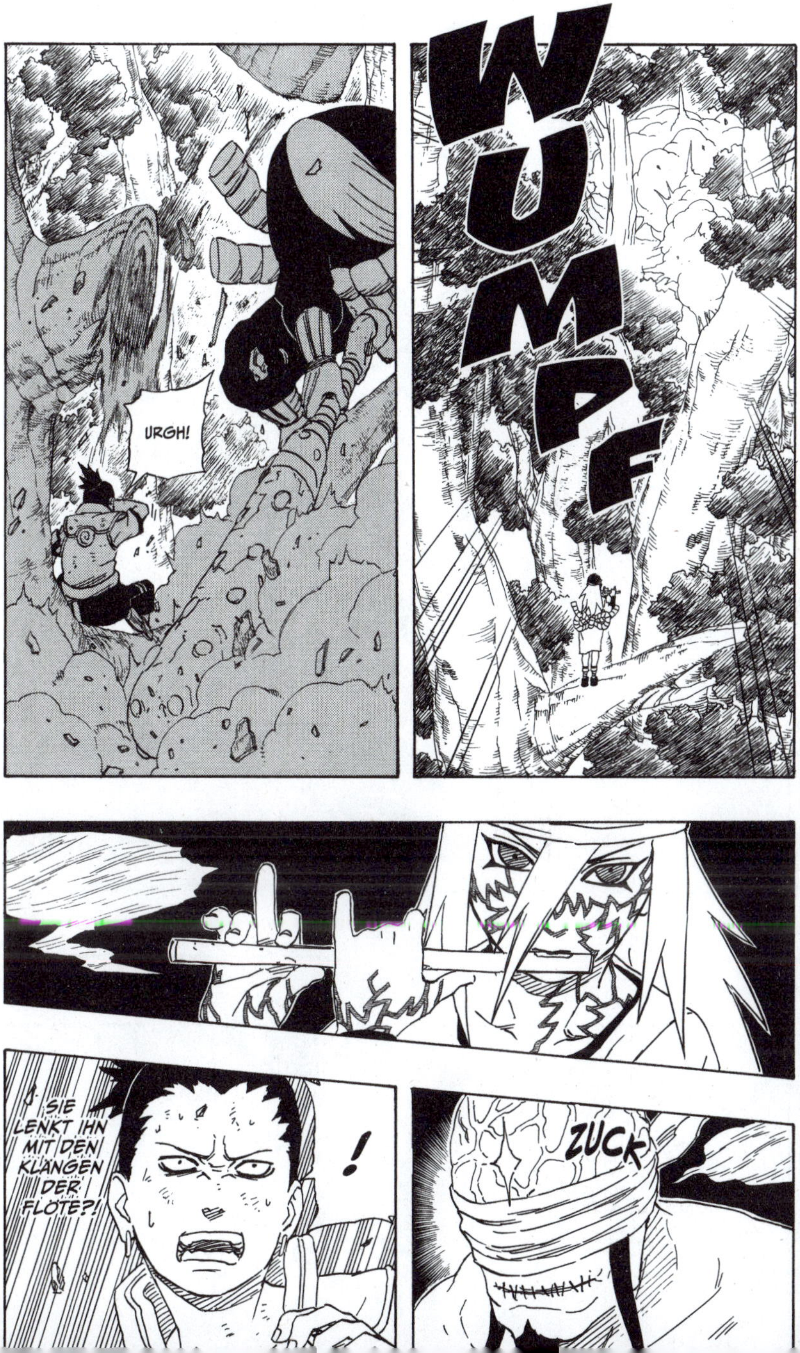
WUMPF
URGH!
SIE LENKT IHN MIT DEN KLÄNGEN DER FLÖTE?!
!
ZUCK

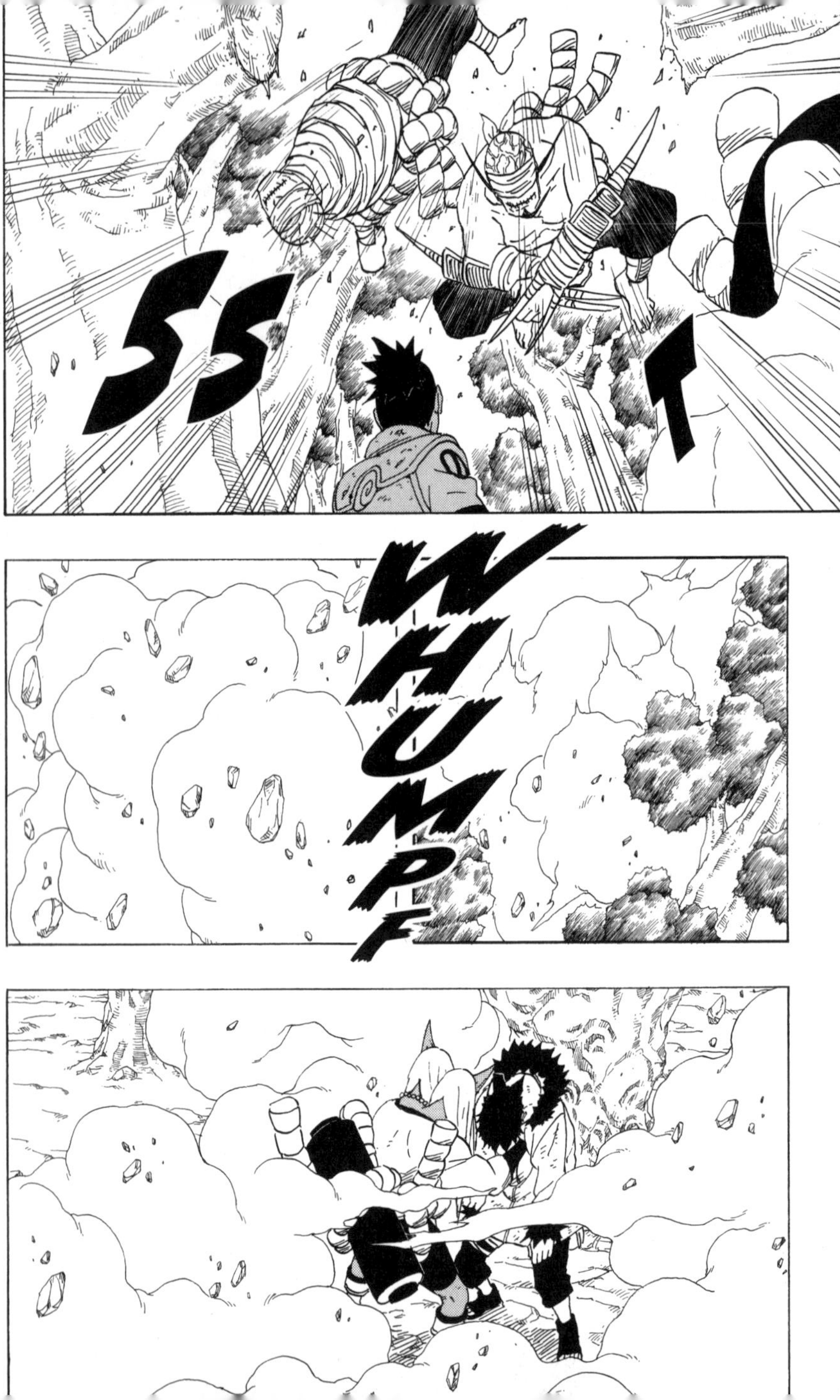
SST
WHUMPF

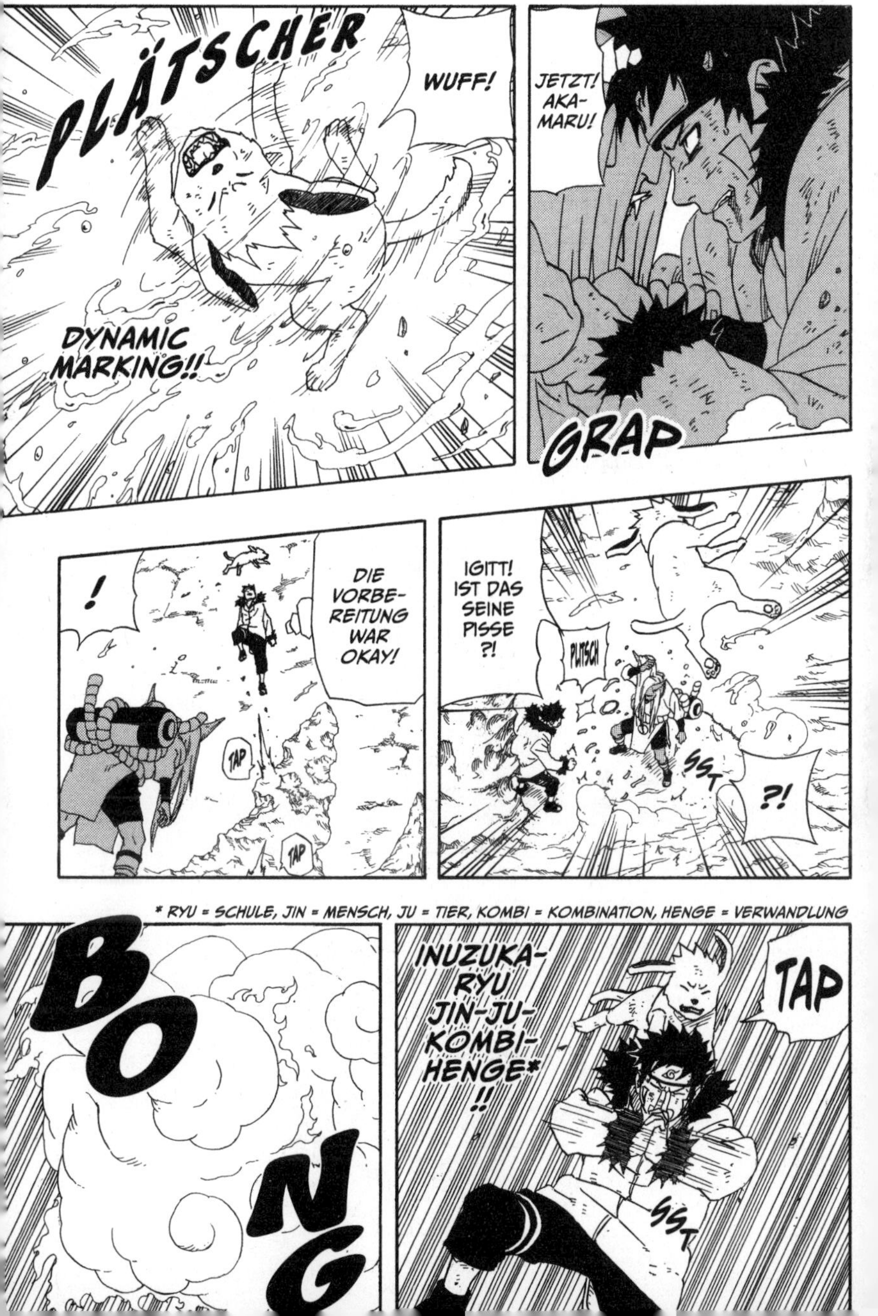
JETZT! AKAMARU!
GRAP
WUFF!
PLÄTSCHER
DYNAMIC MARKING!!
IGITT! IST DAS SEINE PISSE ?!
PLITSCH
SST
?!
DIE VORBEREITUNG WAR OKAY!
!
TAP
TAP
* RYU = SCHULE, JIN = MENSCH, JU = TIER, KOMBI = KOMBINATION, HENGE = VERWANDLUNG
INUZUKA-RYU JIN-JU-KOMBI-HENGE* !!
TAP
SST
BONG

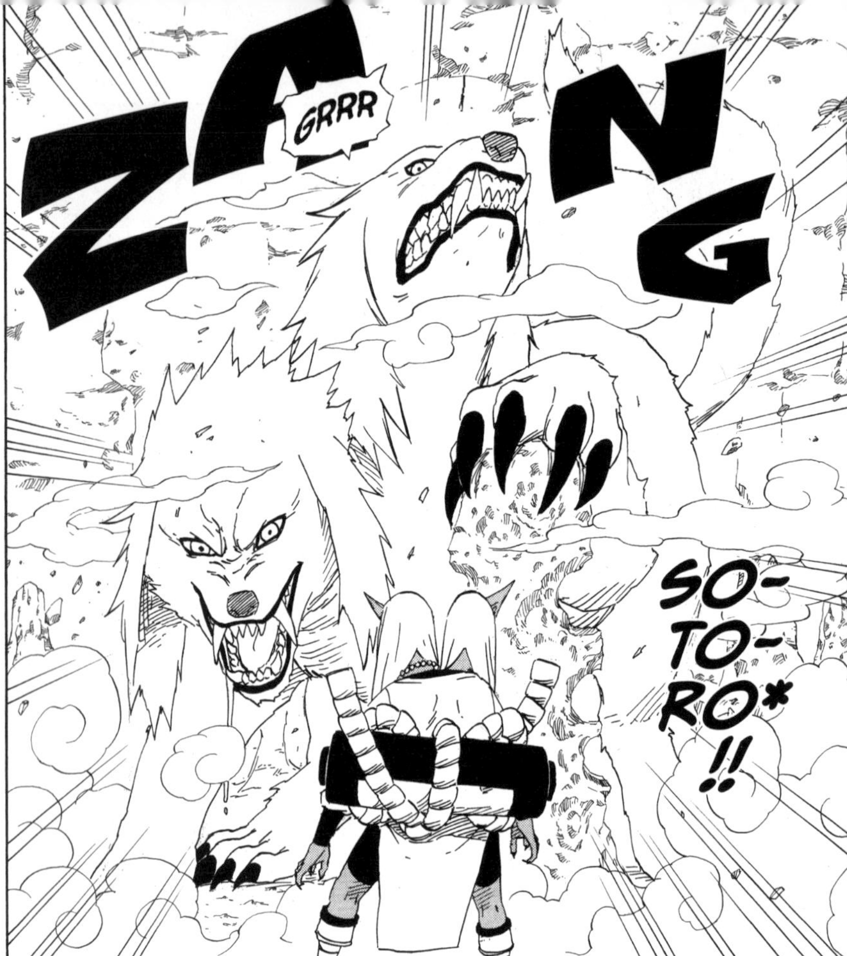

* SO = ZWEI, TO = KOPF, RO = WOLF

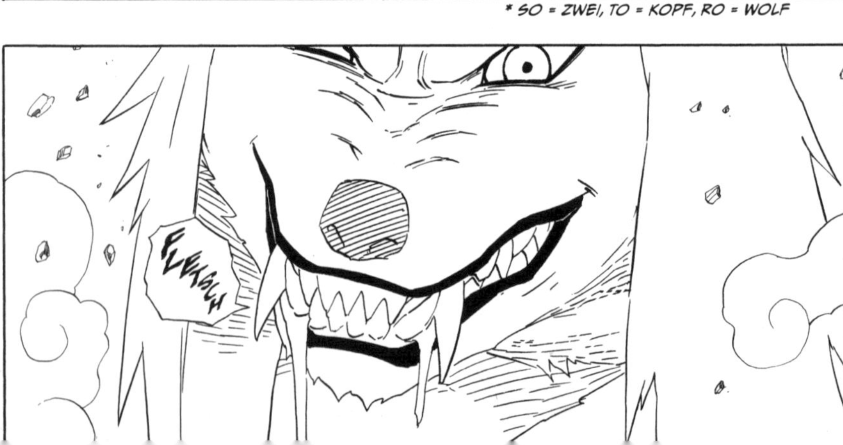

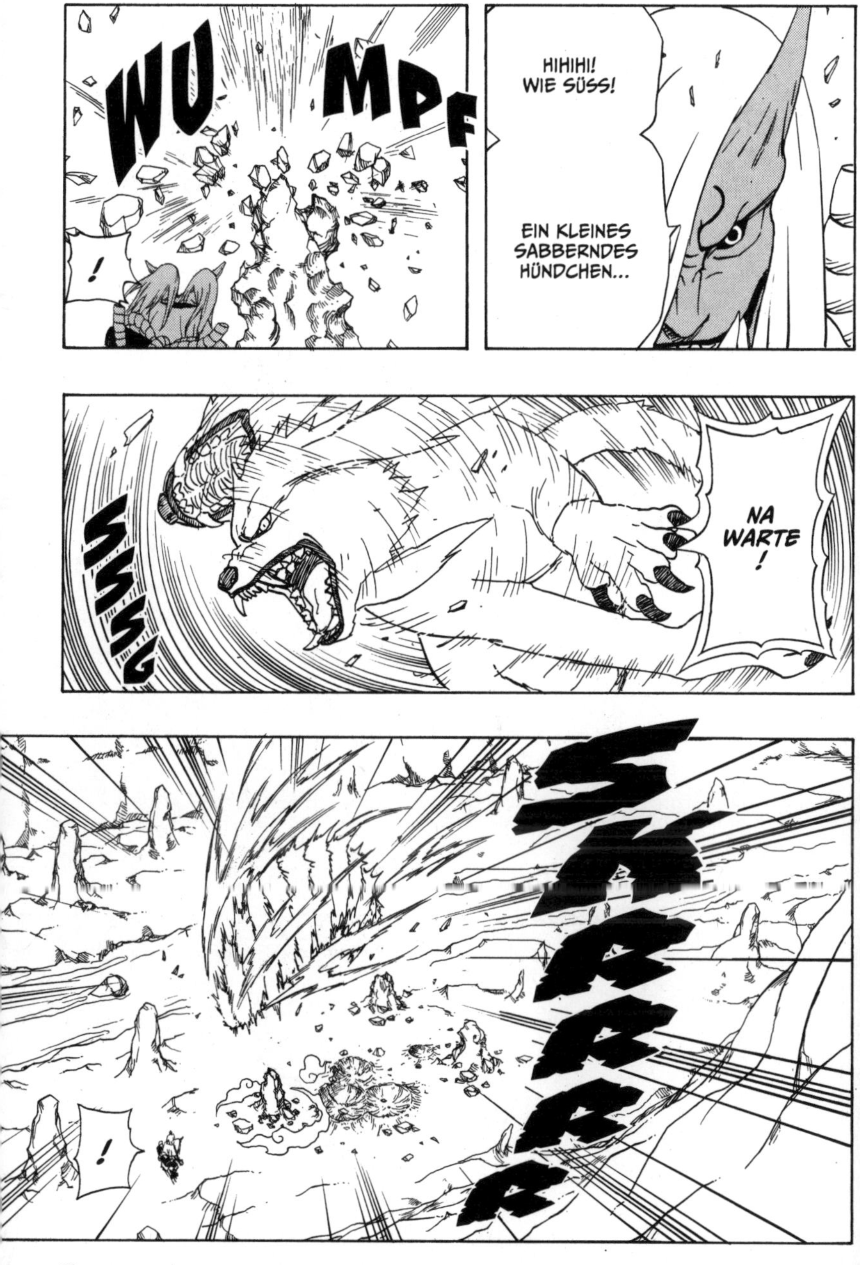
HIHIHI!
WIE SÜSS!
EIN KLEINES SABBERNDES HÜNDCHEN...
WUMPF
!
NA WARTE!
SSSG
SKRRRRR
!

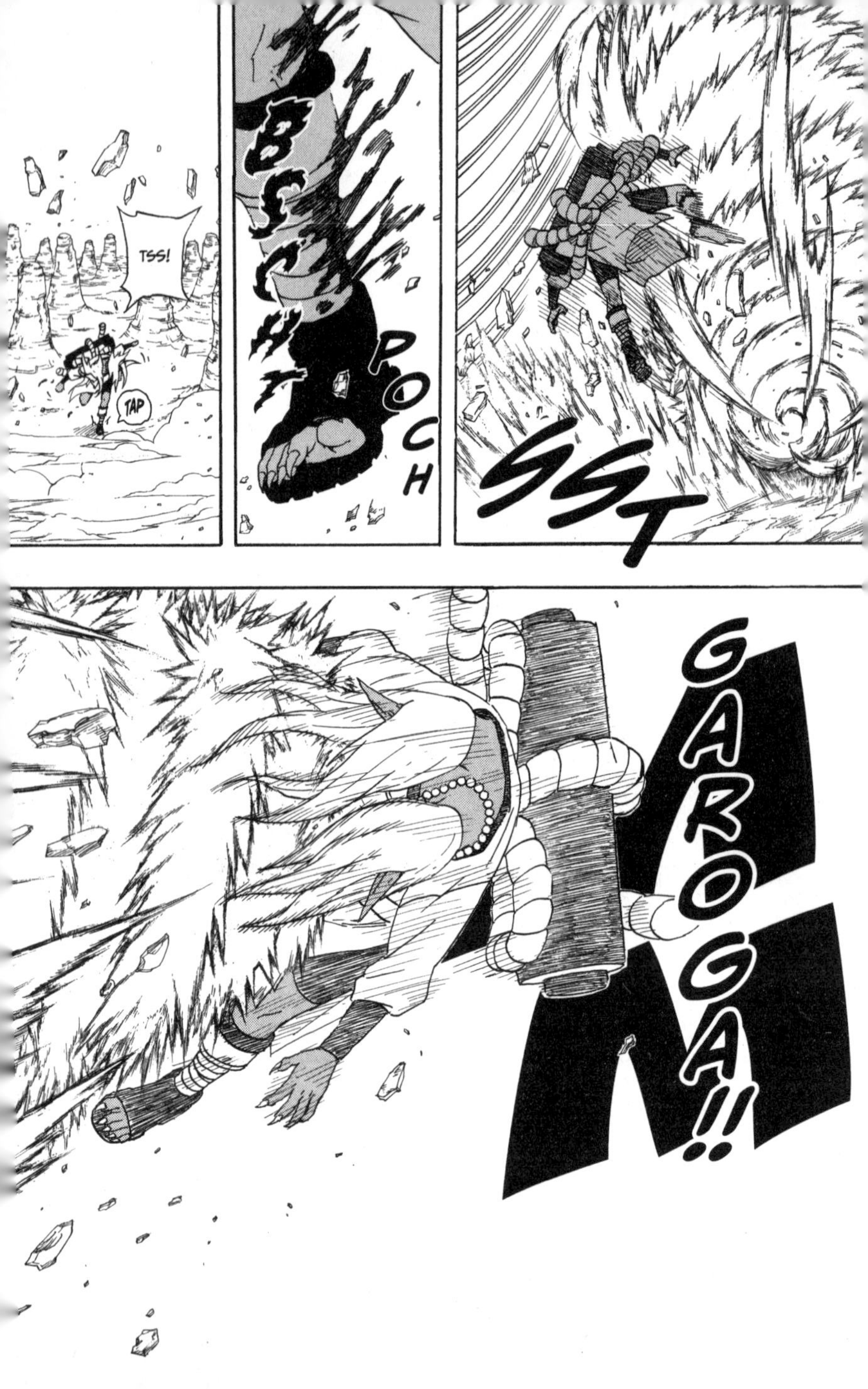

SST
BSCHT
POCH
TSS!
TAP
GAROGA!!

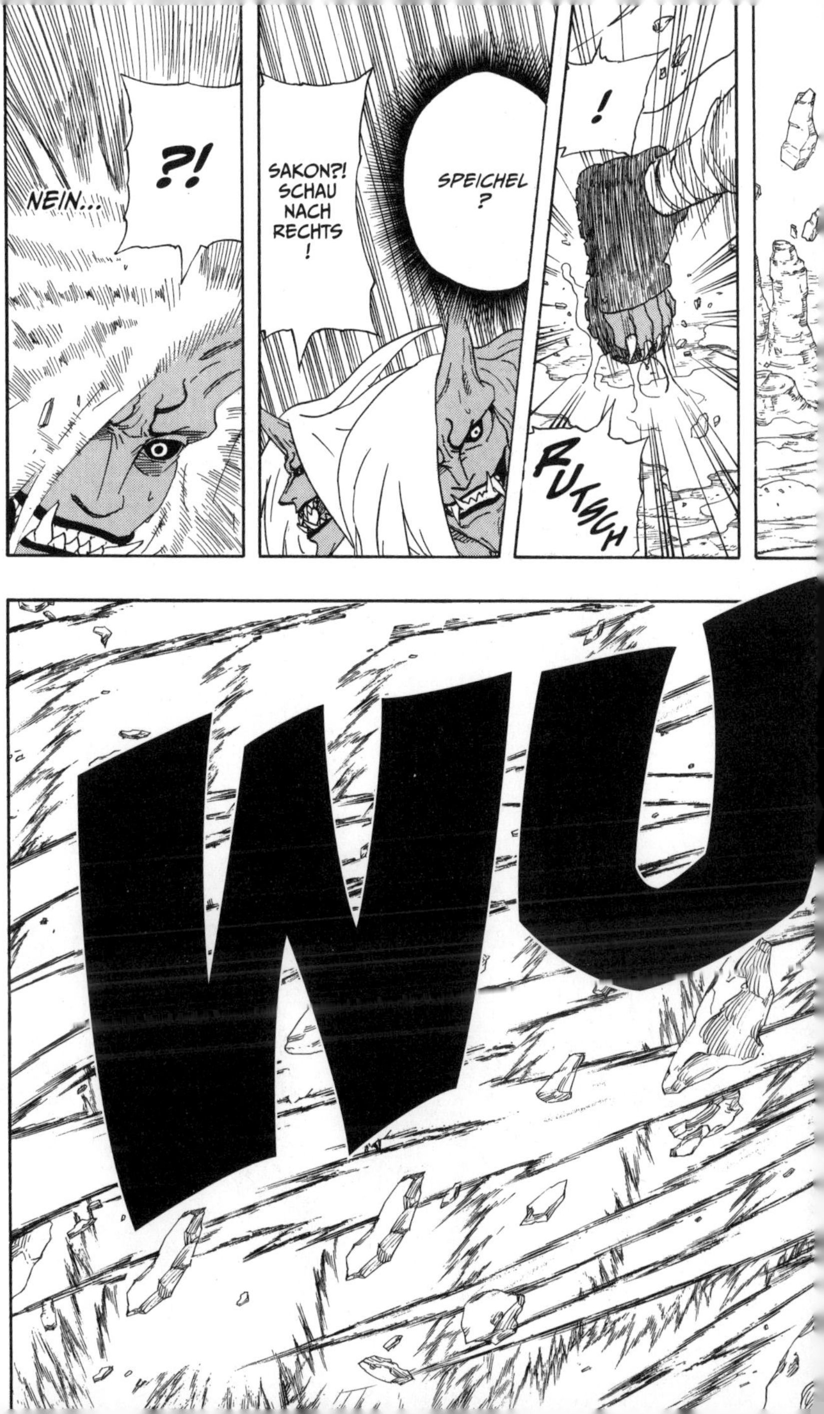
!
RUTSCH
SPEICHEL ?
SAKON?! SCHAU NACH RECHTS !
?!
NEIN...
WU

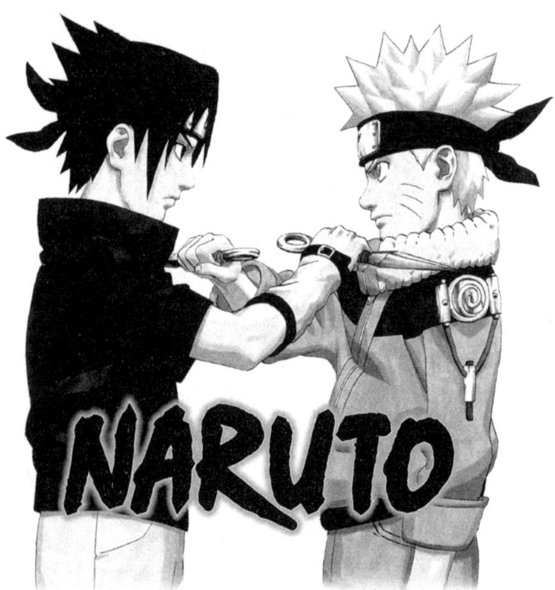
NARUTO

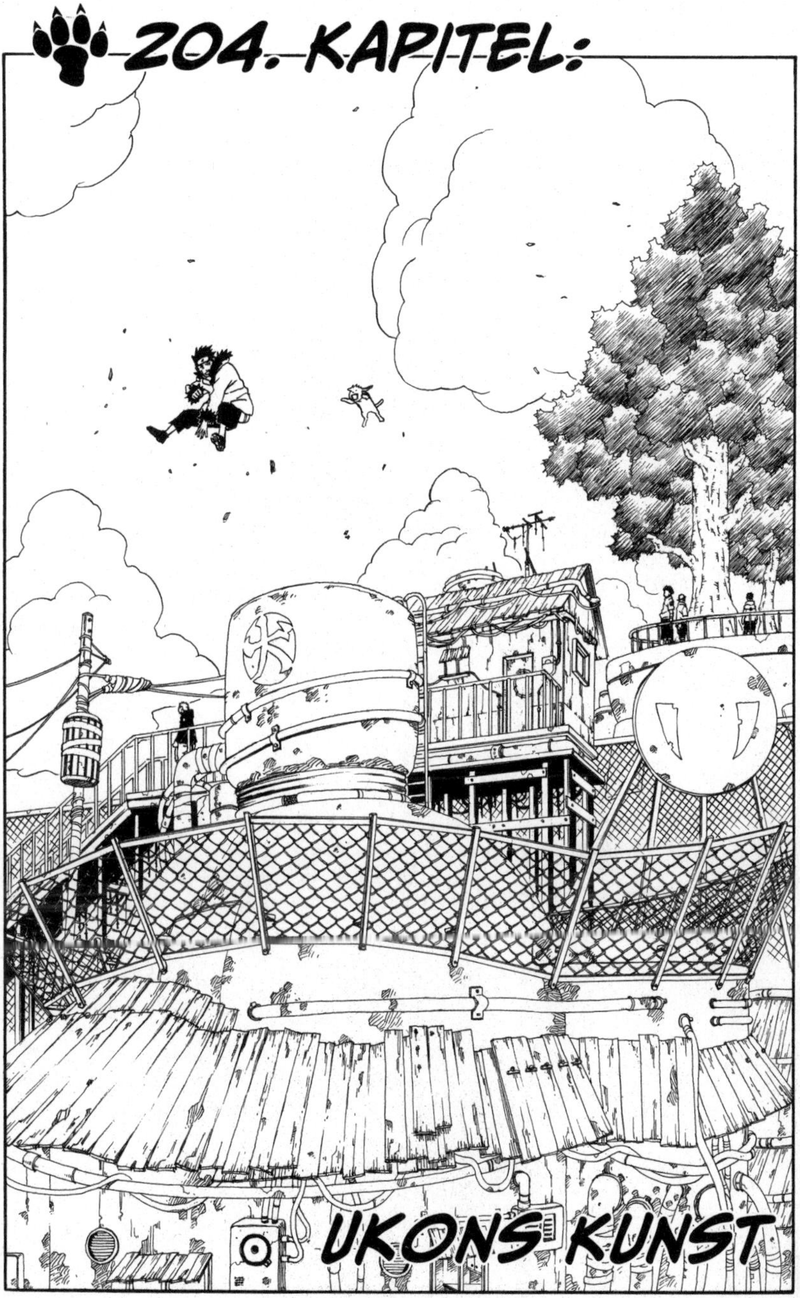
204. KAPITEL:
UKONS KUNST

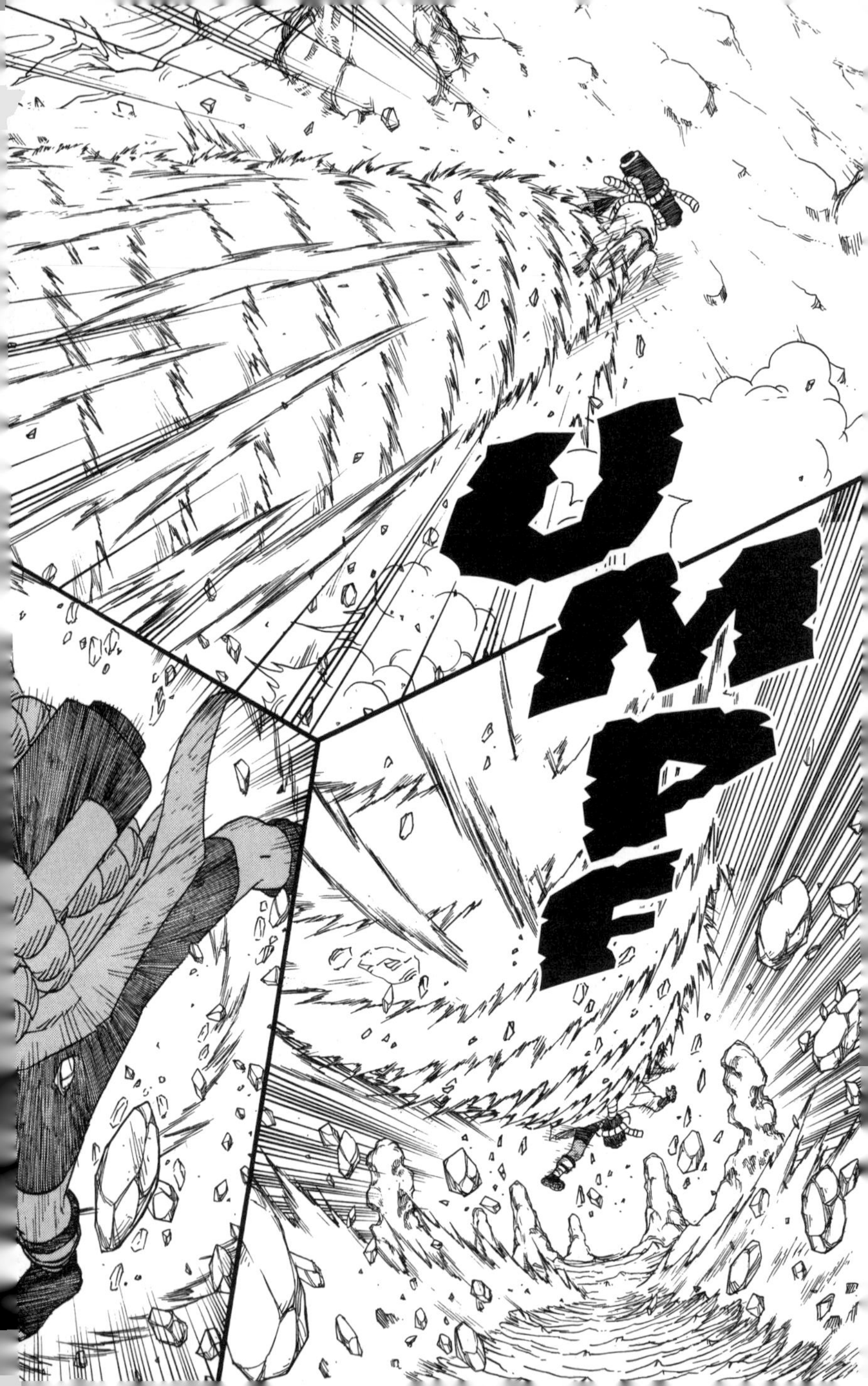
UMPF

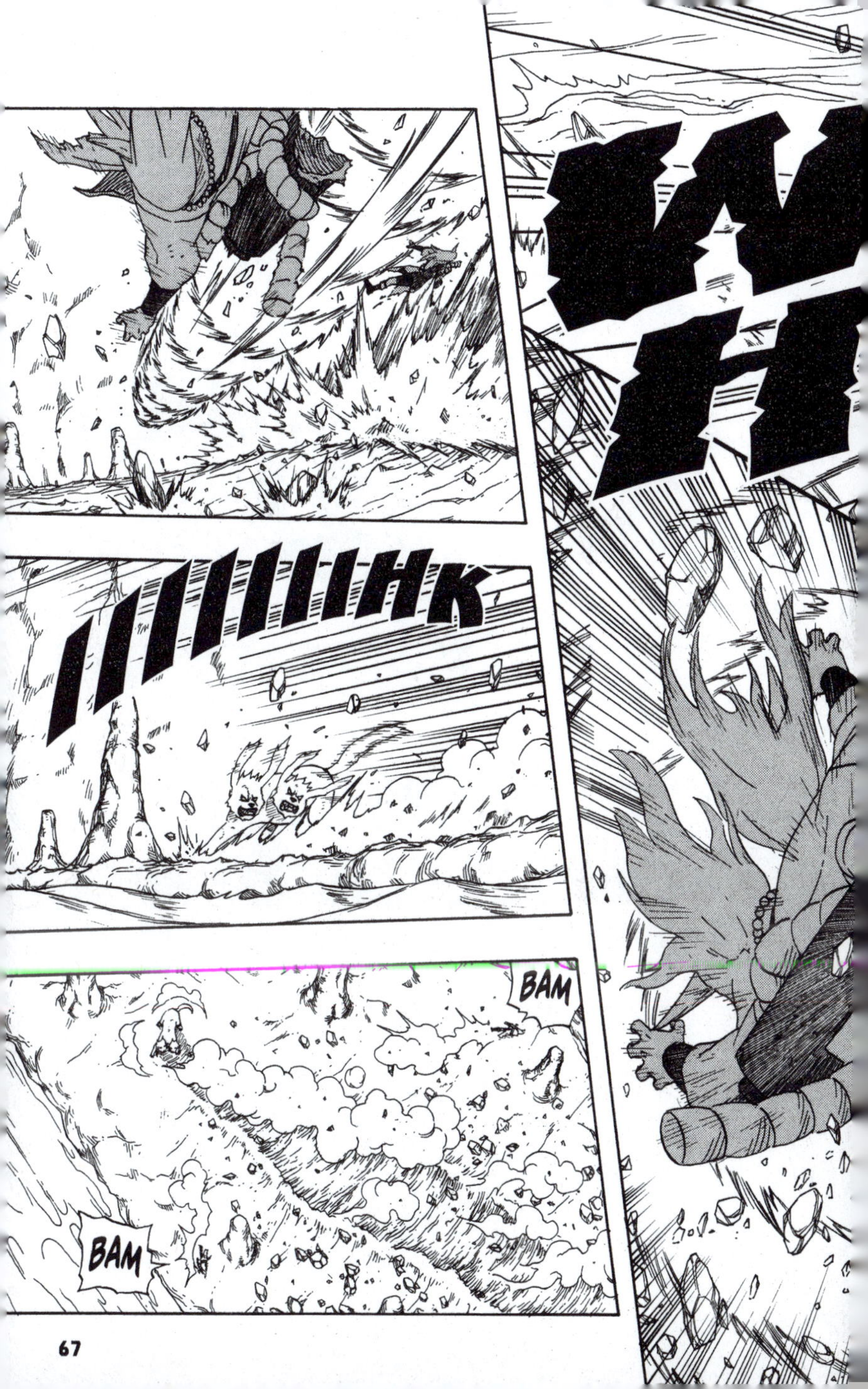
IIIIIIIHK
BAM
BAM

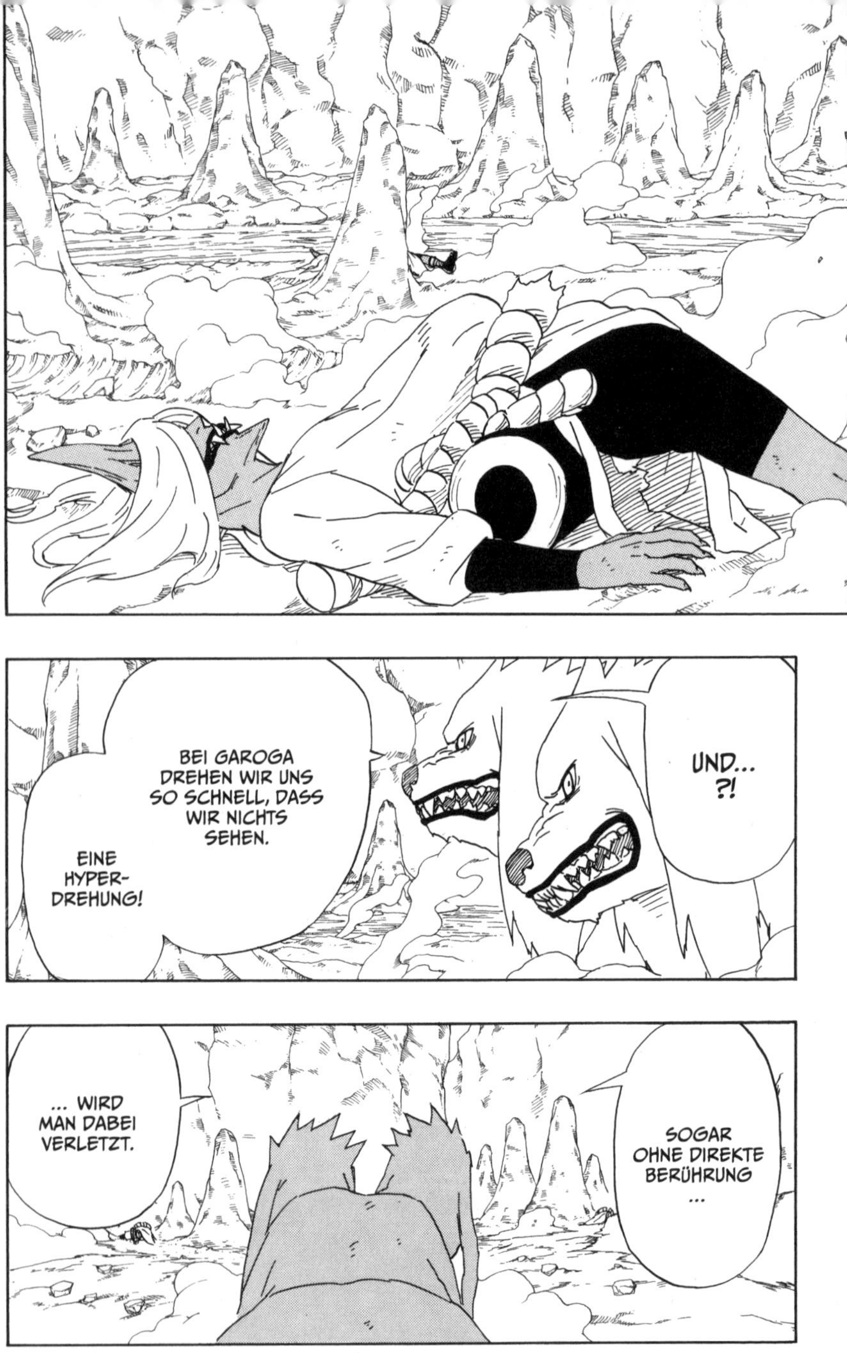
BEI GAROGA DREHEN WIR UNS SO SCHNELL, DASS WIR NICHTS SEHEN.
EINE HYPER-DREHUNG!
UND... ?!
SOGAR OHNE DIREKTE BERÜHRUNG ...
... WIRD MAN DABEI VERLETZT.

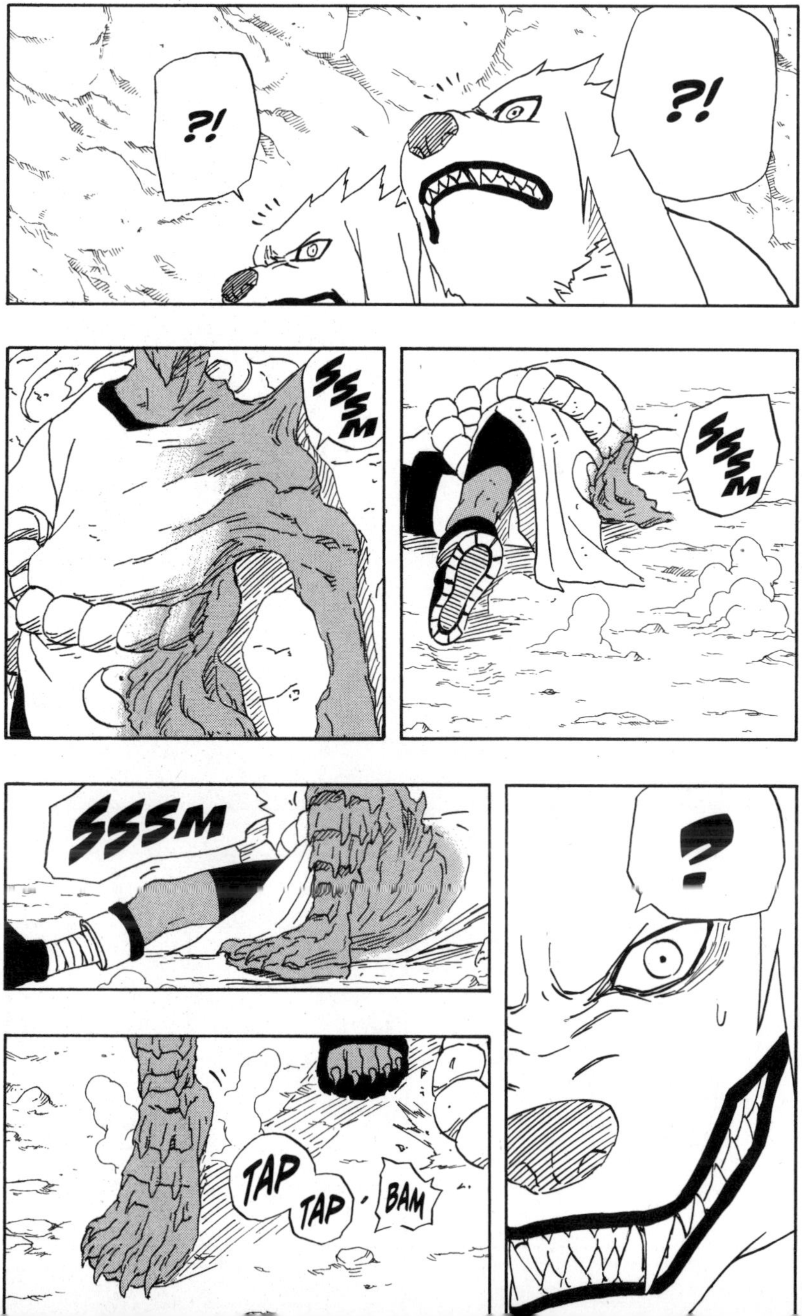
?!
?!
SSSM
SSSM
?
SSSM
BAM
TAP
TAP

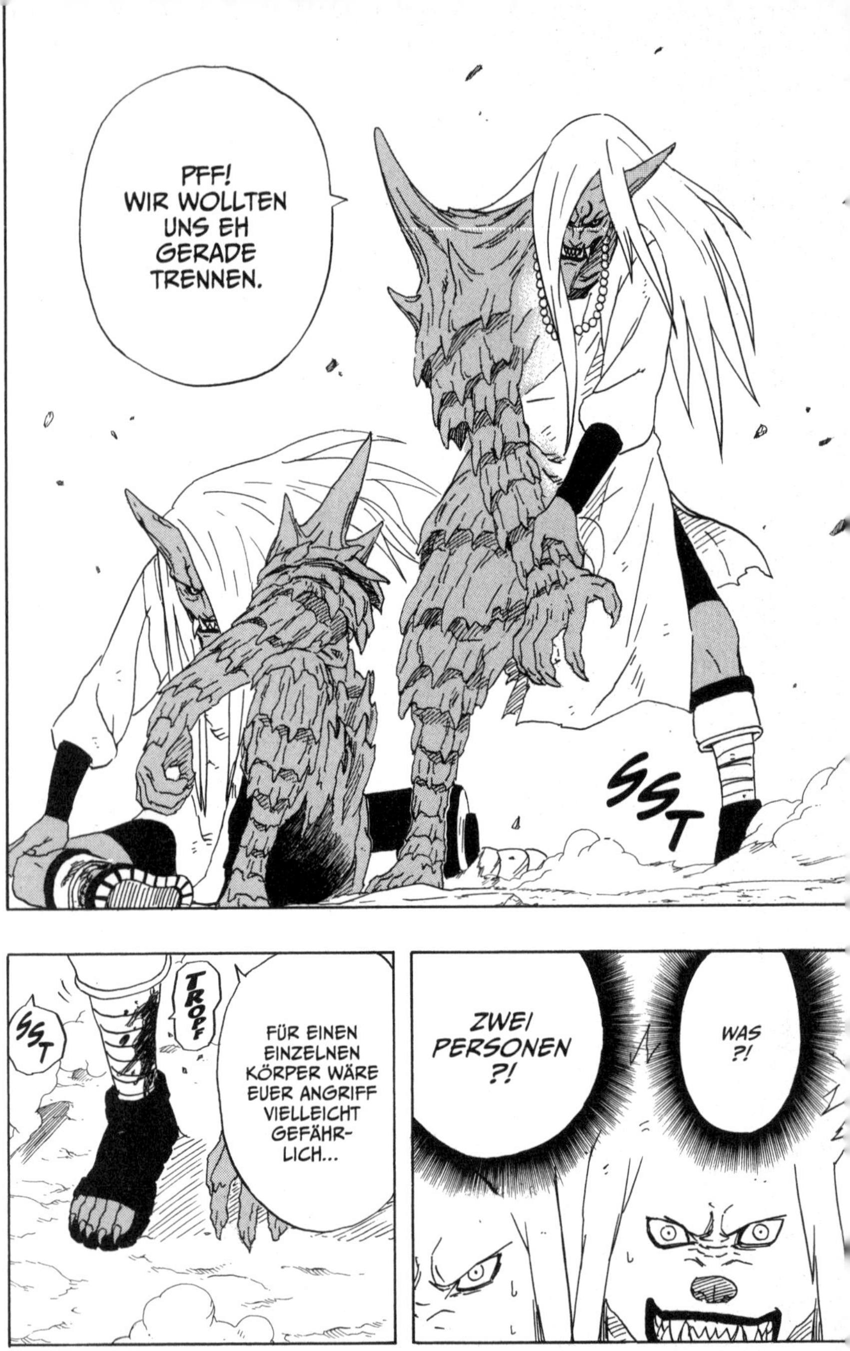
PFF! WIR WOLLTEN UNS EH GERADE TRENNEN.
SST
TROPF
SST
FÜR EINEN EINZELNEN KÖRPER WÄRE EUER ANGRIFF VIELLEICHT GEFÄHRLICH...
WAS ?!
ZWEI PERSONEN ?!

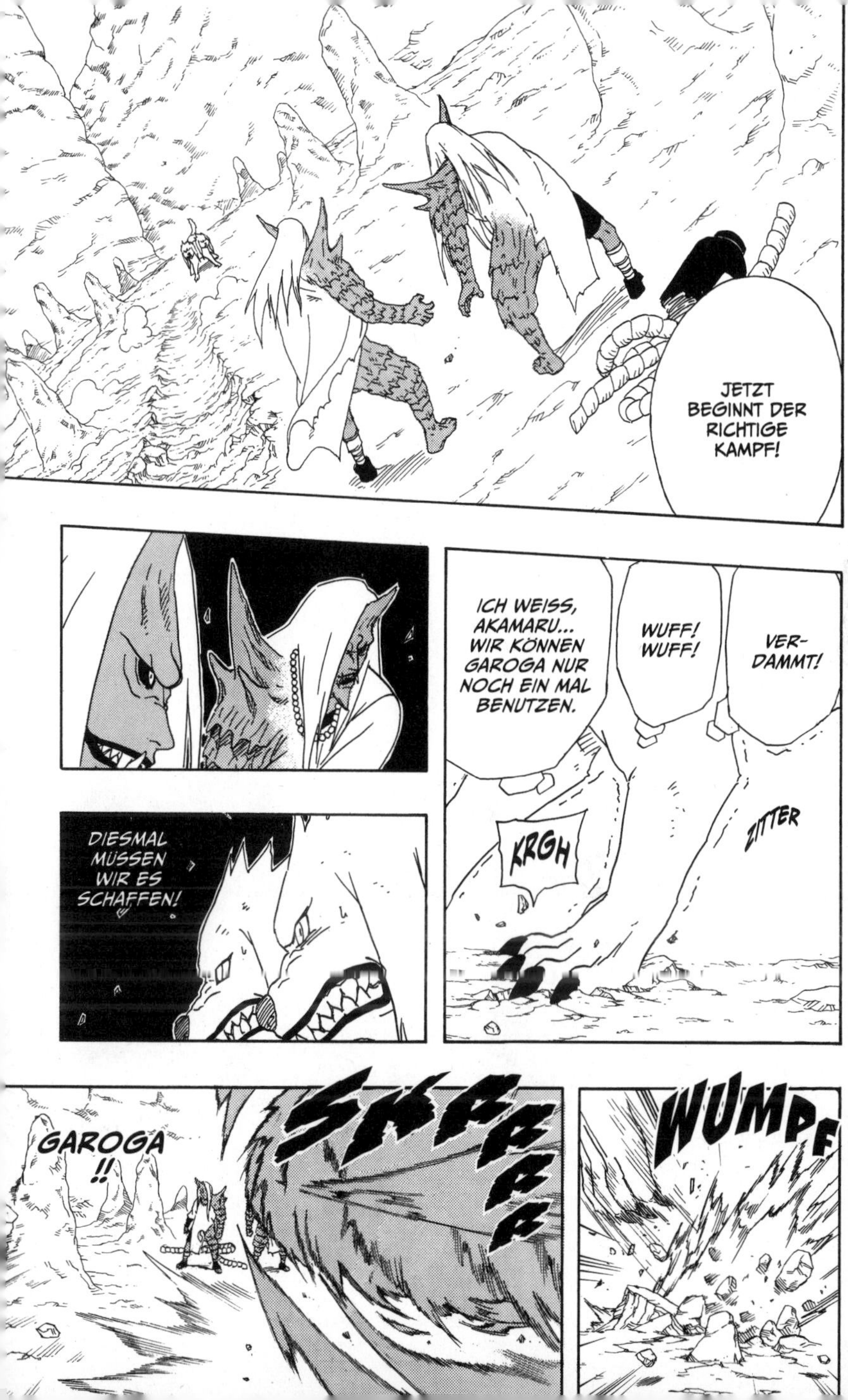
JETZT BEGINNT DER RICHTIGE KAMPF!
VER-DAMMT!
WUFF! WUFF!
ICH WEISS, AKAMARU... WIR KÖNNEN GAROGA NUR NOCH EIN MAL BENUTZEN.
DIESMAL MÜSSEN WIR ES SCHAFFEN!
KRGH
ZITTER
WUMPF
SKRRRR
GAROGA!!

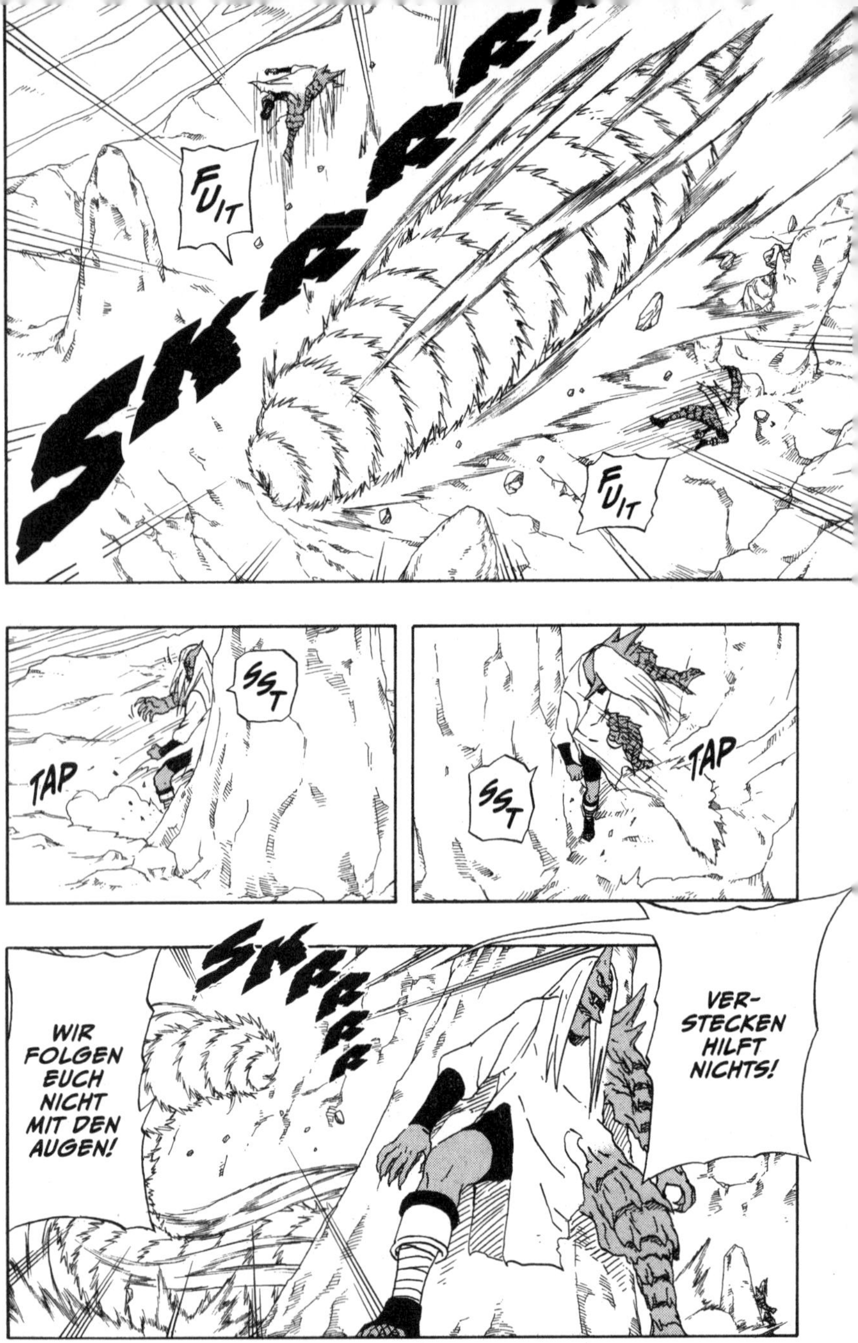
FUIT
SKRRRR
FUIT
SST
TAP
SST
TAP
SKRRRR
VER-
STECKEN
HILFT
NICHTS!
WIR
FOLGEN
EUCH
NICHT
MIT DEN
AUGEN!

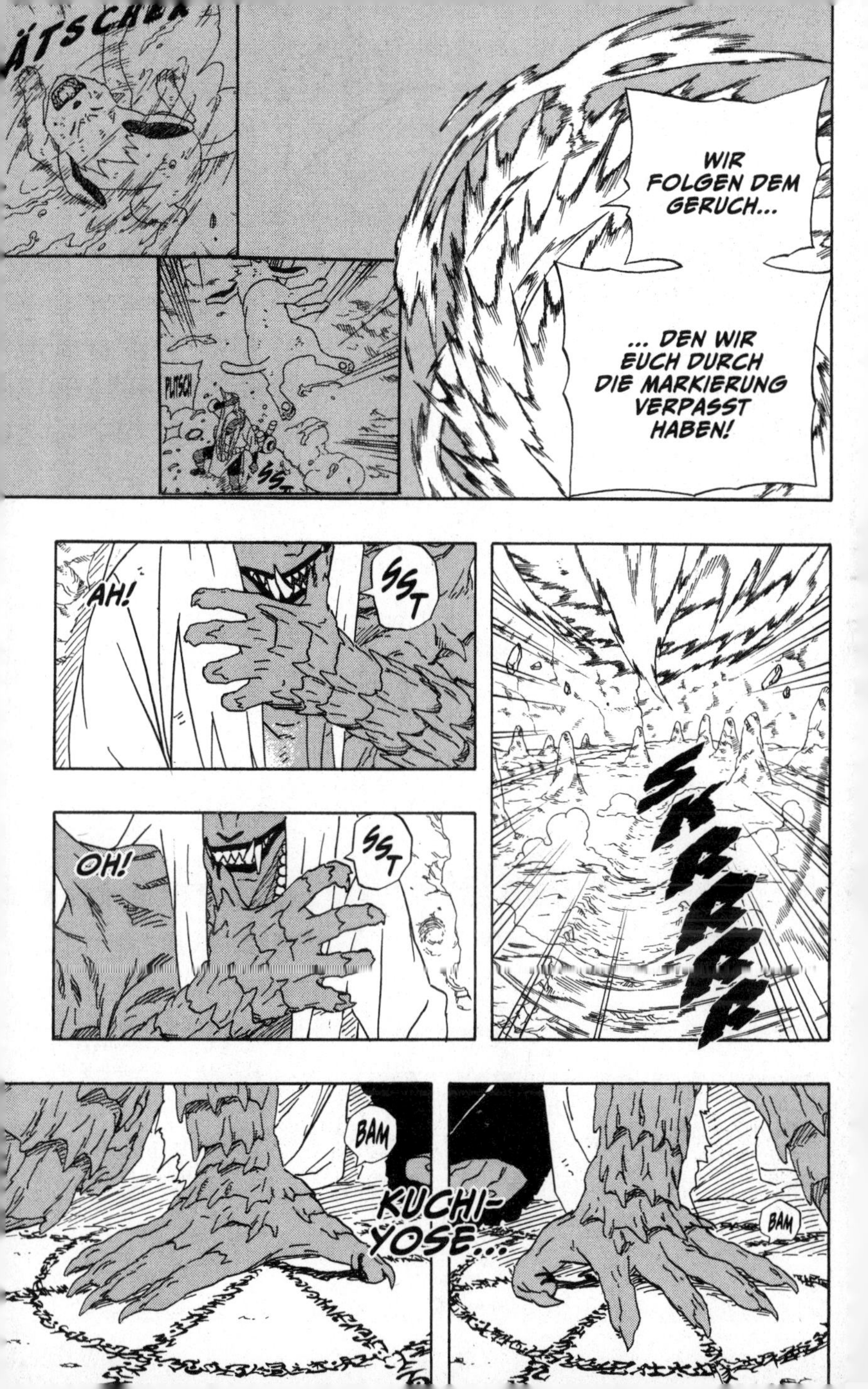
WIR FOLGEN DEM GERUCH...
... DEN WIR EUCH DURCH DIE MARKIERUNG VERPASST HABEN!
PLITSCH
SST
SKRAAAA
SST
AH!
SST
OH!
BAM
KUCHI-YOSE...
BAM

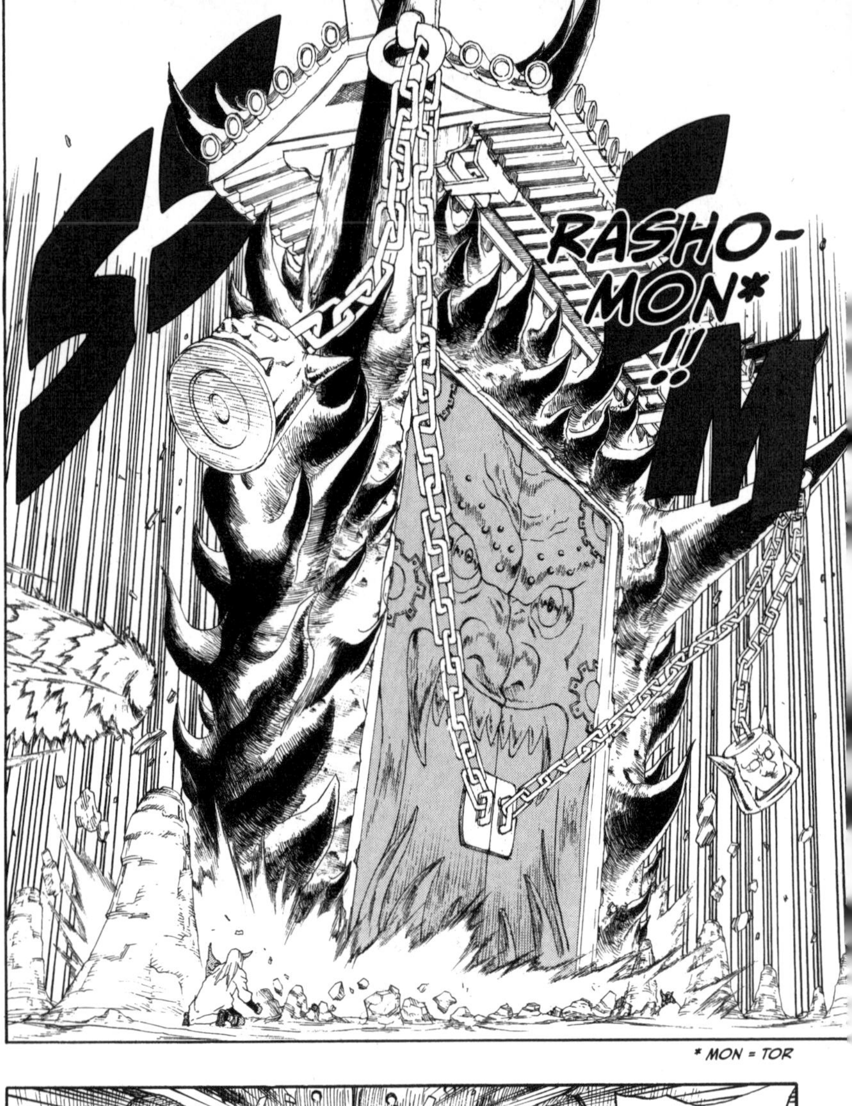

* MON = TOR

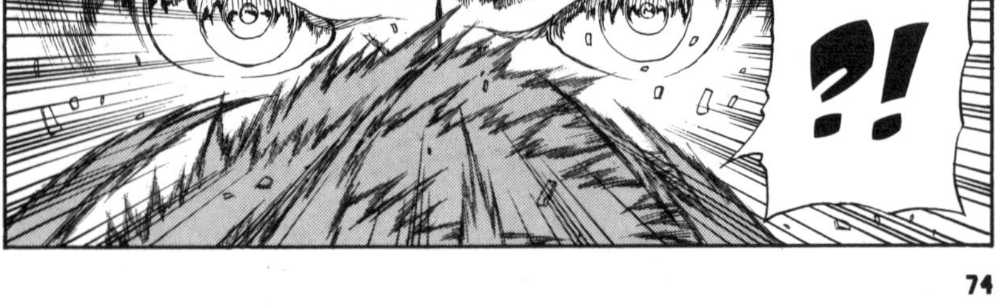

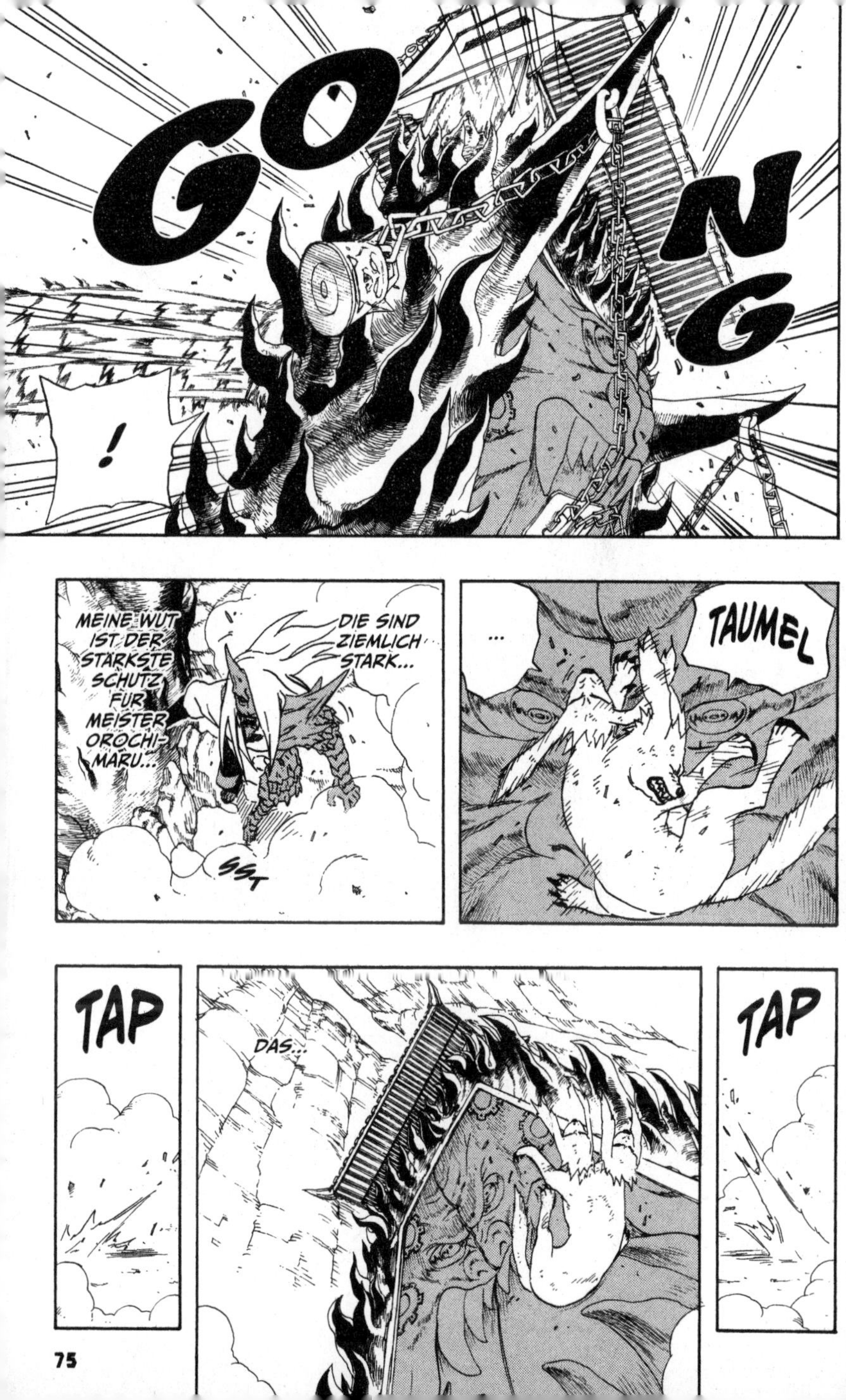
GOONG
!
MEINE WUT IST DER STÄRKSTE SCHUTZ FÜR MEISTER OROCHI-MARU...
DIE SIND ZIEMLICH STARK...
SST
...
TAUMEL
TAP
DAS...
TAP

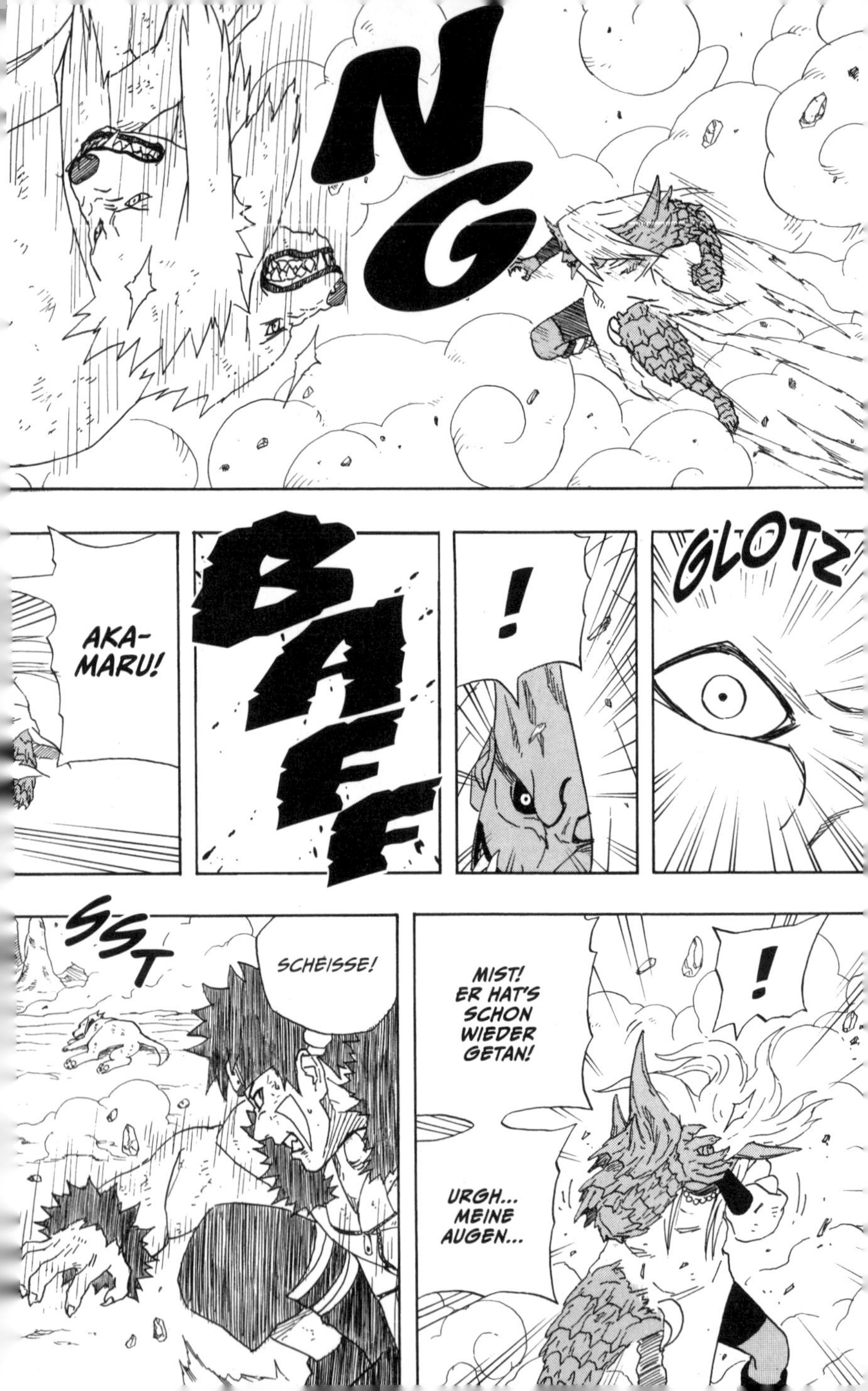
NG
GLOTZ
!
BAFF
AKA-
MARU!
!
MIST!
ER HAT'S
SCHON
WIEDER
GETAN!
URGH...
MEINE
AUGEN...
SCHEISSE!
SST

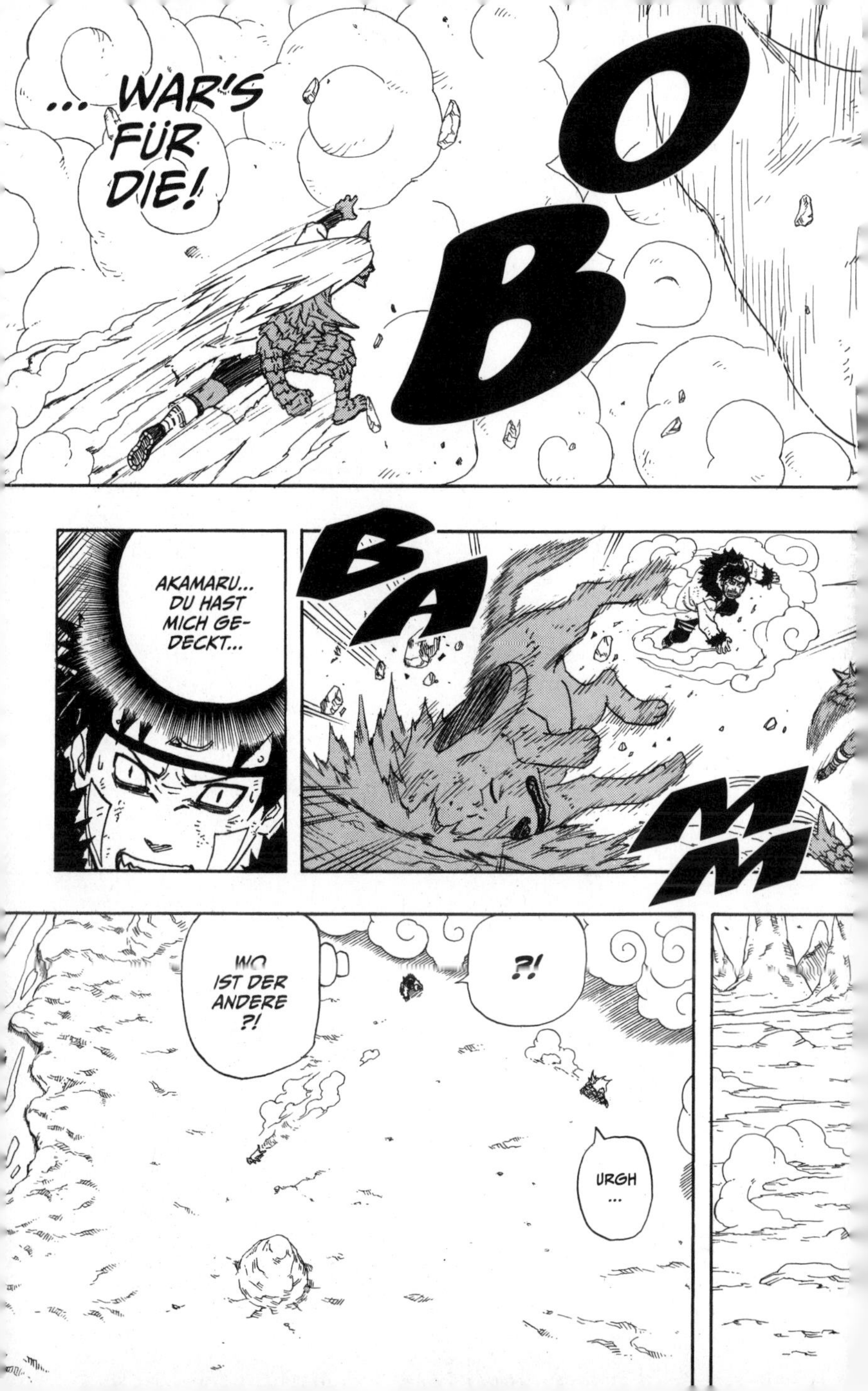

... WAR'S FÜR DIE!
BOOO
AKAMARU... DU HAST MICH GE-DECKT...
BAMM
?!
WO IST DER ANDERE ?!
URGH ...

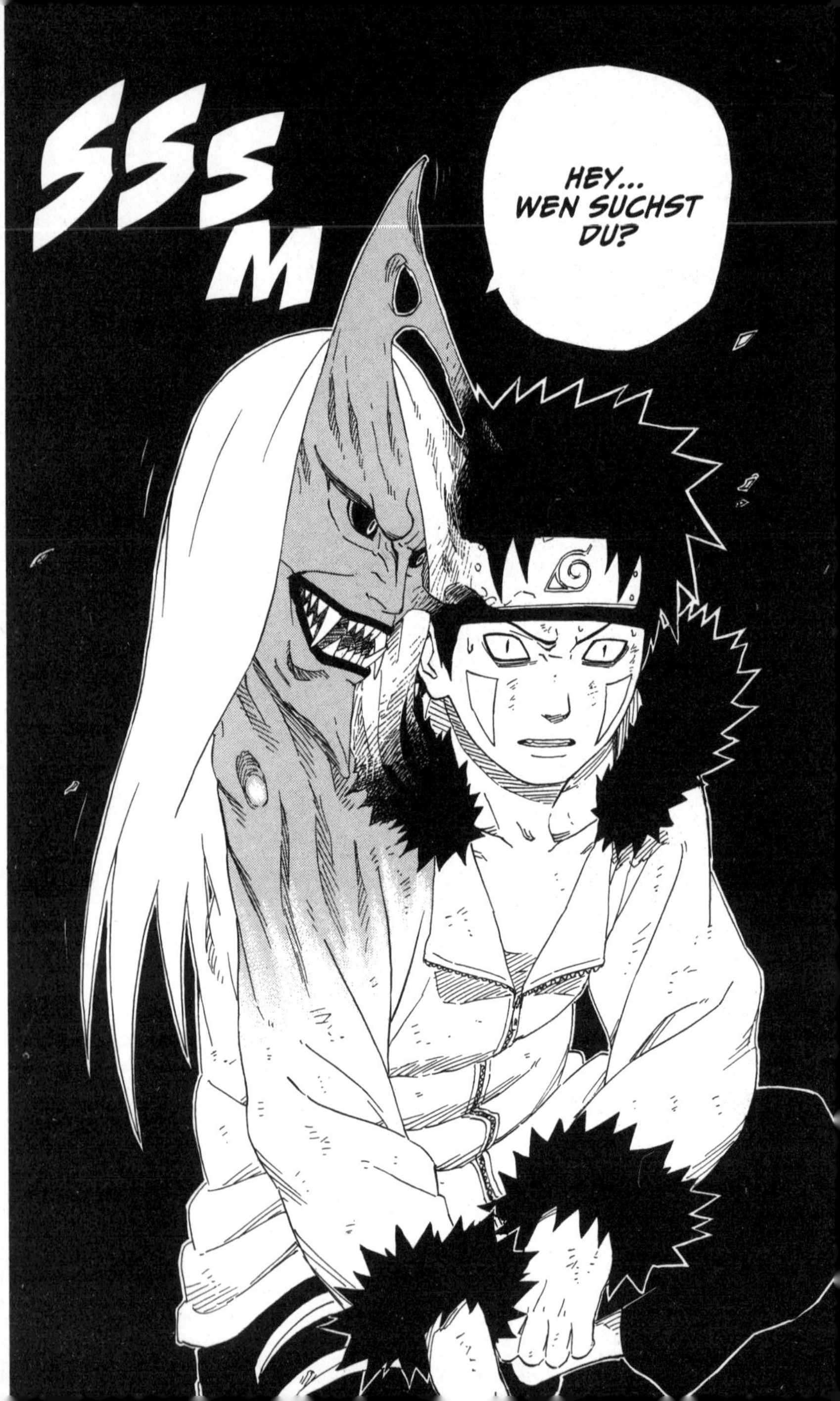
SSSM
HEY...
WEN SUCHST
DU?

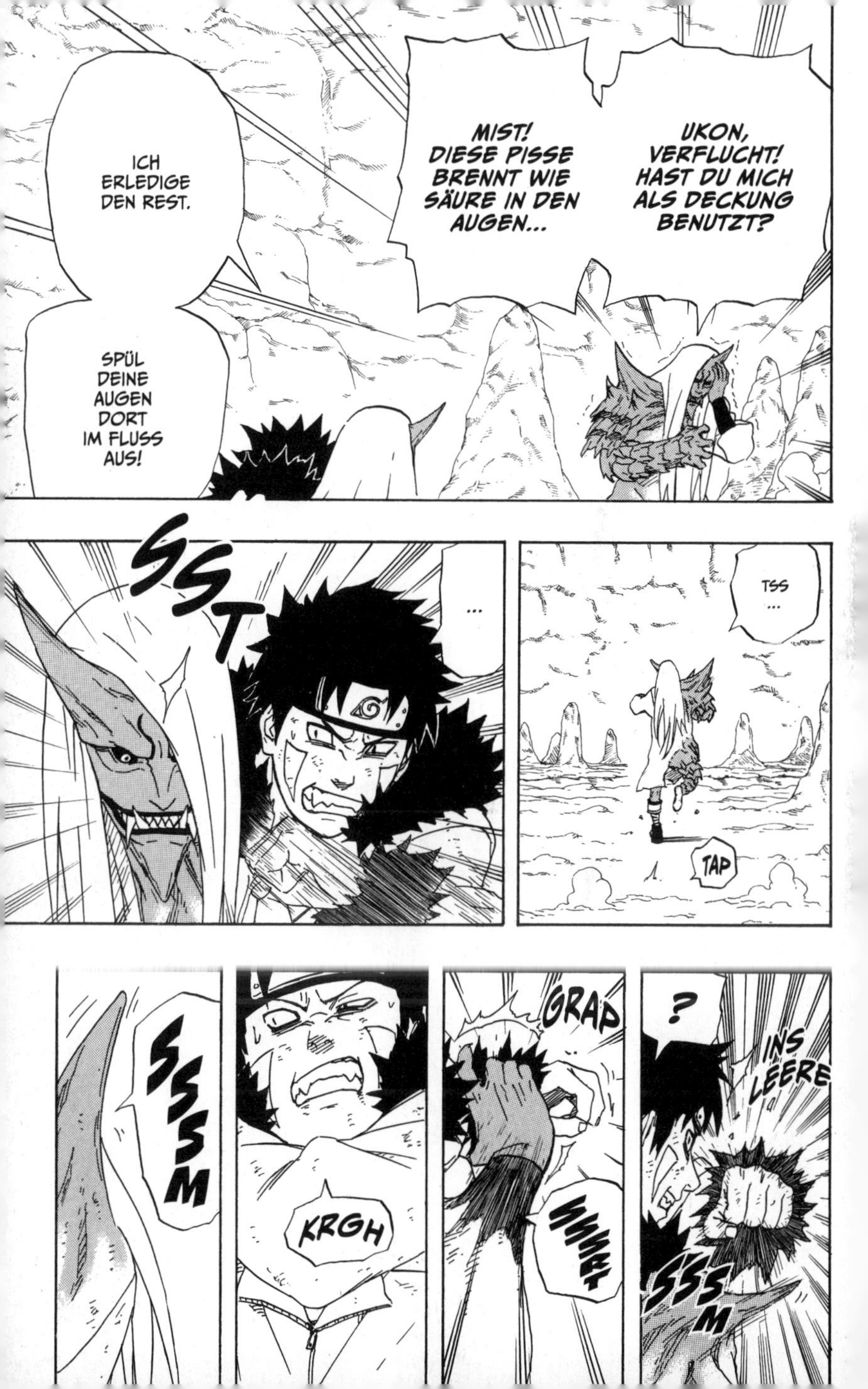
UKON, VERFLUCHT! HAST DU MICH ALS DECKUNG BENUTZT?
MIST! DIESE PISSE BRENNT WIE SÄURE IN DEN AUGEN...
ICH ERLEDIGE DEN REST.
SPÜL DEINE AUGEN DORT IM FLUSS AUS!
TSS ...
TAP
...
SST
?
INS LEERE
SSSM
GRAP
KRGH
SSSM

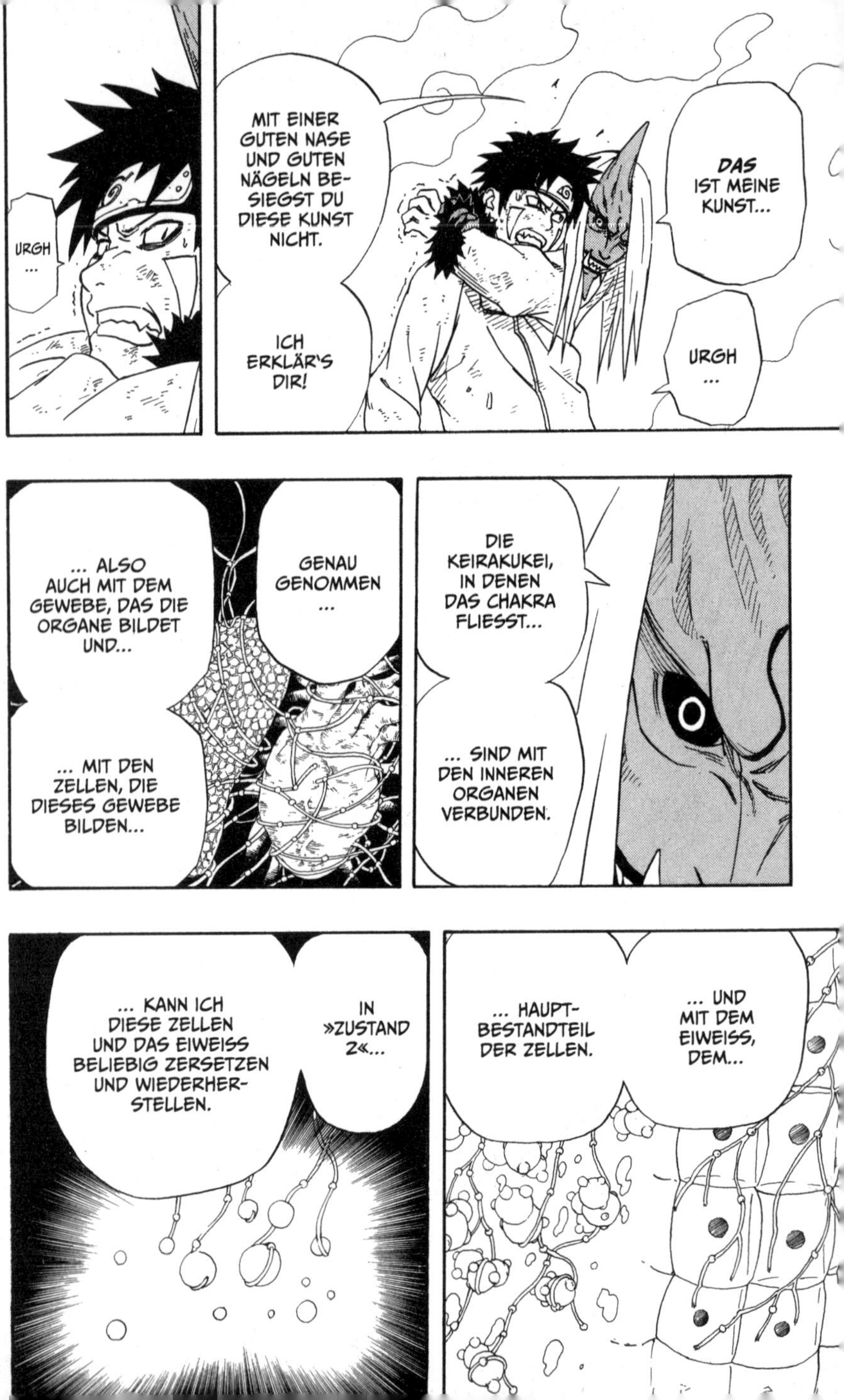
DAS IST MEINE KUNST...
URGH ...
MIT EINER GUTEN NASE UND GUTEN NÄGELN BESIEGST DU DIESE KUNST NICHT.
ICH ERKLÄR'S DIR!
URGH ...
DIE KEIRAKUKEI, IN DENEN DAS CHAKRA FLIESST...
... SIND MIT DEN INNEREN ORGANEN VERBUNDEN.
GENAU GENOMMEN ...
... ALSO AUCH MIT DEM GEWEBE, DAS DIE ORGANE BILDET UND...
... MIT DEN ZELLEN, DIE DIESES GEWEBE BILDEN...
... UND MIT DEM EIWEISS, DEM...
... HAUPTBESTANDTEIL DER ZELLEN.
IN »ZUSTAND 2«...
... KANN ICH DIESE ZELLEN UND DAS EIWEISS BELIEBIG ZERSETZEN UND WIEDERHERSTELLEN.

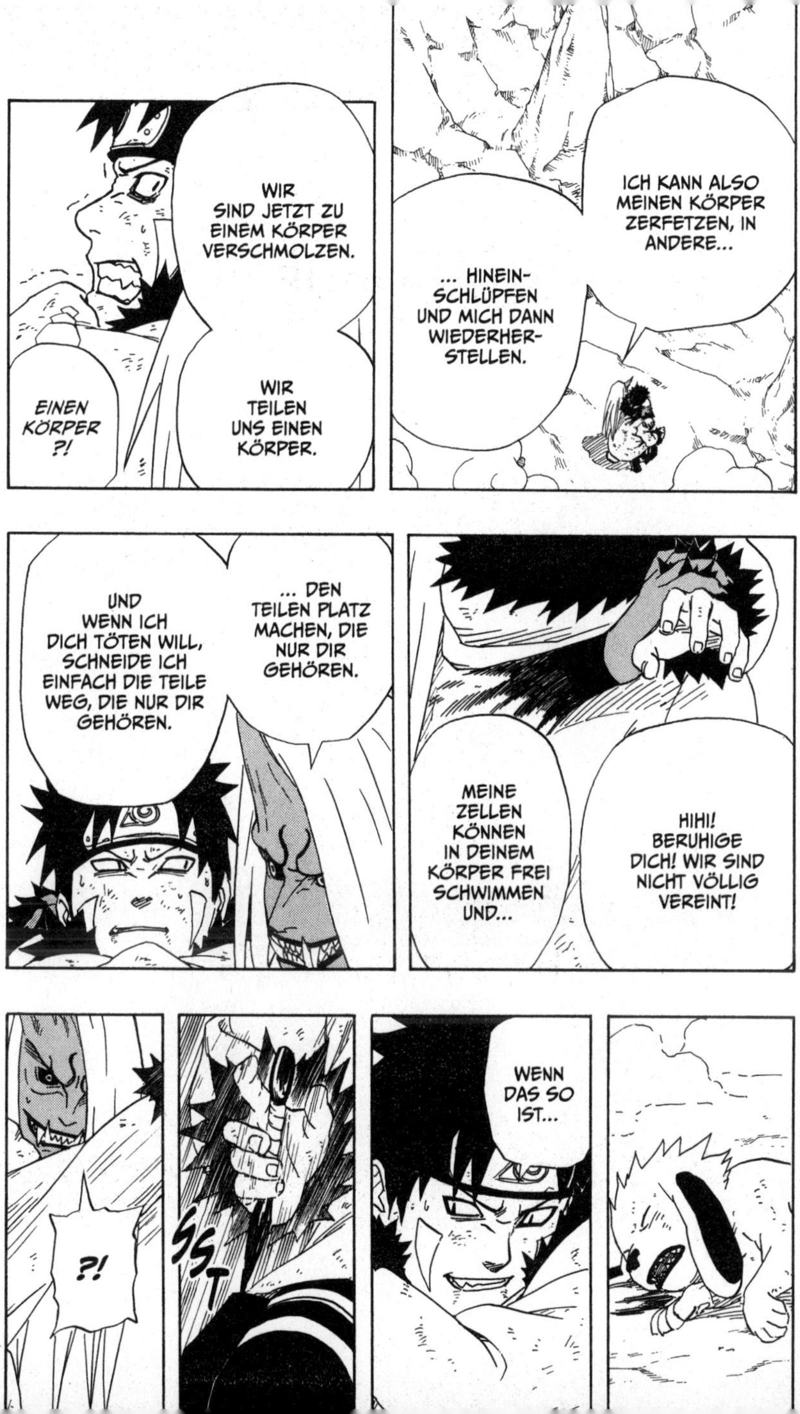
ICH KANN ALSO MEINEN KÖRPER ZERFETZEN, IN ANDERE...
... HINEIN-SCHLÜPFEN UND MICH DANN WIEDERHER-STELLEN.
WIR SIND JETZT ZU EINEM KÖRPER VERSCHMOLZEN.
WIR TEILEN UNS EINEN KÖRPER.
EINEN KÖRPER ?!
HIHI! BERUHIGE DICH! WIR SIND NICHT VÖLLIG VEREINT!
MEINE ZELLEN KÖNNEN IN DEINEM KÖRPER FREI SCHWIMMEN UND...
... DEN TEILEN PLATZ MACHEN, DIE NUR DIR GEHÖREN.
UND WENN ICH DICH TÖTEN WILL, SCHNEIDE ICH EINFACH DIE TEILE WEG, DIE NUR DIR GEHÖREN.
WENN DAS SO IST...
SST
?!

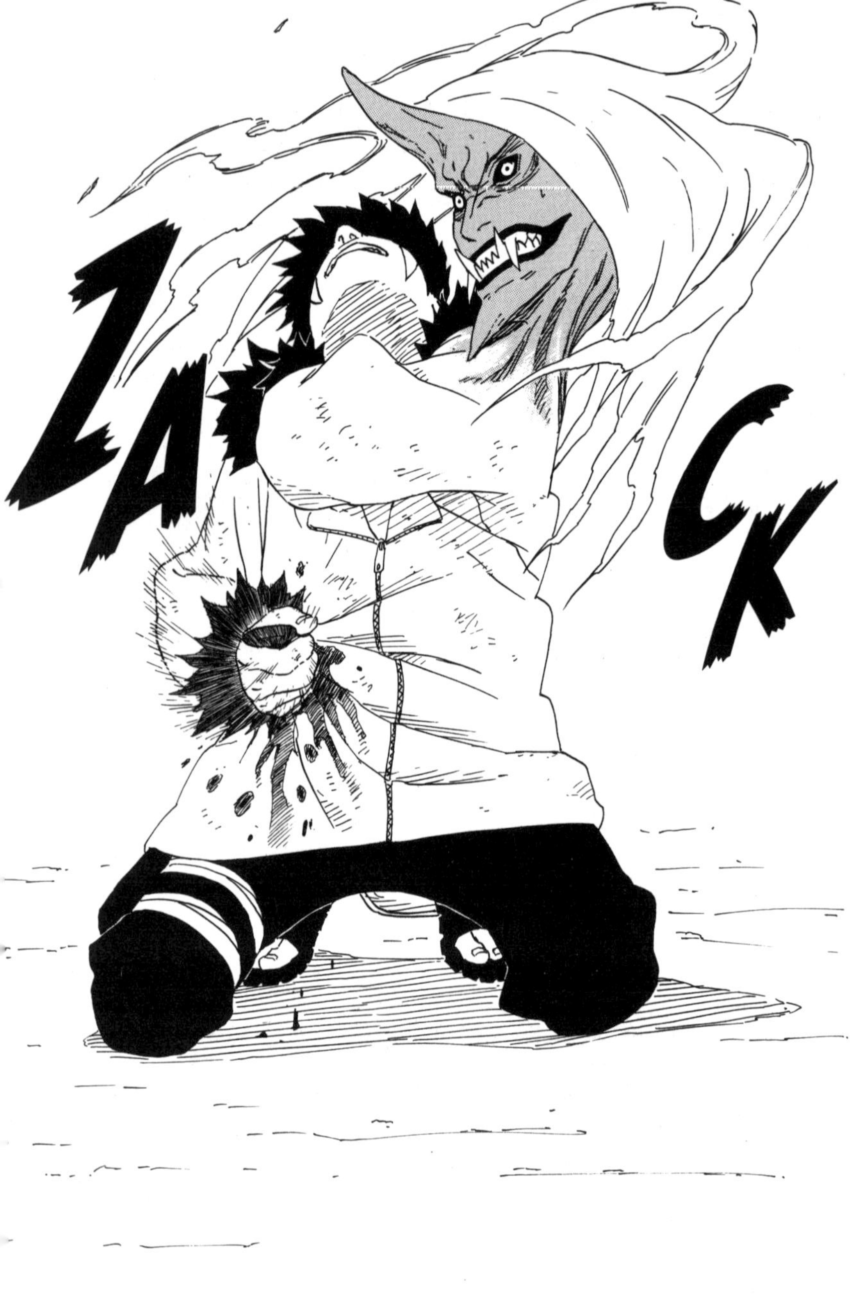
ZACK

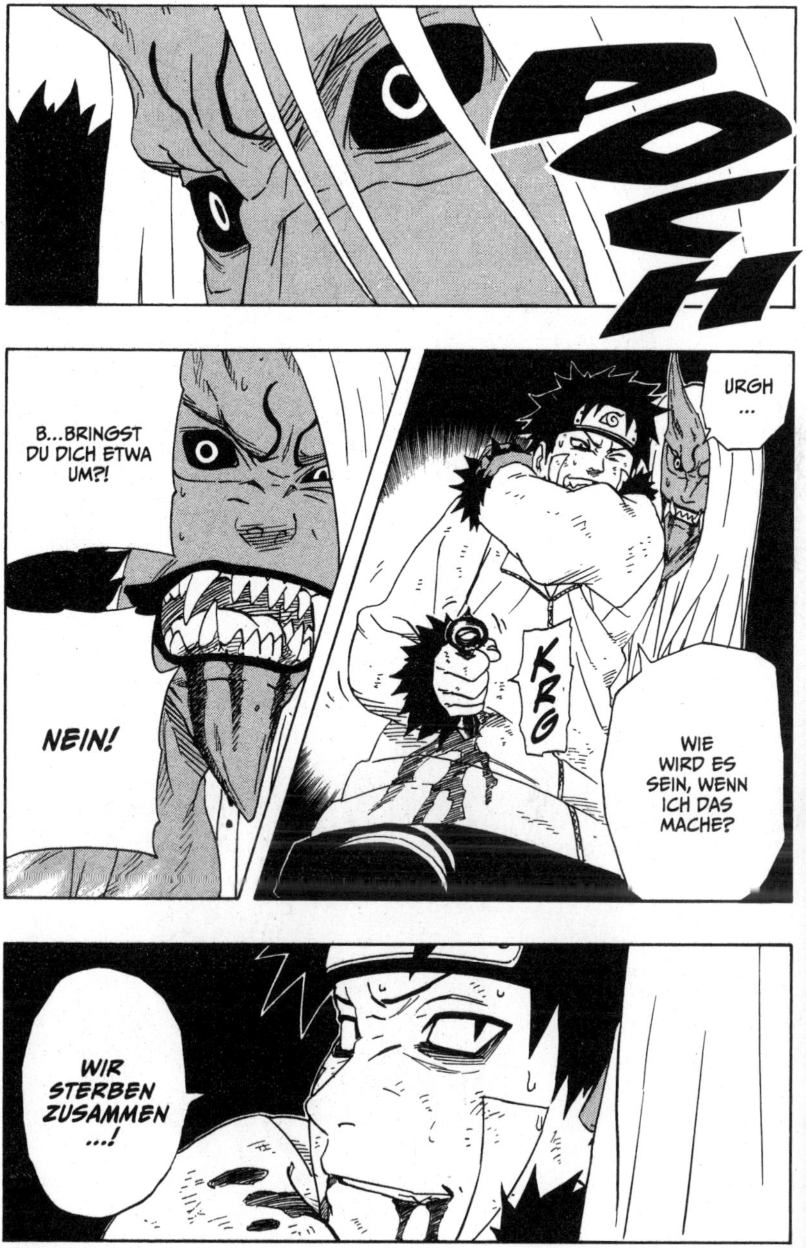
POOF
URGH ...
B...BRINGST DU DICH ETWA UM?!
KRG
WIE WIRD ES SEIN, WENN ICH DAS MACHE?
NEIN!
WIR STERBEN ZUSAMMEN ...!

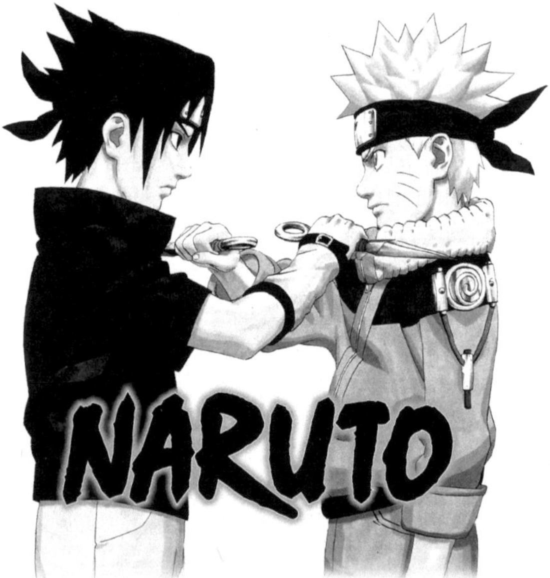
NARUTO

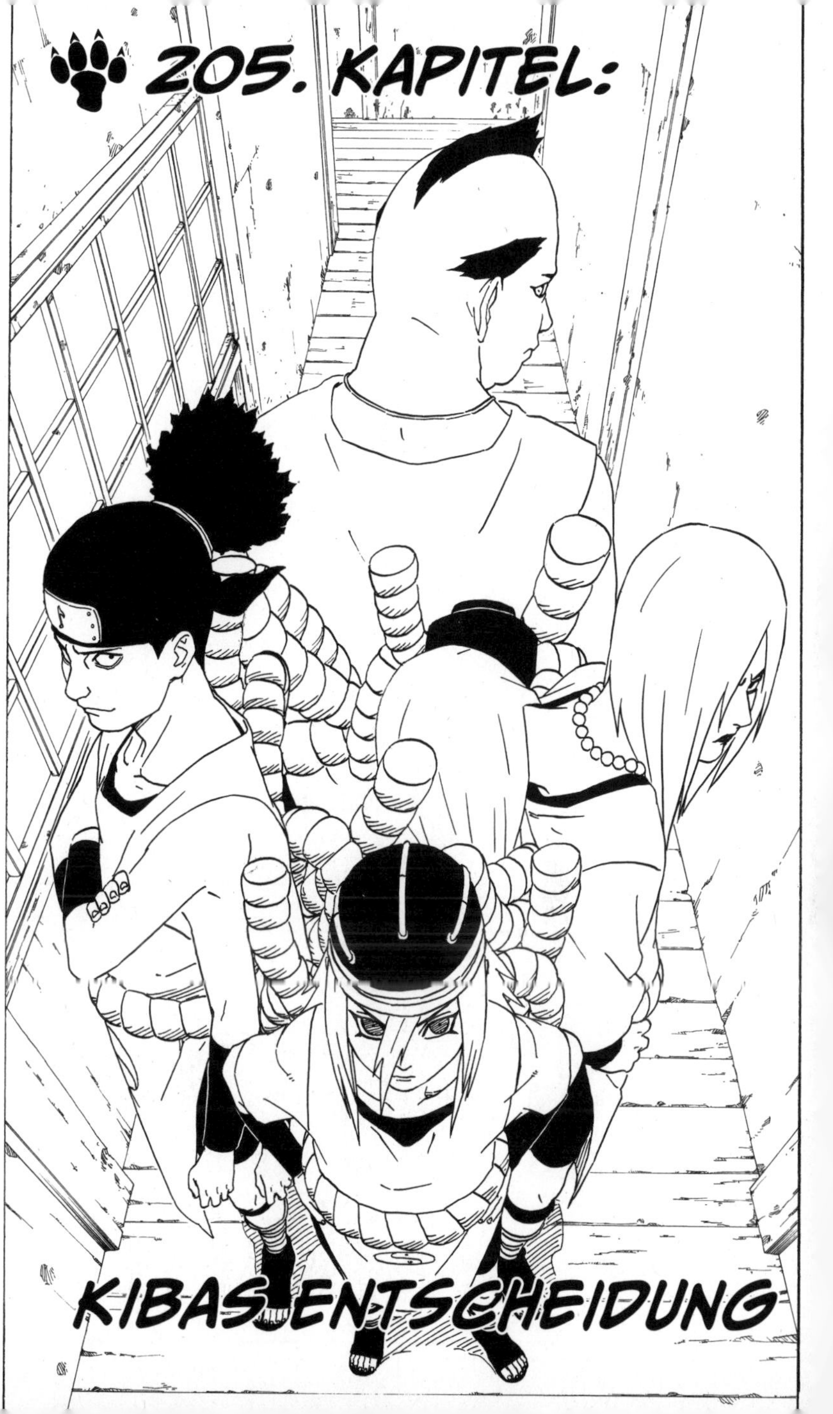
205. KAPITEL:
KIBAS ENTSCHEIDUNG

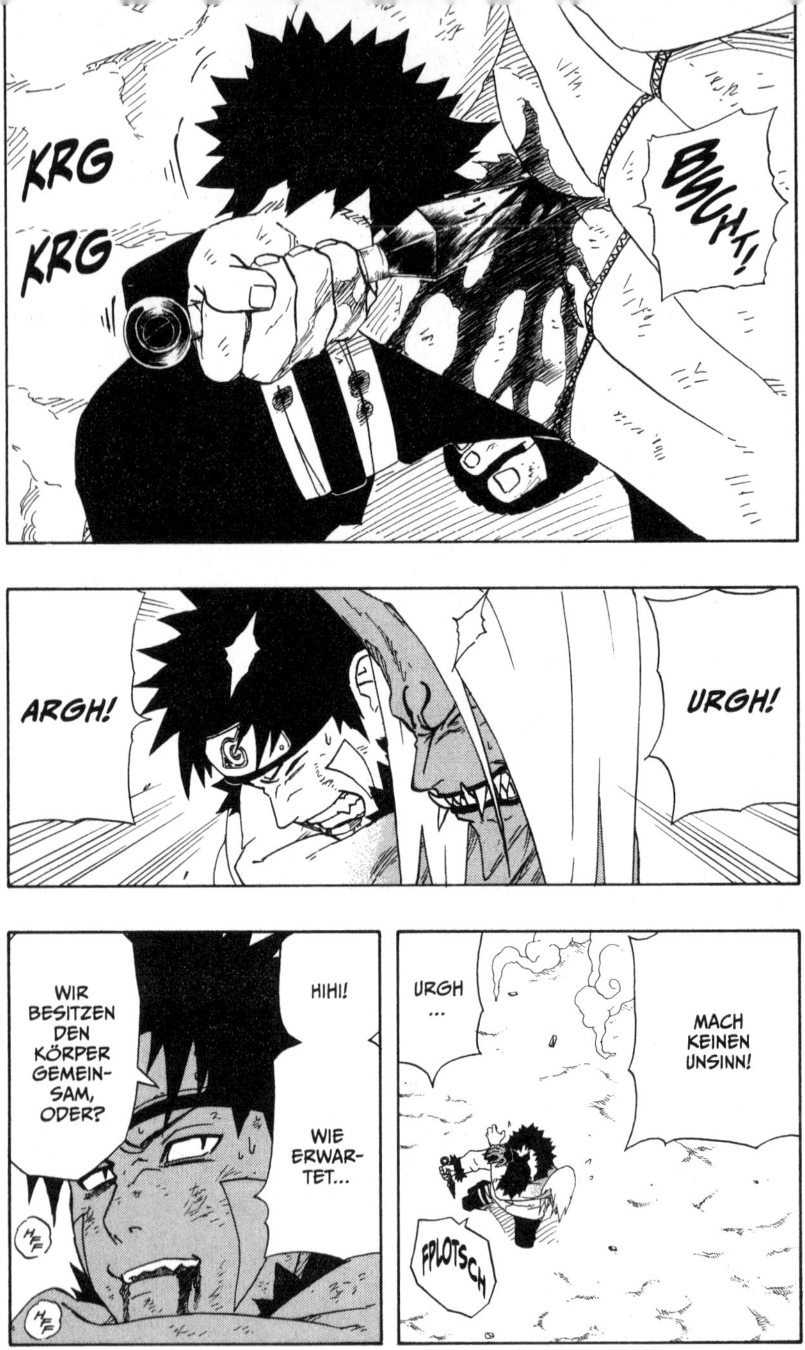
BSUCHT!
KRG
KRG
URGH!
ARGH!
MACH KEINEN UNSINN!
URGH ...
FPLOTSCH
HIHI!
WIR BESITZEN DEN KÖRPER GEMEINSAM, ODER?
WIE ERWARTET...
HFF
HFF

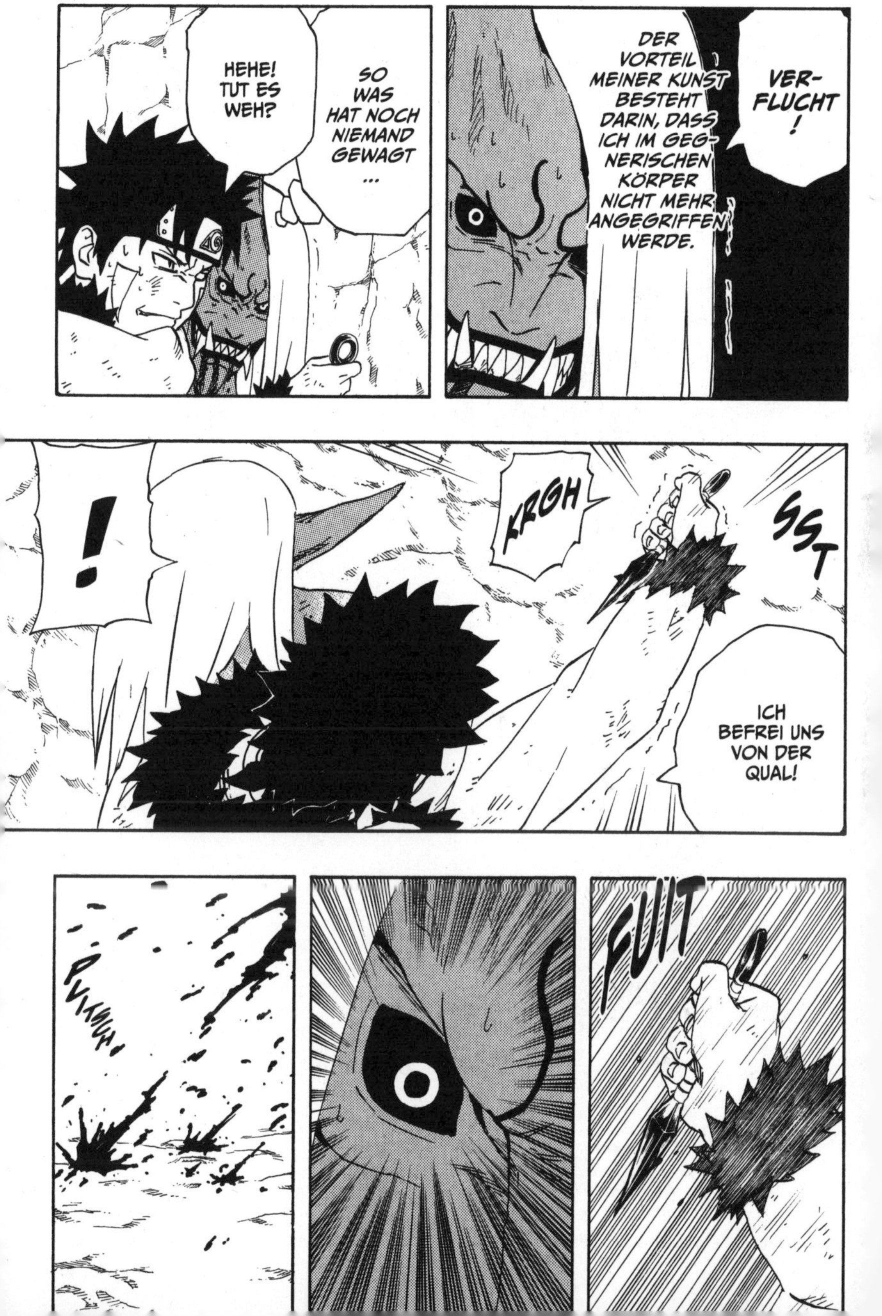
VER-
FLUCHT
!
DER VORTEIL MEINER KUNST BESTEHT DARIN, DASS ICH IM GEG-NERISCHEN KÖRPER NICHT MEHR ANGEGRIFFEN WERDE.
SO WAS HAT NOCH NIEMAND GEWAGT ...
HEHE! TUT ES WEH?
SST
ICH BEFREI UNS VON DER QUAL!
KRGH
!
FUIT

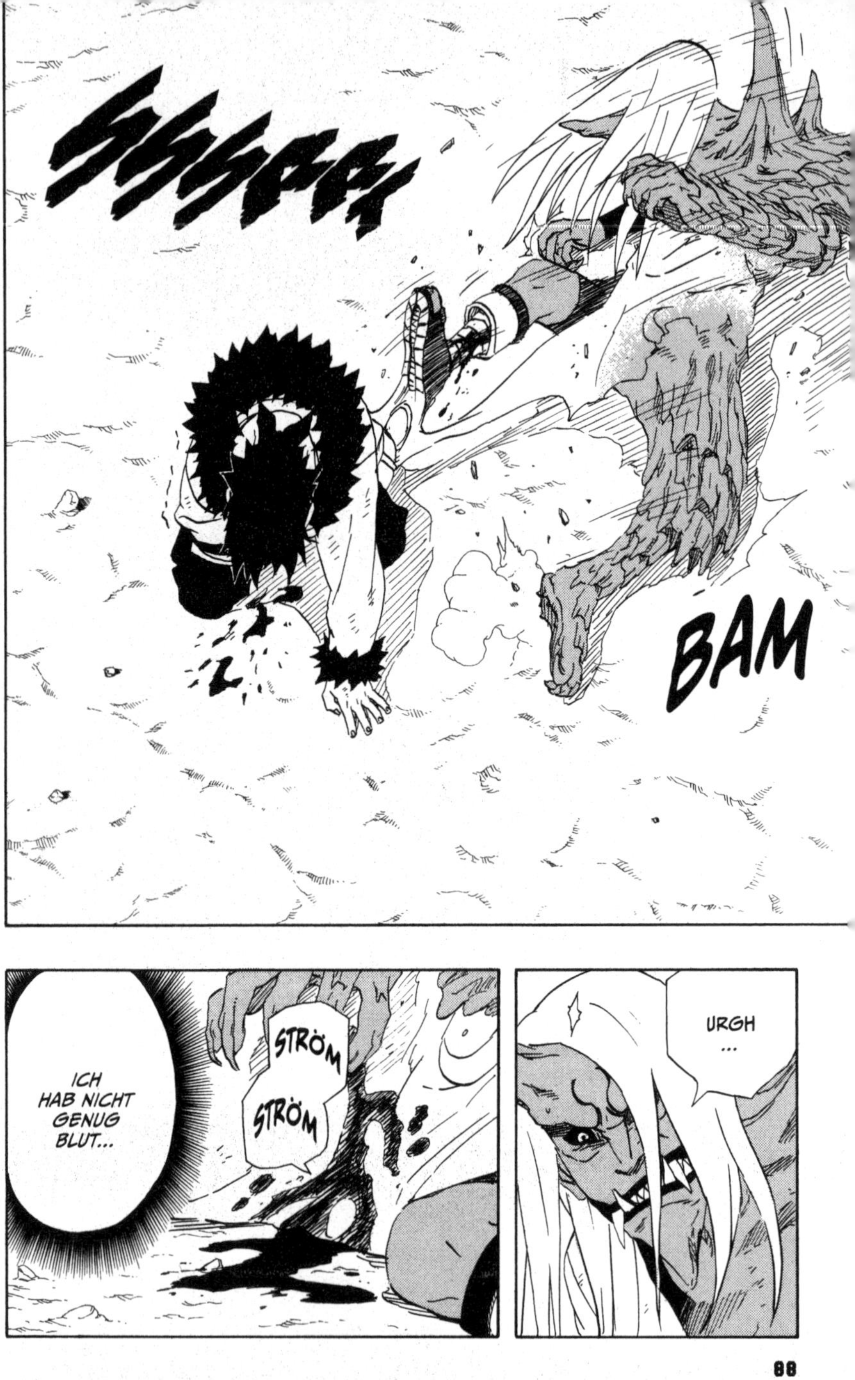
SSSPAK
BAM
URGH ...
STRÖM
STRÖM
ICH HAB NICHT GENUG BLUT...

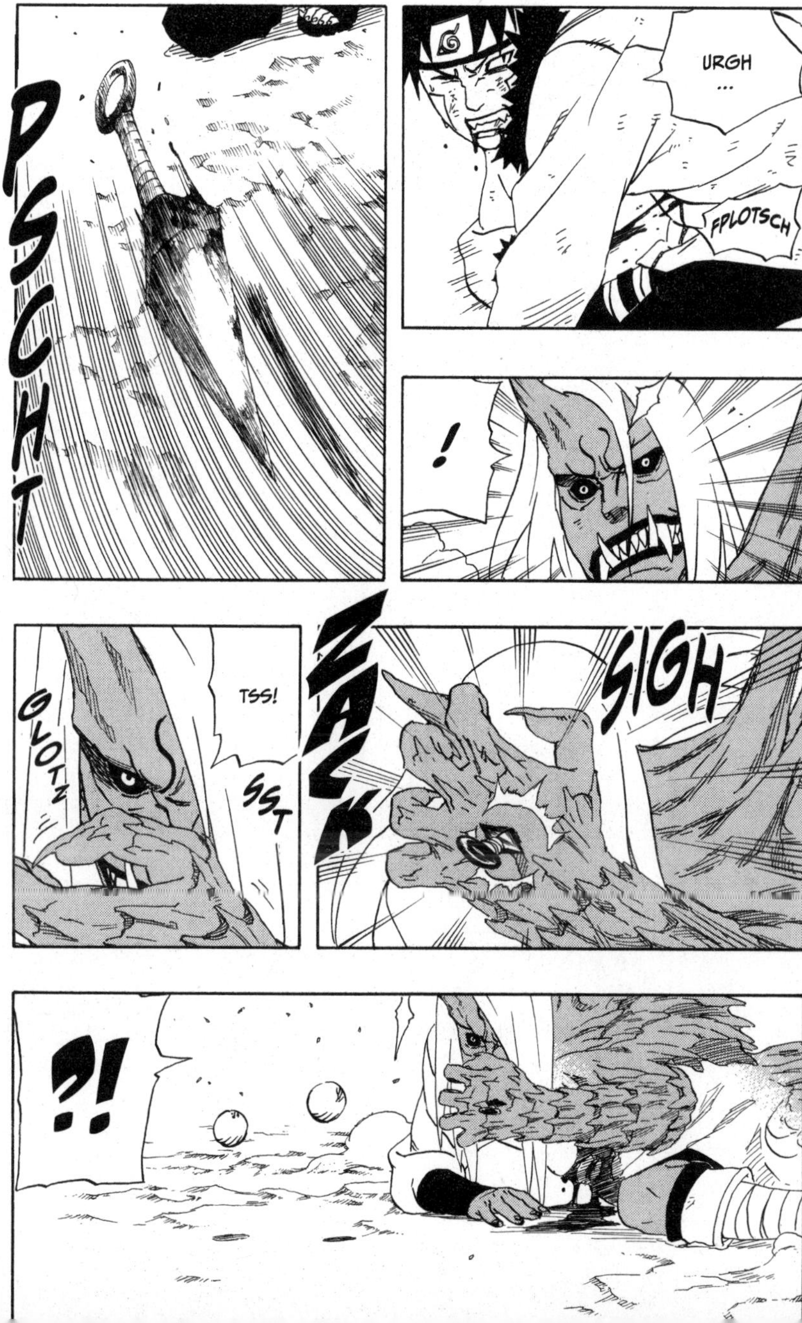
URGH ...
FPLOTSCH
PSCHT
!
SIGH
ZACK
TSS!
SST
GLOTZ
?!

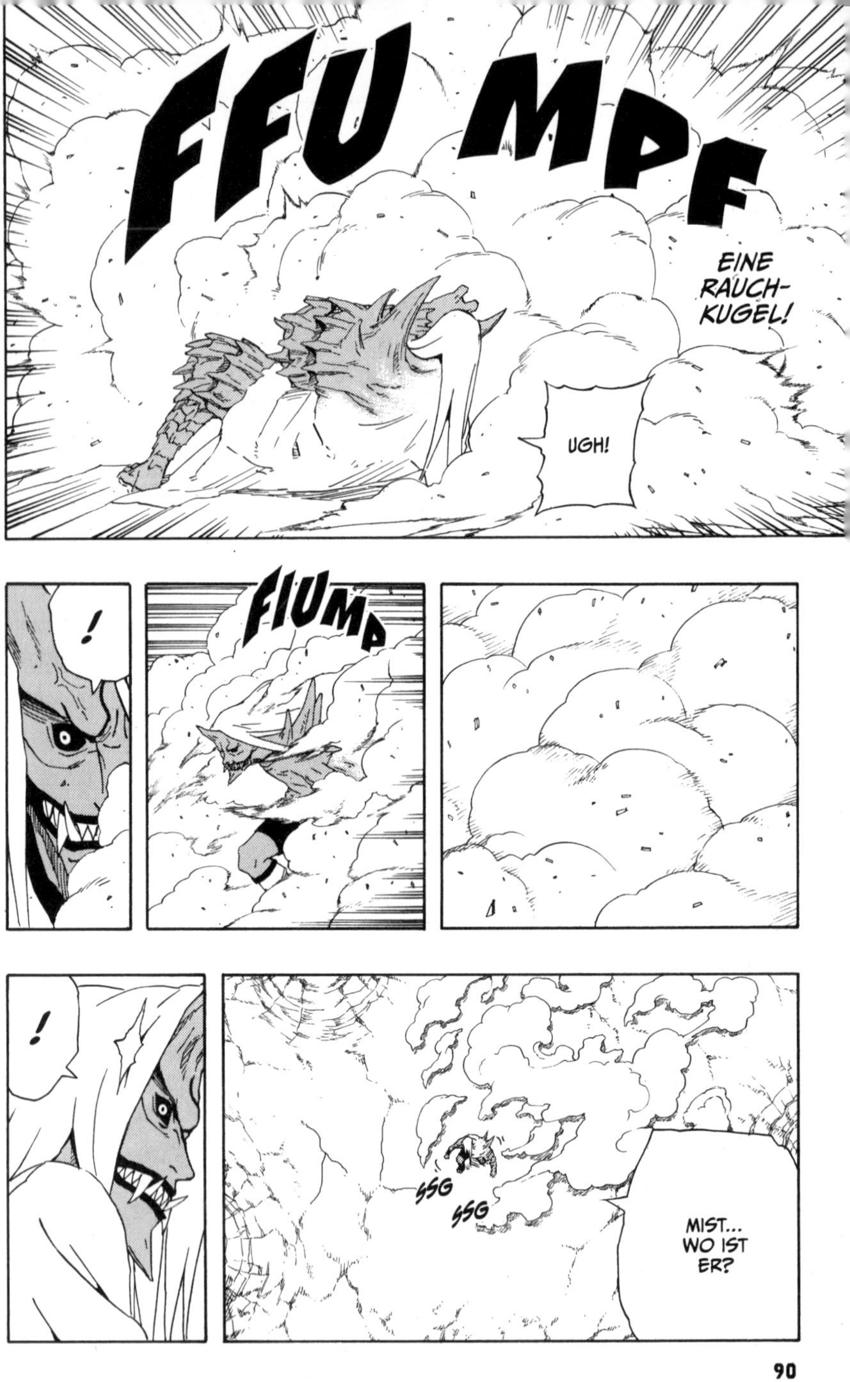
FFUMPF
EINE RAUCH-KUGEL!
UGH!
FIUMP
!
SSG
SSG
MIST... WO IST ER?
!

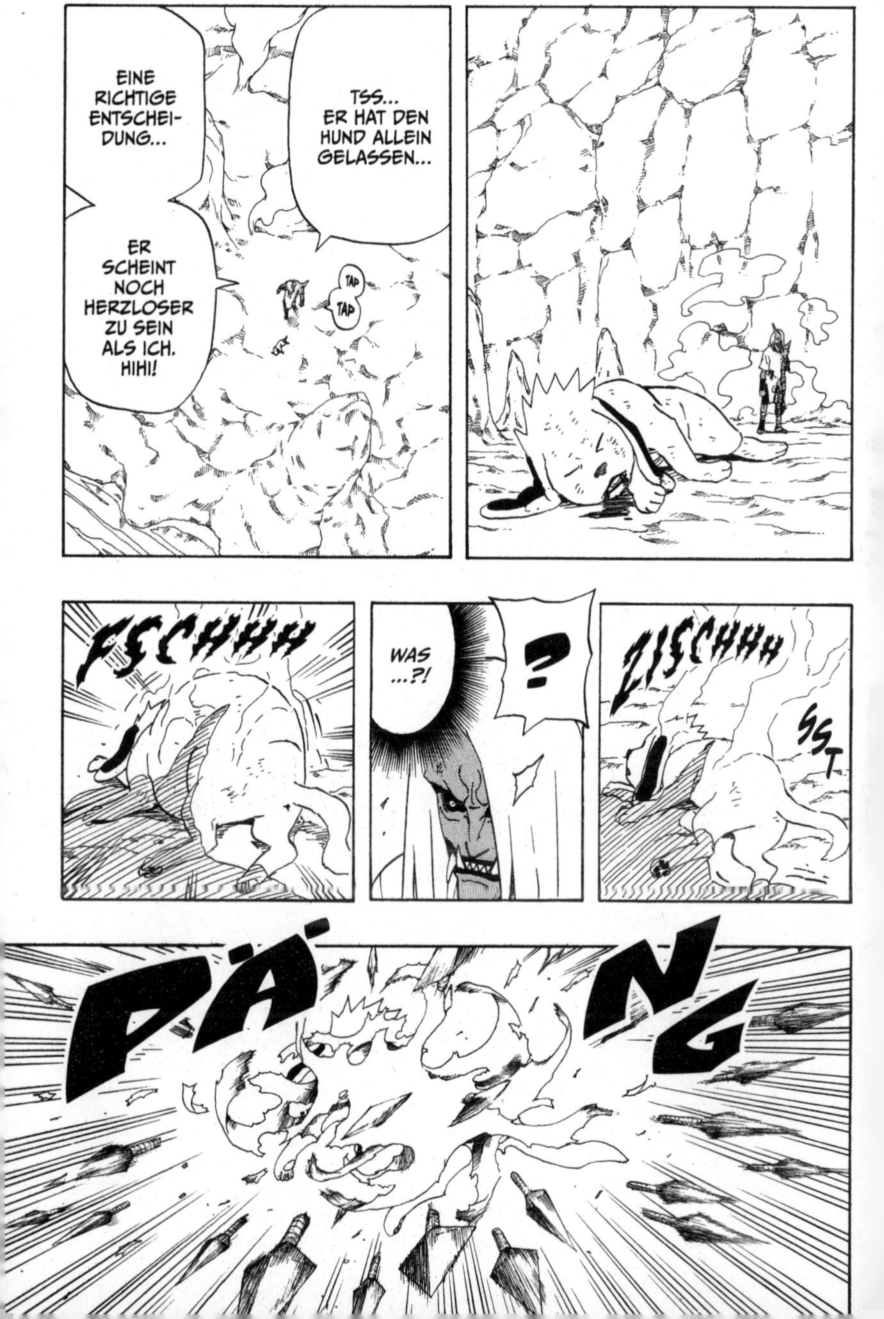
TSS...
ER HAT DEN
HUND ALLEIN
GELASSEN...
EINE
RICHTIGE
ENTSCHEI-
DUNG...
ER
SCHEINT
NOCH
HERZLOSER
ZU SEIN
ALS ICH.
HIHI!
TAP
TAP
ZISCHHH
SST
?
WAS
...?!
FSCHHH
PÄNG

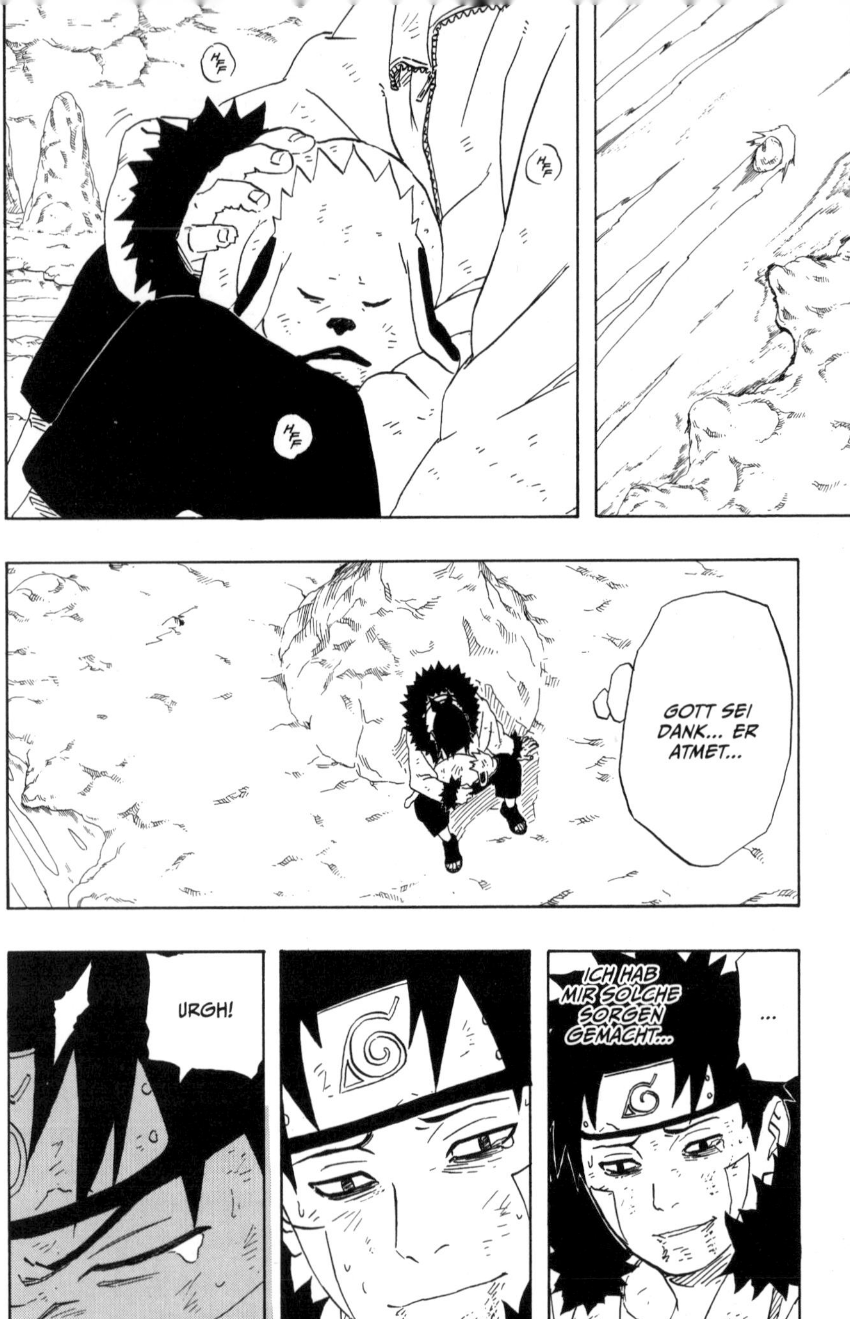
HFF
HFF
HFF
GOTT SEI DANK... ER ATMET...
...
ICH HAB MIR SOLCHE SORGEN GEMACHT...
URGH!

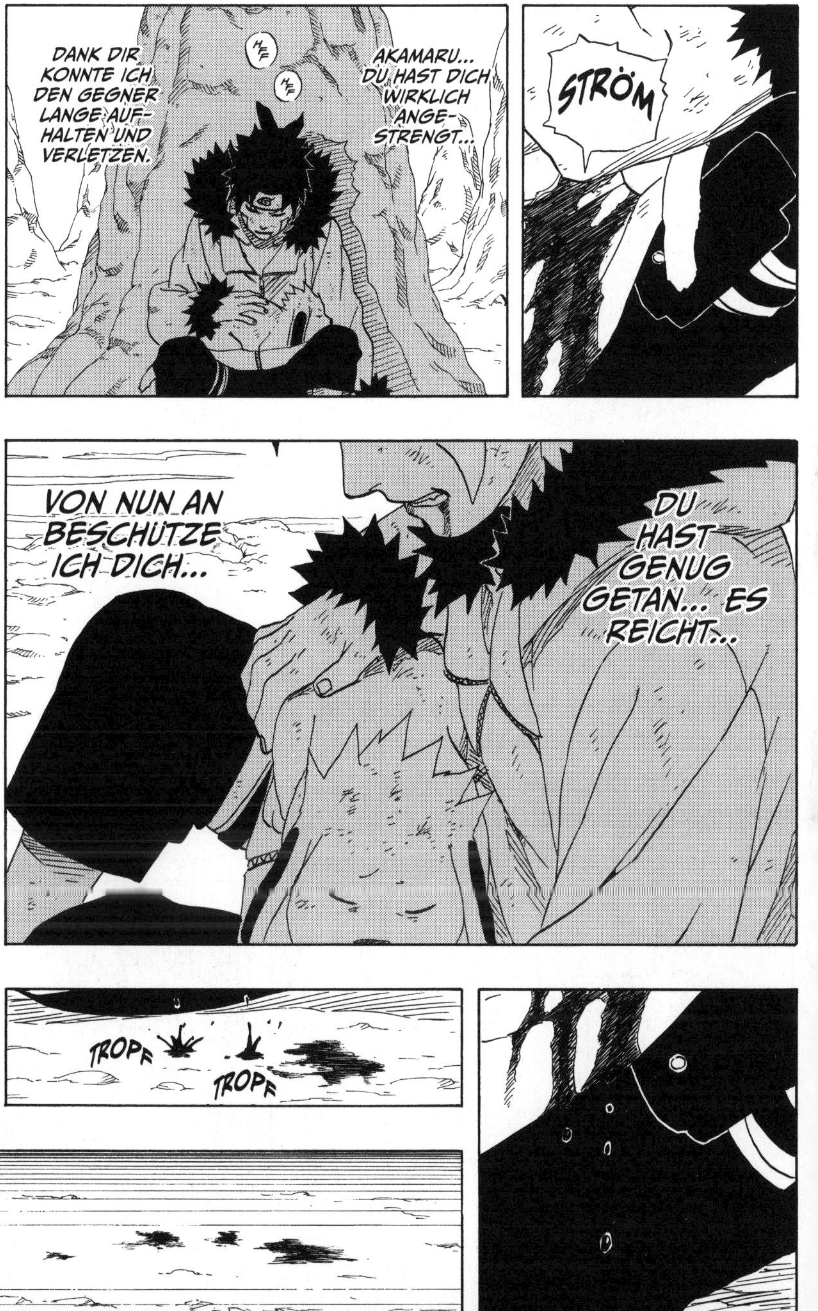
STRÖM
AKAMARU... DU HAST DICH WIRKLICH ANGE-STRENGT...
HEF
HEF
DANK DIR KONNTE ICH DEN GEGNER LANGE AUF-HALTEN UND VERLETZEN.
DU HAST GENUG GETAN... ES REICHT...
VON NUN AN BESCHÜTZE ICH DICH...
TROPF
TROPF

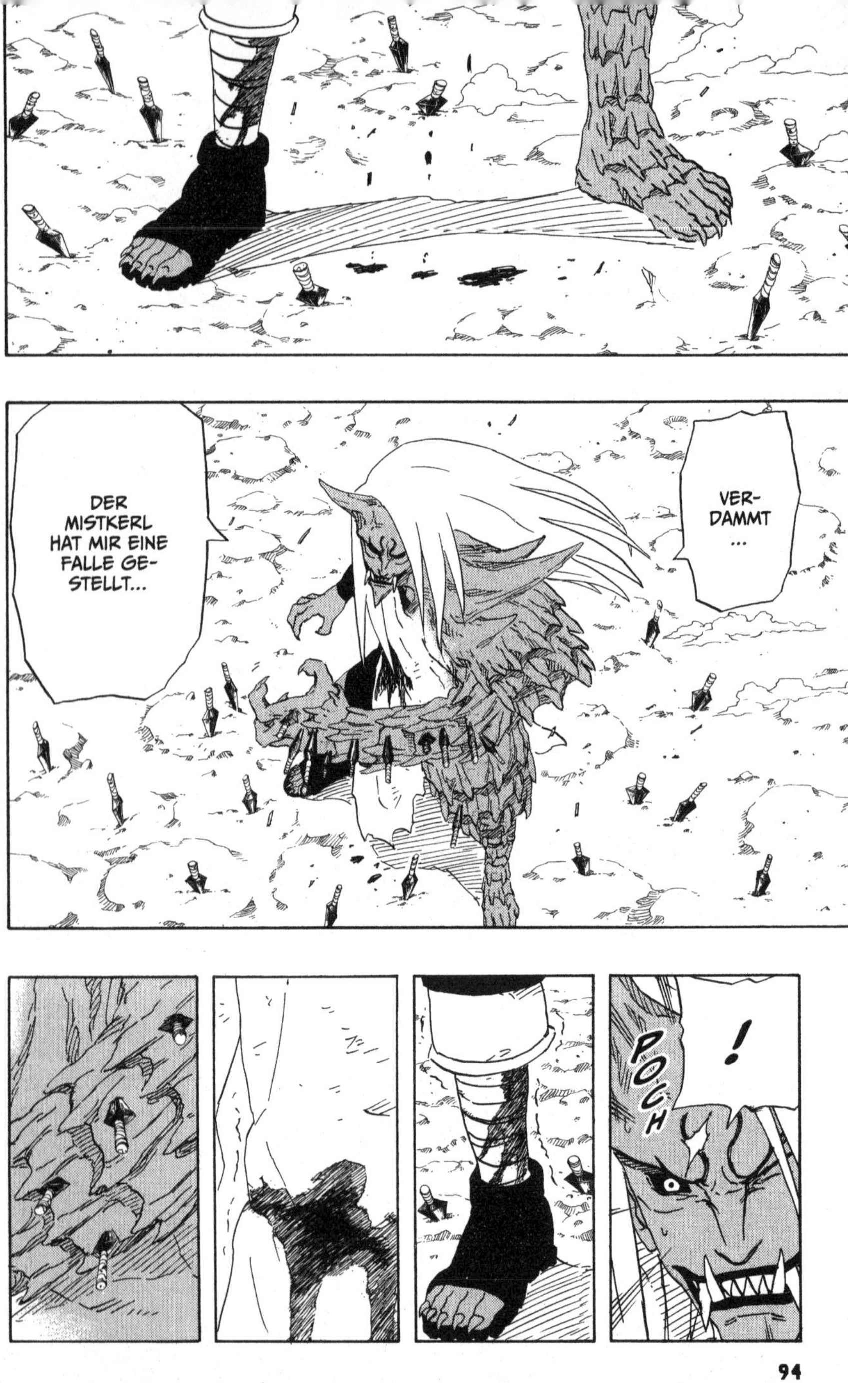
VER-
DAMMT
...
DER MISTKERL HAT MIR EINE FALLE GE-STELLT...
POCH
!

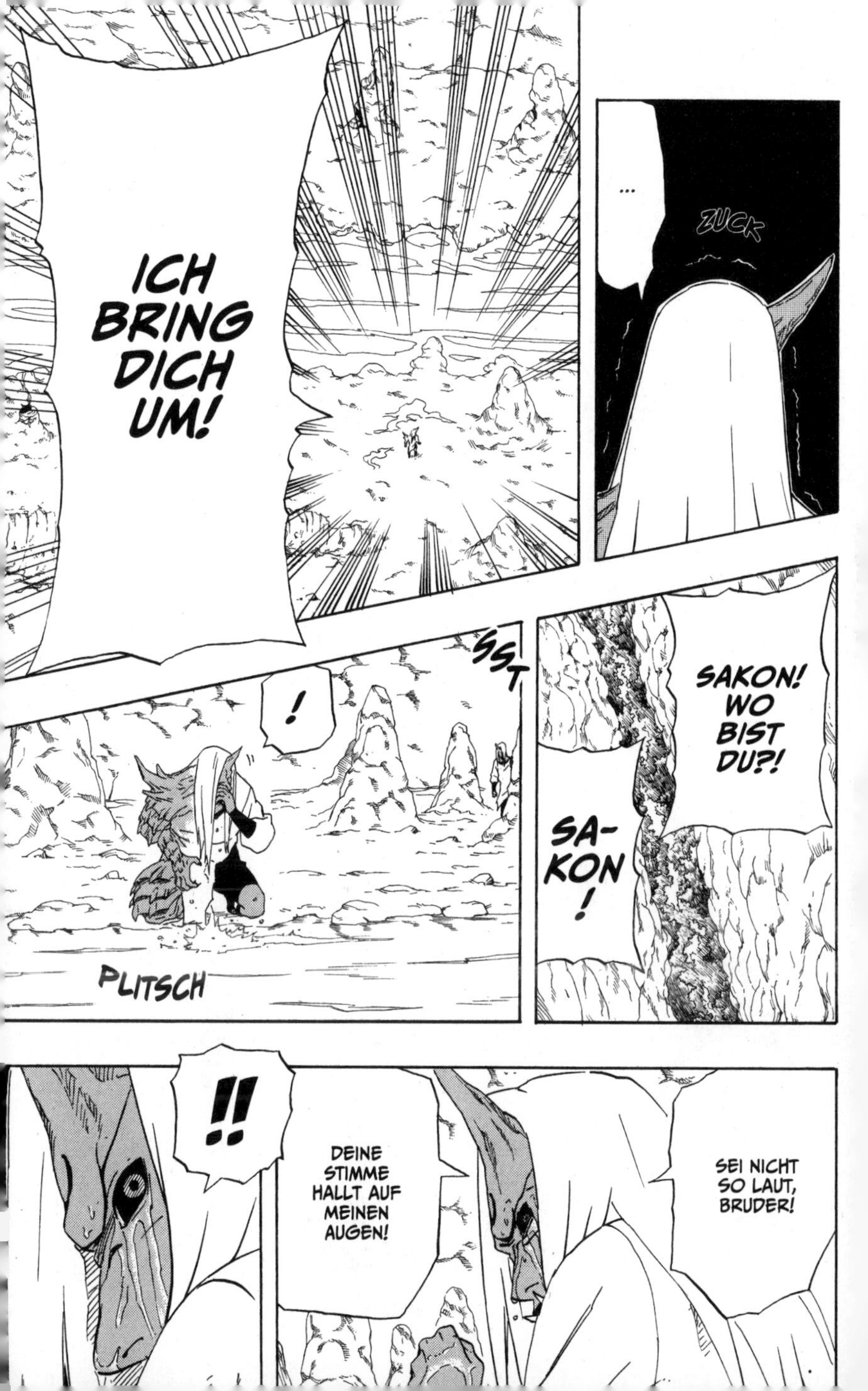
...
ZUCK
ICH BRING DICH UM!
SAKON! WO BIST DU?!
SA-KON!
SST
!
PLITSCH
SEI NICHT SO LAUT, BRUDER!
DEINE STIMME HALLT AUF MEINEN AUGEN!
!!

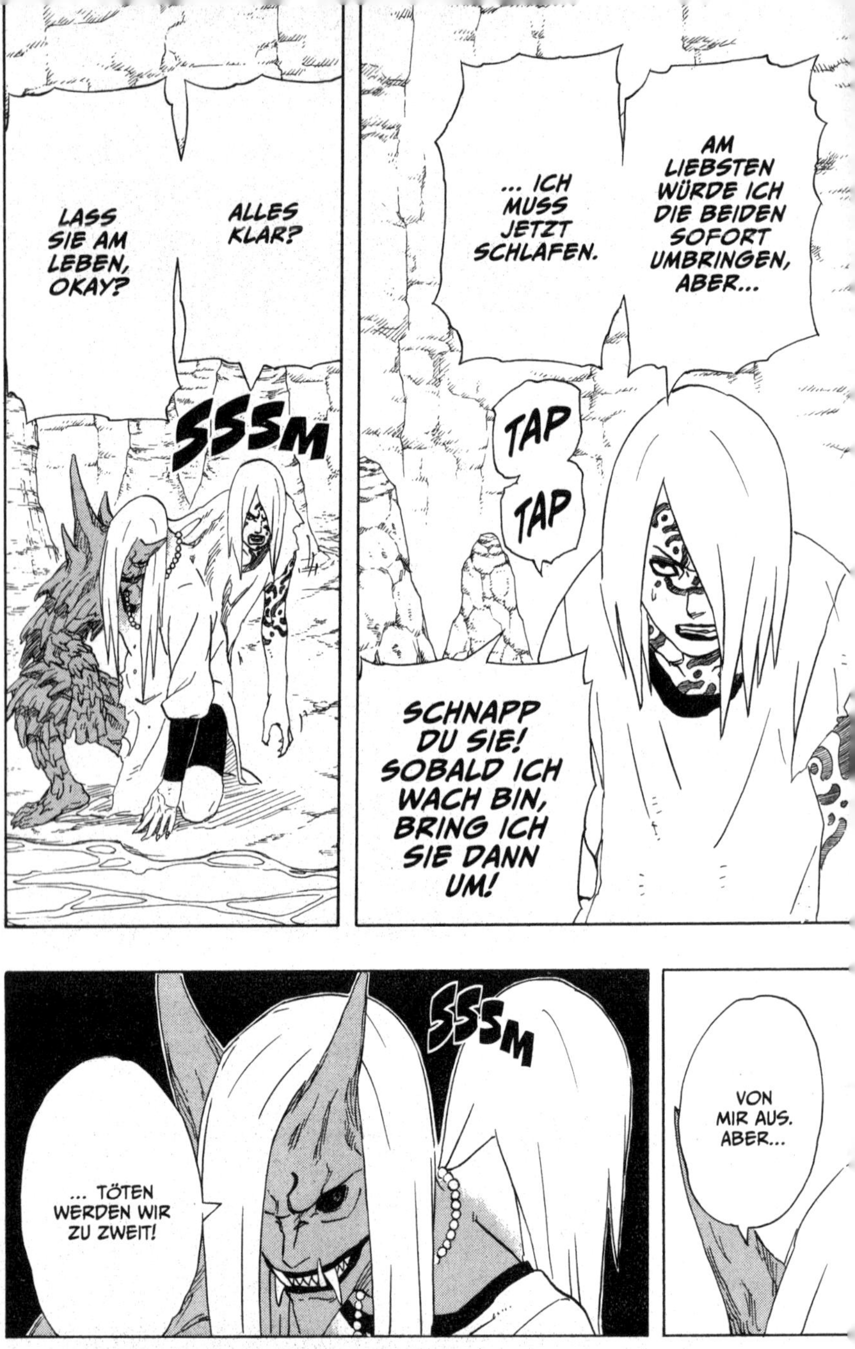
AM LIEBSTEN WÜRDE ICH DIE BEIDEN SOFORT UMBRINGEN, ABER...
... ICH MUSS JETZT SCHLAFEN.
TAP
TAP
SCHNAPP DU SIE! SOBALD ICH WACH BIN, BRING ICH SIE DANN UM!
ALLES KLAR?
LASS SIE AM LEBEN, OKAY?
SSSM
VON MIR AUS. ABER...
SSSM
... TÖTEN WERDEN WIR ZU ZWEIT!

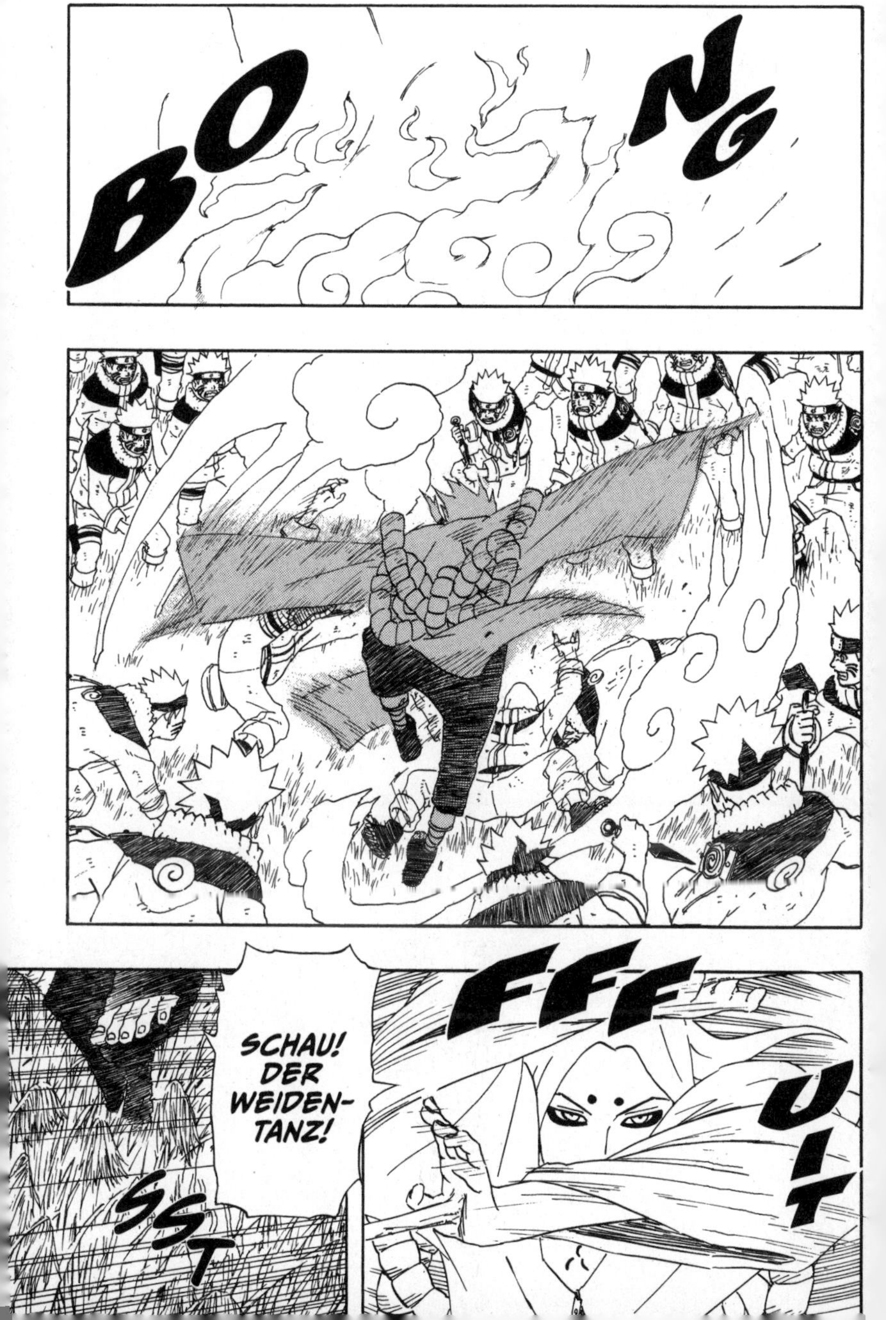
BONG
FFF UIT
SCHAU! DER WEIDEN-TANZ!
SST

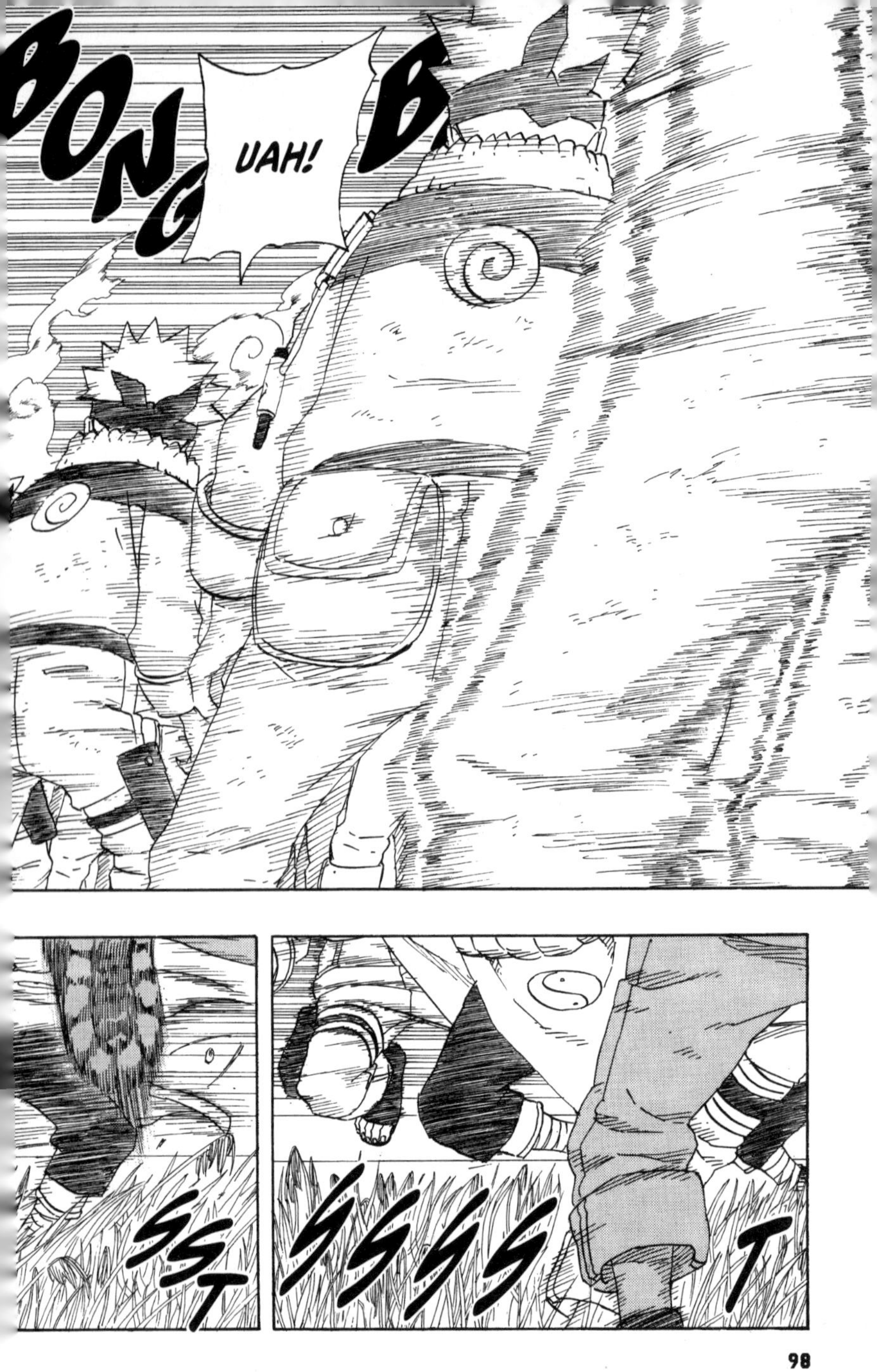
BONG
UAH!
BONG
SST
SSSSST

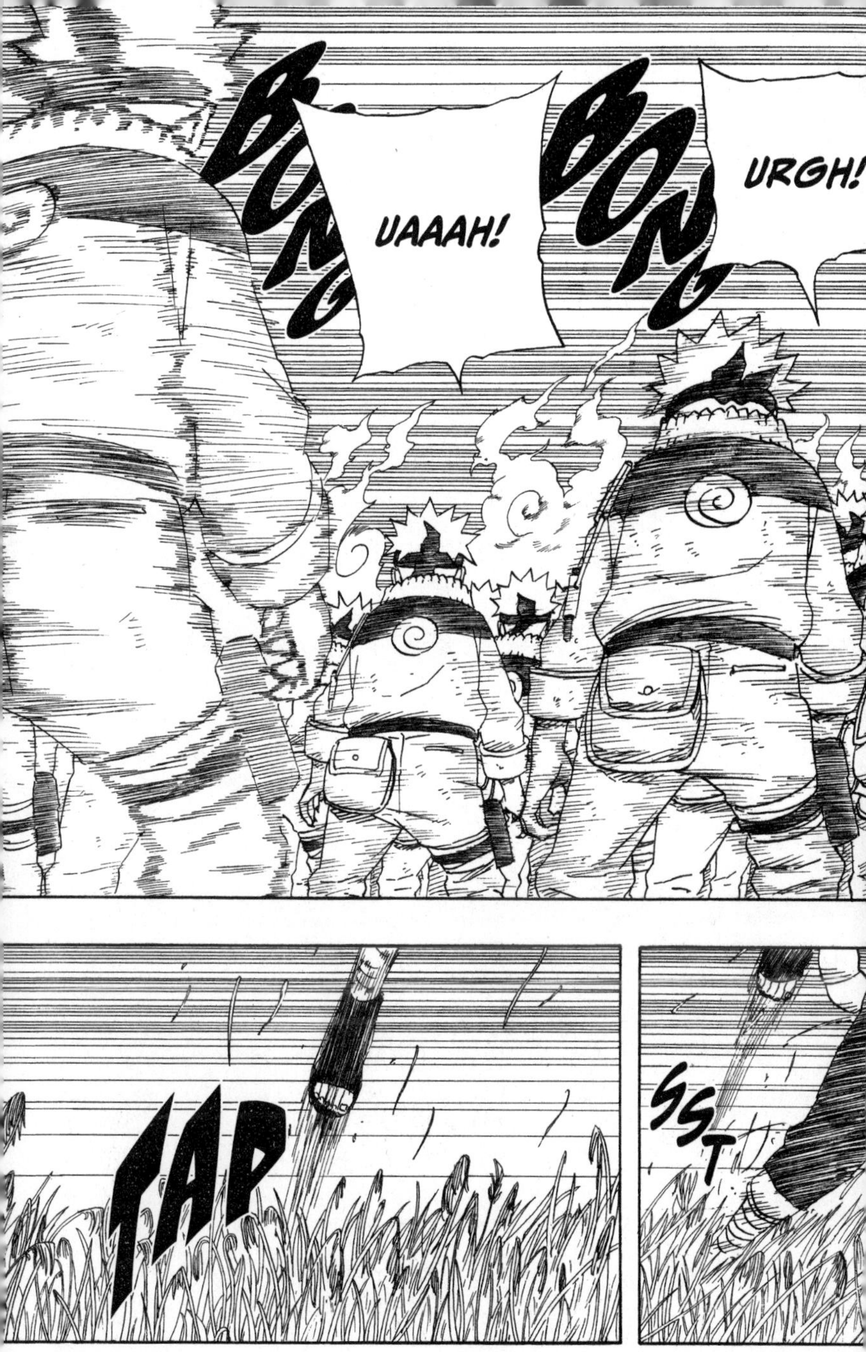
URGH!
BONG
UAAAH!
BONG
SST
TAP

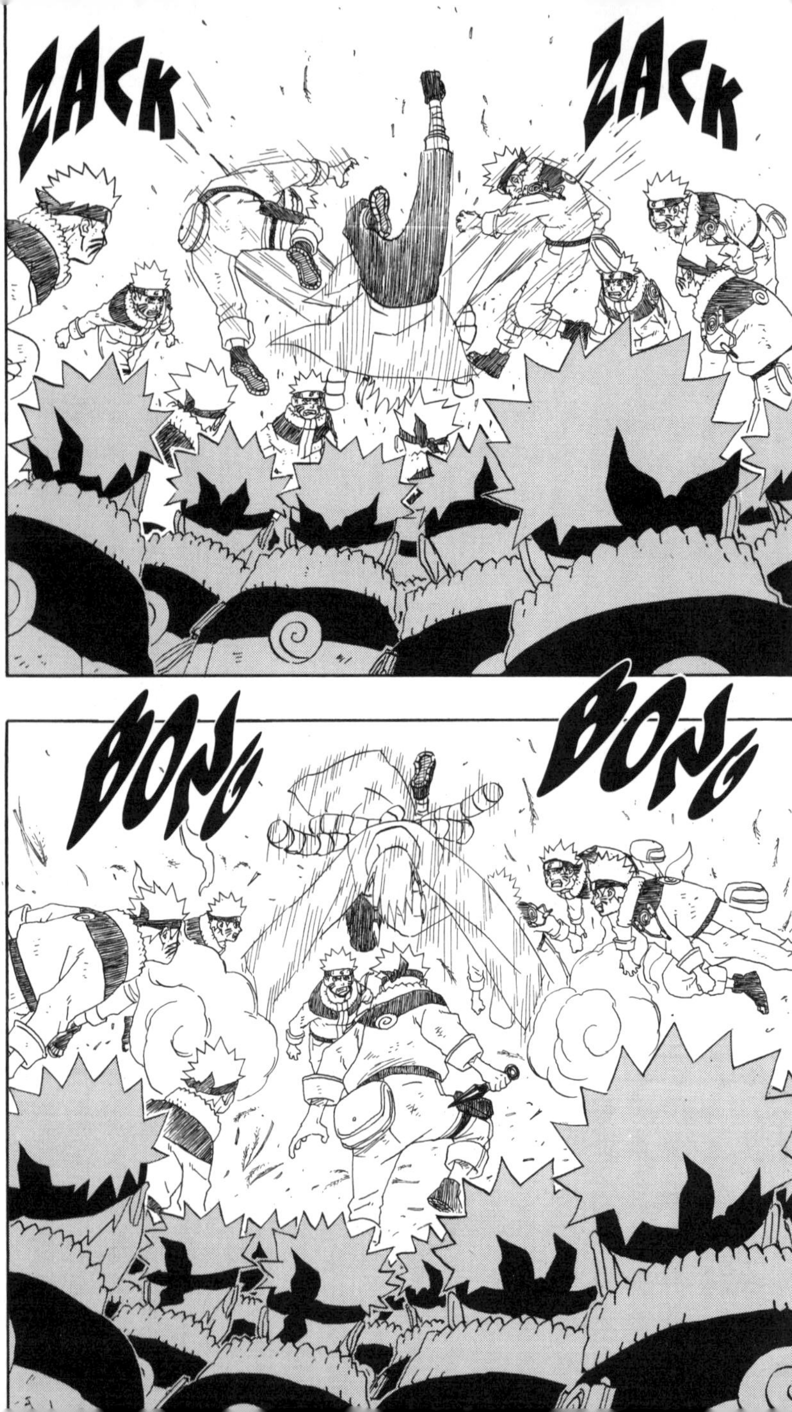
ZACK
ZACK
BONG
BONG

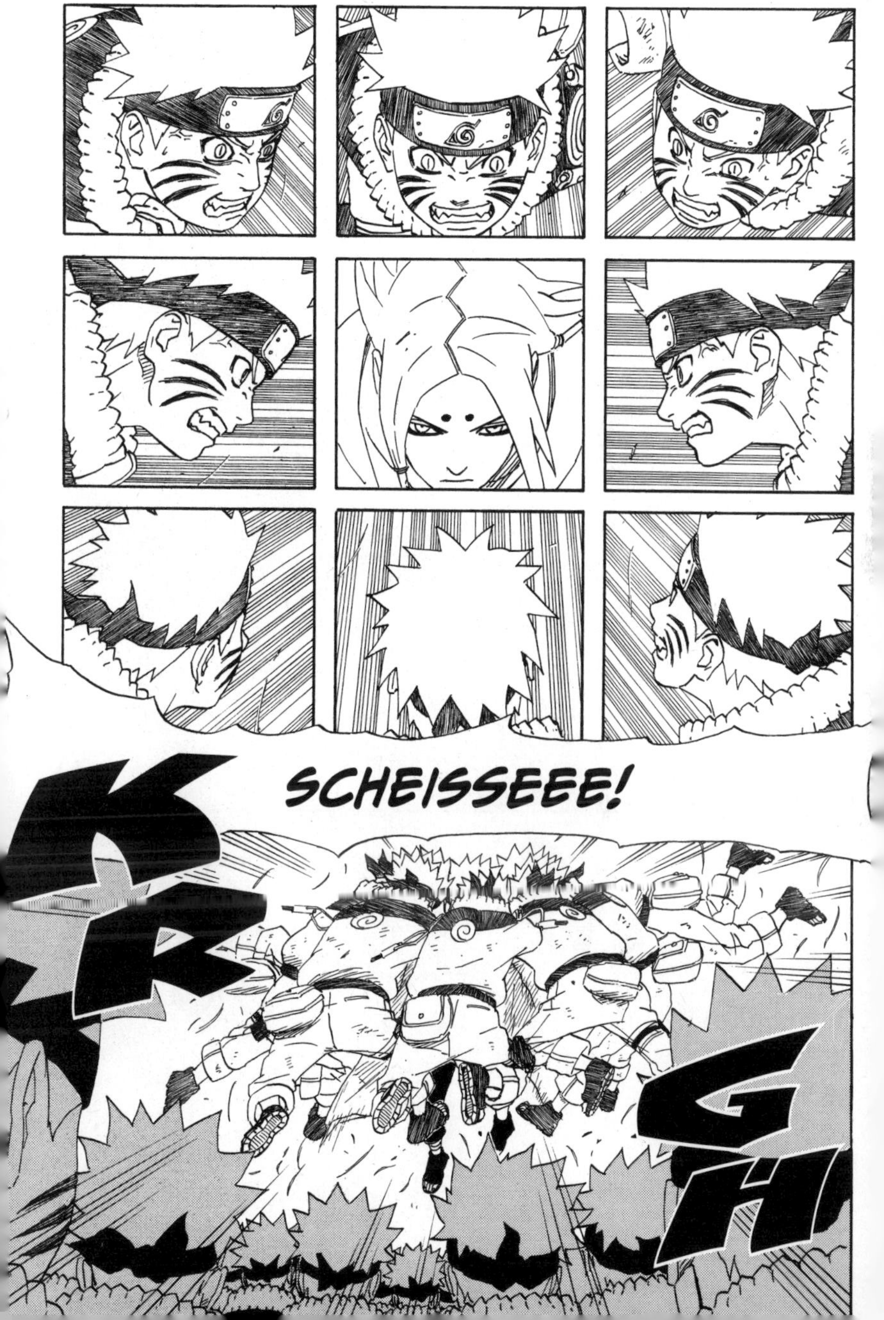
SCHEISSEEE!
KR
GH

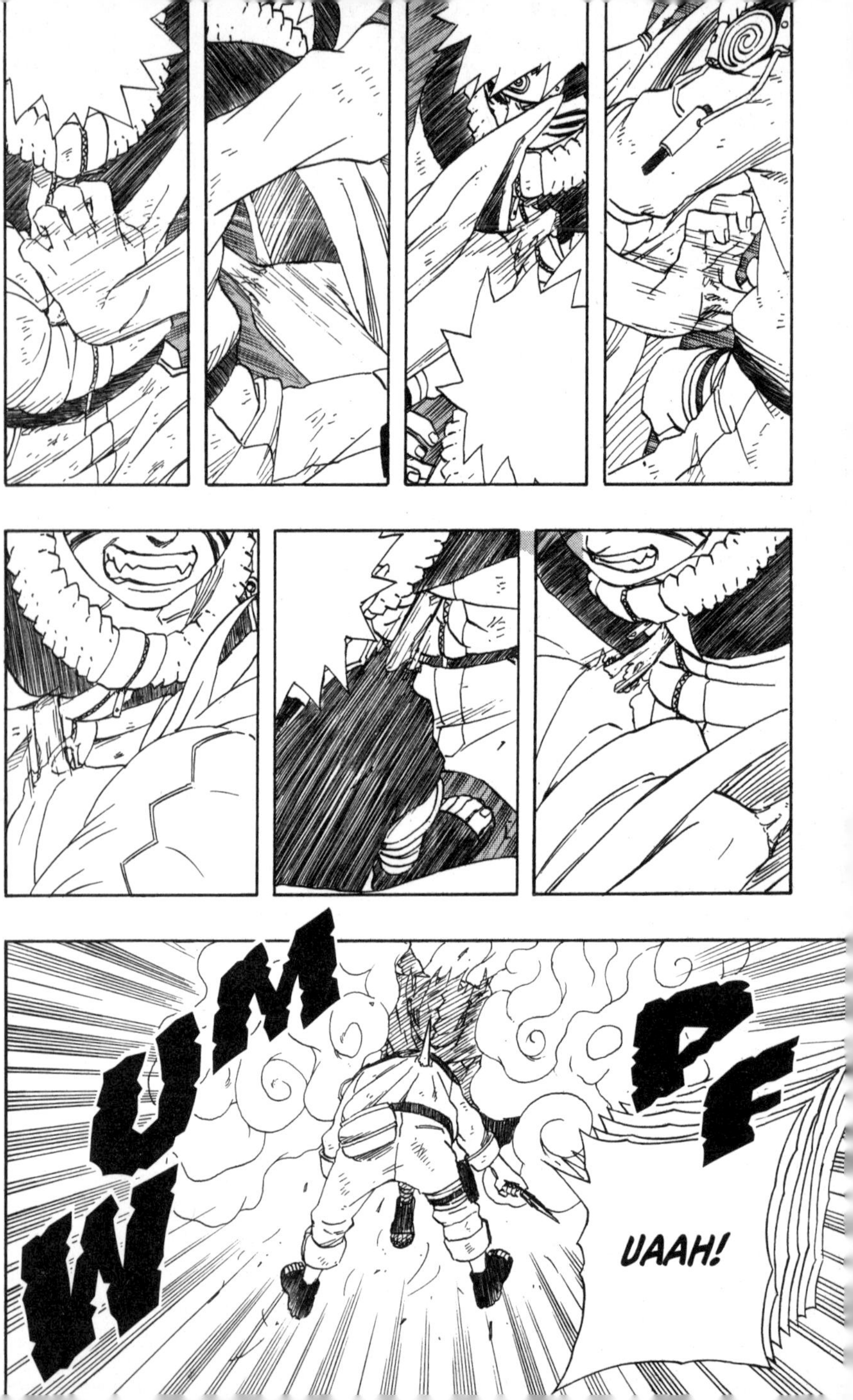
WUMPF
UAAH!

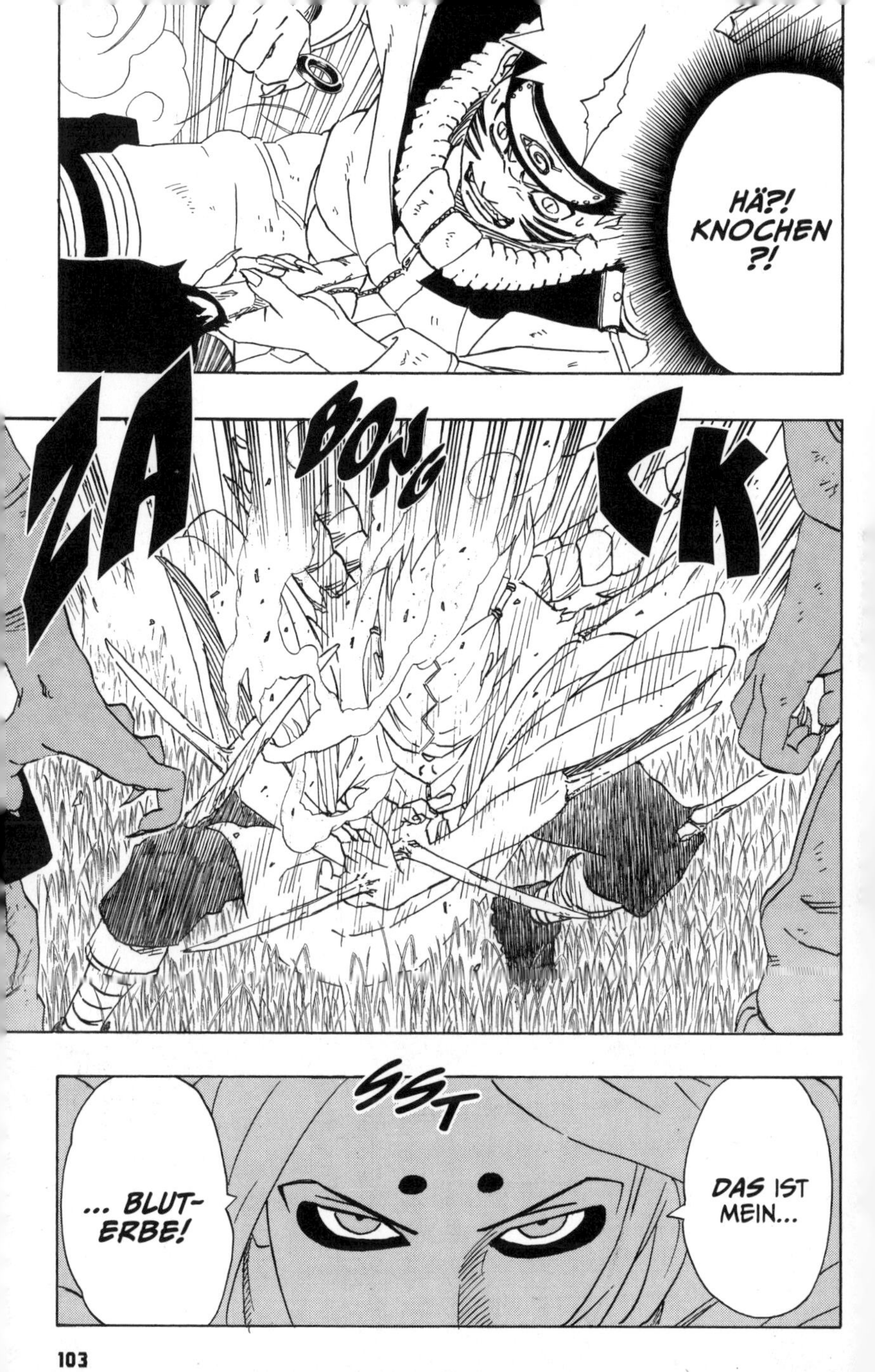
HÄ?! KNOCHEN ?!
ZA
BONG
CK
SST
DAS IST MEIN...
... BLUT-ERBE!

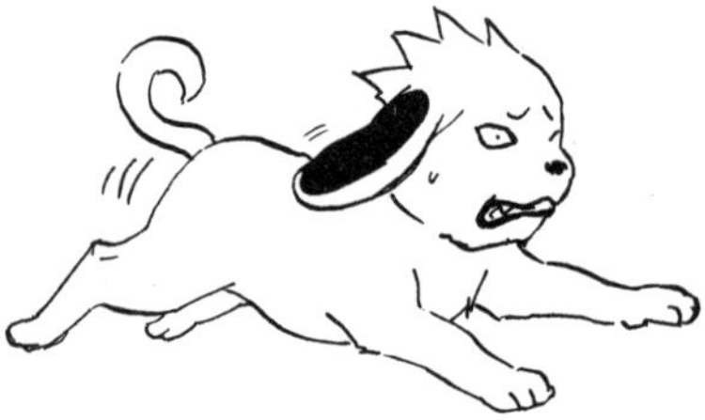

206. Kapitel: Not

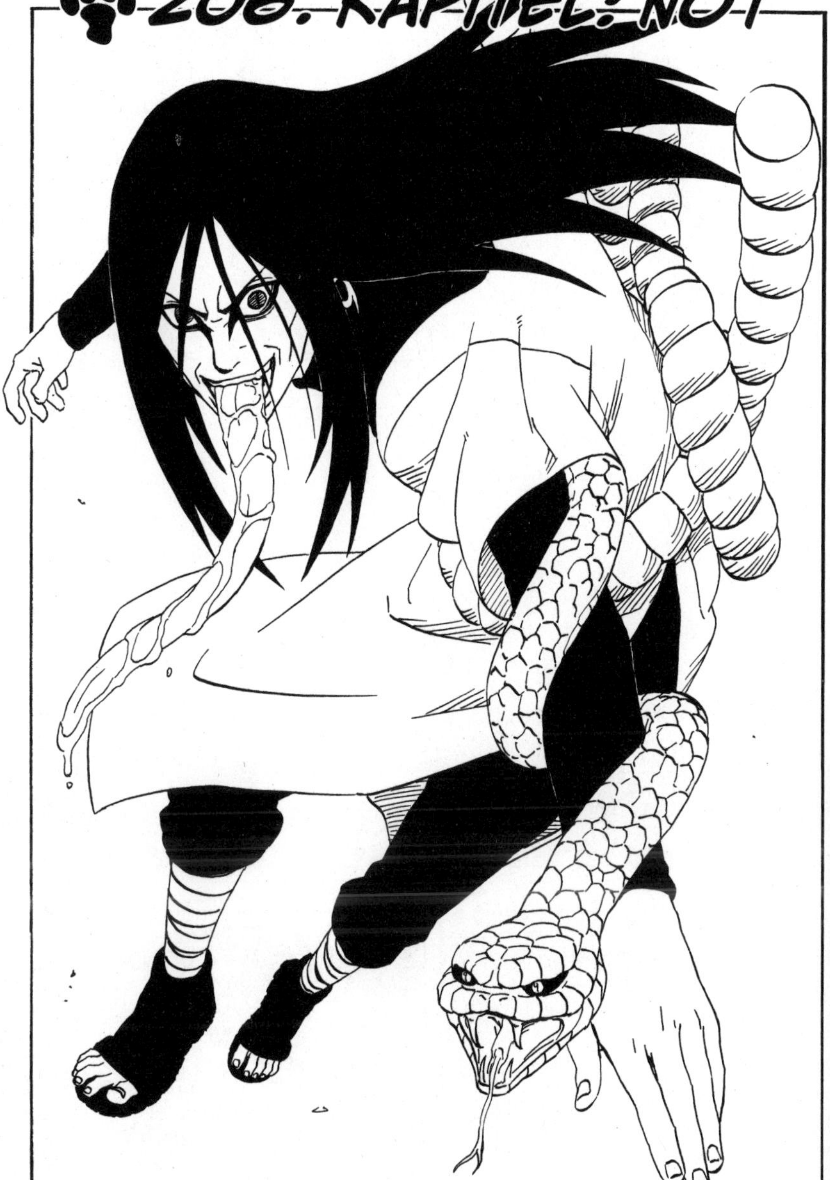

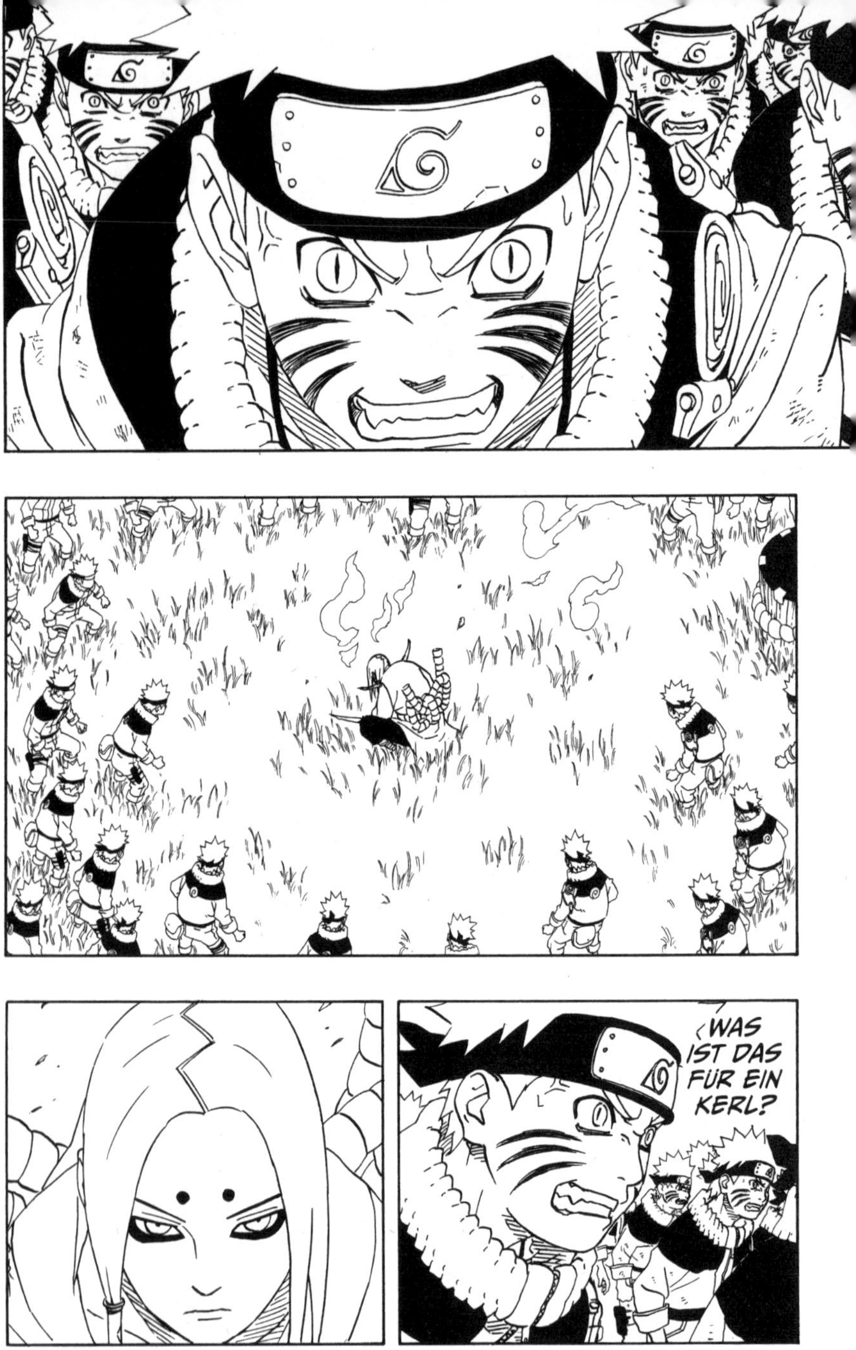
WAS IST DAS FÜR EIN KERL?

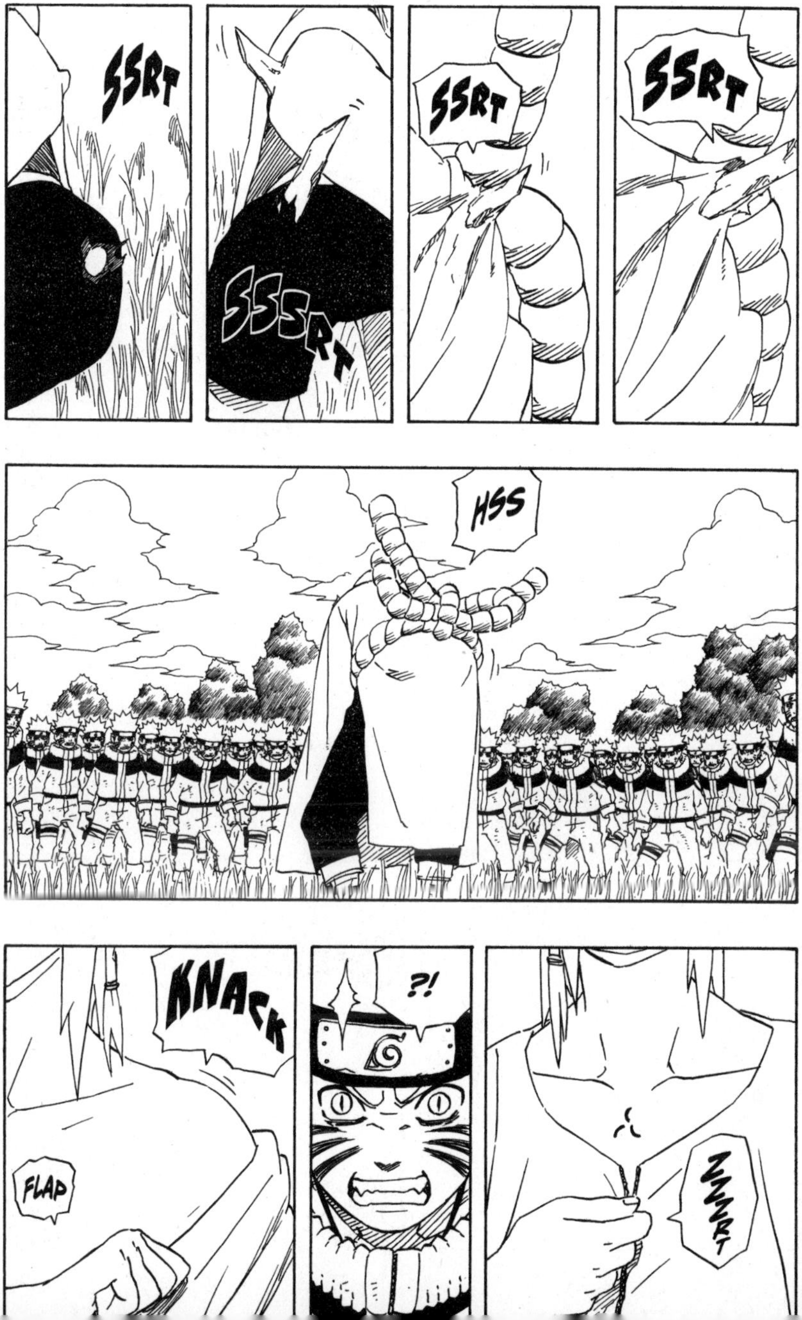

SSRT
SSSRT
SSRT
SSRT
HSS
KNACK
FLAP
?!
ZZZRT

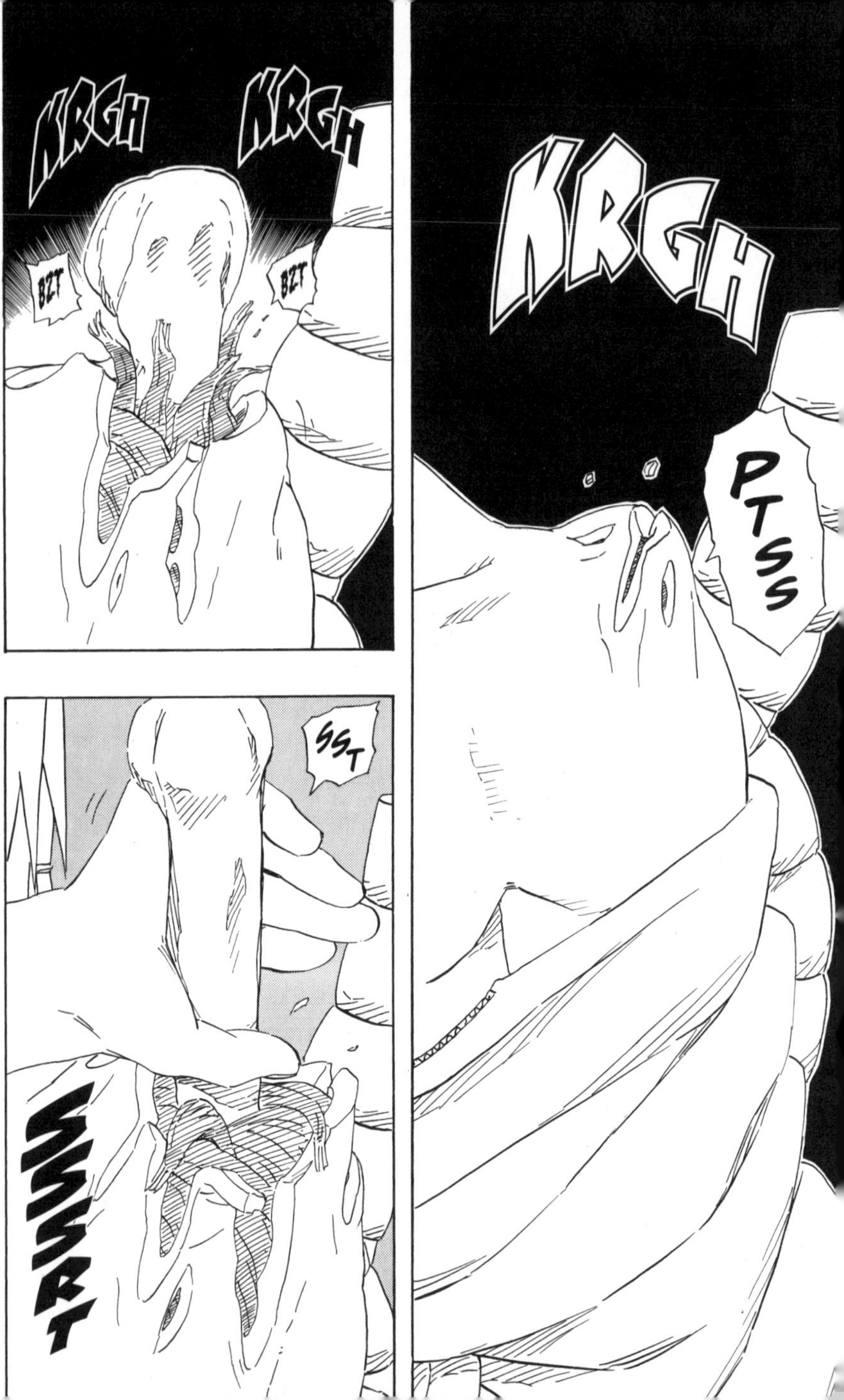
KRGH
PTSS
KRGH
KRGH
BZT
BZT
SST
SSSRT

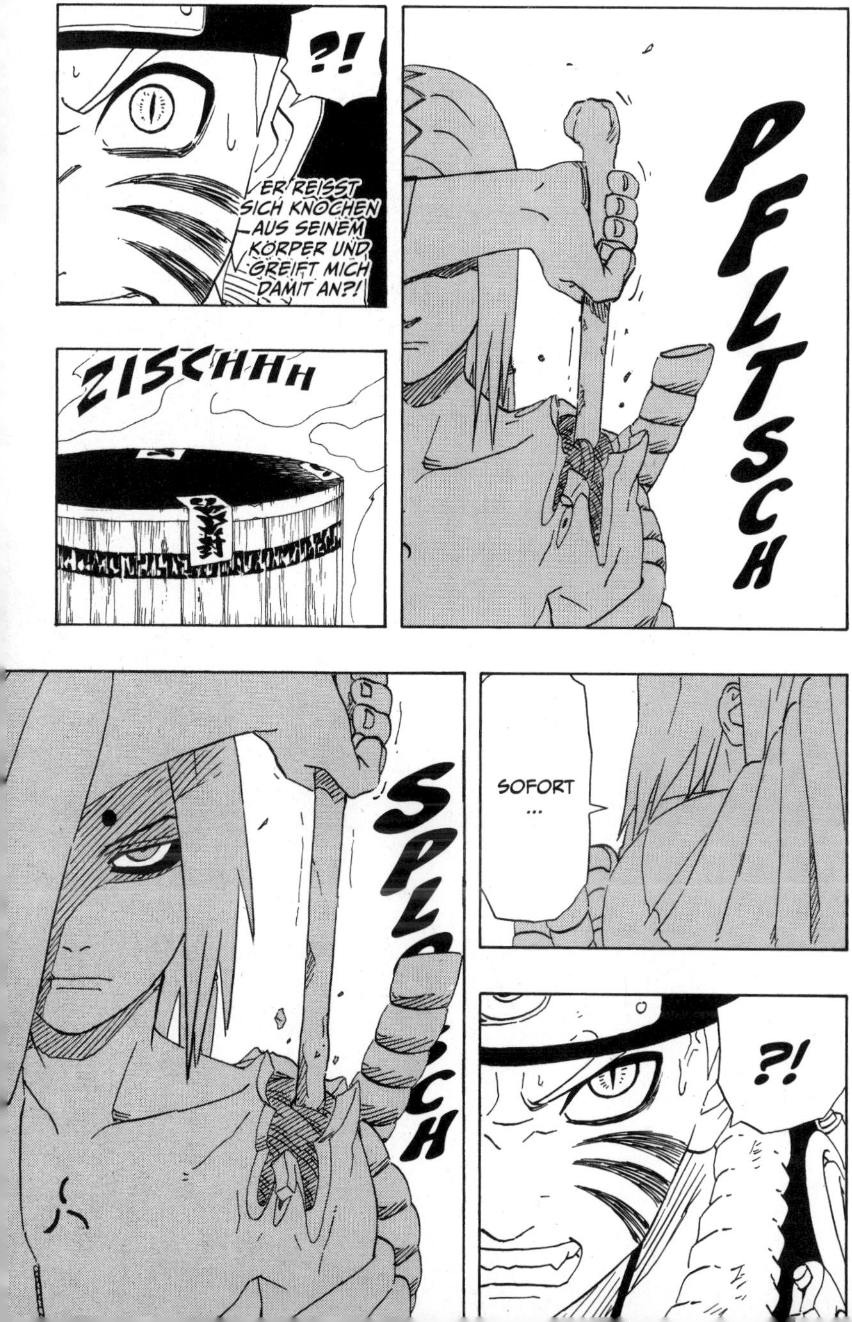

PFLTSCH
?!
ER REISST SICH KNOCHEN AUS SEINEM KÖRPER UND GREIFT MICH DAMIT AN?!
ZISCHHH
SOFORT ...
SPLOTSCH
?!

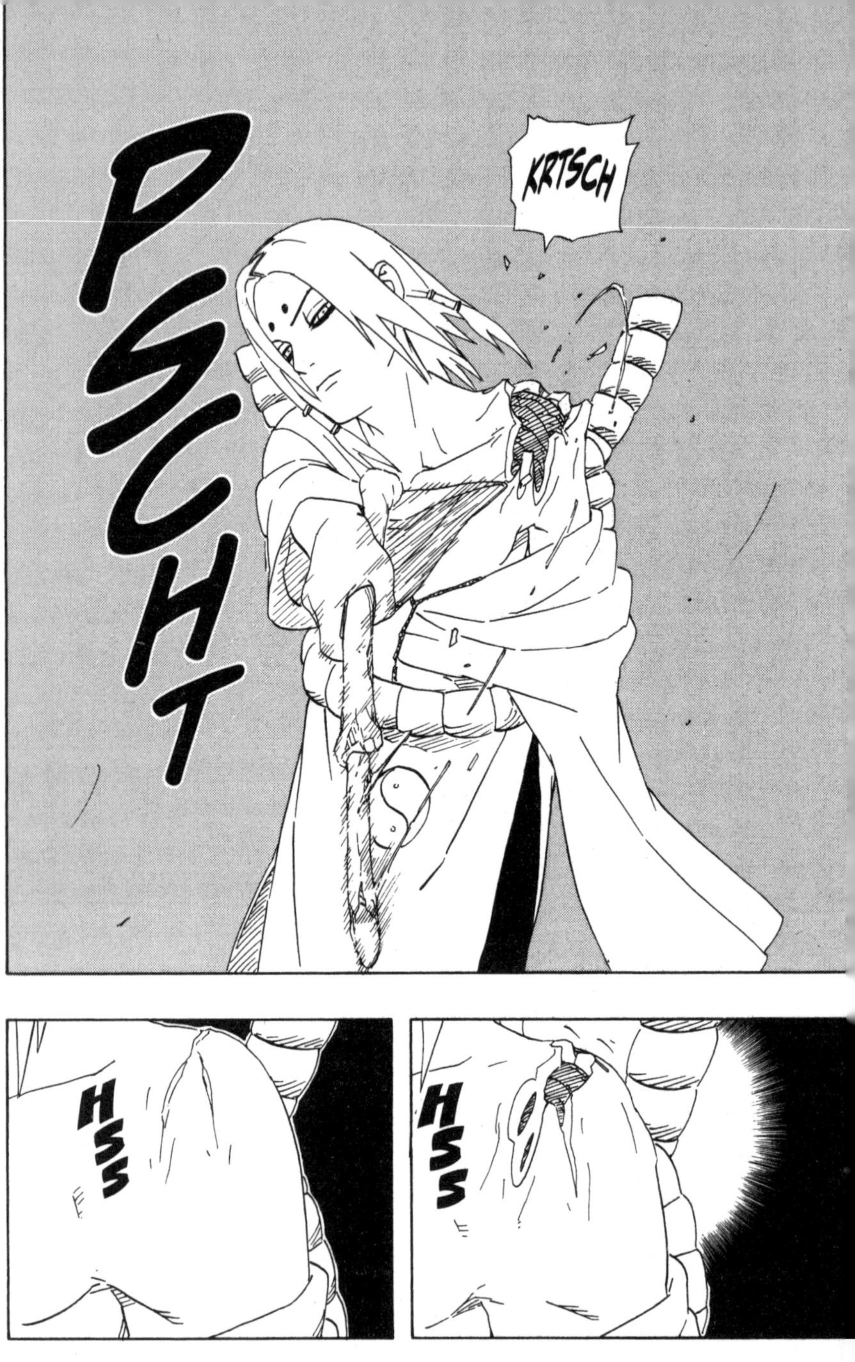
KRTSCH
PSCHT
HSS
HSS

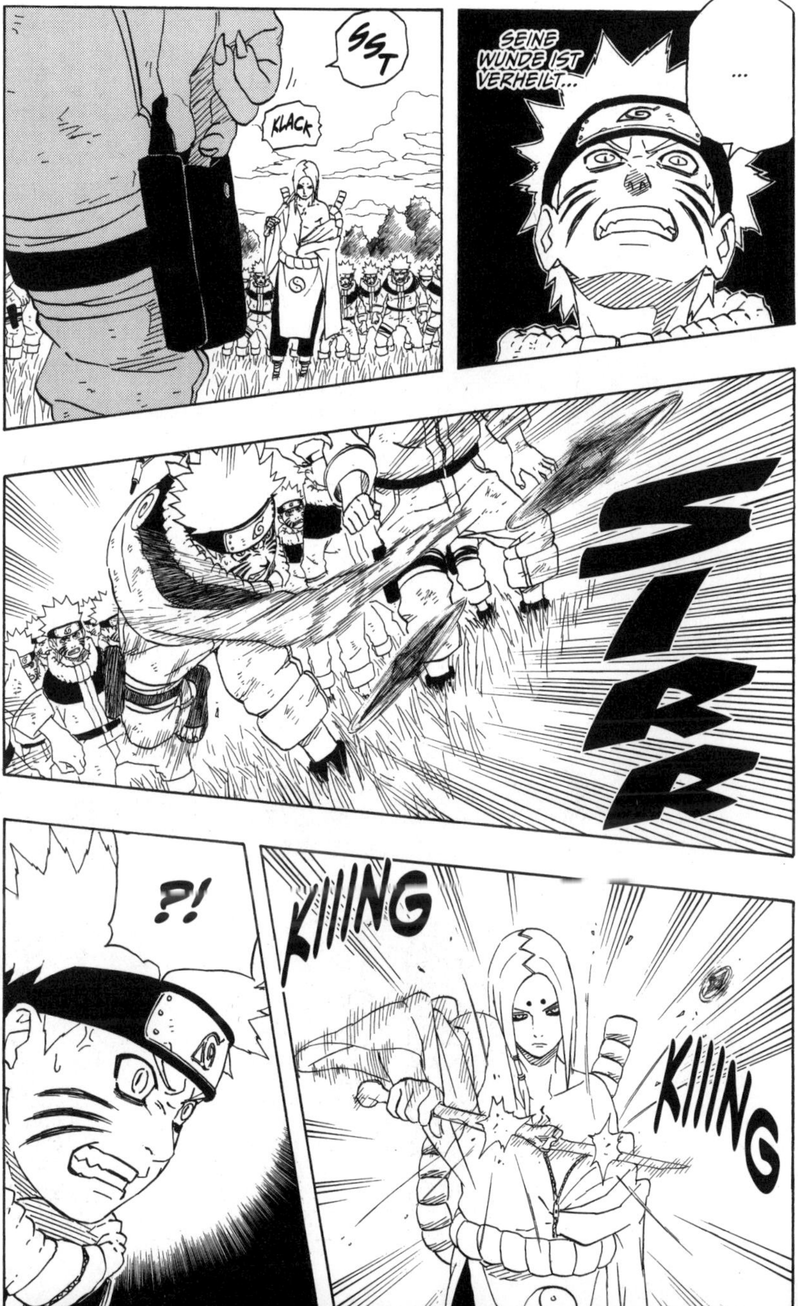
...
SEINE WUNDE IST VERHEILT...
SST
KLACK
STRR
KIIING
KIIING
?!

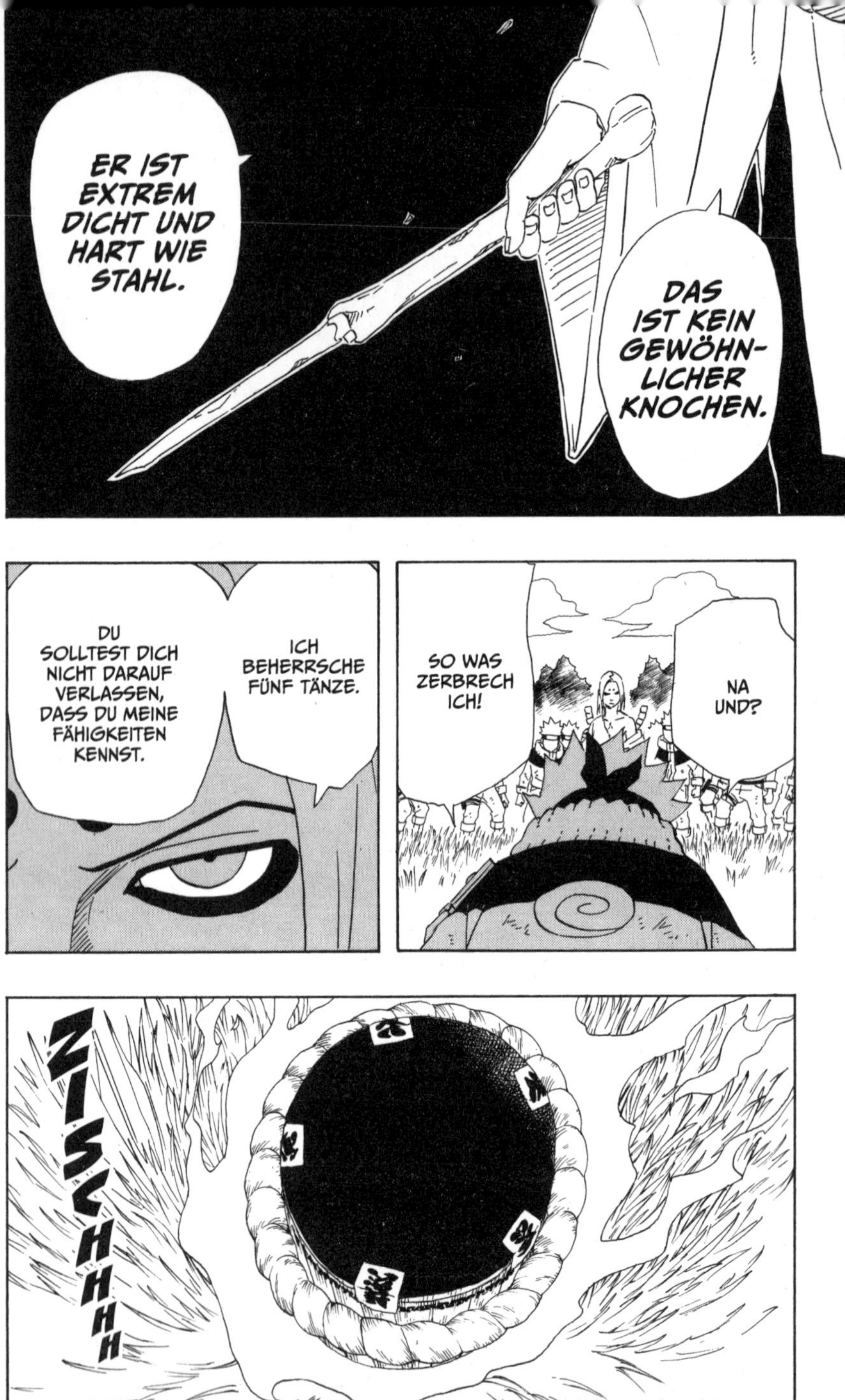
DAS IST KEIN GEWÖHN-LICHER KNOCHEN.
ER IST EXTREM DICHT UND HART WIE STAHL.
NA UND?
SO WAS ZERBRECH ICH!
ICH BEHERRSCHE FÜNF TÄNZE.
DU SOLLTEST DICH NICHT DARAUF VERLASSEN, DASS DU MEINE FÄHIGKEITEN KENNST.
ZISCHHHH

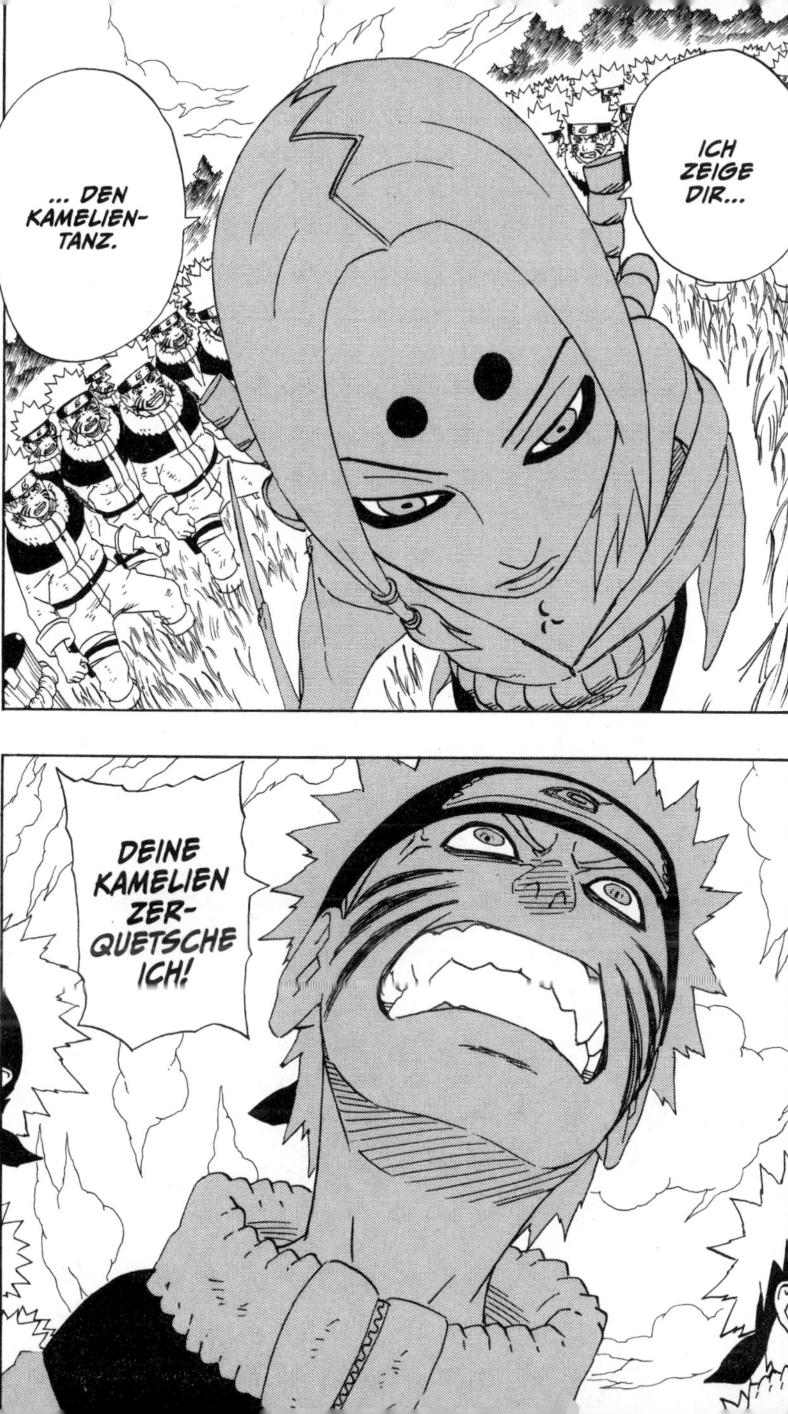
ICH ZEIGE DIR...
... DEN KAMELIEN-TANZ.
DEINE KAMELIEN ZER-QUETSCHE ICH!

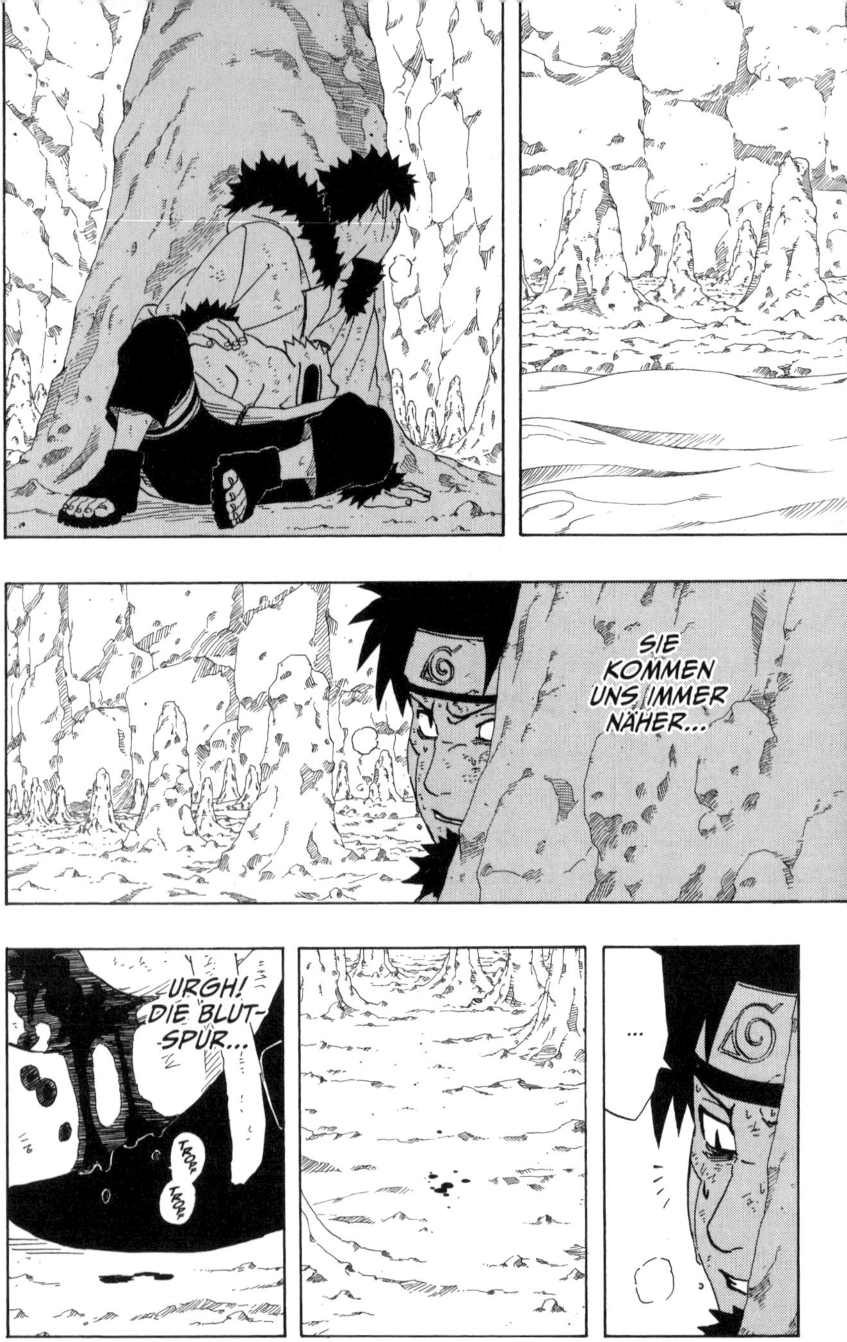
SIE KOMMEN UNS IMMER NÄHER...
...
URGH! DIE BLUT-SPUR...
TROPF
TROPF

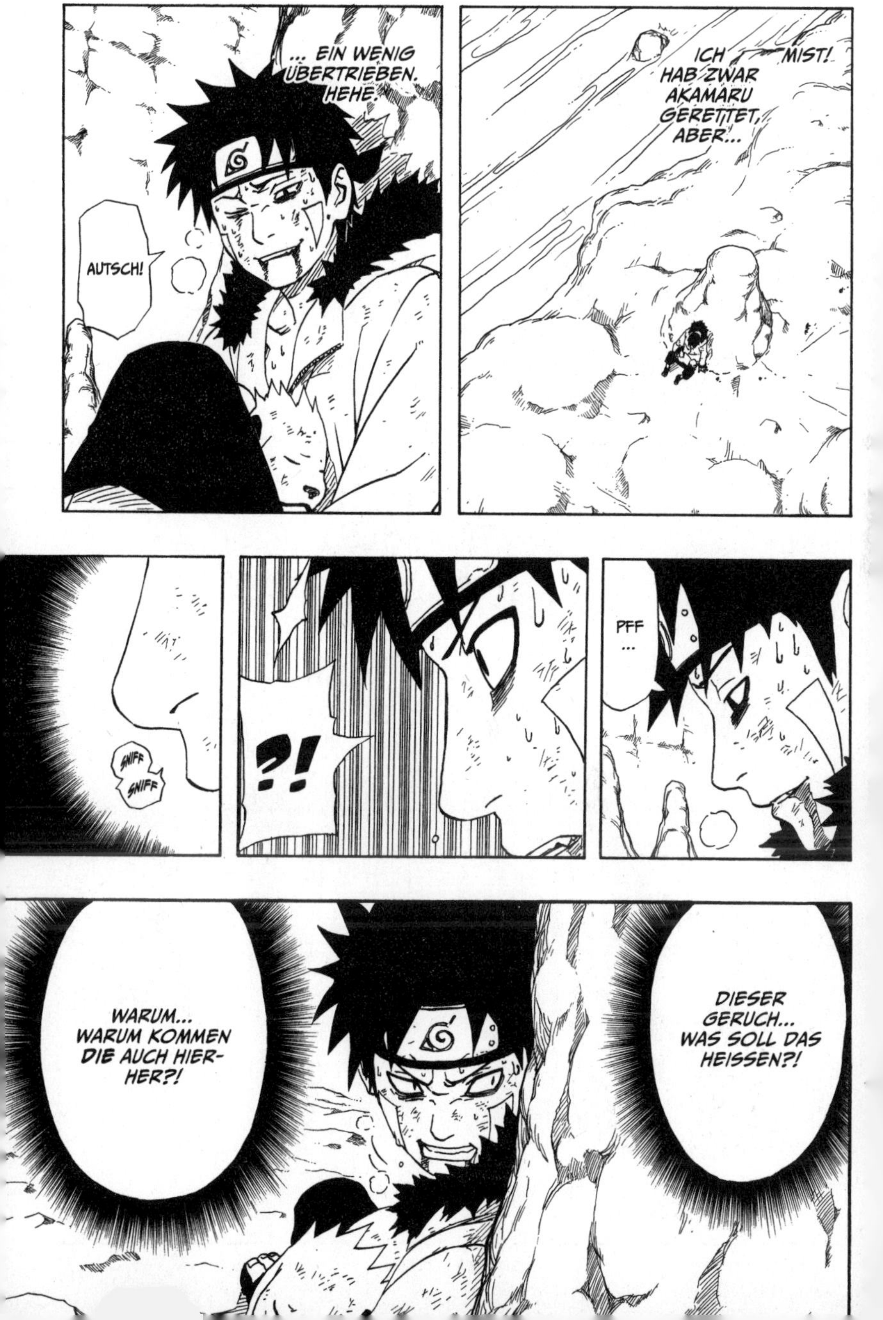
MIST!
ICH HAB ZWAR AKAMARU GERETTET, ABER...
... EIN WENIG ÜBERTRIEBEN. HEHE.
AUTSCH!
PFF ...
?!
SNIFF
SNIFF
DIESER GERUCH... WAS SOLL DAS HEISSEN?!
WARUM... WARUM KOMMEN DIE AUCH HIER-HER?!

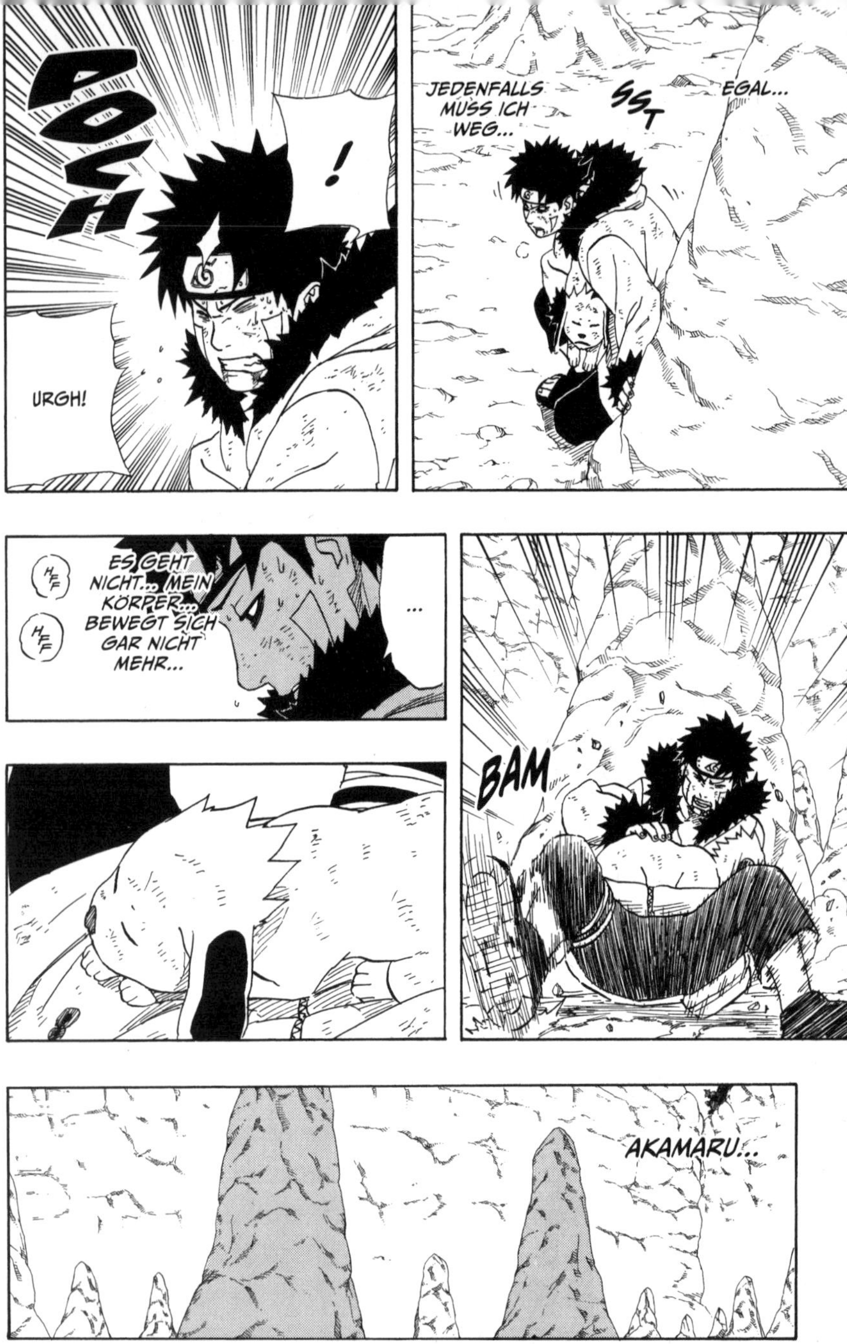
EGAL...
SST
JEDENFALLS MUSS ICH WEG...
POCH
!
URGH!
BAM
...
ES GEHT NICHT... MEIN KÖRPER... BEWEGT SICH GAR NICHT MEHR...
HFF
HFF
AKAMARU...

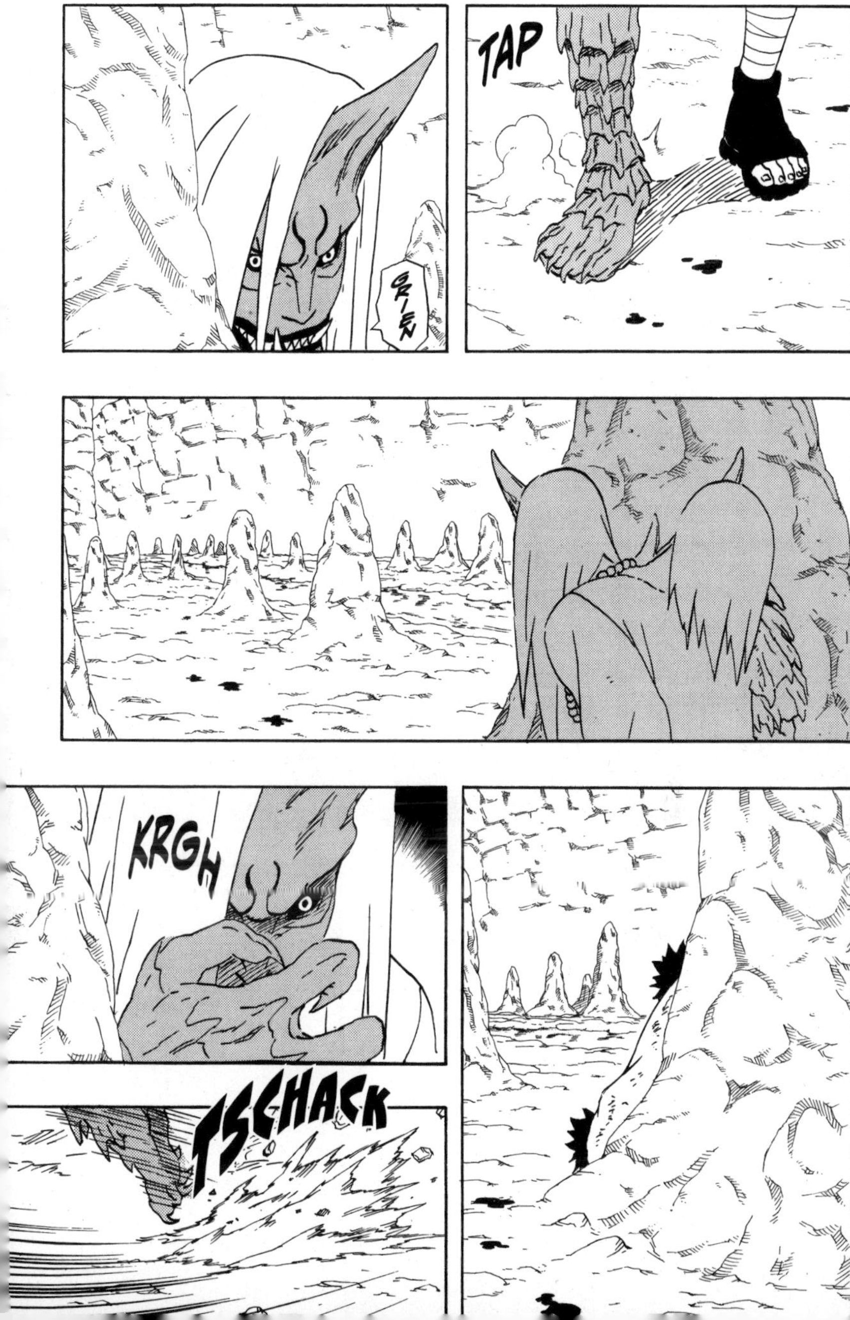
GRIEN
TAP
KRGH
TSCHACK

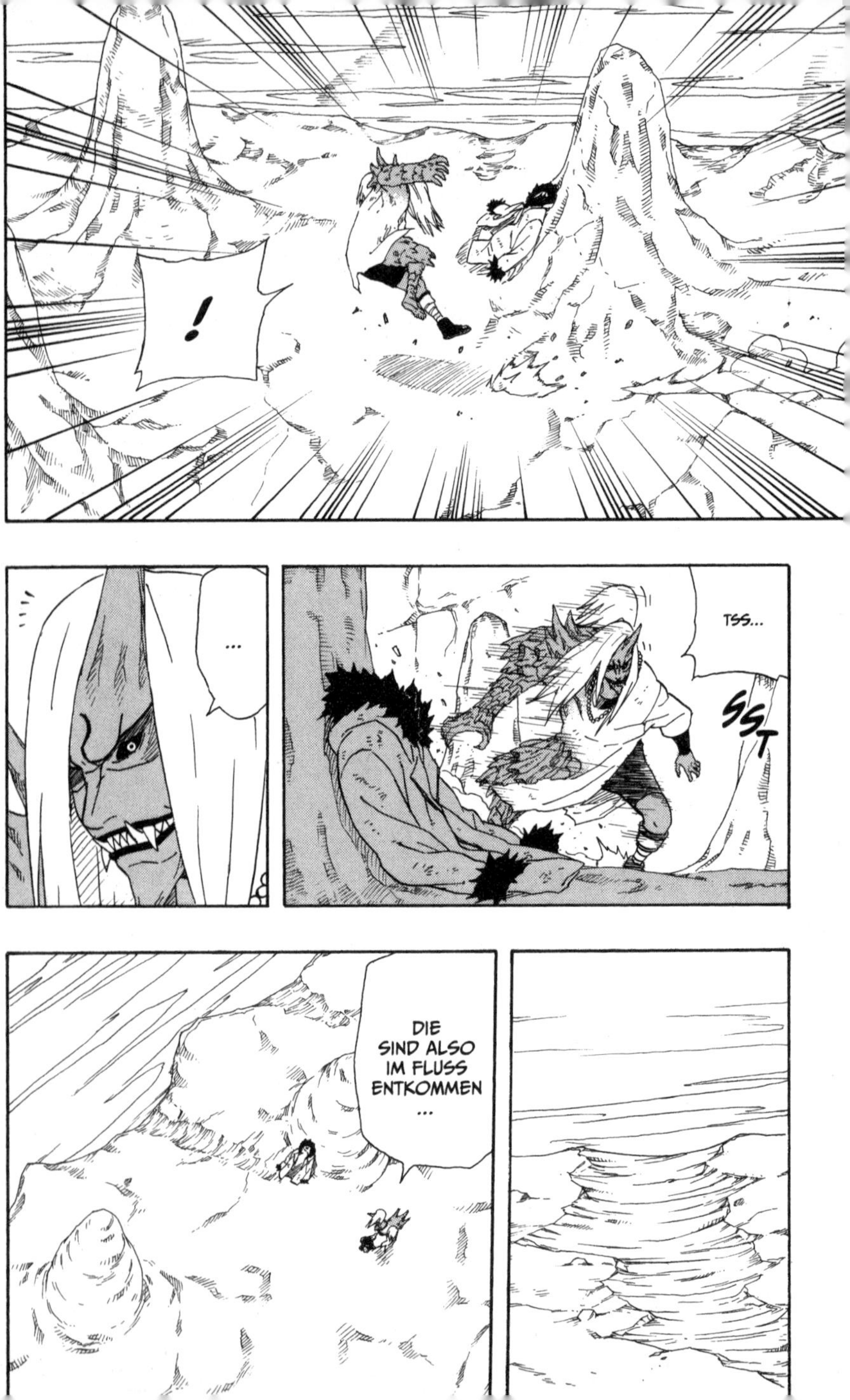
!
...
TSS...
SST
DIE SIND ALSO IM FLUSS ENTKOMMEN ...

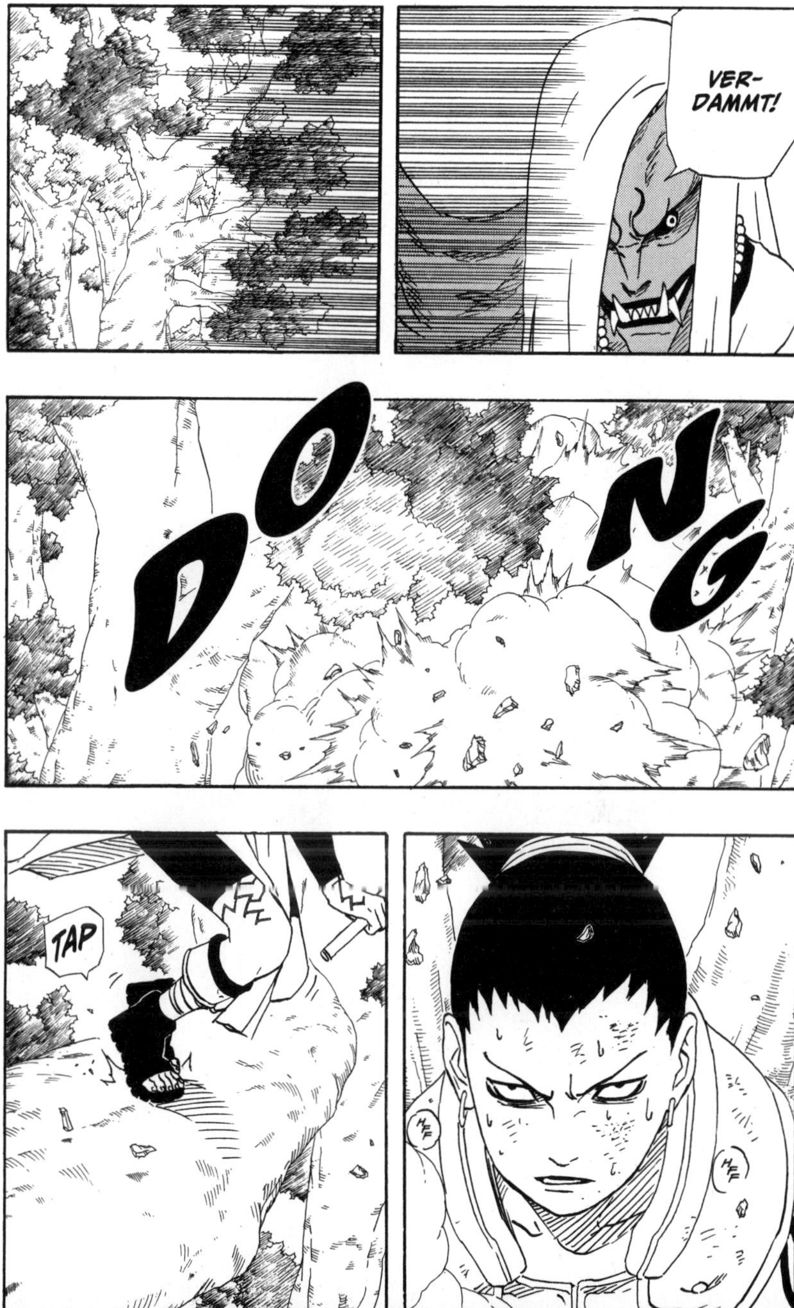
VER-
DAMMT!
DONG
HEF
HEF
TAP

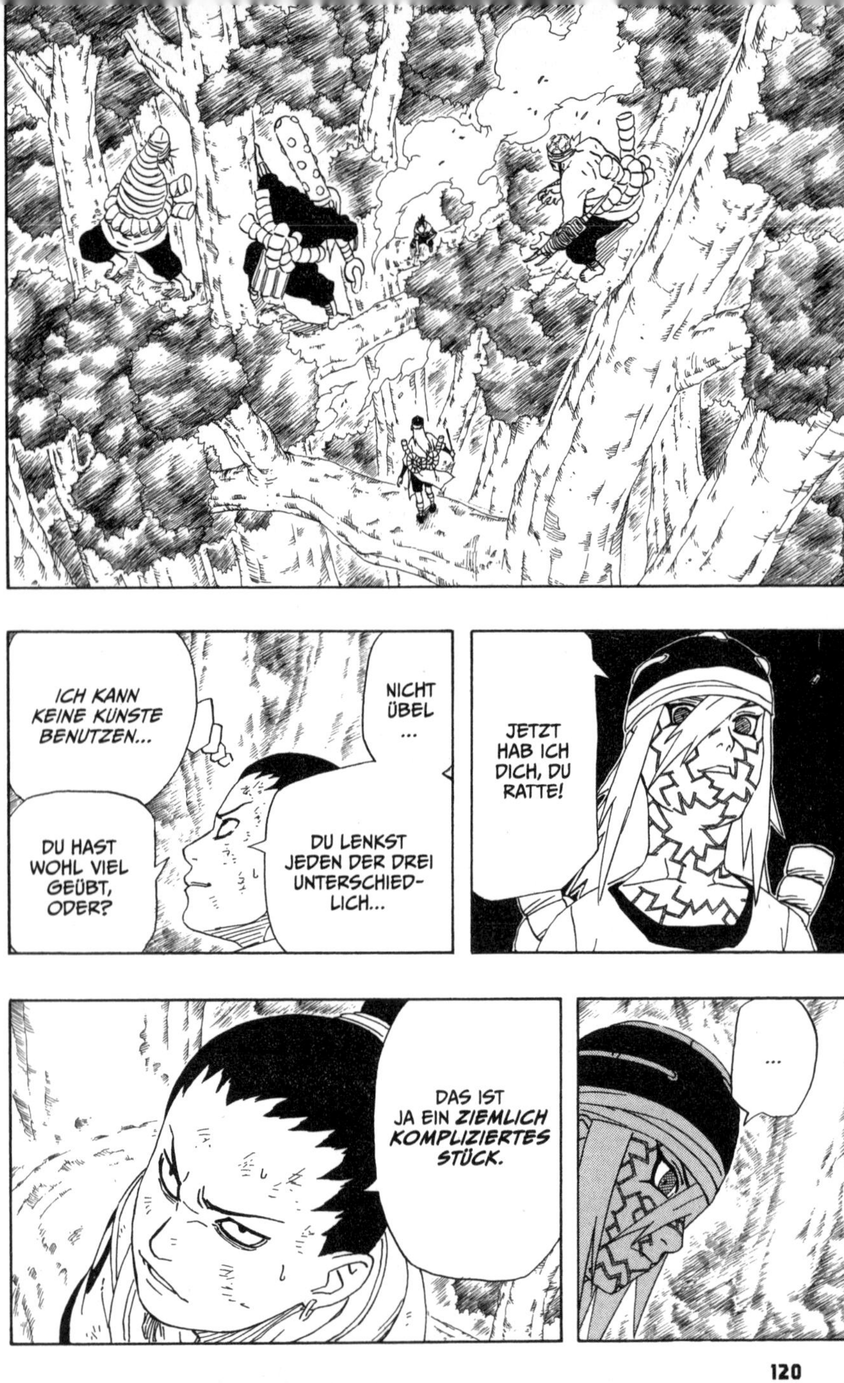
JETZT HAB ICH DICH, DU RATTE!
NICHT ÜBEL ...
ICH KANN KEINE KÜNSTE BENUTZEN...
DU LENKST JEDEN DER DREI UNTERSCHIED-LICH...
DU HAST WOHL VIEL GEÜBT, ODER?
...
DAS IST JA EIN ZIEMLICH KOMPLIZIERTES STÜCK.

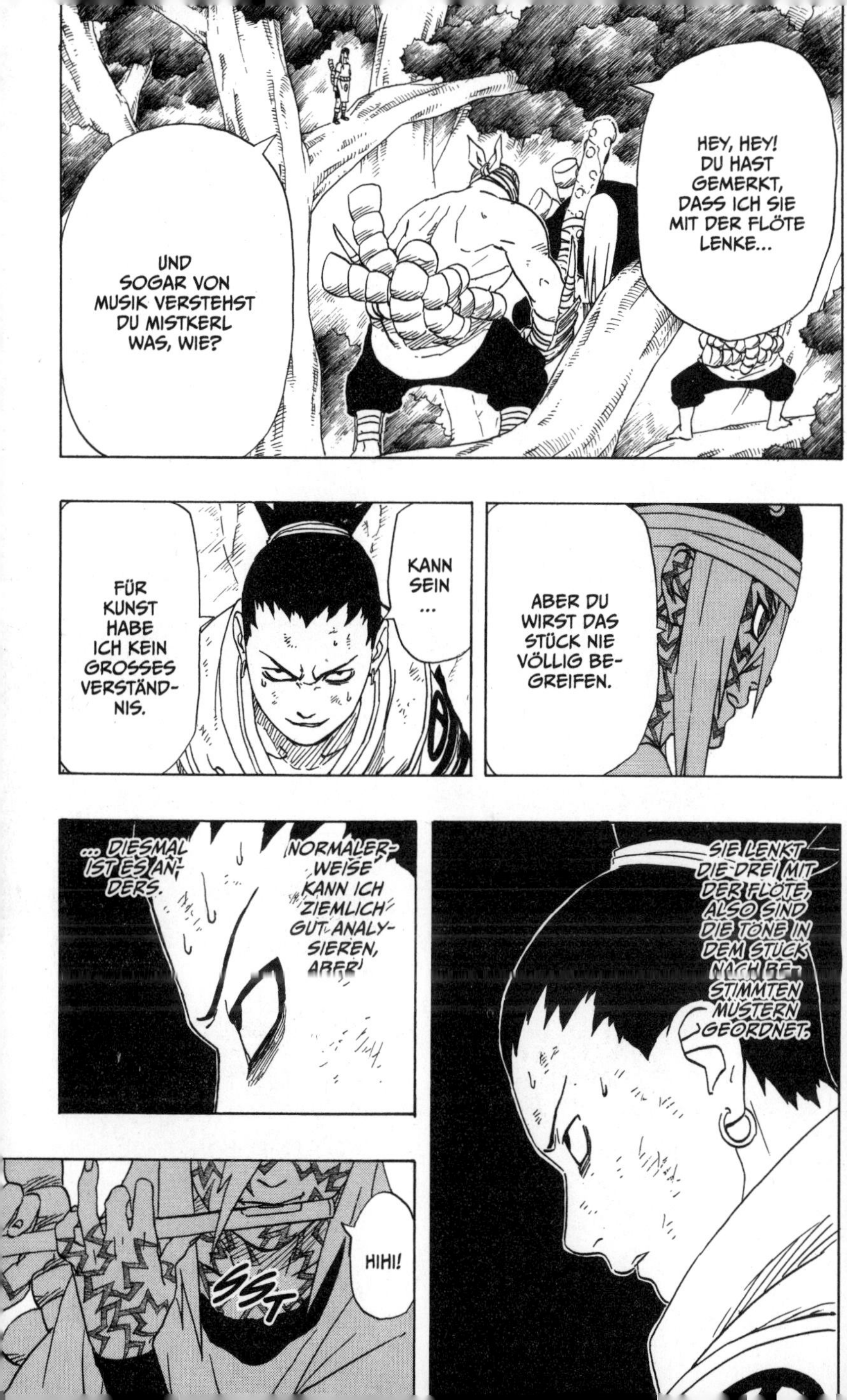
HEY, HEY! DU HAST GEMERKT, DASS ICH SIE MIT DER FLÖTE LENKE...
UND SOGAR VON MUSIK VERSTEHST DU MISTKERL WAS, WIE?
ABER DU WIRST DAS STÜCK NIE VÖLLIG BE-GREIFEN.
KANN SEIN ...
FÜR KUNST HABE ICH KEIN GROSSES VERSTÄND-NIS.
SIE LENKT DIE DREI MIT DER FLÖTE, ALSO SIND DIE TÖNE IN DEM STÜCK NACH BE-STIMMTEN MUSTERN GEORDNET.
NORMALER-WEISE KANN ICH ZIEMLICH GUT ANALY-SIEREN, ABER
... DIESMAL IST ES AN-DERS.
HIHI!
SST

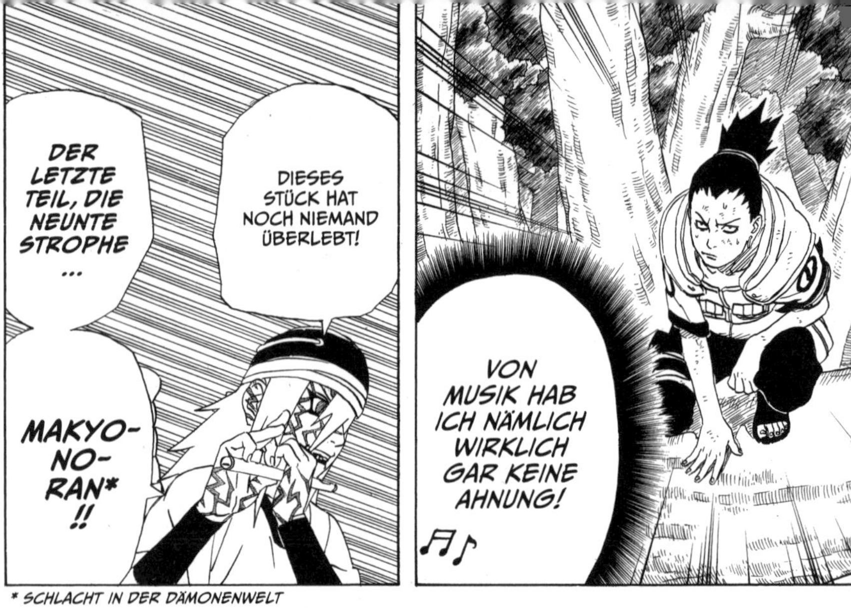

* SCHLACHT IN DER DÄMONENWELT

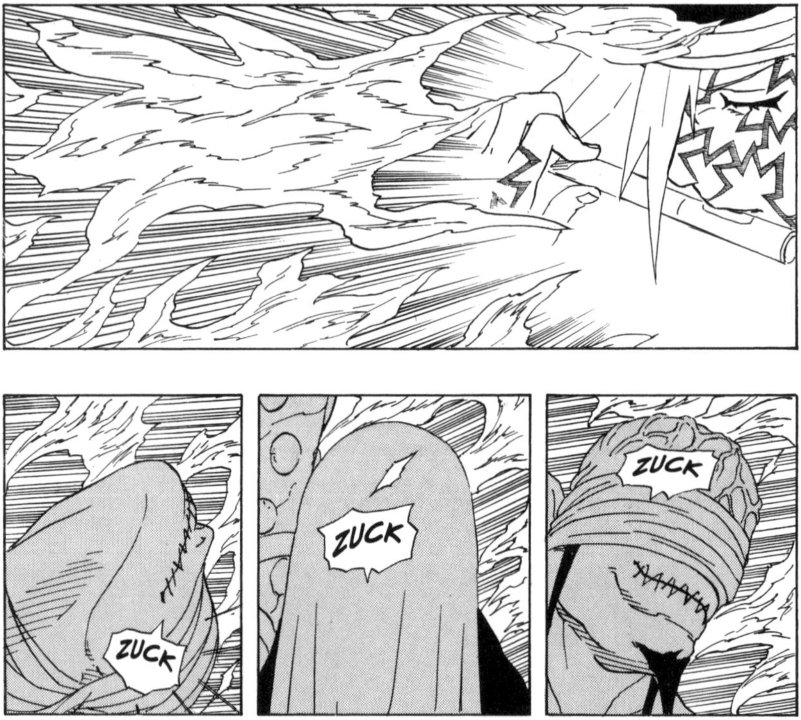

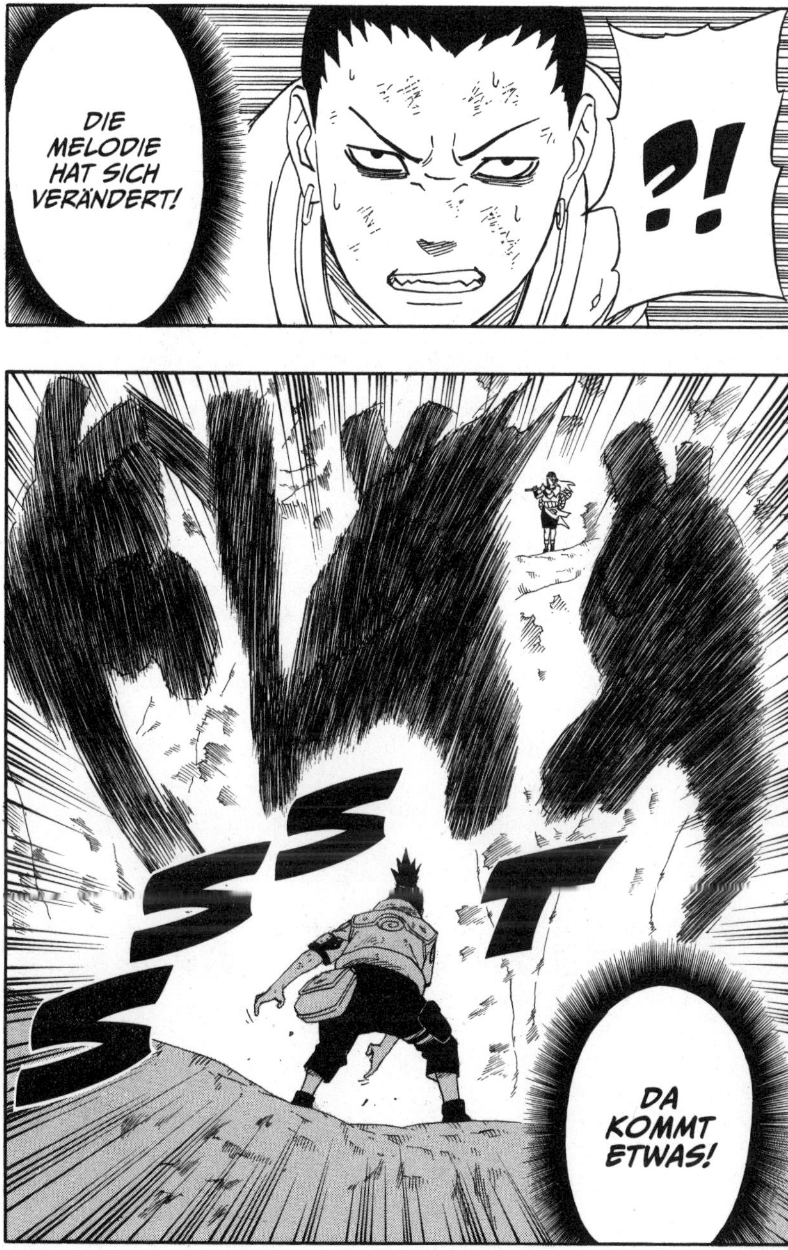
?!
DIE MELODIE HAT SICH VERÄNDERT!
SSST
DA KOMMT ETWAS!

MASASHI KISHIMOTOS WELT LEBENSGESCHICHTE: DIE PEINLICHSTEN EPISODEN – TEIL 1

ICH WOLLTE JA EIGENTLICH MIT MEINER LEBENSGESCHICHTE AUFHÖREN! DA ICH ABER SONST NICHTS HABE, UM DIESE SEITEN ZU FÜLLEN, SETZE ICH SIE NOCH EIN WENIG FORT. ES IST MIR ZIEMLICH PEINLICH, SOLCHE GESCHICHTEN ZU SCHREIBEN – DIE SIND SO DUMM, DASS ICH BISHER KAUM JEMANDEM DAVON ERZÄHLT HABE. ABER DER UNTERHALTUNG WEGEN WERDE ICH DIE SCHANDE ERTRAGEN...

ES GESCHAH IN DER ERSTEN KLASSE DER GRUNDSCHULE. ICH WAR VERRÜCKT NACH ACTION-FERNSEHSERIEN. EINE SERIE, DIE DAMALS LIEF, HIESS »TAIYO SENTAI SANBARUKAN« – DER ENGLISCHE TITEL WAR »SOLAR TASK FORCE SUN VULCAN«. MIT EINEM FREUND UND MEINEM ZWILLINGSBRUDER SPIELTE ICH DIE SERIE OFT NACH. IN DEN MEISTEN ANDEREN SERIEN BILDETEN NORMALERWEISE FÜNF LEUTE EINE GRUPPE, ABER IN »SANBARUKAN« RETTETEN DREI STARKE HELDEN DIE WELT. UND DIE DREI HIESSEN VUL EAGLE (ADLER), VUL SHARK (HAI) UND VUL PANTHER (PANTHER).

DA ICH NICHT DER ANFÜHRER-TYP WAR, SPIELTE ICH IMMER ENTWEDER DEN ZWEITEN KÄMPFER, VUL SHARK, ODER DEN DRITTEN, VUL PANTHER. DA MIR DIE TYPISCHE POSE VON VUL SHARK SCHON DAMALS ZIEMLICH UNCOOL ERSCHIEN, WOLLTE ICH EIGENTLICH IMMER VUL PANTHER SPIELEN. ABER WAS HEISST SPIELEN: ICH *FÜHLTE* MICH WIE VUL PANTHER...! ABER WAS HEISST FÜHLEN: ICH *WAR* VUL PANTHER...! WIE SEHR ICH IN VUL PANTHER AUFGING, ERZÄHLE ICH IN DEN NÄCHSTEN TEILEN.

PS: JETZT KOMMEN MEINE GEHEIMNISSE ALSO ANS LICHT...!

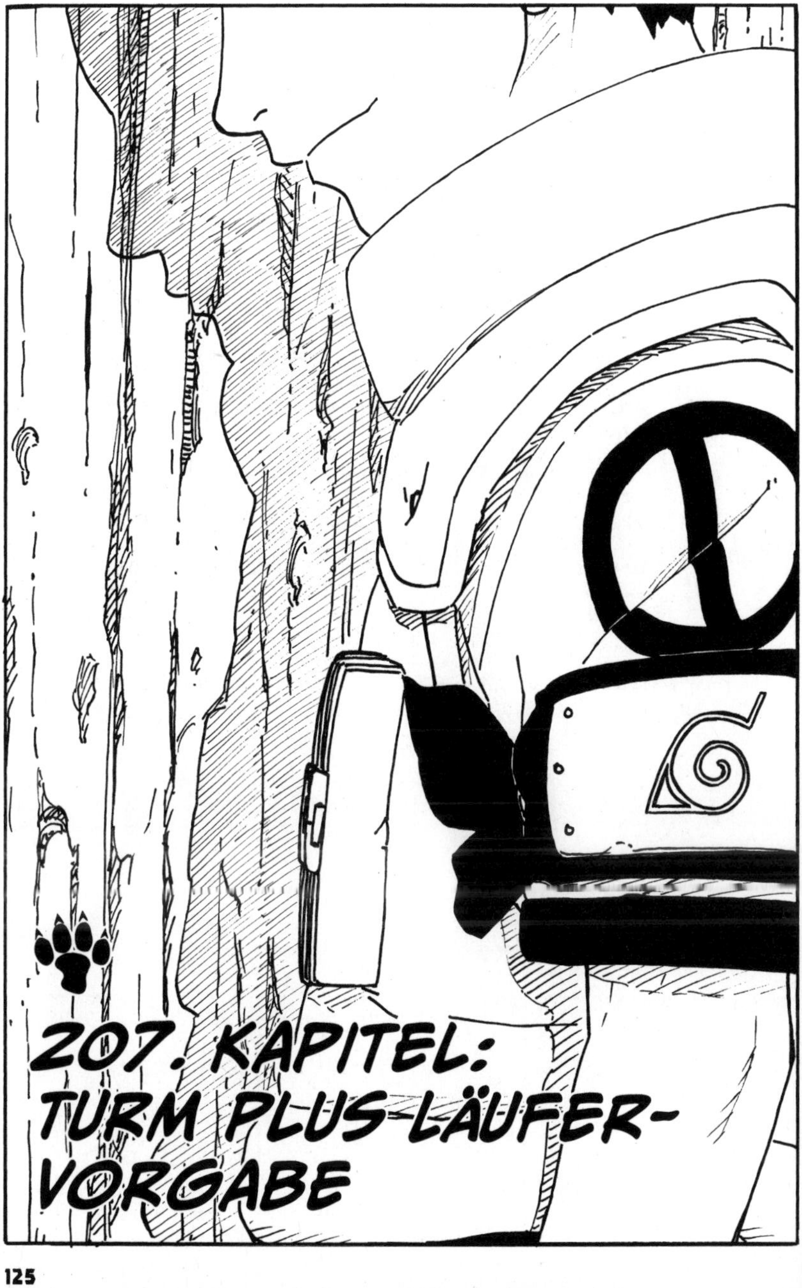
207. KAPITEL:
TURM PLUS-LÄUFER-
VORGABE

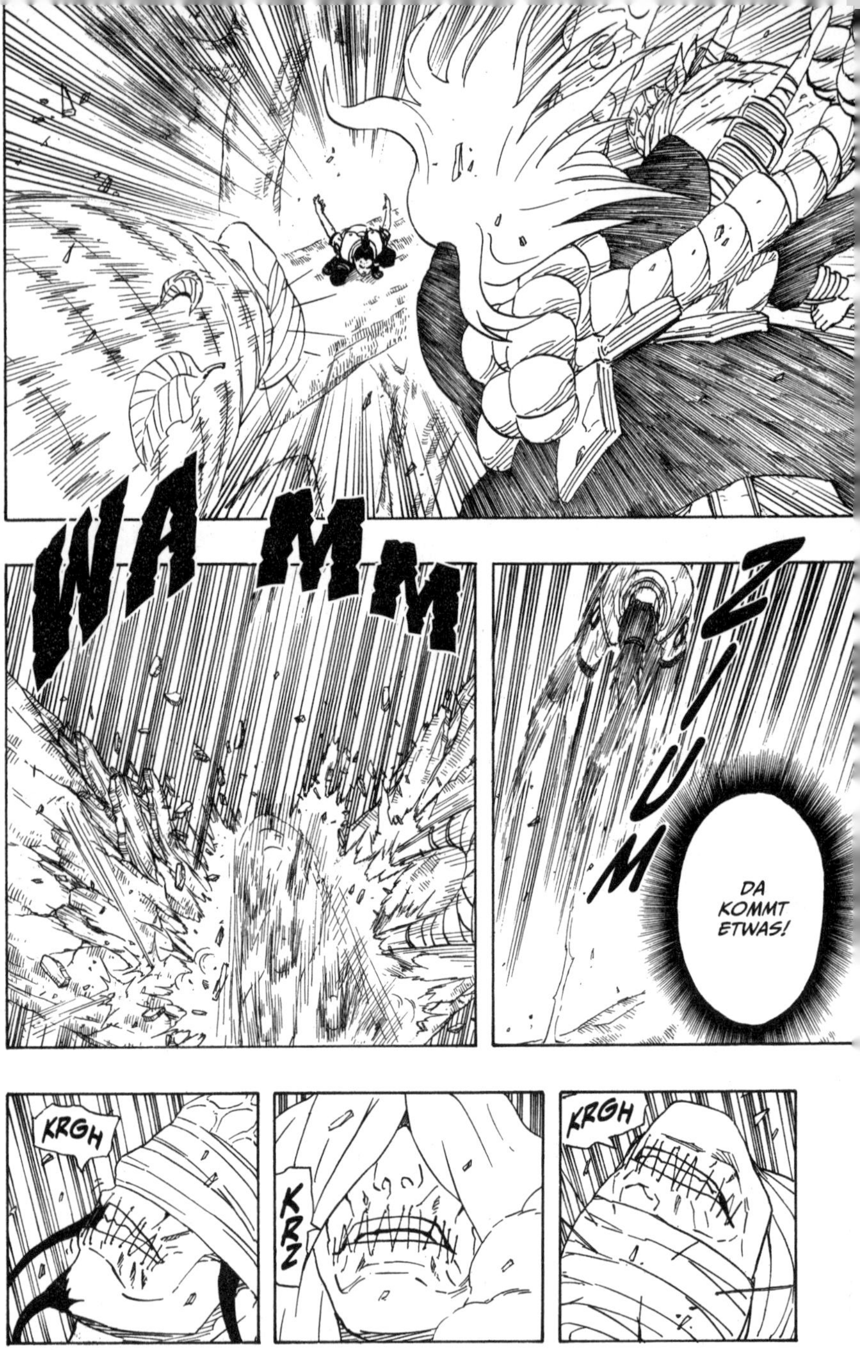
WAMM
ZIIUM
DA KOMMT ETWAS!
KRGH
KRZ
KRGH

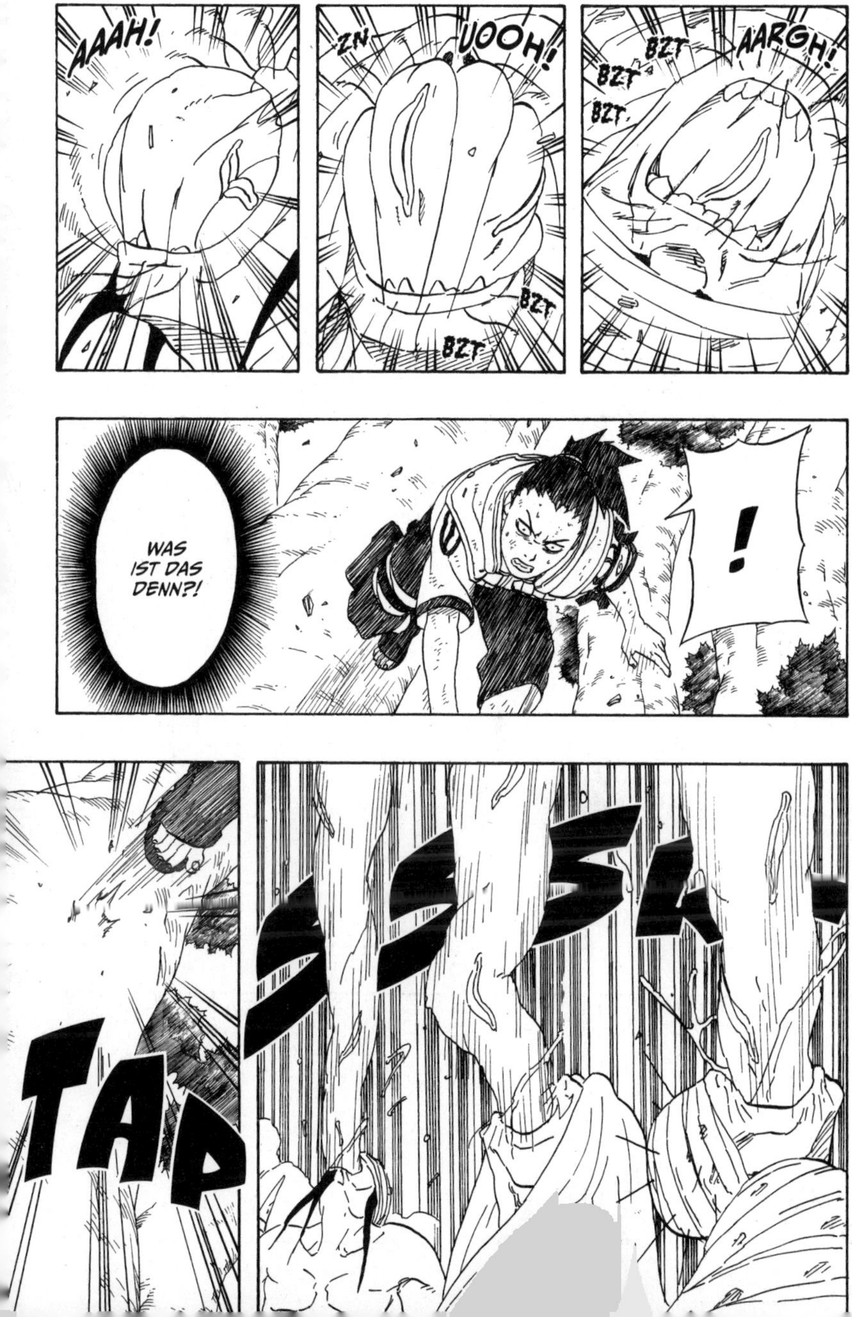
AARGH!
BZT
BZT
BZT
UOOH!
ZN
BZT
BZT
AAAH!
!
WAS IST DAS DENN?!
TAP

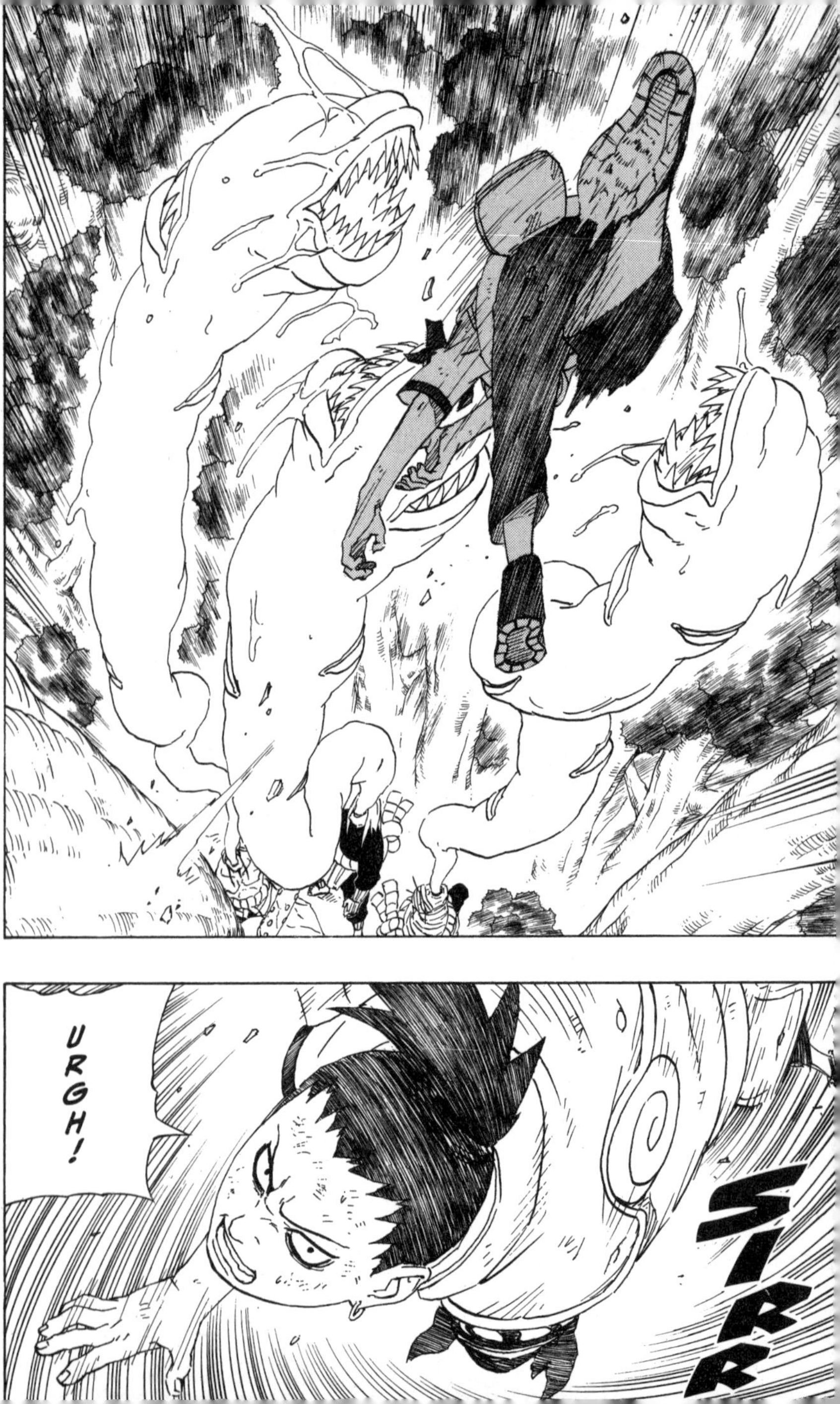
URGH!
SIRR

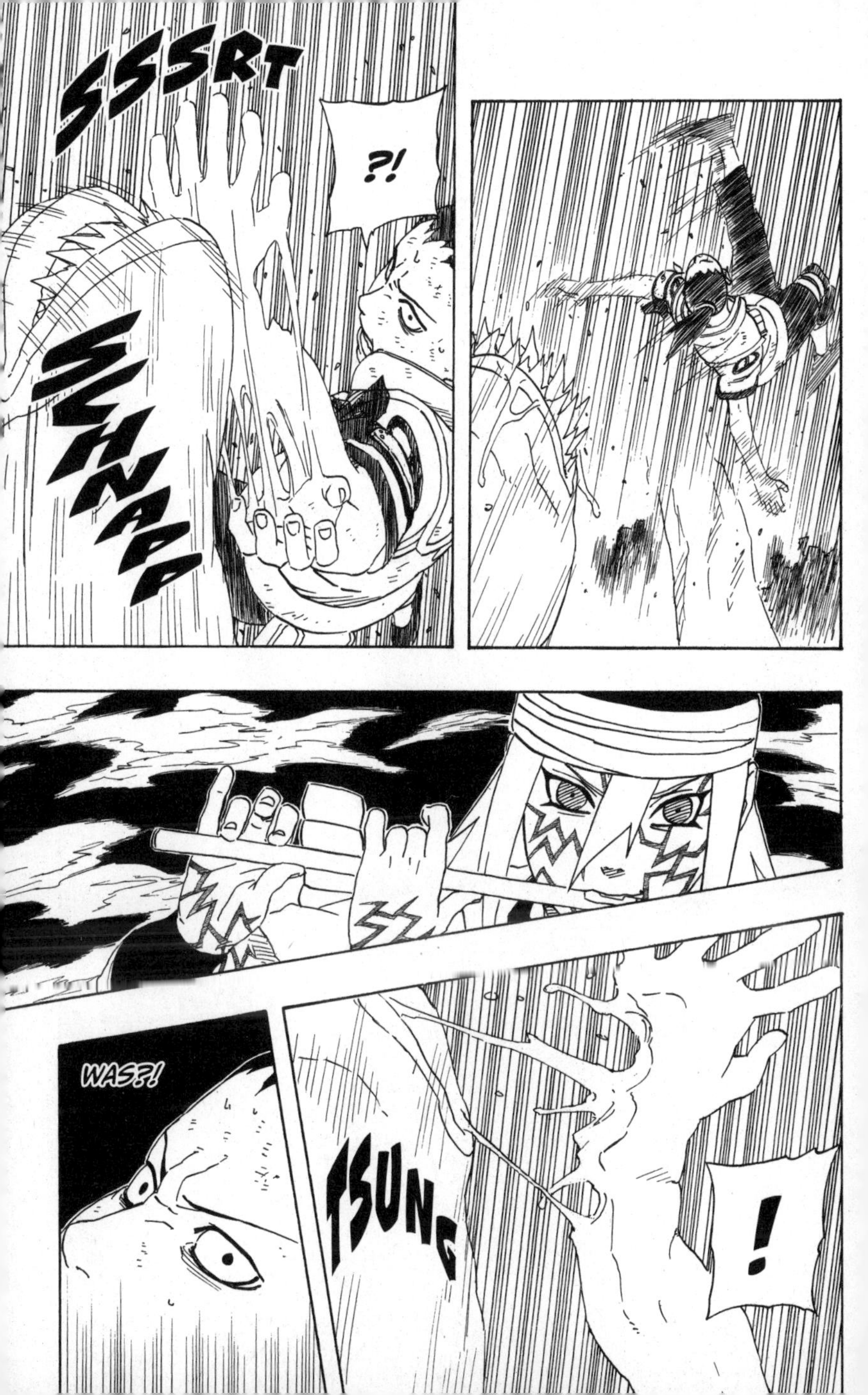

SSSRT
?!
SCHNAPP
TSUNG
!
WAS?!

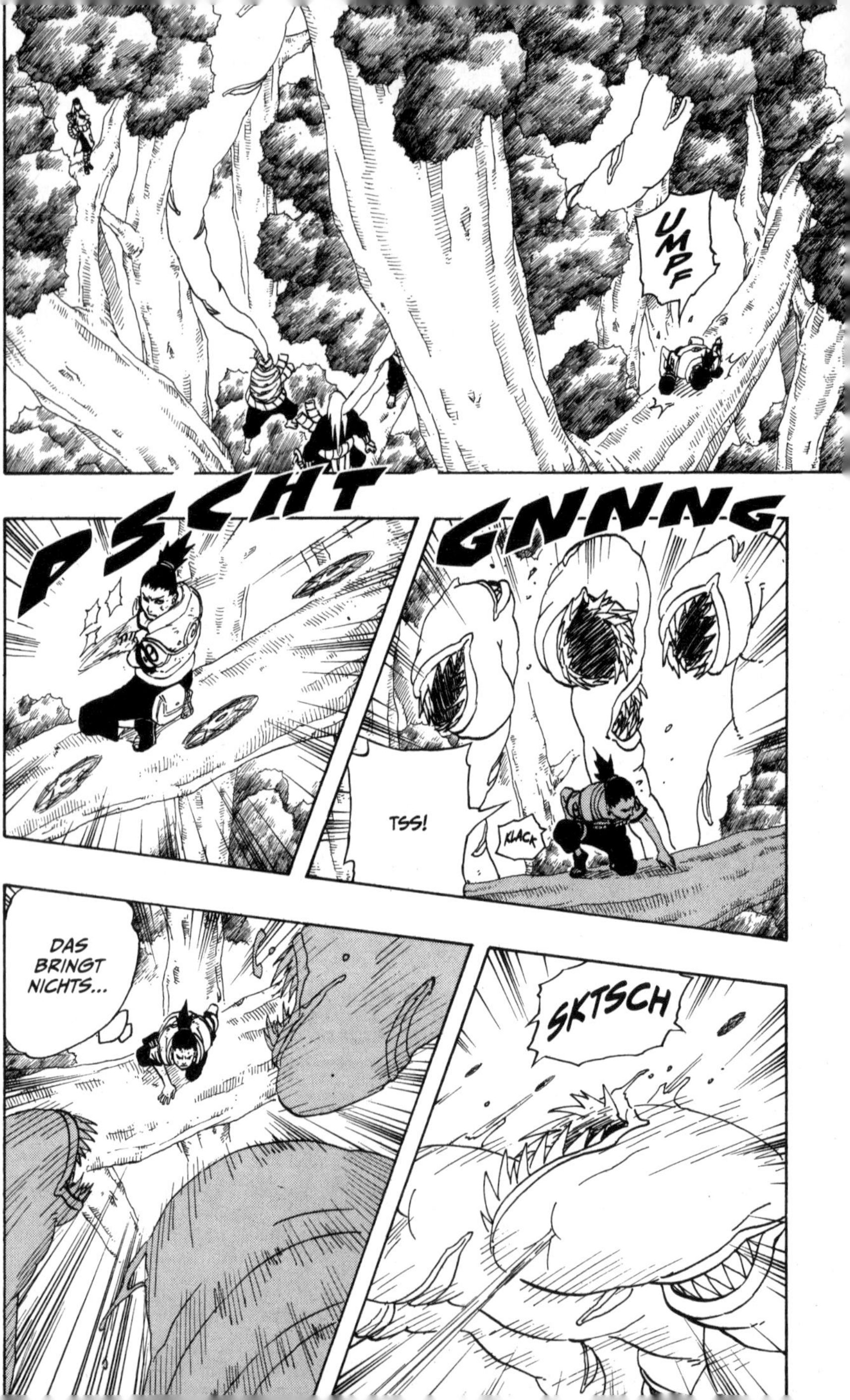
UMPF
PSCHT
GNNNG
TSS!
KLACK
DAS BRINGT NICHTS...
SKTSCH

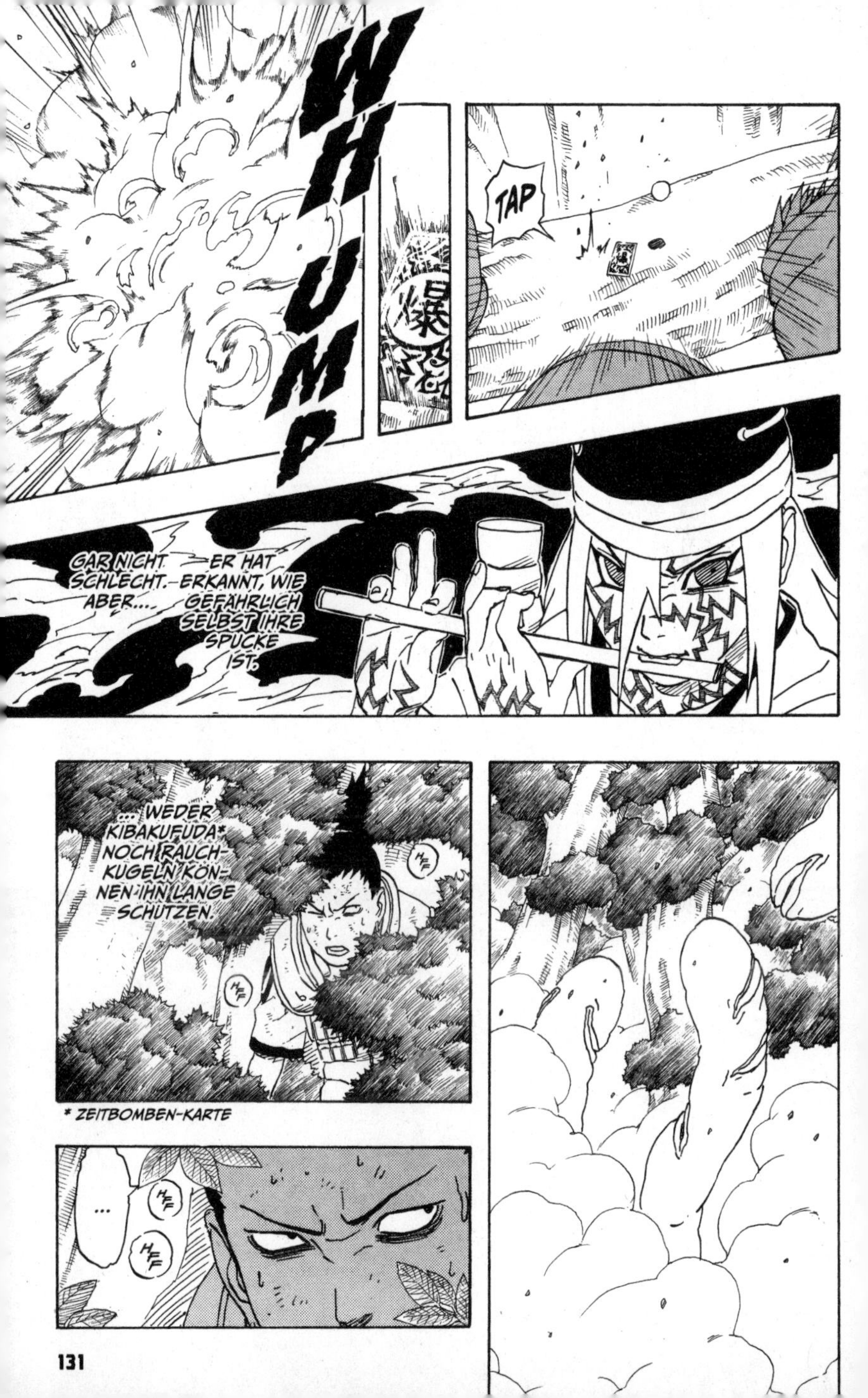

* ZEITBOMBEN-KARTE

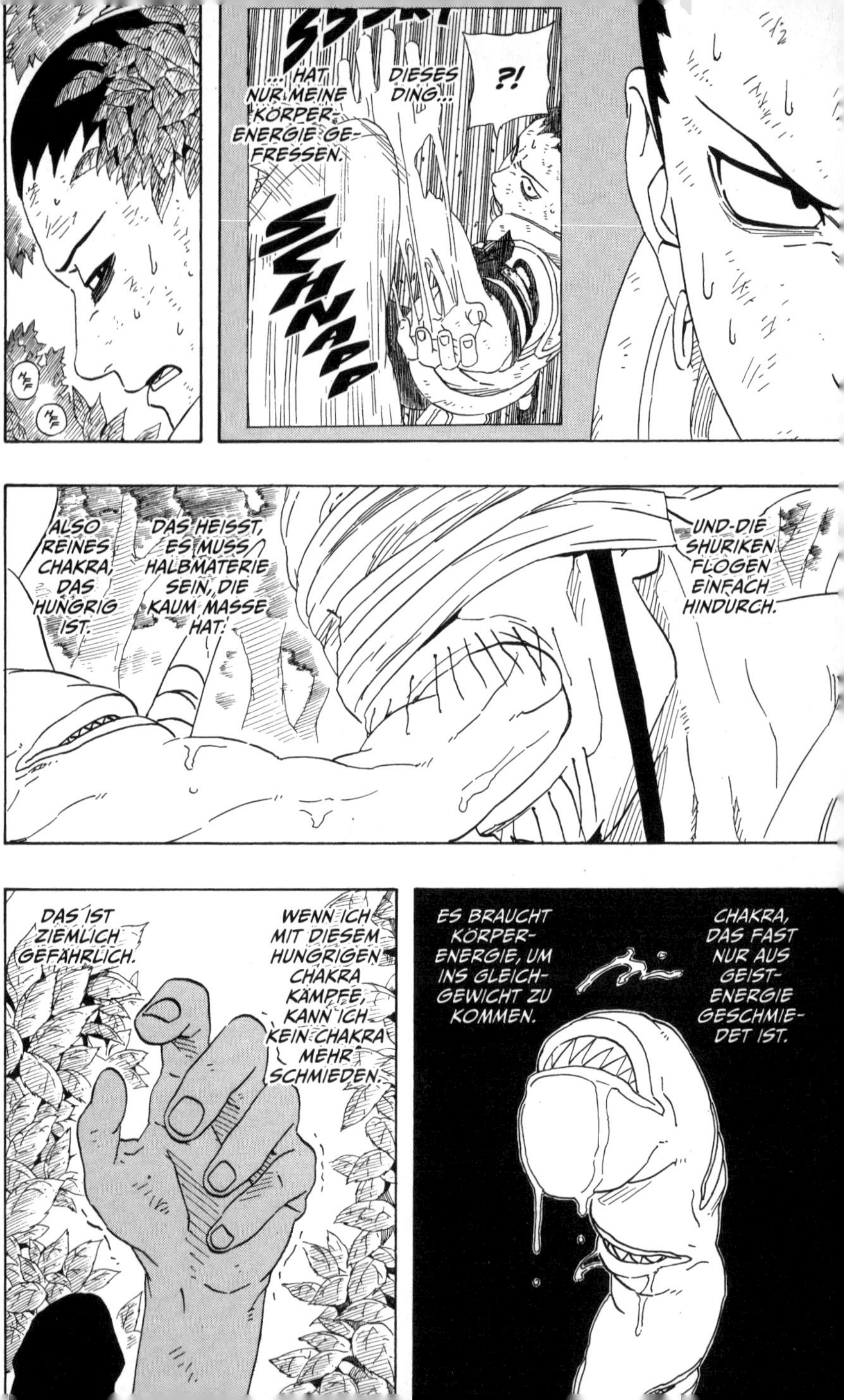

?!
DIESES DING...
... HAT NUR MEINE KÖRPER-ENERGIE GE-FRESSEN.
SCHNAPP
UND DIE SHURIKEN FLOGEN EINFACH HINDURCH.
DAS HEISST, ES MUSS HALBMATERIE SEIN, DIE KAUM MASSE HAT.
ALSO REINES CHAKRA, DAS HUNGRIG IST.
CHAKRA, DAS FAST NUR AUS GEIST-ENERGIE GESCHMIE-DET IST.
ES BRAUCHT KÖRPER-ENERGIE, UM INS GLEICH-GEWICHT ZU KOMMEN.
WENN ICH MIT DIESEM HUNGRIGEN CHAKRA KÄMPFE, KANN ICH KEIN CHAKRA MEHR SCHMIEDEN.
DAS IST ZIEMLICH GEFÄHRLICH.

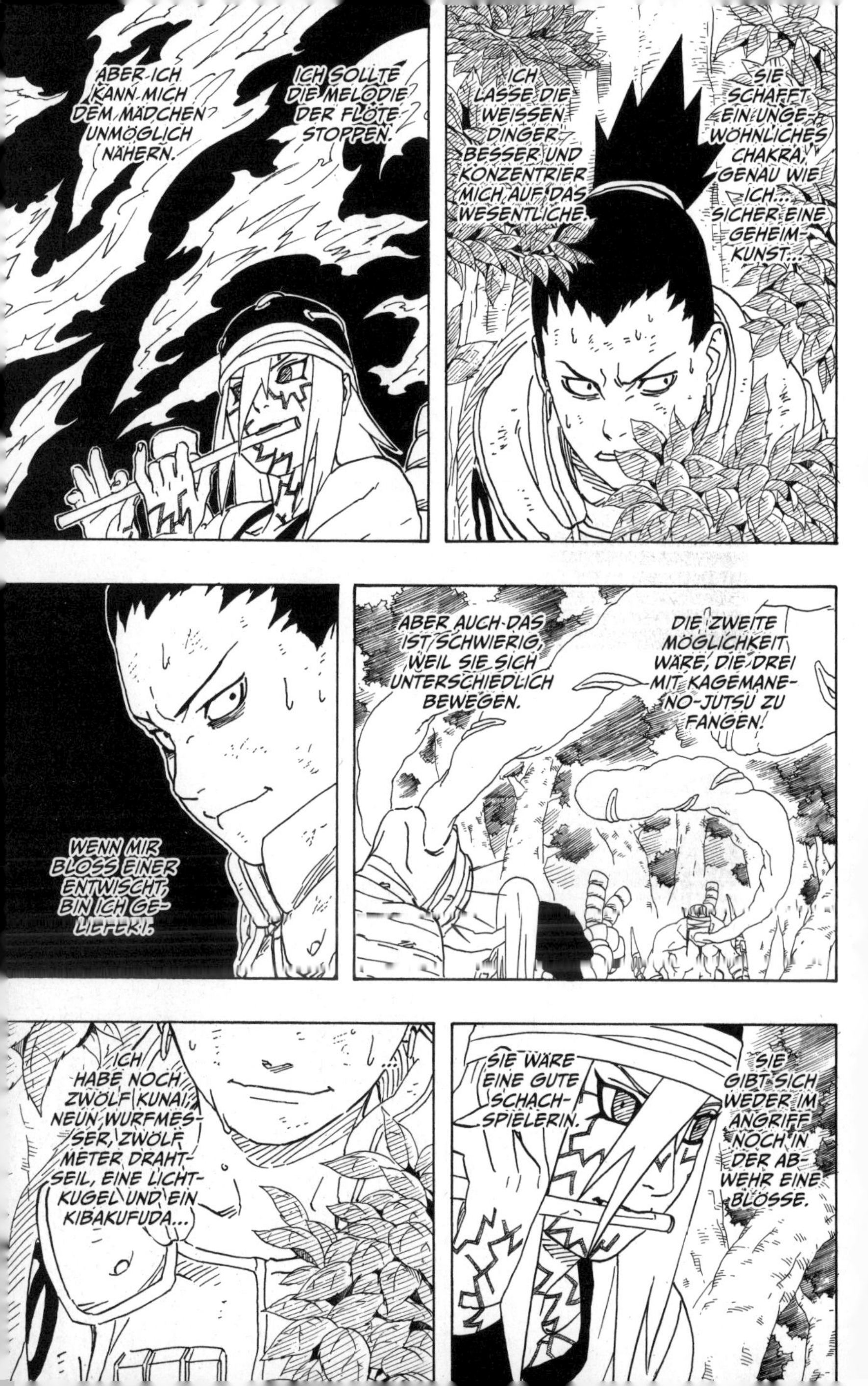
SIE SCHAFFT EIN UNGEWÖHNLICHES CHAKRA, GENAU WIE ICH... SICHER EINE GEHEIMKUNST...
ICH LASSE DIE WEISSEN DINGER BESSER UND KONZENTRIER MICH AUF DAS WESENTLICHE.
ICH SOLLTE DIE MELODIE DER FLÖTE STOPPEN.
ABER ICH KANN MICH DEM MÄDCHEN UNMÖGLICH NÄHERN.
DIE ZWEITE MÖGLICHKEIT WÄRE, DIE DREI MIT KAGEMANE-NO-JUTSU ZU FANGEN!
ABER AUCH DAS IST SCHWIERIG, WEIL SIE SICH UNTERSCHIEDLICH BEWEGEN.
WENN MIR BLOSS EINER ENTWISCHT, BIN ICH GELIEFERT.
SIE GIBT SICH WEDER IM ANGRIFF NOCH IN DER ABWEHR EINE BLÖSSE.
SIE WÄRE EINE GUTE SCHACHSPIELERIN.
ICH HABE NOCH ZWÖLF KUNAI, NEUN WURFMESSER, ZWÖLF METER DRAHTSEIL, EINE LICHTKUGEL UND EIN KIBAKUFUDA...

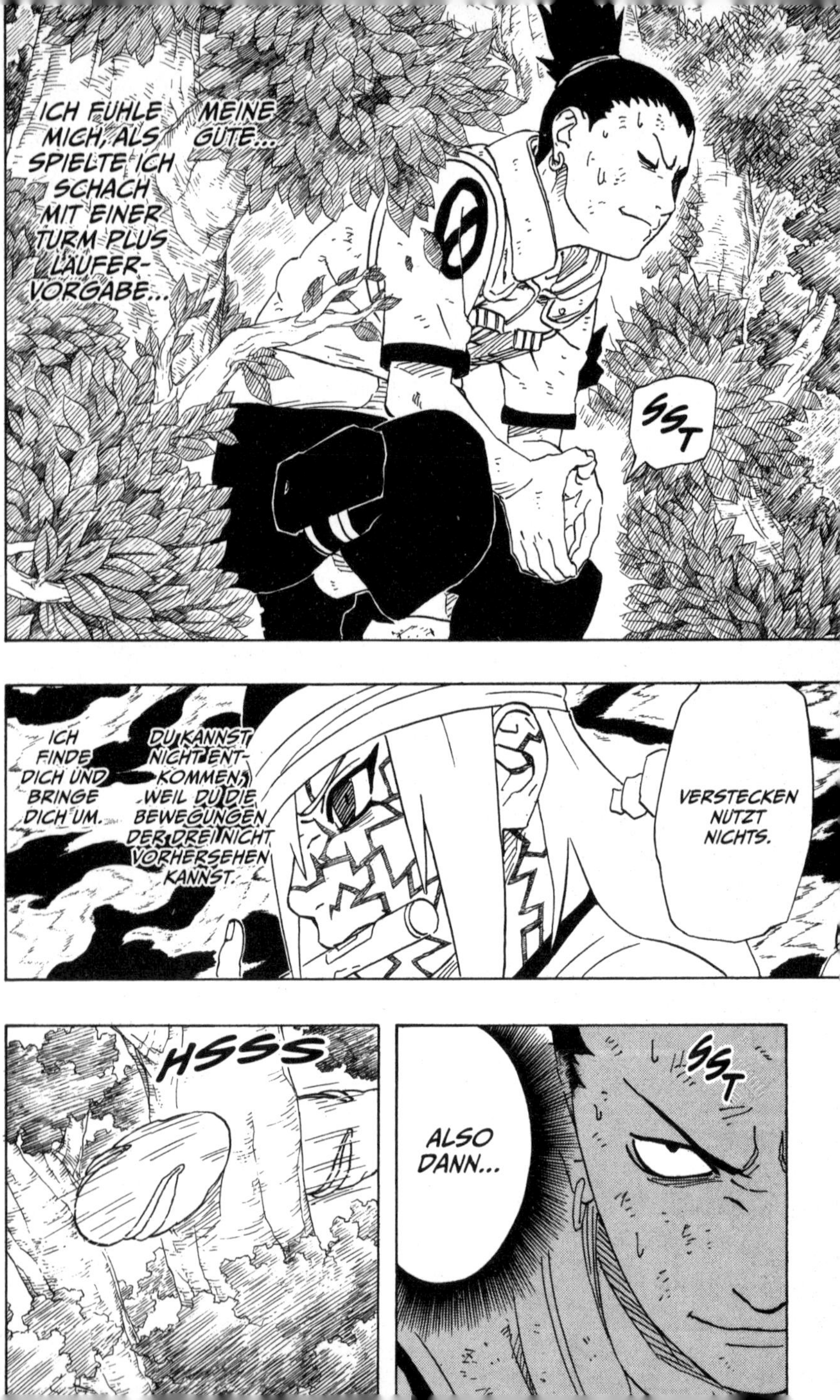
MEINE GUTE...
ICH FÜHLE MICH, ALS SPIELTE ICH SCHACH MIT EINER TURM PLUS LÄUFER-VORGABE...
SST
VERSTECKEN NUTZT NICHTS.
DU KANNST NICHT ENTKOMMEN, WEIL DU DIE BEWEGUNGEN DER DREI NICHT VORHERSEHEN KANNST.
ICH FINDE DICH UND BRINGE DICH UM.
SST
ALSO DANN...
HSSS

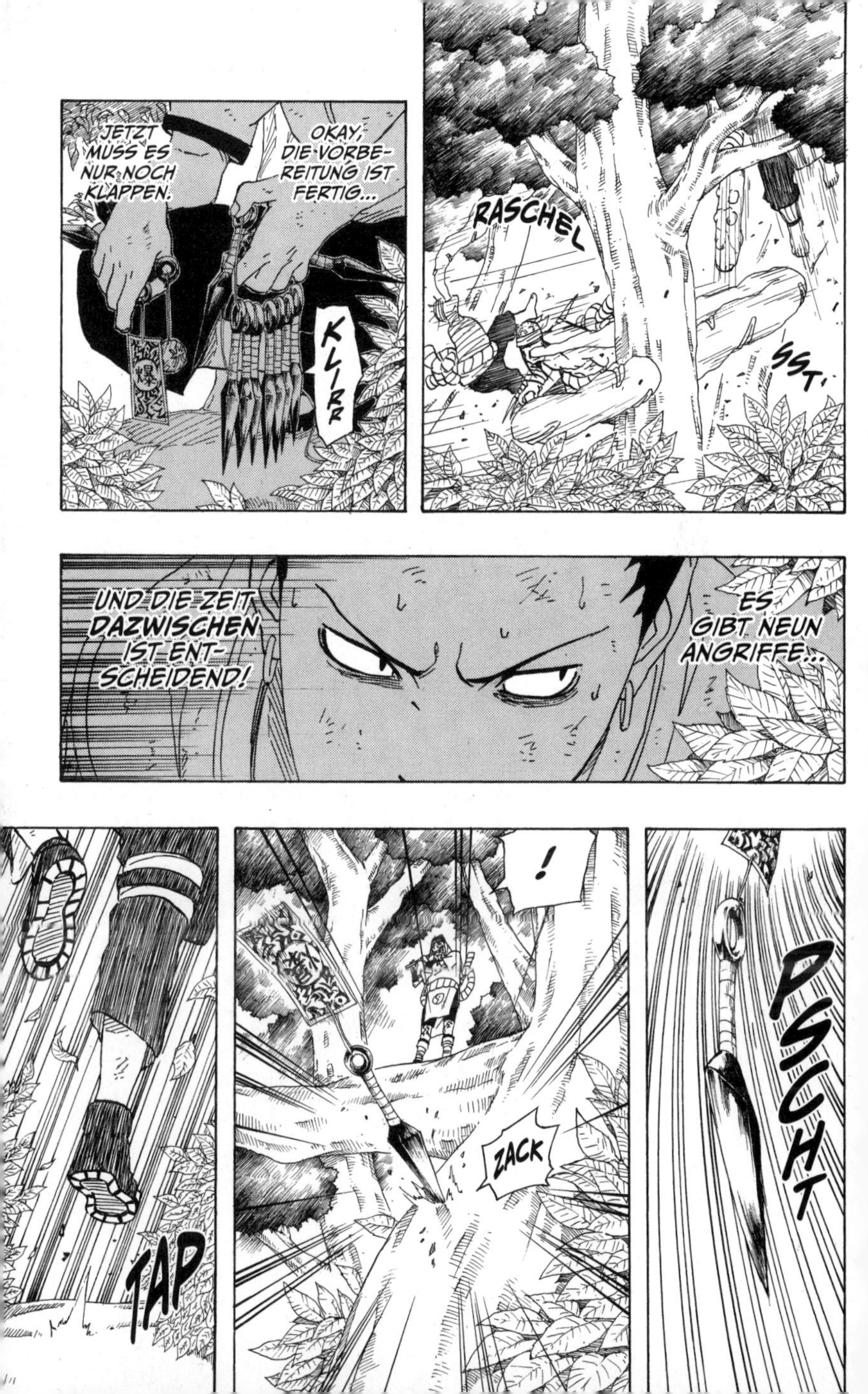
RASCHEL
SST
OKAY, DIE VORBE-REITUNG IST FERTIG...
JETZT MUSS ES NUR NOCH KLAPPEN.
KLIRR
ES GIBT NEUN ANGRIFFE...
UND DIE ZEIT DAZWISCHEN IST ENT-SCHEIDEND!
PSCHT
!
ZACK
TAP

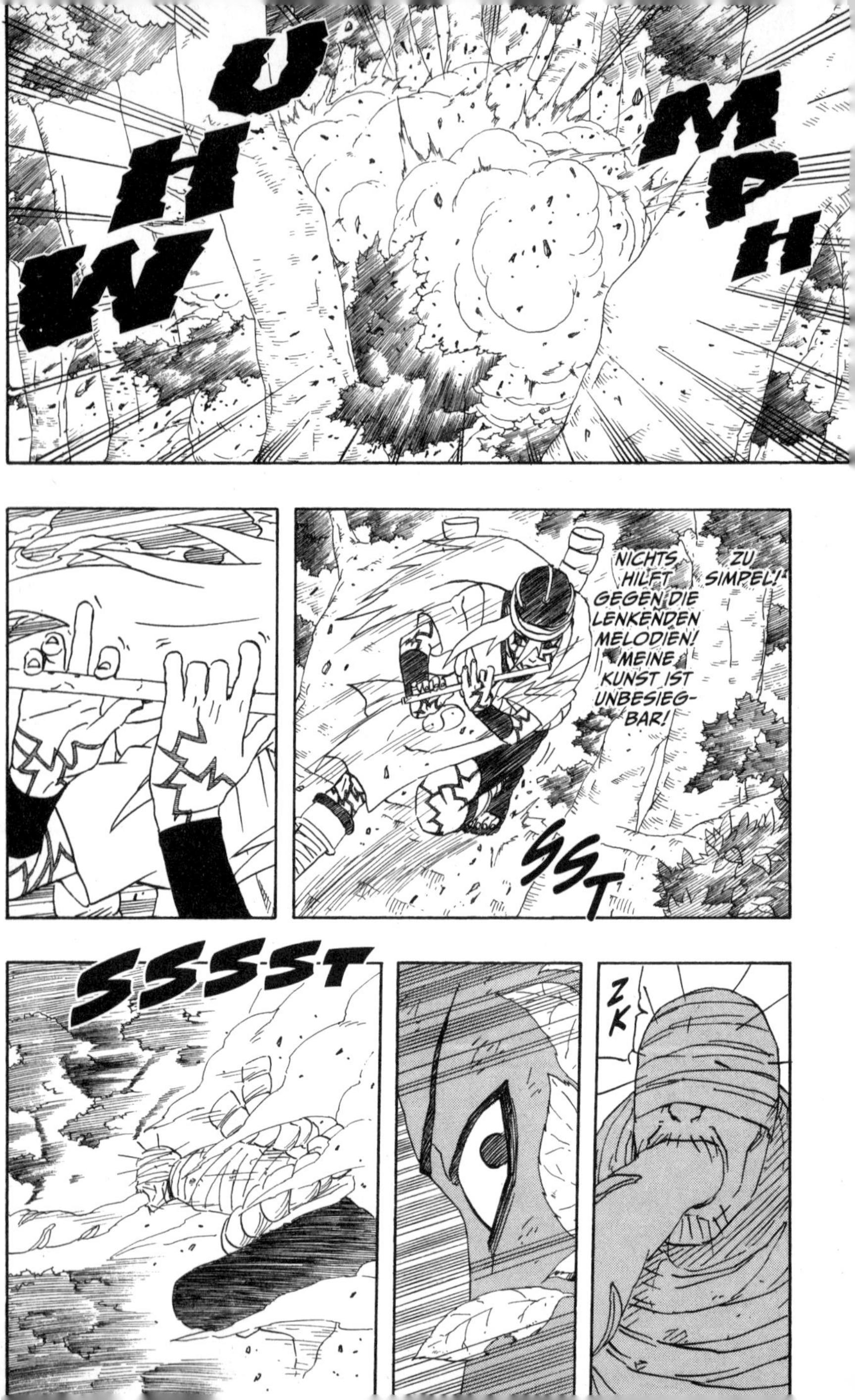
WHU
MPH
ZU SIMPEL!
NICHTS HILFT GEGEN DIE LENKENDEN MELODIEN! MEINE KUNST IST UNBESIEG-BAR!
SST
ZK
SSSST

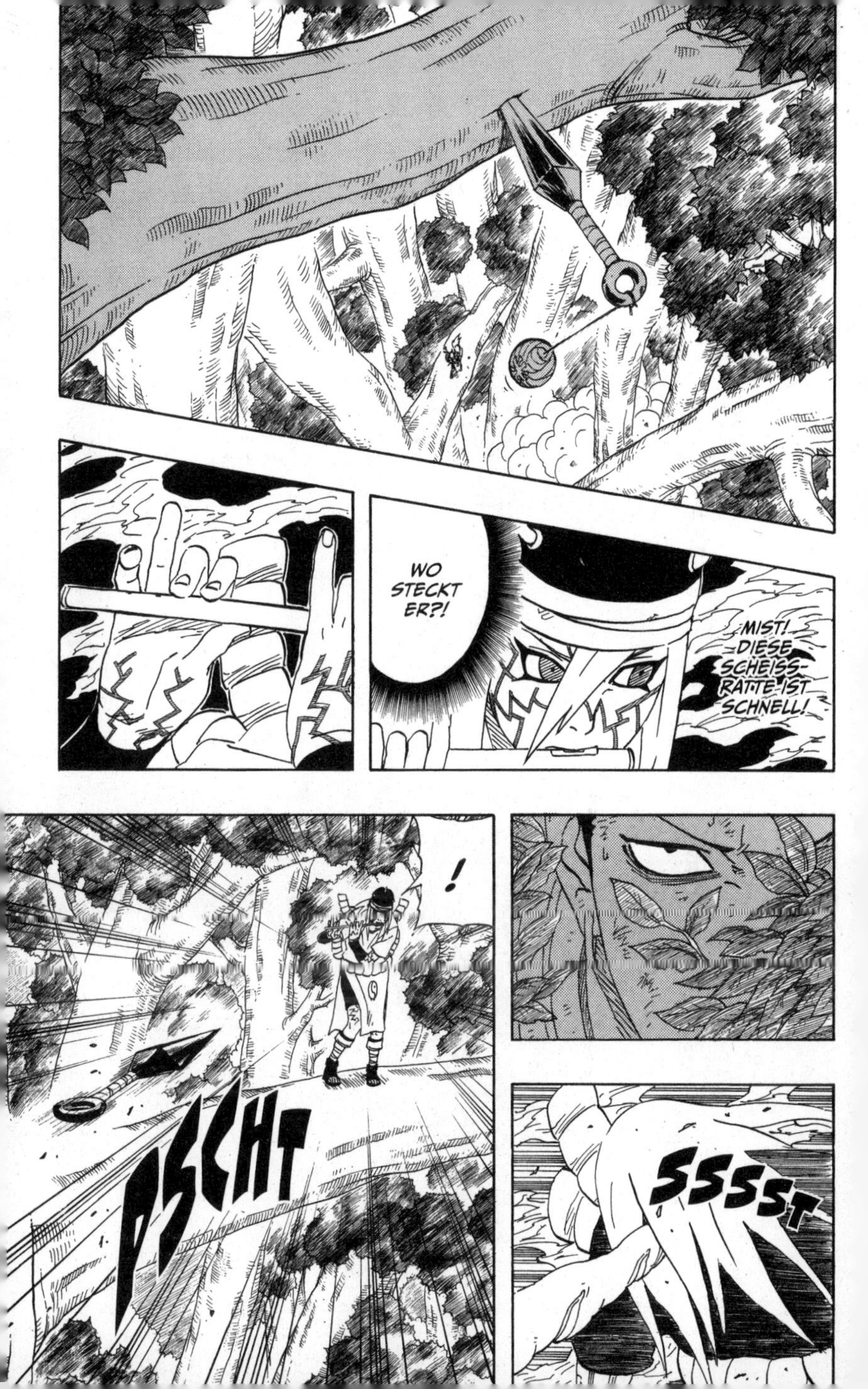
WO STECKT ER?!
MIST! DIESE SCHEISS-RATTE IST SCHNELL!
!
PSCHT
SSSST

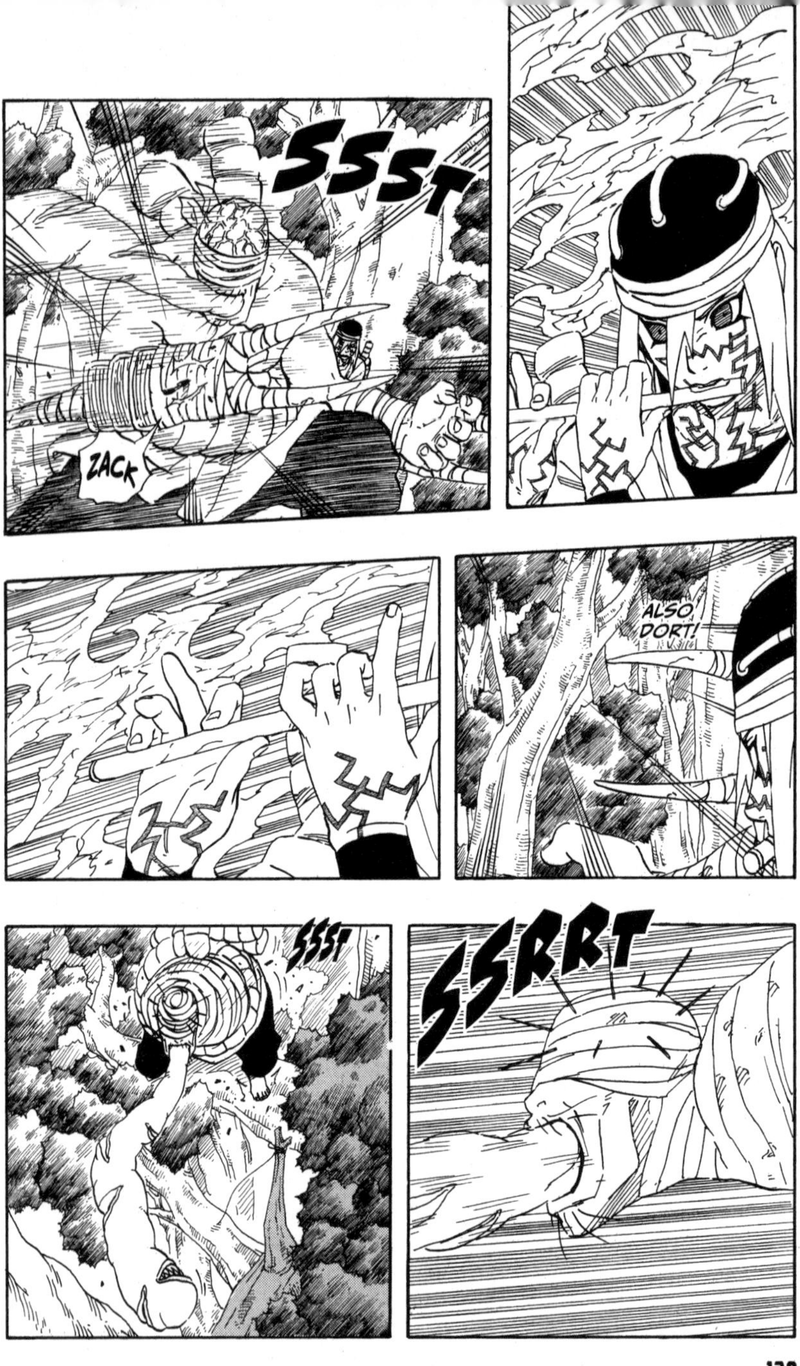
SSST
ZACK
ALSO DORT!
SSRRT
SSST

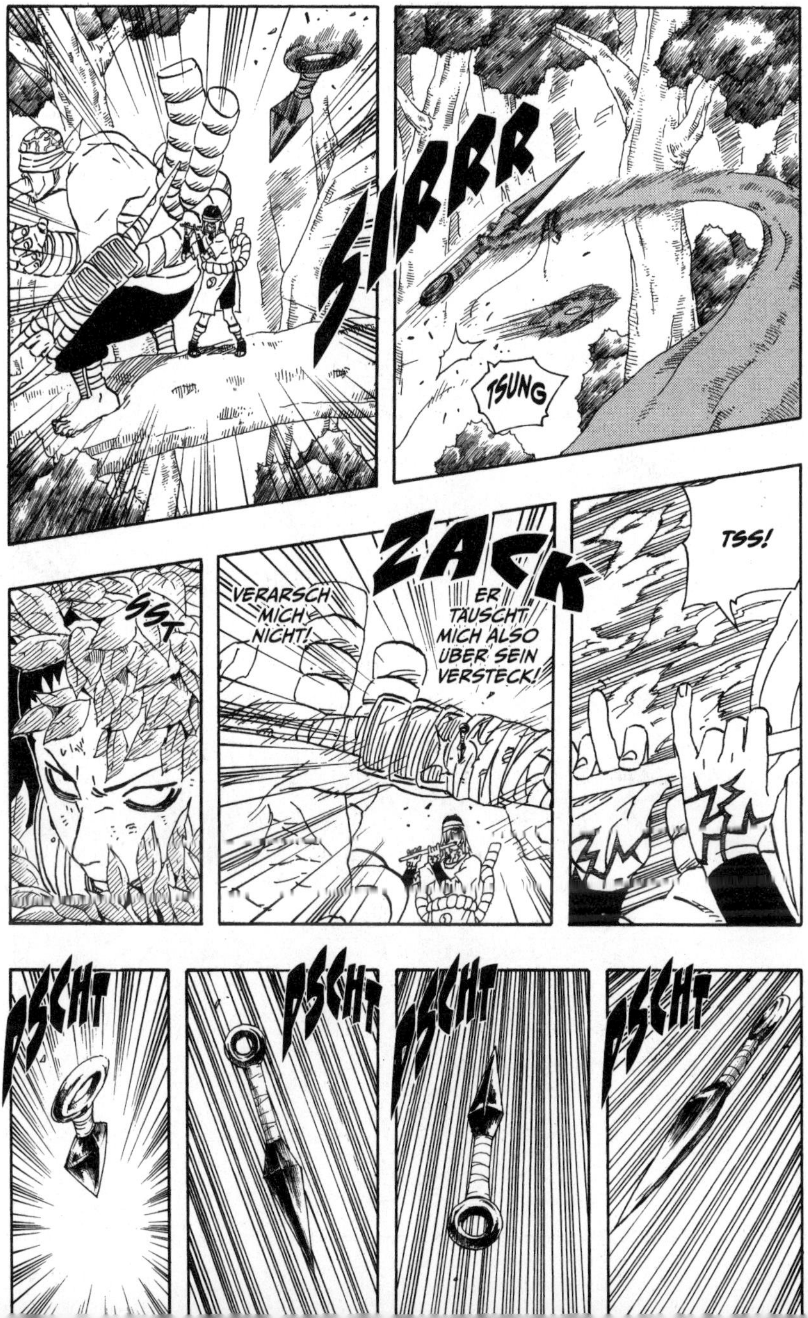
SIRRR
TSUNG
ZACK
TSS!
ER TÄUSCHT MICH ALSO ÜBER SEIN VERSTECK!
VERARSCH MICH NICHT!
SST
PSCHT
PSCHT
PSCHT
PSCHT

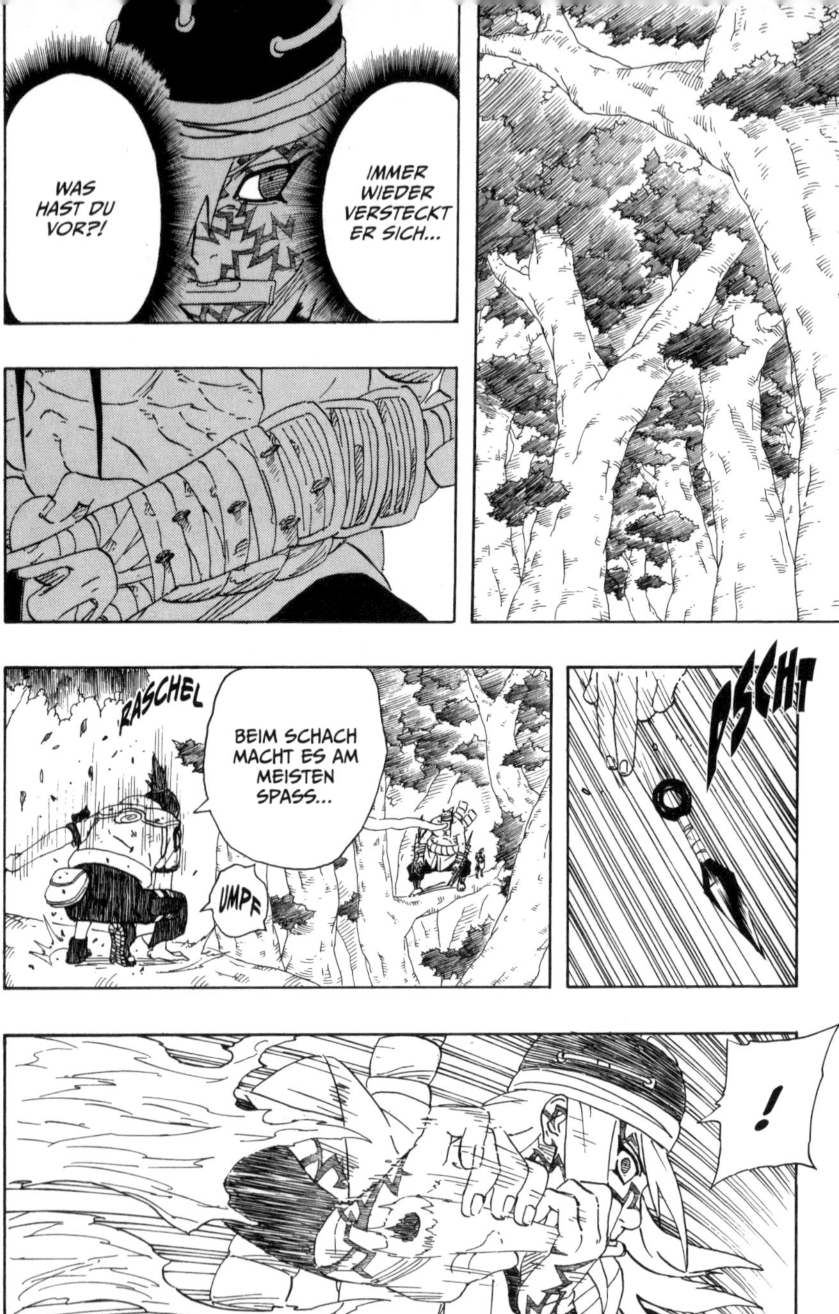
IMMER WIEDER VERSTECKT ER SICH...
WAS HAST DU VOR?!
PSCHT
RASCHEL
BEIM SCHACH MACHT ES AM MEISTEN SPASS...
UMPF
!

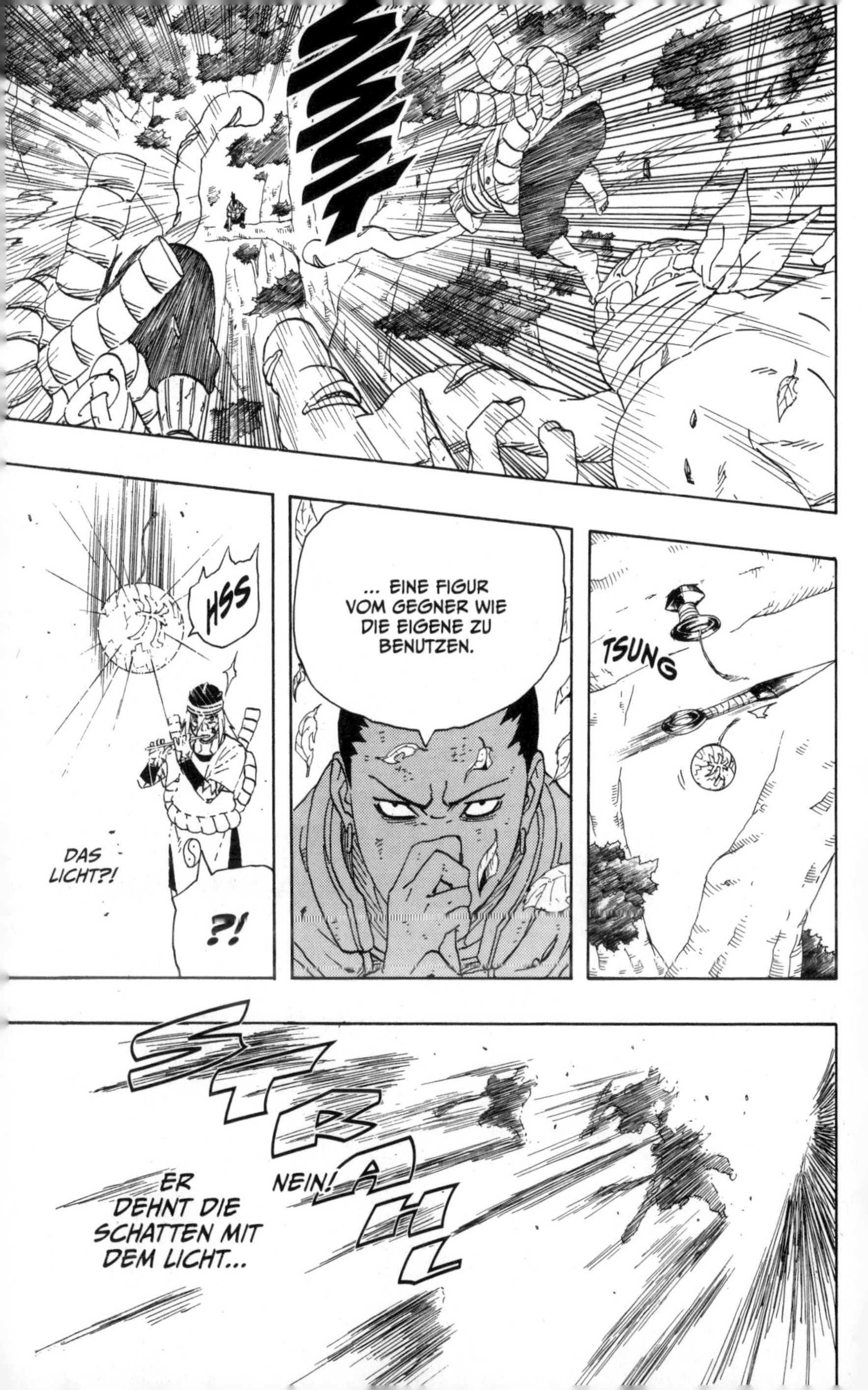
TSUNG
... EINE FIGUR VOM GEGNER WIE DIE EIGENE ZU BENUTZEN.
HSS
DAS LICHT?!
?!
STRAHL
NEIN!
ER DEHNT DIE SCHATTEN MIT DEM LICHT...

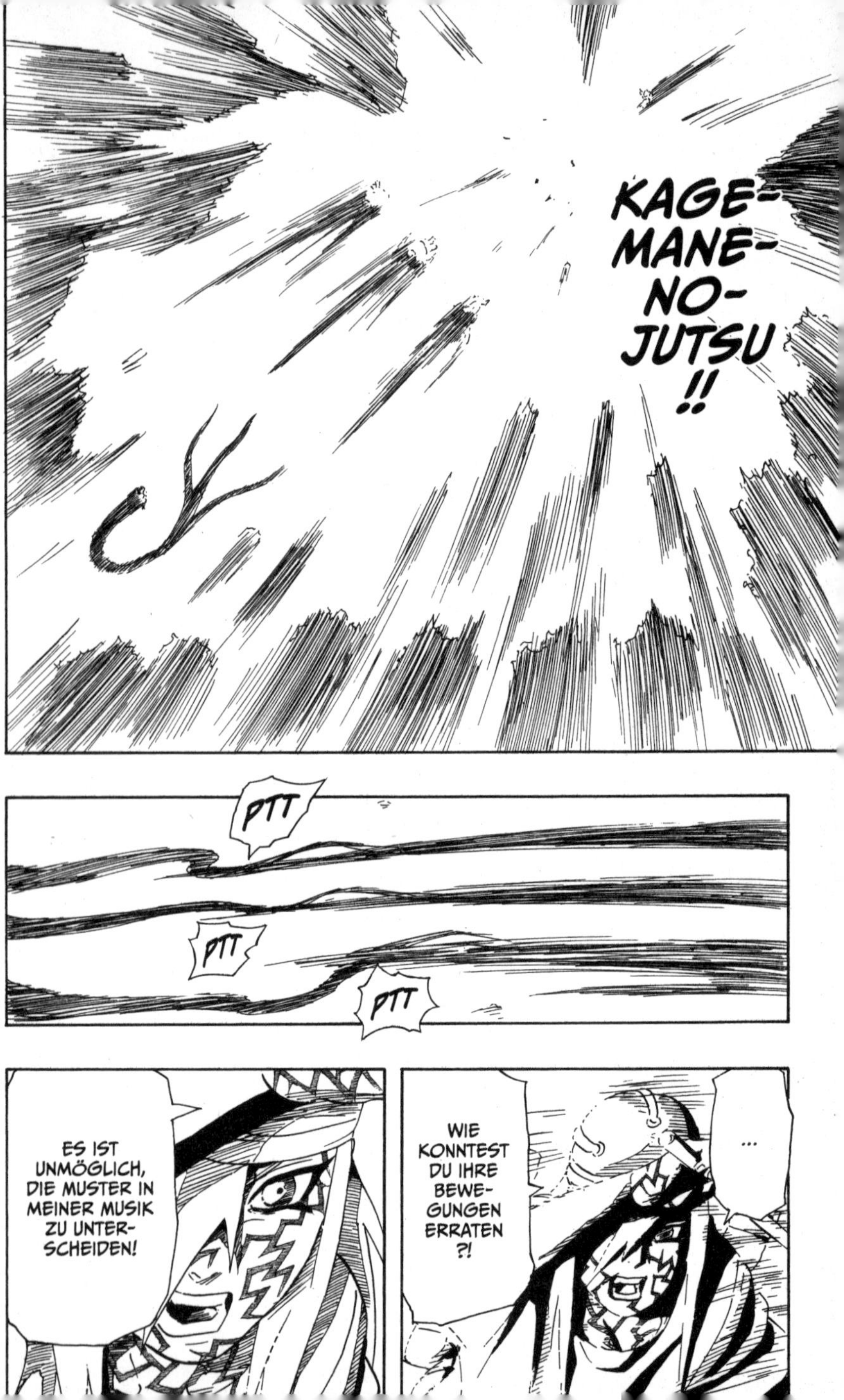
KAGE-MANE-NO-JUTSU!!
PTT
PTT
PTT
...
WIE KONNTEST DU IHRE BEWE-GUNGEN ERRATEN?!
ES IST UNMÖGLICH, DIE MUSTER IN MEINER MUSIK ZU UNTER-SCHEIDEN!

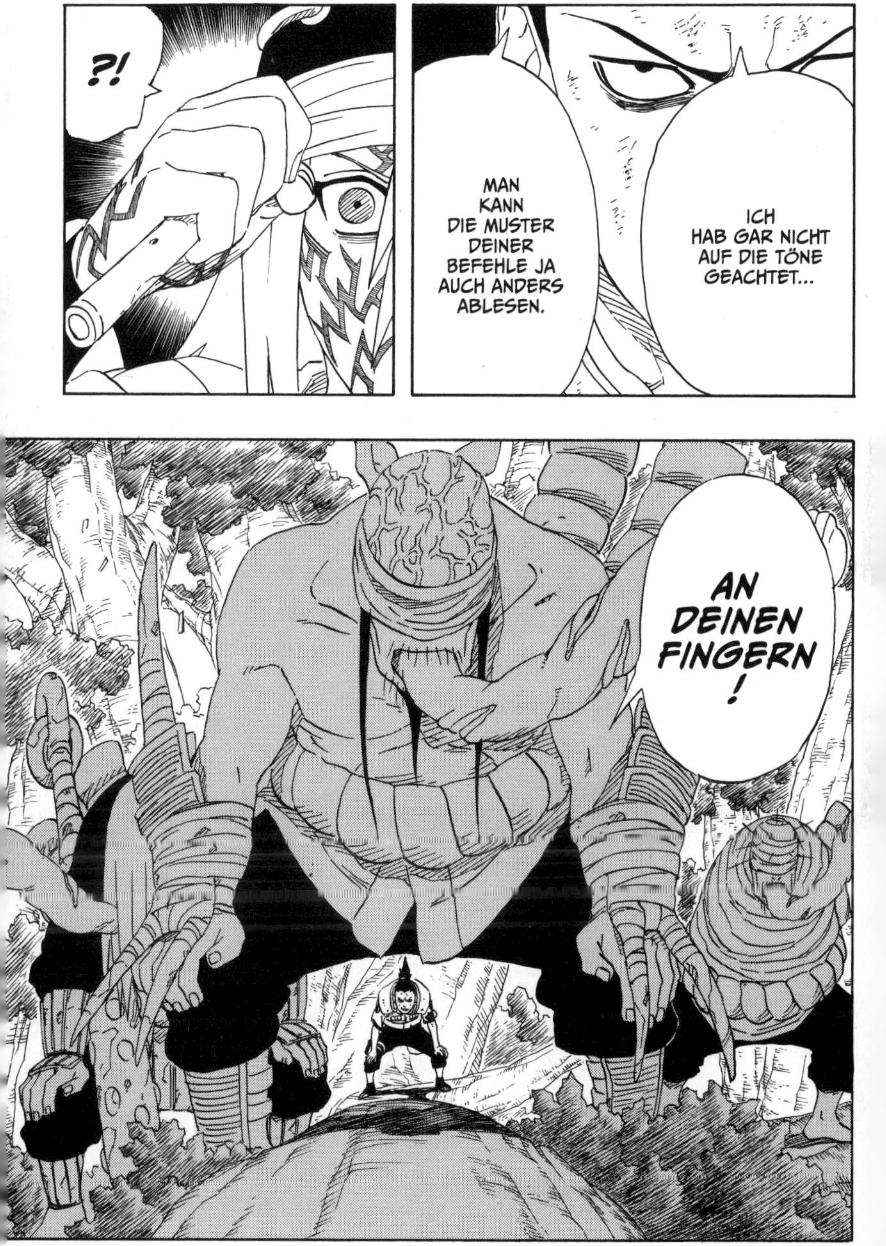
ICH HAB GAR NICHT AUF DIE TÖNE GEACHTET...
MAN KANN DIE MUSTER DEINER BEFEHLE JA AUCH ANDERS ABLESEN.
?!
AN DEINEN FINGERN!

MASASHI KISHIMOTOS WELT LEBENSGESCHICHTE: DIE PEINLICHSTEN EPISODEN – TEIL 2

FAST EIN JAHR LANG IDENTIFIZIERTE ICH MICH MIT VUL PANTHER. SO EIN HELDENLEBEN IST HART UND ICH MUSSTE MIR IN DIESER ZEIT VIEL MÜHE GEBEN. VUL PANTHER IST GELB UND GELB IST GANZ ALLGEMEIN SEINE SYMBOLFARBE! DESWEGEN SUCHTE AUCH ICH MIR NATÜRLICH IMMER GELB AUS, WENN ICH EINE FARBE WÄHLEN SOLLTE. VUL PANTHER TRUG EINE GELBE JACKE – UND SELBSTVERSTÄNDLICH TRUG AUCH ICH GELBE KLAMOTTEN! LEIDER WAREN GELBE KLAMOTTEN ZIEMLICH UNCOOL...

VUL PANTHERS LIEBLINGSSPEISE WAR CURRY. UND DESHALB BEHAUPTETE ICH NATÜRLICH AUCH IMMER, CURRY WÄRE MEINE LIEBLINGSSPEISE! VUL PANTHER FRASS UNGLAUBLICH VIEL CURRY. ER LEERTE EINEN TELLER NACH DEM ANDEREN UND STAPELTE DIE LEEREN TELLER AUFEINANDER. ICH GLAUBE, DER STAPEL WAR IMMER ETWA ZWANZIG TELLER HOCH. SELBSTVERSTÄNDLICH WAR ICH HÖCHST MOTIVIERT, SOBALD MEINE MUTTER CURRY KOCHTE! UND ALS VUL PANTHER MUSSTE ICH MEHRERE TELLER LEEREN, EGAL OB MEIN MAGEN BEINAH PLATZTE ODER OB ICH BEINAH KOTZEN MUSSTE. ICH RIEF IMMER WIEDER: »NOCH EINE PORTION BITTE! UND ZWAR AUF EINEM ANDEREN TELLER!« MUTTER: »DU KANNST DOCH VOM SELBEN TELLER WEITERESSEN! WOZU MUSS MAN EXTRA ANDERE TELLER SCHMUTZIG MACHEN?« TJA, NATÜRLICH HATTE MEINE MUTTER RECHT...

VUL PANTHER KLETTERTE MAUERN HOCH. ER HATTE SCHARFE NÄGEL UND KONNTE DESWEGEN EINFACH ÜBERALL HOCHKLETTERN! SELBSTVERSTÄNDLICH VERSUCHTE AUCH ICH ALS VUL PANTHER EINES TAGES, AN MAUERN HOCHZUKLETTERN... ICH WUSSTE ZWAR, DASS DAS UNMÖGLICH WAR, WOLLTE DAS ABER VOR VUL EAGLE UND VUL SHARK NICHT ZUGEBEN. »SCHON MÜHSAM, VUL PANTHER ZU SEIN...«, DACHTE ICH, ALS ICH AUF DIE MAUER ZURANNTE. ICH SPRANG! ICH KLAMMERTE MICH AN DIE MAUER – UND BRACH MIR DABEI SCHMERZVOLL EINEN FINGERNAGEL AB! AN DIESEM TAG VERABSCHIEDETE ICH MICH VON DER ROLLE DES VUL PANTHER...!

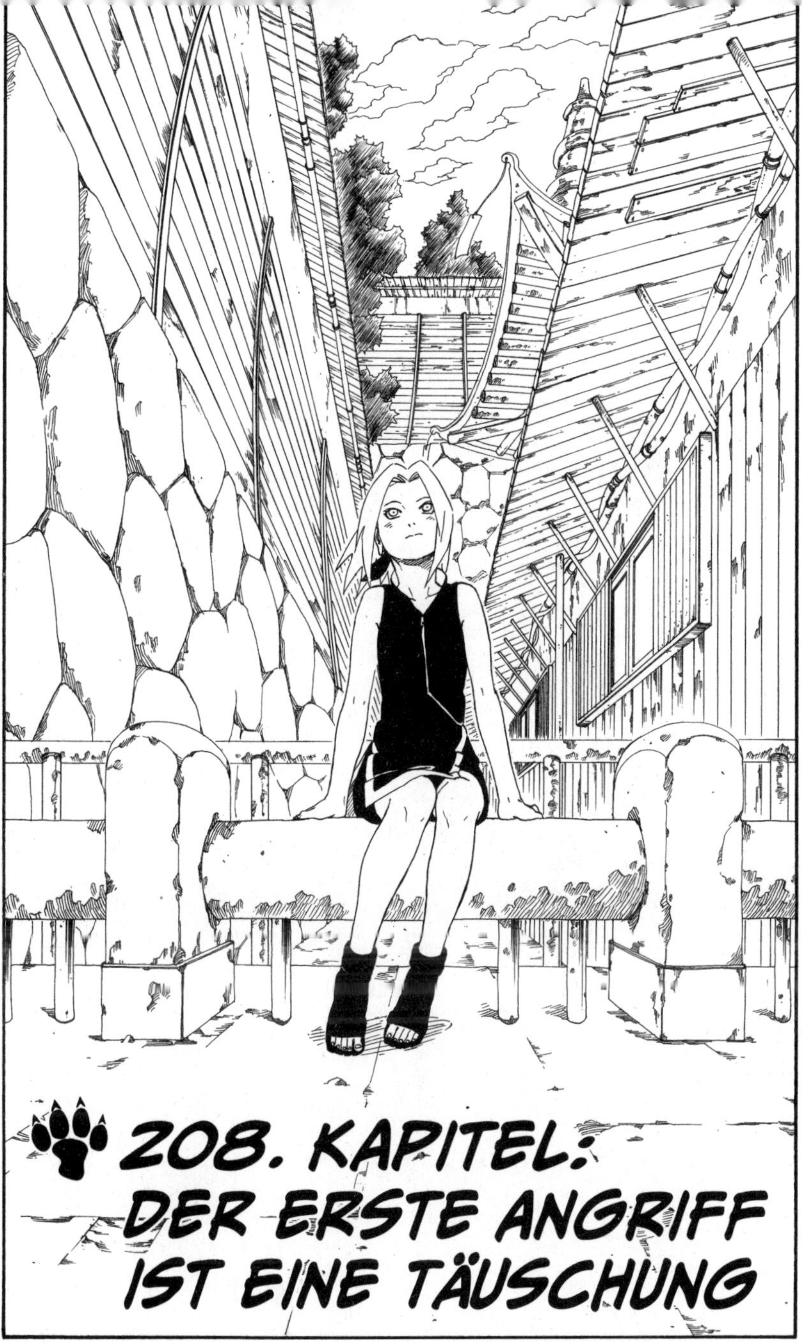
208. KAPITEL:
DER ERSTE ANGRIFF
IST EINE TÄUSCHUNG

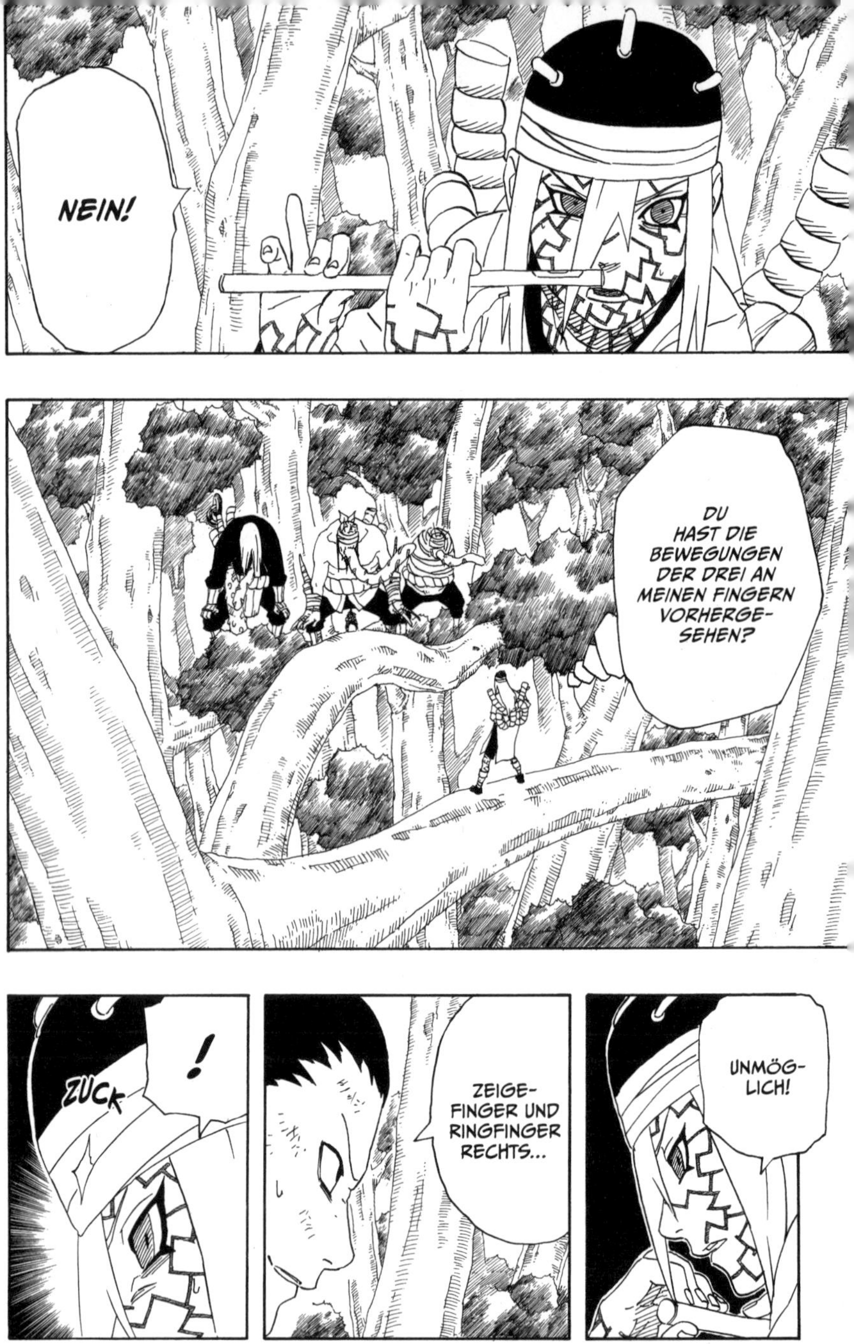
NEIN!
DU HAST DIE BEWEGUNGEN DER DREI AN MEINEN FINGERN VORHERGE-SEHEN?
UNMÖG-LICH!
ZEIGE-FINGER UND RINGFINGER RECHTS...
!
ZUCK

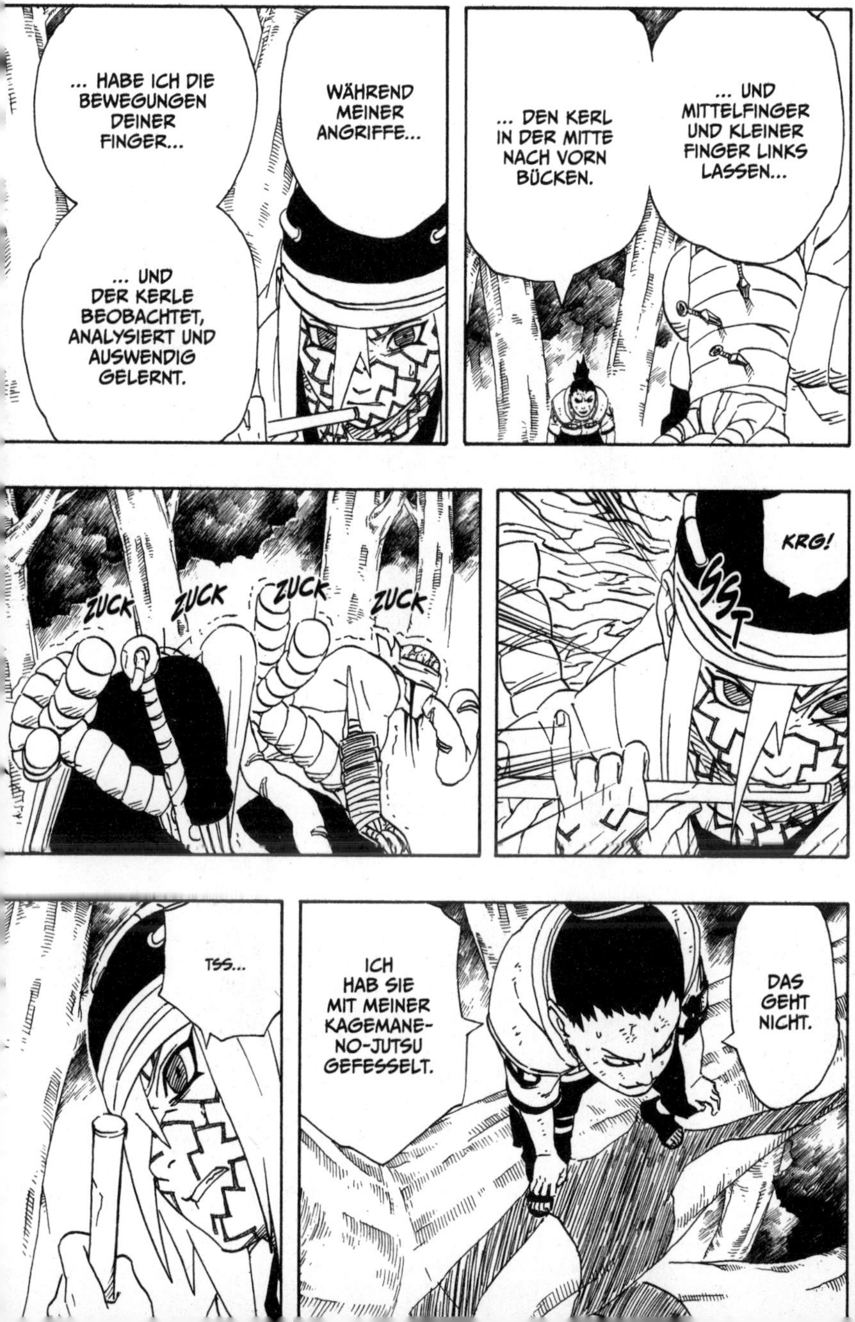
WÄHREND MEINER ANGRIFFE...
... HABE ICH DIE BEWEGUNGEN DEINER FINGER...
... UND DER KERLE BEOBACHTET, ANALYSIERT UND AUSWENDIG GELERNT.
... UND MITTELFINGER UND KLEINER FINGER LINKS LASSEN...
... DEN KERL IN DER MITTE NACH VORN BÜCKEN.
KRG!
SST
ZUCK
ZUCK
ZUCK
ZUCK
DAS GEHT NICHT.
ICH HAB SIE MIT MEINER KAGEMANE-NO-JUTSU GEFESSELT.
TSS...

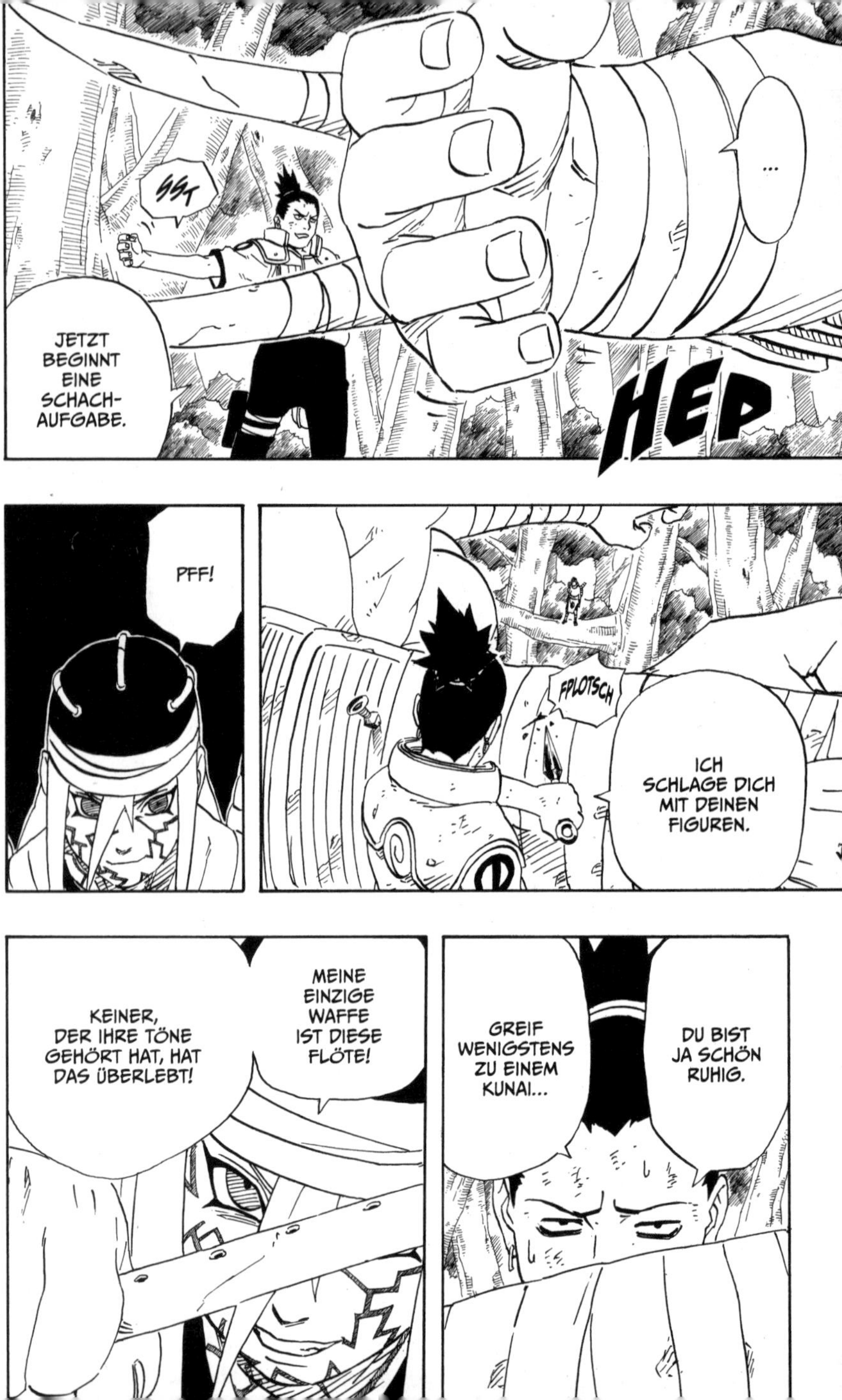
...
HEP
SSK
JETZT BEGINNT EINE SCHACH-AUFGABE.
FPLOTSCH
ICH SCHLAGE DICH MIT DEINEN FIGUREN.
PFF!
DU BIST JA SCHÖN RUHIG.
GREIF WENIGSTENS ZU EINEM KUNAI...
MEINE EINZIGE WAFFE IST DIESE FLÖTE!
KEINER, DER IHRE TÖNE GEHÖRT HAT, HAT DAS ÜBERLEBT!

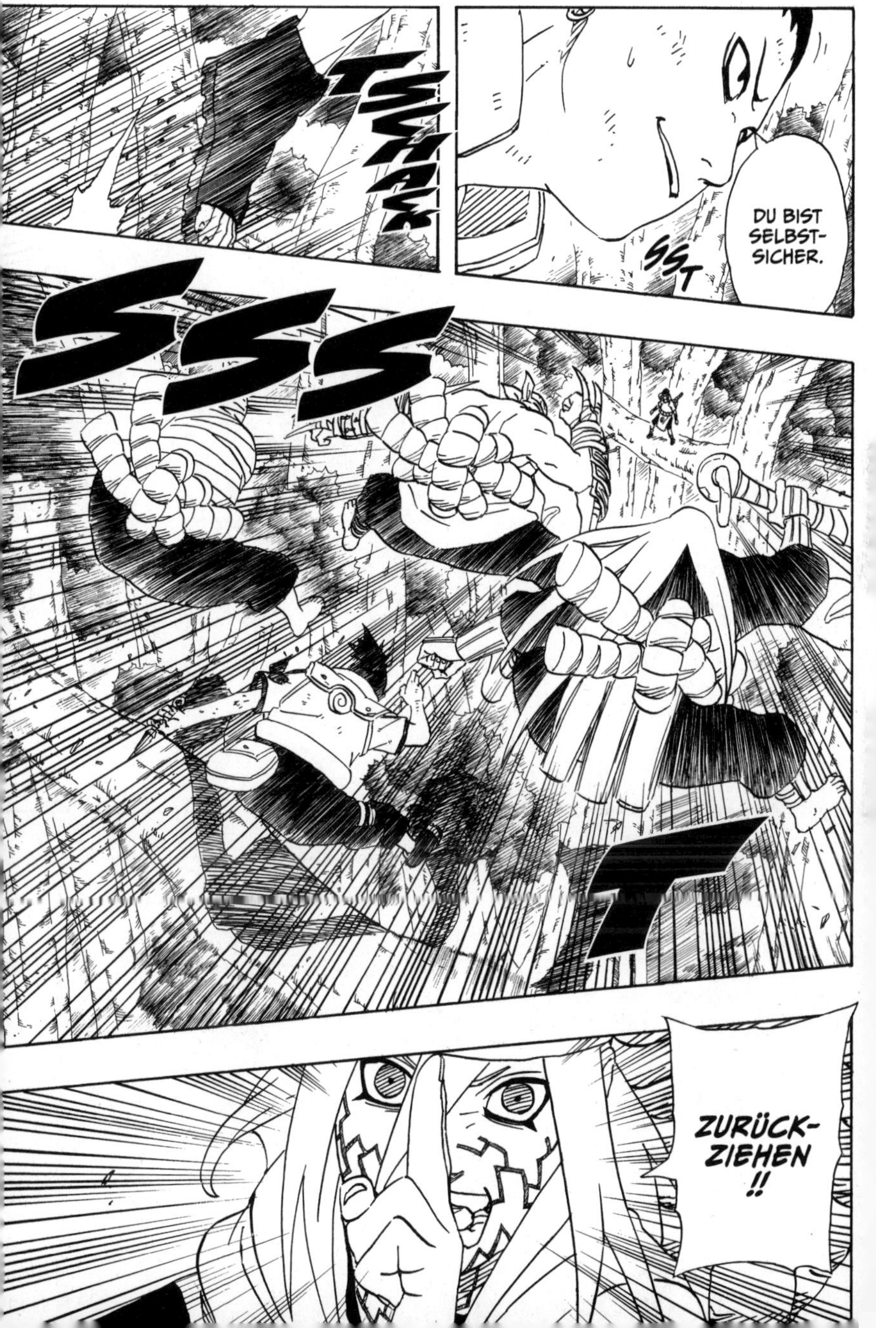
DU BIST SELBST-
SICHER.
SST
TSCHACK
SSS
T
ZURÜCK-
ZIEHEN
!!

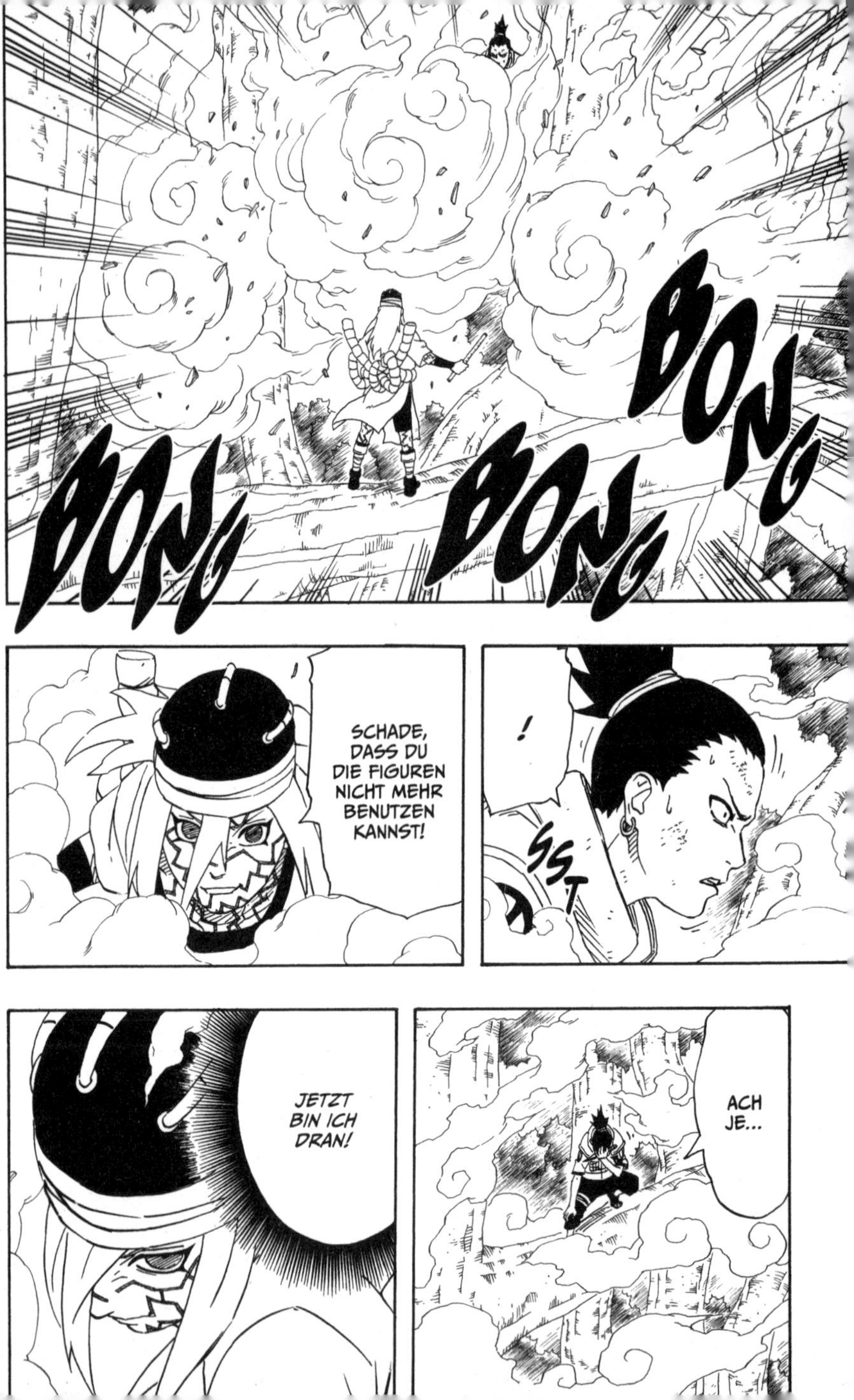
BONG
BONG
BONG
!
SST
SCHADE, DASS DU DIE FIGUREN NICHT MEHR BENUTZEN KANNST!
ACH JE...
JETZT BIN ICH DRAN!

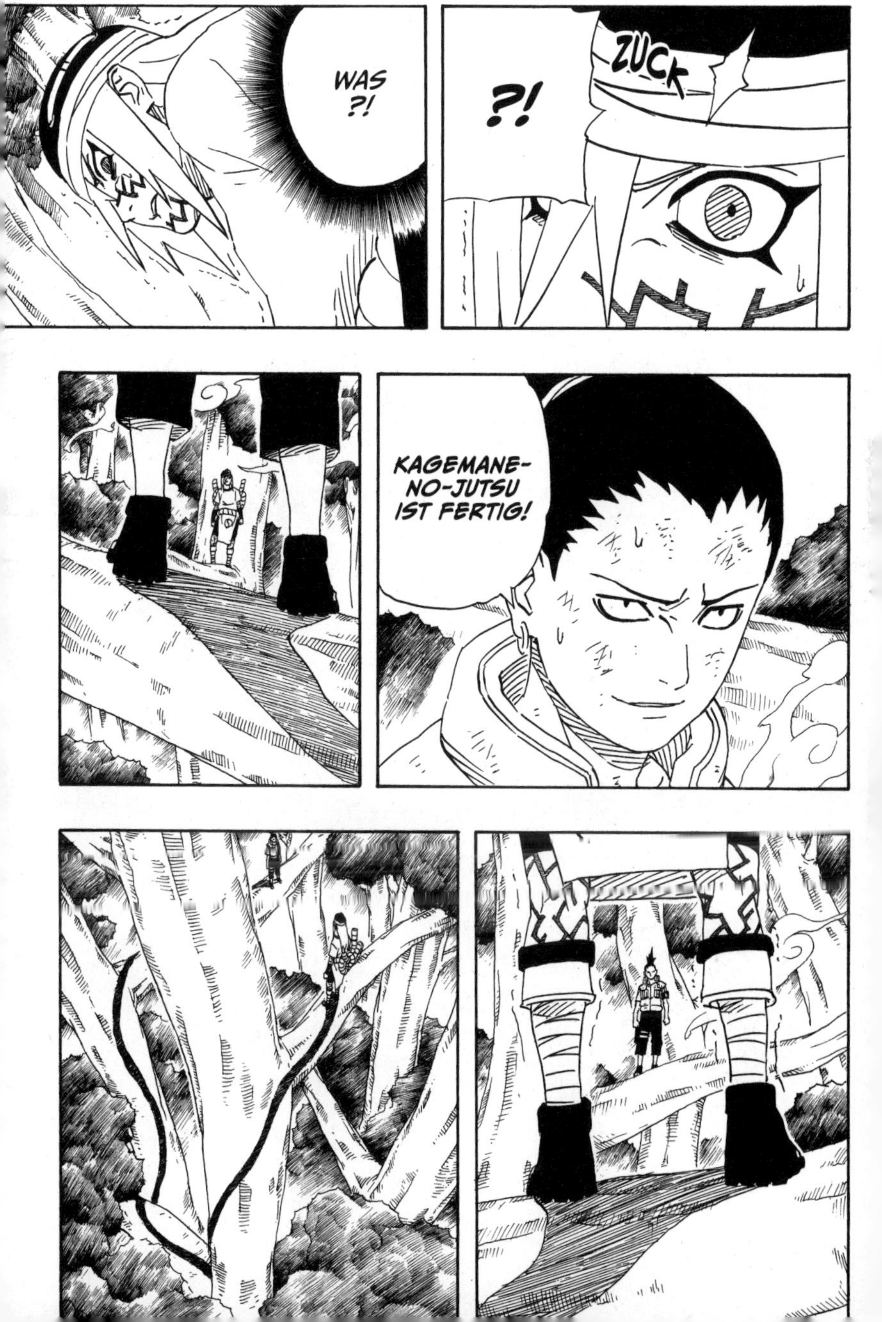
ZUCK
?!
WAS ?!
KAGEMANE-NO-JUTSU IST FERTIG!

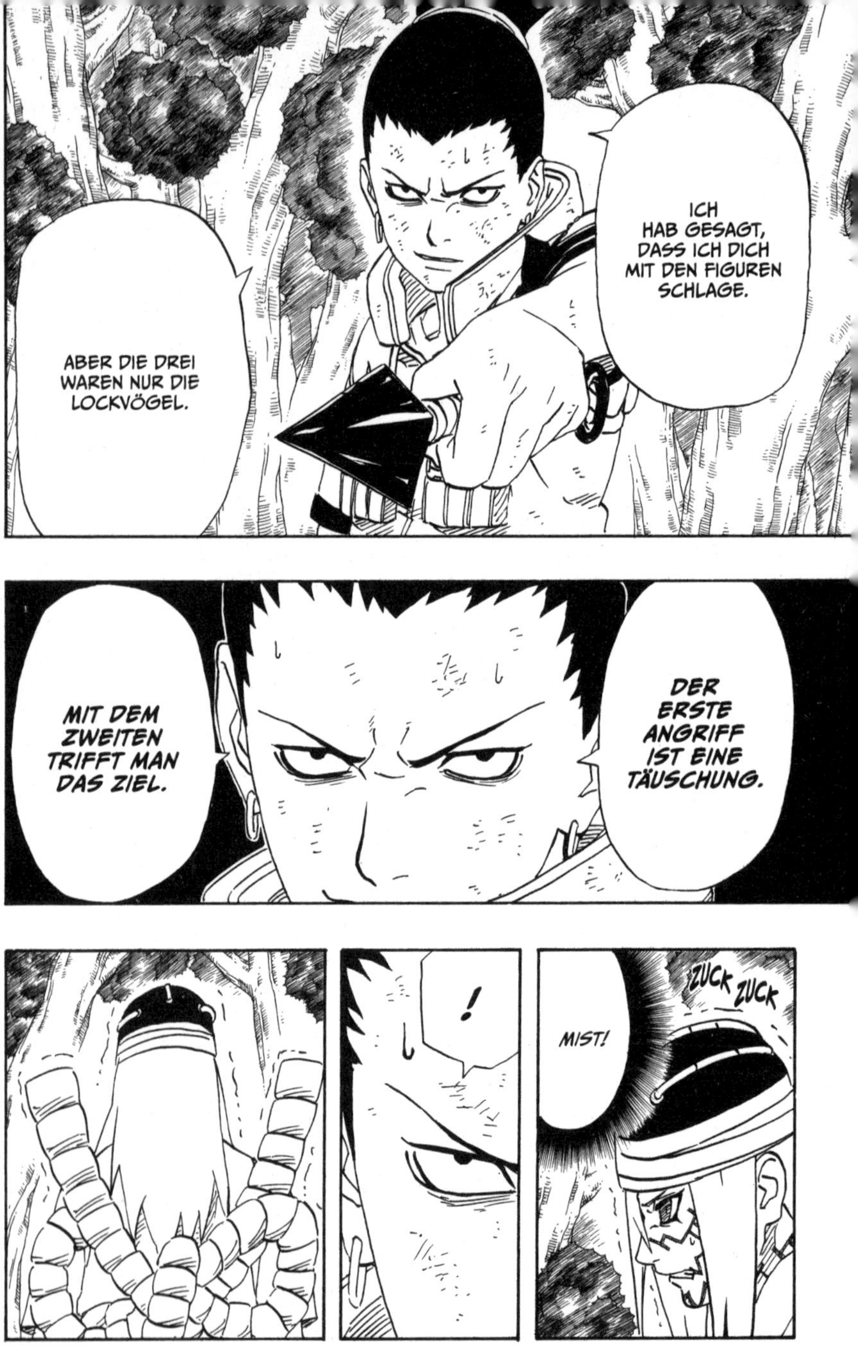
ICH HAB GESAGT, DASS ICH DICH MIT DEN FIGUREN SCHLAGE.
ABER DIE DREI WAREN NUR DIE LOCKVÖGEL.
DER ERSTE ANGRIFF IST EINE TÄUSCHUNG.
MIT DEM ZWEITEN TRIFFT MAN DAS ZIEL.
ZUCK ZUCK
MIST!
!

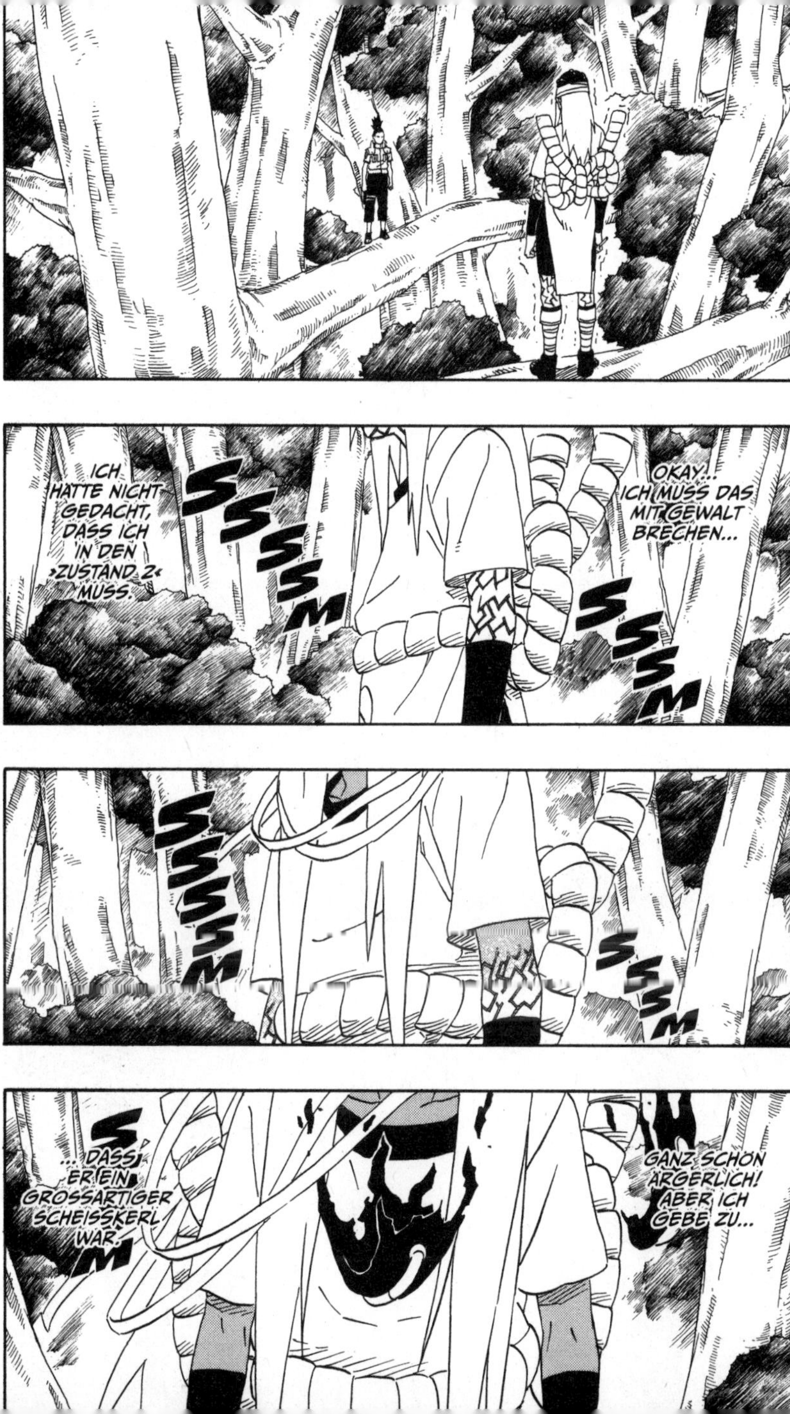
OKAY... ICH MUSS DAS MIT GEWALT BRECHEN...
SSSM
ICH HATTE NICHT GEDACHT, DASS ICH IN DEN »ZUSTAND 2« MUSS.
SSSSM
SSSM
SSSSM
GANZ SCHÖN ÄRGERLICH! ABER ICH GEBE ZU...
... DASS ER EIN GROSSARTIGER SCHEISSKERL WAR.
SM

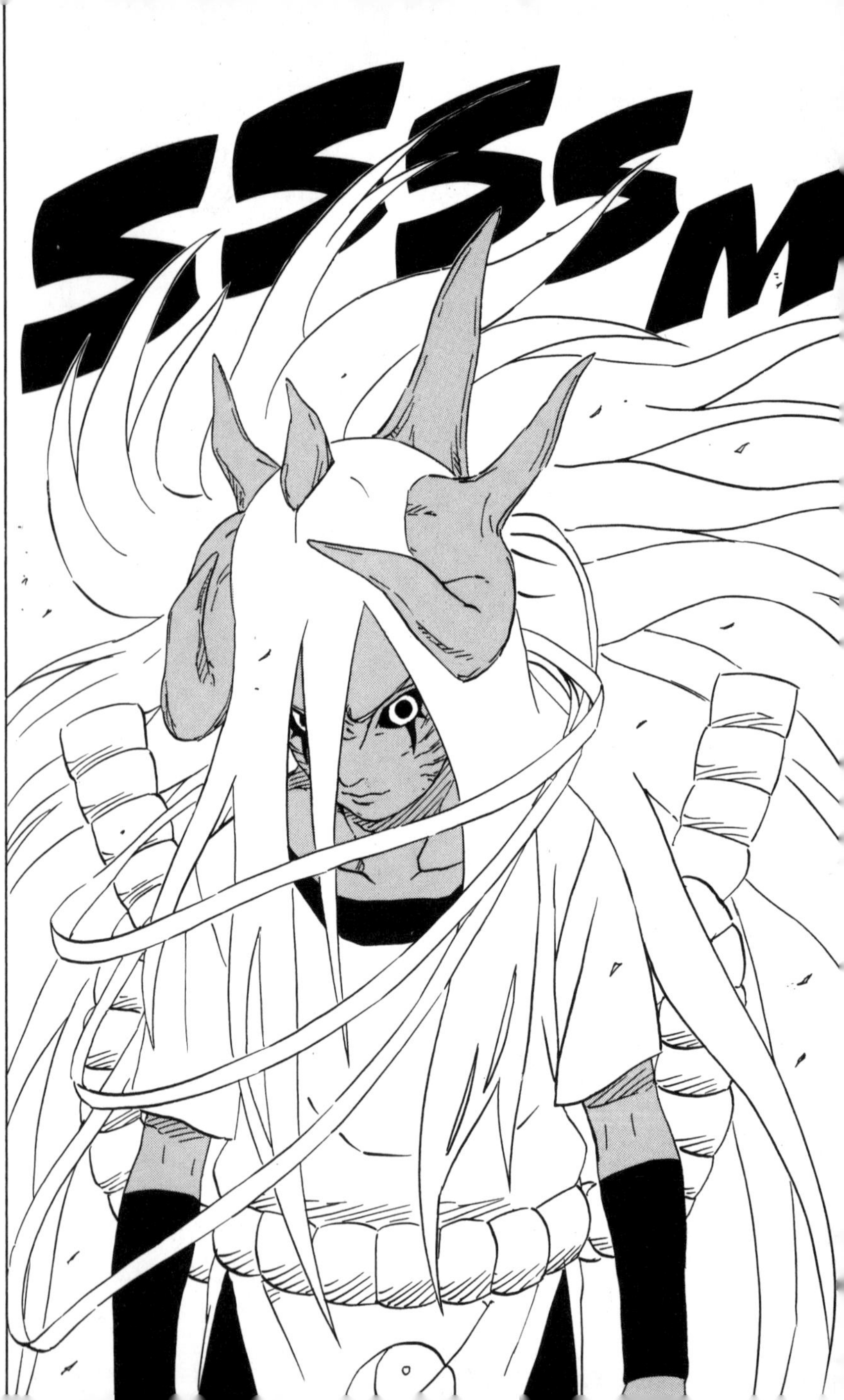
SSSSM

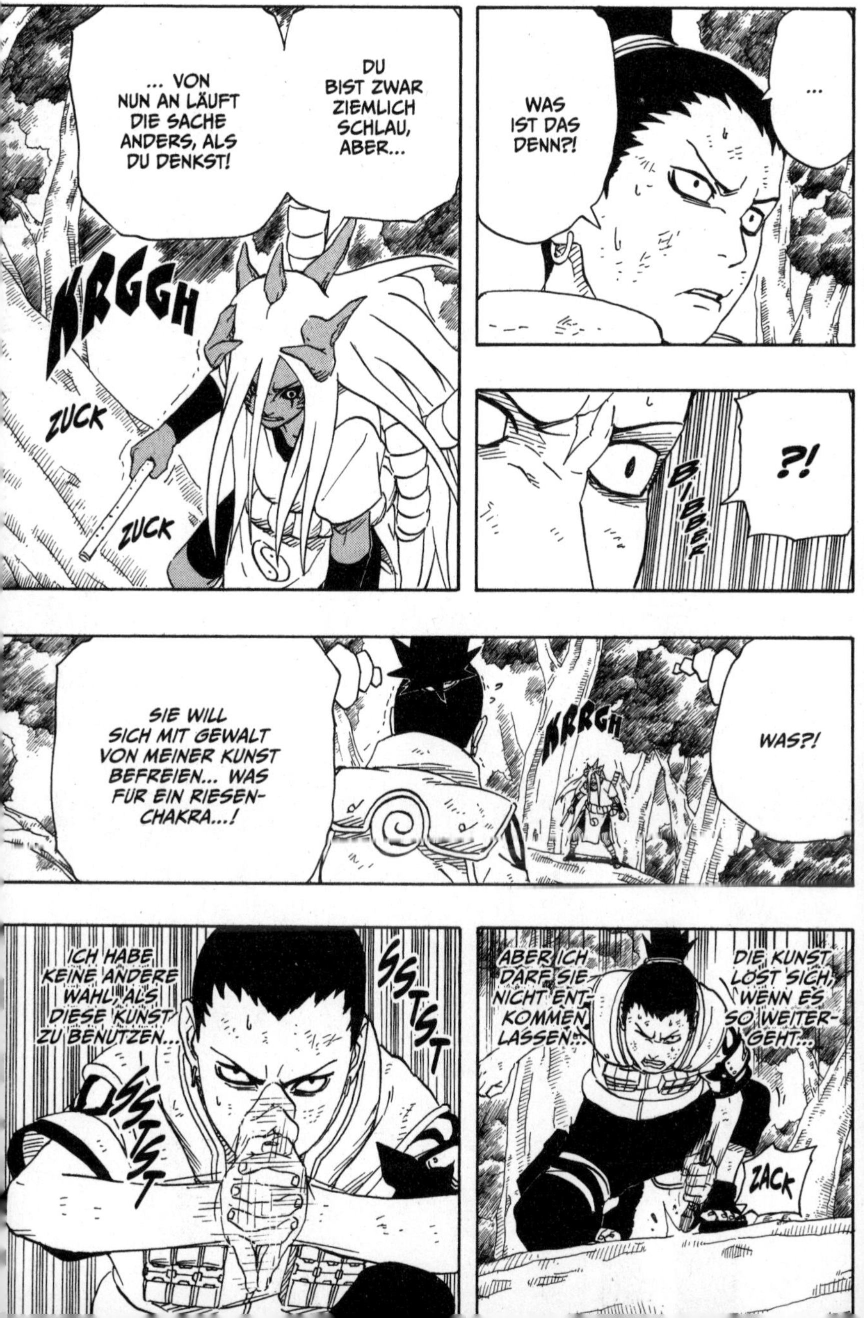
...
WAS IST DAS DENN?!
DU BIST ZWAR ZIEMLICH SCHLAU, ABER...
... VON NUN AN LÄUFT DIE SACHE ANDERS, ALS DU DENKST!
KRGGH
ZUCK
ZUCK
?!
BIBBER
WAS?!
KRRGH
SIE WILL SICH MIT GEWALT VON MEINER KUNST BEFREIEN... WAS FÜR EIN RIESEN-CHAKRA...!
DIE KUNST LÖST SICH, WENN ES SO WEITER-GEHT...
ABER ICH DARF SIE NICHT ENT-KOMMEN LASSEN...!
ZACK
SSTST
ICH HABE KEINE ANDERE WAHL, ALS DIESE KUNST ZU BENUTZEN...
SSSTST

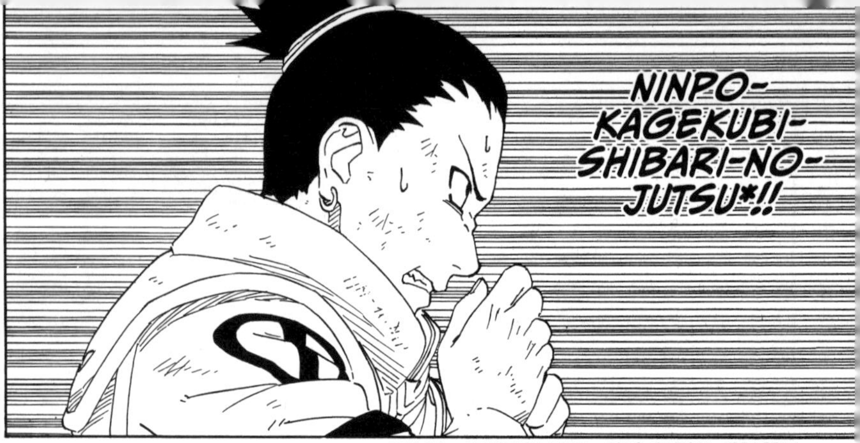

* KAGE = SCHATTEN, KUBI = HALS, SHIBARI = FESSELN

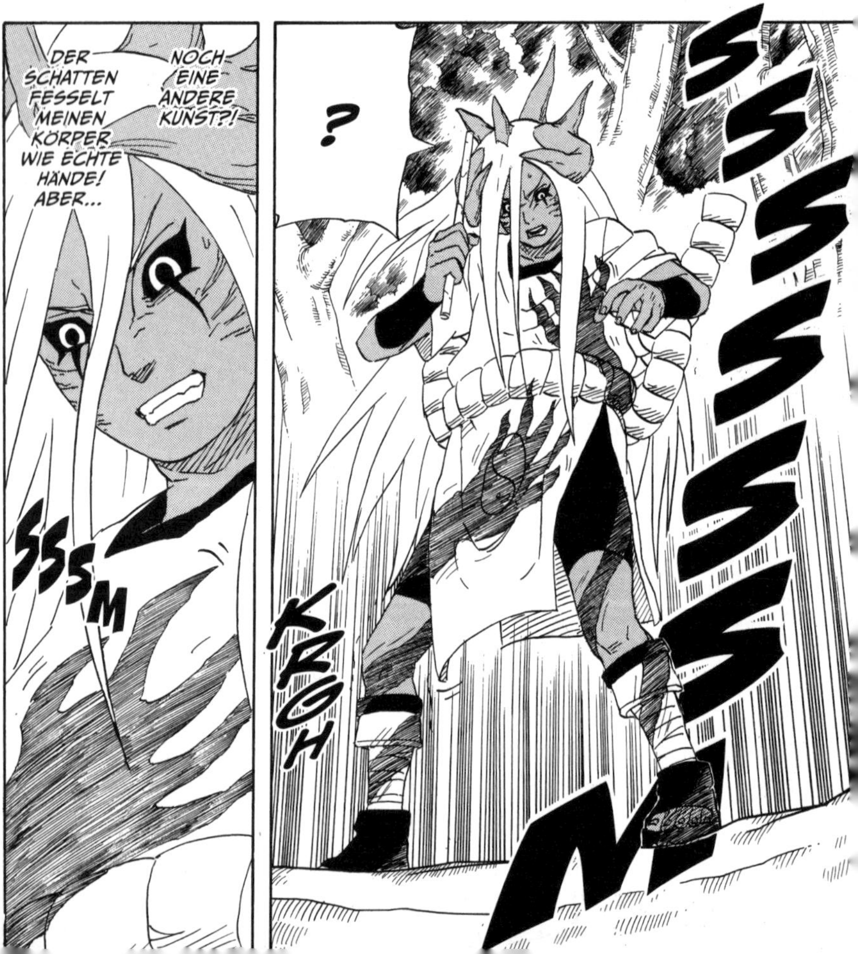

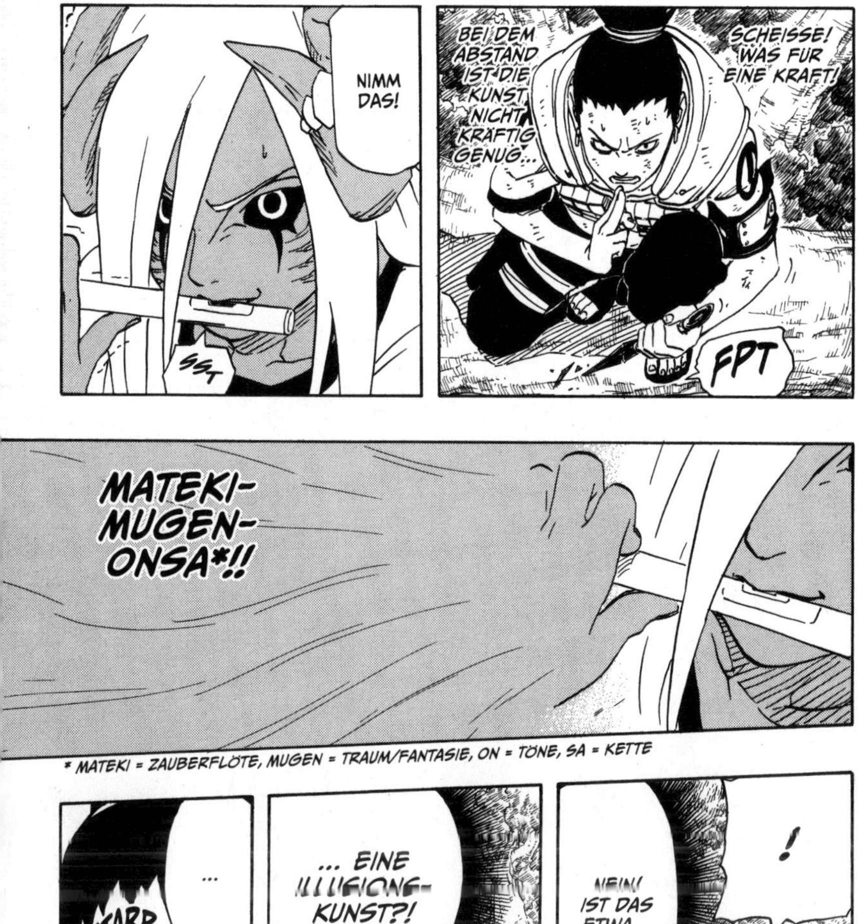

* MATEKI = ZAUBERFLÖTE, MUGEN = TRAUM/FANTASIE, ON = TÖNE, SA = KETTE

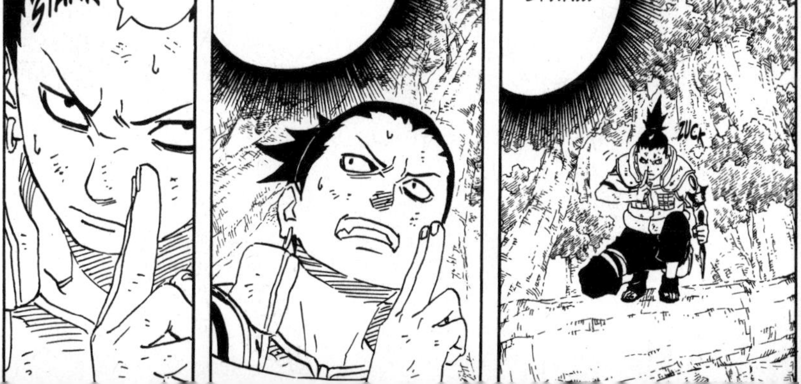

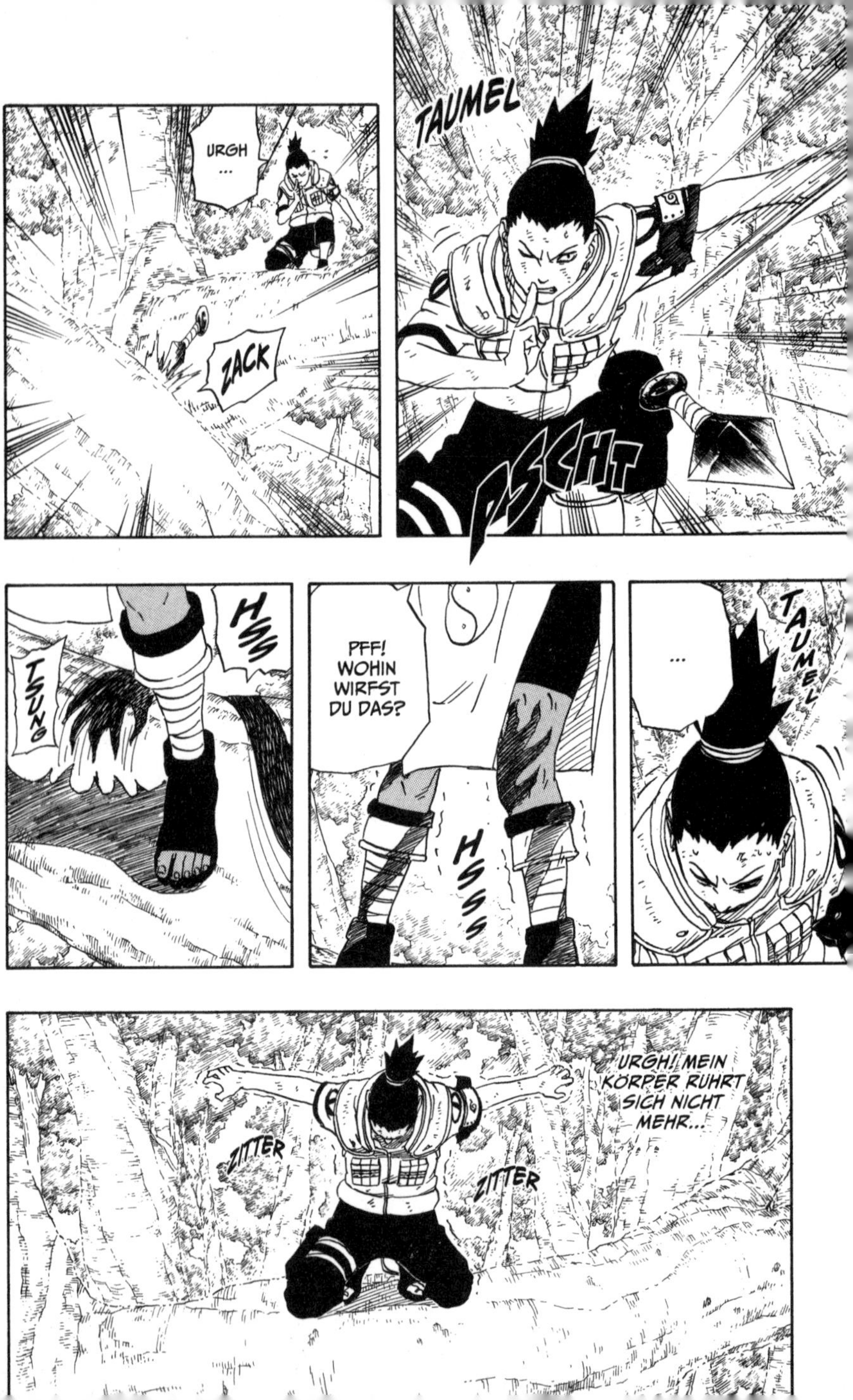
URGH
...
ZACK
TAUMEL
PSCHT
HSS
TSUNG
PFF! WOHIN WIRFST DU DAS?
HSSS
...
TAUMEL
URGH! MEIN KÖRPER RÜHRT SICH NICHT MEHR...
ZITTER
ZITTER

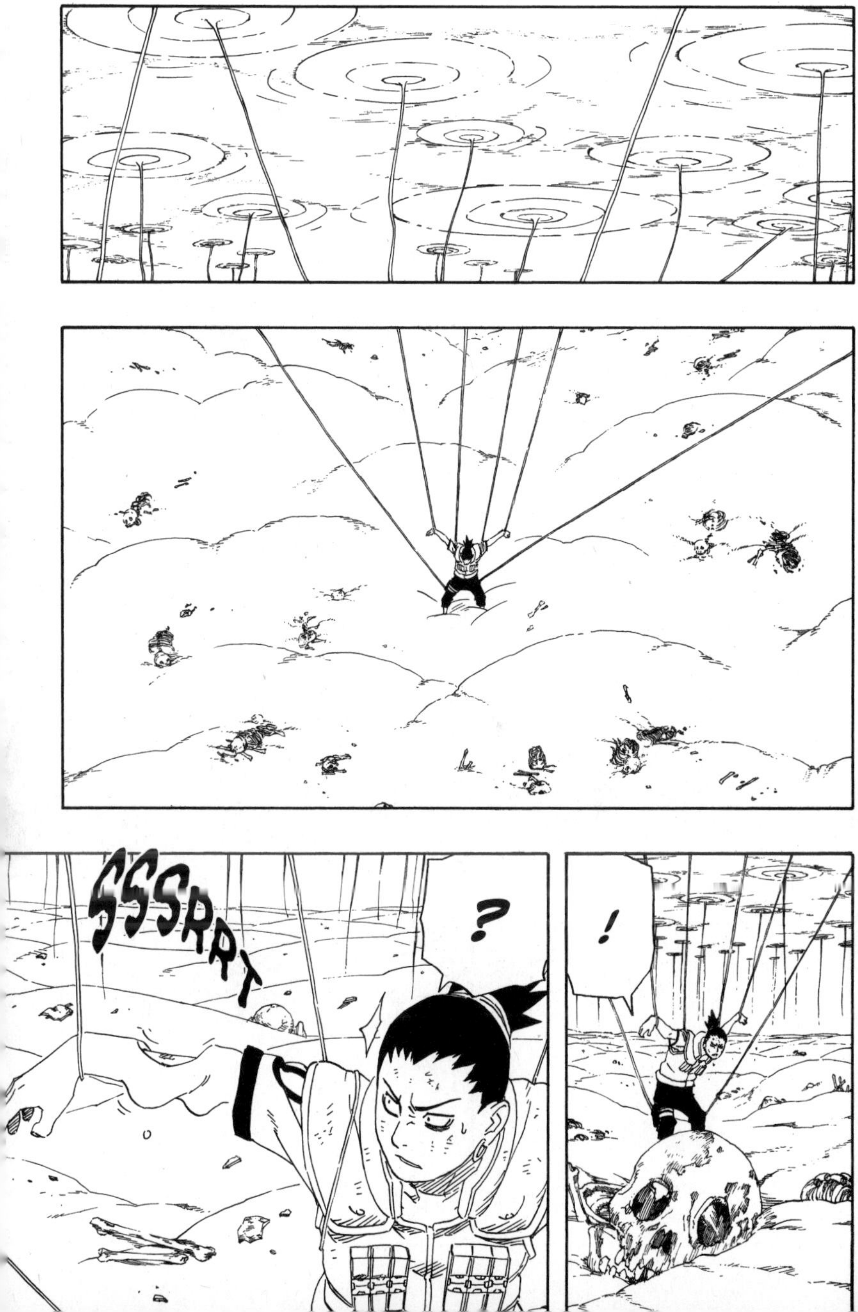
SSSRRT
?
!

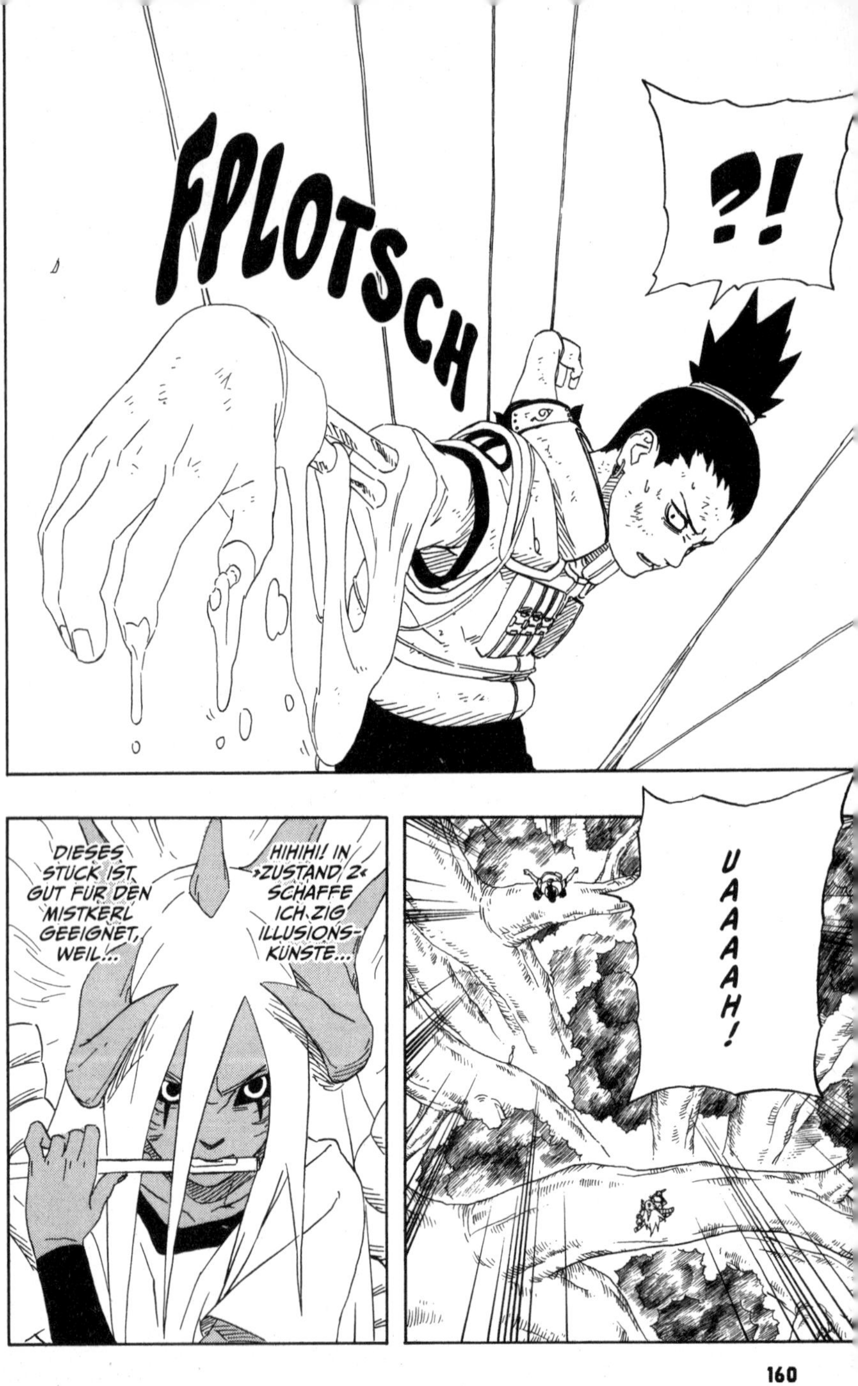
?!
FPLOTSCH
UAAAAAH!
HIHIHI! IN »ZUSTAND 2« SCHAFFE ICH ZIG ILLUSIONSKÜNSTE...
DIESES STÜCK IST GUT FÜR DEN MISTKERL GEEIGNET, WEIL...

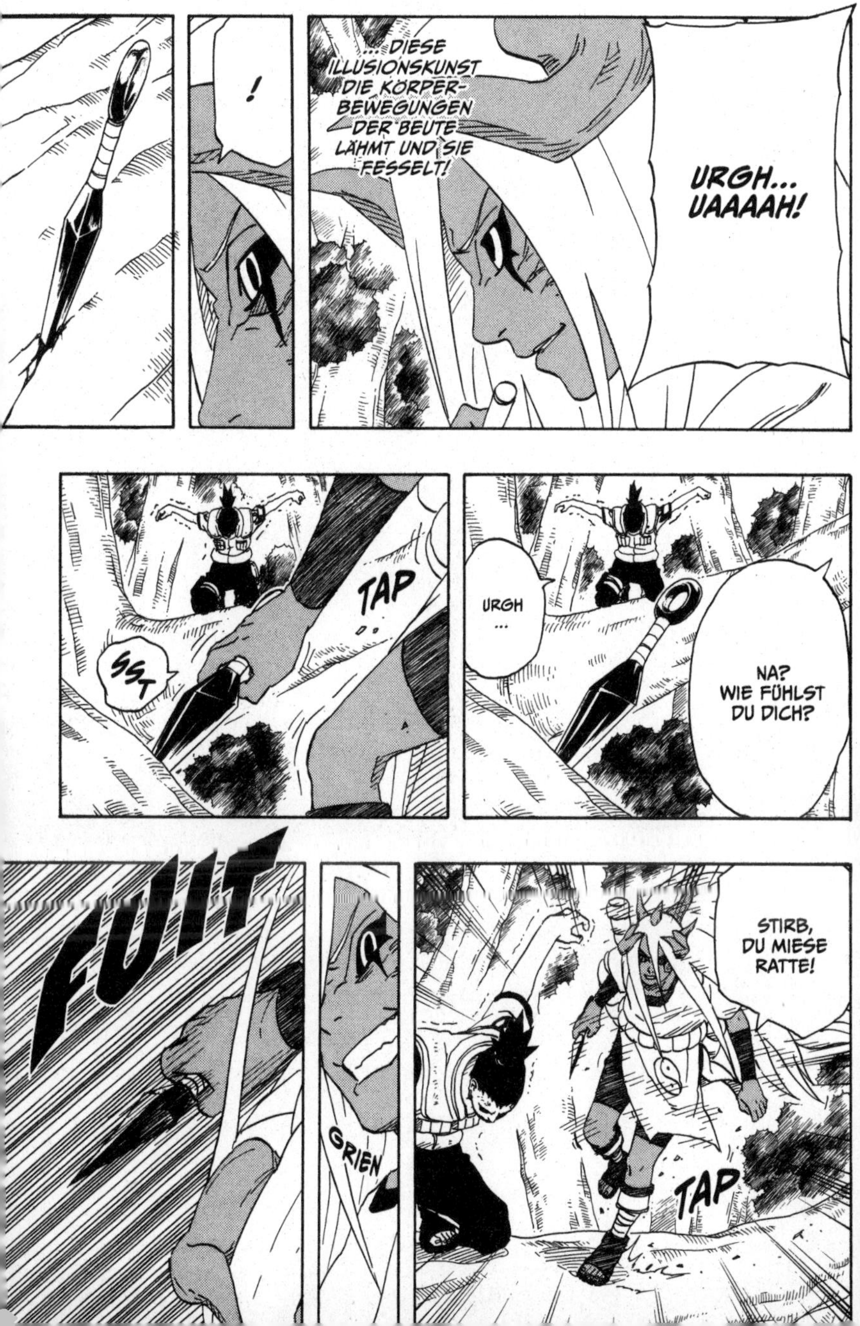
URGH... UAAAAH!
... DIESE ILLUSIONSKUNST DIE KÖRPER-BEWEGUNGEN DER BEUTE LÄHMT UND SIE FESSELT!
!
NA? WIE FÜHLST DU DICH?
URGH ...
TAP
SSST
STIRB, DU MIESE RATTE!
TAP
GRIEN
FUIIT

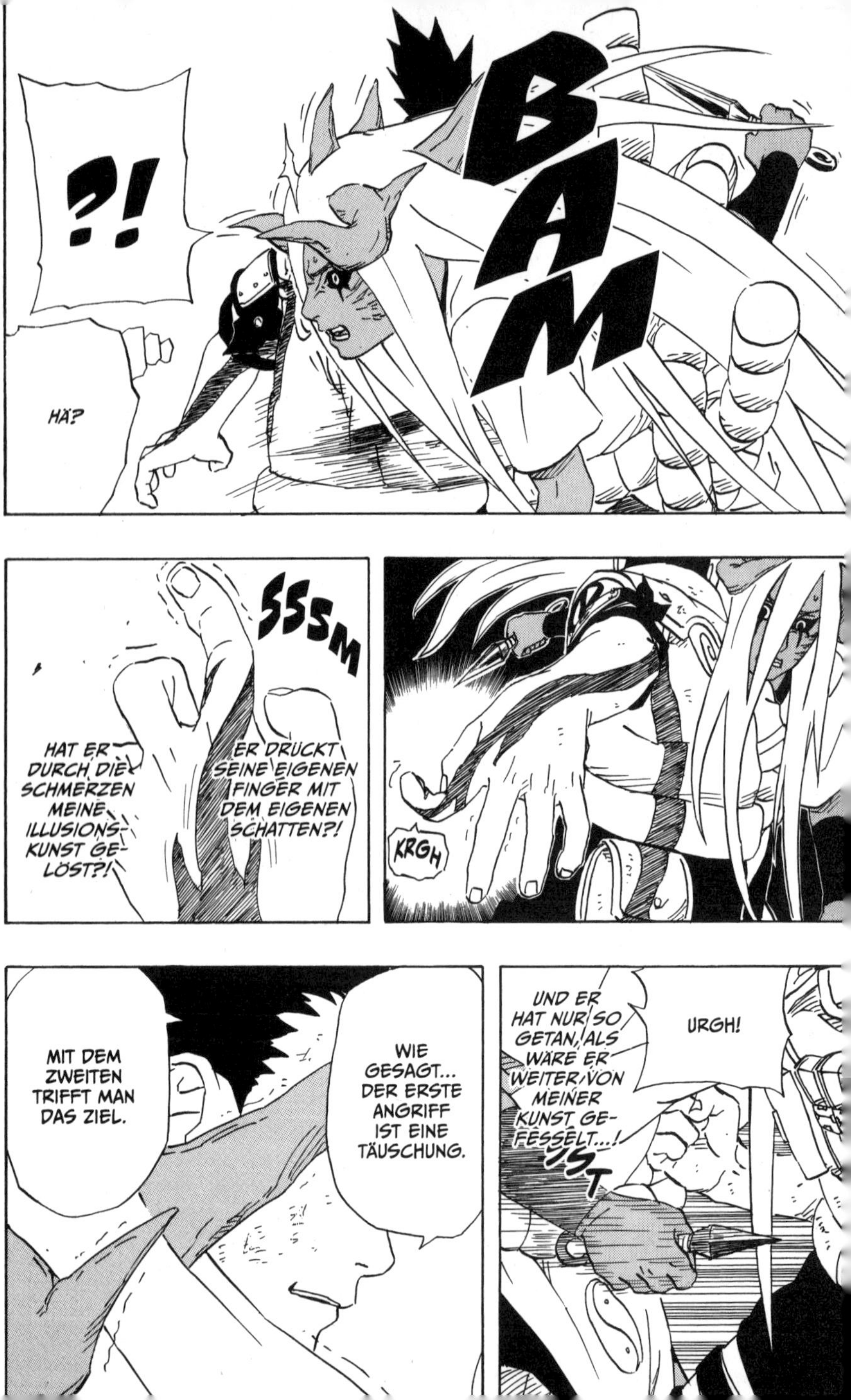
BAM
?!
HÄ?
KRGH
SSSM
ER DRÜCKT SEINE EIGENEN FINGER MIT DEM EIGENEN SCHATTEN?!
HAT ER DURCH DIE SCHMERZEN MEINE ILLUSIONS-KUNST GE-LÖST?!
URGH!
UND ER HAT NUR SO GETAN, ALS WÄRE ER WEITER VON MEINER KUNST GE-FESSELT...!
WIE GESAGT... DER ERSTE ANGRIFF IST EINE TÄUSCHUNG.
MIT DEM ZWEITEN TRIFFT MAN DAS ZIEL.

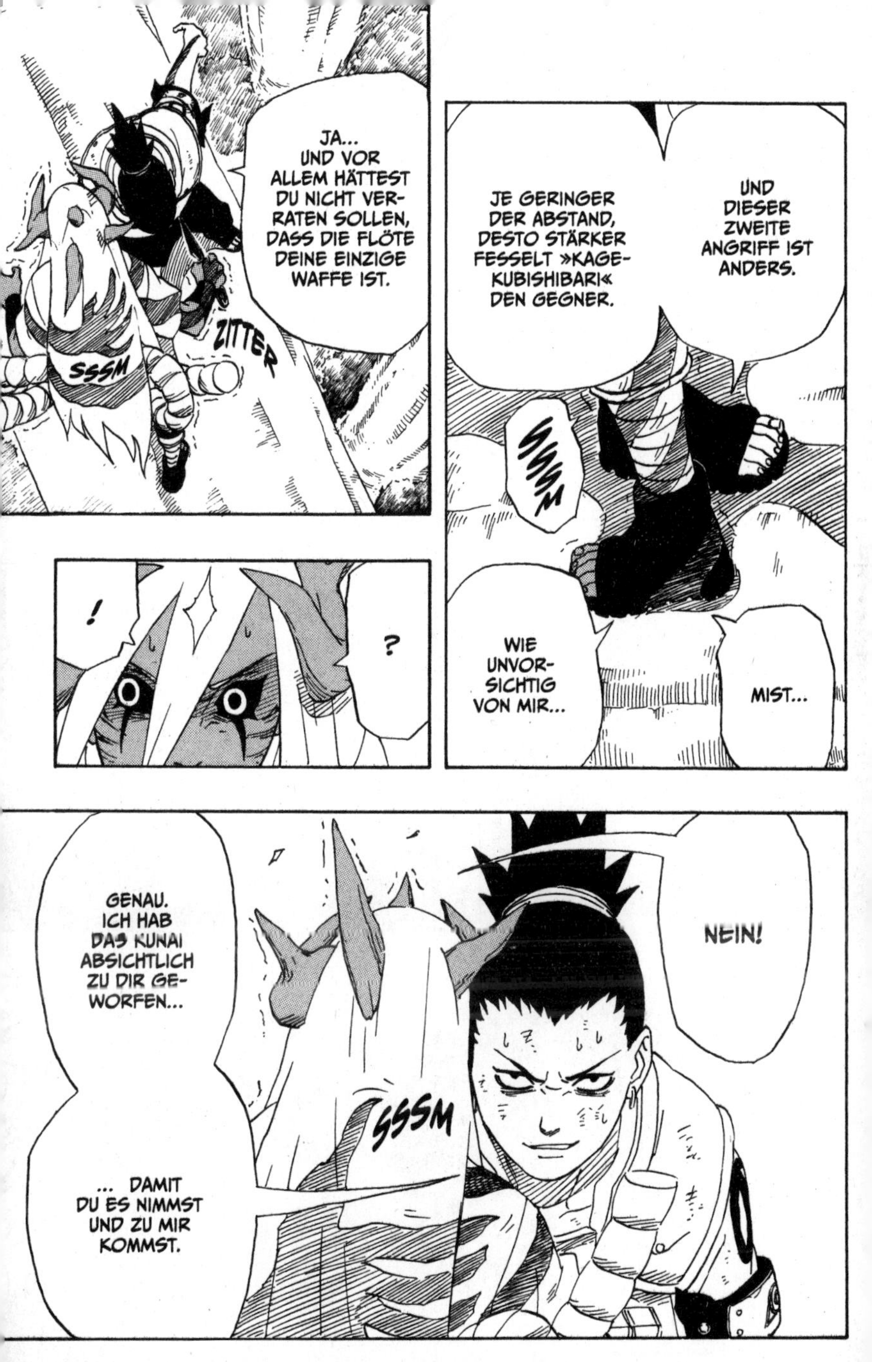
JA...
UND VOR ALLEM HÄTTEST DU NICHT VERRATEN SOLLEN, DASS DIE FLÖTE DEINE EINZIGE WAFFE IST.
ZITTER
SSSM
UND DIESER ZWEITE ANGRIFF IST ANDERS.
JE GERINGER DER ABSTAND, DESTO STÄRKER FESSELT »KAGE-KUBISHIBARI« DEN GEGNER.
SSSM
MIST...
WIE UNVORSICHTIG VON MIR...
?
!
NEIN!
GENAU. ICH HAB DAS KUNAI ABSICHTLICH ZU DIR GEWORFEN...
SSSM
... DAMIT DU ES NIMMST UND ZU MIR KOMMST.

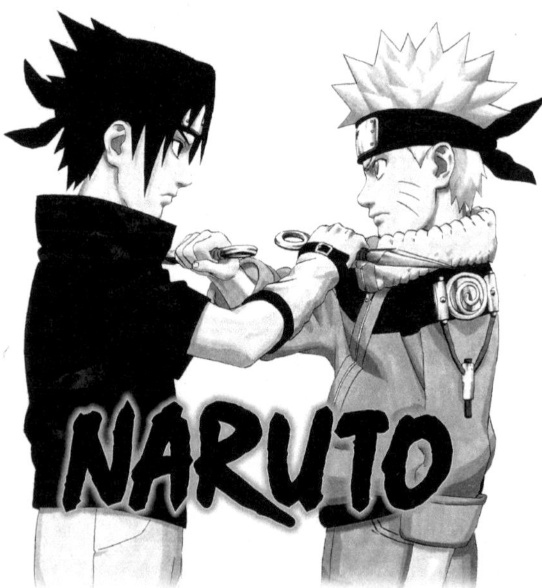
NARUTO

209. Kapitel: Der Retter ist da!

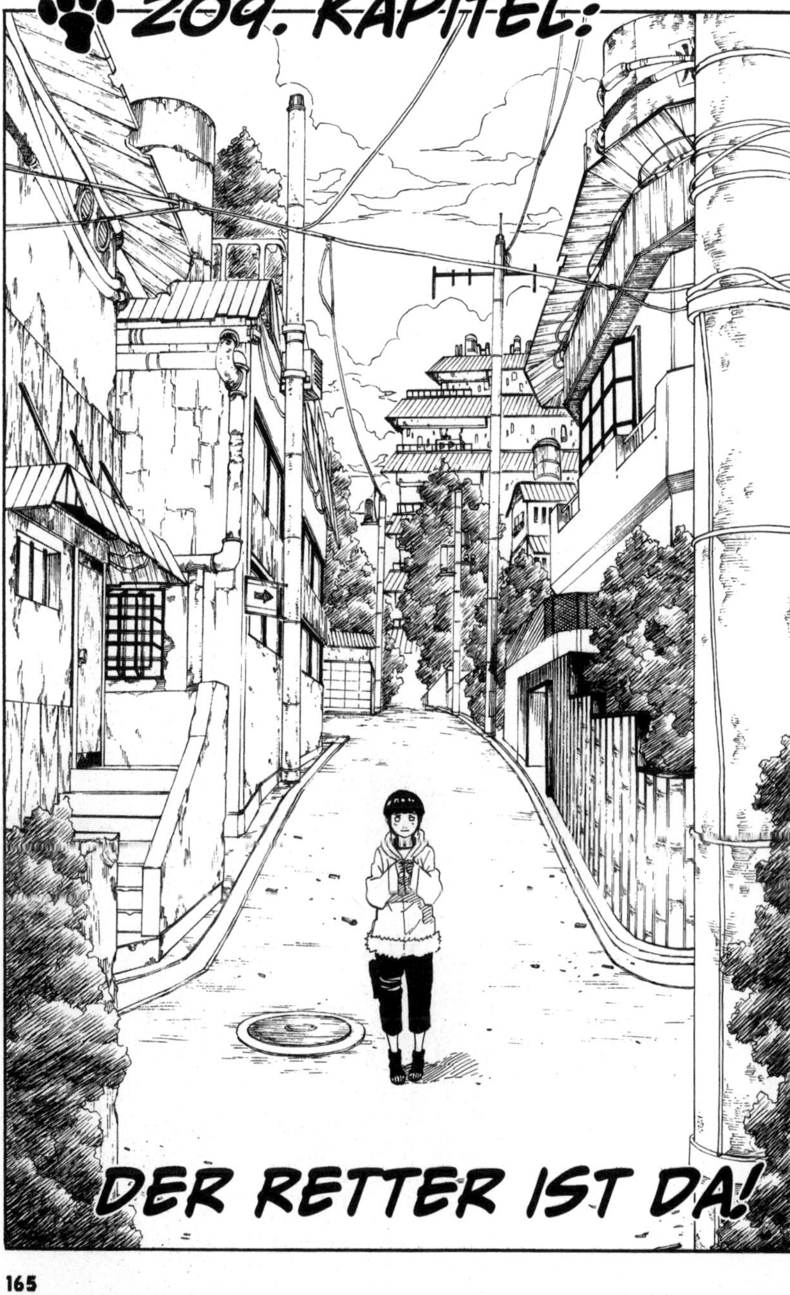

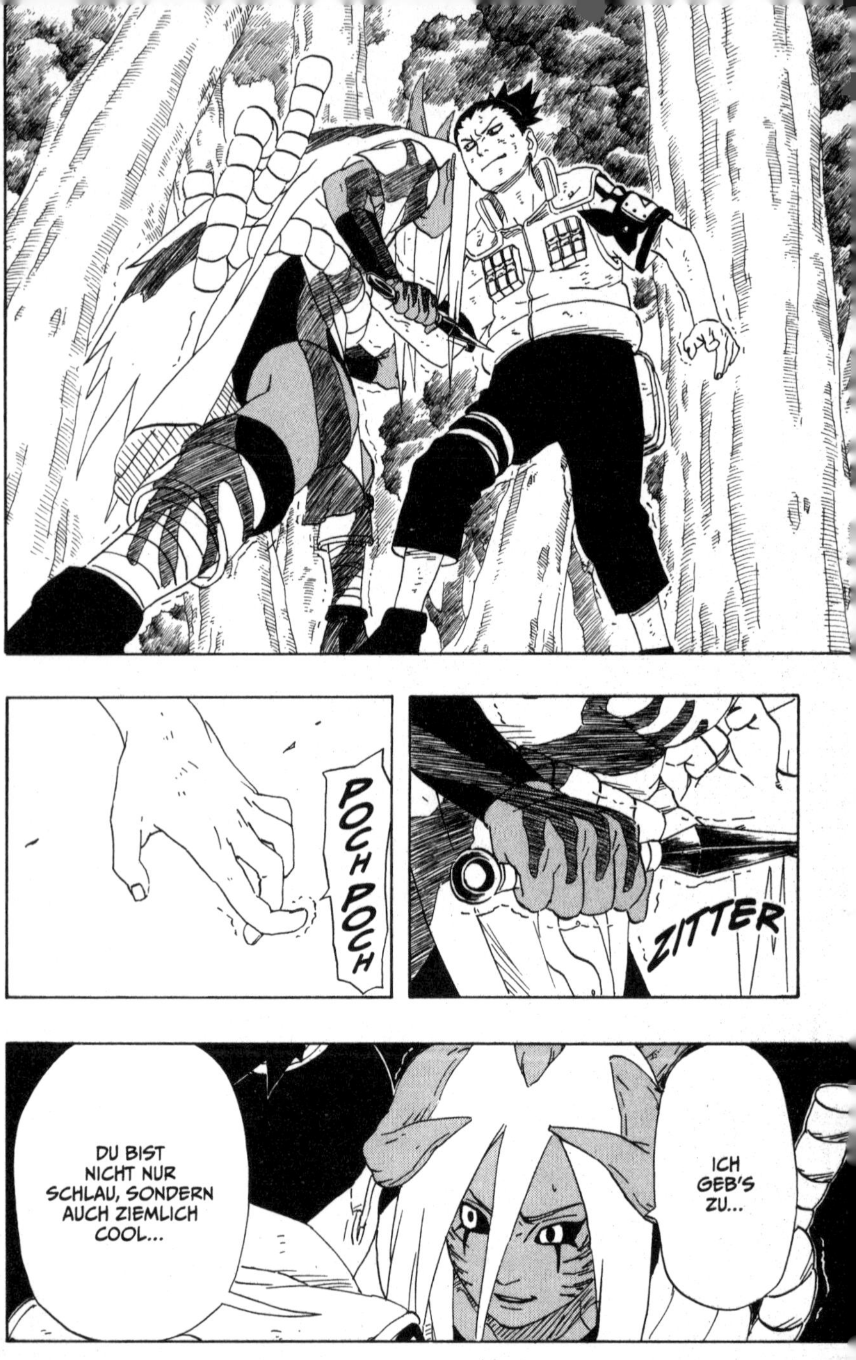

ZITTER
POCH POCH
ICH GEB'S ZU...
DU BIST NICHT NUR SCHLAU, SONDERN AUCH ZIEMLICH COOL...

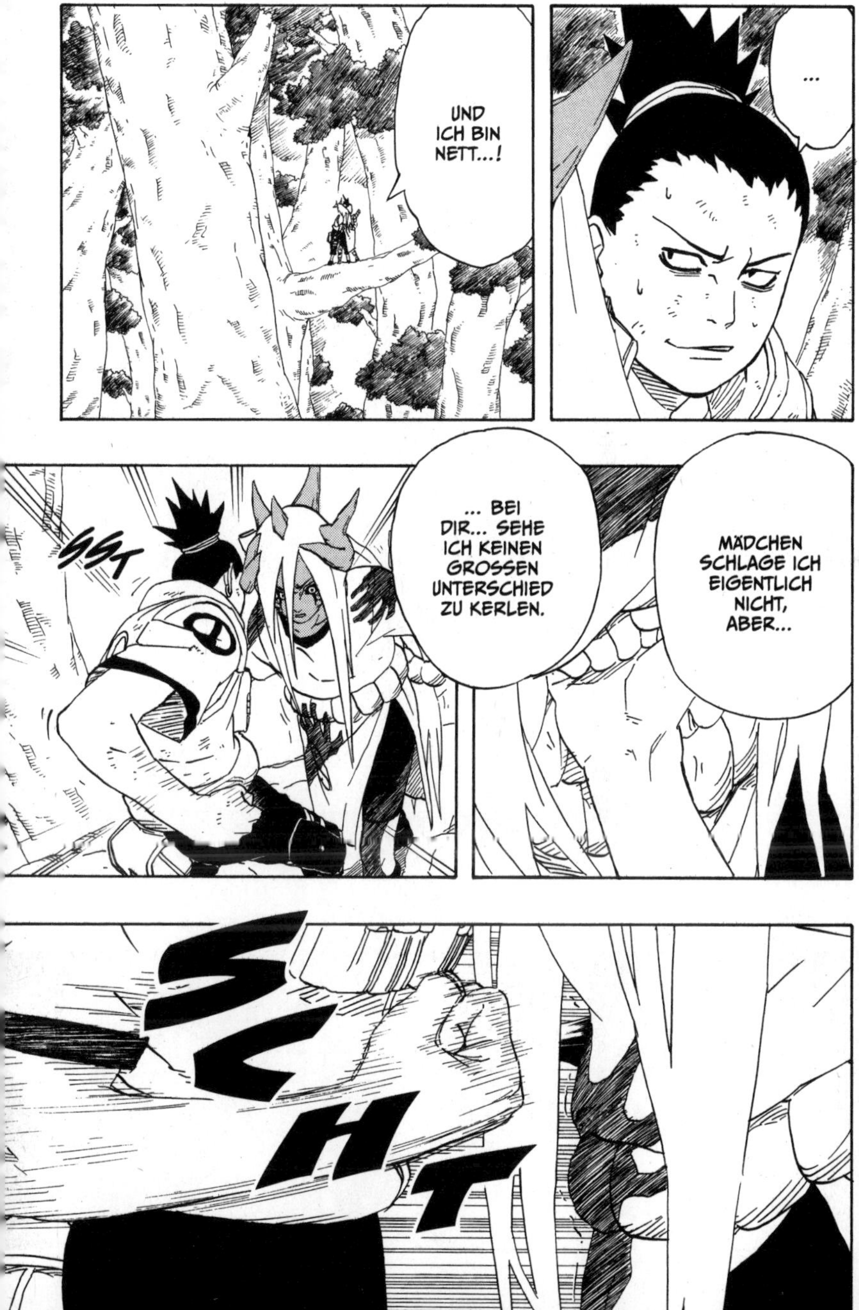
...
UND ICH BIN NETT...!
MÄDCHEN SCHLAGE ICH EIGENTLICH NICHT, ABER...
... BEI DIR... SEHE ICH KEINEN GROSSEN UNTERSCHIED ZU KERLEN.
SSK
SCHT

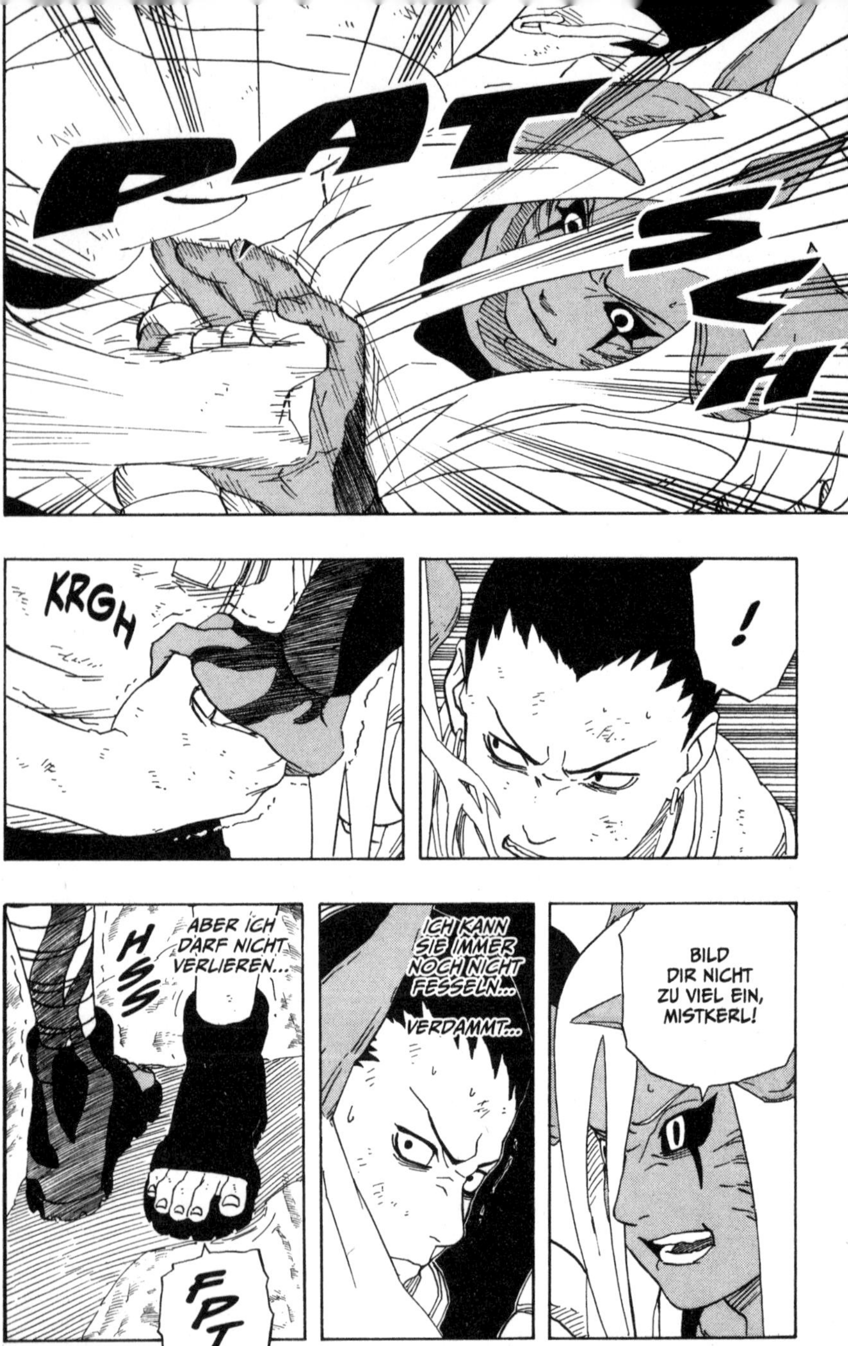
PATSSH
!
KRGH
BILD DIR NICHT ZU VIEL EIN, MISTKERL!
ICH KANN SIE IMMER NOCH NICHT FESSELN...
VERDAMMT...
ABER ICH DARF NICHT VERLIEREN...
HSS
FPT

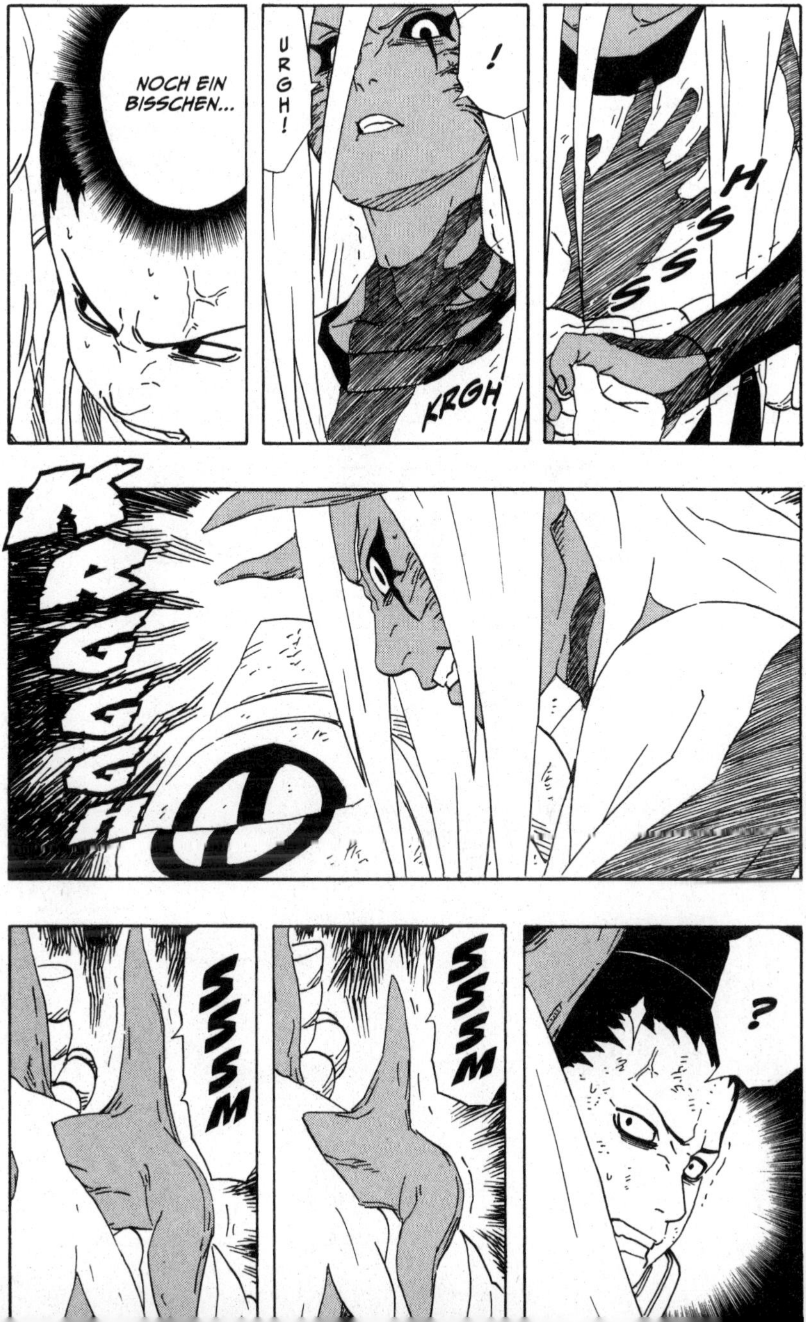
NOCH EIN BISSCHEN...
URGH!
!
KRGH
SSSSHH
KRGGH
SSSM
SSSM
?

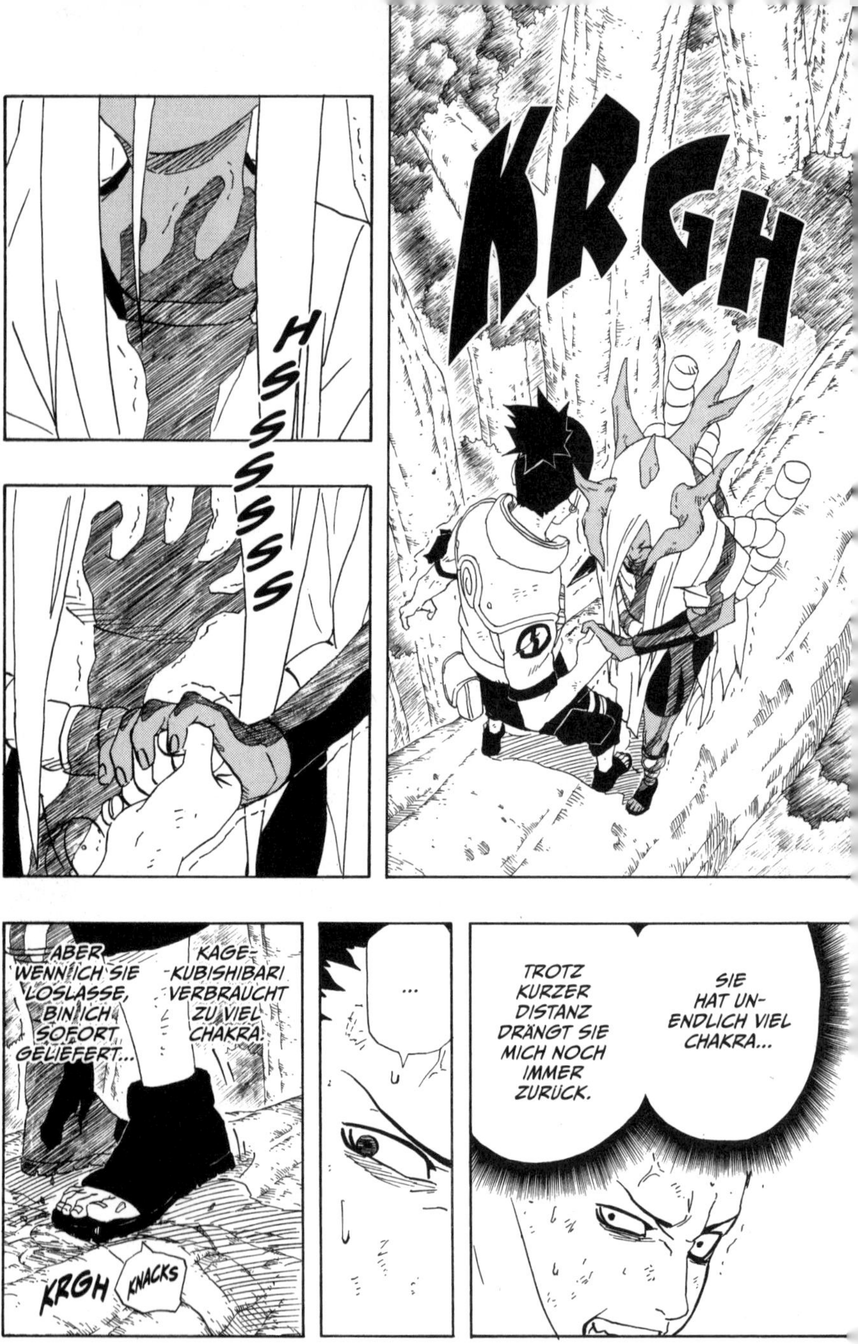
KRGH
HSSSSSSS
SIE HAT UN-ENDLICH VIEL CHAKRA...
TROTZ KURZER DISTANZ DRÄNGT SIE MICH NOCH IMMER ZURÜCK.
...
KAGE-KUBISHIBARI VERBRAUCHT ZU VIEL CHAKRA.
ABER WENN ICH SIE LOSLASSE, BIN ICH SOFORT GELIEFERT...
KRGH
KNACKS

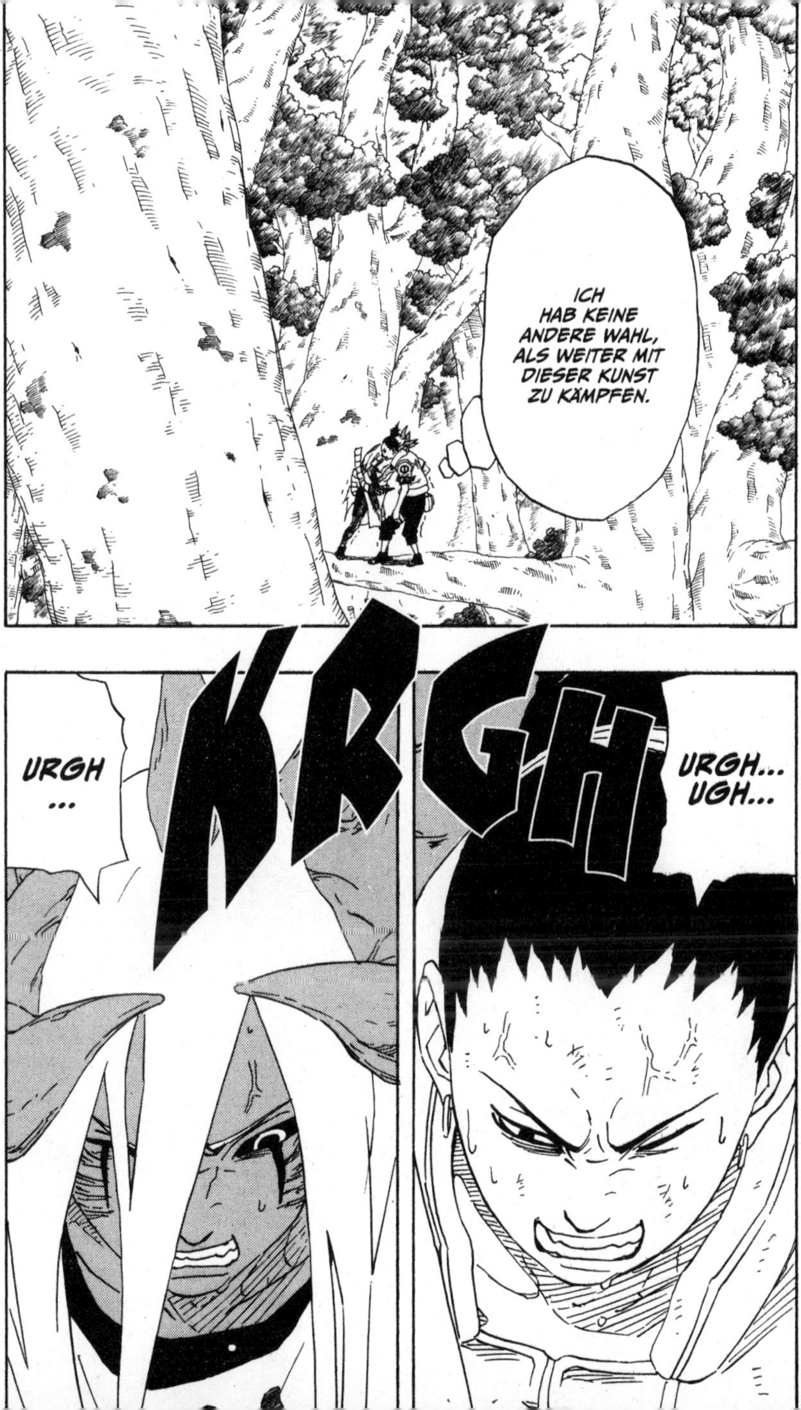
ICH HAB KEINE ANDERE WAHL, ALS WEITER MIT DIESER KUNST ZU KÄMPFEN.
KRGH
URGH... UGH...
URGH ...

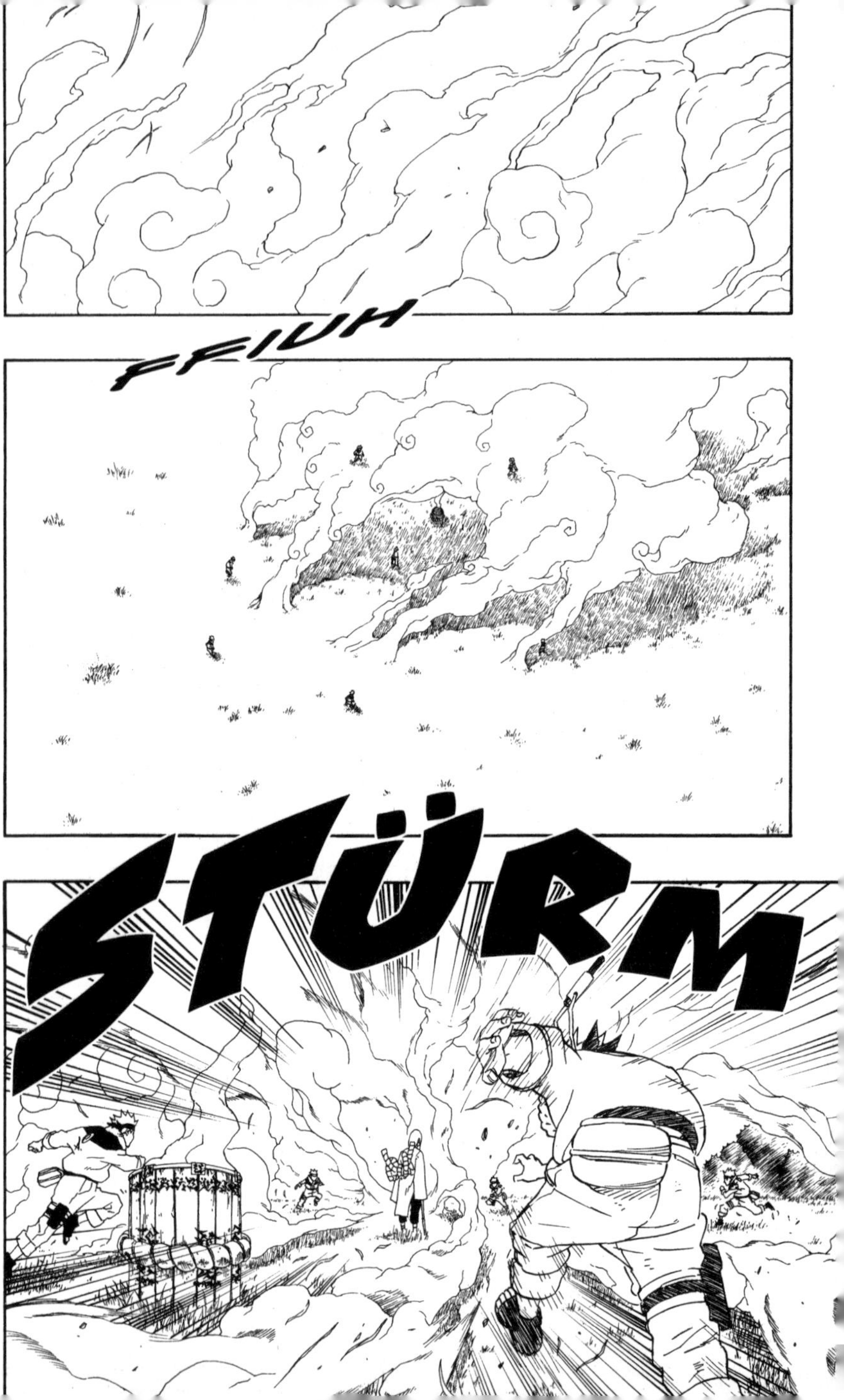
FFIUH
STÜRM

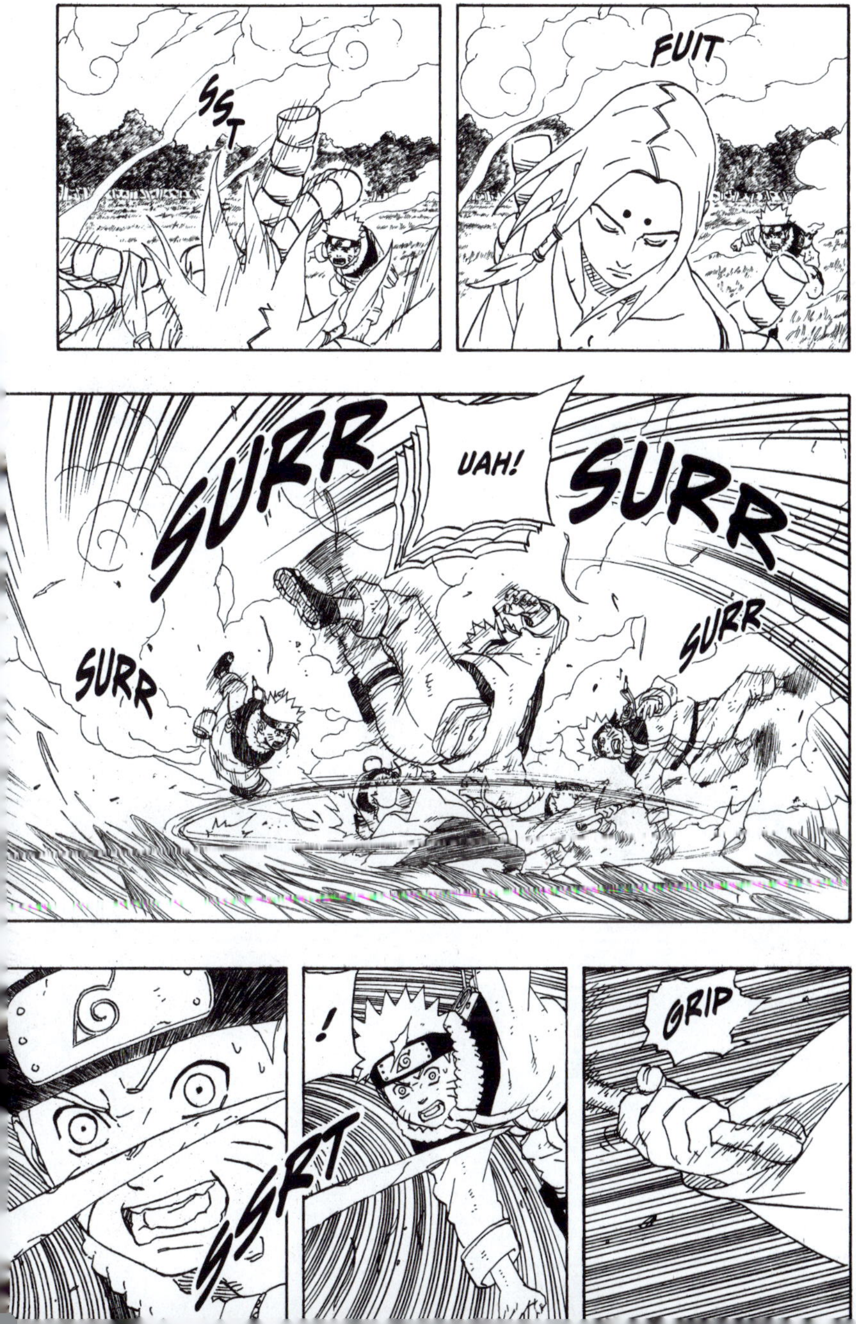
SST
FUIT
SURR
UAH!
SURR
SURR
SURR
SSRT
!
GRIP

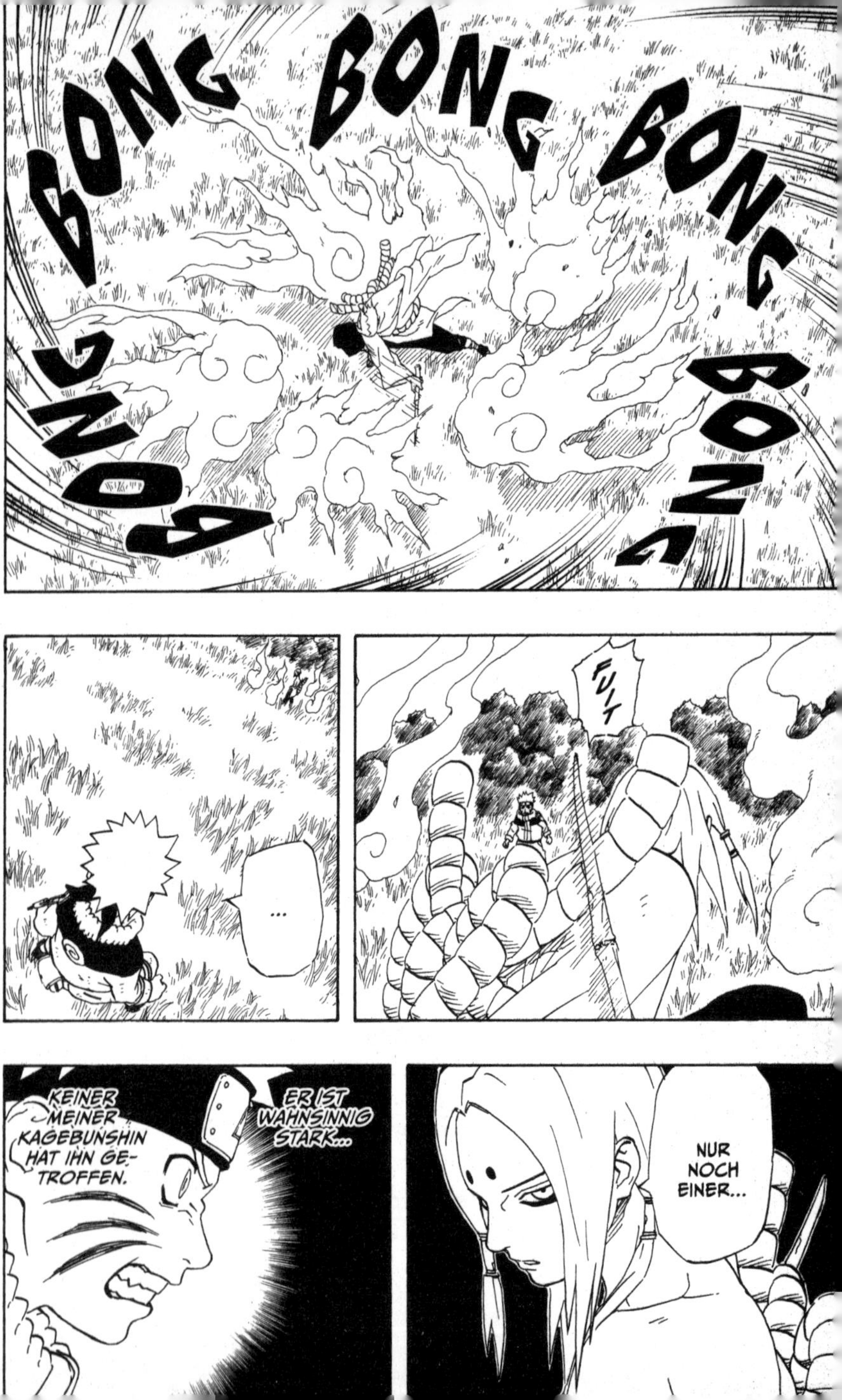
BONG BONG BONG
BONG
BONG
FUIT
...
NUR NOCH EINER...
ER IST WAHNSINNIG STARK...
KEINER MEINER KAGEBUNSHIN HAT IHN GE-TROFFEN.

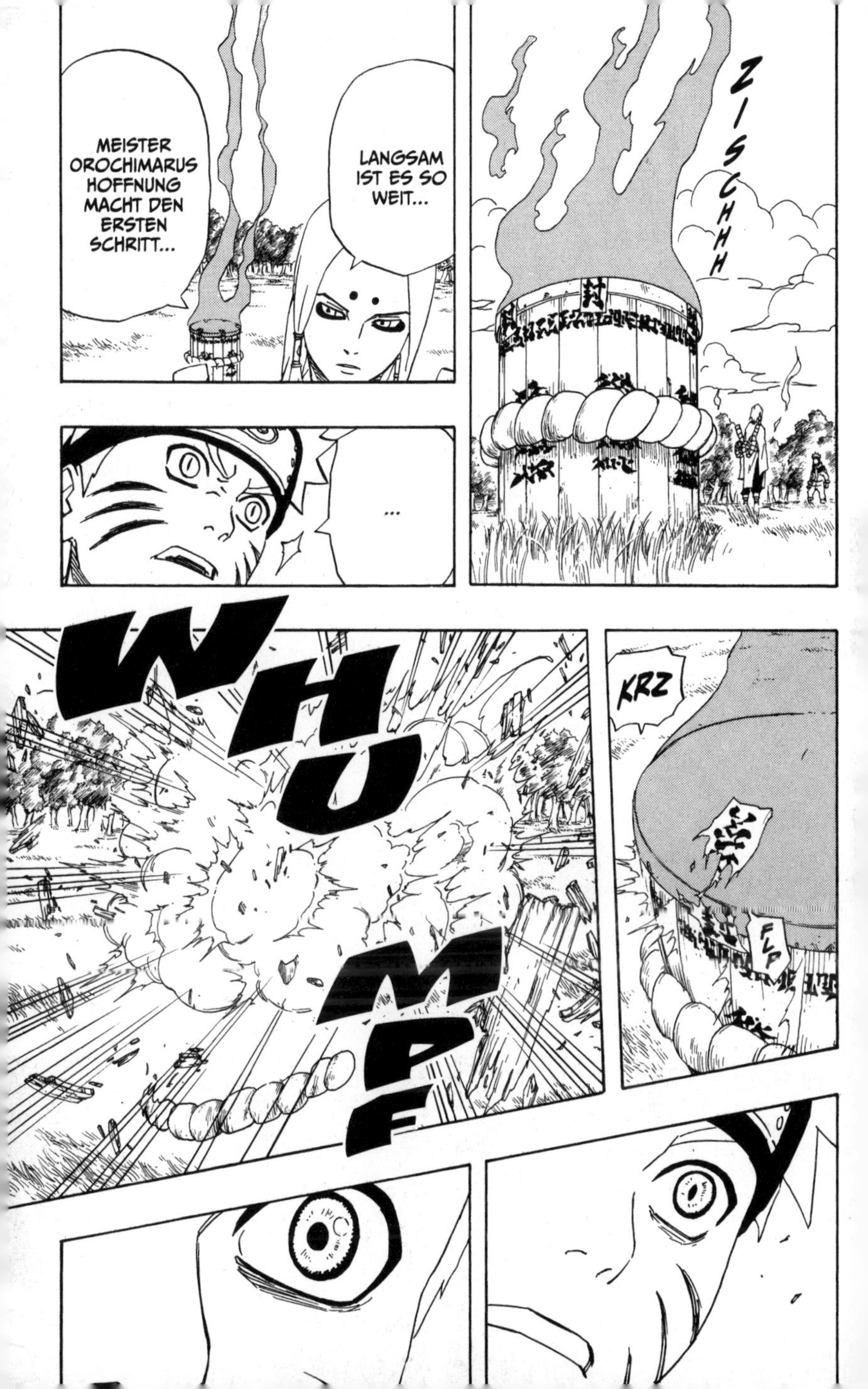
ZISCHHH
LANGSAM IST ES SO WEIT...
MEISTER OROCHIMARUS HOFFNUNG MACHT DEN ERSTEN SCHRITT...
...
KRZ
FLP
WHUMMPF

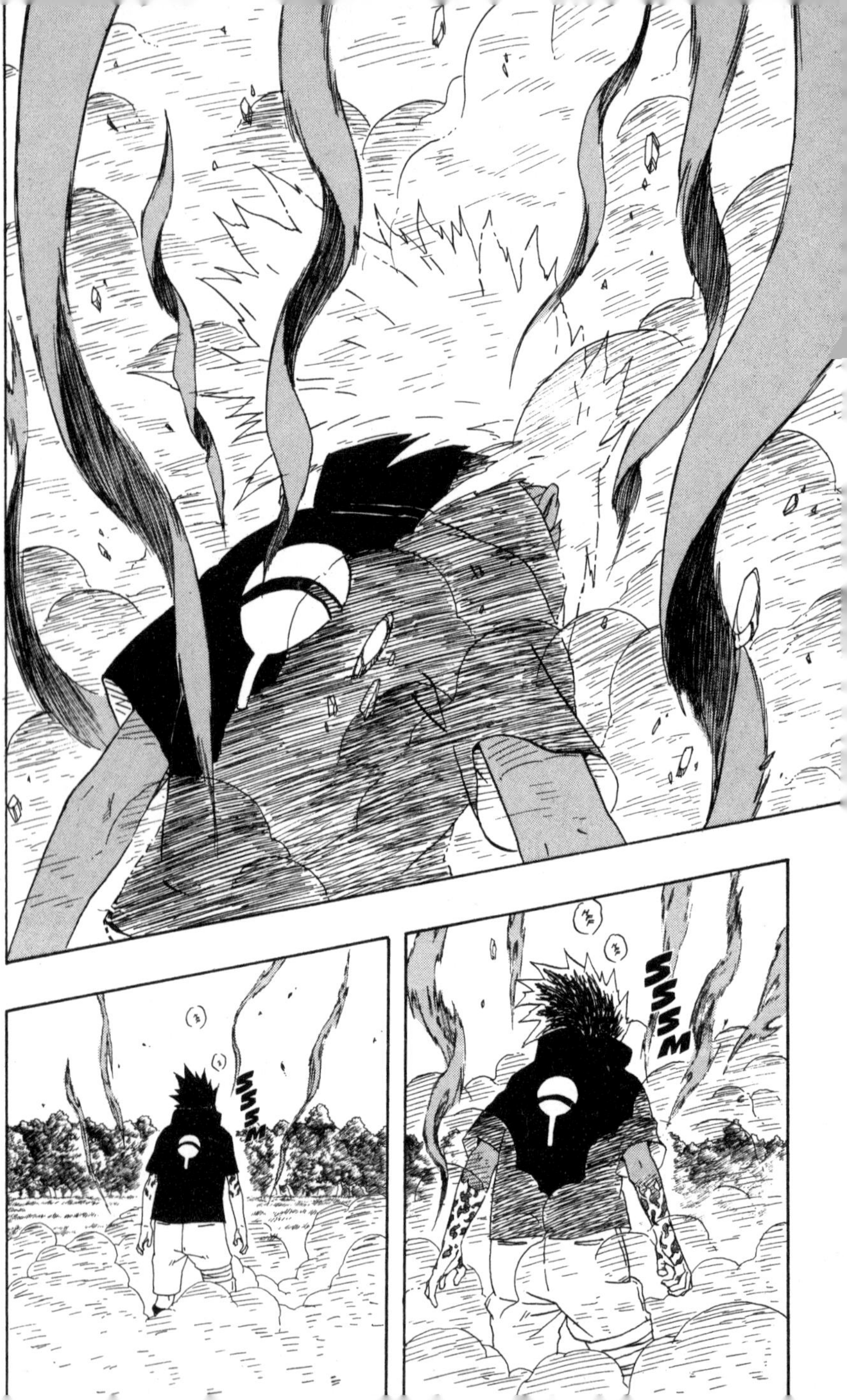
SSSM
SSSM

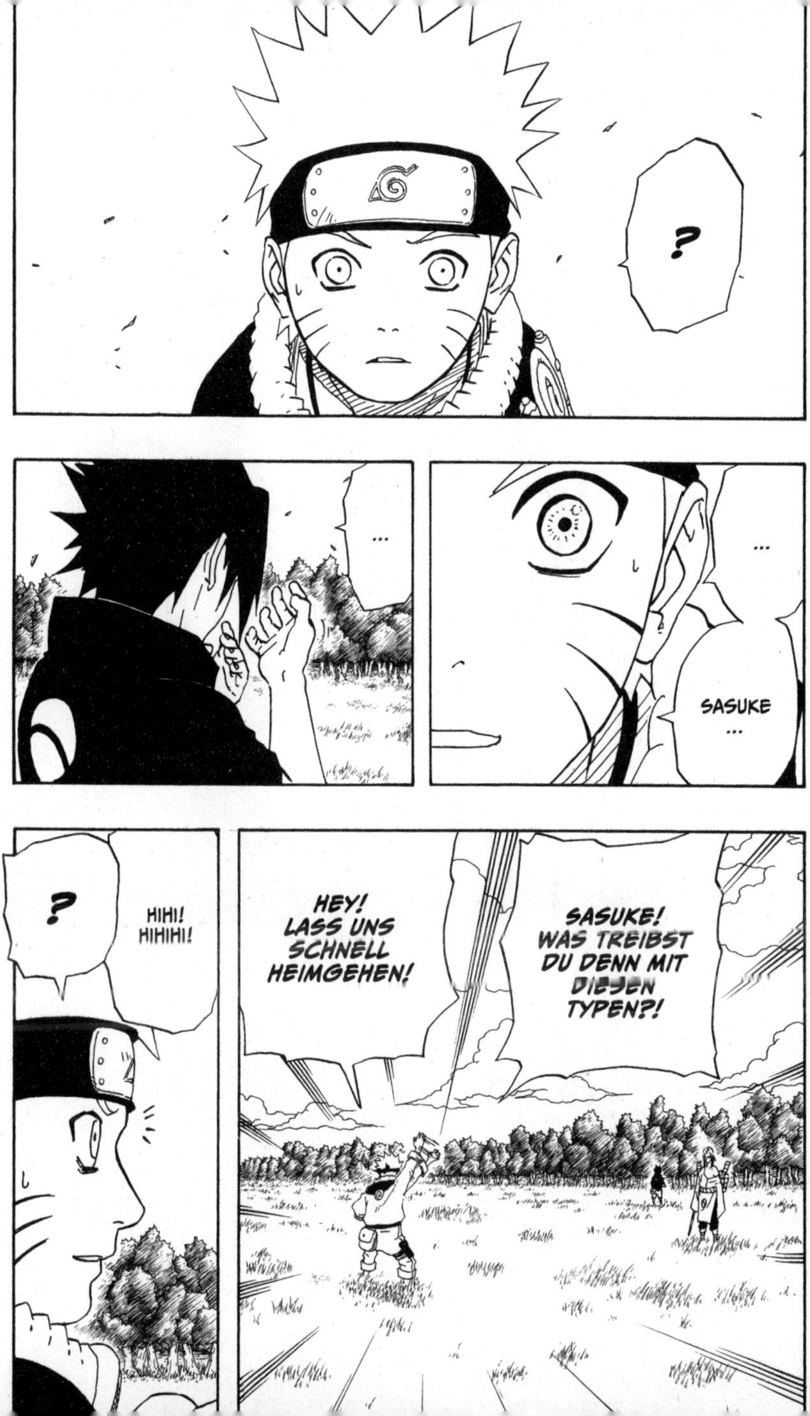
?
...
SASUKE ...
...
SASUKE! WAS TREIBST DU DENN MIT DIESEN TYPEN?!
HEY! LASS UNS SCHNELL HEIMGEHEN!
HIHI! HIHIHI!
?

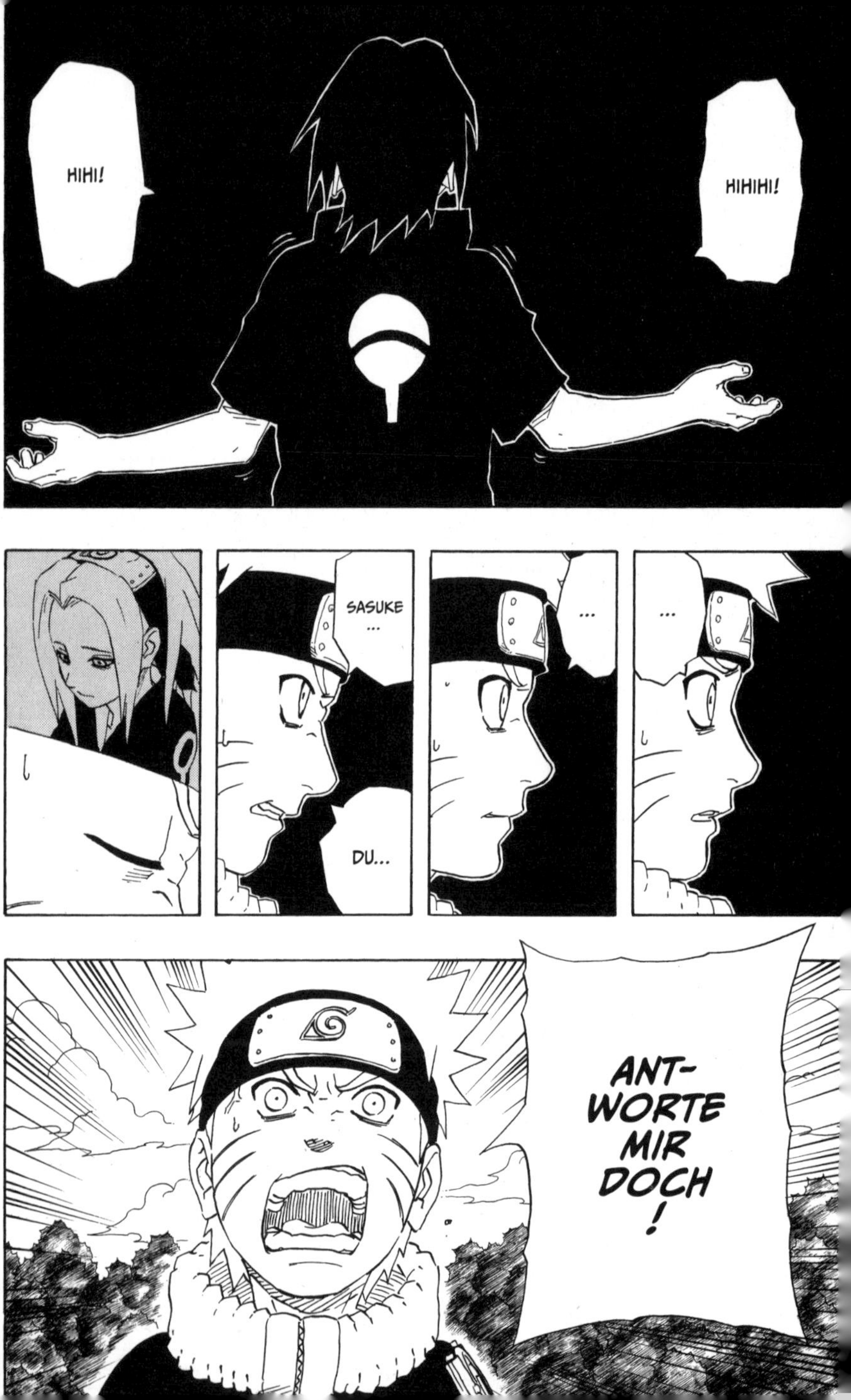
HIHIHI!
HIHI!
...
...
SASUKE ...
DU...
ANT-WORTE MIR DOCH!

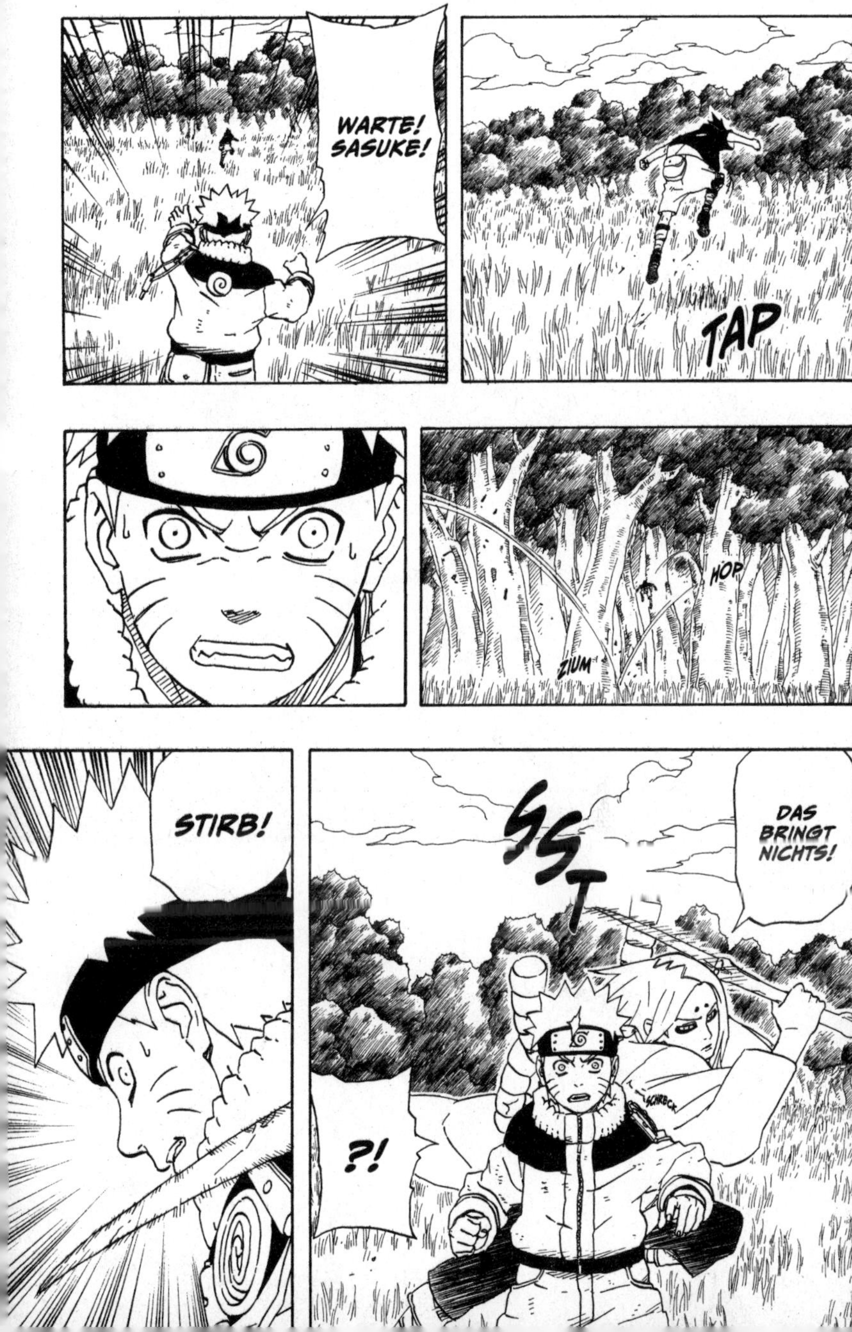
TAP
WARTE! SASUKE!
HOP
ZIUM
SST
DAS BRINGT NICHTS!
SCHRECK
?!
STIRB!

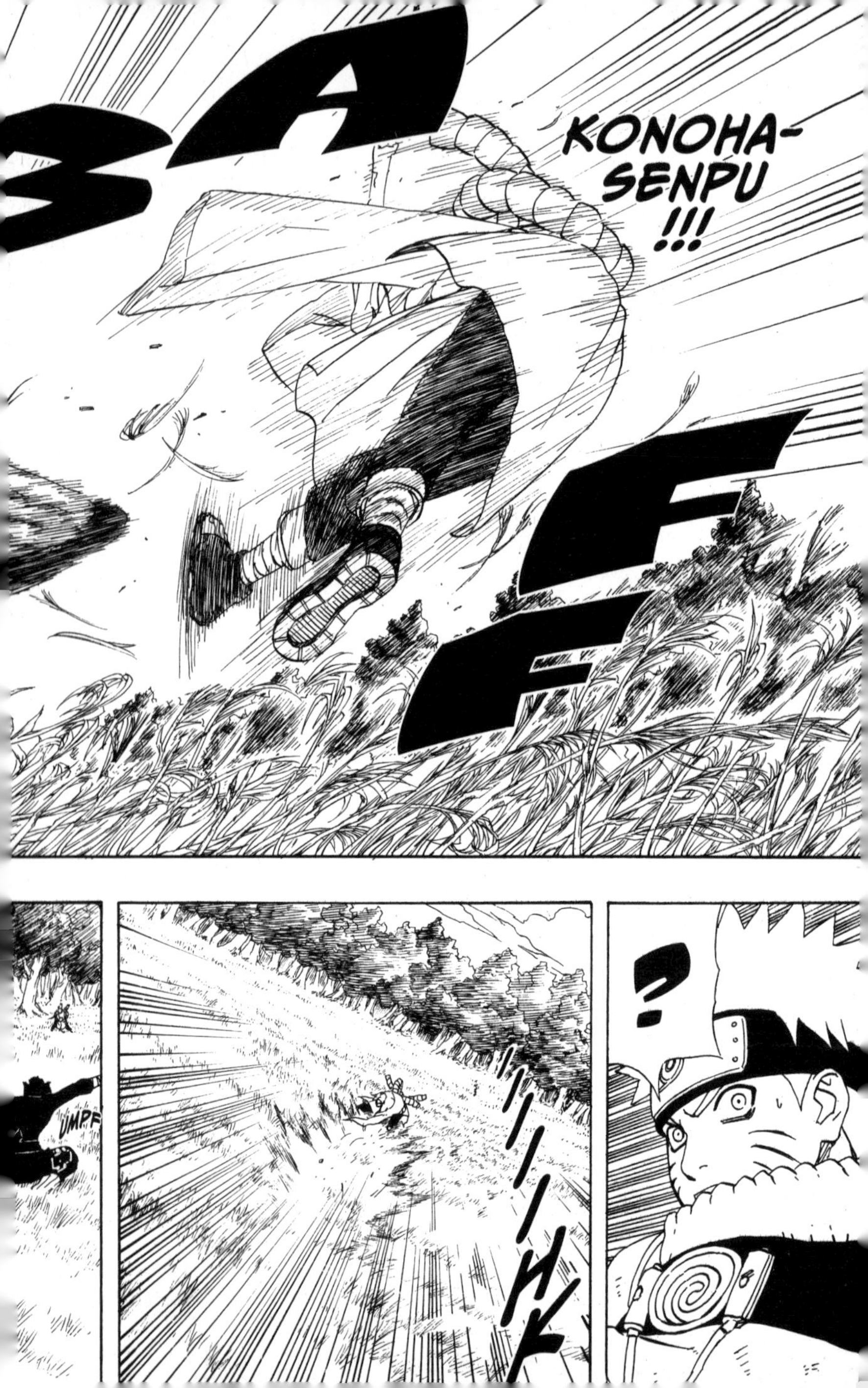
KONOHA-
SENPU
!!!
?
UMPF

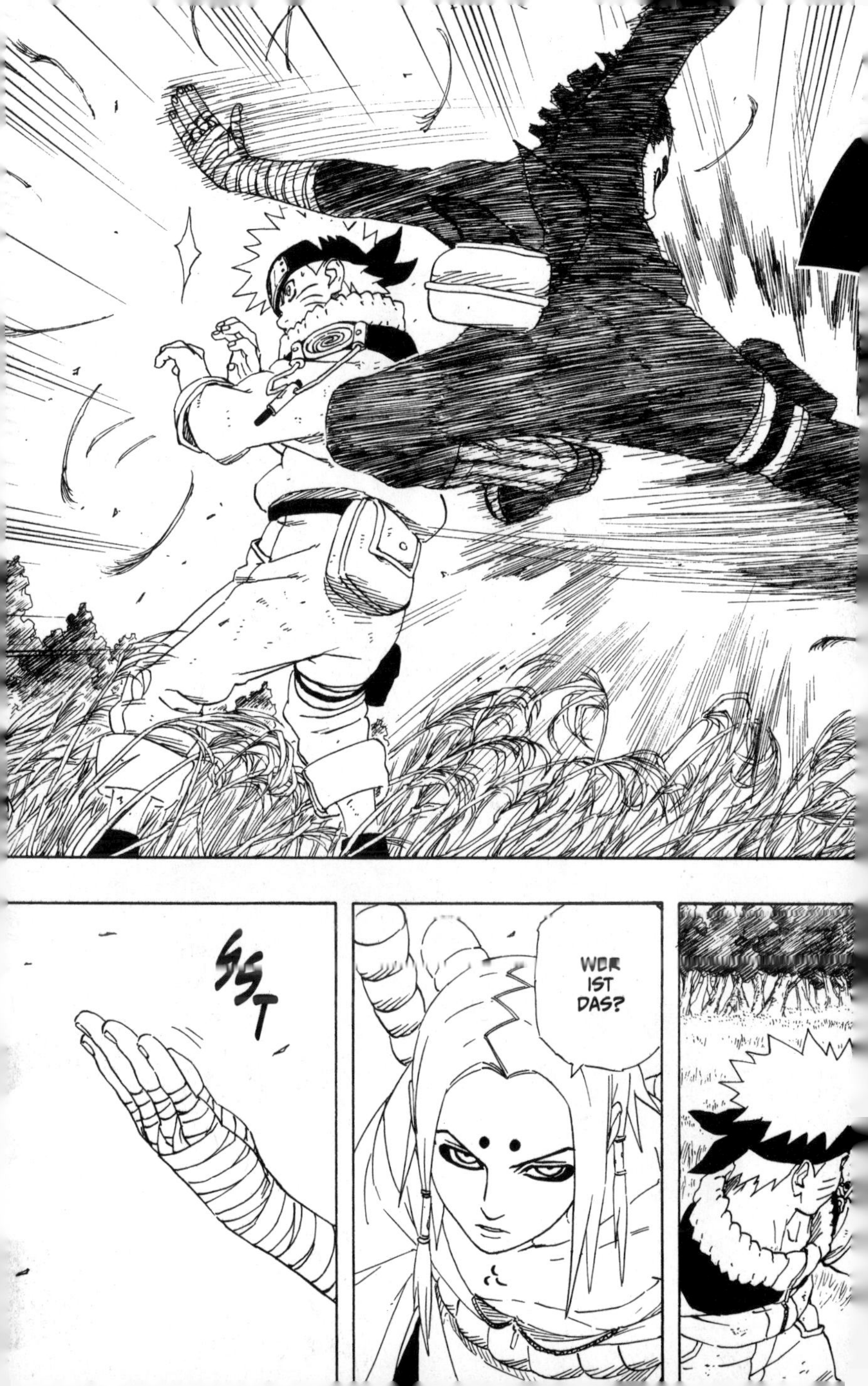
SST
WER IST DAS?

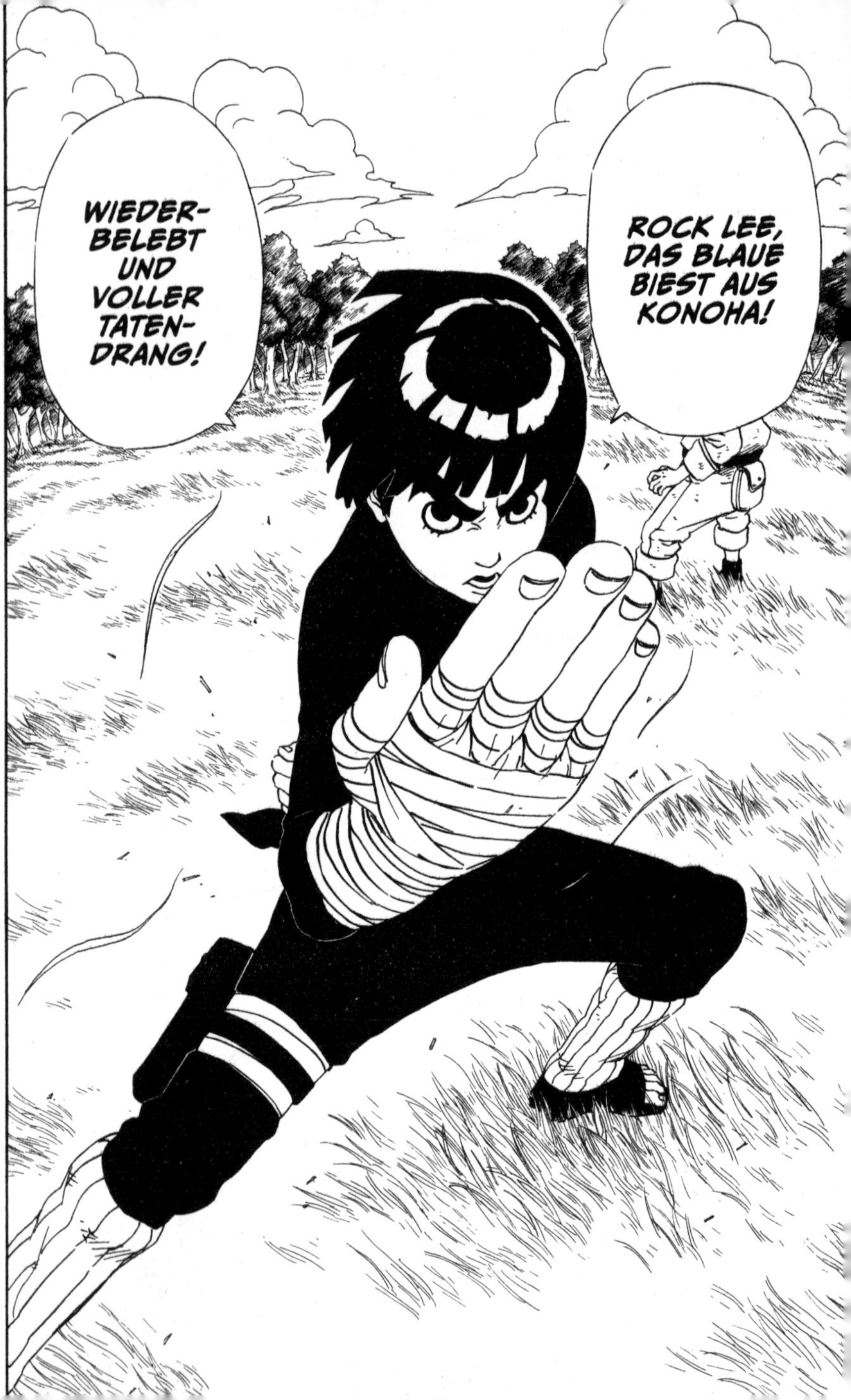
ROCK LEE, DAS BLAUE BIEST AUS KONOHA!
WIEDER-BELEBT UND VOLLER TATEN-DRANG!

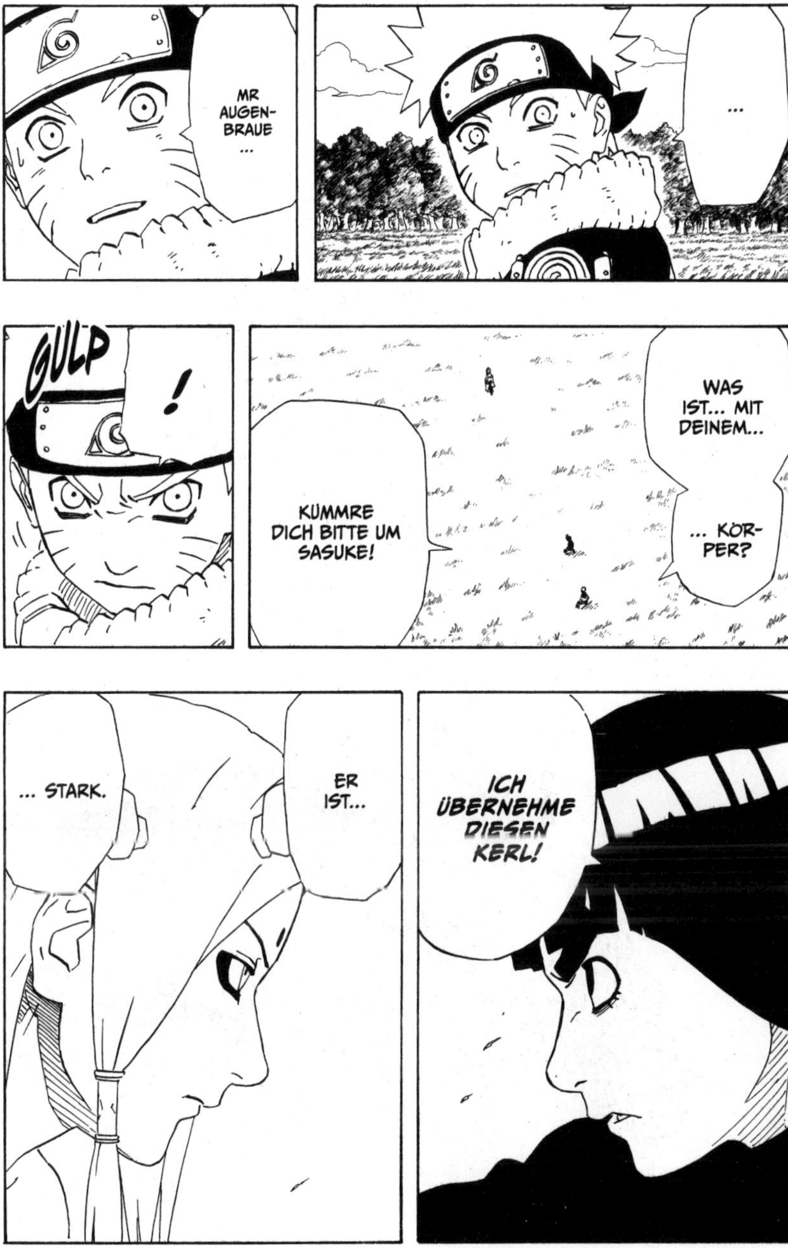
...
MR AUGEN-BRAUE ...
!
GULP
WAS IST... MIT DEINEM...
... KÖRPER?
KÜMMRE DICH BITTE UM SASUKE!
ICH ÜBERNEHME DIESEN KERL!
ER IST...
... STARK.

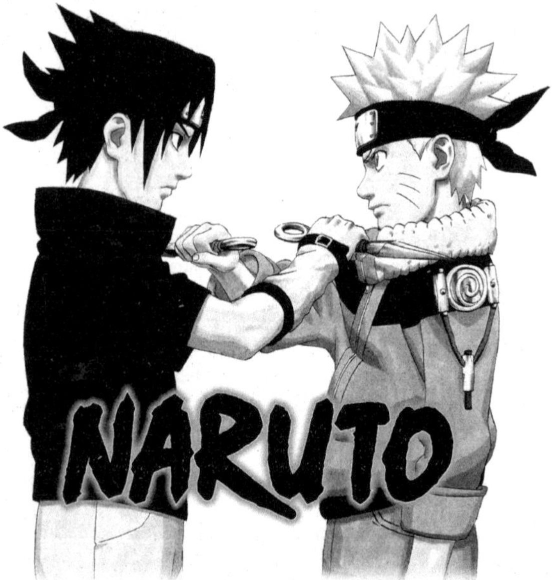
NARUTO

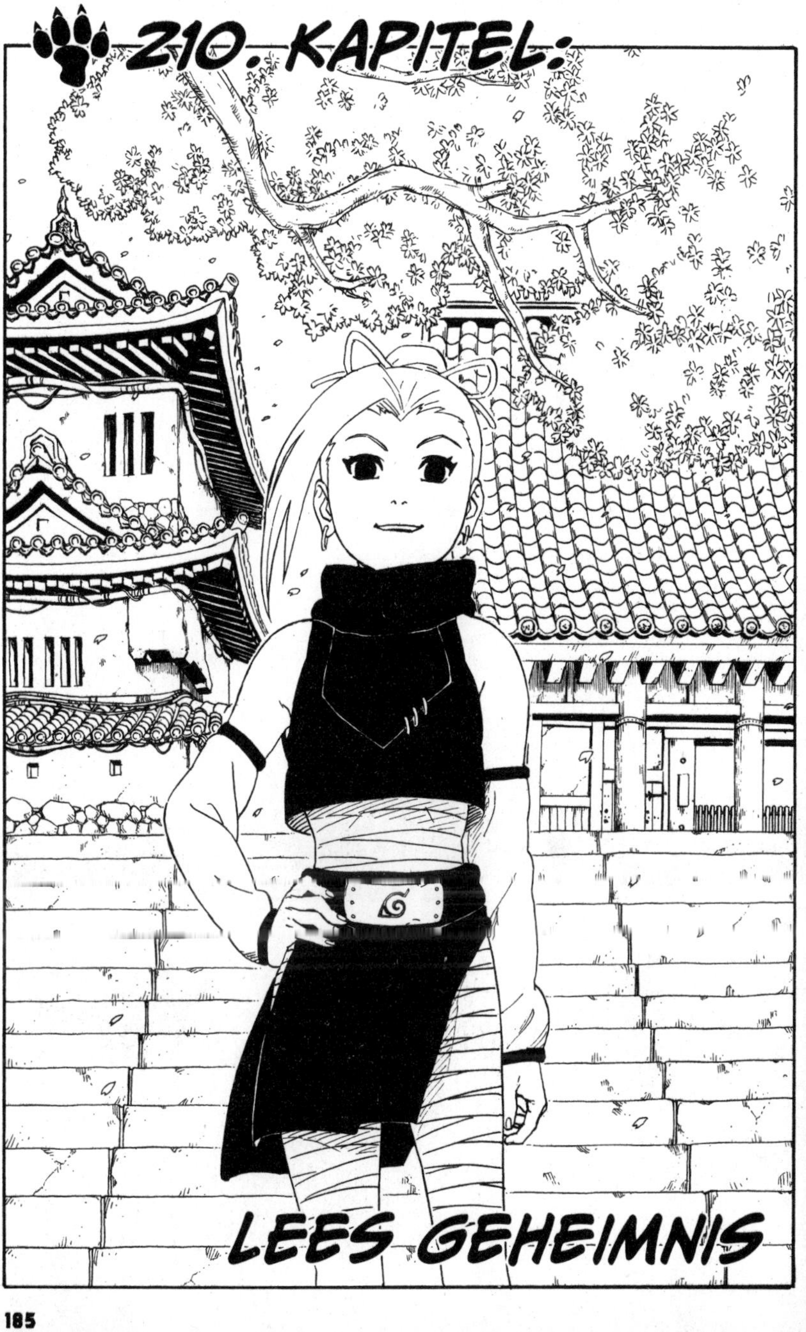
210. KAPITEL:
LEES GEHEIMNIS

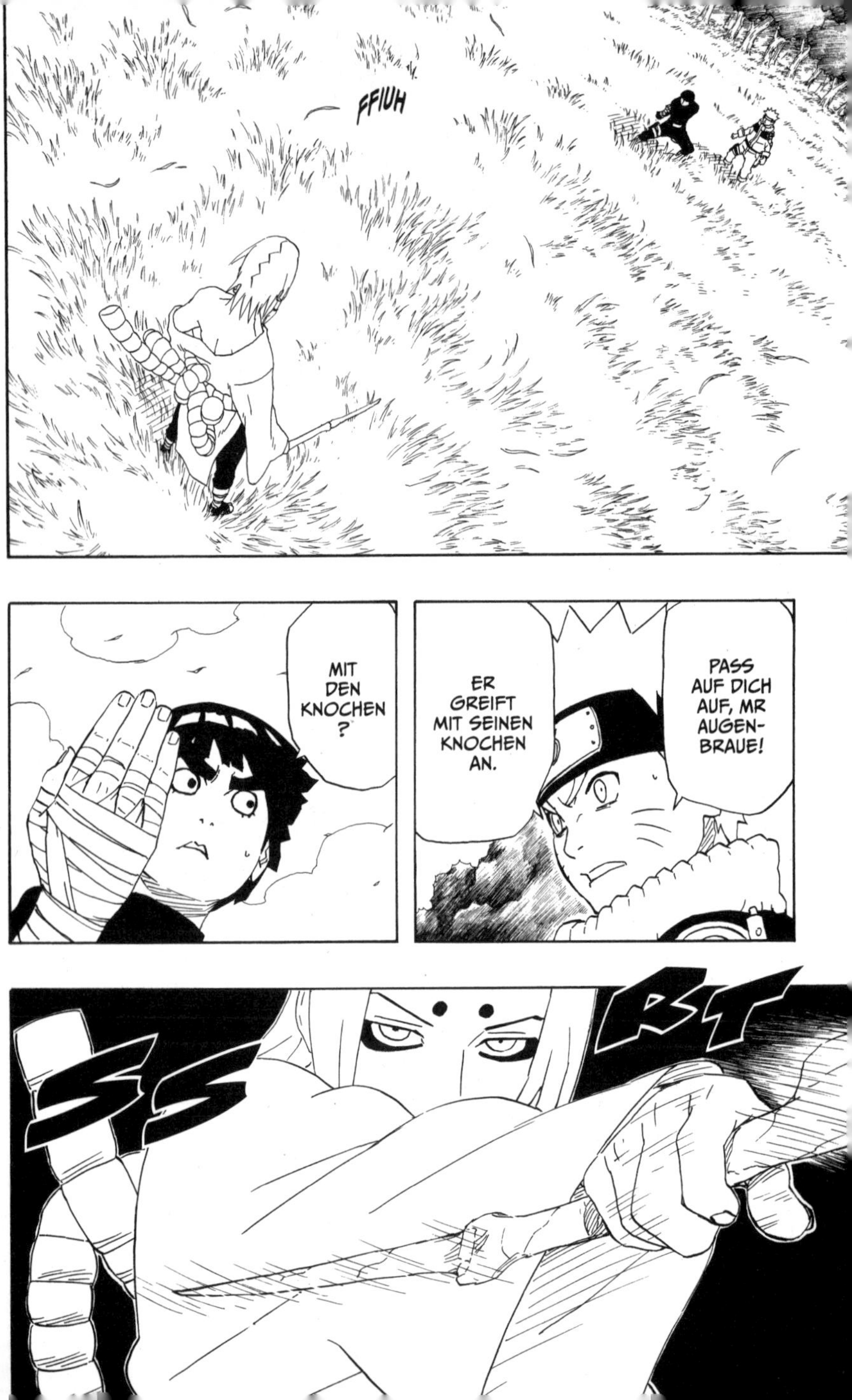
FFIUH
PASS AUF DICH AUF, MR AUGEN-BRAUE!
ER GREIFT MIT SEINEN KNOCHEN AN.
MIT DEN KNOCHEN?
SSRT

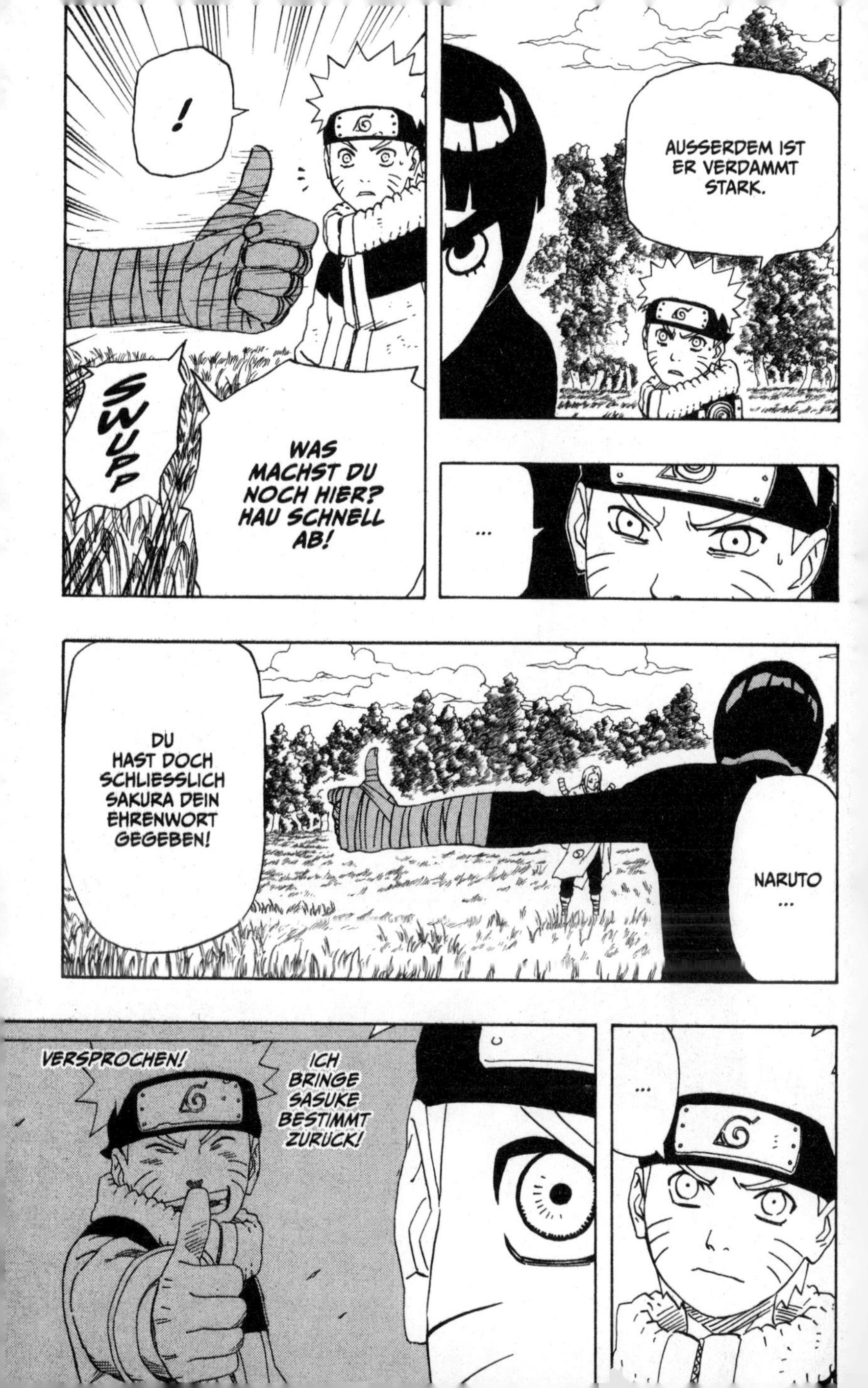
AUSSERDEM IST ER VERDAMMT STARK.
!
SWUPP
WAS MACHST DU NOCH HIER? HAU SCHNELL AB!
...
NARUTO ...
DU HAST DOCH SCHLIESSLICH SAKURA DEIN EHRENWORT GEGEBEN!
...
ICH BRINGE SASUKE BESTIMMT ZURUCK!
VERSPROCHEN!

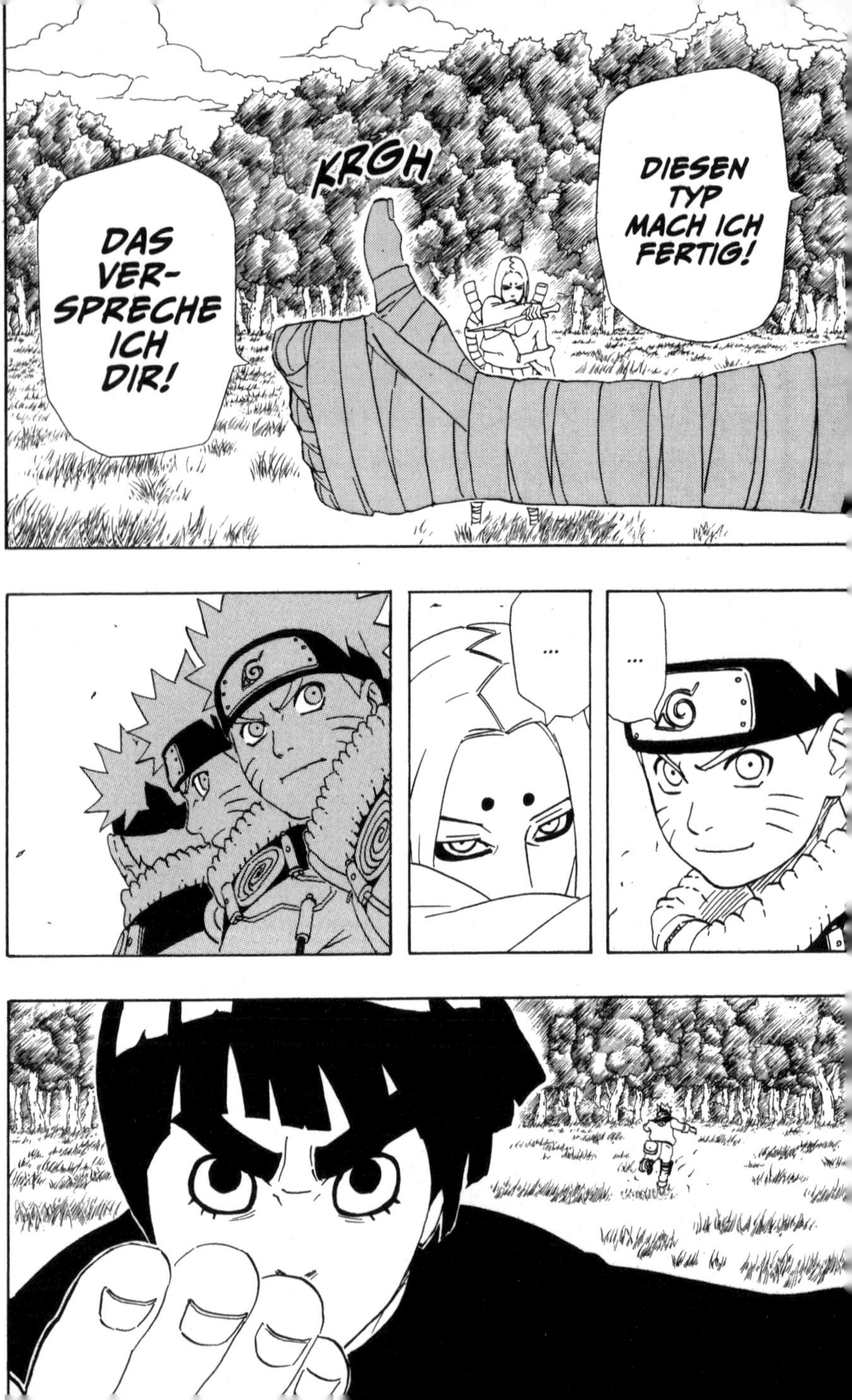
DIESEN TYP MACH ICH FERTIG!
KRGH
DAS VER-SPRECHE ICH DIR!
...
...

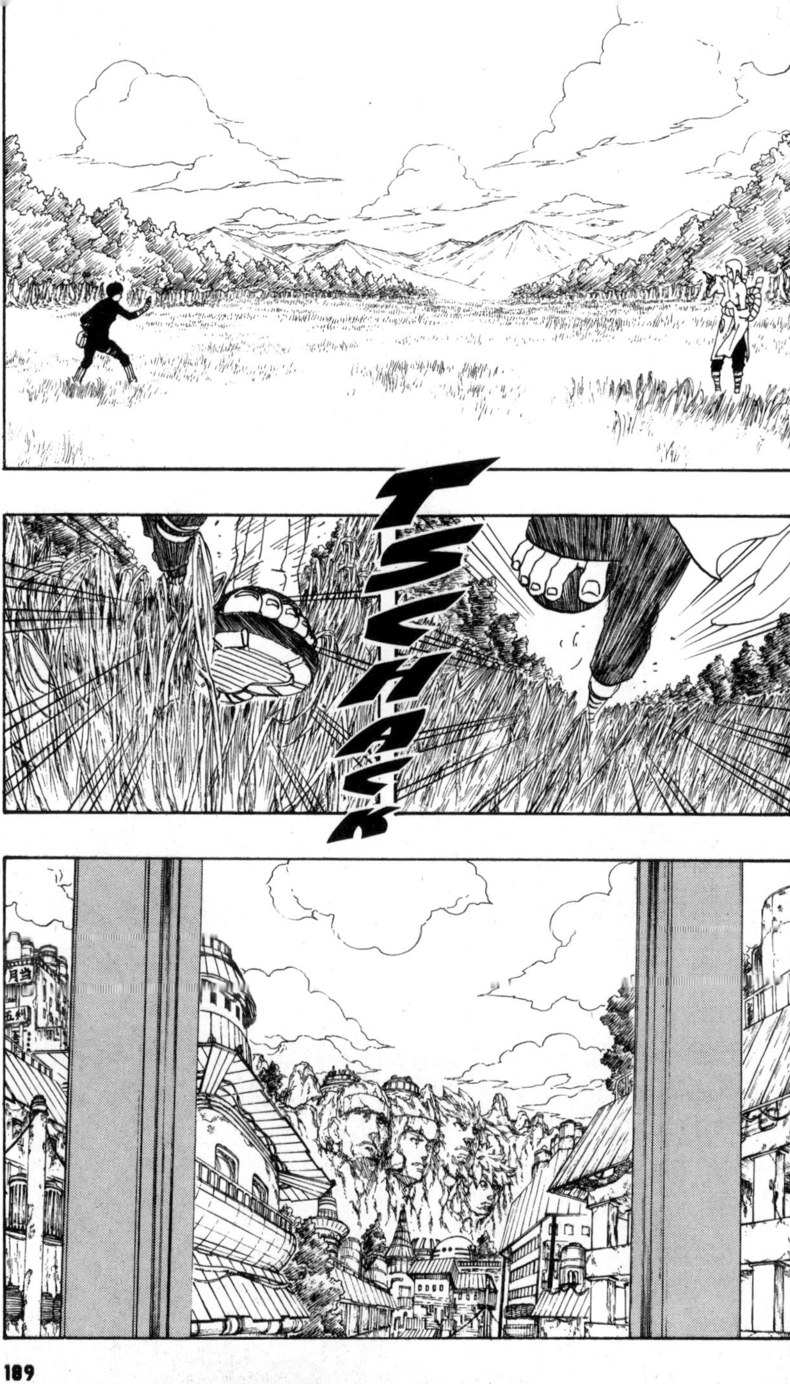
TSCHACK

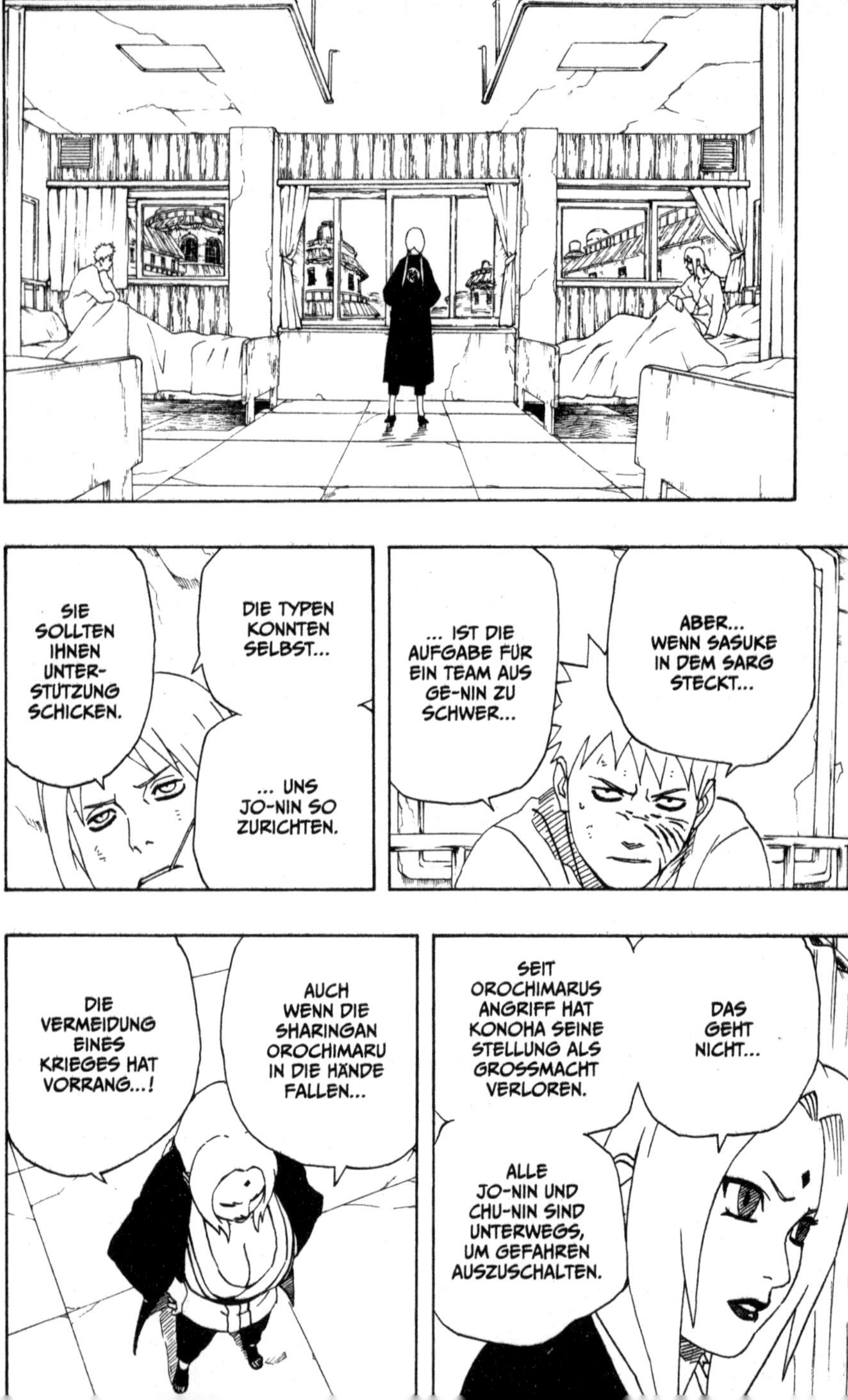
ABER... WENN SASUKE IN DEM SARG STECKT...
... IST DIE AUFGABE FÜR EIN TEAM AUS GE-NIN ZU SCHWER...
DIE TYPEN KONNTEN SELBST...
... UNS JO-NIN SO ZURICHTEN.
SIE SOLLTEN IHNEN UNTER-STÜTZUNG SCHICKEN.
DAS GEHT NICHT...
SEIT OROCHIMARUS ANGRIFF HAT KONOHA SEINE STELLUNG ALS GROSSMACHT VERLOREN.
ALLE JO-NIN UND CHU-NIN SIND UNTERWEGS, UM GEFAHREN AUSZUSCHALTEN.
AUCH WENN DIE SHARINGAN OROCHIMARU IN DIE HÄNDE FALLEN...
DIE VERMEIDUNG EINES KRIEGES HAT VORRANG...!

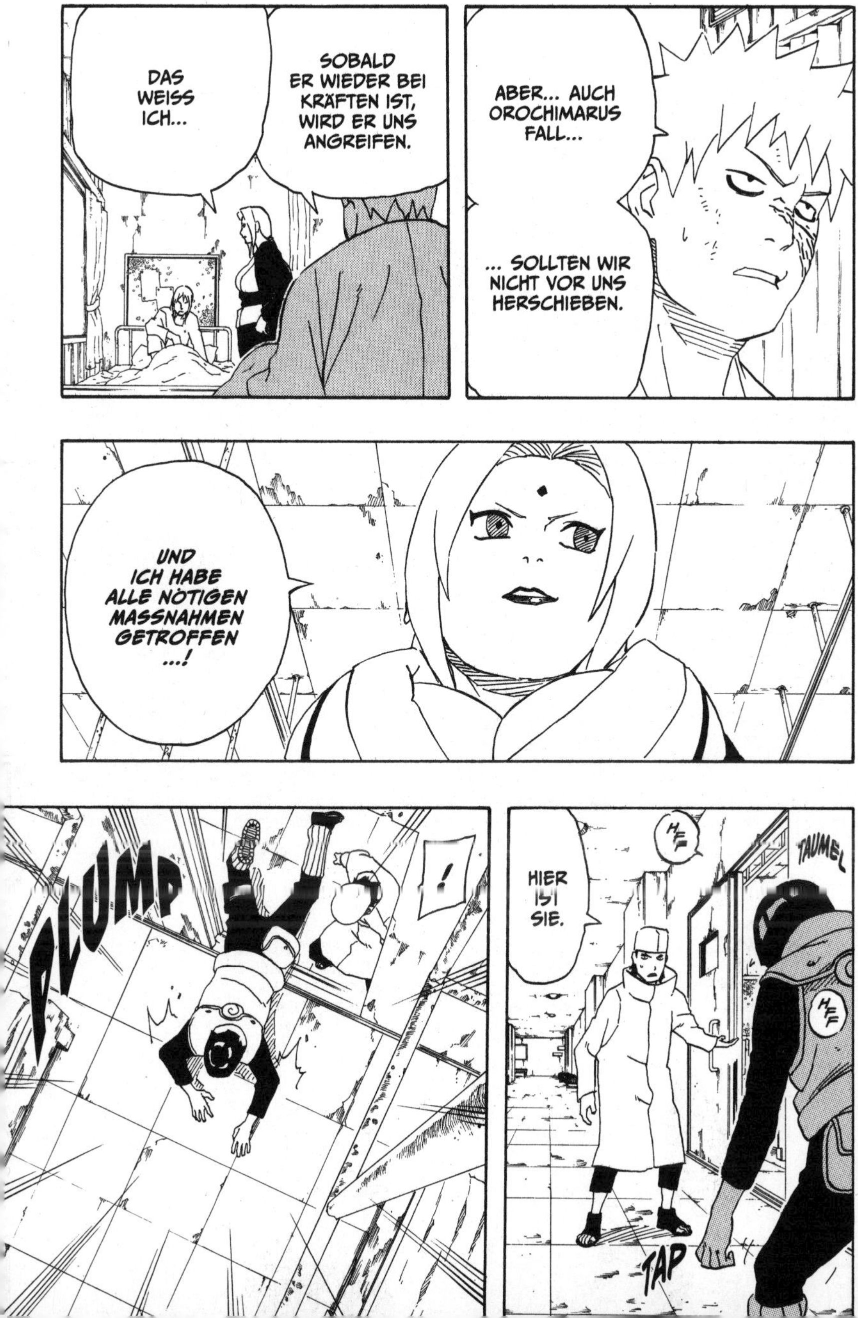
ABER... AUCH OROCHIMARUS FALL...
... SOLLTEN WIR NICHT VOR UNS HERSCHIEBEN.
SOBALD ER WIEDER BEI KRÄFTEN IST, WIRD ER UNS ANGREIFEN.
DAS WEISS ICH...
UND ICH HABE ALLE NÖTIGEN MASSNAHMEN GETROFFEN ...!
TAUMEL
HEF
HIER IST SIE.
HEF
TAP
!
PLUMP

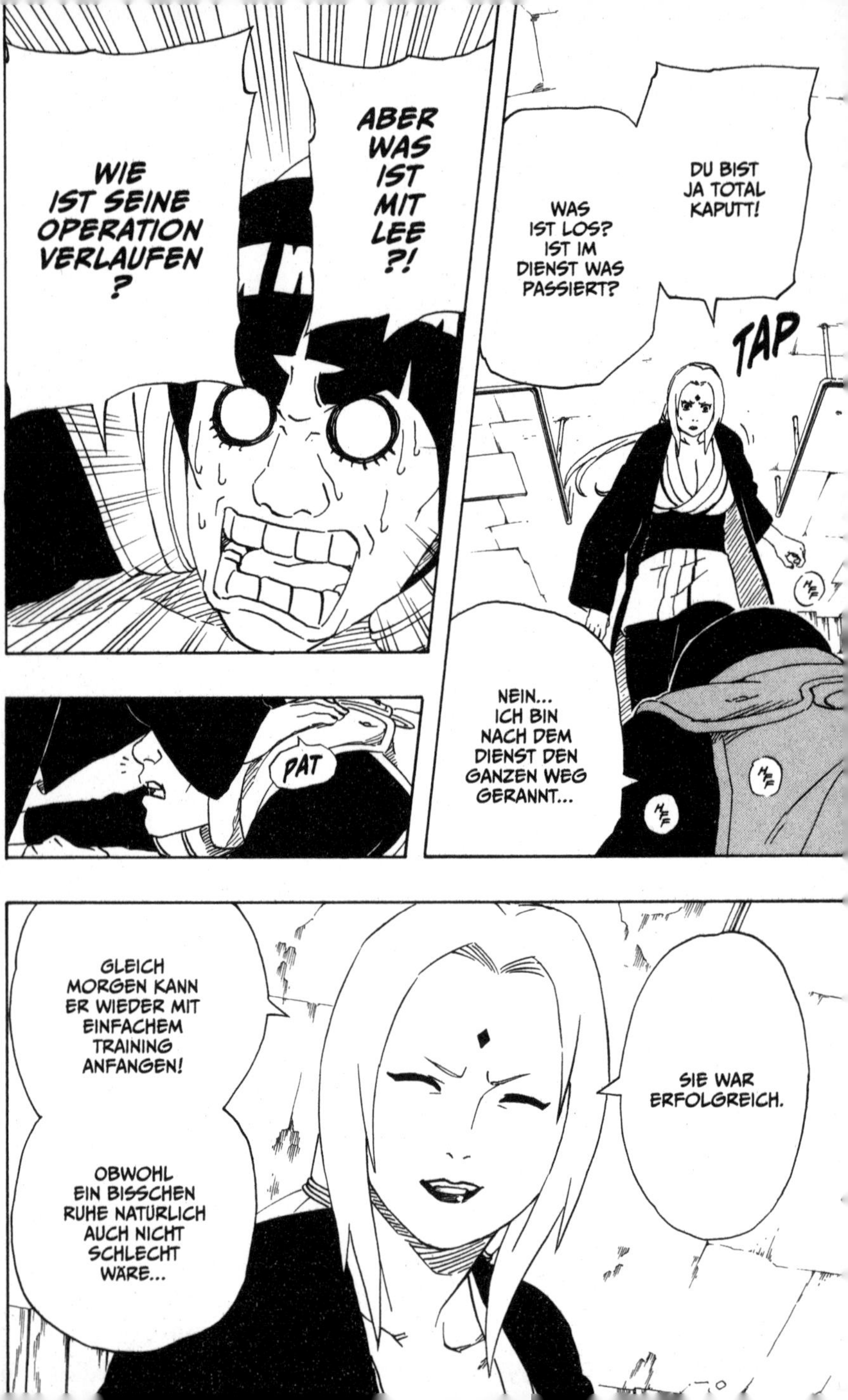
DU BIST JA TOTAL KAPUTT!
WAS IST LOS? IST IM DIENST WAS PASSIERT?
TAP
NEIN... ICH BIN NACH DEM DIENST DEN GANZEN WEG GERANNT...
ABER WAS IST MIT LEE ?!
WIE IST SEINE OPERATION VERLAUFEN ?
PAT
SIE WAR ERFOLGREICH.
GLEICH MORGEN KANN ER WIEDER MIT EINFACHEM TRAINING ANFANGEN!
OBWOHL EIN BISSCHEN RUHE NATURLICH AUCH NICHT SCHLECHT WÄRE...

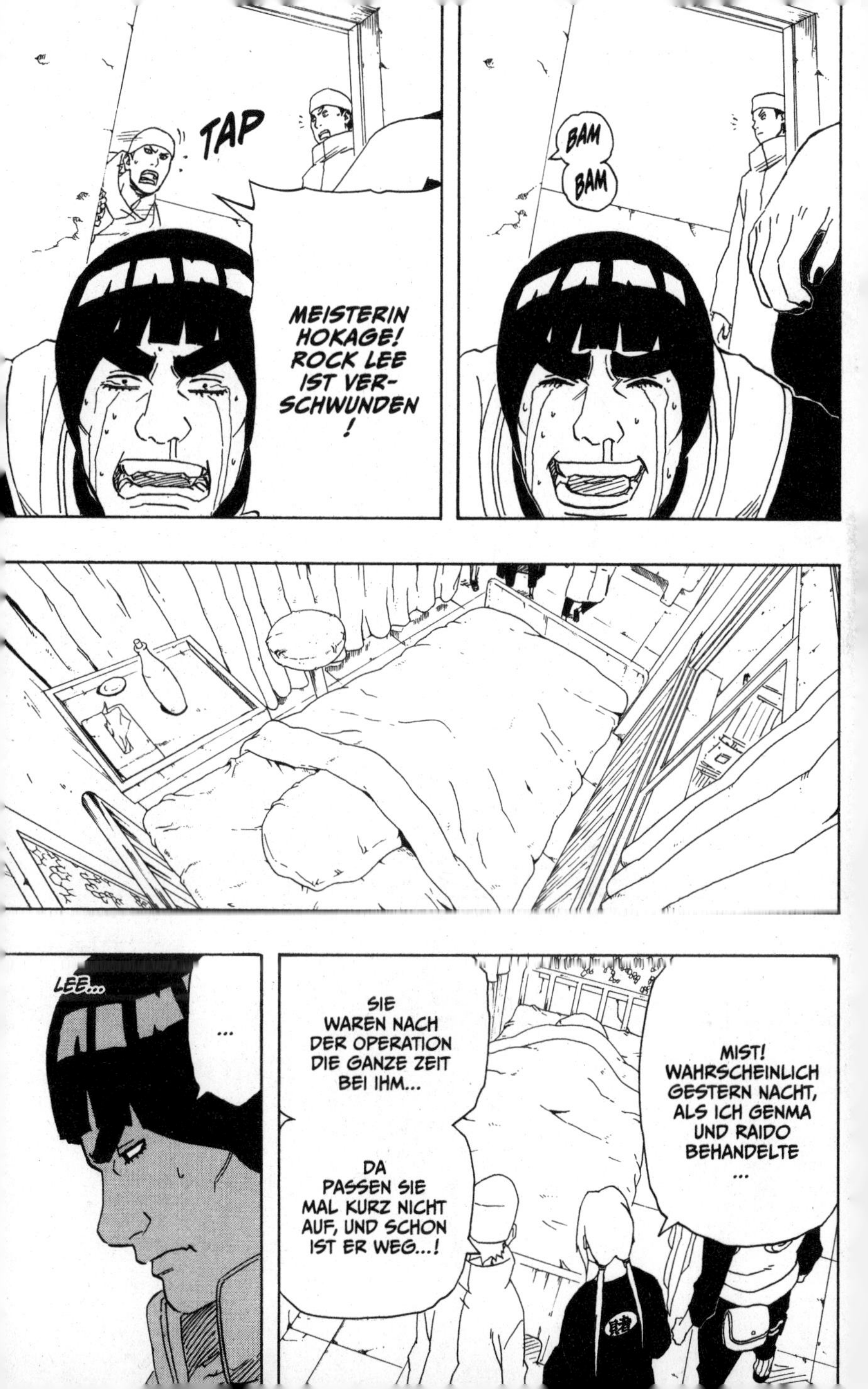
BAM
BAM
TAP
MEISTERIN HOKAGE! ROCK LEE IST VER-SCHWUNDEN!
MIST! WAHRSCHEINLICH GESTERN NACHT, ALS ICH GENMA UND RAIDO BEHANDELTE ...
SIE WAREN NACH DER OPERATION DIE GANZE ZEIT BEI IHM...
DA PASSEN SIE MAL KURZ NICHT AUF, UND SCHON IST ER WEG...!
LEE...
...

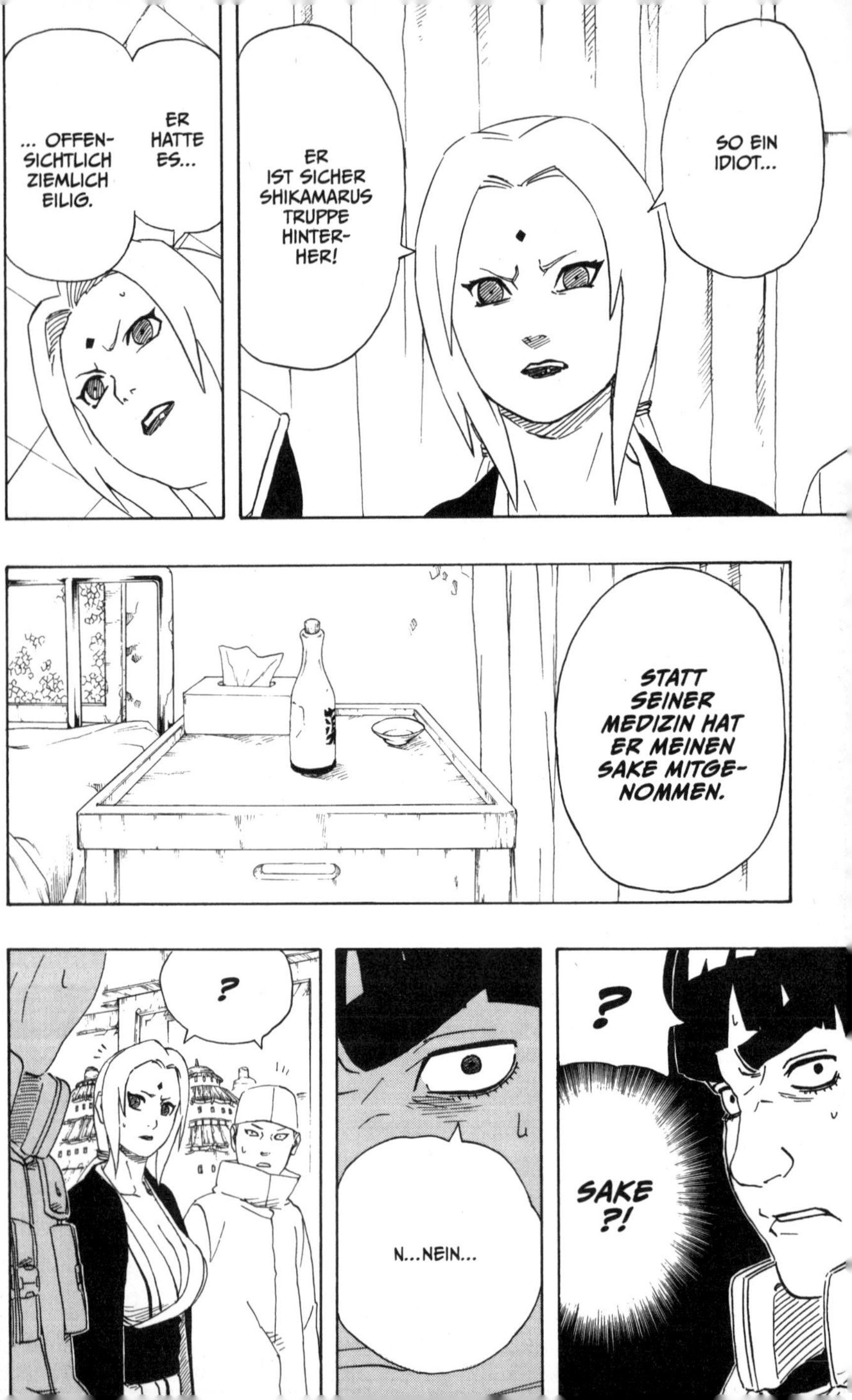
SO EIN IDIOT...
ER IST SICHER SHIKAMARUS TRUPPE HINTERHER!
ER HATTE ES...
... OFFENSICHTLICH ZIEMLICH EILIG.
STATT SEINER MEDIZIN HAT ER MEINEN SAKE MITGENOMMEN.
SAKE?!
N...NEIN...
?
?

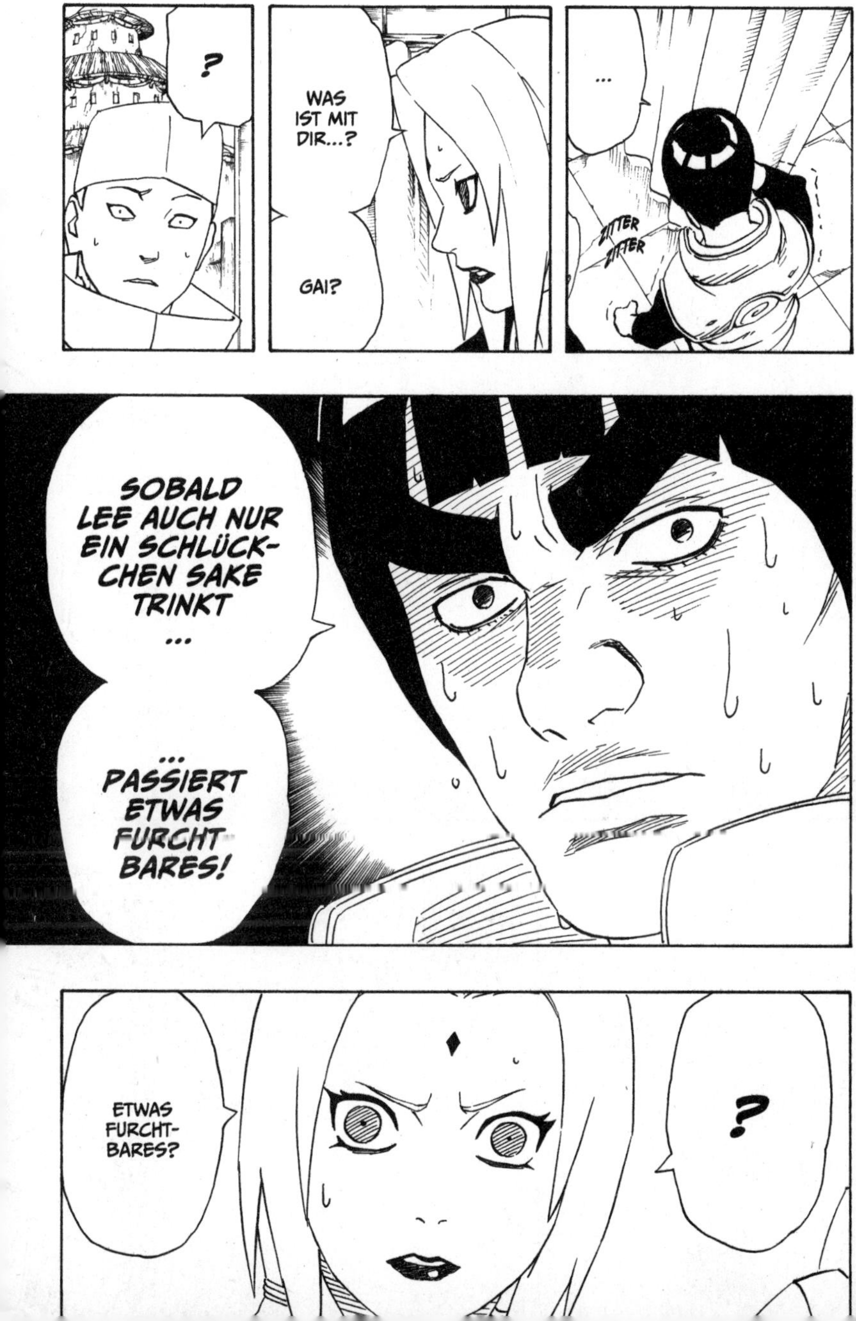
...
ZITTER ZITTER
WAS IST MIT DIR...?
GAI?
?
SOBALD LEE AUCH NUR EIN SCHLÜCK-CHEN SAKE TRINKT ...
... PASSIERT ETWAS FURCHT BARES!
?
ETWAS FURCHT-BARES?

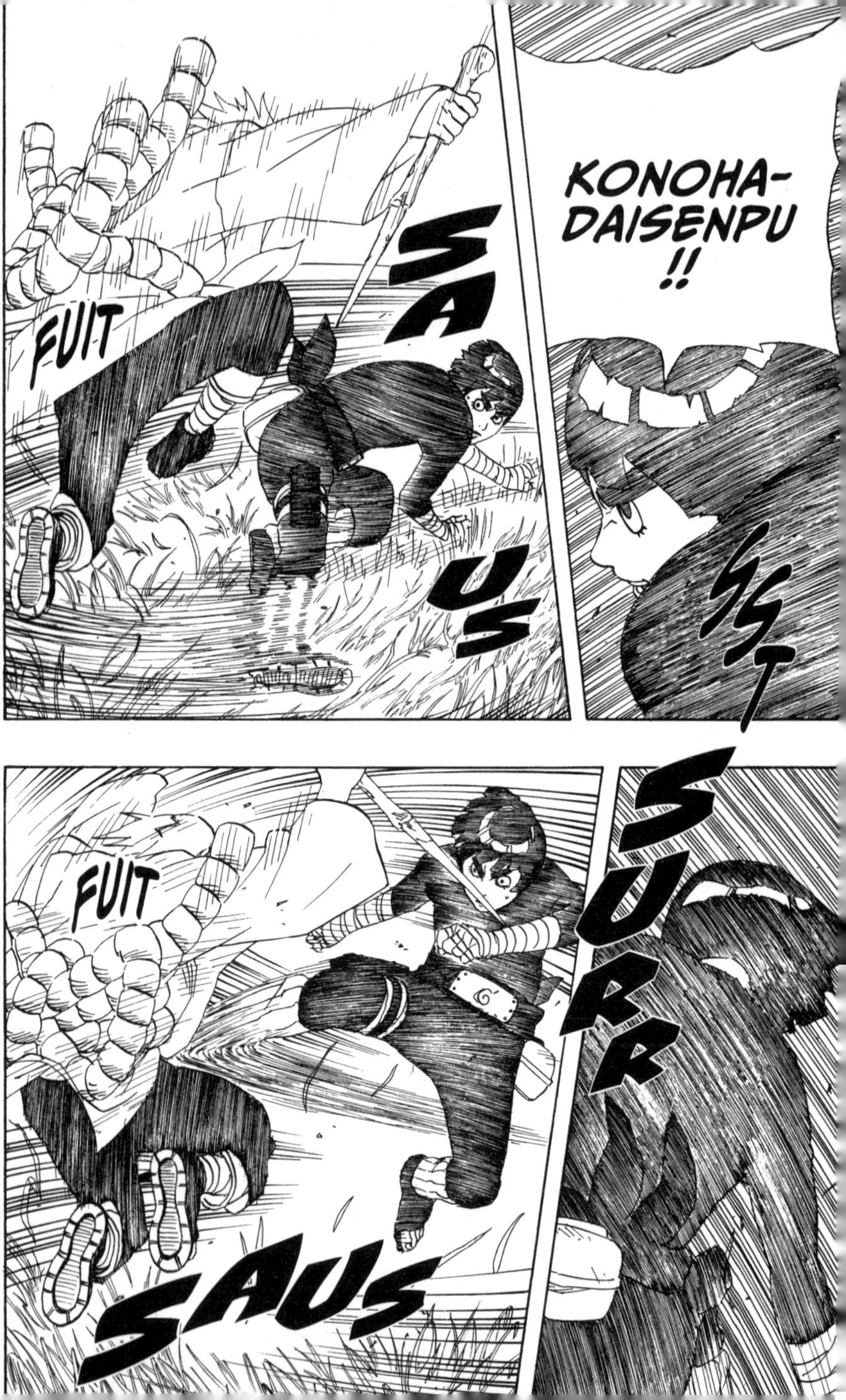
KONOHA-
DAISENPU
!!
SST
SAUS
FUIT
SURR
FUIT
SAUS

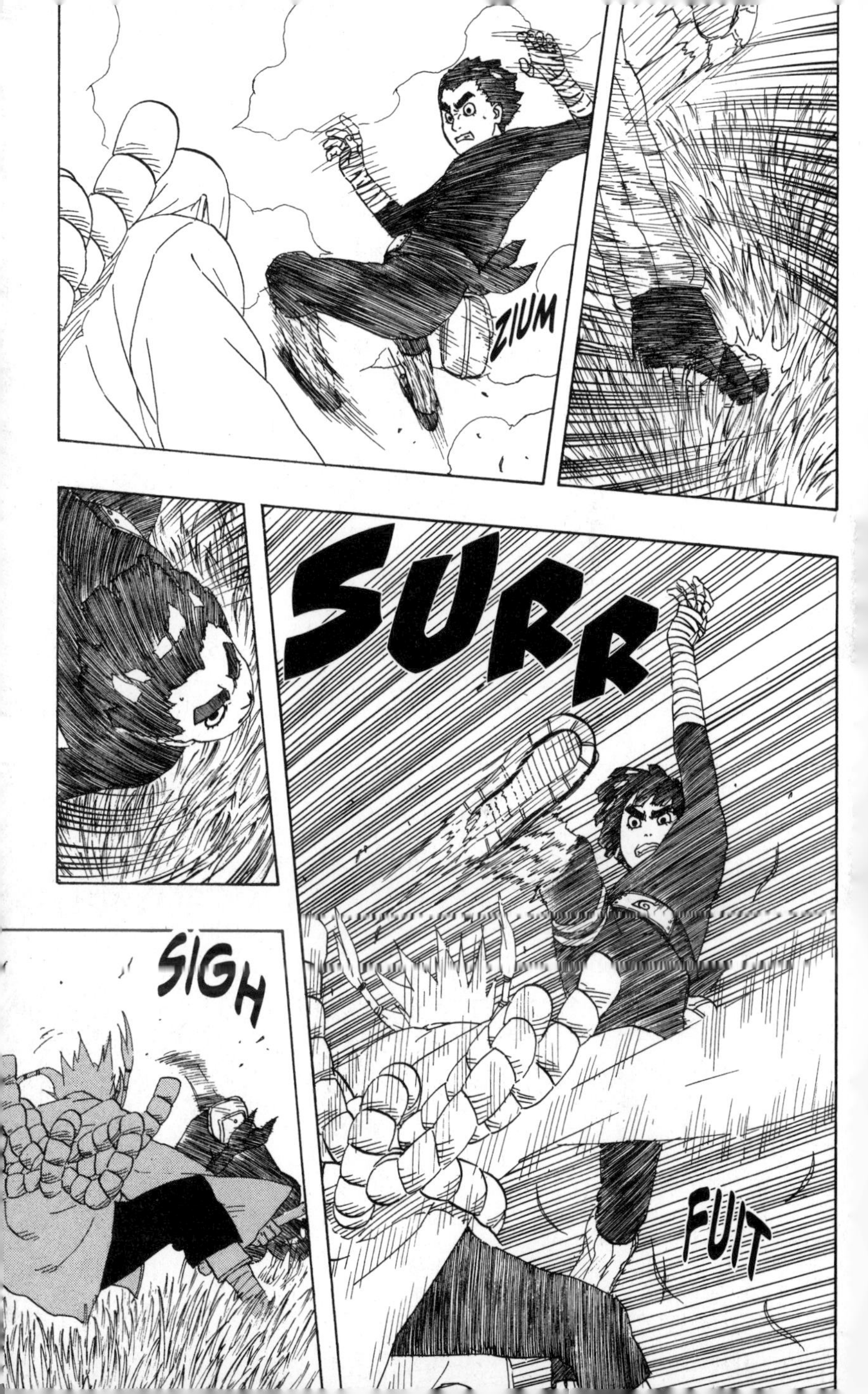
ZIUM
SURR
SIGH
FUIT

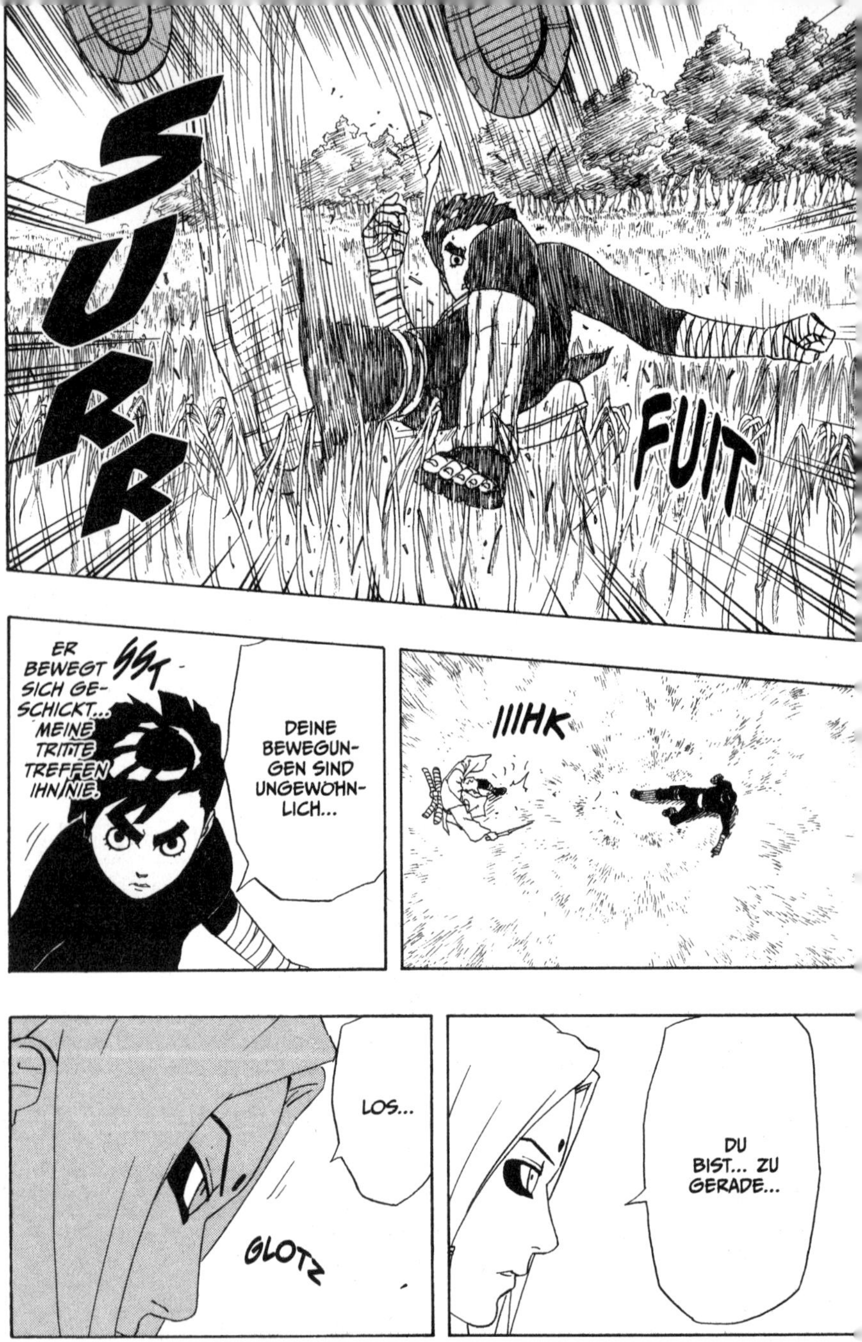
SURR
FUIT
DEINE BEWEGUNGEN SIND UNGEWÖHNLICH...
SST
ER BEWEGT SICH GESCHICKT... MEINE TRITTE TREFFEN IHN NIE.
IIIHK
DU BIST... ZU GERADE...
LOS...
GLOTZ

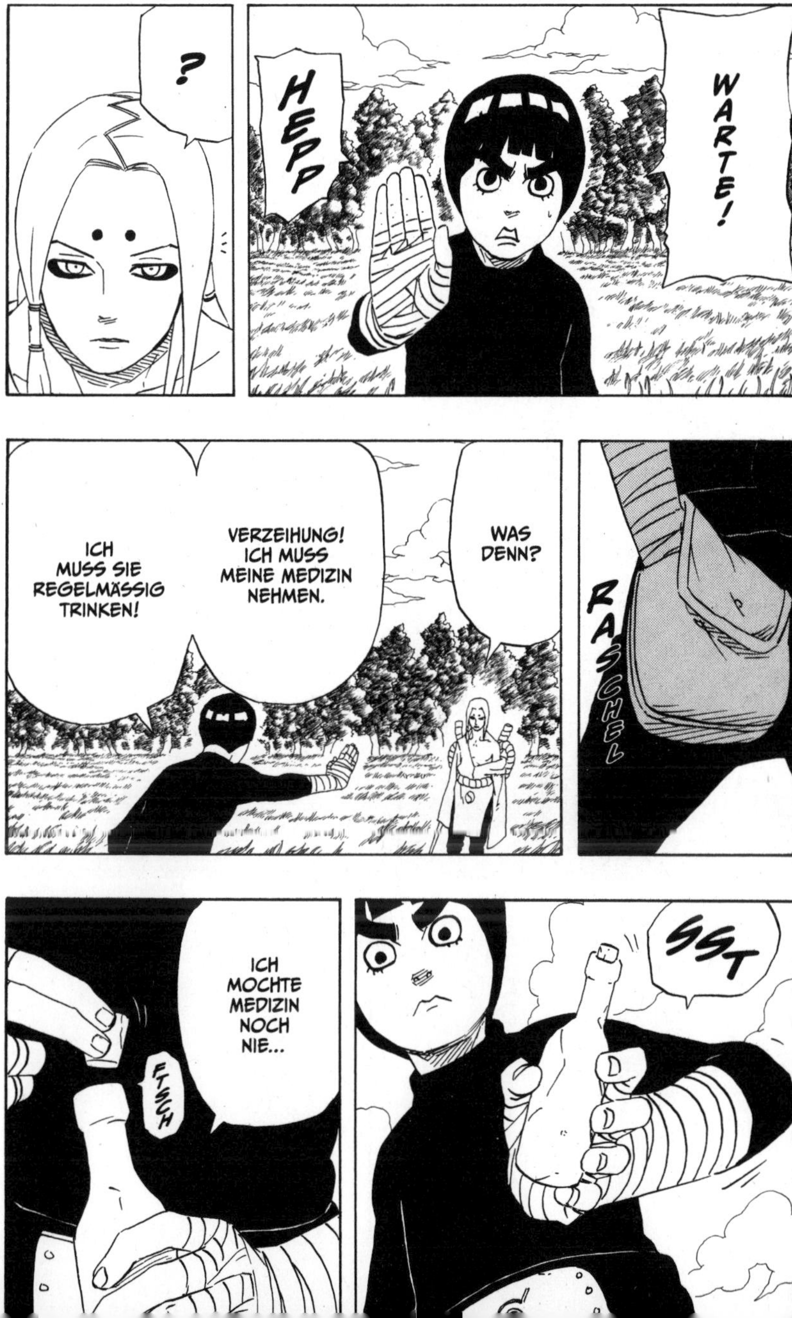
WARTE!
HEPP
?
RASCHEL
WAS DENN?
VERZEIHUNG! ICH MUSS MEINE MEDIZIN NEHMEN.
ICH MUSS SIE REGELMÄSSIG TRINKEN!
SST
ICH MOCHTE MEDIZIN NOCH NIE...
FTSCH

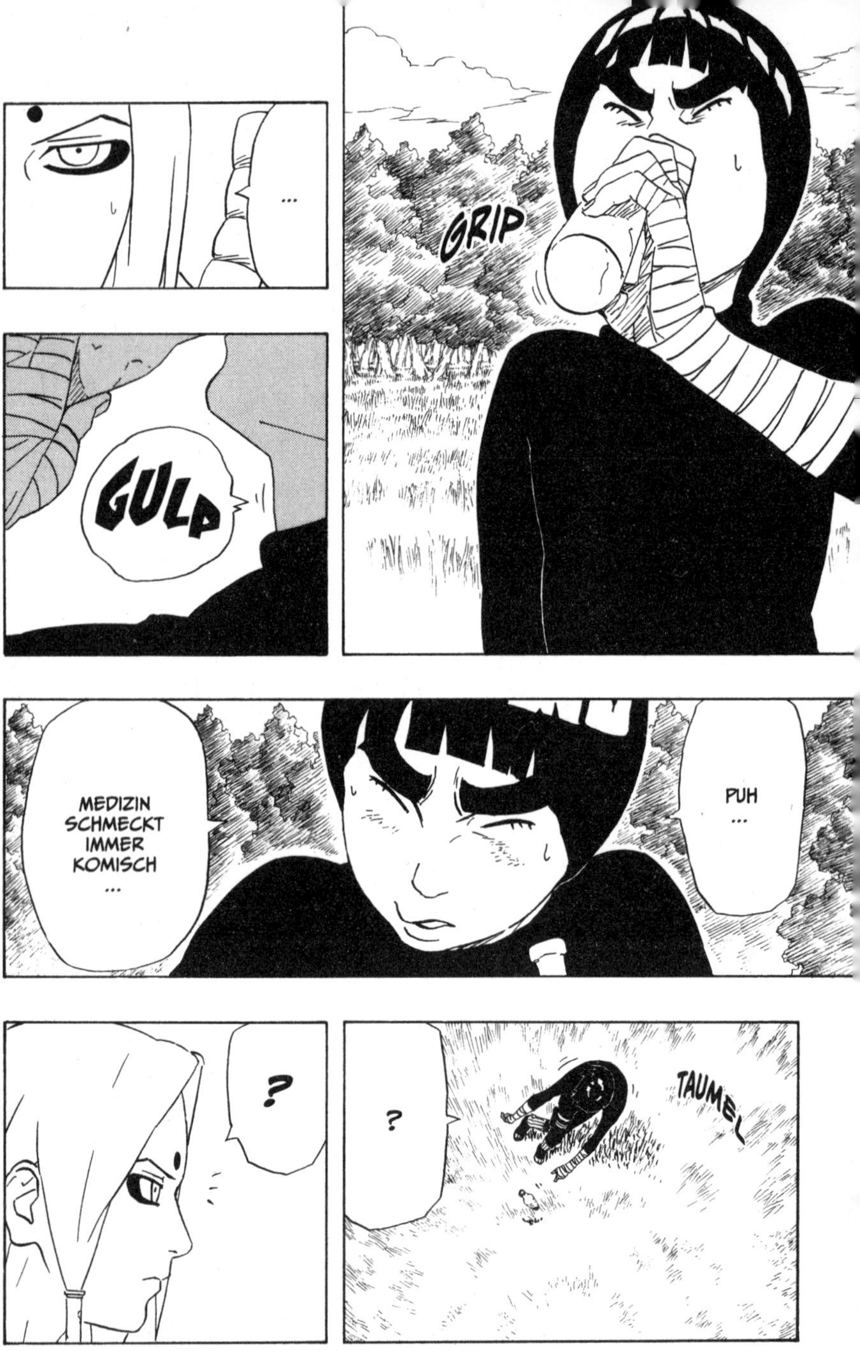
GRIP
...
GULP
PUH ...
MEDIZIN SCHMECKT IMMER KOMISCH ...
TAUMEL
?
?

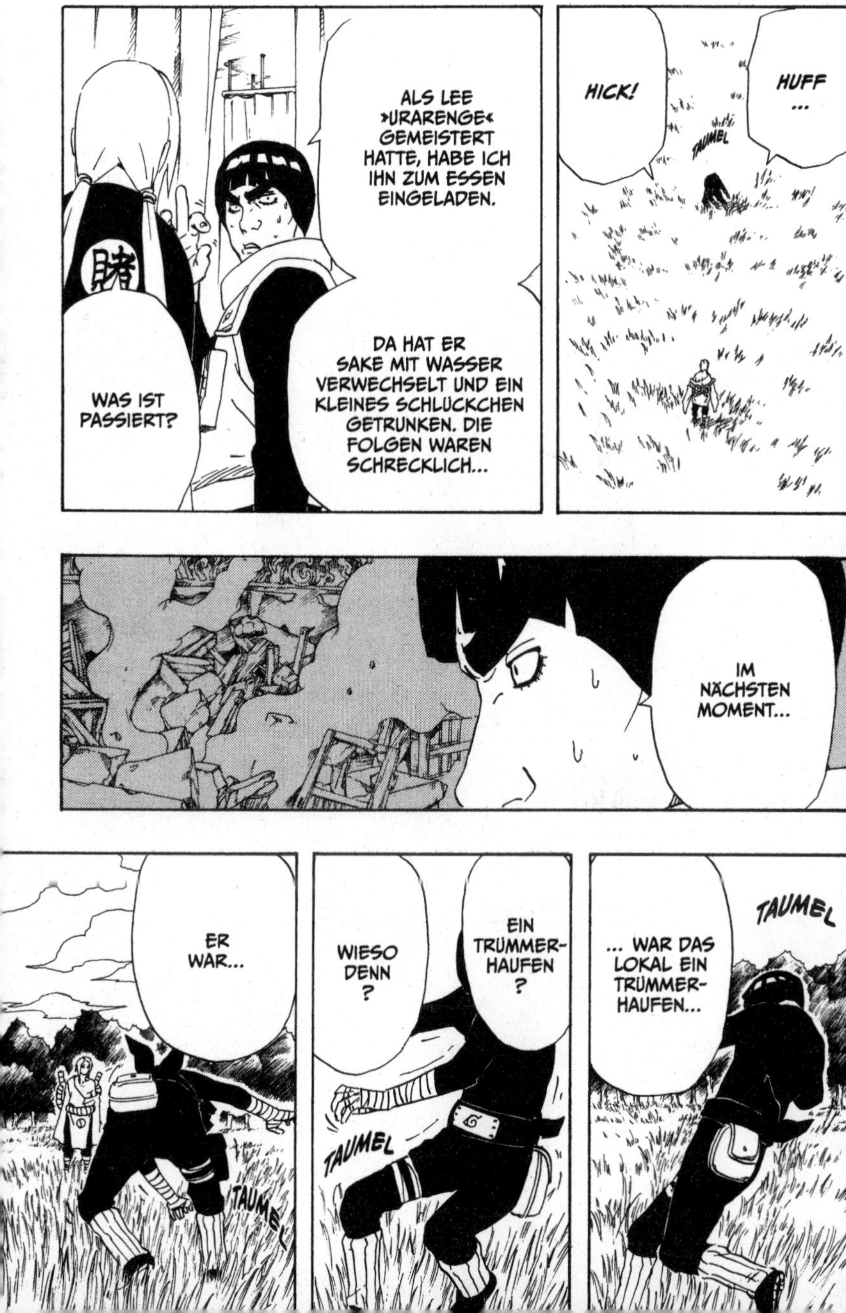
HUFF ...
TAUMEL
HICK!
ALS LEE »URARENGE« GEMEISTERT HATTE, HABE ICH IHN ZUM ESSEN EINGELADEN.
WAS IST PASSIERT?
DA HAT ER SAKE MIT WASSER VERWECHSELT UND EIN KLEINES SCHLÜCKCHEN GETRUNKEN. DIE FOLGEN WAREN SCHRECKLICH...
IM NÄCHSTEN MOMENT...
TAUMEL
... WAR DAS LOKAL EIN TRÜMMER-HAUFEN...
EIN TRÜMMER-HAUFEN ?
WIESO DENN ?
TAUMEL
ER WAR...
TAUMEL

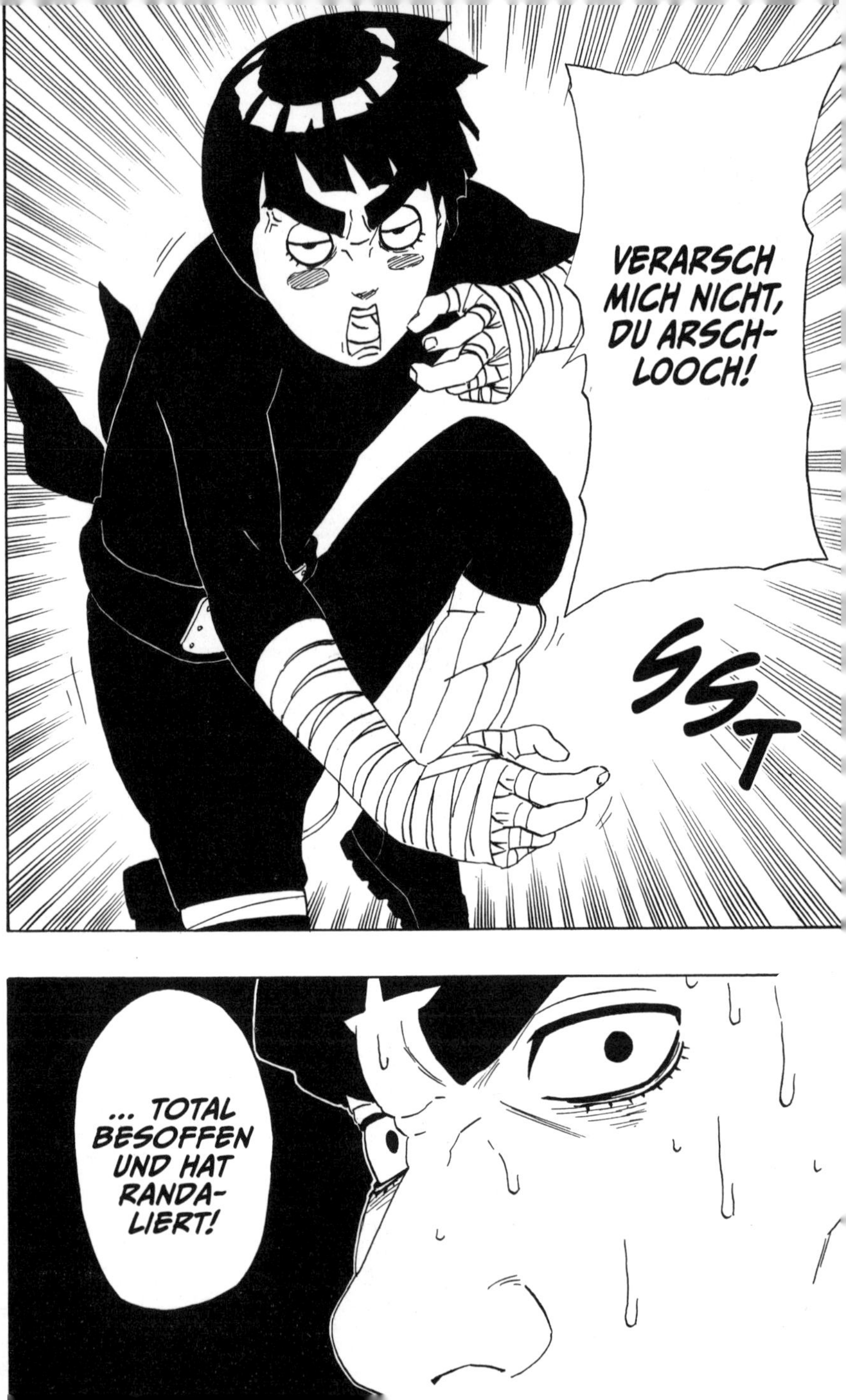
VERARSCH MICH NICHT, DU ARSCH-LOOCH!
SST
... TOTAL BESOFFEN UND HAT RANDA-LIERT!

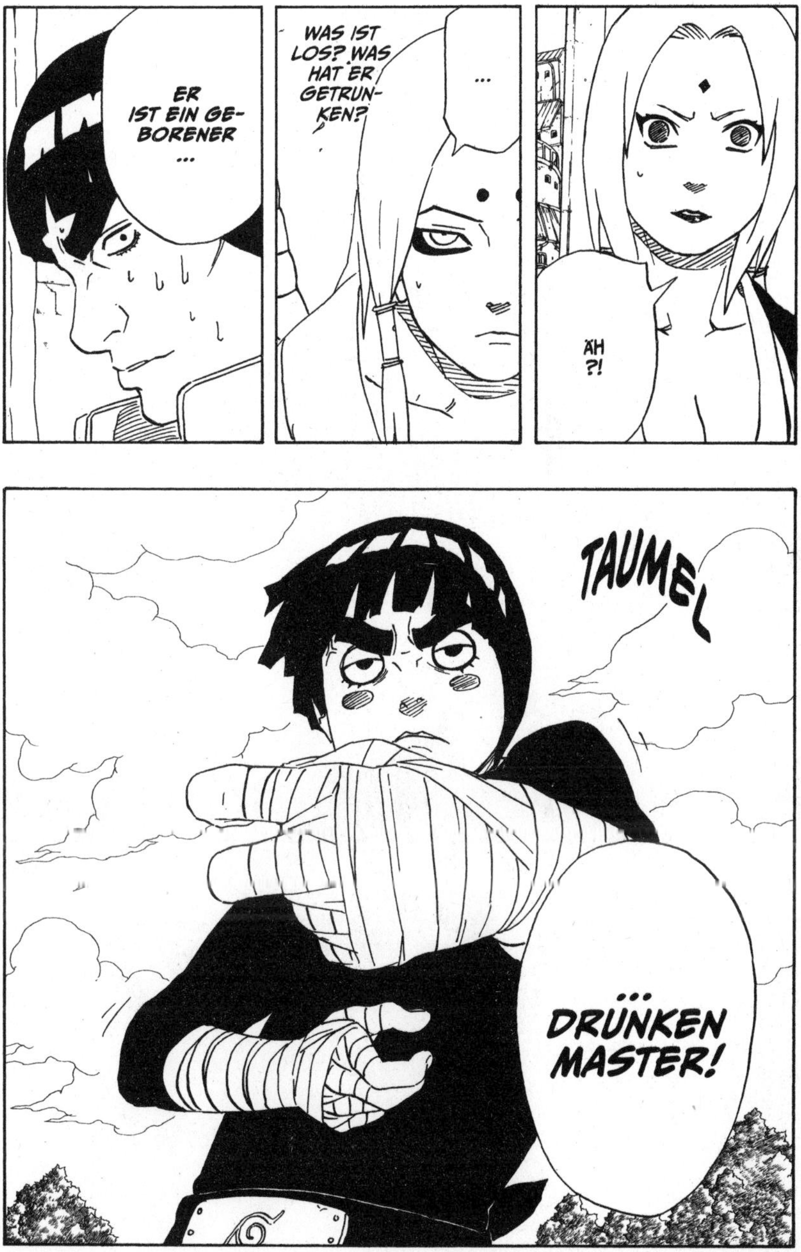
ÄH ?!
...
WAS IST LOS? WAS HAT ER GETRUNKEN?
ER IST EIN GEBORENER ...
TAUMEL
... DRÜNKEN MASTER!

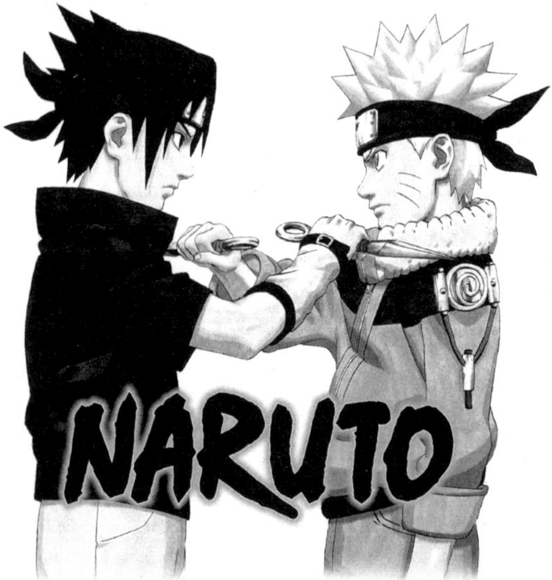
NARUTO

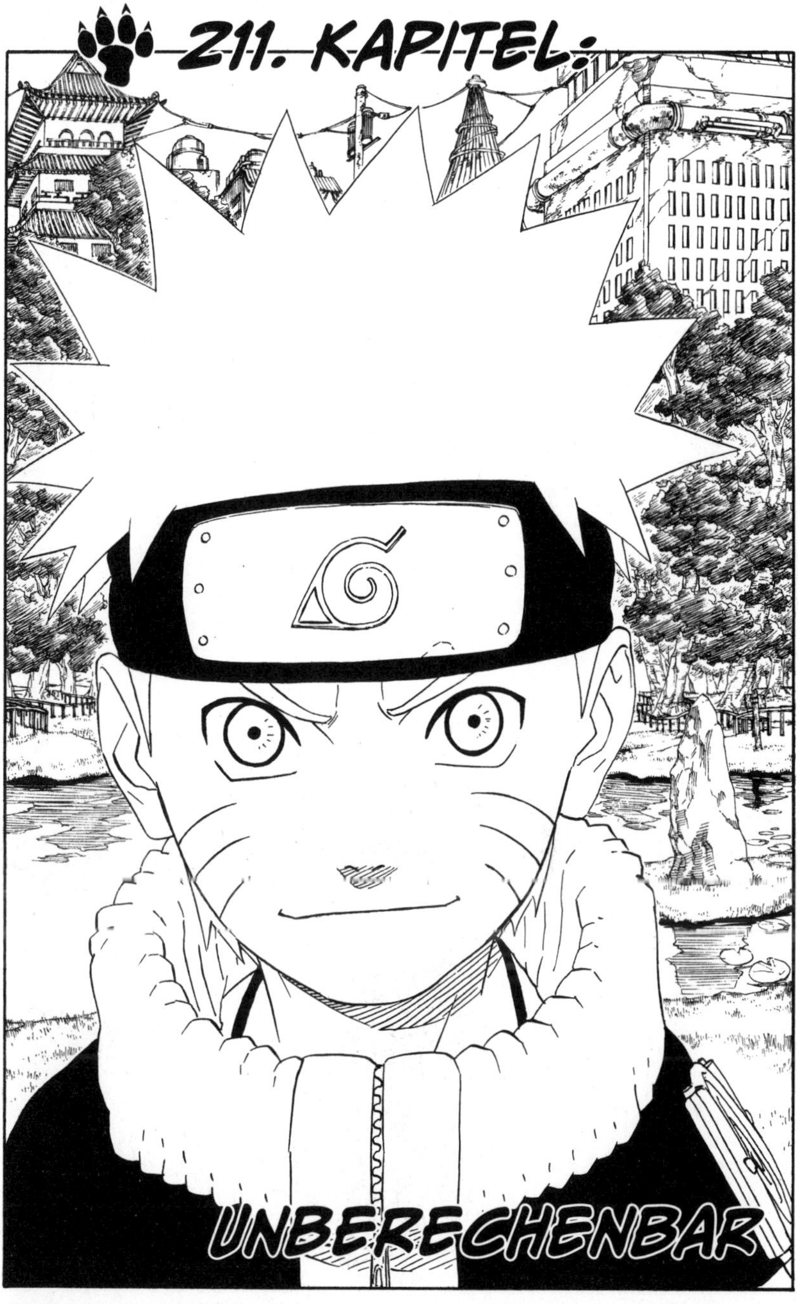
211. KAPITEL:
UNBERECHENBAR

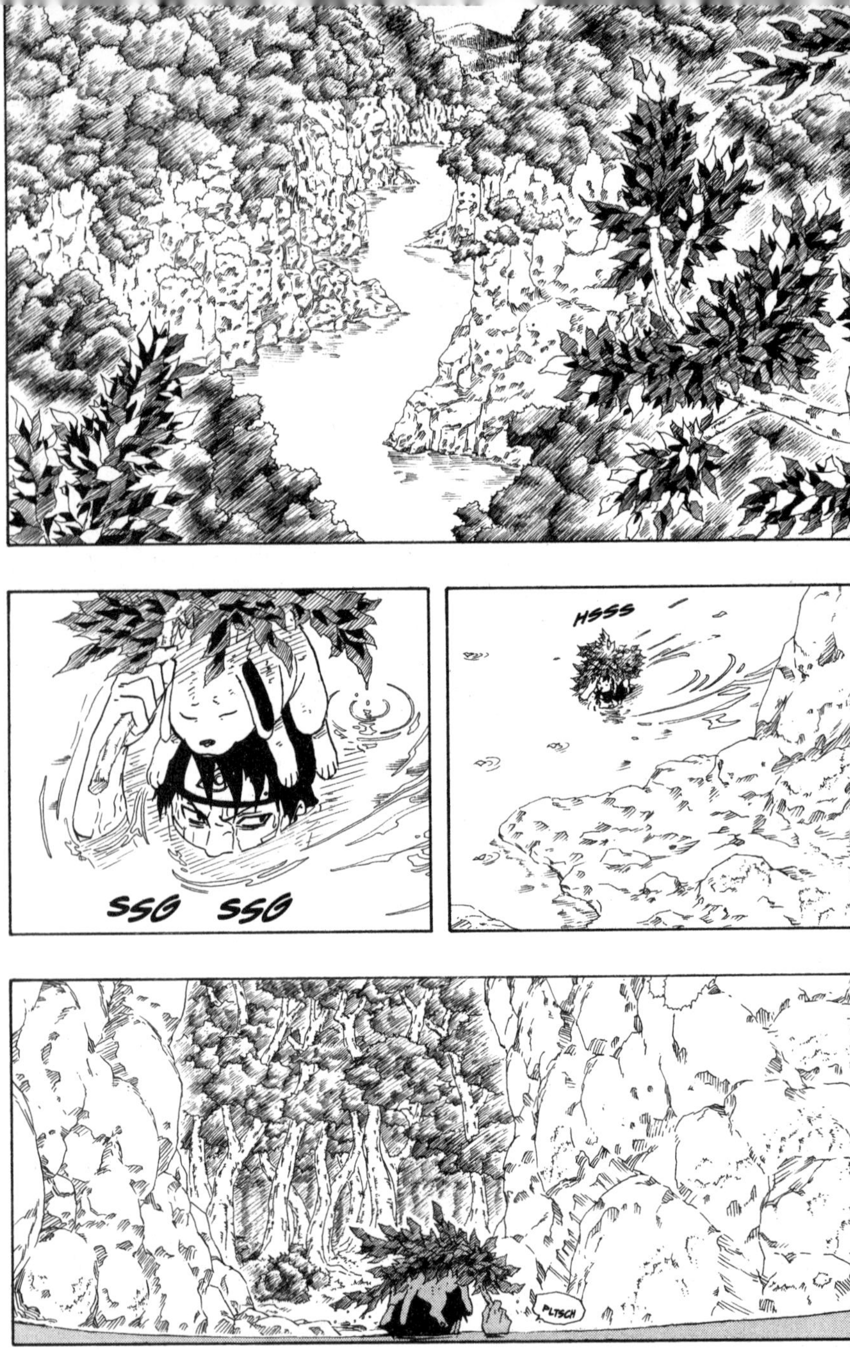
HSSS
SSG SSG
PLTSCH

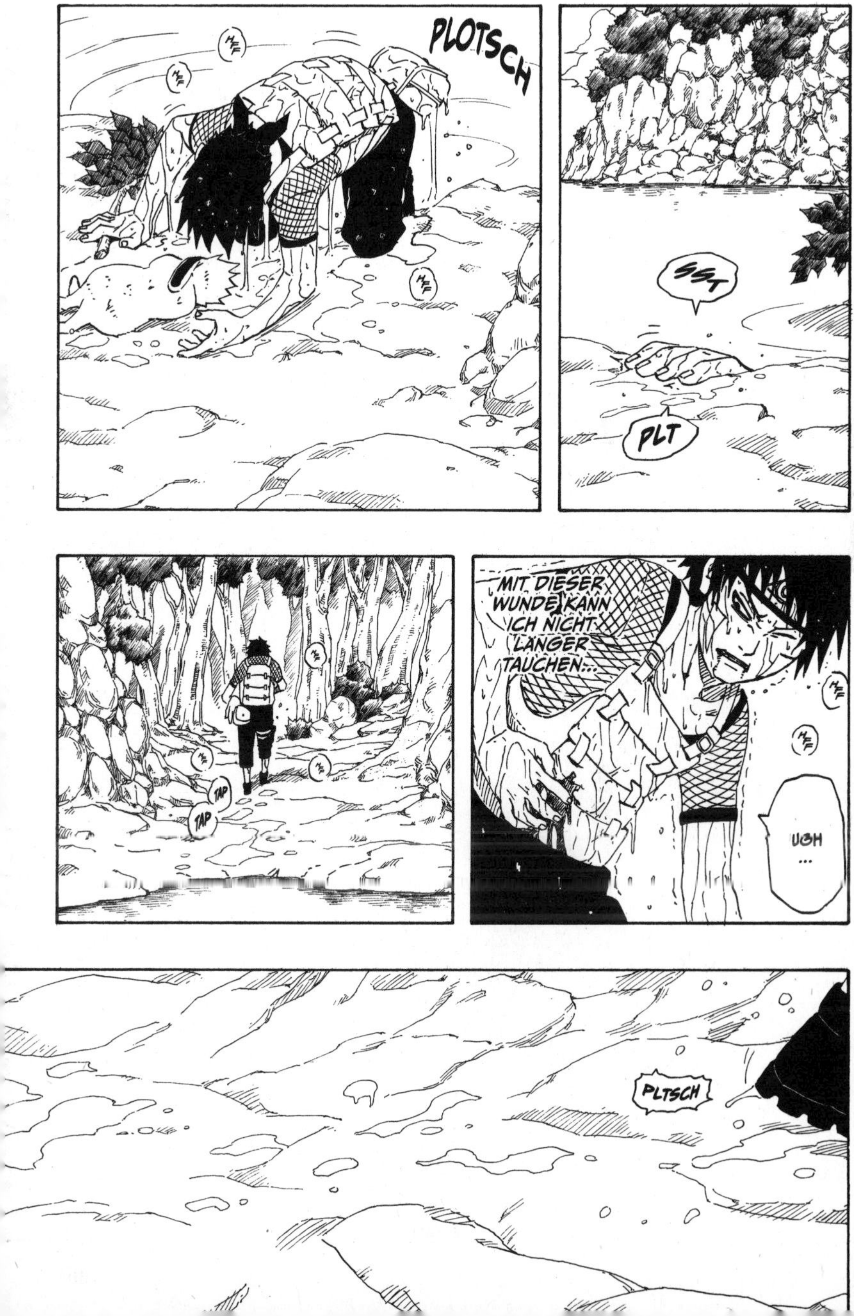

SST
PLT
PLOTSCH
HEF
HEF
HEF
MIT DIESER WUNDE KANN ICH NICHT LÄNGER TAUCHEN...
HEF
HEF
UGH ...
HEF
HEF
TAP
TAP
PLTSCH

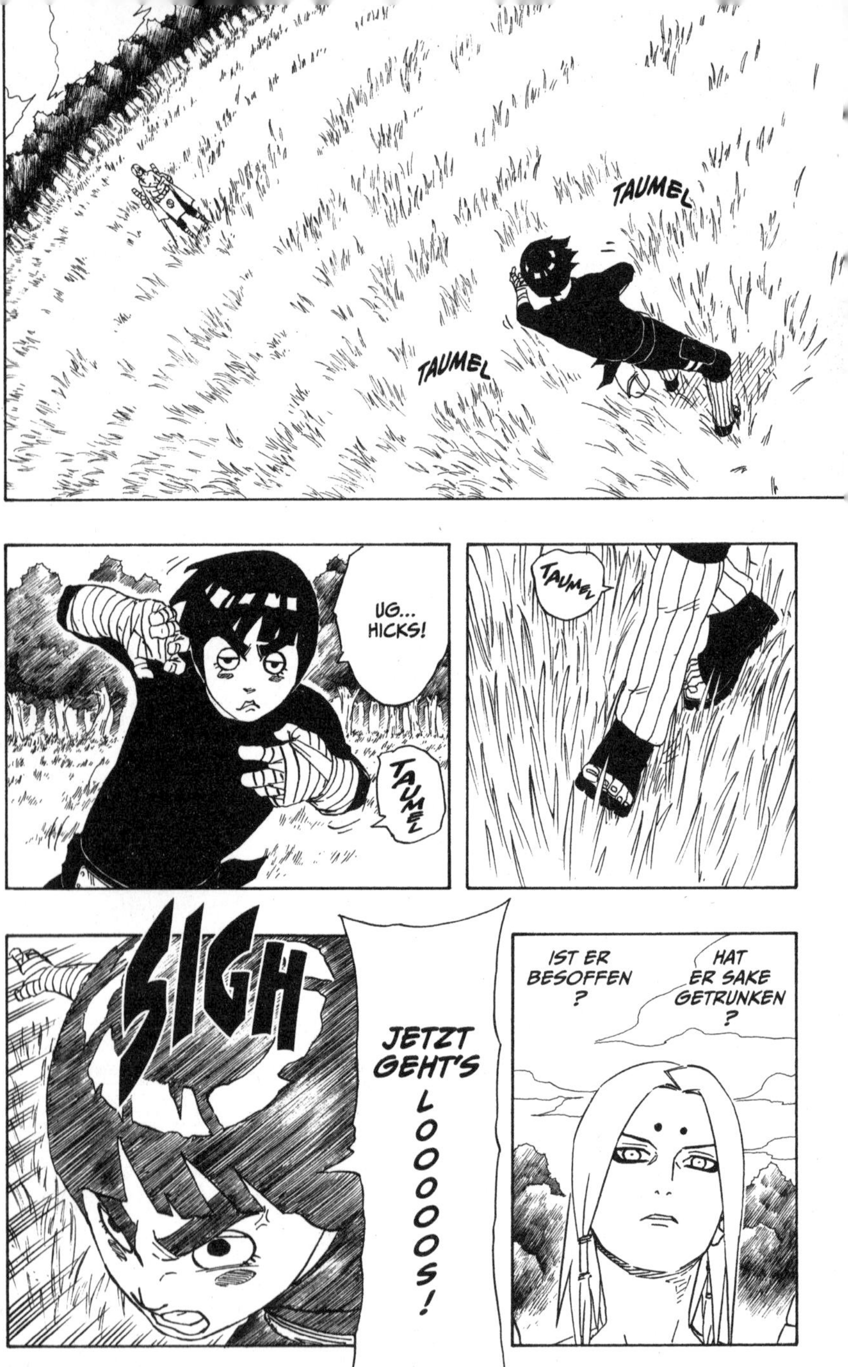

TAUMEL
TAUMEL
TAUMEL
UG... HICKS!
TAUMEL
HAT ER SAKE GETRUNKEN?
IST ER BESOFFEN?
SIGH
JETZT GEHT'S LOOOOOOS!

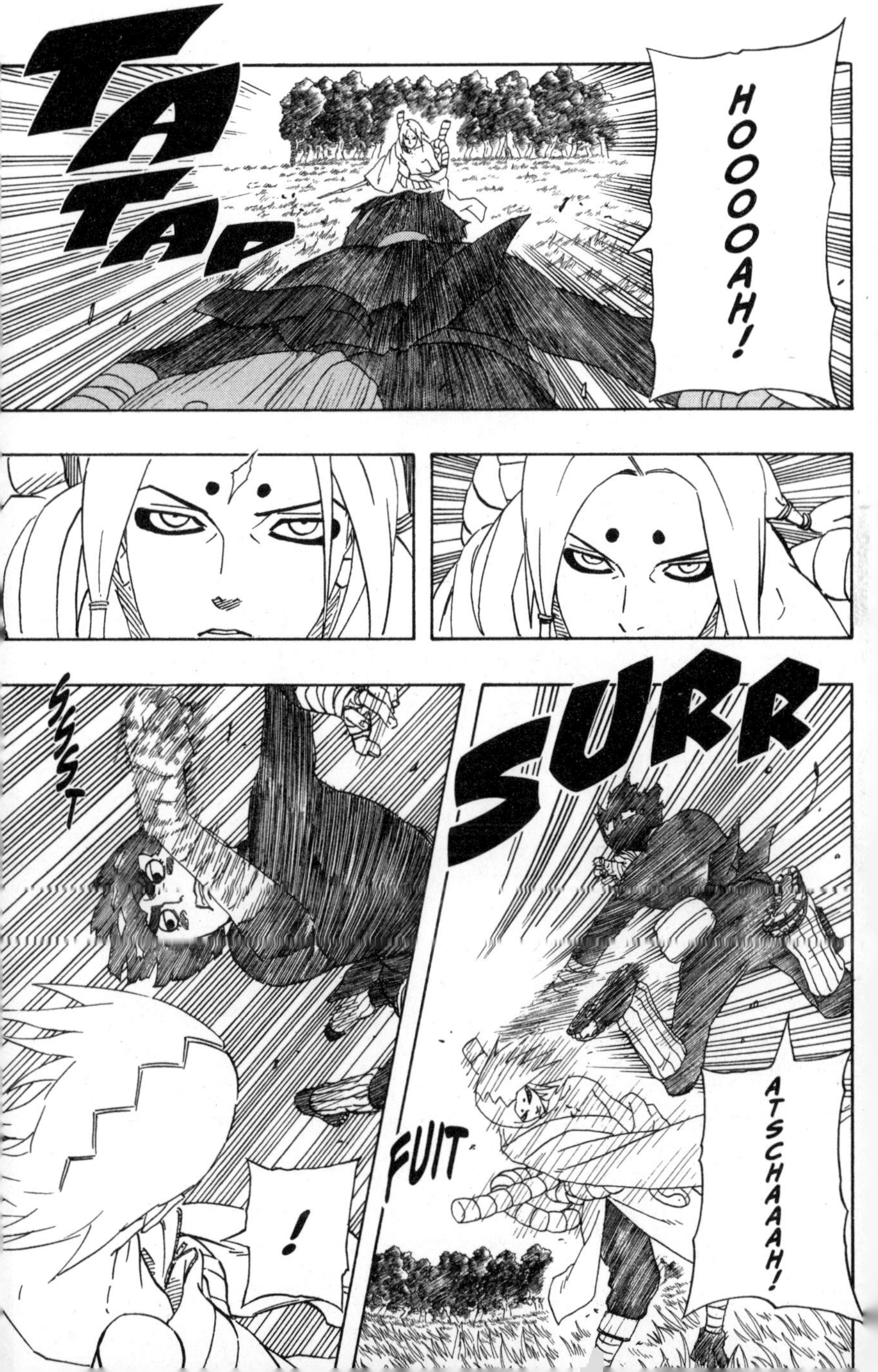

HOOOOAAH!
TATAP
SURR
SSST
ATSCHAAAAH!
FUIT
!

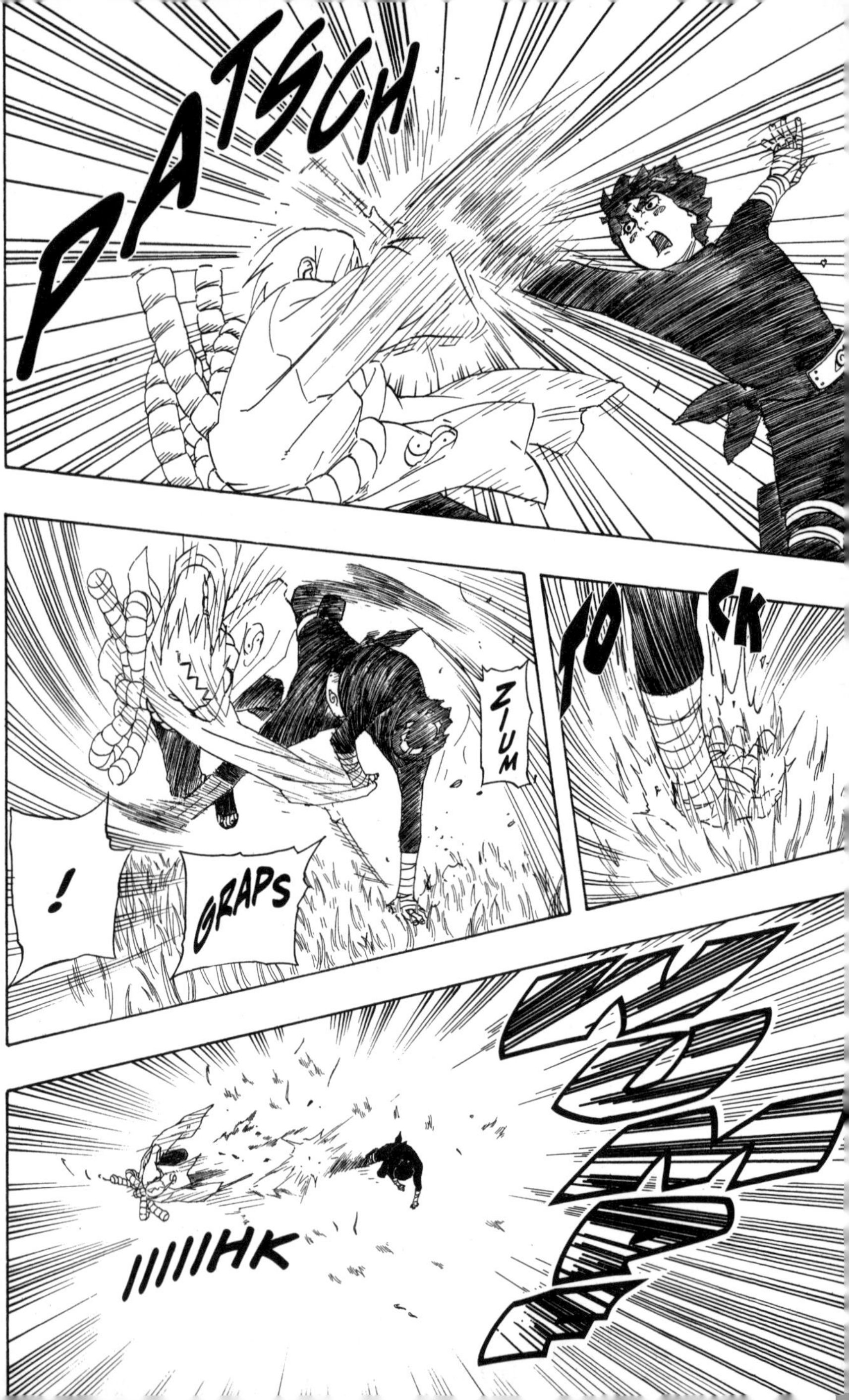
PATSCH
TO CK
ZIUM
!
GRAPS
IIIIIHK

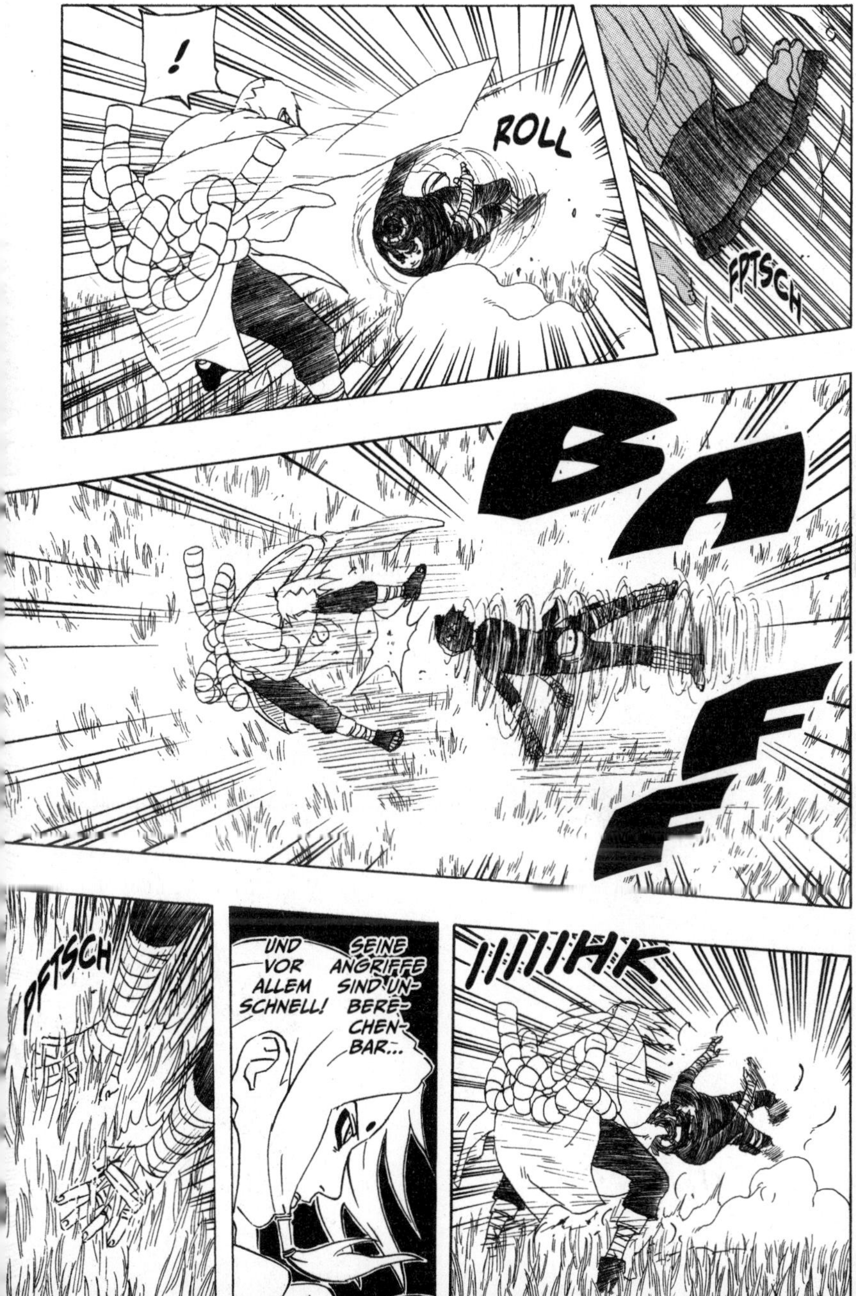
!
ROLL
FPTSCH
BAFFF
PFTSCH
SEINE ANGRIFFE SIND UNBERECHENBAR...
UND VOR ALLEM SCHNELL!
IIIIIIHK

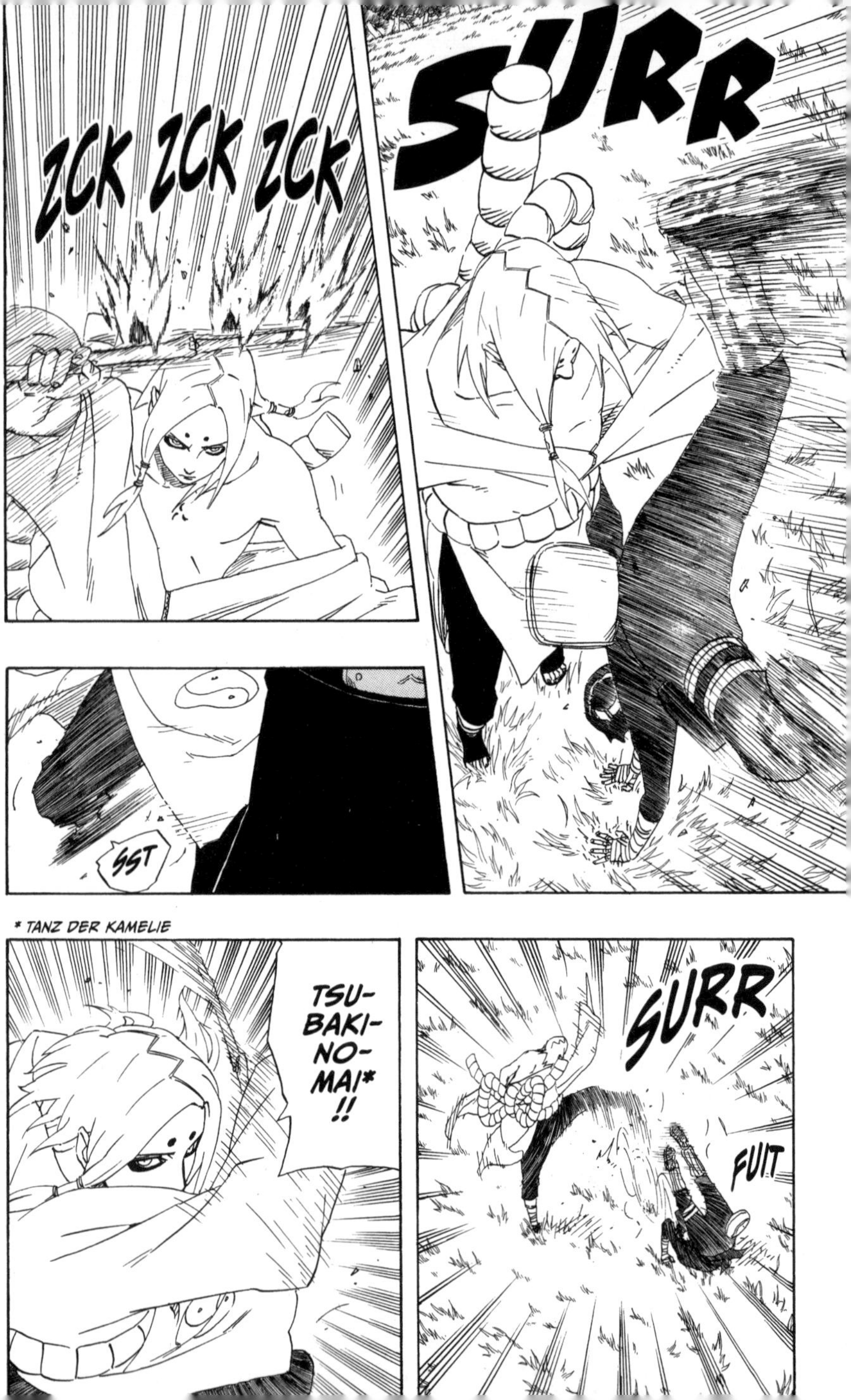

* TANZ DER KAMELIE

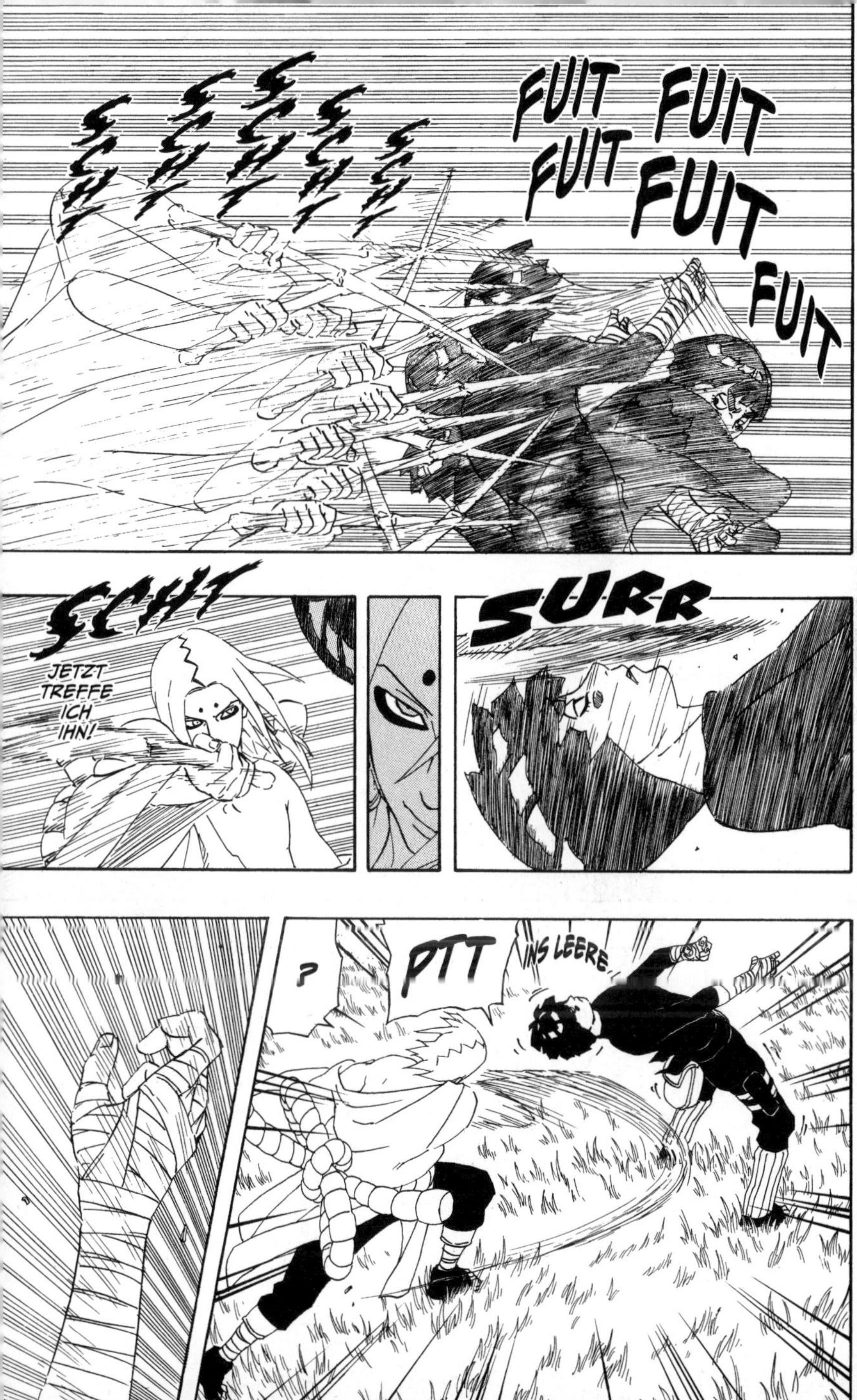
FUIT FUIT FUIT FUIT FUIT
SCHT SCHT SCHT SCHT SCHT
SURR
SCHT
JETZT TREFFE ICH IHN!
INS LEERE
PTT
?

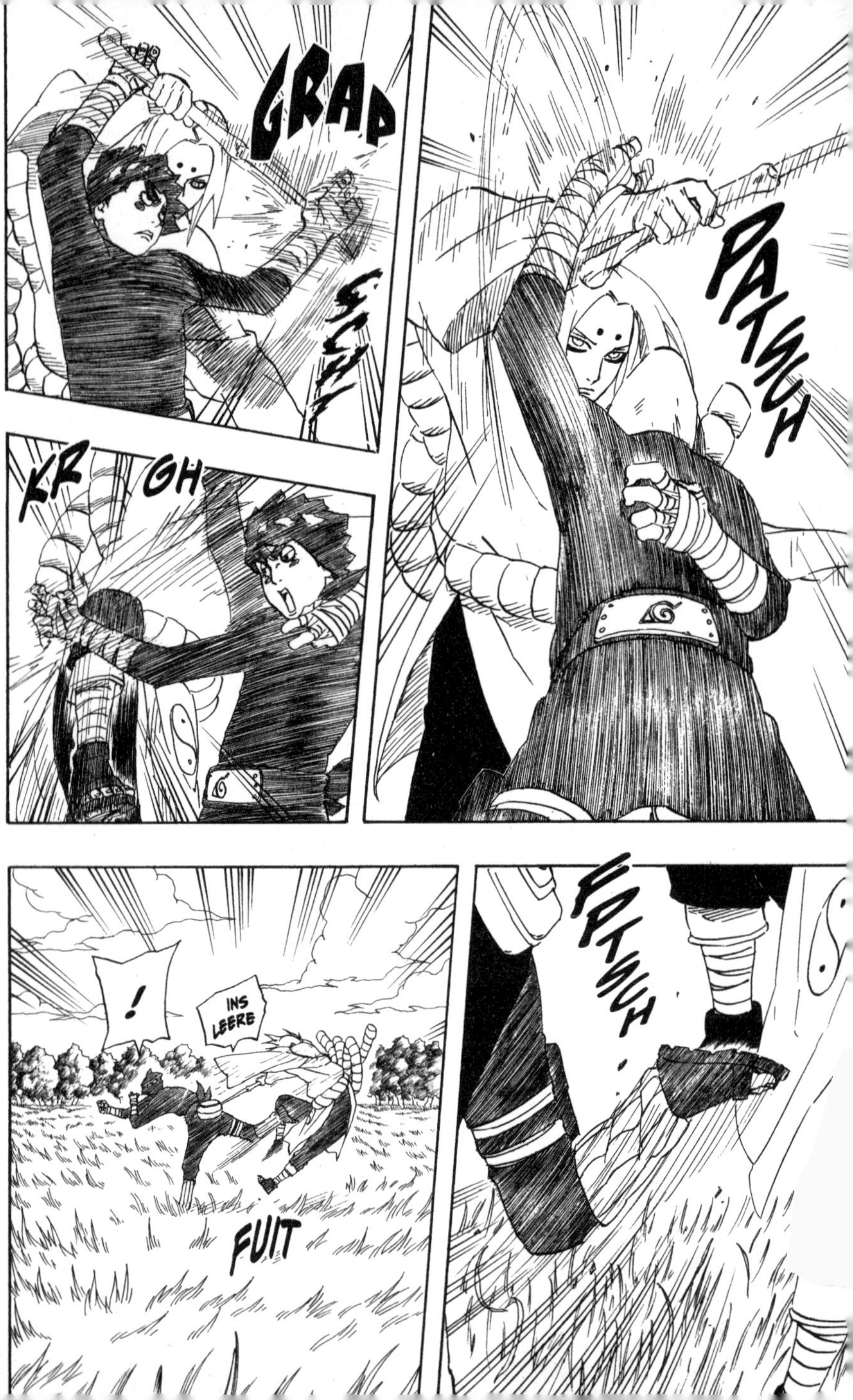

PATSCH
GRAP
SCHH
KR GH
FATSCH
!
INS LEERE
FUIT

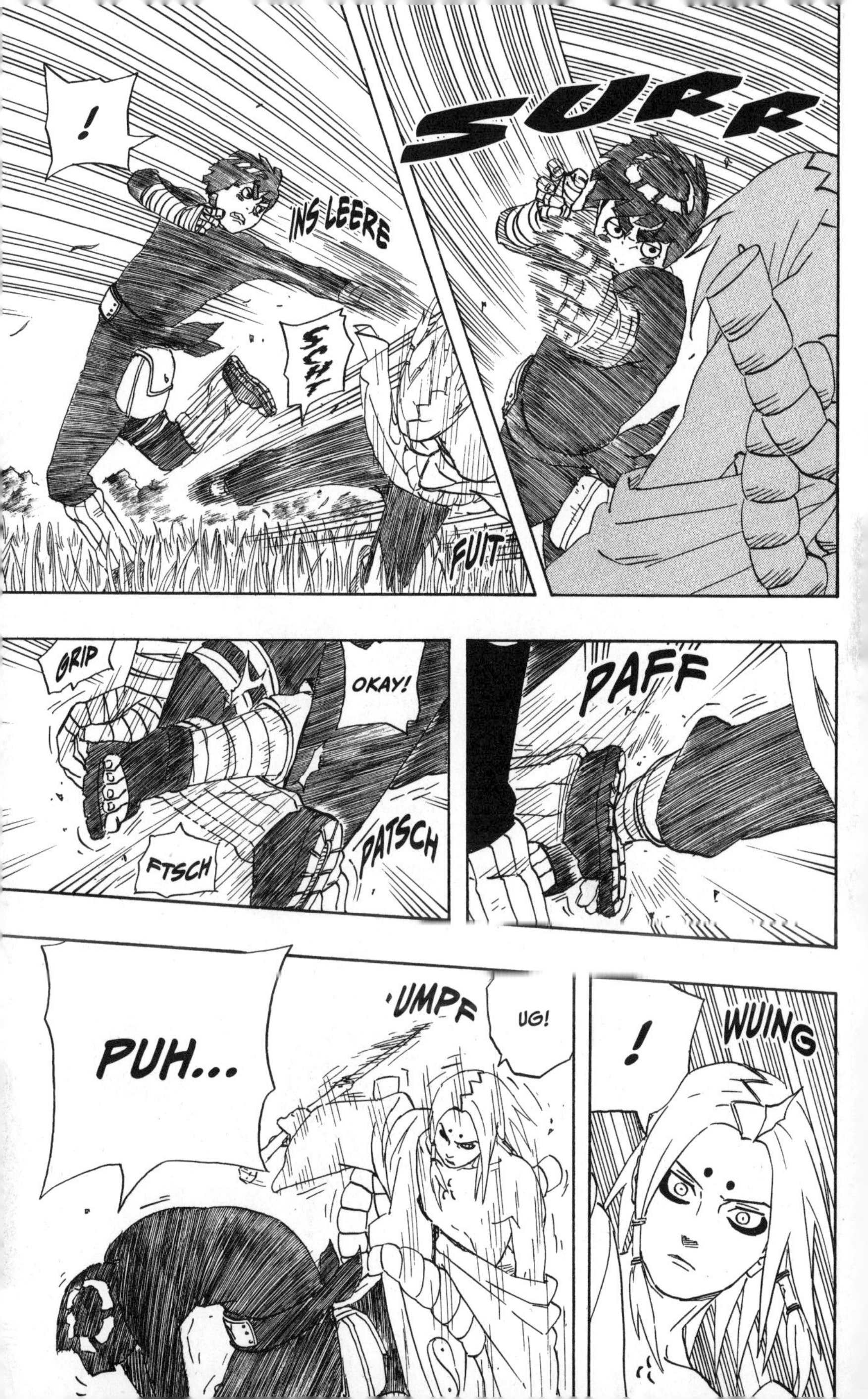

SURR
!
INS LEERE
UCH!
FUIT
PAFF
GRIP
OKAY!
FTSCH
PATSCH
!
WUING
UG!
·UMPF
PUH...

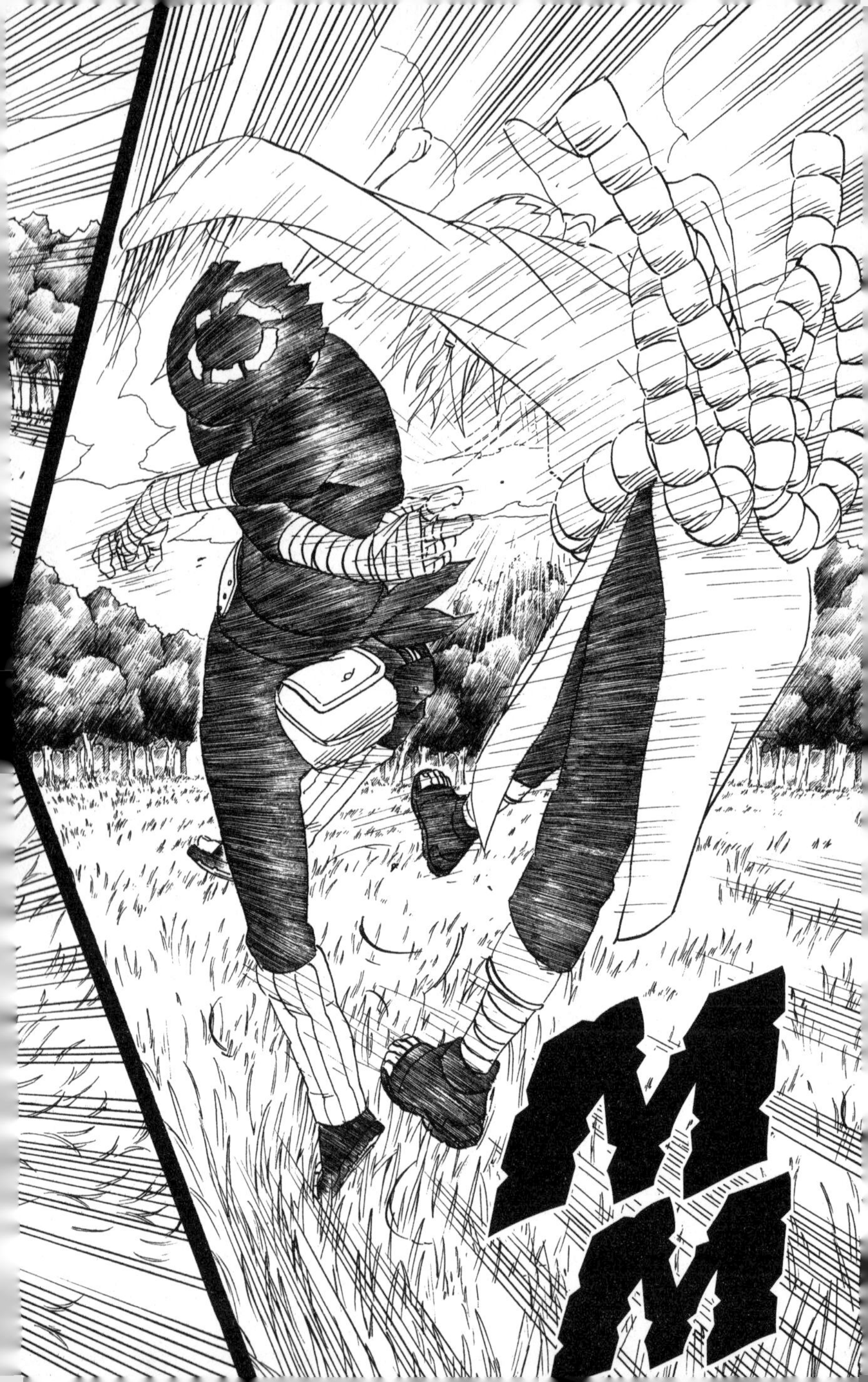
MM

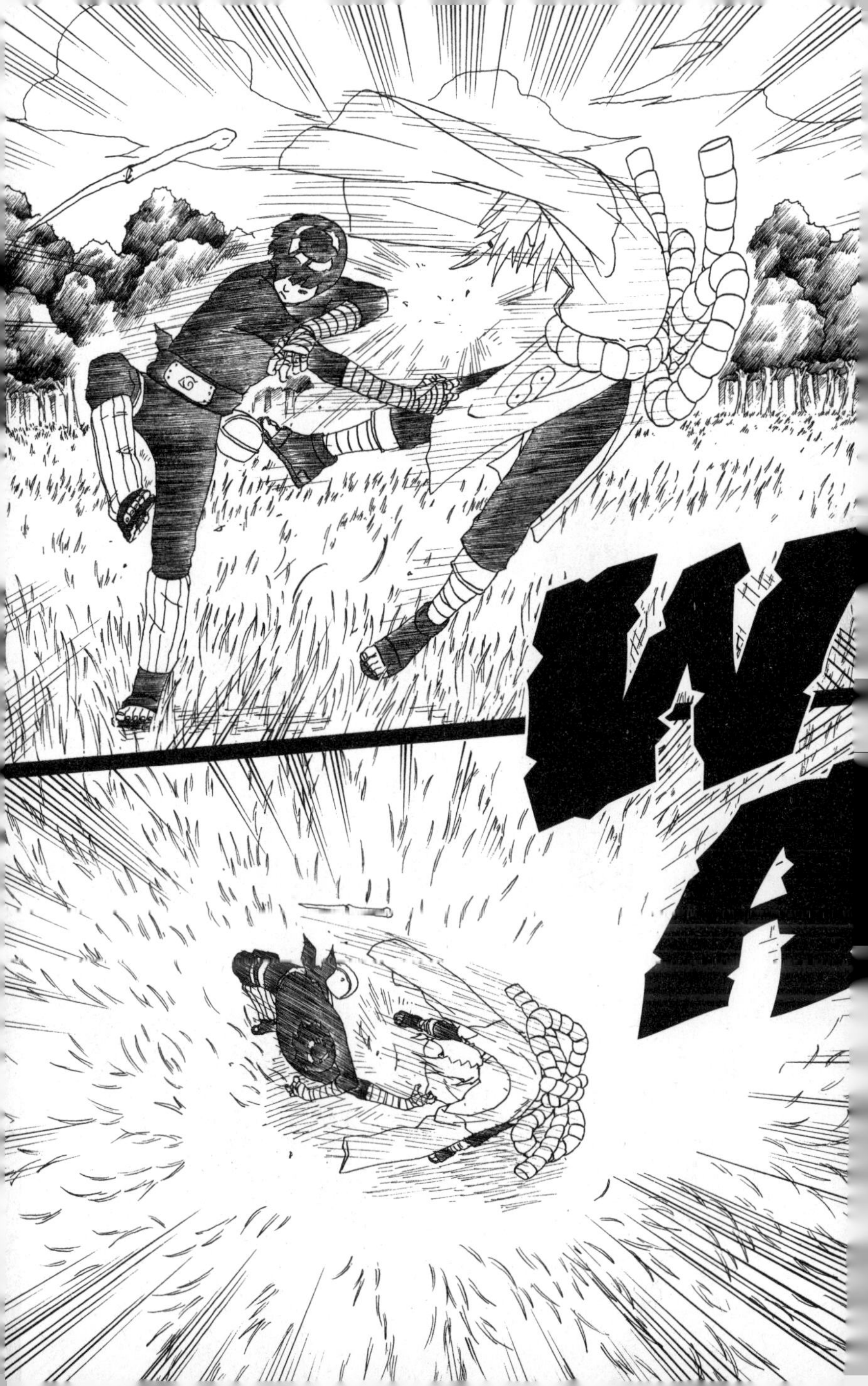

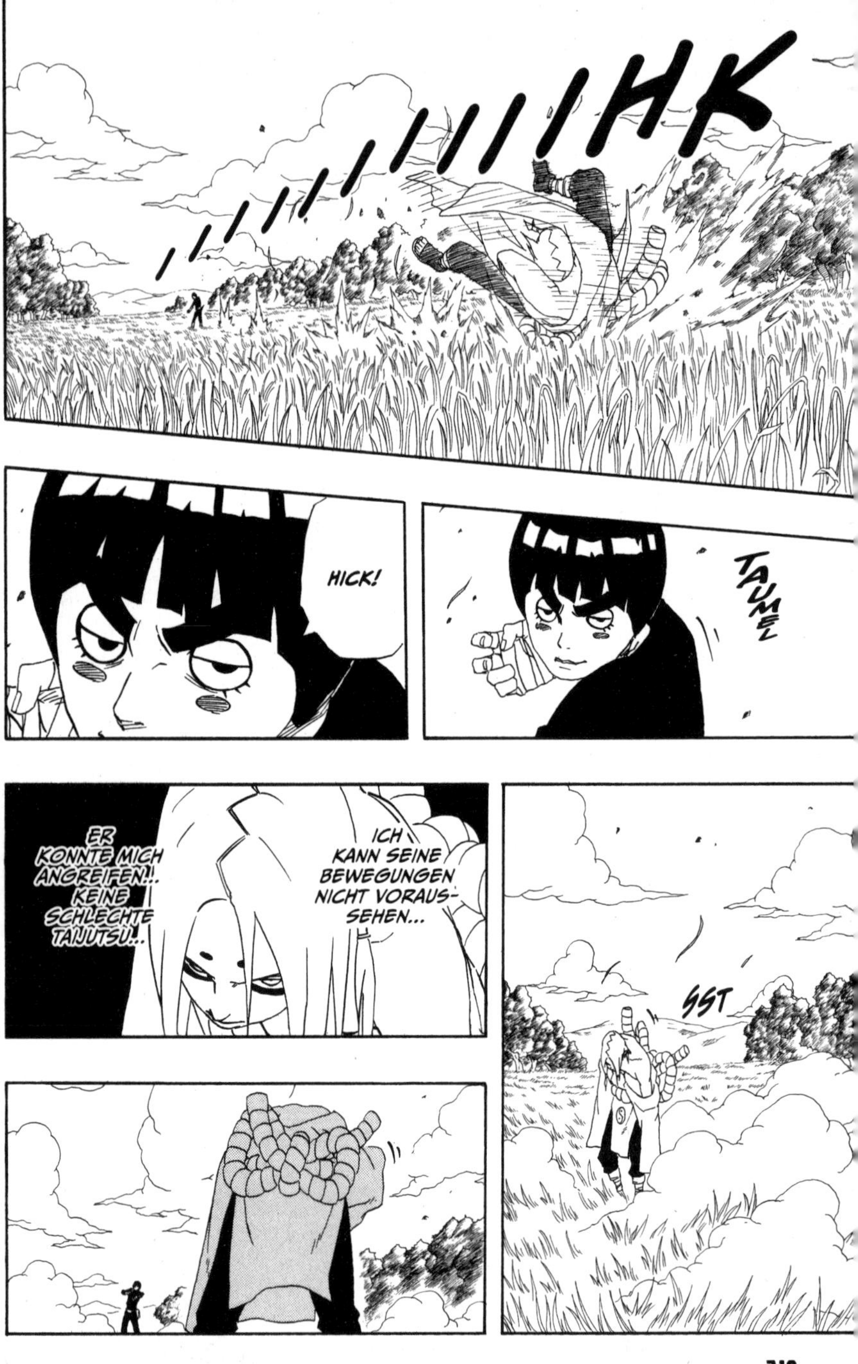

HK
HICK!
TAUMEL
ICH KANN SEINE BEWEGUNGEN NICHT VORAUS-SEHEN...
ER KONNTE MICH ANGREIFEN... KEINE SCHLECHTE TAIJUTSU...
SST

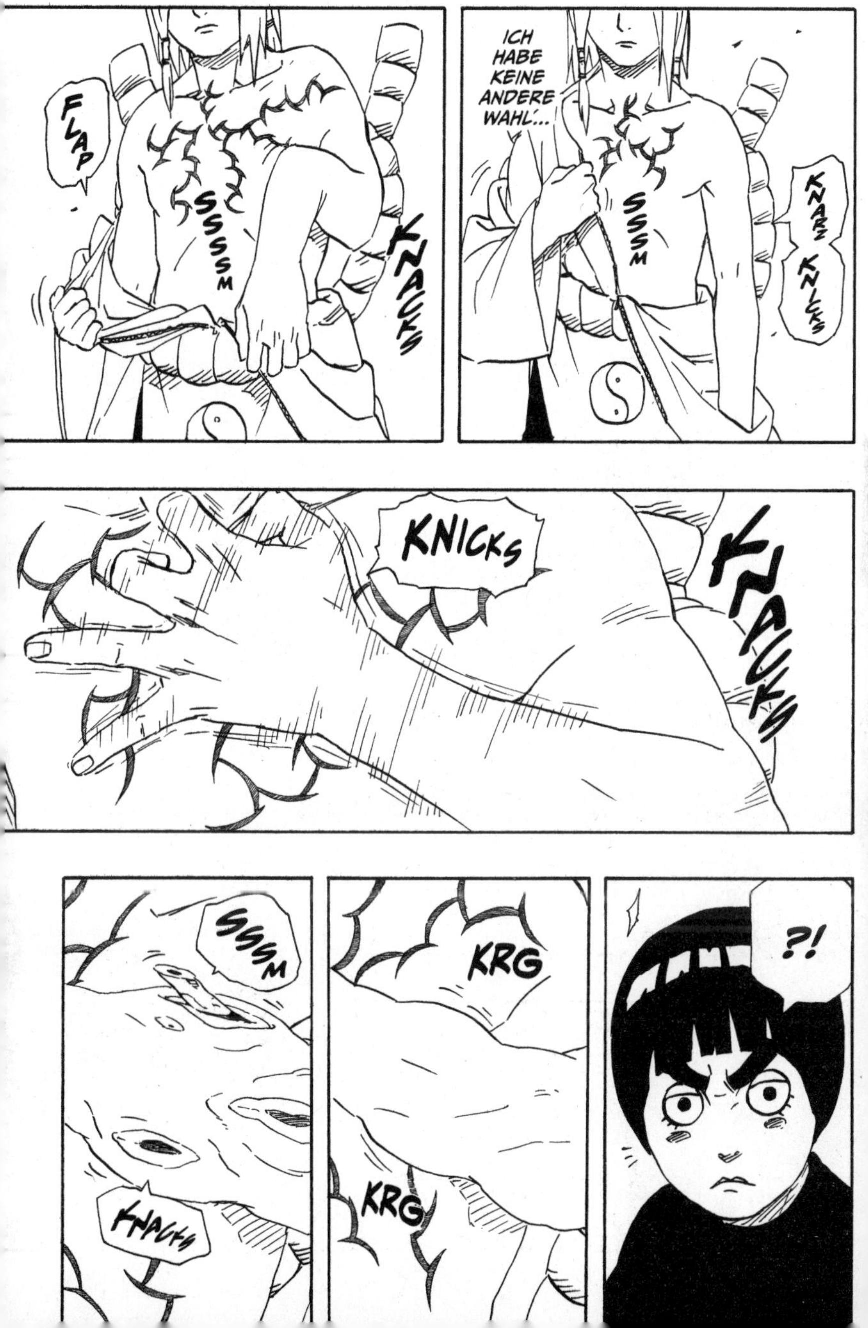
ICH HABE KEINE ANDERE WAHL...
SSSSM
KNARZ KNICKS
FLAP
SSSSSM
KNACKS
KNICKS
KNACKS
?!
KRG
KRG
SSSSM
KNACKS

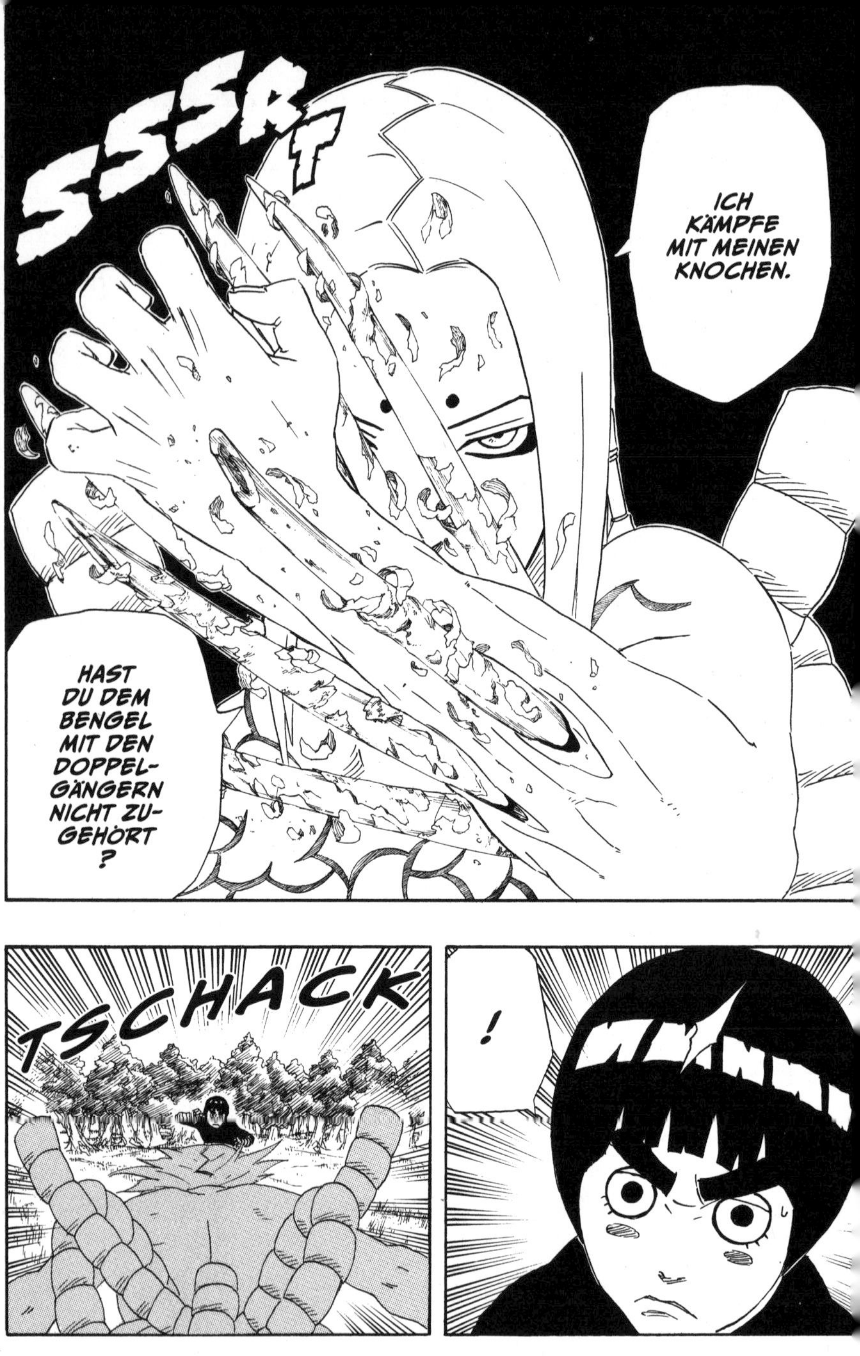
SSSRT
ICH KÄMPFE MIT MEINEN KNOCHEN.
HAST DU DEM BENGEL MIT DEN DOPPEL-GÄNGERN NICHT ZU-GEHÖRT?
!
TSCHACK

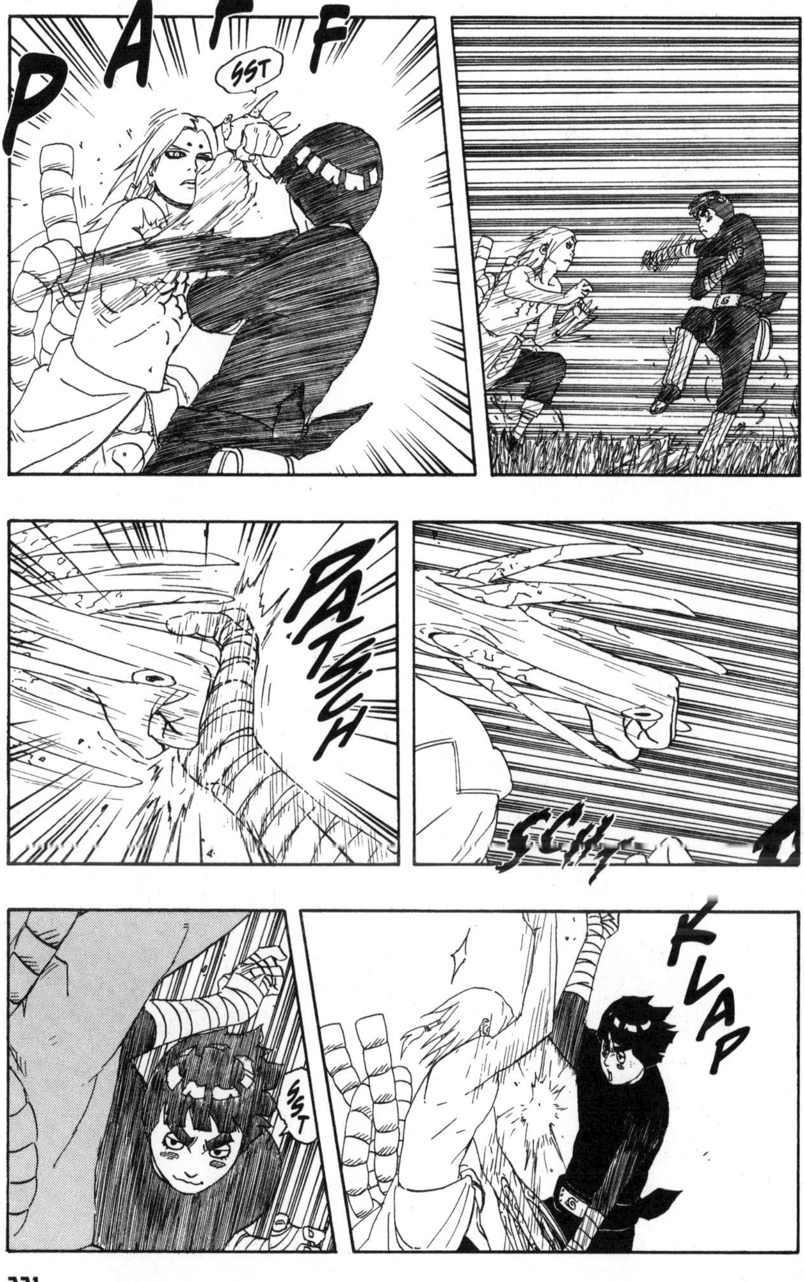
PAFF
SST
PATSCH
SCH
KLAP
SST

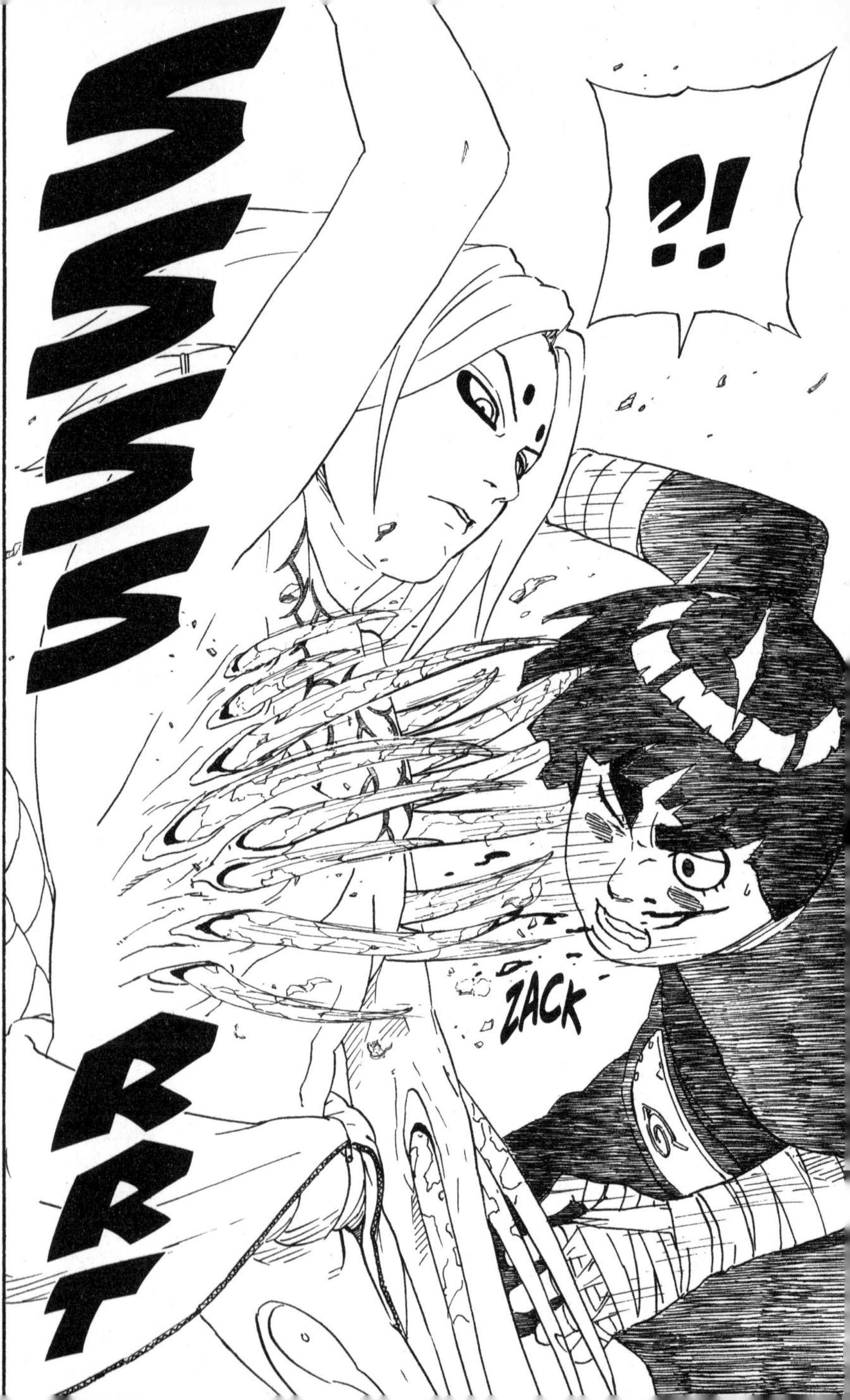
?!
WUUUSH
ZACK
RRT

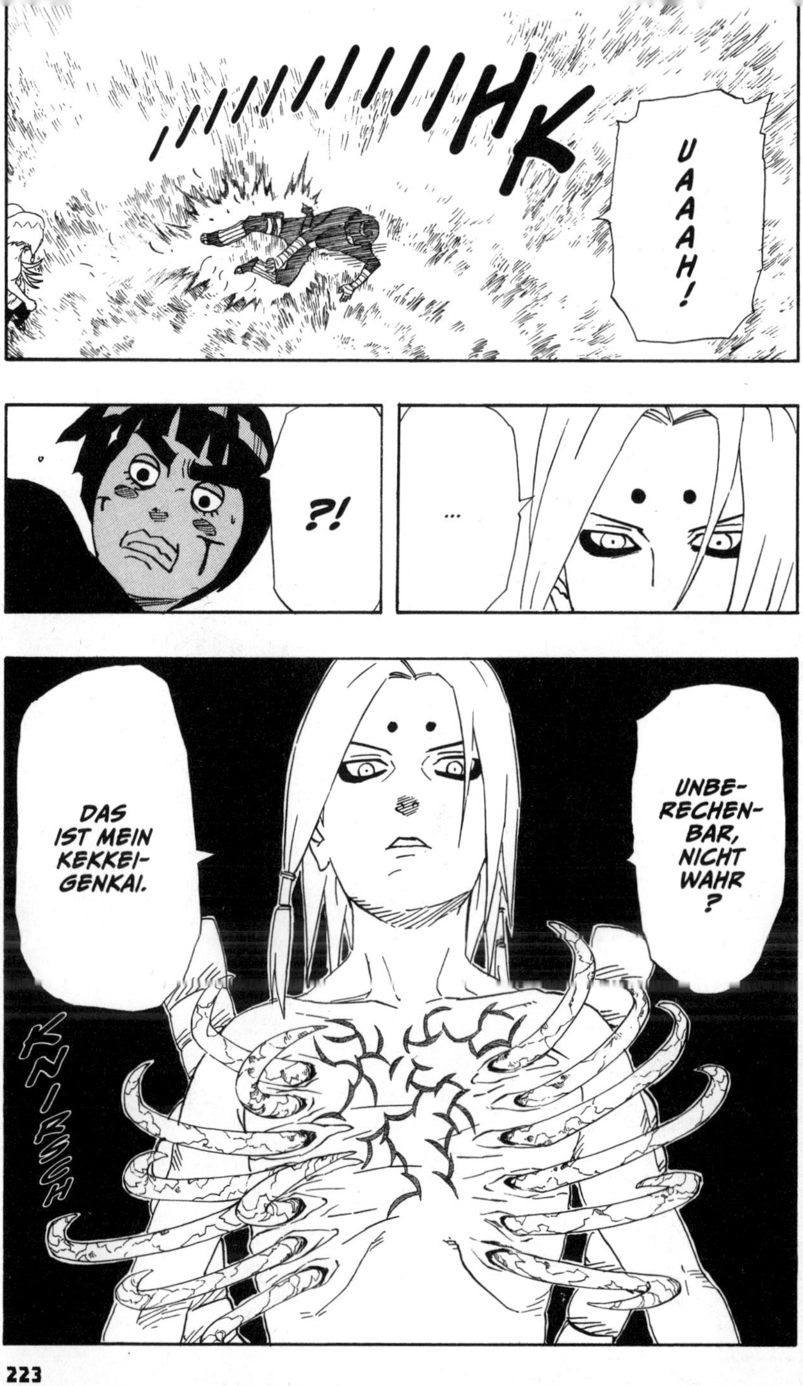
HK
UAAAH!
?!
...
UNBERECHENBAR, NICHT WAHR?
DAS IST MEIN KEKKEIGENKAI.
KNIRSCH

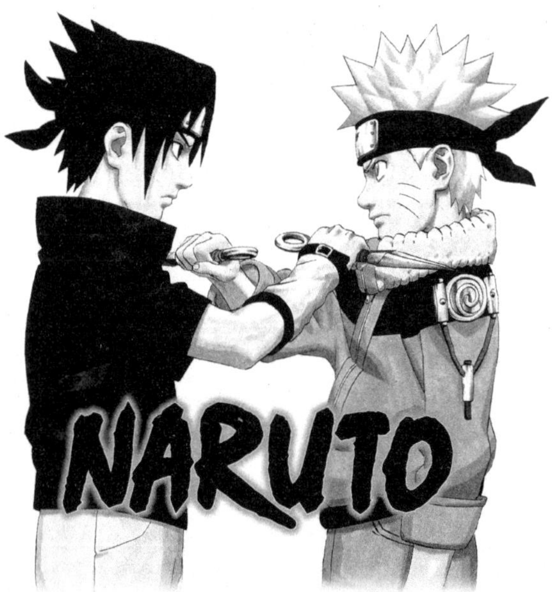
NARUTO

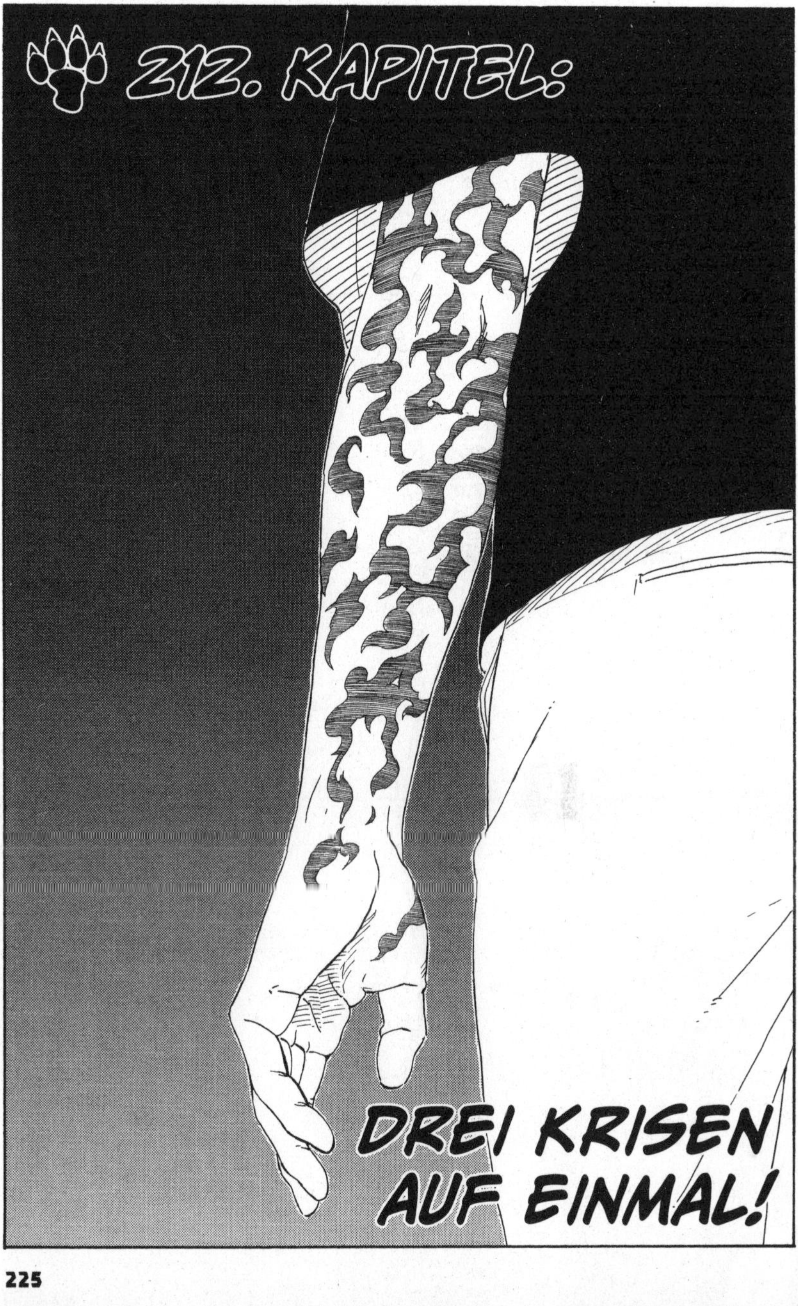
212. KAPITEL:
DREI KRISEN AUF EINMAL!

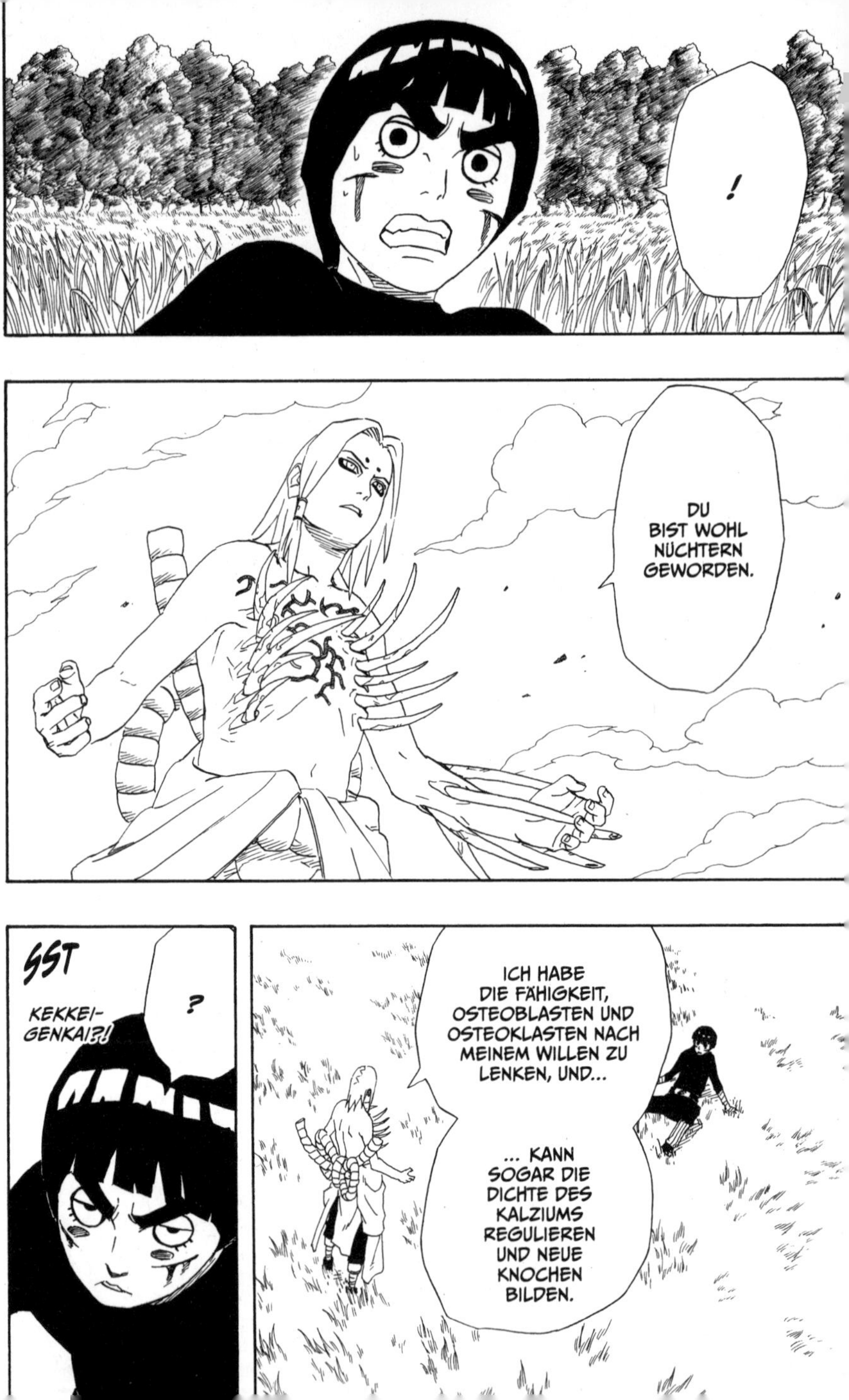
!
DU BIST WOHL NÜCHTERN GEWORDEN.
ICH HABE DIE FÄHIGKEIT, OSTEOBLASTEN UND OSTEOKLASTEN NACH MEINEM WILLEN ZU LENKEN, UND...
... KANN SOGAR DIE DICHTE DES KALZIUMS REGULIEREN UND NEUE KNOCHEN BILDEN.
SST
?
KEKKEI-GENKAI?!

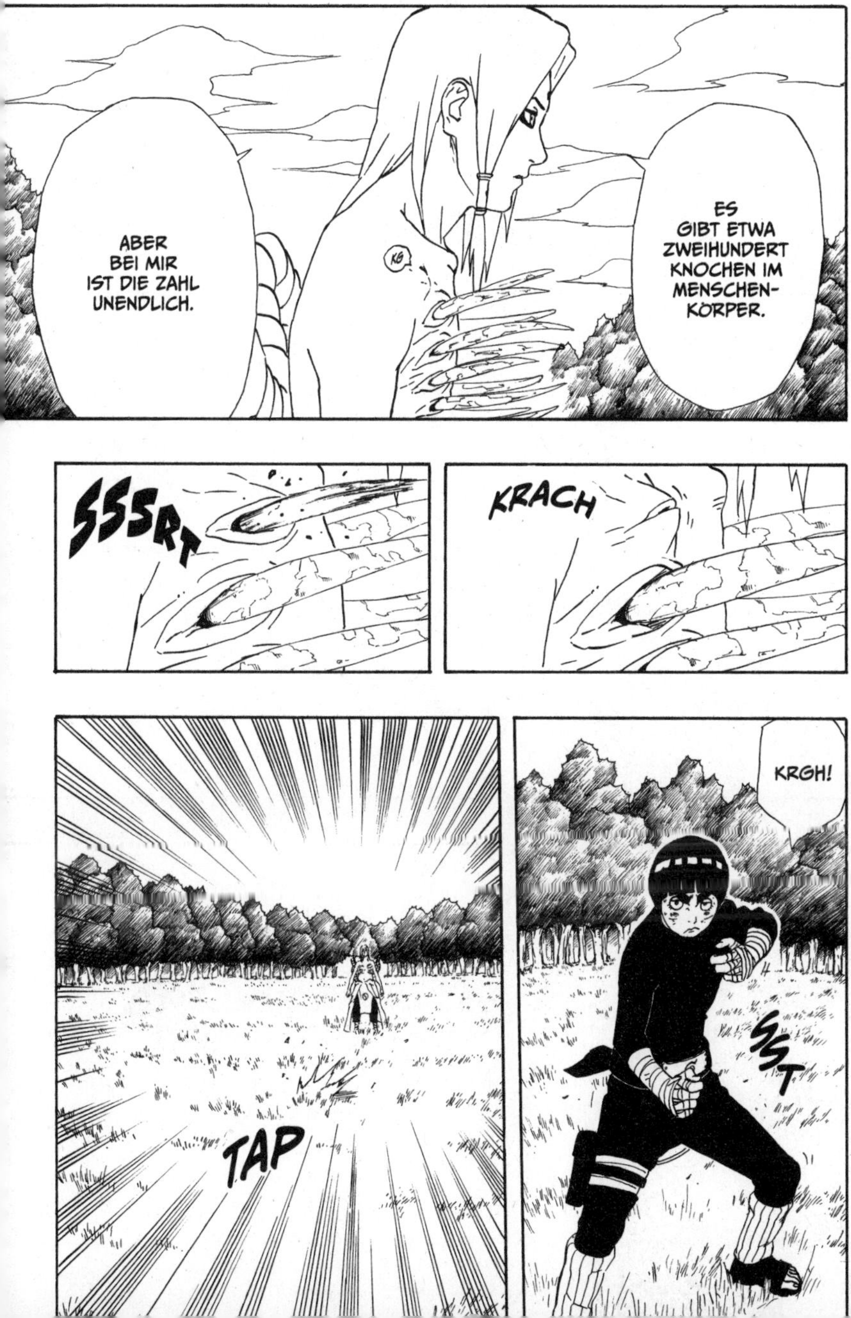
ES GIBT ETWA ZWEIHUNDERT KNOCHEN IM MENSCHEN-KÖRPER.
KG
ABER BEI MIR IST DIE ZAHL UNENDLICH.
KRACH
SSSRT
KRGH!
SST
TAP

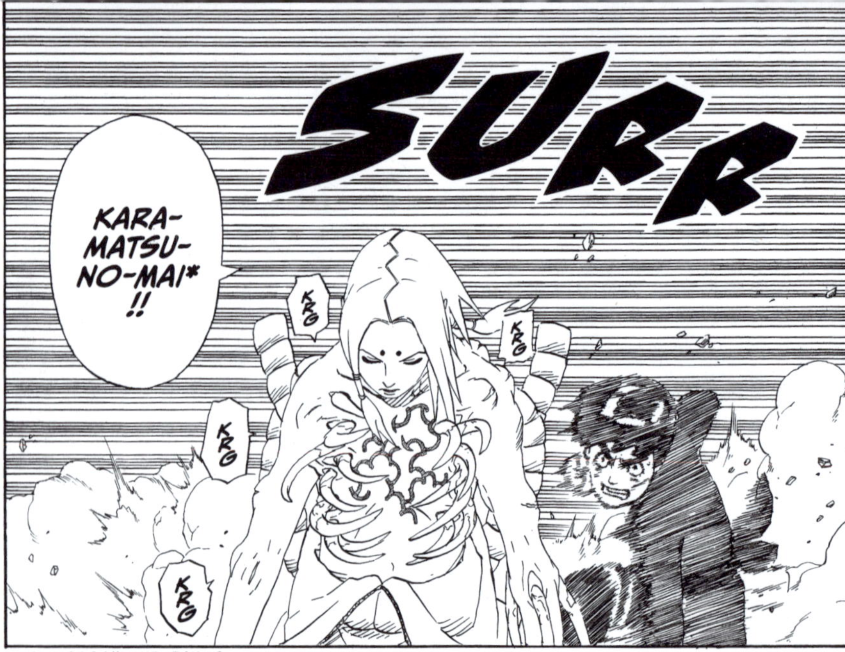

* TANZ DES LÄRCHENBAUMS

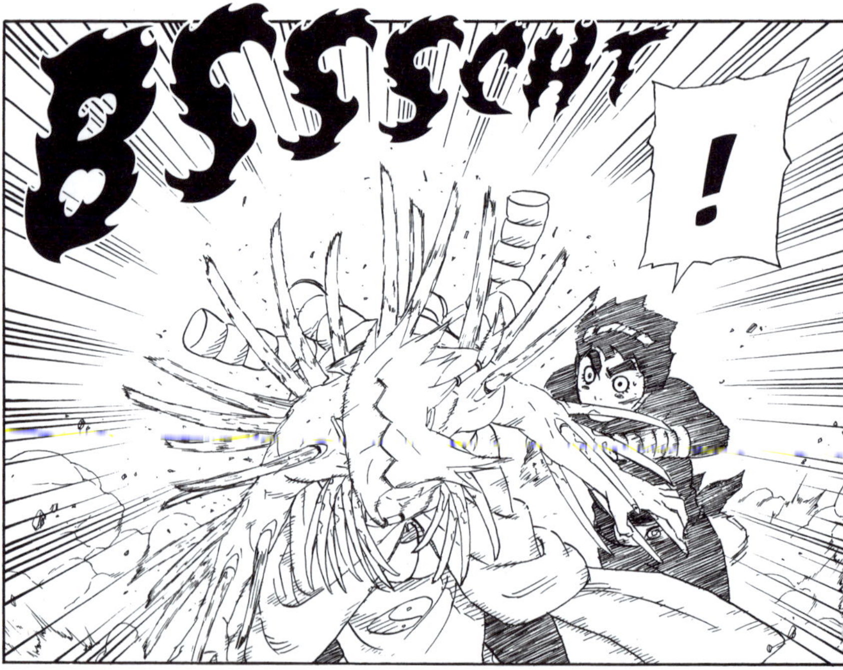

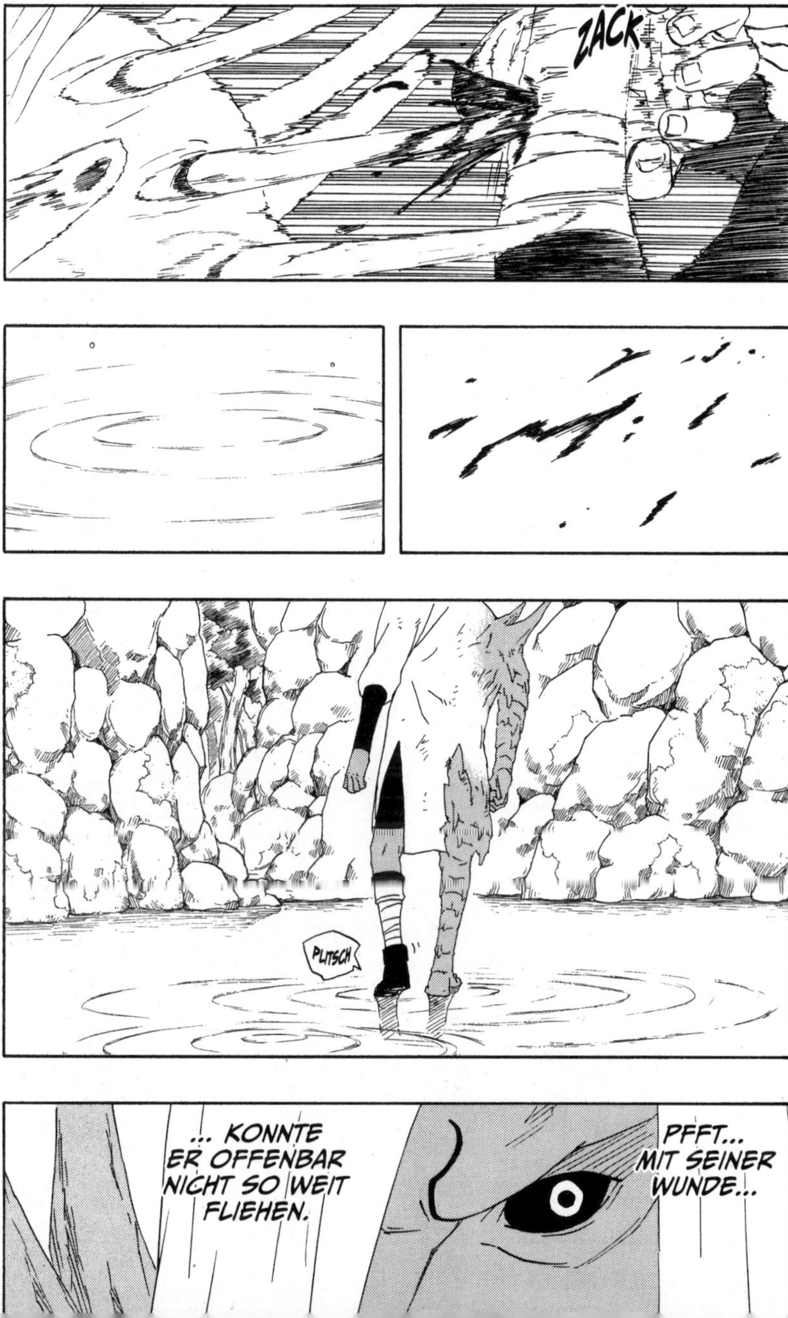
ZACK
PLITSCH
PFFT... MIT SEINER WUNDE...
... KONNTE ER OFFENBAR NICHT SO WEIT FLIEHEN.

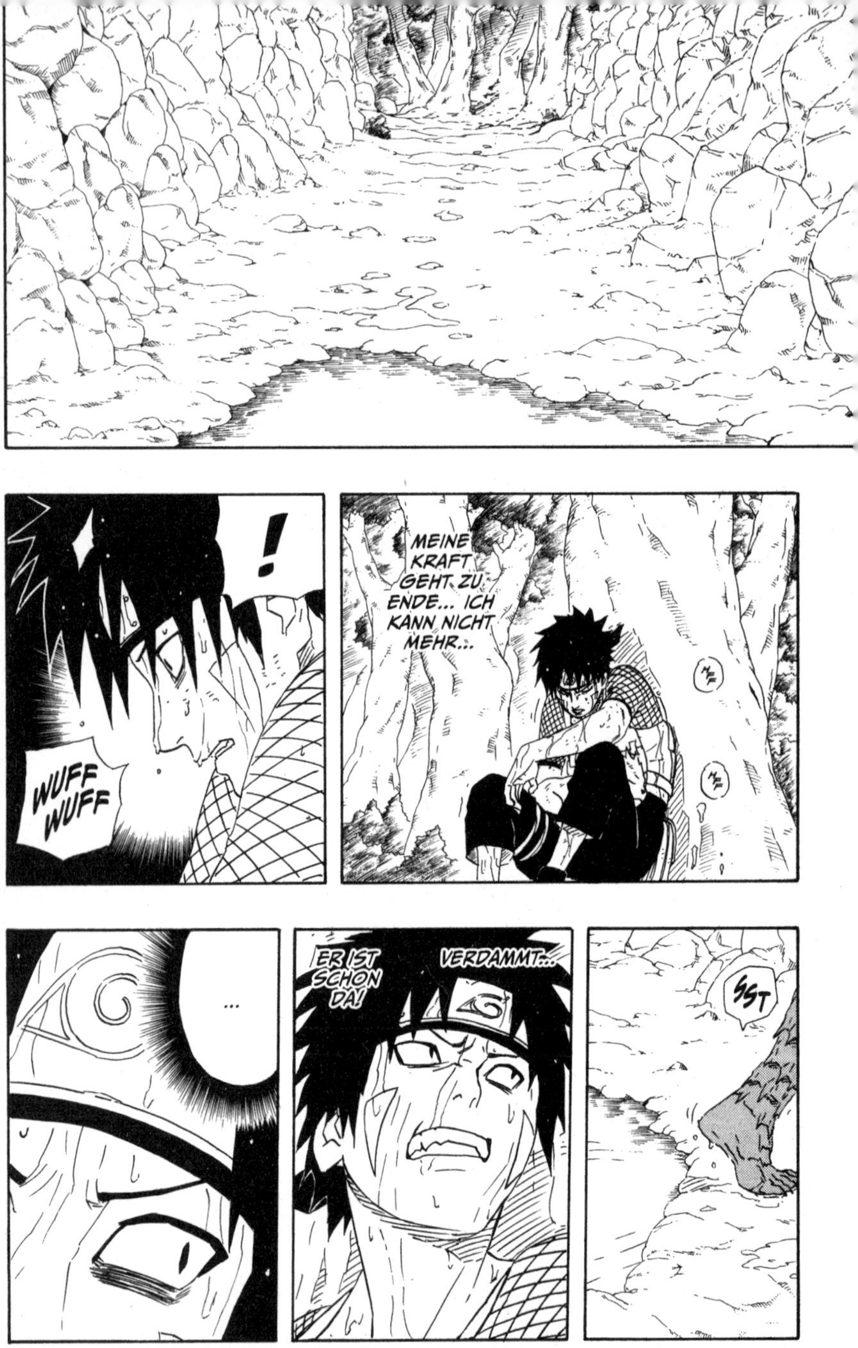
MEINE KRAFT GEHT ZU ENDE... ICH KANN NICHT MEHR...
!
WUFF WUFF
SST
VERDAMMT...
ER IST SCHON DA!
...

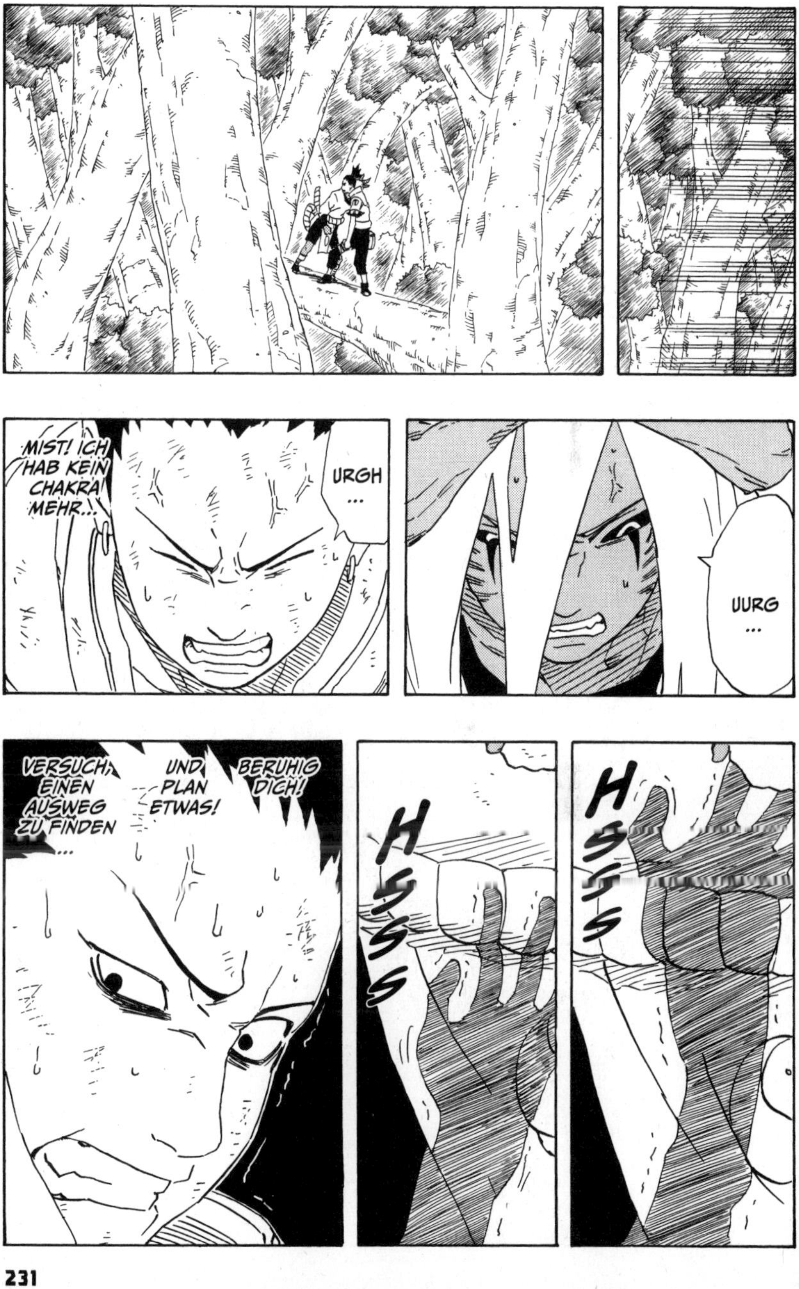
UURG ...
URGH ...
MIST! ICH HAB KEIN CHAKRA MEHR...
HSSS
HSSS
BERUHIG DICH!
UND PLAN ETWAS!
VERSUCH, EINEN AUSWEG ZU FINDEN ...

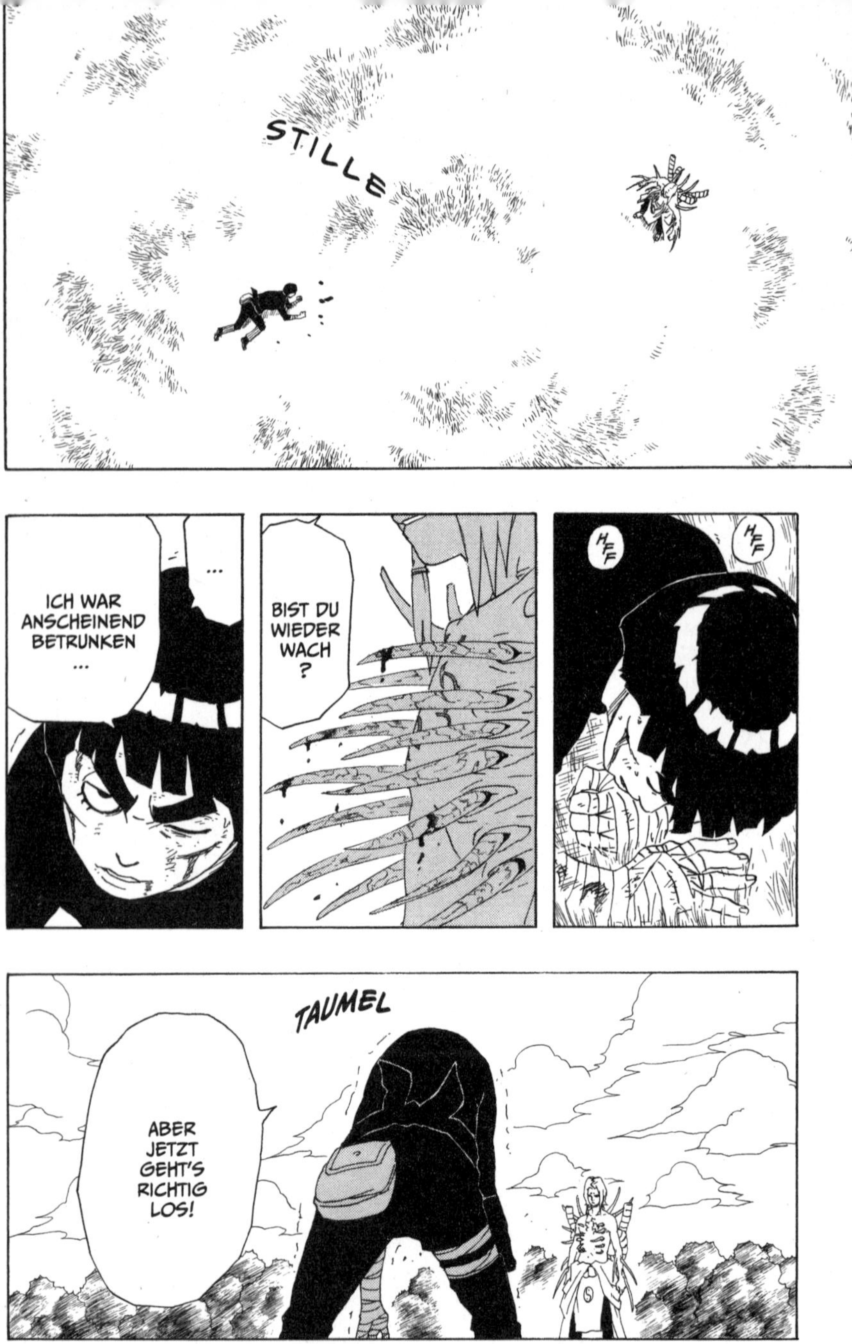
STILLE
HFF
HFF
BIST DU WIEDER WACH ?
...
ICH WAR ANSCHEINEND BETRUNKEN ...
TAUMEL
ABER JETZT GEHT'S RICHTIG LOS!

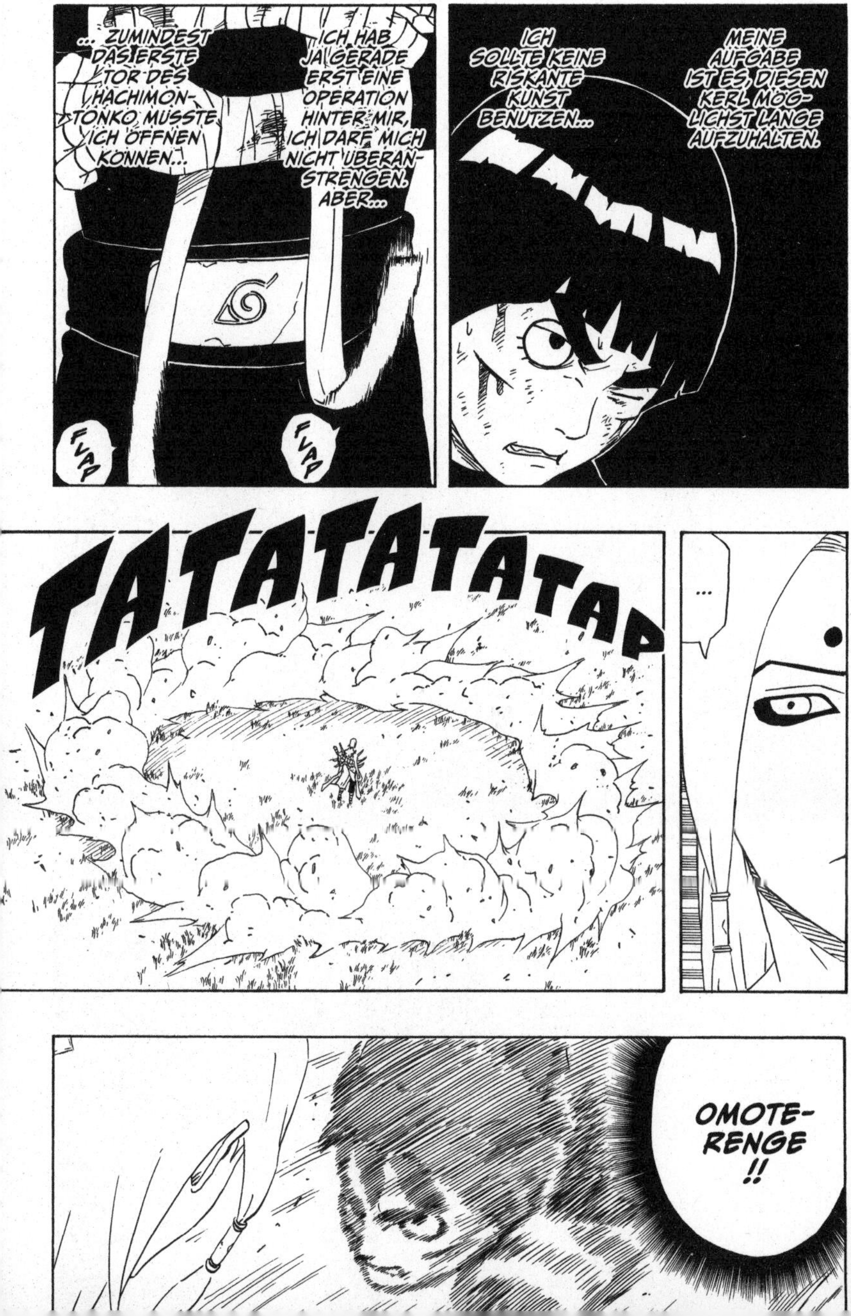
MEINE AUFGABE IST ES, DIESEN KERL MÖGLICHST LANGE AUFZUHALTEN.
ICH SOLLTE KEINE RISKANTE KUNST BENUTZEN...
ICH HAB JA GERADE ERST EINE OPERATION HINTER MIR, ICH DARF MICH NICHT ÜBERANSTRENGEN. ABER...
... ZUMINDEST DAS ERSTE TOR DES HACHIMON-TONKO MUSSTE ICH ÖFFNEN KÖNNEN...
FLAP
FLAP
...
TATATATATAP
OMOTE-RENGE !!

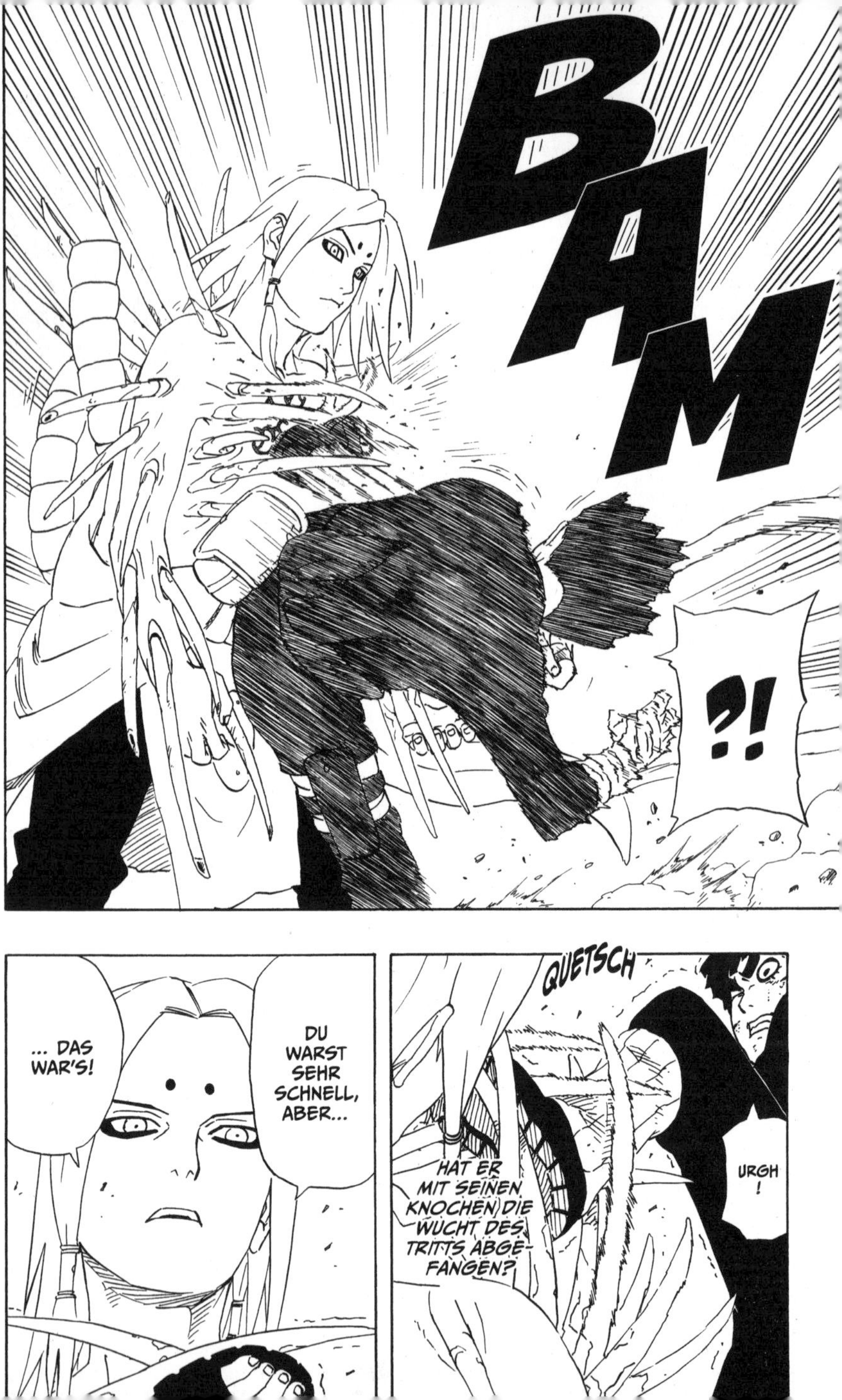
BAM
?!
QUETSCH
URGH!
HAT ER MIT SEINEN KNOCHEN DIE WUCHT DES TRITTS ABGEFANGEN?
DU WARST SEHR SCHNELL, ABER...
... DAS WAR'S!

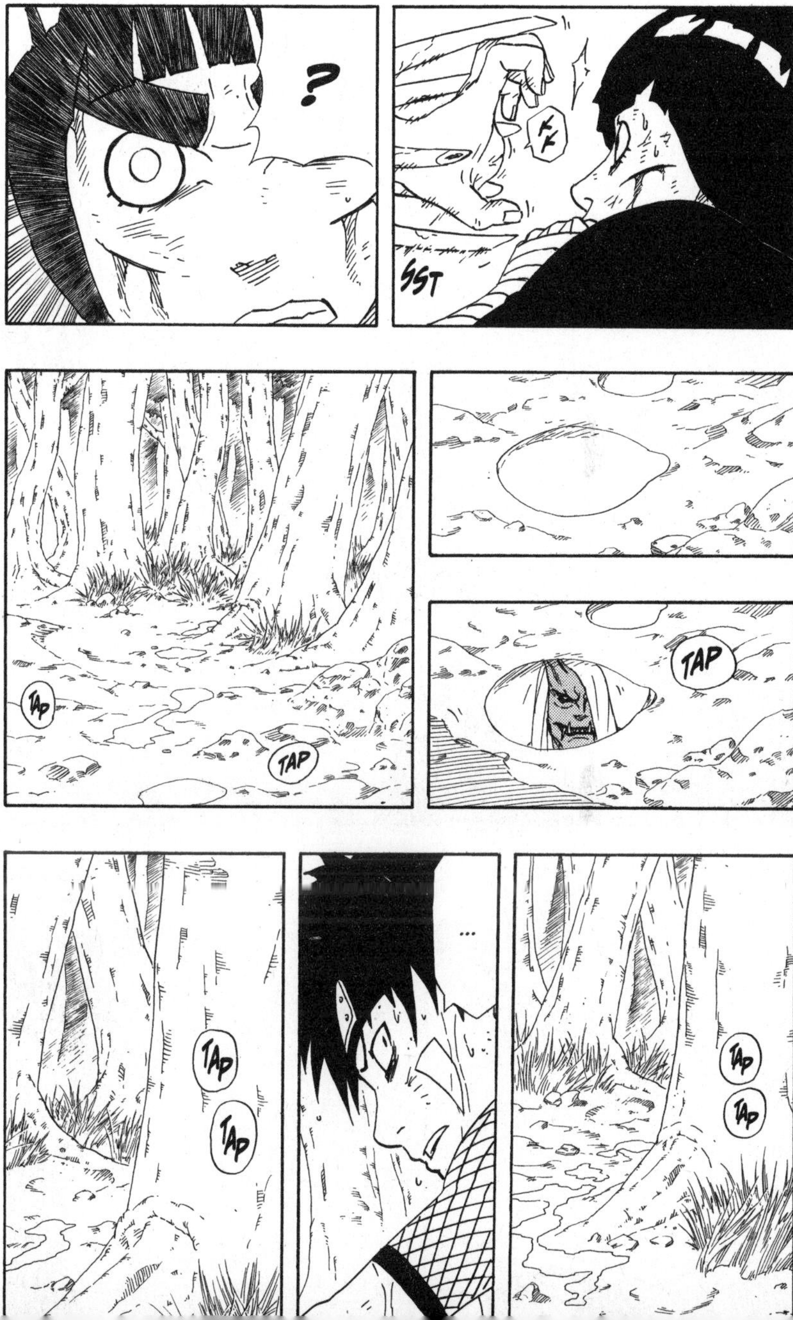
?
KK
SST
TAP
TAP
TAP
TAP
TAP
...
TAP
TAP

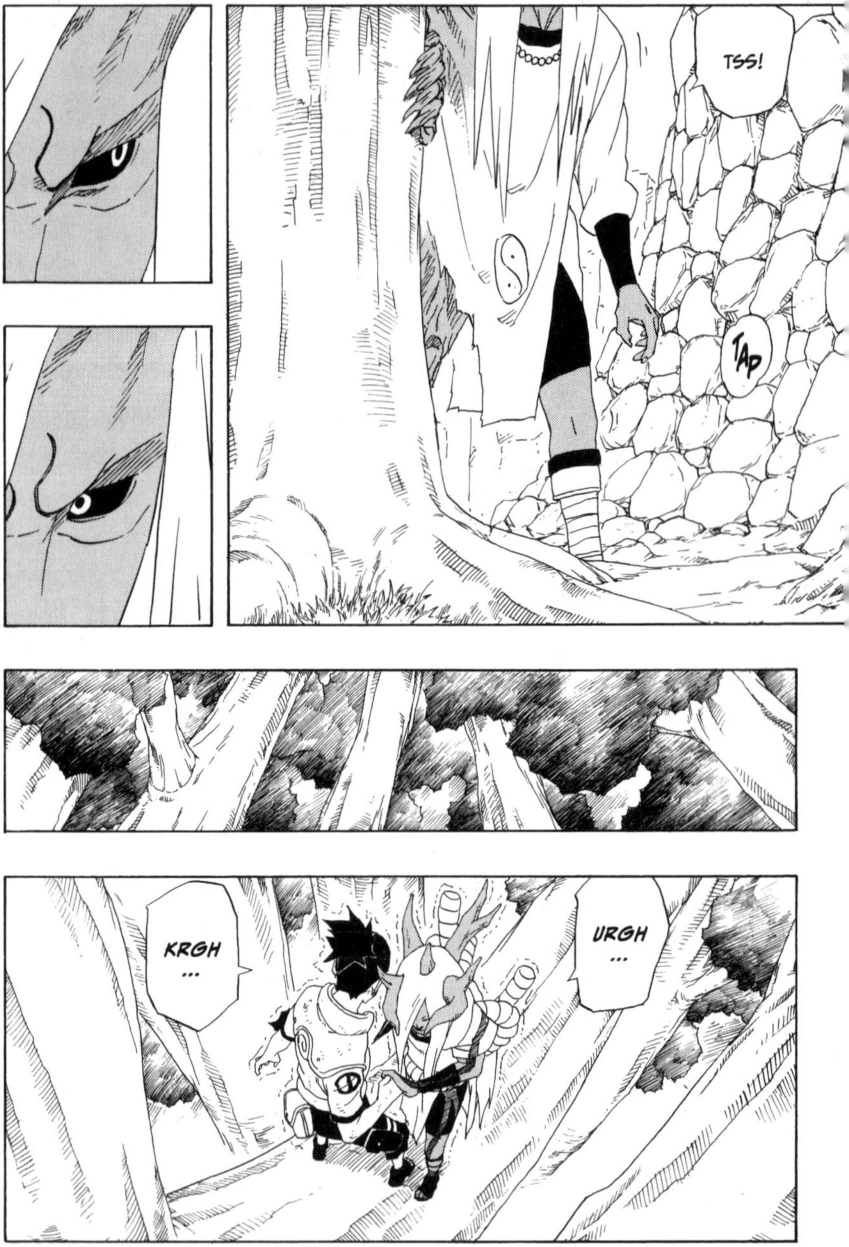
TSS!
TAP
KRGH ...
URGH ...

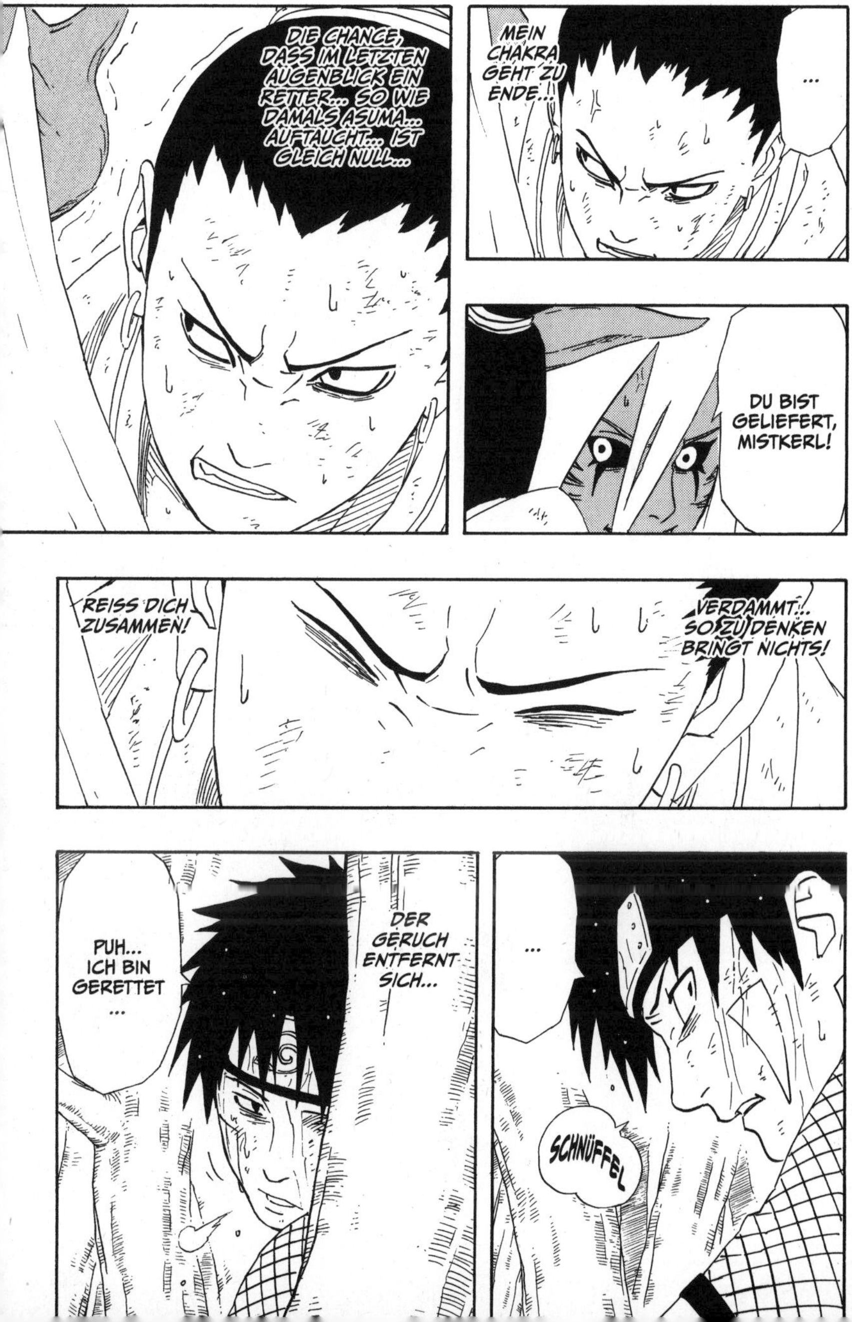
...
MEIN CHAKRA GEHT ZU ENDE...
DIE CHANCE, DASS IM LETZTEN AUGENBLICK EIN RETTER... SO WIE DAMALS ASUMA... AUFTAUCHT... IST GLEICH NULL...
DU BIST GELIEFERT, MISTKERL!
VERDAMMT... SO ZU DENKEN BRINGT NICHTS!
REISS DICH ZUSAMMEN!
...
SCHNÜFFEL
DER GERUCH ENTFERNT SICH...
PUH... ICH BIN GERETTET ...

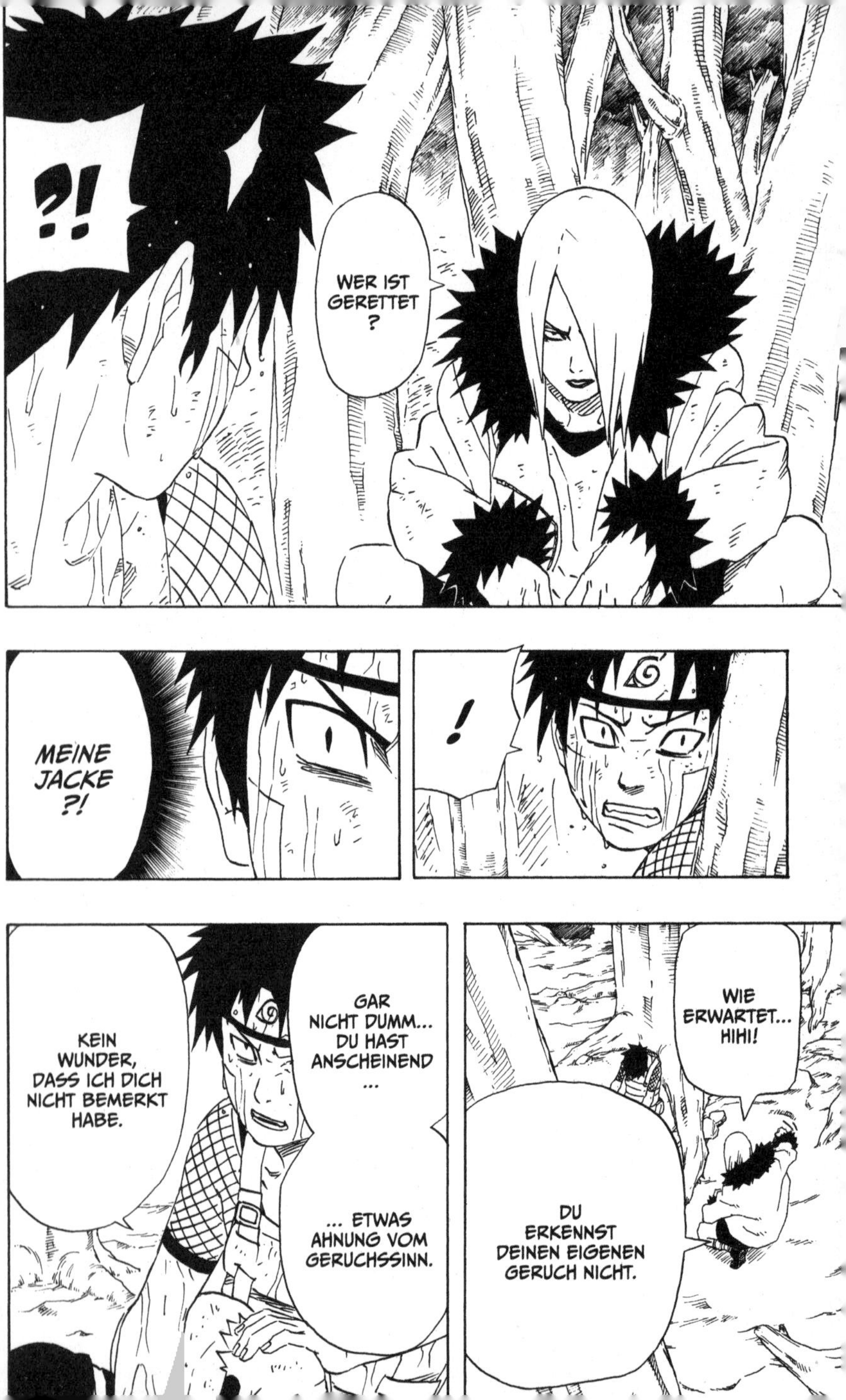
WER IST GERETTET ?
?!
!
MEINE JACKE ?!
WIE ERWARTET... HIHI!
DU ERKENNST DEINEN EIGENEN GERUCH NICHT.
GAR NICHT DUMM... DU HAST ANSCHEINEND ...
... ETWAS AHNUNG VOM GERUCHSSINN.
KEIN WUNDER, DASS ICH DICH NICHT BEMERKT HABE.

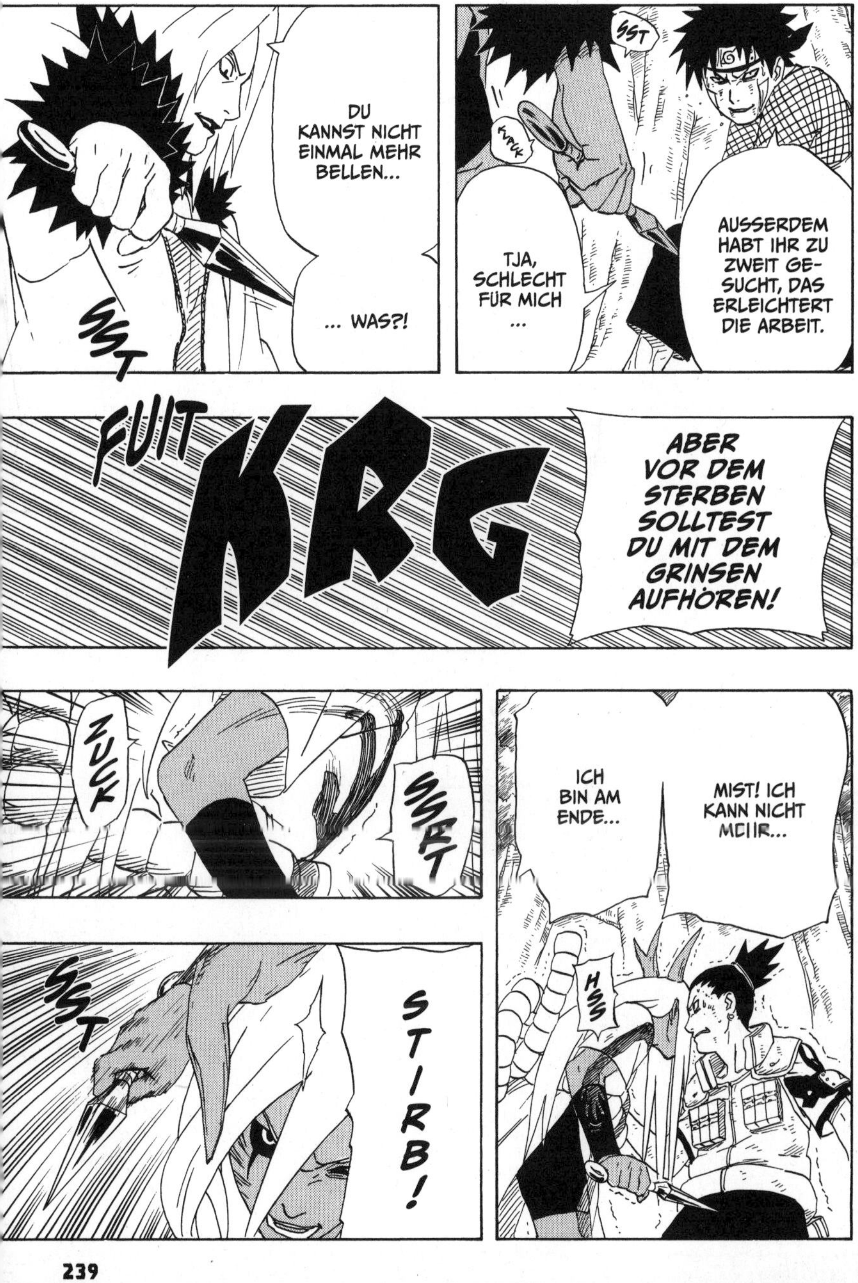
SST
KNACK
AUSSERDEM HABT IHR ZU ZWEIT GESUCHT, DAS ERLEICHTERT DIE ARBEIT.
TJA, SCHLECHT FÜR MICH ...
DU KANNST NICHT EINMAL MEHR BELLEN...
... WAS?!
SST
ABER VOR DEM STERBEN SOLLTEST DU MIT DEM GRINSEN AUFHÖREN!
KRG
FUIT
MIST! ICH KANN NICHT MEHR...
ICH BIN AM ENDE...
HSS
ZUCK
STIRB!
SST

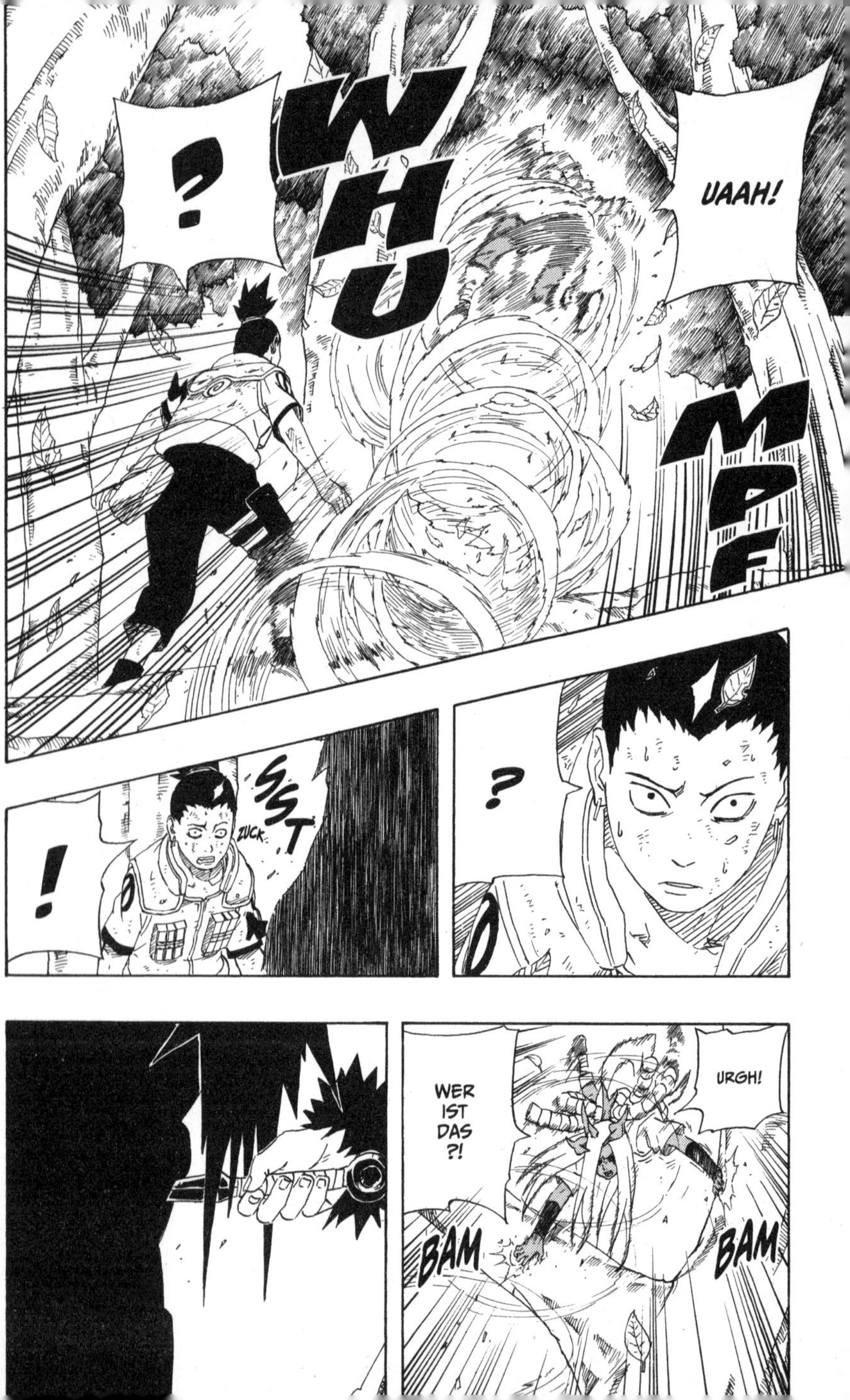
UAAH!
WHU
?
MPF
?
SST
ZUCK
!
URGH!
WER IST DAS ?!
BAM
BAM

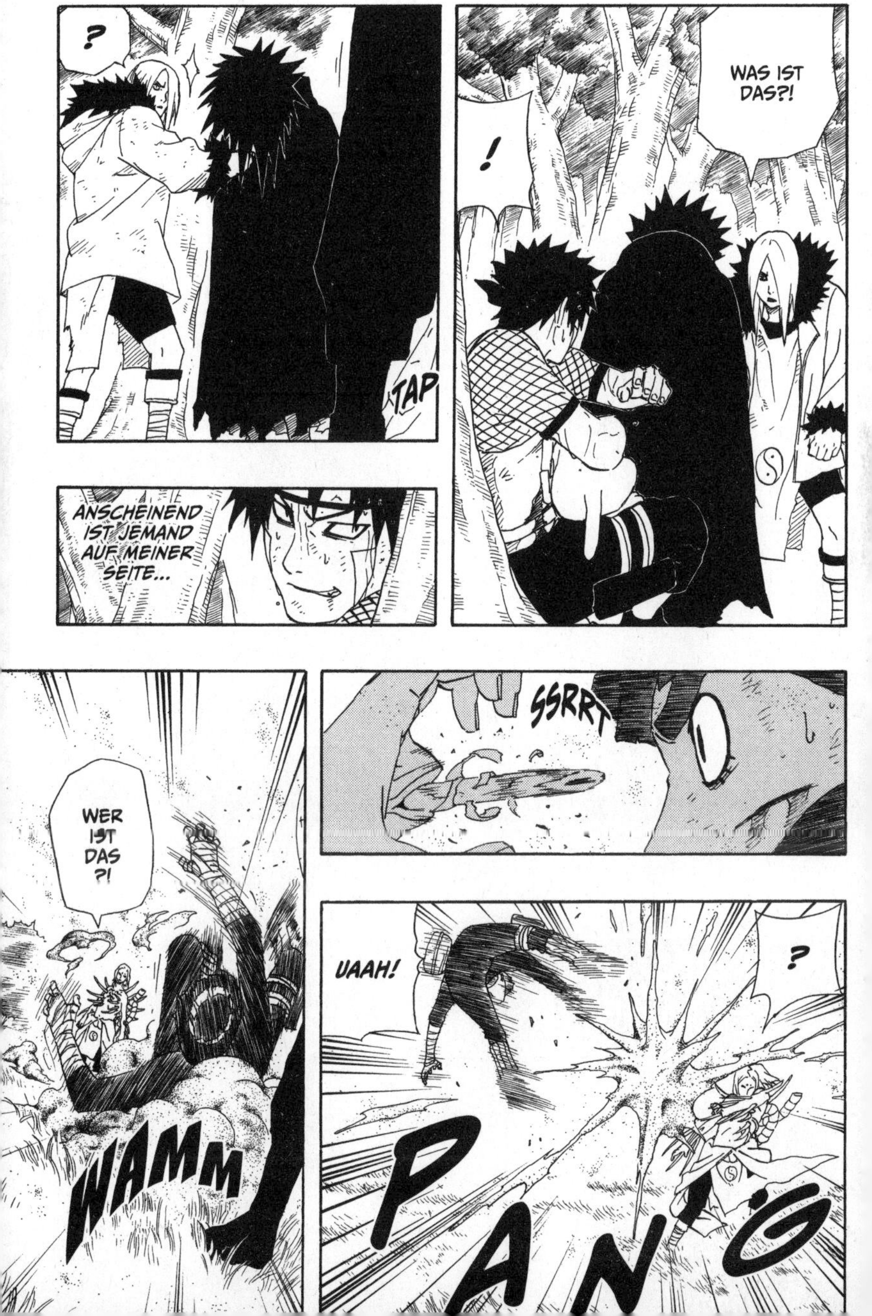
WAS IST DAS?!
!
?
TAP
ANSCHEINEND IST JEMAND AUF MEINER SEITE...
SSRRT
?
UAAH!
PANG
WER IST DAS?!
WAMM

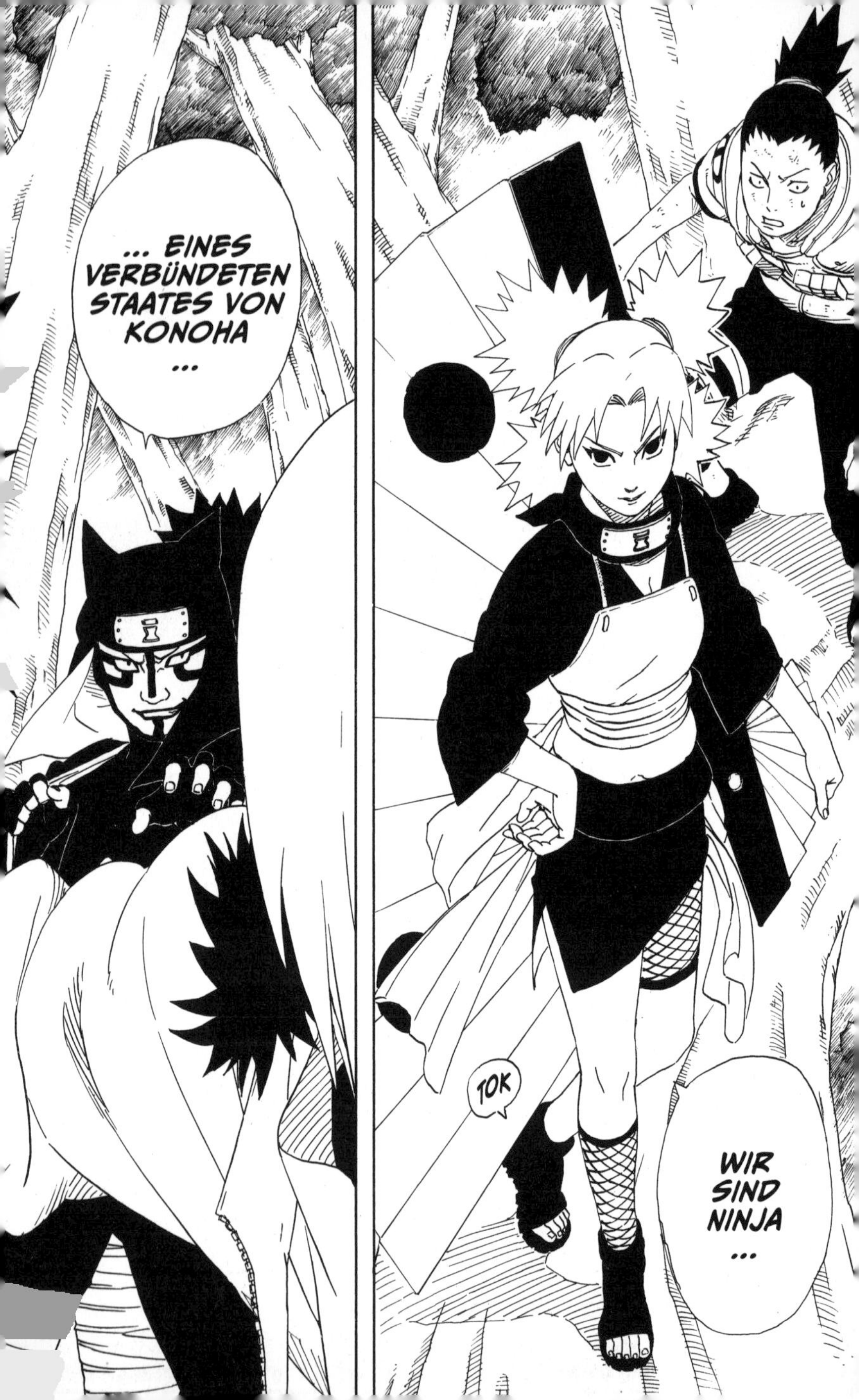
TOK
WIR SIND NINJA ...
... EINES VERBÜNDETEN STAATES VON KONOHA ...

KLIRR
... NAMENS SUNA.

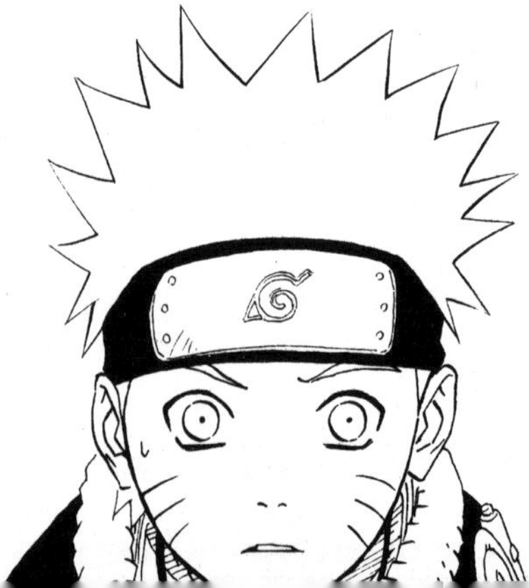

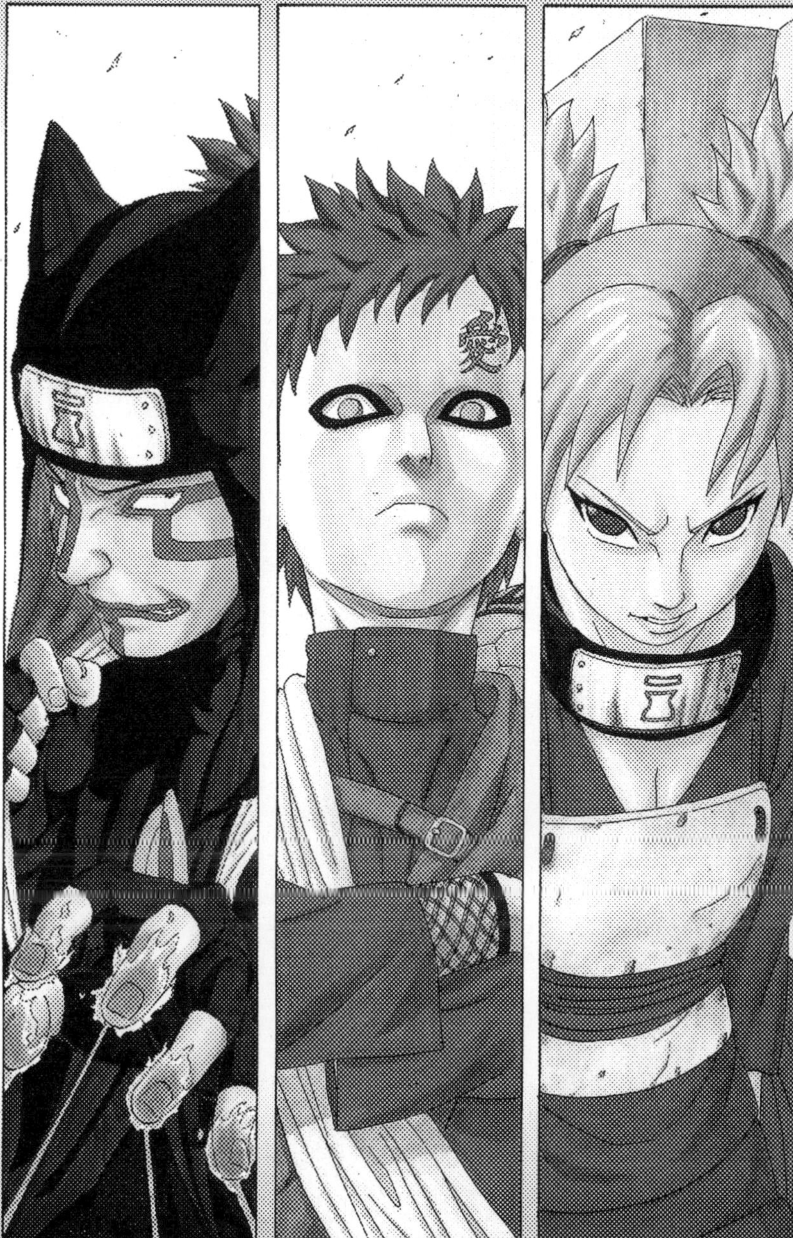

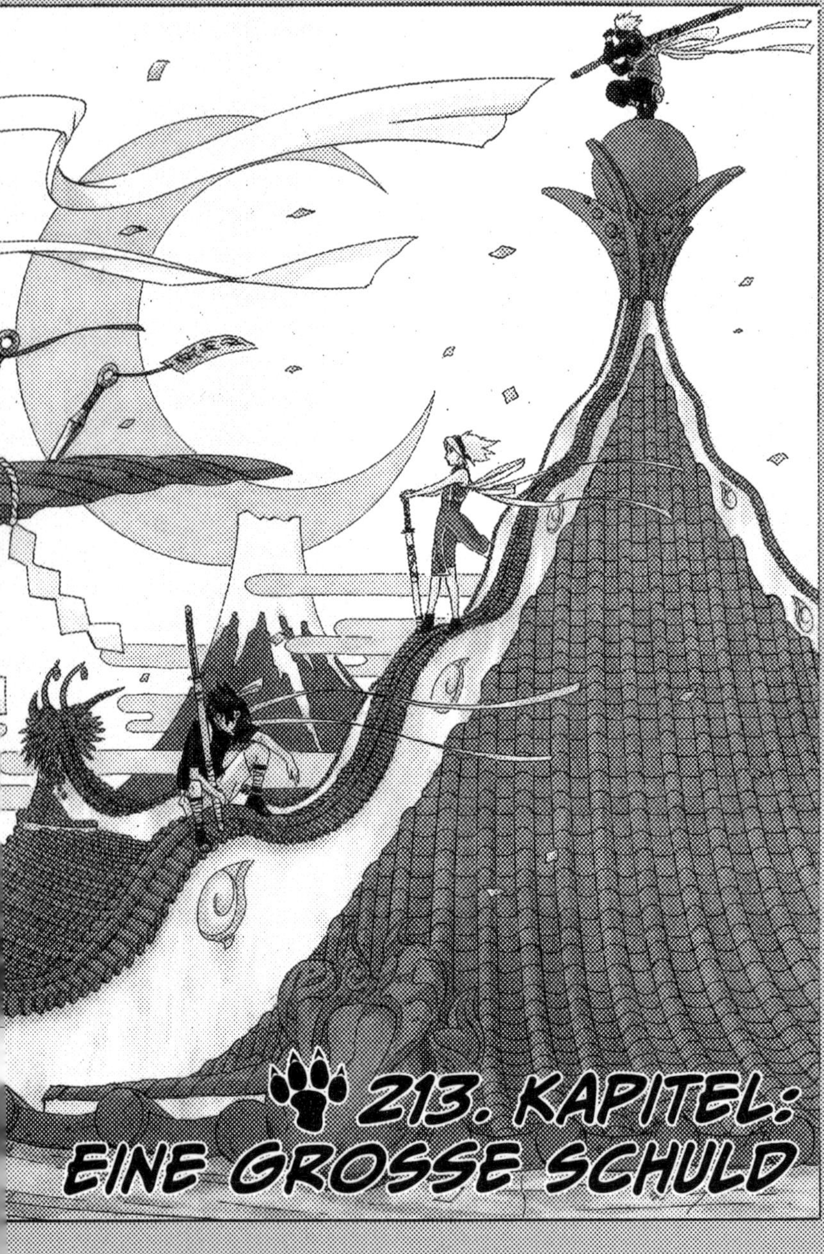
213. KAPITEL:
EINE GROSSE SCHULD

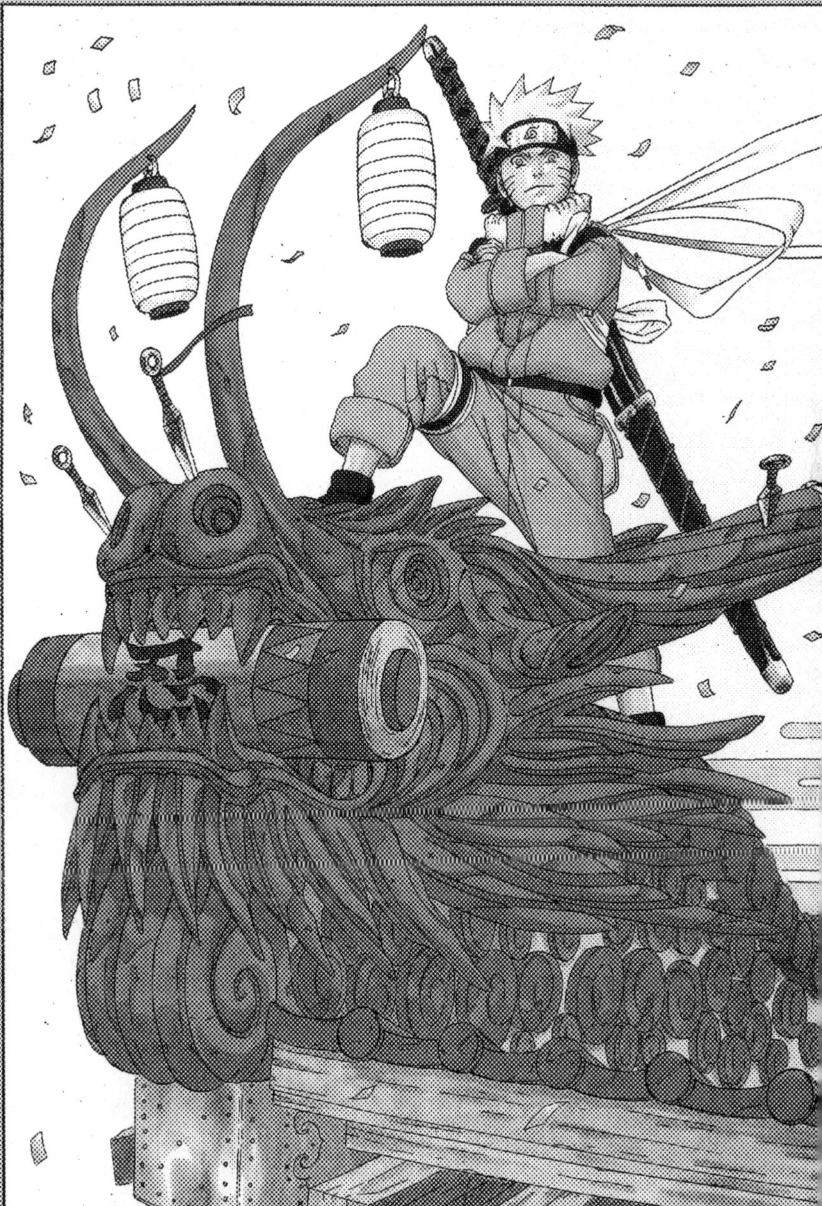

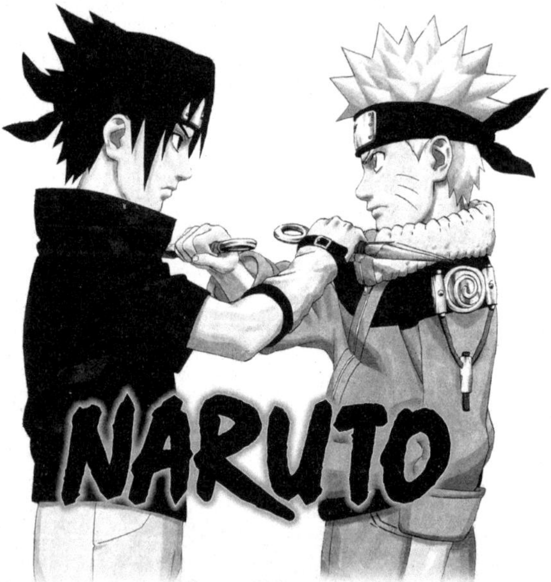
NARUTO

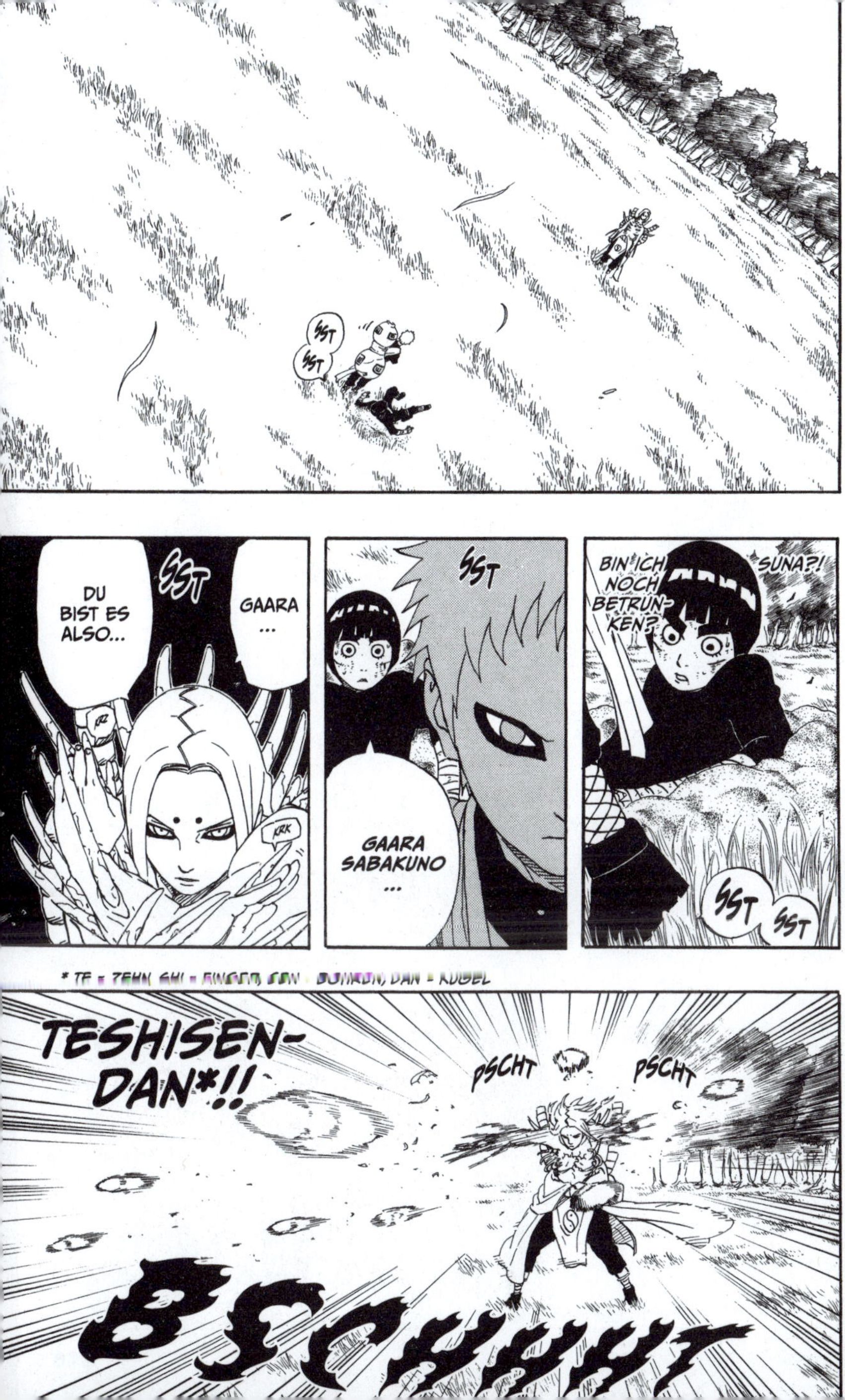
SST
SST
SUNA?!
BIN ICH NOCH BETRUNKEN?
SST
SST
SST
GAARA SABAKUNO ...
SST
GAARA ...
DU BIST ES ALSO...
KRZ
KRK
PSCHT
PSCHT
TESHISEN-DAN*!!
BSCHHHT

* ... DAN = KUGEL

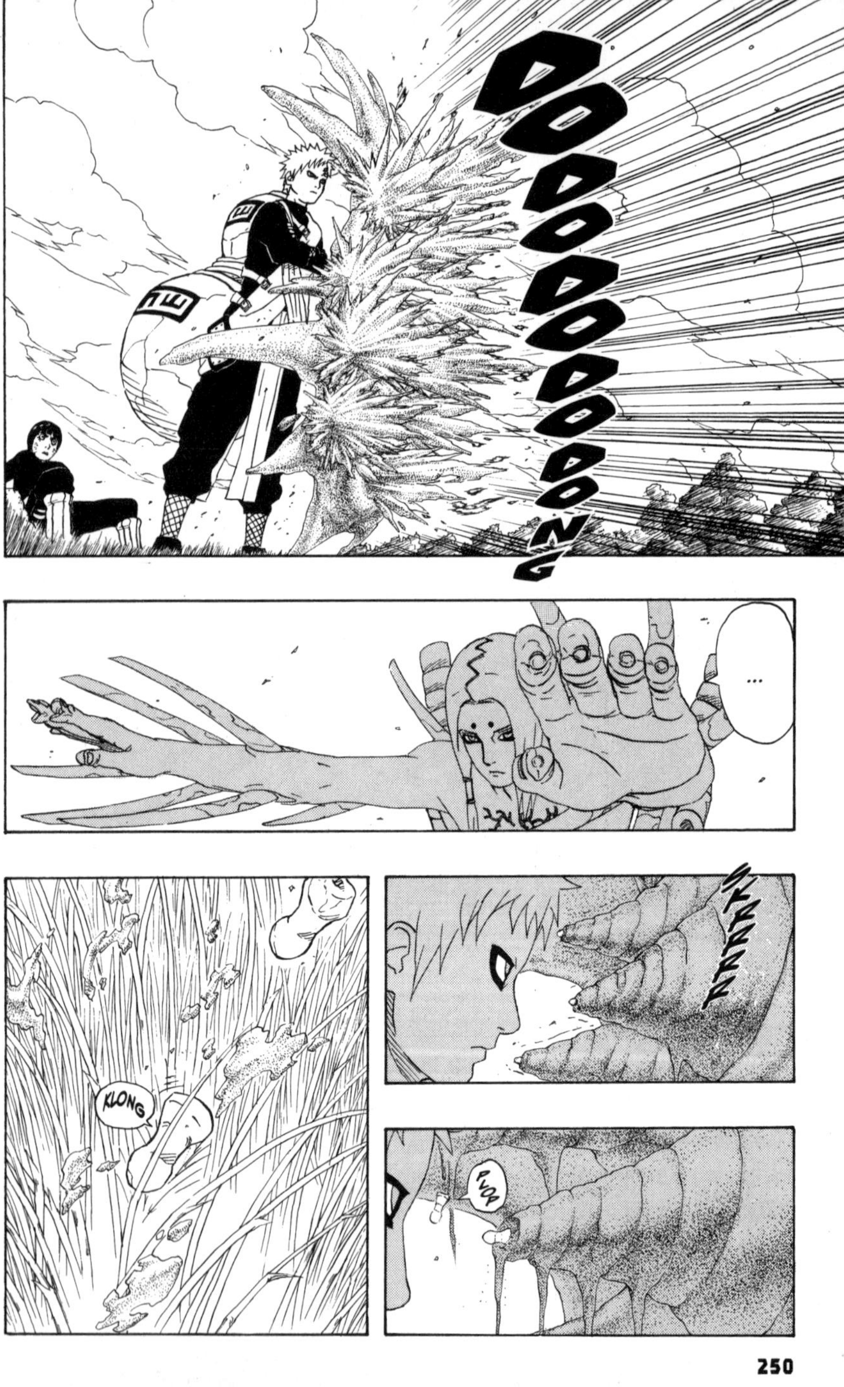
DOOOOOOOOOONG
...
SKRRRRRT
KLONG
PLOP

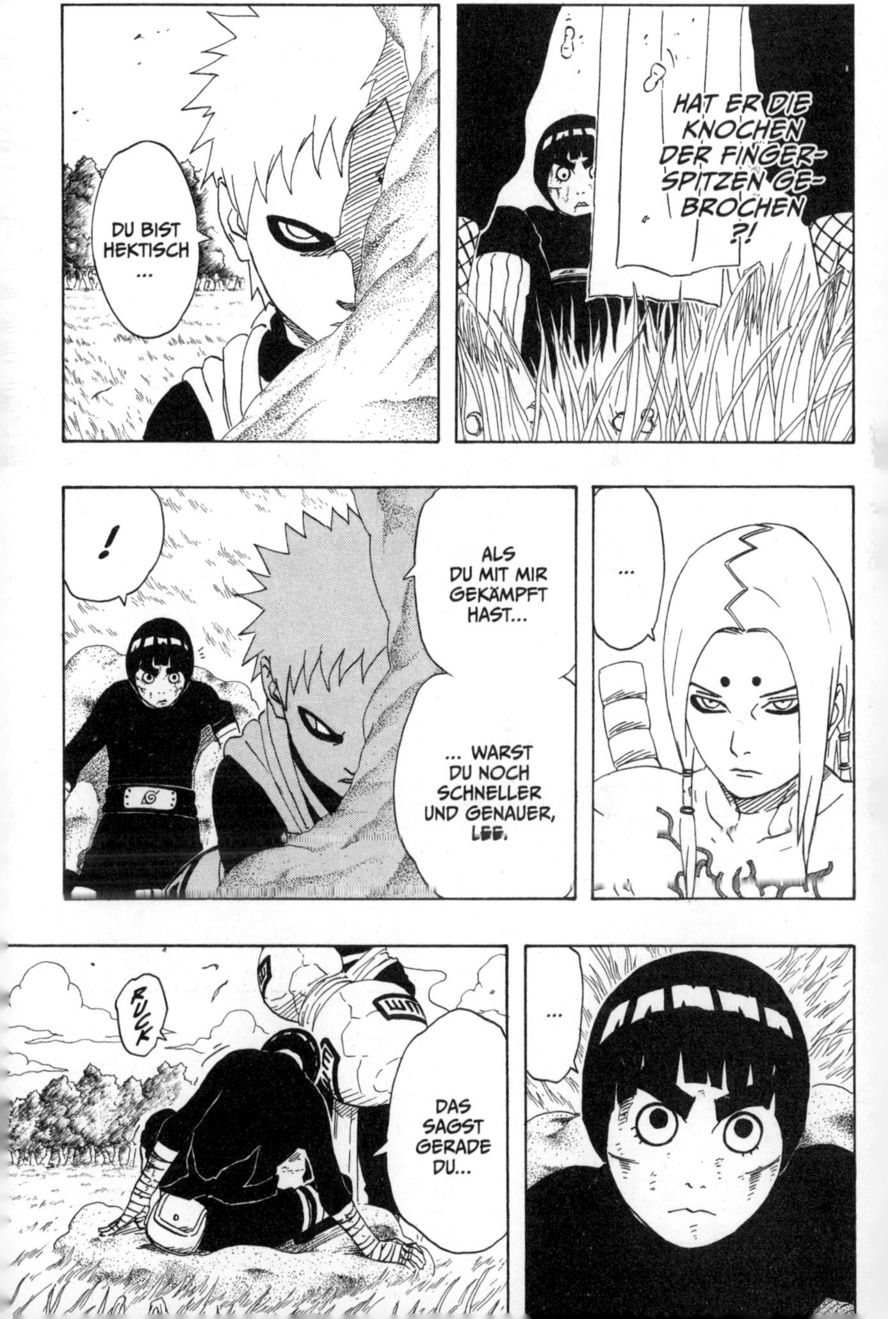

HAT ER DIE KNOCHEN DER FINGER-SPITZEN GE-BROCHEN ?!
DU BIST HEKTISCH ...
...
ALS DU MIT MIR GEKÄMPFT HAST...
... WARST DU NOCH SCHNELLER UND GENAUER, LEE.
!
...
DAS SAGST GERADE DU...
RUCK

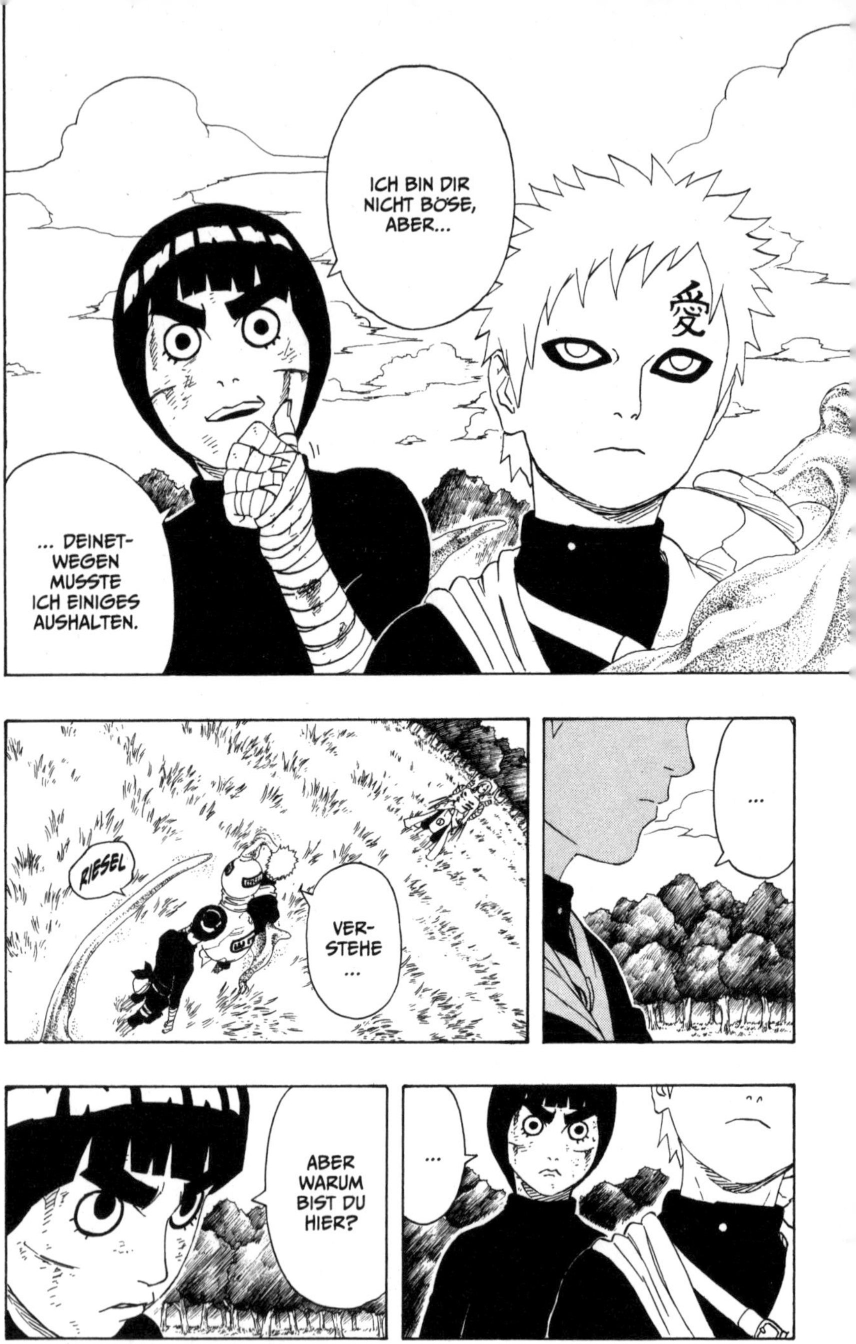
ICH BIN DIR NICHT BÖSE, ABER...
... DEINETWEGEN MUSSTE ICH EINIGES AUSHALTEN.
...
VERSTEHE ...
RIESEL
ABER WARUM BIST DU HIER?
...

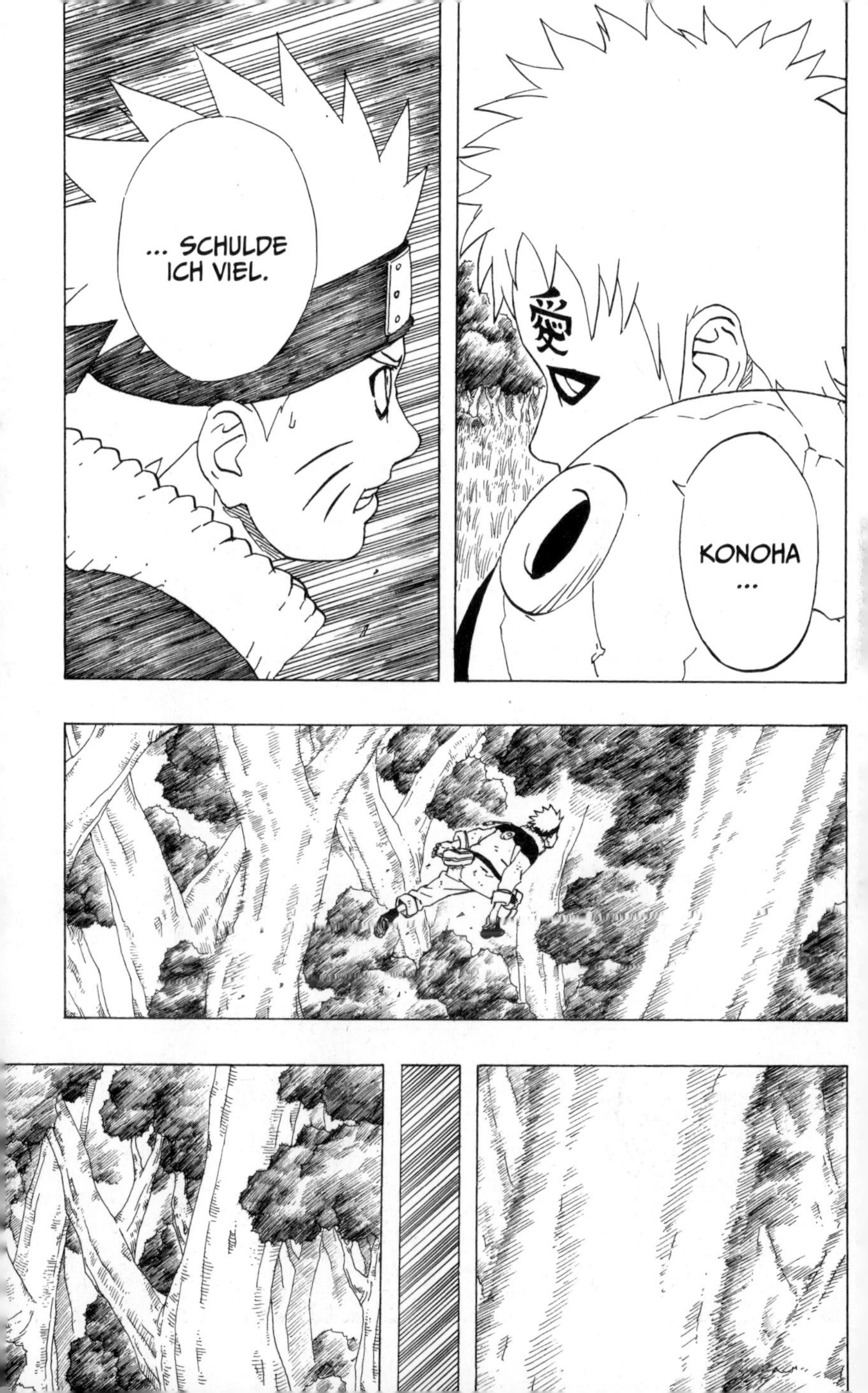
KONOHA ...
... SCHULDE ICH VIEL.

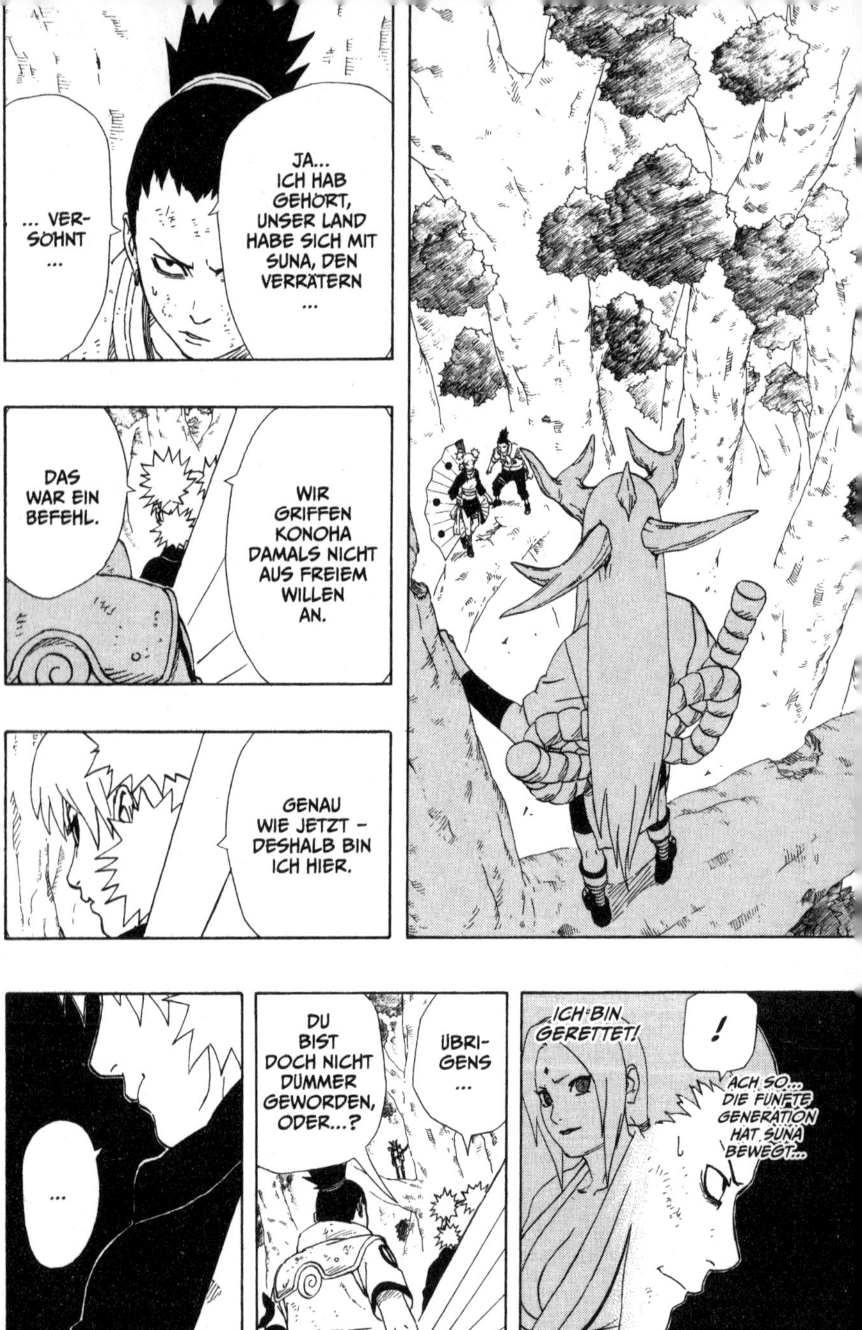
JA... ICH HAB GEHÖRT, UNSER LAND HABE SICH MIT SUNA, DEN VERRÄTERN ...
... VER-SÖHNT ...
WIR GRIFFEN KONOHA DAMALS NICHT AUS FREIEM WILLEN AN.
DAS WAR EIN BEFEHL.
GENAU WIE JETZT - DESHALB BIN ICH HIER.
!
ACH SO... DIE FÜNFTE GENERATION HAT SUNA BEWEGT...
ICH BIN GERETTET!
ÜBRIGENS ...
DU BIST DOCH NICHT DÜMMER GEWORDEN, ODER...?
...

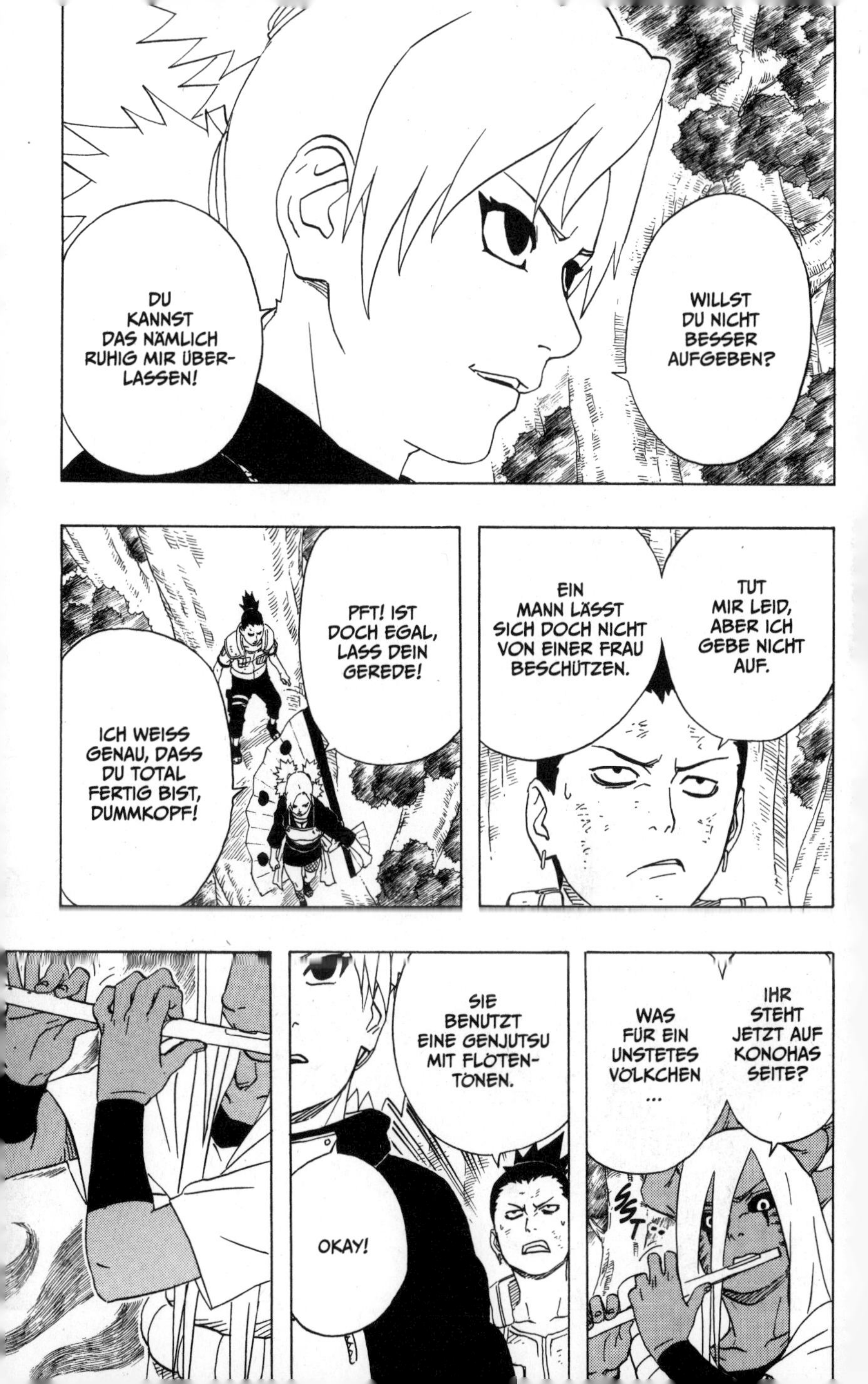
WILLST DU NICHT BESSER AUFGEBEN?
DU KANNST DAS NÄMLICH RUHIG MIR ÜBERLASSEN!
TUT MIR LEID, ABER ICH GEBE NICHT AUF.
EIN MANN LÄSST SICH DOCH NICHT VON EINER FRAU BESCHÜTZEN.
PFT! IST DOCH EGAL, LASS DEIN GEREDE!
ICH WEISS GENAU, DASS DU TOTAL FERTIG BIST, DUMMKOPF!
IHR STEHT JETZT AUF KONOHAS SEITE?
WAS FÜR EIN UNSTETES VÖLKCHEN ...
SST
SIE BENUTZT EINE GENJUTSU MIT FLÖTEN-TÖNEN.
OKAY!

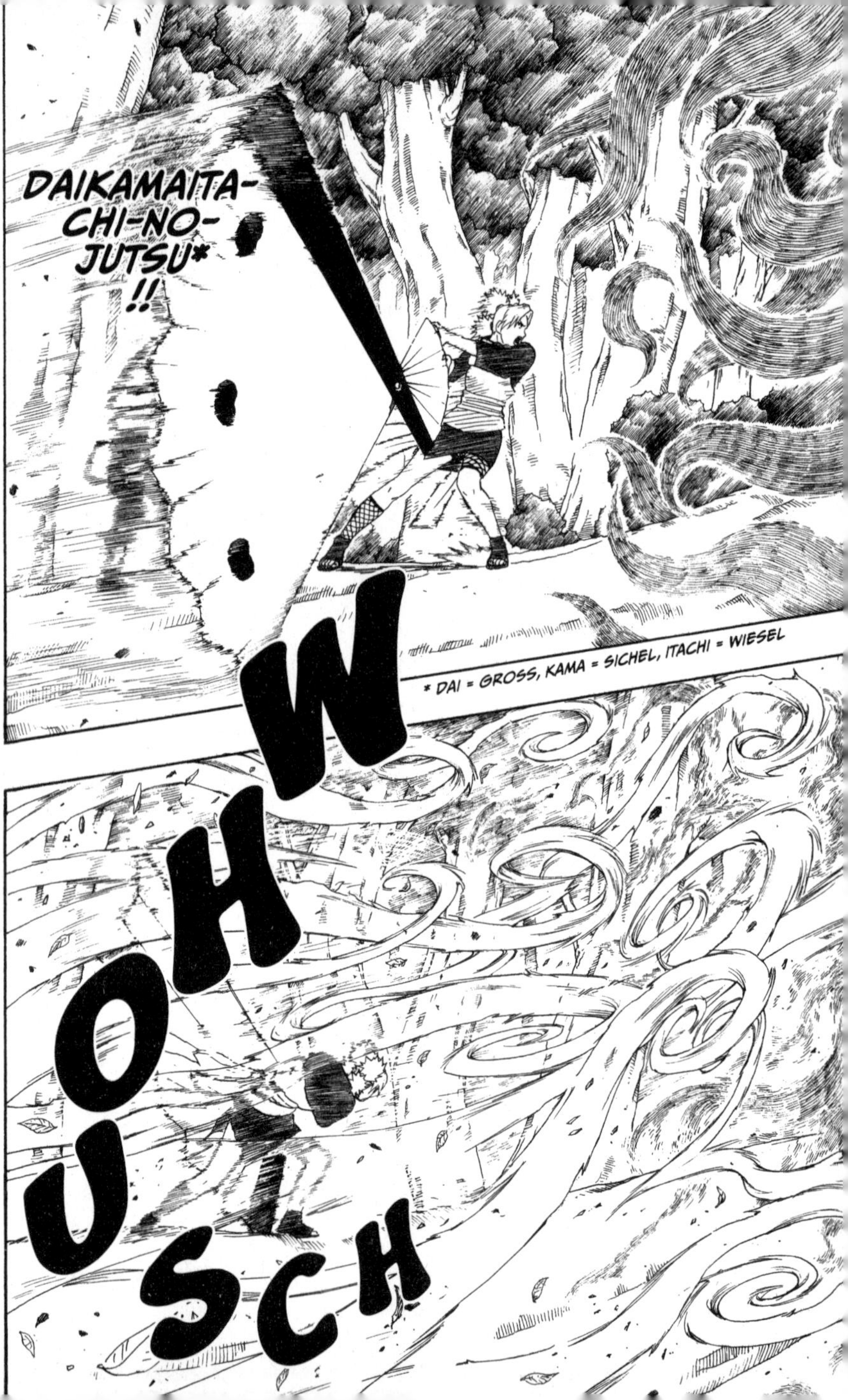
DAIKAMAITA-CHI-NO-JUTSU* !!
* DAI = GROSS, KAMA = SICHEL, ITACHI = WIESEL
WHOOUSCH

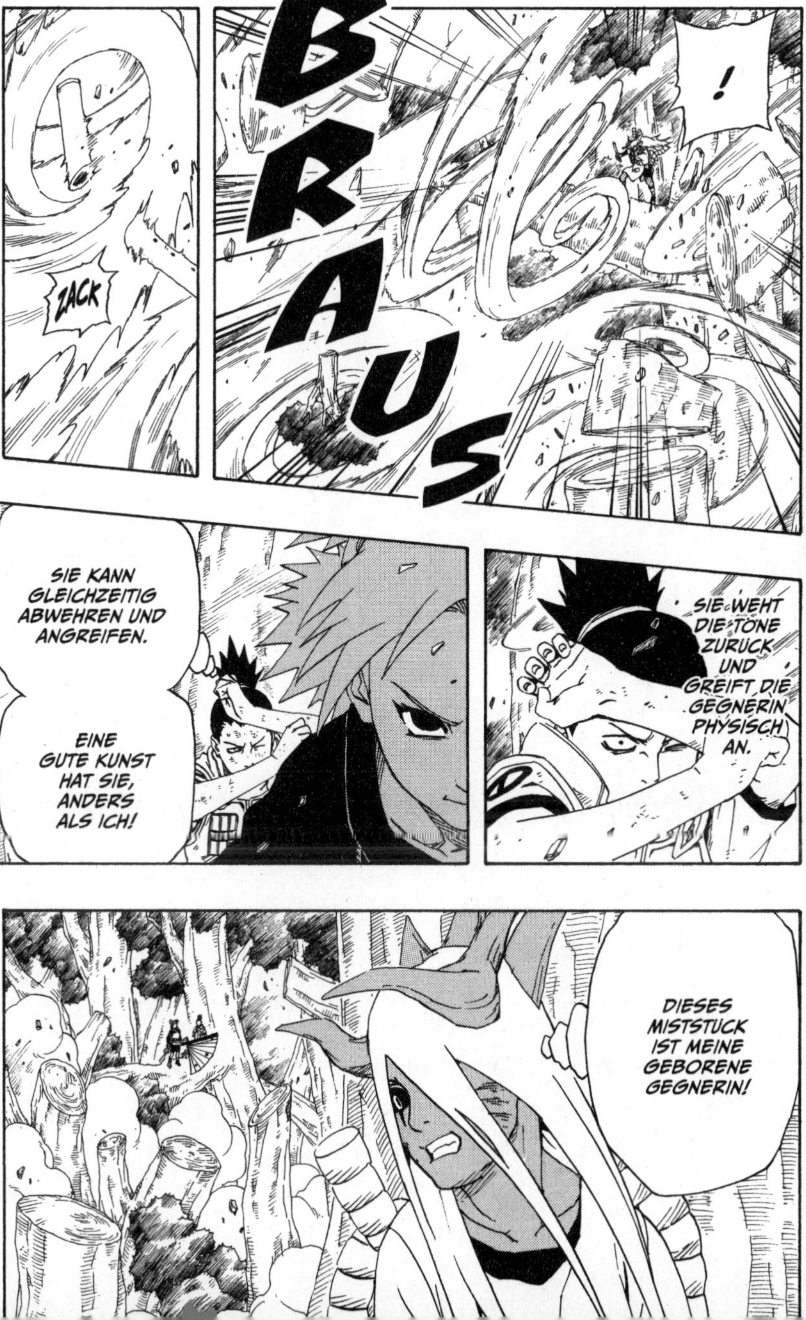
ZACK
BRAUS
!
SIE KANN GLEICHZEITIG ABWEHREN UND ANGREIFEN.
EINE GUTE KUNST HAT SIE, ANDERS ALS ICH!
SIE WEHT DIE TÖNE ZURÜCK UND GREIFT DIE GEGNERIN PHYSISCH AN.
DIESES MISTSTÜCK IST MEINE GEBORENE GEGNERIN!

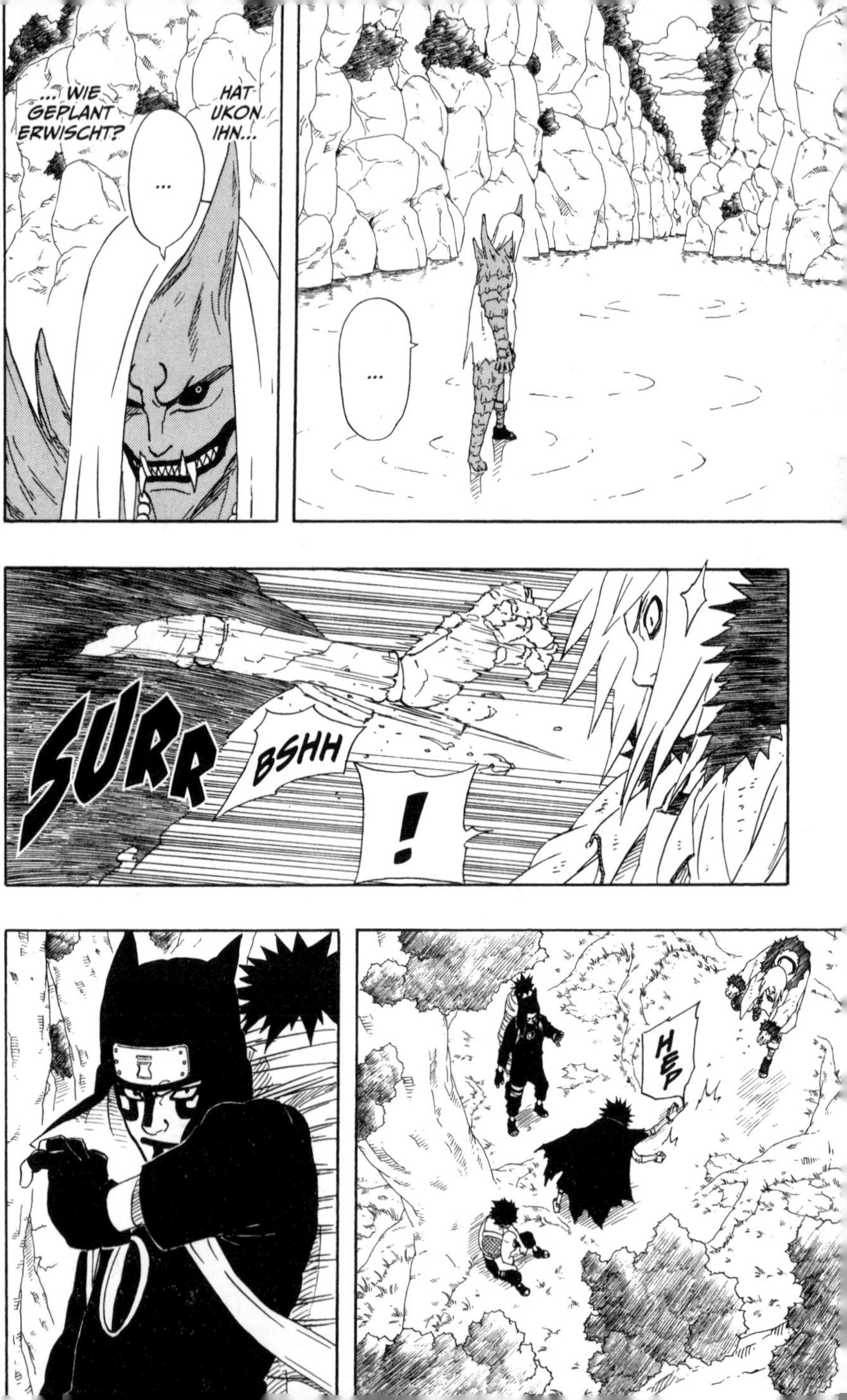
...
HAT UKON IHN...
... WIE GEPLANT ERWISCHT?
...
SURR
BSHH
!
HEP

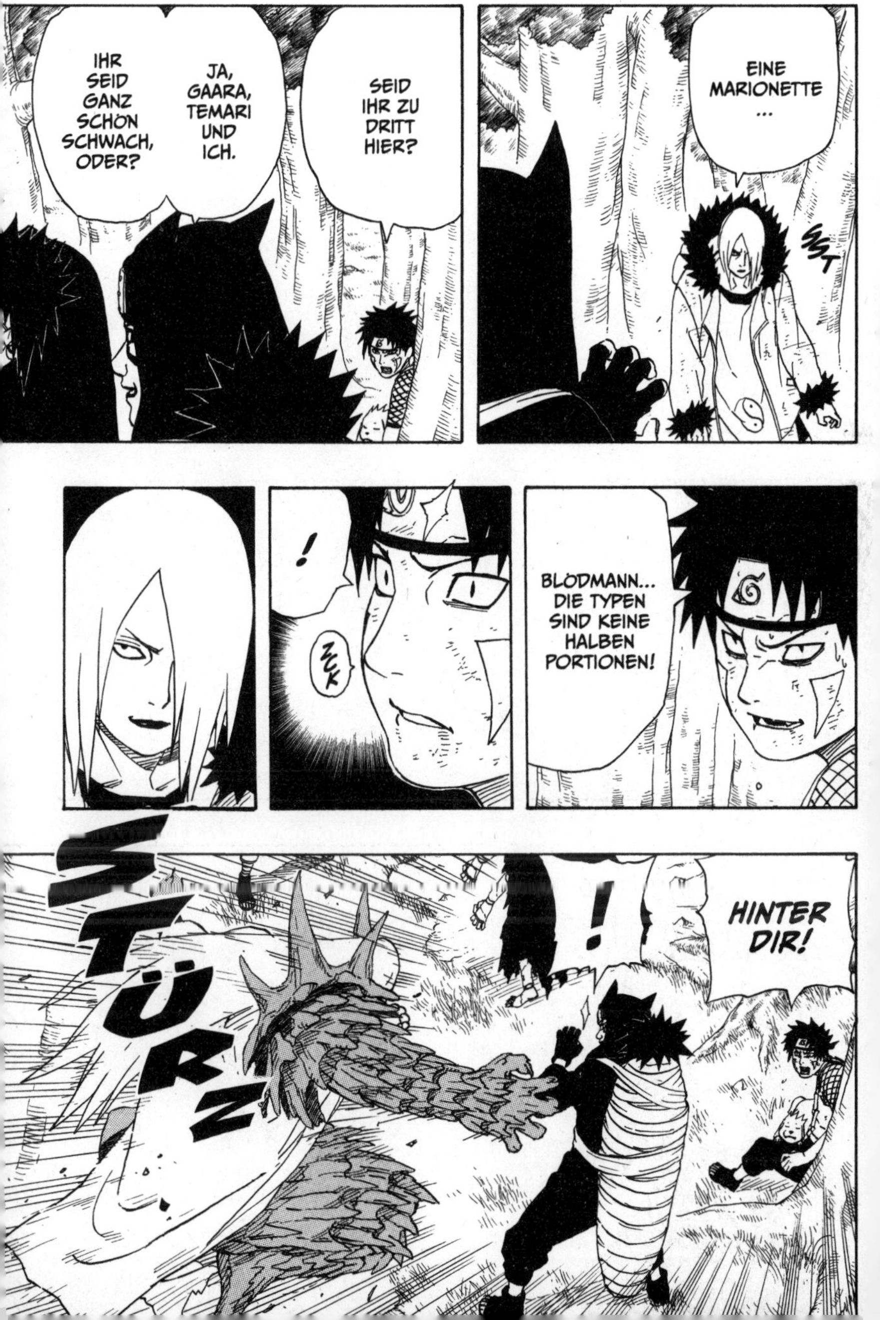
EINE MARIONETTE ...
SSST
SEID IHR ZU DRITT HIER?
JA, GAARA, TEMARI UND ICH.
IHR SEID GANZ SCHÖN SCHWACH, ODER?
BLÖDMANN... DIE TYPEN SIND KEINE HALBEN PORTIONEN!
!
ZUCK
HINTER DIR!
!
STÜRZ

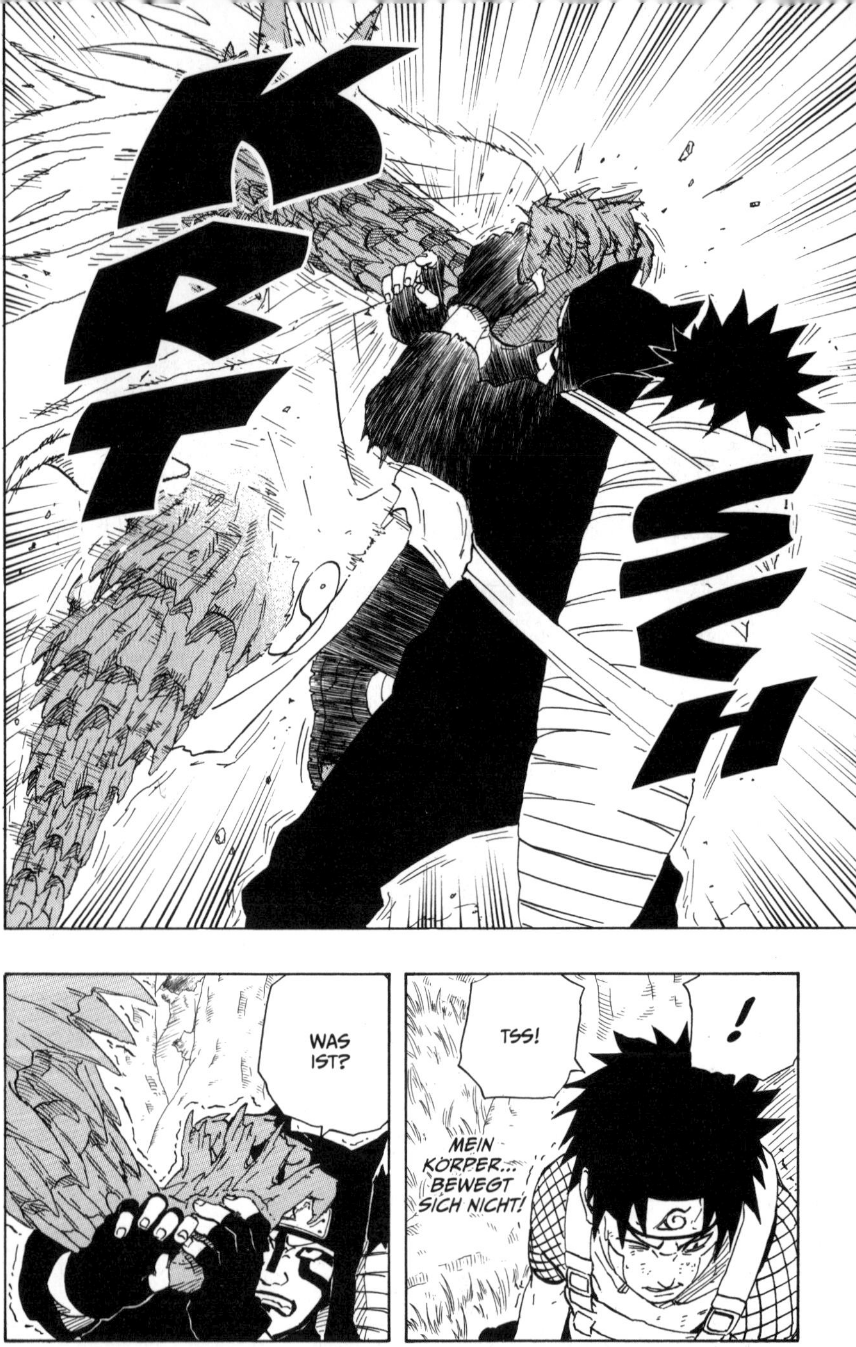
KRT
!
TSS!
MEIN KÖRPER... BEWEGT SICH NICHT!
WAS IST?

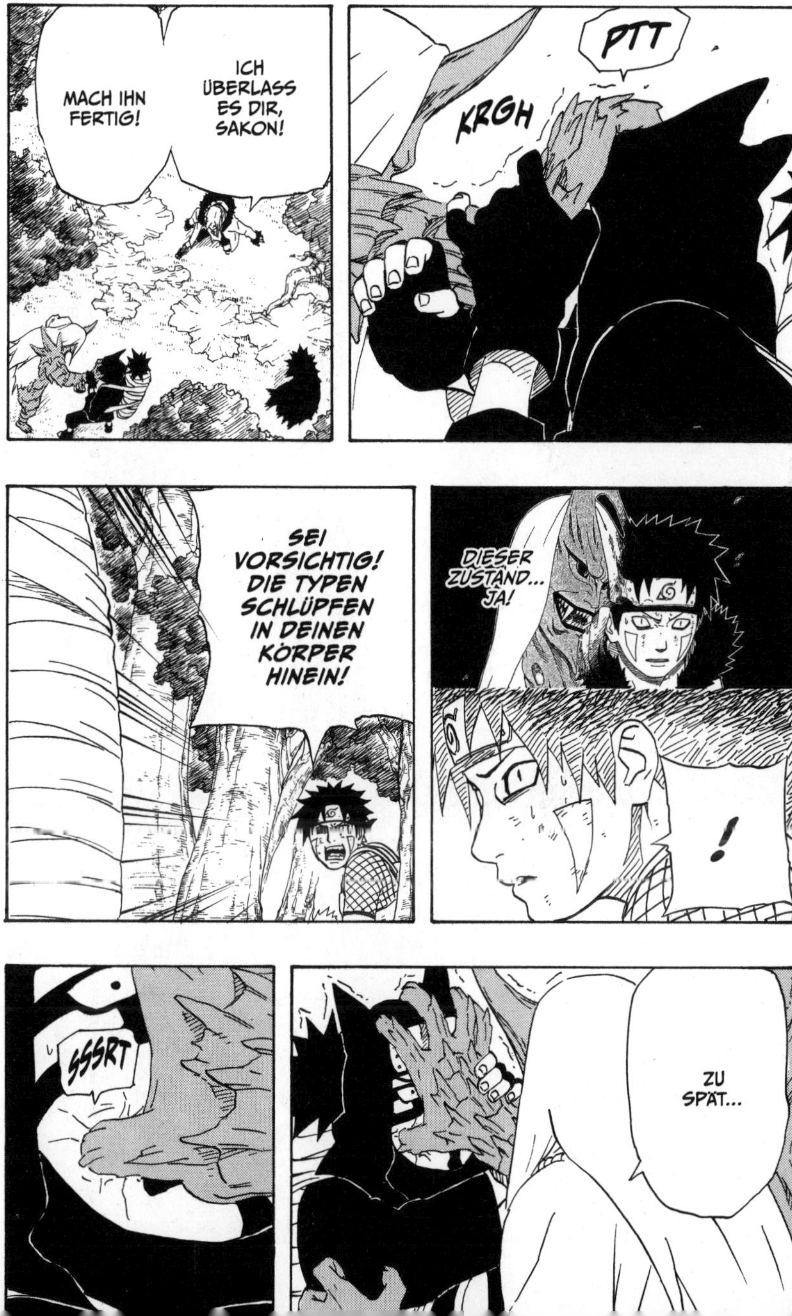

PTT
KRGH
ICH ÜBERLASS ES DIR, SAKON!
MACH IHN FERTIG!
DIESER ZUSTAND... JA!
!
SEI VORSICHTIG! DIE TYPEN SCHLÜPFEN IN DEINEN KÖRPER HINEIN!
ZU SPÄT...
SSSRT

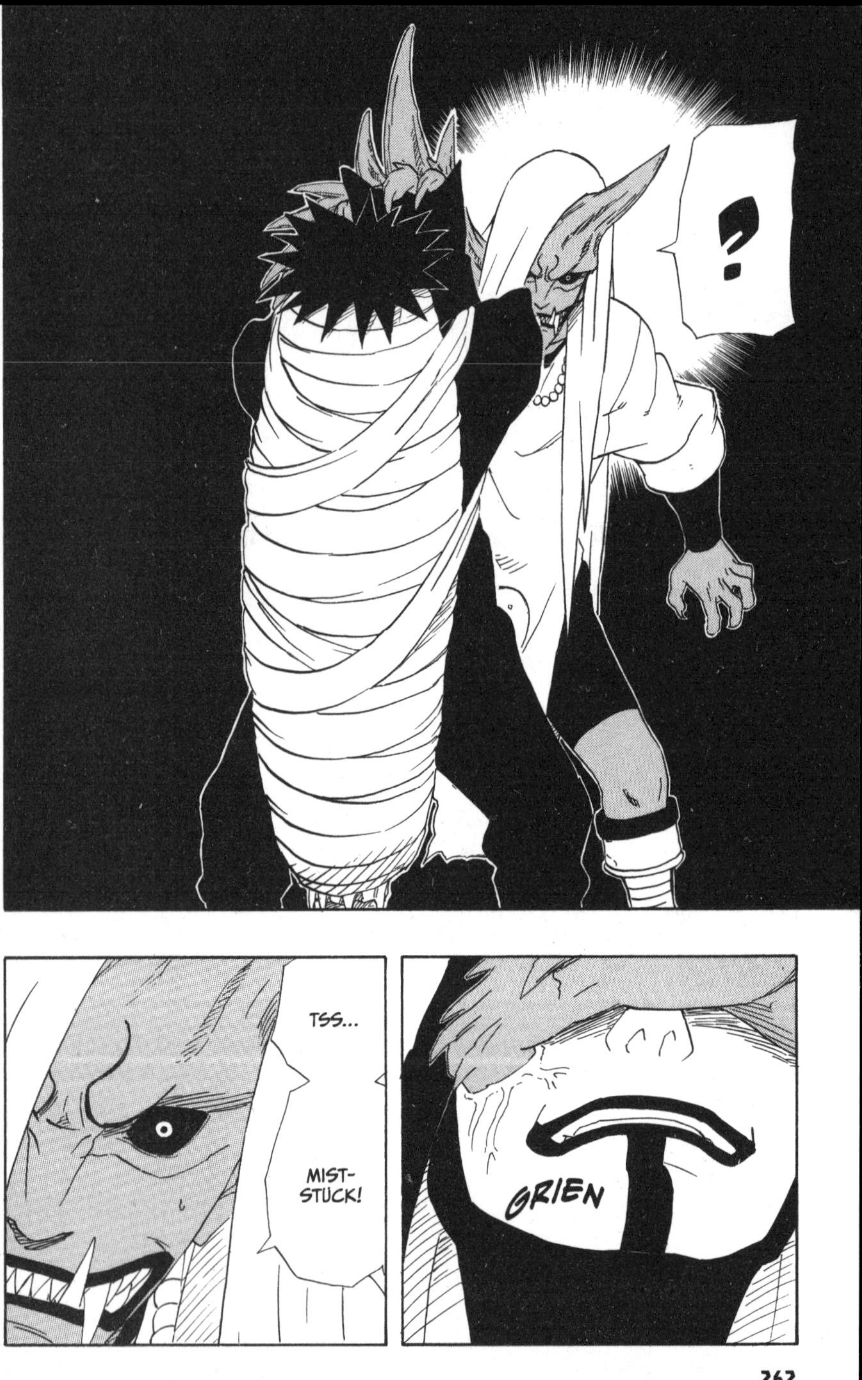
?
GRIEN
TSS...
MIST-
STÜCK!

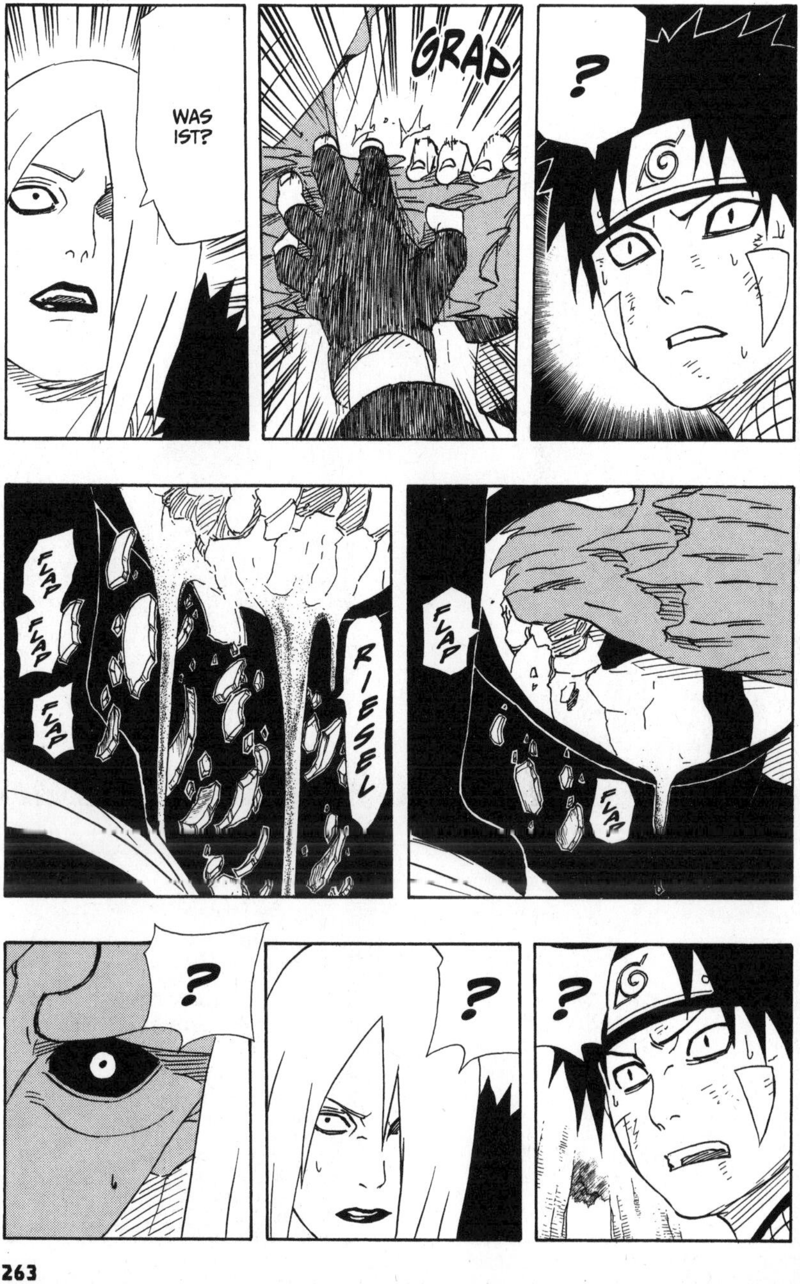
WAS IST?
GRAP
?
FLAP
FLAP
FLAP
RIESEL
FLAP
FLAP
?
?
?

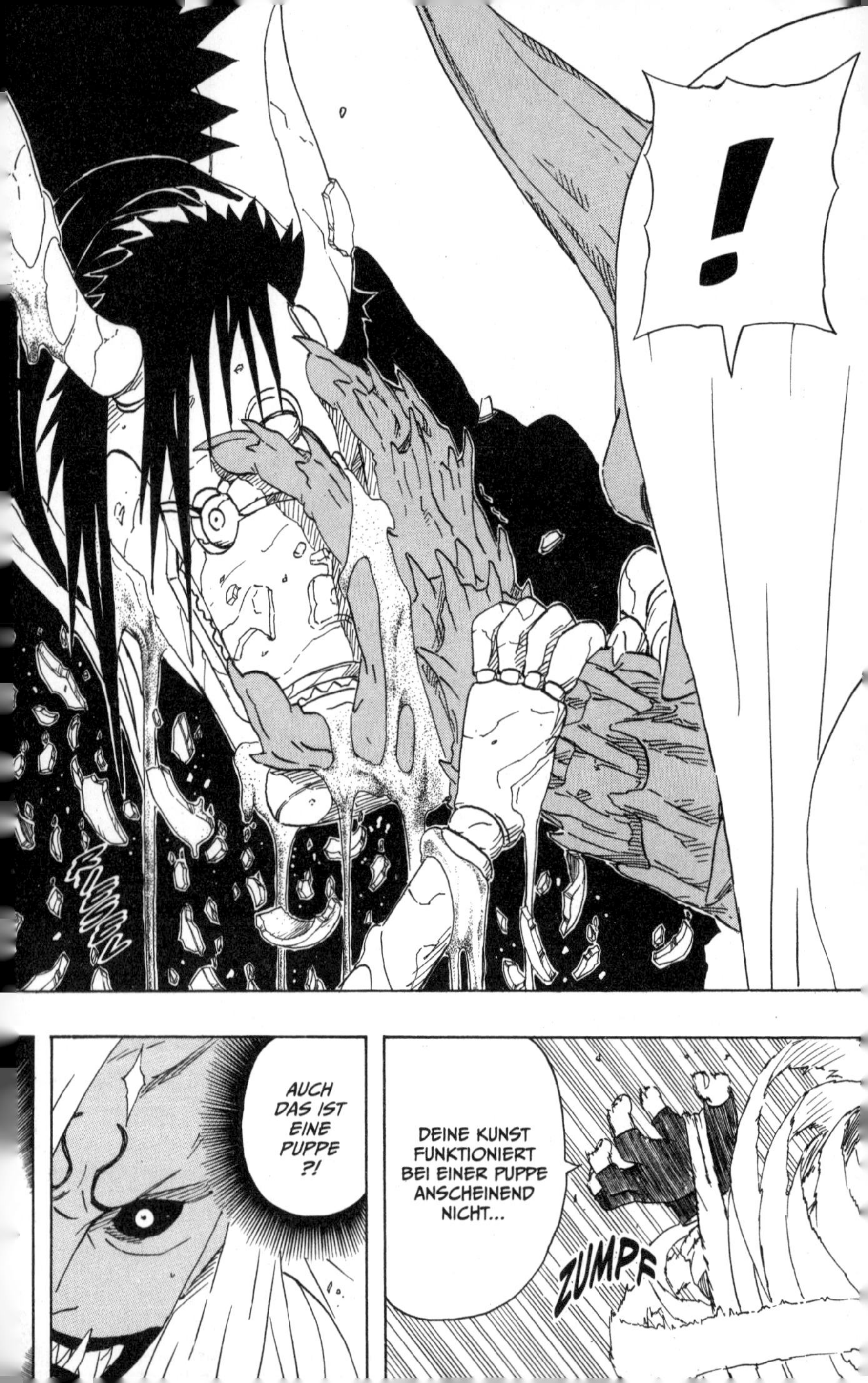
!
DEINE KUNST FUNKTIONIERT BEI EINER PUPPE ANSCHEINEND NICHT...
ZUMPF
AUCH DAS IST EINE PUPPE ?!

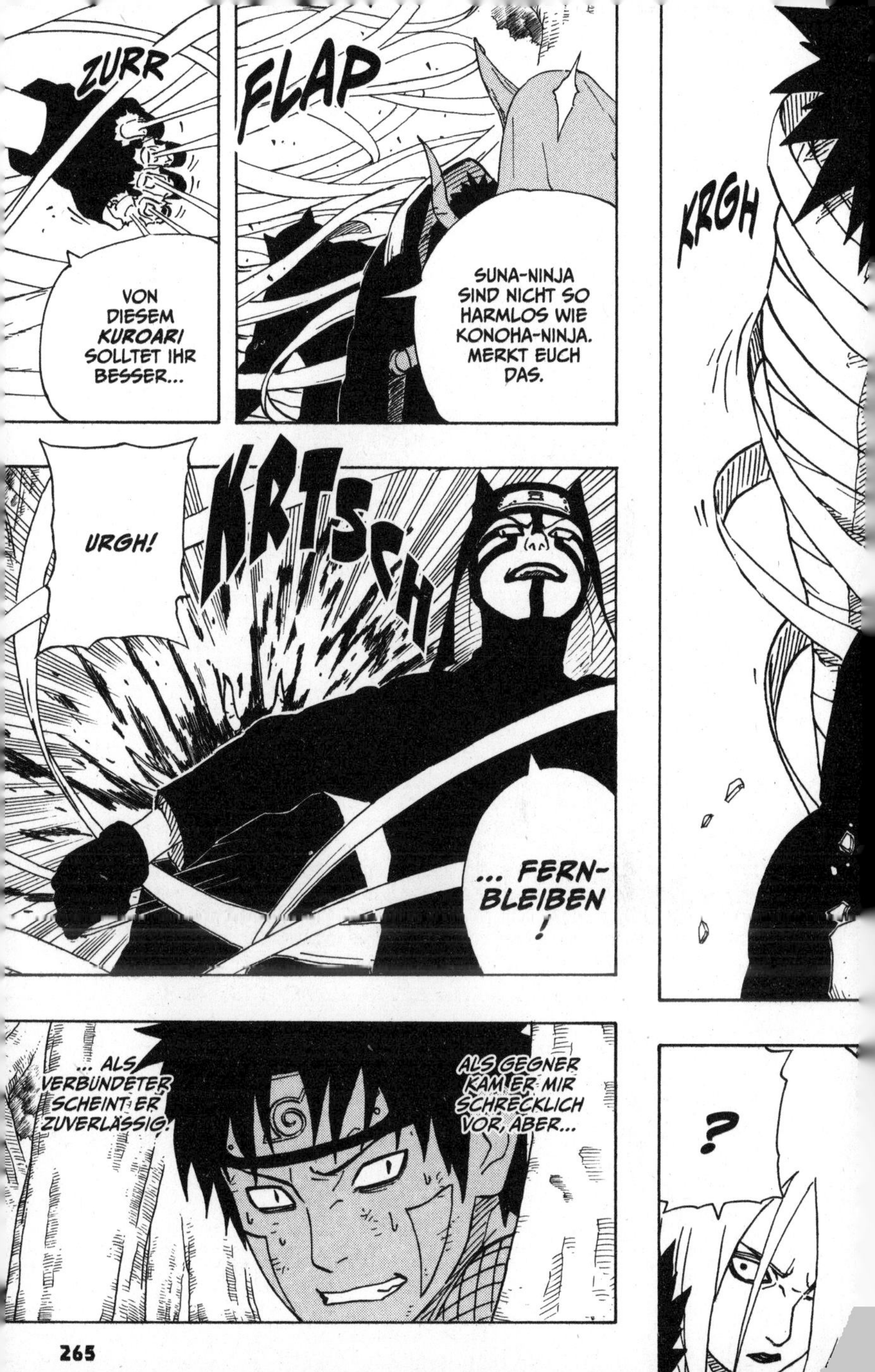
KRGH
FLAP
SUNA-NINJA SIND NICHT SO HARMLOS WIE KONOHA-NINJA. MERKT EUCH DAS.
ZURR
VON DIESEM KUROARI SOLLTET IHR BESSER...
KRTSCH
URGH!
... FERN-BLEIBEN!
?
ALS GEGNER KAM ER MIR SCHRECKLICH VOR, ABER...
... ALS VERBÜNDETER SCHEINT ER ZUVERLÄSSIG.

MASASHI KISHIMOTOS WELT
LEBENSGESCHICHTE:
DIE PEINLICHSTEN EPISODEN - TEIL 3

ES WIRD MIR MIT JEDER WEITEREN EPISODE PEINLICHER. ICH SCHREIBE DIESE PEINLICHEN ERLEBNISSE MEINER BIOGRAFIE WIRKLICH NUR AUF, WEIL ICH DIE LEEREN SEITEN IRGENDWIE FÜLLEN MUSS. ABER ERZÄHL ICH WIRKLICH NUR DESHALB DIESE PEINLICHSTEN ALLER GESCHICHTEN? TJA, ICH MACHE EBEN EINFACH ALLES, UM MEINE LESER ZU UNTERHALTEN…!

ALS ICH IM KINDERGARTEN WAR, GRUBEN WIR AN EINEM SONNIGEN HERBSTTAG SÜSSKARTOFFELN AUS. ZUSAMMEN MIT MÜTTERN UND LEHRERINNEN GINGEN WIR ZU EINEM FELD IN DER NÄHE DES KINDERGARTENS, UM KARTOFFELN ZU ERNTEN, DIE WIR IM FRÜHJAHR GEPFLANZT HATTEN. IN DEN KINDERGÄRTEN AUF DEM LAND FANDEN SOLCHE VERANSTALTUNGEN OFT IM FAMILIÄREN RAHMEN STATT, UM DIE VERBINDUNGEN ZWISCHEN DEN FAMILIEN UND DER SCHULE ZU PFLEGEN. ICH WAR TOTAL MOTIVIERT UND GRUB EINE KARTOFFEL NACH DER ANDEREN AUS. ICH SCHRIE:
»ICH WERDE DIE GRÖSSTE KARTOFFEL AUSGRABEN UND MEINE MUTTER DAMIT ÜBERRASCHEN!«
UND IRGENDWANN – JA! MEINE SCHAUFEL STIESS AUF EINE ZIEMLICH GROSSE KARTOFFEL! ICH WAR TOTAL AUFGEREGT UND ENTFERNTE DIE ERDE GANZ, GANZ VORSICHTIG, DAMIT DIE KARTOFFEL BLOSS NICHT ZERBRACH. ALLE KAMEN ZU MIR UND BEWUNDERTEN MEINE KARTOFFEL! ICH WAR WAHNSINNIG FROH UND AUFGEREGT. ICH LIEF UND ROLLTE JAUCHZEND VOR FREUDE AUF DEM FELD HERUM. DANACH WOLLTE ICH SIE MEINER MUTTER ZEIGEN, DIE GERADE AUF DEM FELD WAR, WO MEIN ZWILLINGSBRUDER KARTOFFELN AUSGRUB. DIE FELDER KLETTERN IN TERRASSEN DEN BERG HINUNTER UND MEINE MUTTER WAR AUF EINEM DER UNTEREN FELDER. ICH LIEF MIT HÖCHSTGESCHWINDIGKEIT MEINER MUTTER ENTGEGEN! ICH RANNTE QUERFELDEIN VON EINER TERRASSE ZUR ANDEREN! ICH SPRANG! UND ERST IN DIESEM MOMENT FIEL MIR ETWAS IM FELD UNTER MIR AUF – EIN TYPISCH LÄNDLICHER HAUFEN AUF EINER FLÄCHE VON ETWA FÜNF QUADRATMETERN LAG GENAU DORT, WO ICH LANDEN WÜRDE: KUHMIST!

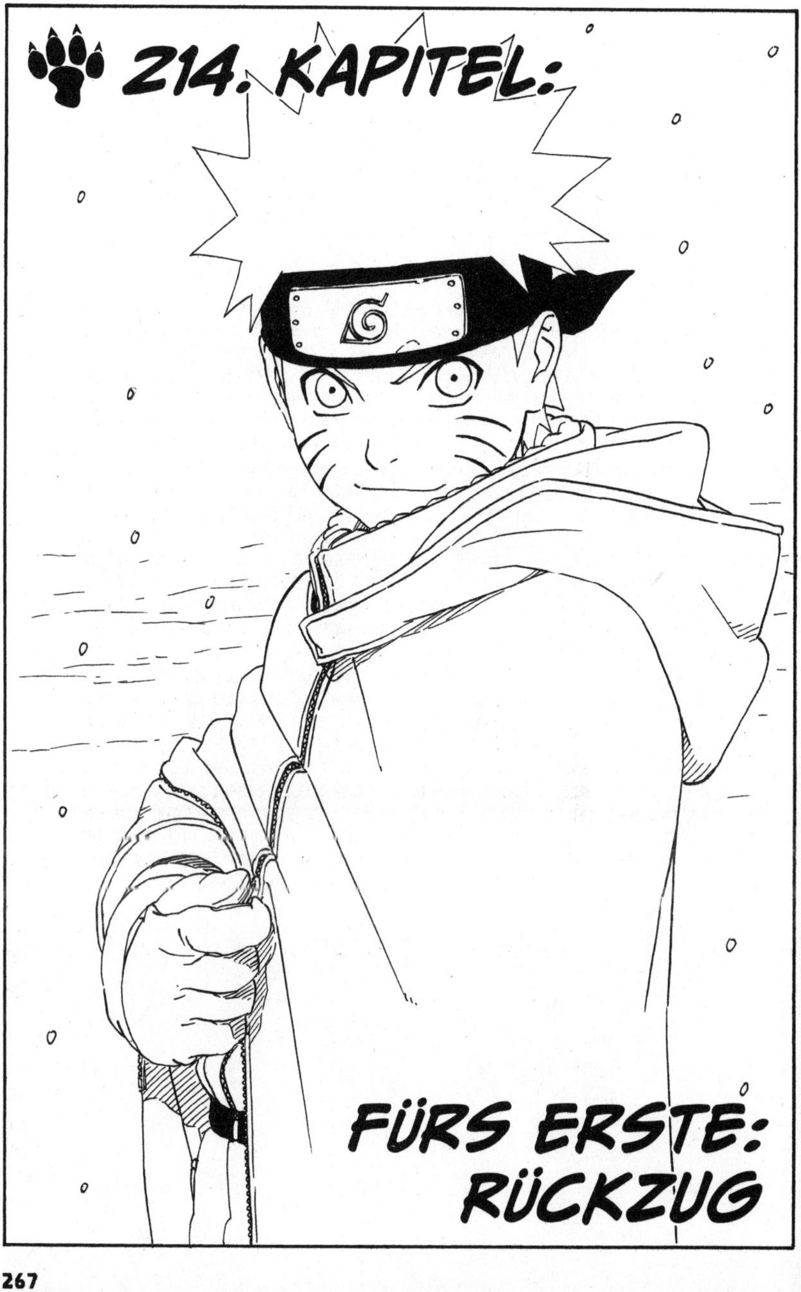
214. KAPITEL:
FÜRS ERSTE:
RÜCKZUG

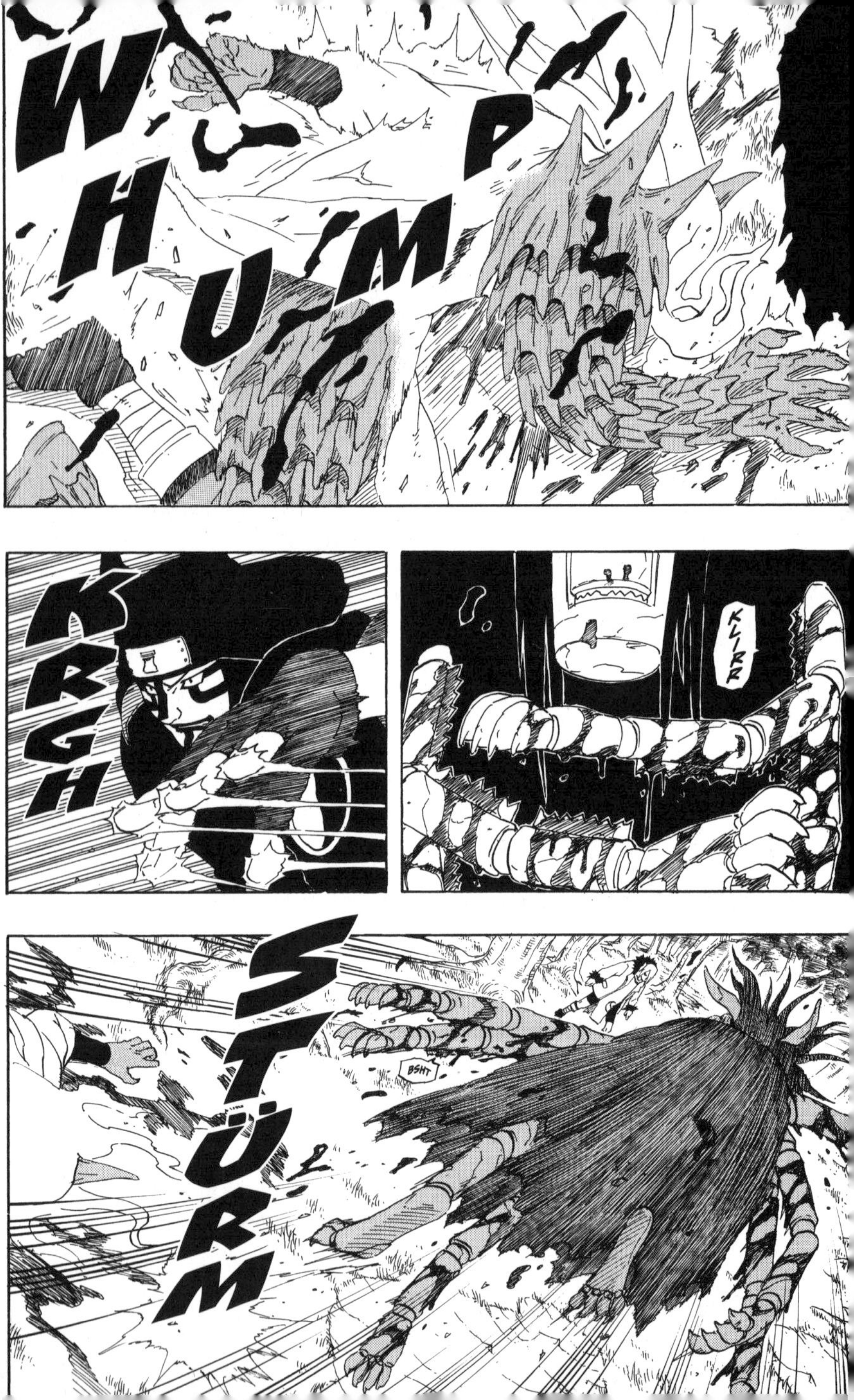
WHUMP
KLIRR
KRGH
STÜRM
BSHT

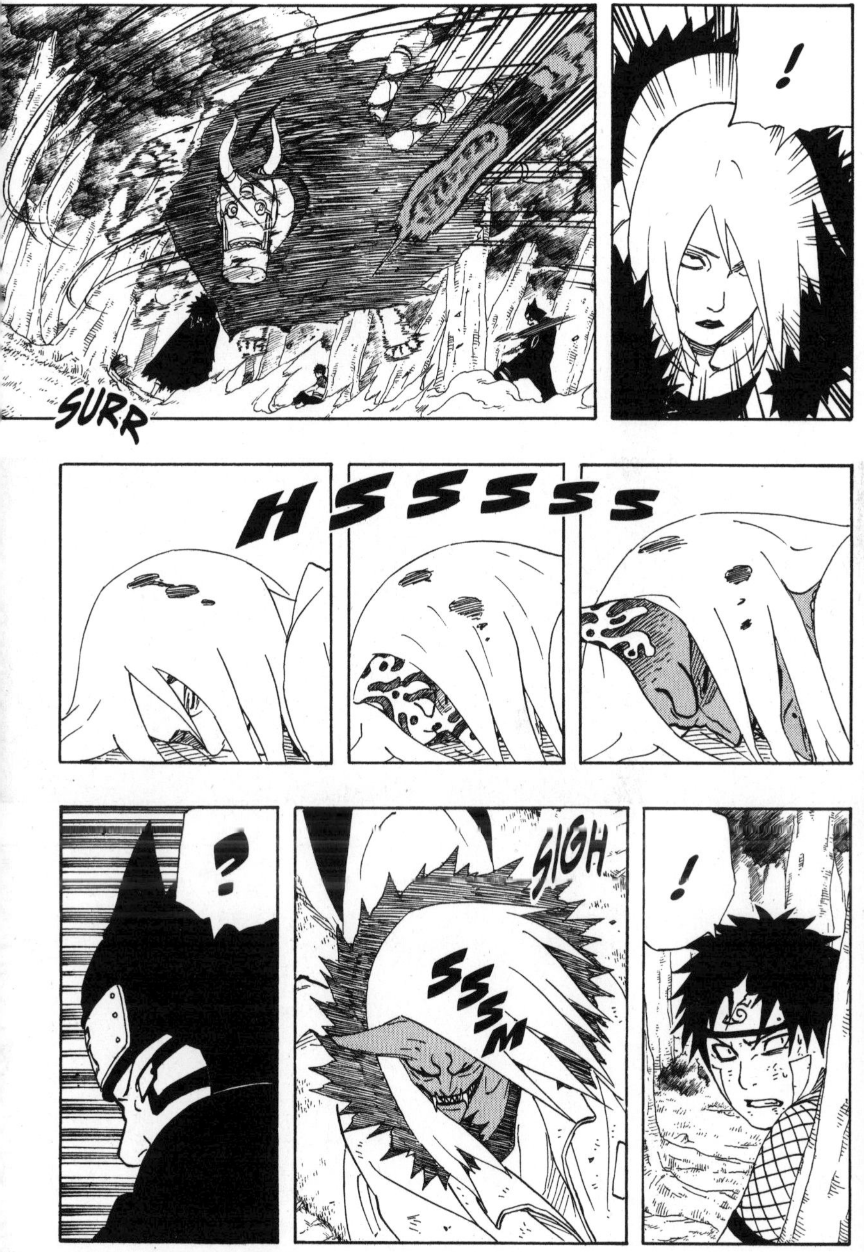
SURR
!
HSSSSS
?
SIGH
SSSM
!

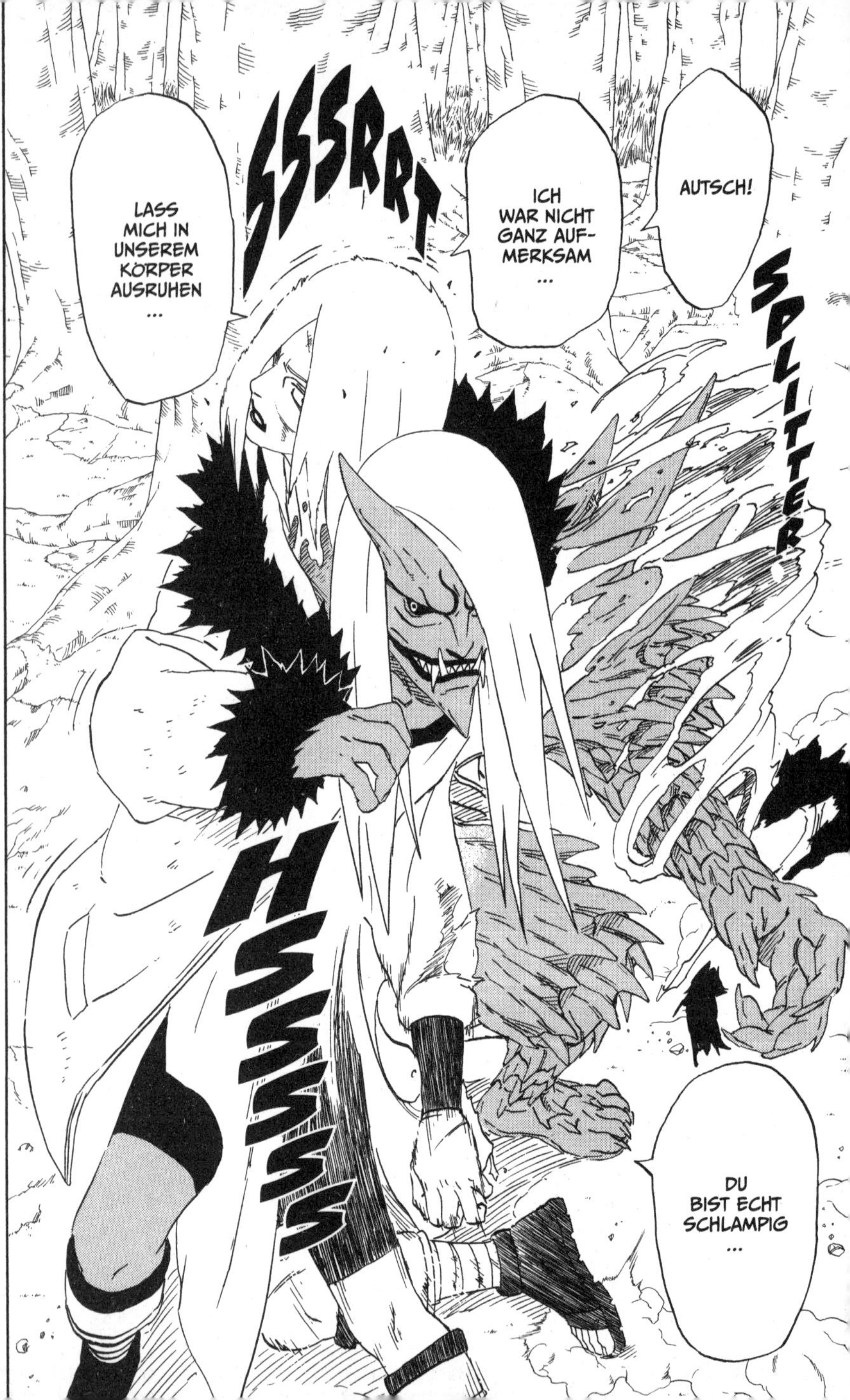
AUTSCH!
SPLITTER
ICH WAR NICHT GANZ AUF-MERKSAM ...
SSSRRT
LASS MICH IN UNSEREM KÖRPER AUSRUHEN ...
HSSSSS
DU BIST ECHT SCHLAMPIG ...

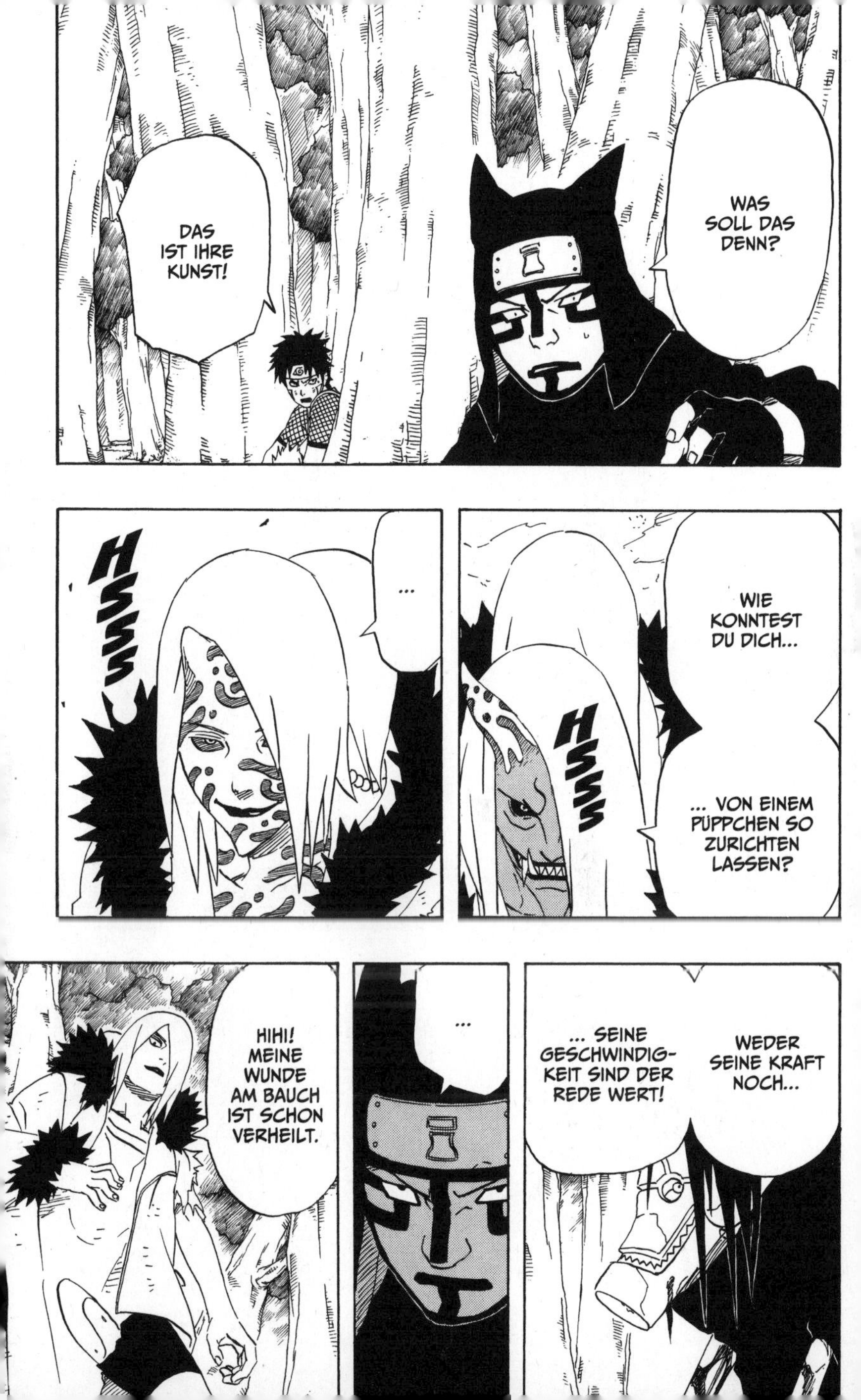
WAS SOLL DAS DENN?
DAS IST IHRE KUNST!
WIE KONNTEST DU DICH...
... VON EINEM PÜPPCHEN SO ZURICHTEN LASSEN?
HSSS
...
HSSS
WEDER SEINE KRAFT NOCH...
... SEINE GESCHWINDIG-KEIT SIND DER REDE WERT!
...
HIHI! MEINE WUNDE AM BAUCH IST SCHON VERHEILT.

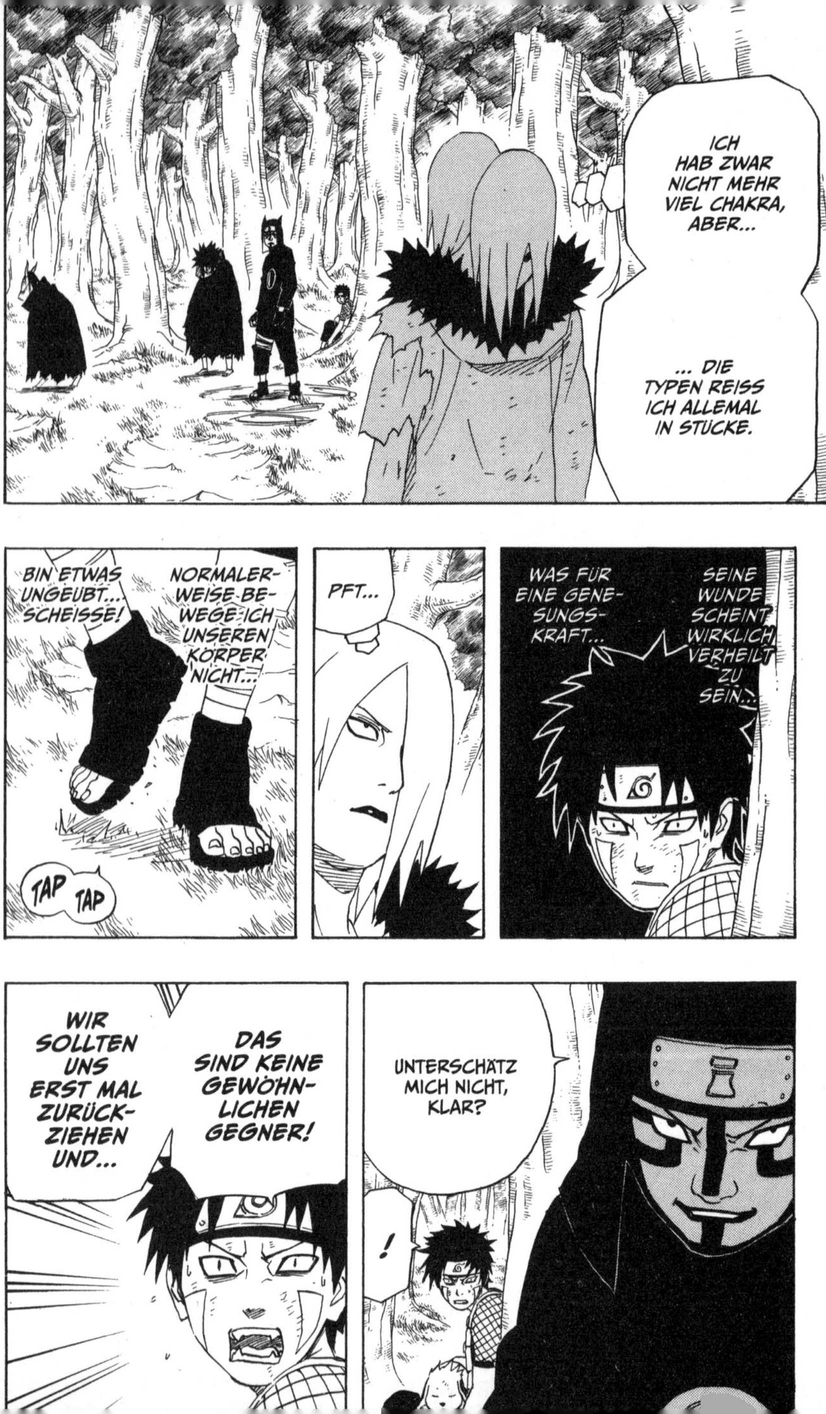
ICH HAB ZWAR NICHT MEHR VIEL CHAKRA, ABER...
... DIE TYPEN REISS ICH ALLEMAL IN STÜCKE.
SEINE WUNDE SCHEINT WIRKLICH VERHEILT ZU SEIN...
WAS FÜR EINE GENESUNGSKRAFT...
PFT...
NORMALERWEISE BEWEGE ICH UNSEREN KÖRPER NICHT...
BIN ETWAS UNGEÜBT... SCHEISSE!
TAP
TAP
UNTERSCHÄTZ MICH NICHT, KLAR?
!
DAS SIND KEINE GEWÖHNLICHEN GEGNER!
WIR SOLLTEN UNS ERST MAL ZURÜCKZIEHEN UND...

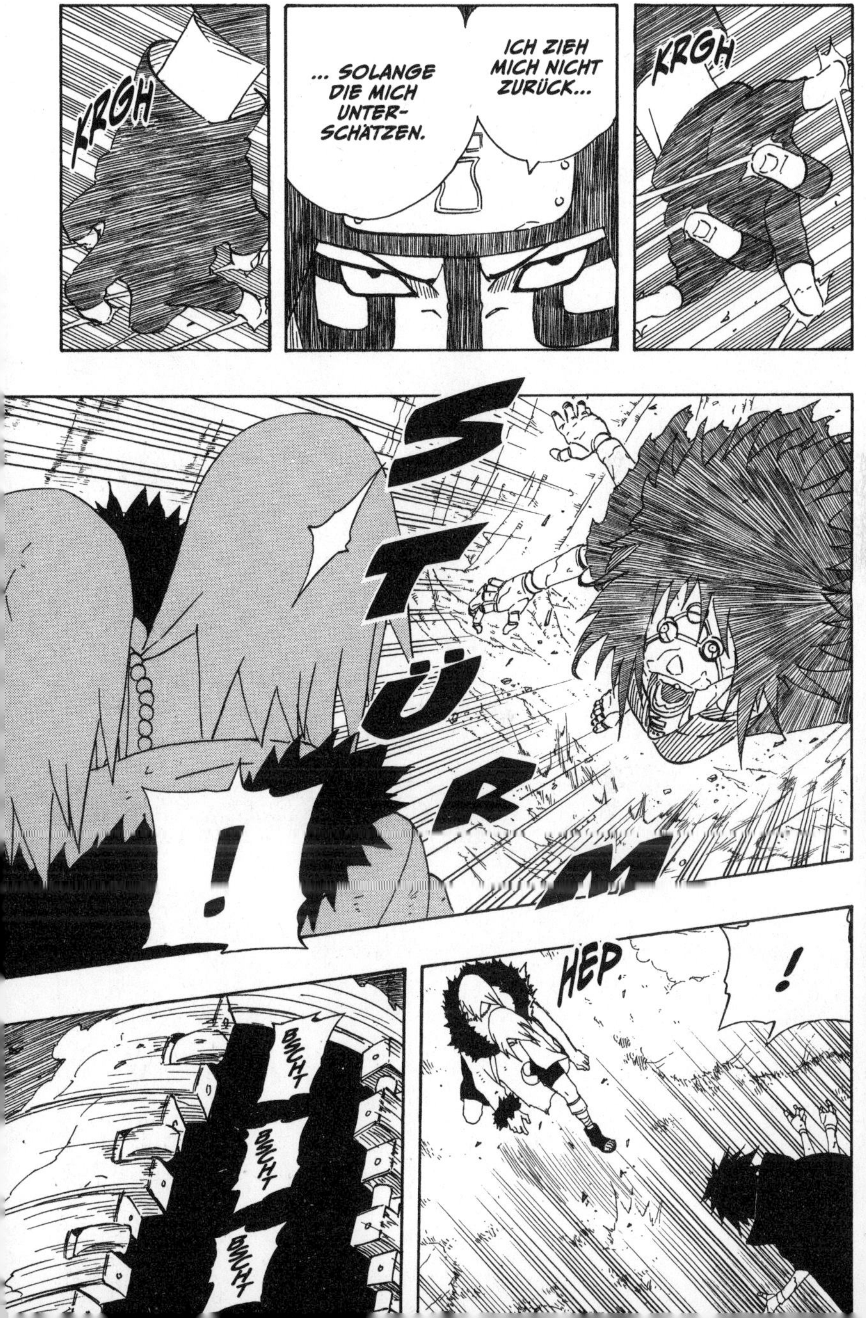
KRGH
ICH ZIEH MICH NICHT ZURÜCK...
... SOLANGE DIE MICH UNTER-SCHÄTZEN.
KRGH
STÜRM
!
!
HEP
BSCHT
BSCHT
BSCHT

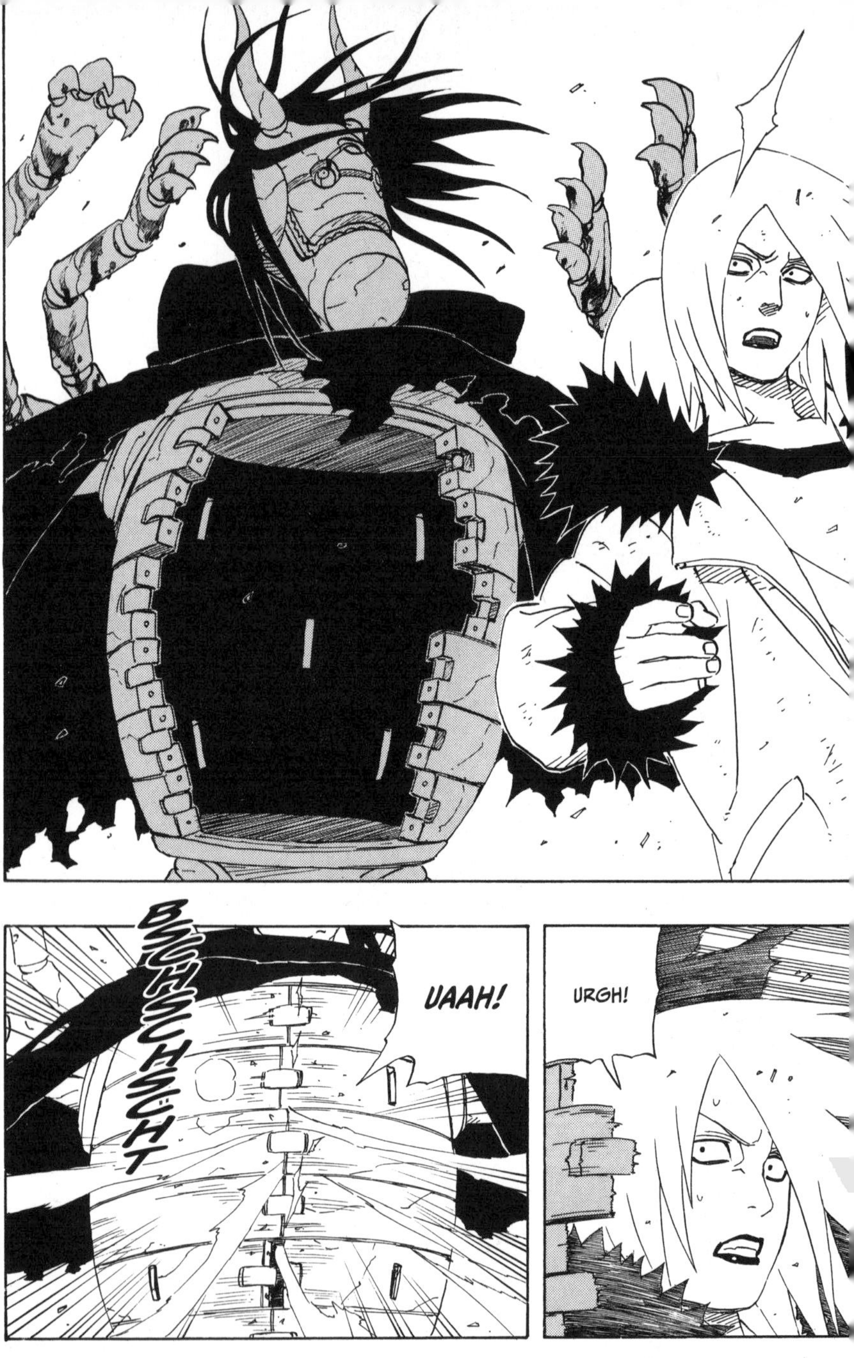
URGH!
UAAH!
BSCHSCHSCHT

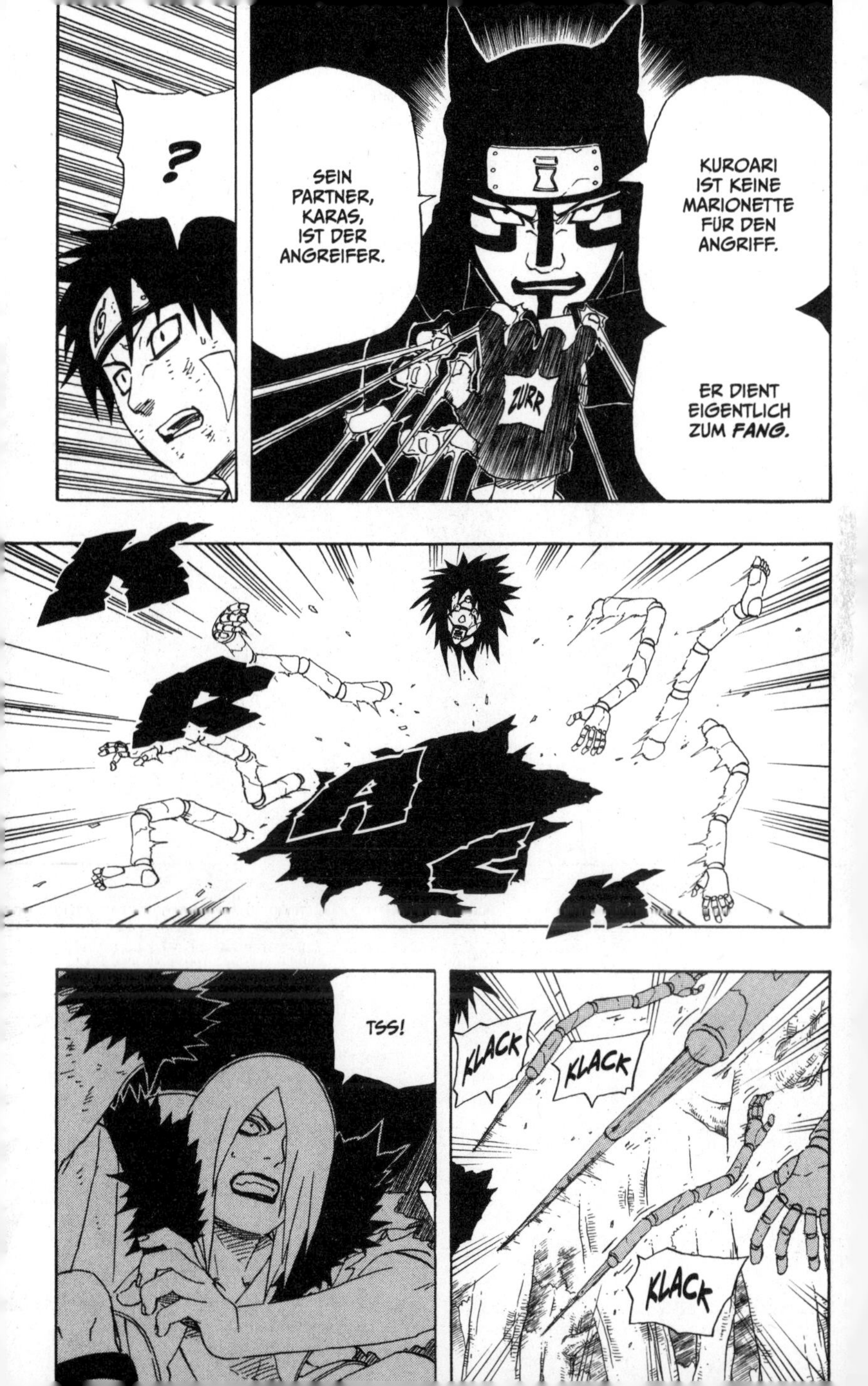
KUROARI IST KEINE MARIONETTE FÜR DEN ANGRIFF.
ER DIENT EIGENTLICH ZUM FANG.
SEIN PARTNER, KARAS, IST DER ANGREIFER.
ZURR
?
KRACK
KLACK
KLACK
KLACK
TSS!

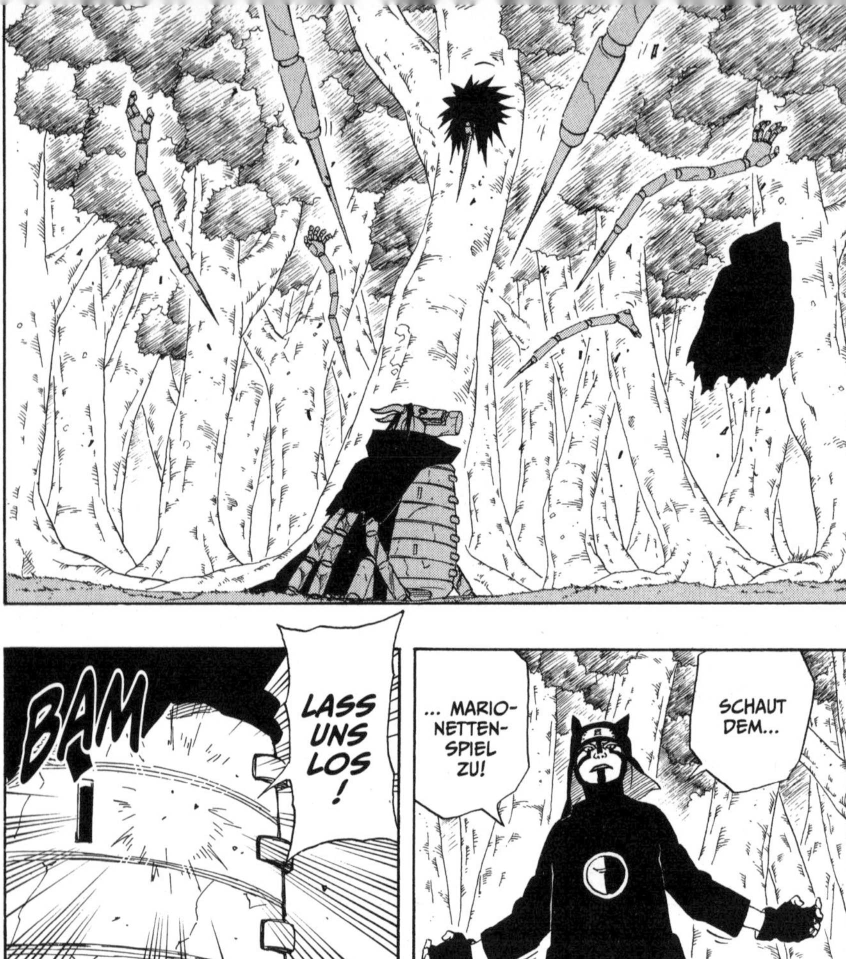

* KURO = SCHWARZ, HIGI = GEHEIMSPIEL, KIKI = MASCHINEN, IPPATSU = SCHUSS

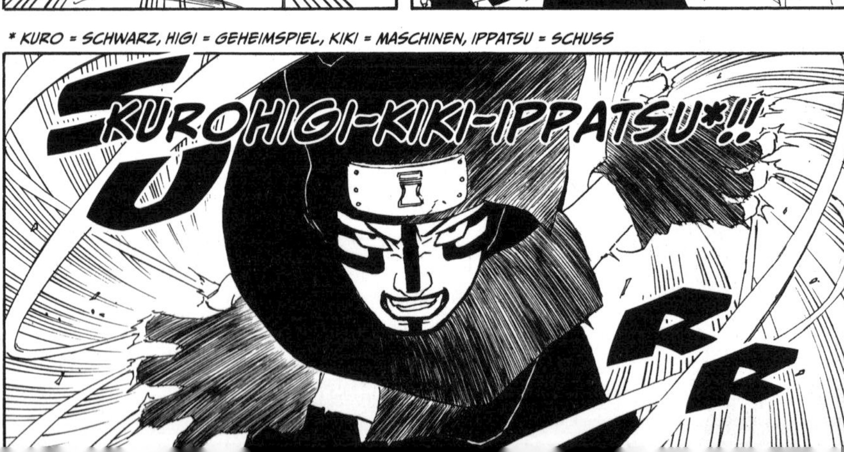

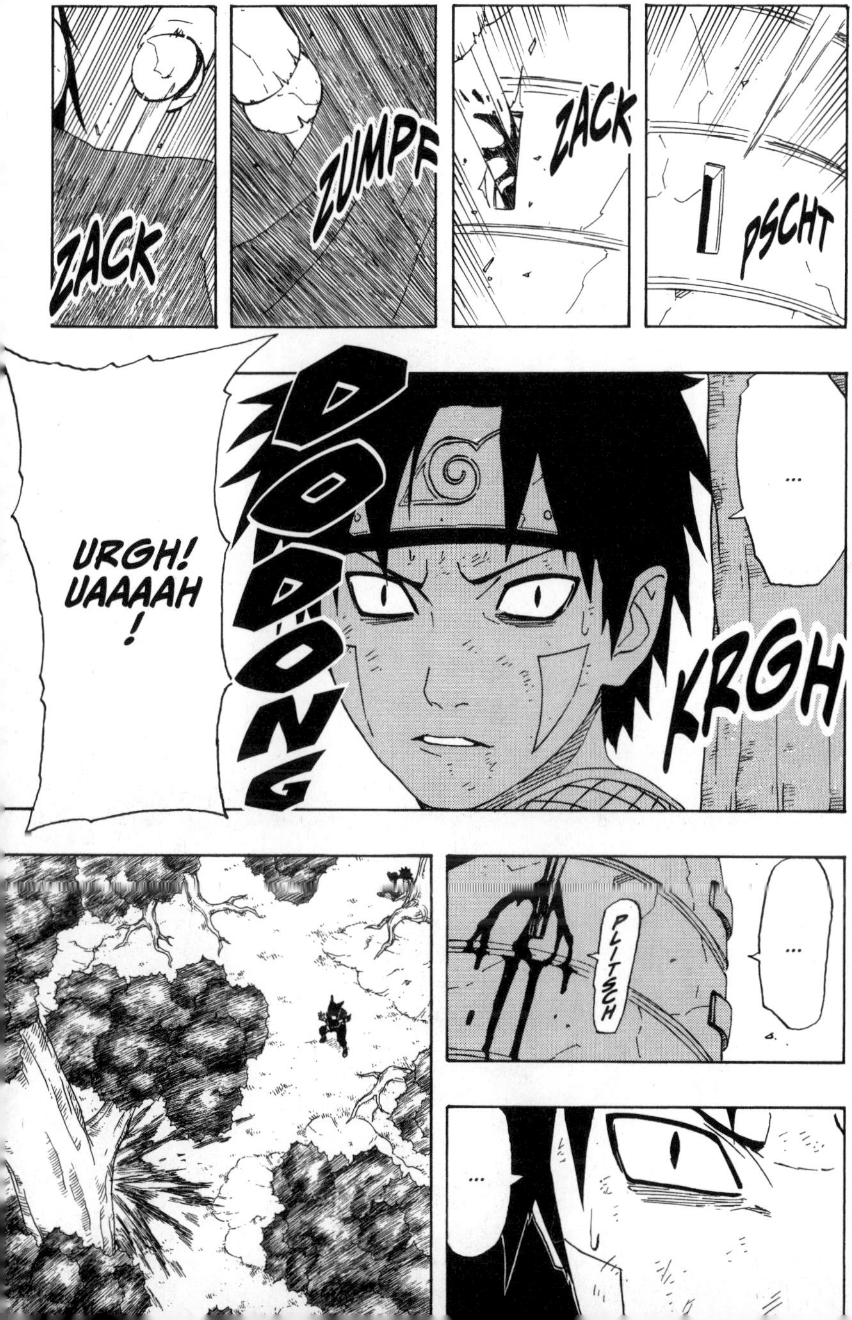
PSCHT
ZACK
ZUMPF
ZACK
...
KRGH
DOOOOONG
URGH! UAAAAH!
...
PLITSCH
...

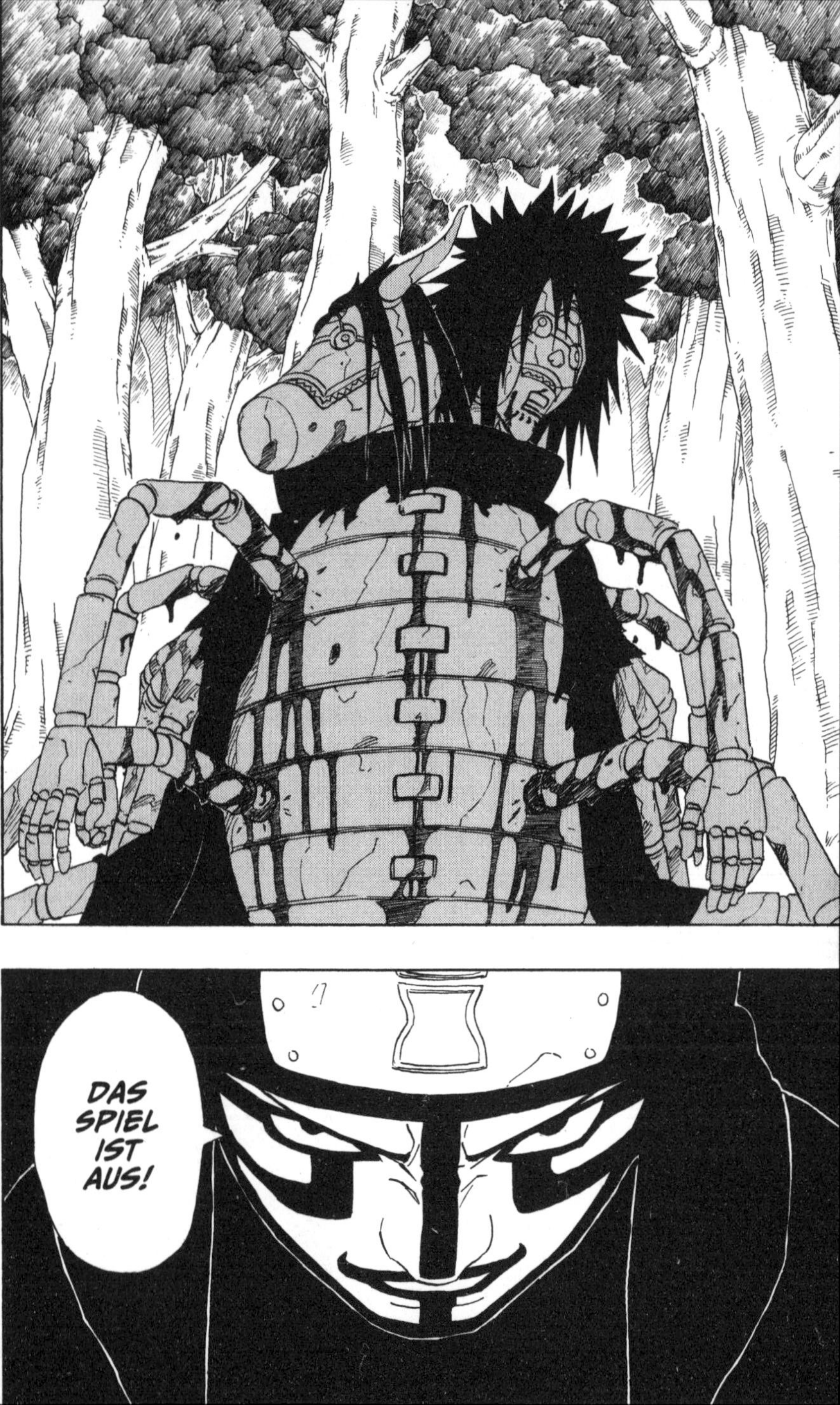
DAS SPIEL IST AUS!

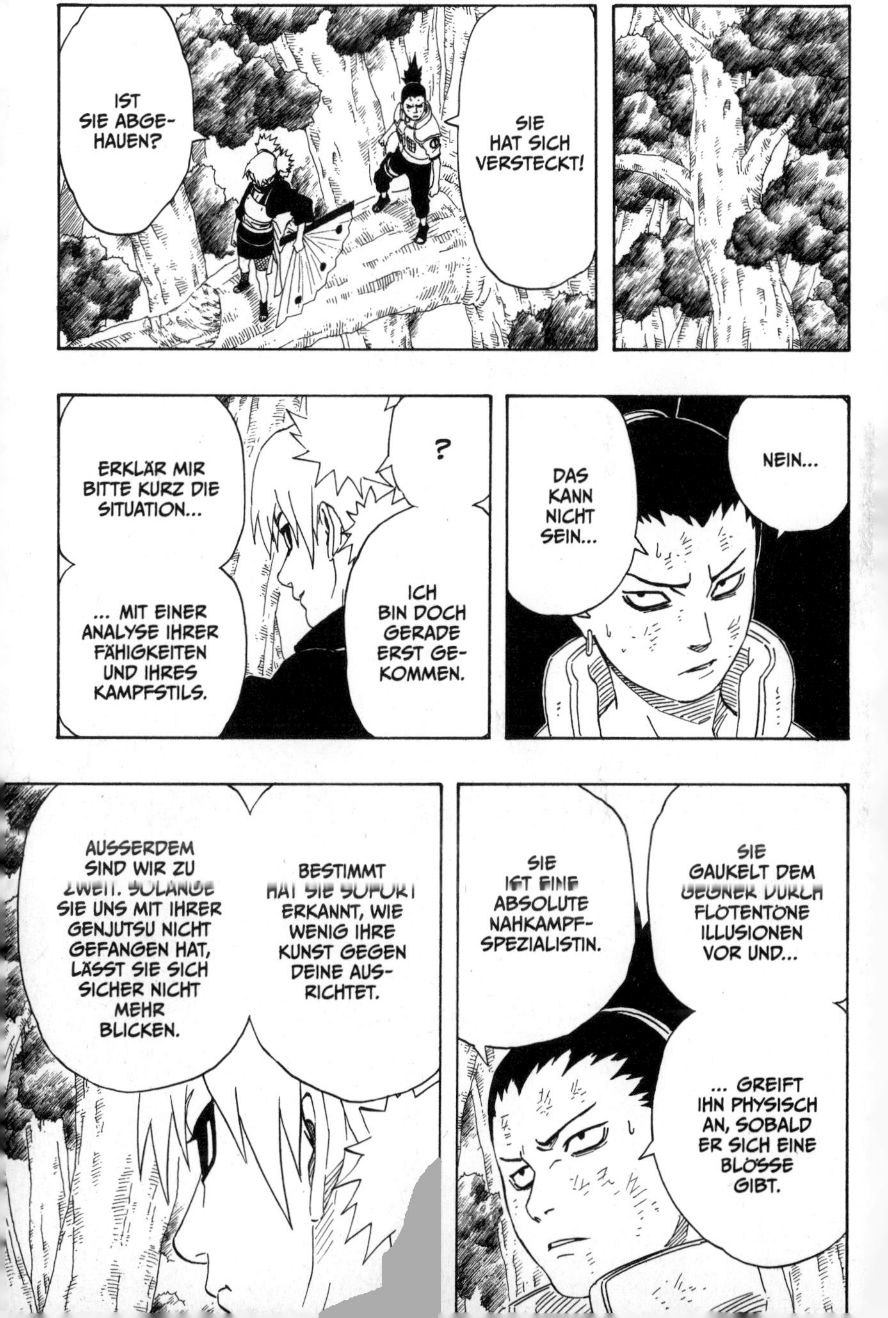
SIE HAT SICH VERSTECKT!
IST SIE ABGEHAUEN?
NEIN...
DAS KANN NICHT SEIN...
?
ICH BIN DOCH GERADE ERST GEKOMMEN.
ERKLÄR MIR BITTE KURZ DIE SITUATION...
... MIT EINER ANALYSE IHRER FÄHIGKEITEN UND IHRES KAMPFSTILS.
SIE GAUKELT DEM GEGNER DURCH FLÖTENTÖNE ILLUSIONEN VOR UND...
... GREIFT IHN PHYSISCH AN, SOBALD ER SICH EINE BLÖSSE GIBT.
SIE IST EINE ABSOLUTE NAHKAMPF-SPEZIALISTIN.
BESTIMMT HAT SIE SOFORT ERKANNT, WIE WENIG IHRE KUNST GEGEN DEINE AUSRICHTET.
AUSSERDEM SIND WIR ZU ZWEIT. SOLANGE SIE UNS MIT IHRER GENJUTSU NICHT GEFANGEN HAT, LÄSST SIE SICH SICHER NICHT MEHR BLICKEN.

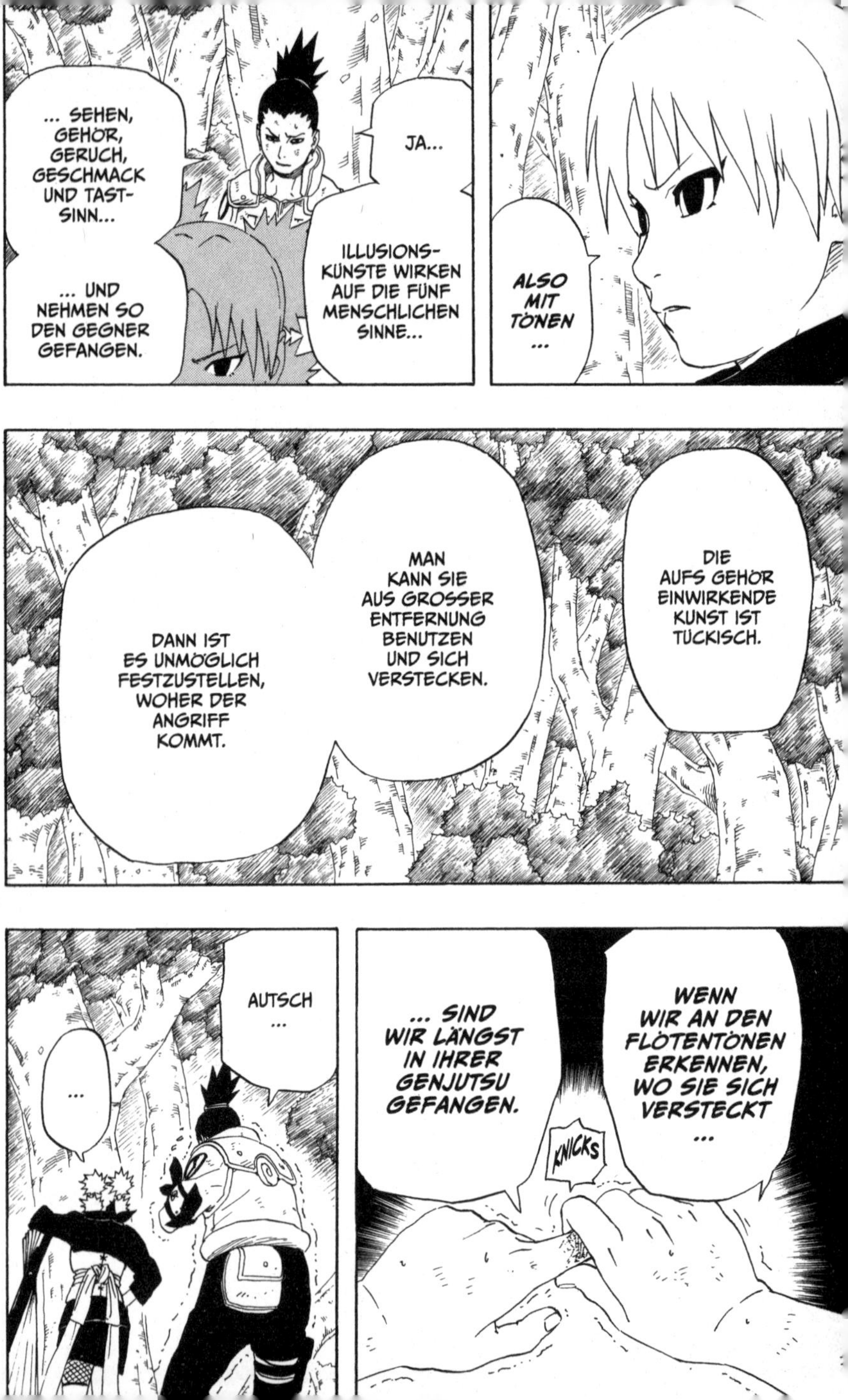
ALSO MIT TÖNEN ...
JA...
ILLUSIONSKÜNSTE WIRKEN AUF DIE FÜNF MENSCHLICHEN SINNE...
... SEHEN, GEHÖR, GERUCH, GESCHMACK UND TASTSINN...
... UND NEHMEN SO DEN GEGNER GEFANGEN.
DIE AUFS GEHÖR EINWIRKENDE KUNST IST TÜCKISCH.
MAN KANN SIE AUS GROSSER ENTFERNUNG BENUTZEN UND SICH VERSTECKEN.
DANN IST ES UNMÖGLICH FESTZUSTELLEN, WOHER DER ANGRIFF KOMMT.
WENN WIR AN DEN FLÖTENTÖNEN ERKENNEN, WO SIE SICH VERSTECKT ...
KNICKS
... SIND WIR LÄNGST IN IHRER GENJUTSU GEFANGEN.
AUTSCH ...
...

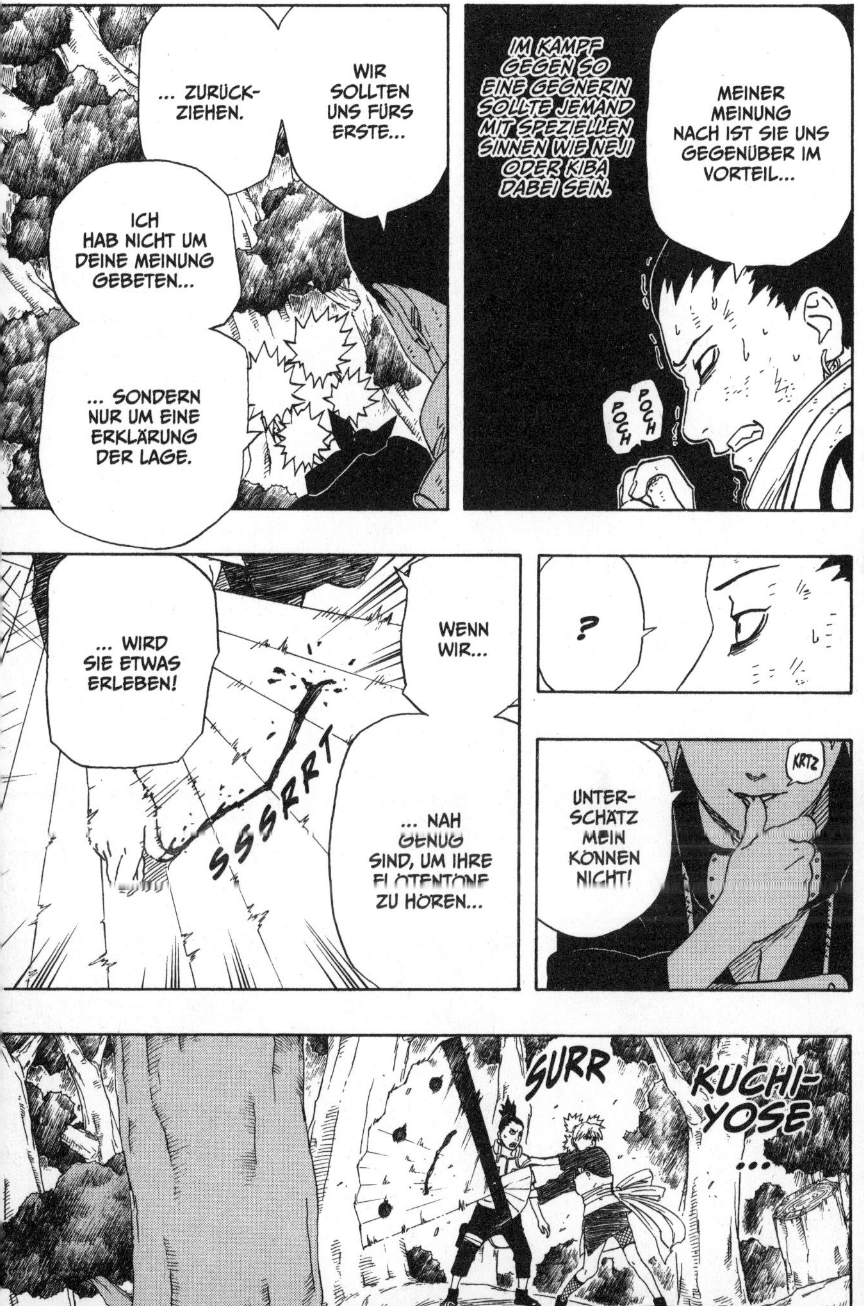
MEINER MEINUNG NACH IST SIE UNS GEGENÜBER IM VORTEIL...
IM KAMPF GEGEN SO EINE GEGNERIN SOLLTE JEMAND MIT SPEZIELLEN SINNEN WIE NEJI ODER KIBA DABEI SEIN.
POCH POCH
WIR SOLLTEN UNS FÜRS ERSTE...
... ZURÜCK-ZIEHEN.
ICH HAB NICHT UM DEINE MEINUNG GEBETEN...
... SONDERN NUR UM EINE ERKLÄRUNG DER LAGE.
?
KRTZ
UNTER-SCHÄTZ MEIN KÖNNEN NICHT!
WENN WIR...
... NAH GENUG SIND, UM IHRE FLÖTENTÖNE ZU HÖREN...
SSSRRT
... WIRD SIE ETWAS ERLEBEN!
KUCHI-YOSE ...
SURR

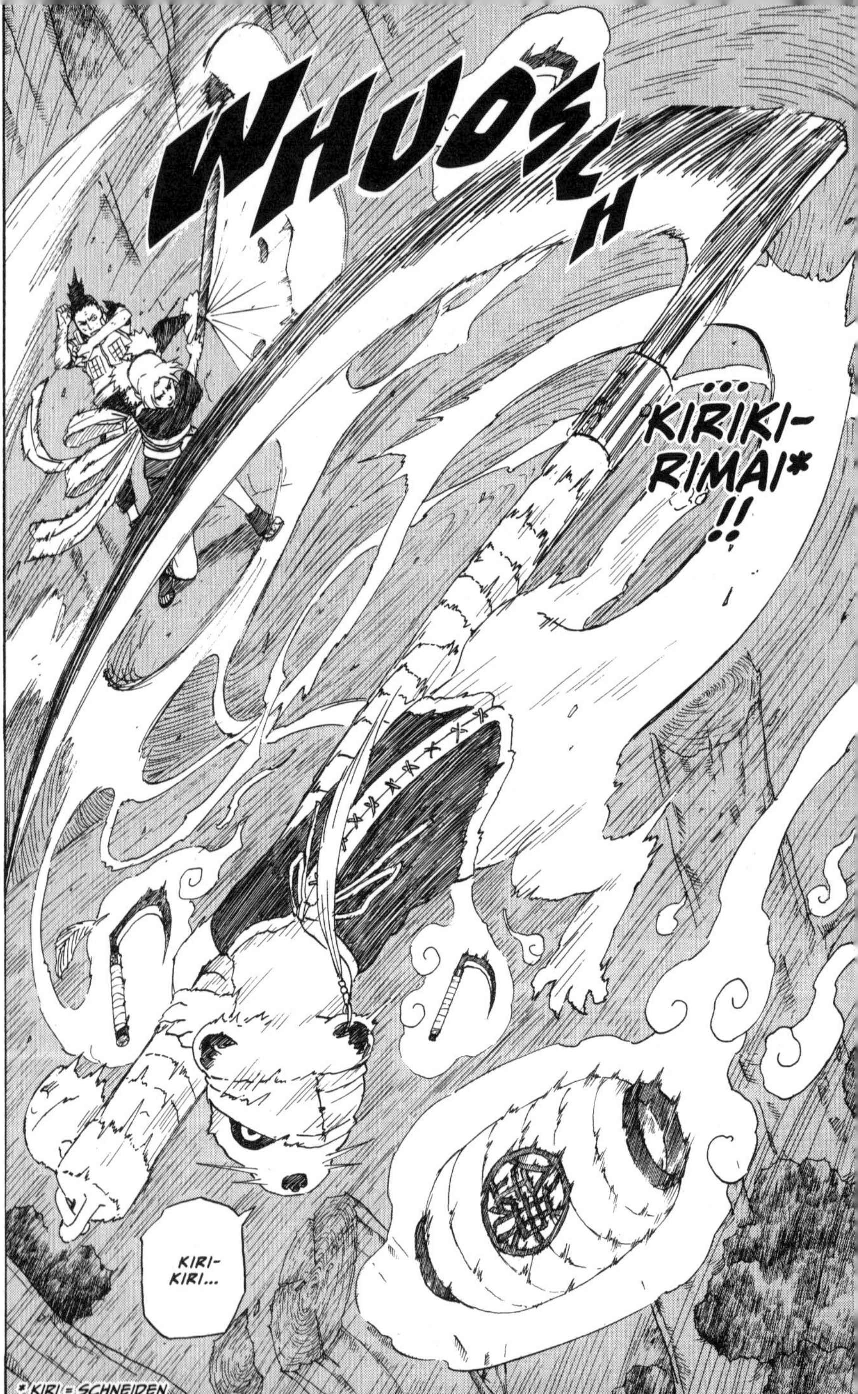

* KIRI = SCHNEIDEN

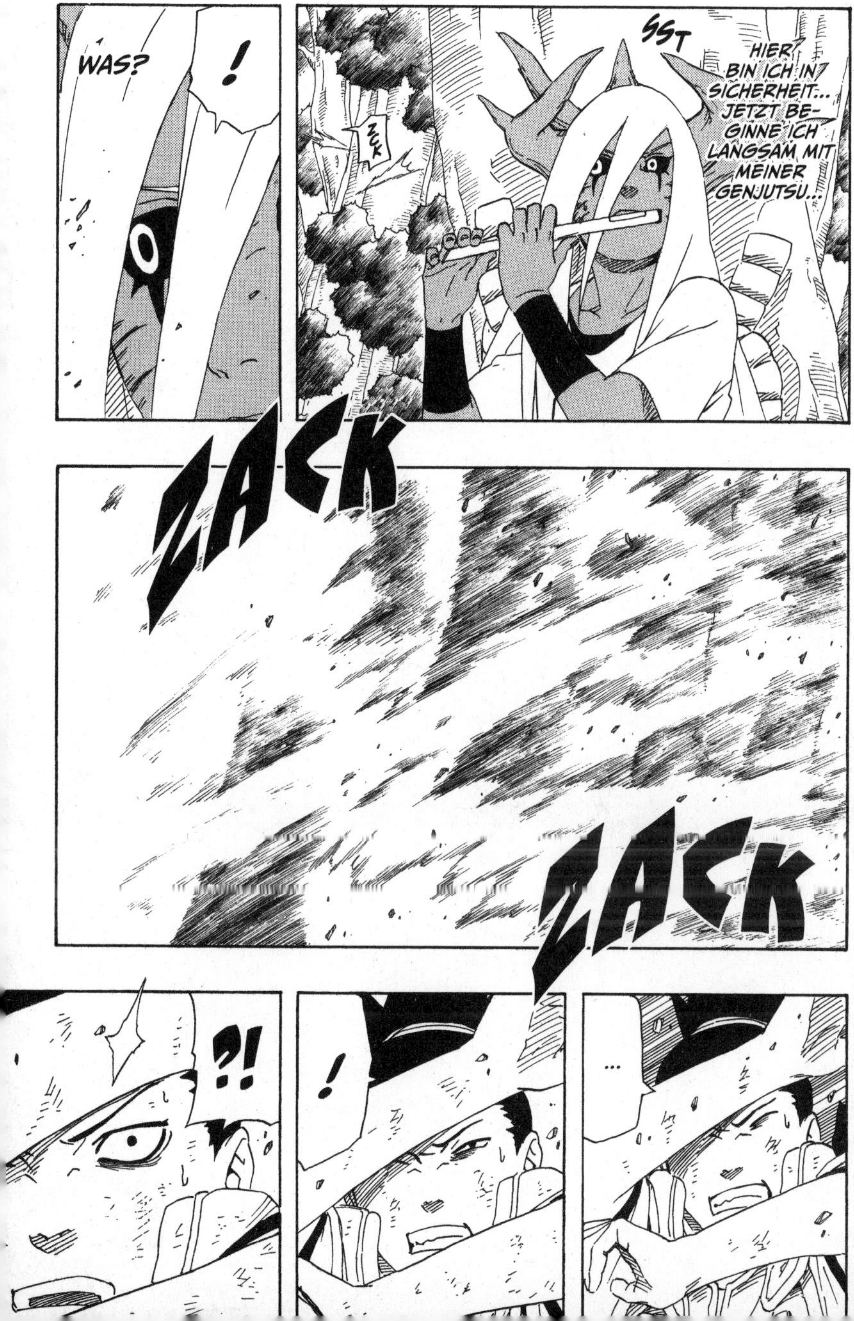

SST
HIER BIN ICH IN SICHERHEIT... JETZT BEGINNE ICH LANGSAM MIT MEINER GENJUTSU...
ZACK
!
WAS?
ZACK
ZACK
...
!
?!

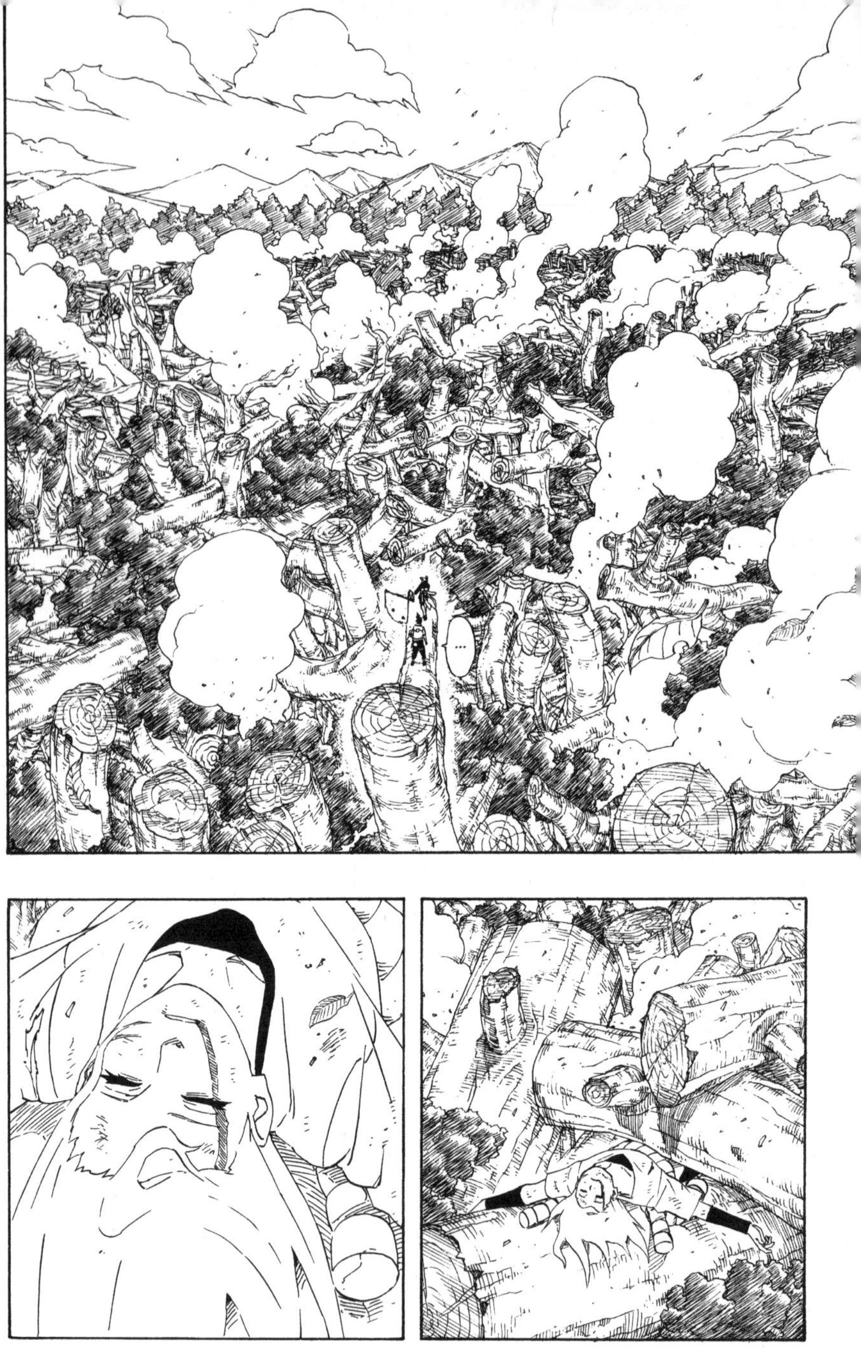

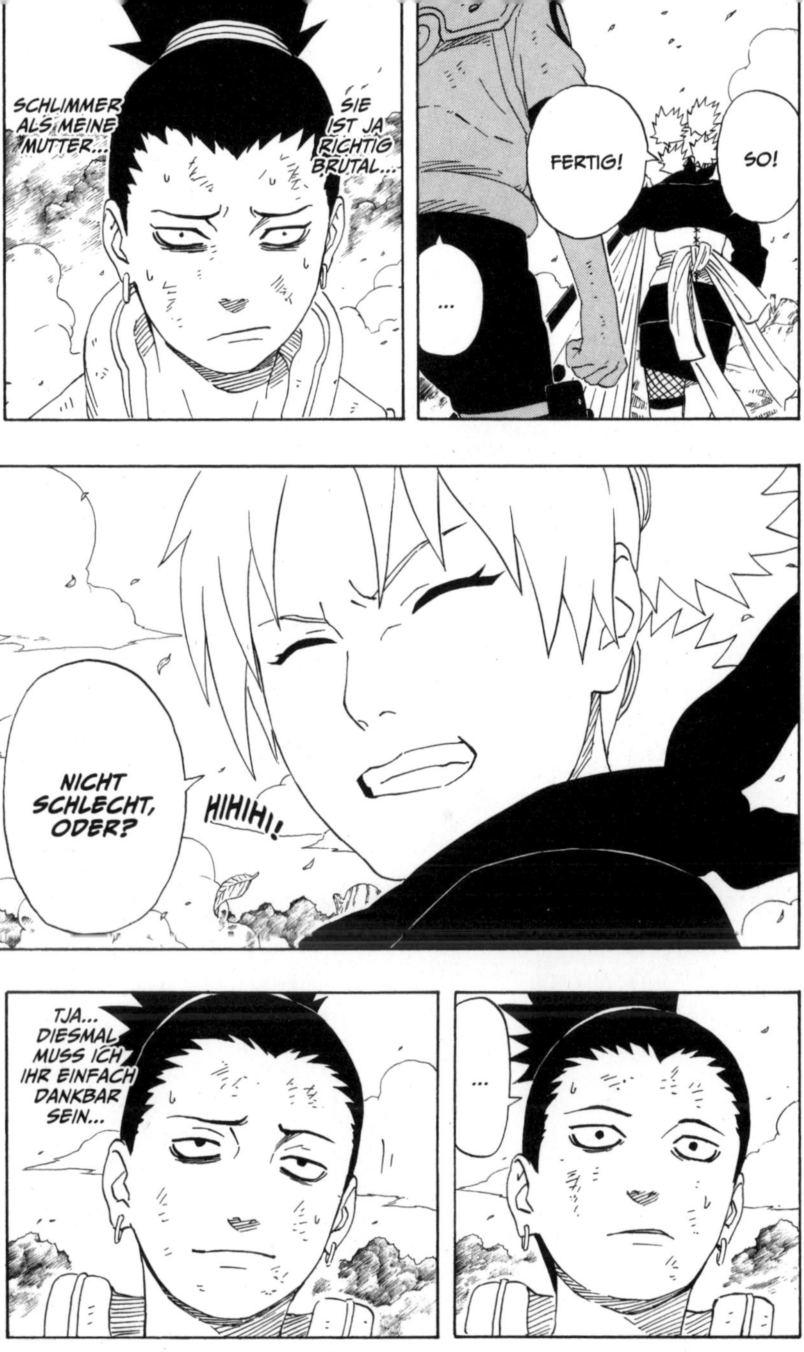
SO!
FERTIG!
...
SIE IST JA RICHTIG BRUTAL...
SCHLIMMER ALS MEINE MUTTER...
HIHIHI!
NICHT SCHLECHT, ODER?
...
TJA... DIESMAL MUSS ICH IHR EINFACH DANKBAR SEIN...

MASASHI KISHIMOTOS WELT LEBENSGESCHICHTE: DIE PEINLICHSTEN EPISODEN - TEIL 4

ICH ERINNERE MICH GANZ GENAU AN DIESEN MOMENT. ICH DACHTE IN DER LUFT: »ICH DARF MEIN GLEICHGEWICHT NICHT VERLIEREN! WENN ICH BEIM LANDEN HINFALLE, LIEGE ICH VOLL IM MIST! ICH MUSS AUF MEINEN FÜSSEN LANDEN!« ICH MUSSTE ALSO IM PRINZIP SO LANDEN, WIE EIN TURNER AM ENDE SEINER VORFÜHRUNG! UM DAS BEWERKSTELLIGEN ZU KÖNNEN, WARF ICH ERST EINMAL MEINE WERTVOLLE SÜSSKARTOFFEL IN DIE LUFT! BUMPF! DIE KARTOFFEL LANDETE IM MIST! NACH DEM GERÄUSCH WAR ICH AUF DEN MOMENT MEINES EIGENEN AUFPRALLS GEFASST. BBUMPF! MIT DEN FÜSSEN VORAUS LANDETE ICH IM MIST! ER WAR TIEFER, ALS ICH ERWARTET HATTE, ABER DAS WAR GLÜCK IM UNGLÜCK – DA DER MIST BIS ZUM KNIE REICHTE, KONNTE ICH MICH WENIGSTENS AUFRECHT HALTEN! LETZTENDLICH ÜBERRASCHTE ALSO NICHT NUR MEINE KARTOFFEL, SONDERN AUCH ICH SELBST ALLE...

WAS DANACH KAM, WAR ERST MAL ECHT MIES... ICH HATTE EINEN KAMERADEN GEBETEN, UNSERE LEHRERIN HERBEIZURUFEN. ABER – ICH KANN DAS BIS HEUTE NICHT VERGESSEN – UNSERE LEHRERIN WOLLTE MICH NICHT RETTEN! SIE WAR FASSUNGSLOS UND SCHIEN NICHT IN DEN MIST TRETEN ZU WOLLEN. DOCH MEINE MUTTER WAR SOFORT ZUR STELLE UND SPRANG OHNE ZU ZÖGERN IN DEN MIST, UM MICH ZU RETTEN. MEINE MUTTER IST ECHT GROSSARTIG! ICH WAR TOTAL BEGEISTERT!

NOCH HEUTE DENKE ICH JEDES MAL AN DAMALS, WENN ICH SÜSSKARTOFFELN SEHE. MAN SOLLTE ALSO NIEMALS VERGESSEN: NICHTS KANN EINE MUTTER EINSCHÜCHTERN!

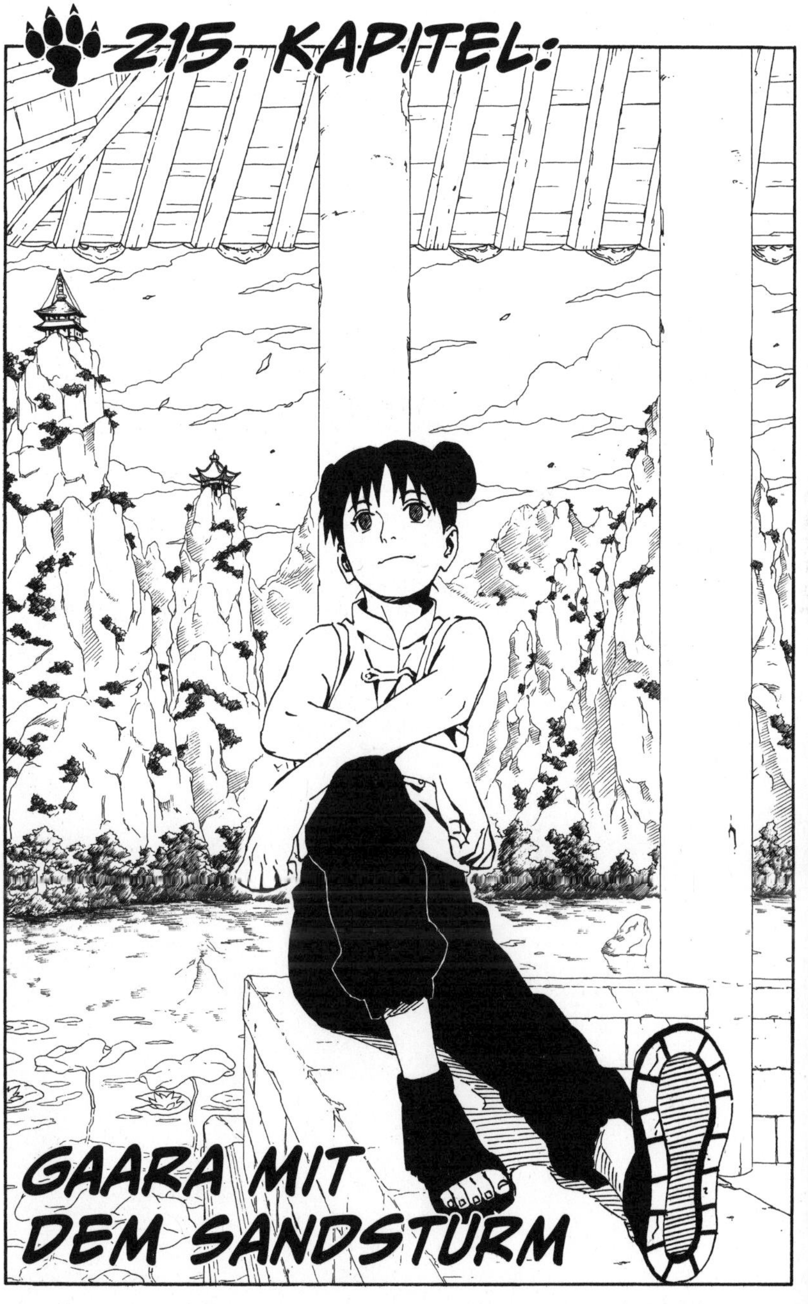
215. KAPITEL:
GAARA MIT DEM SANDSTURM

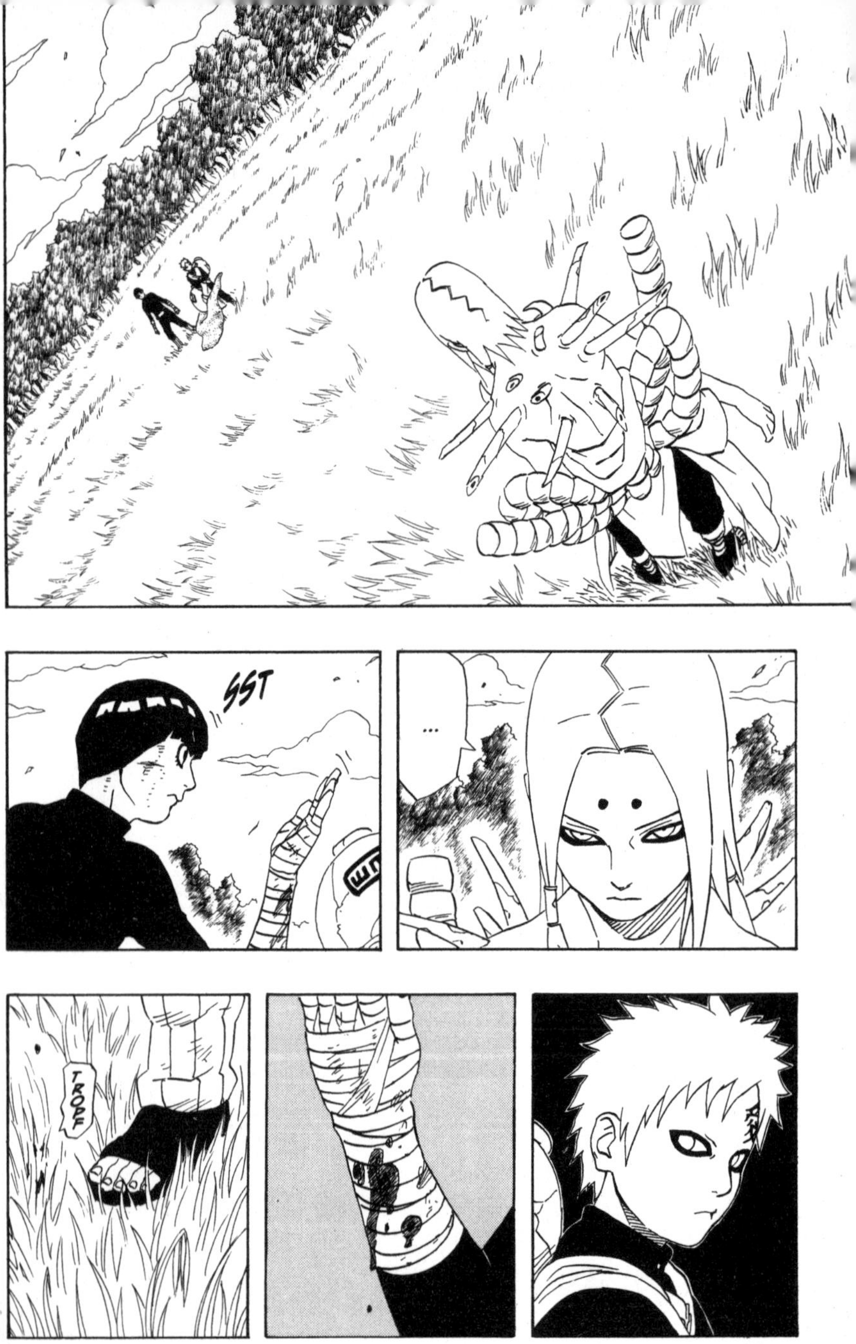
SST
...
TROPF

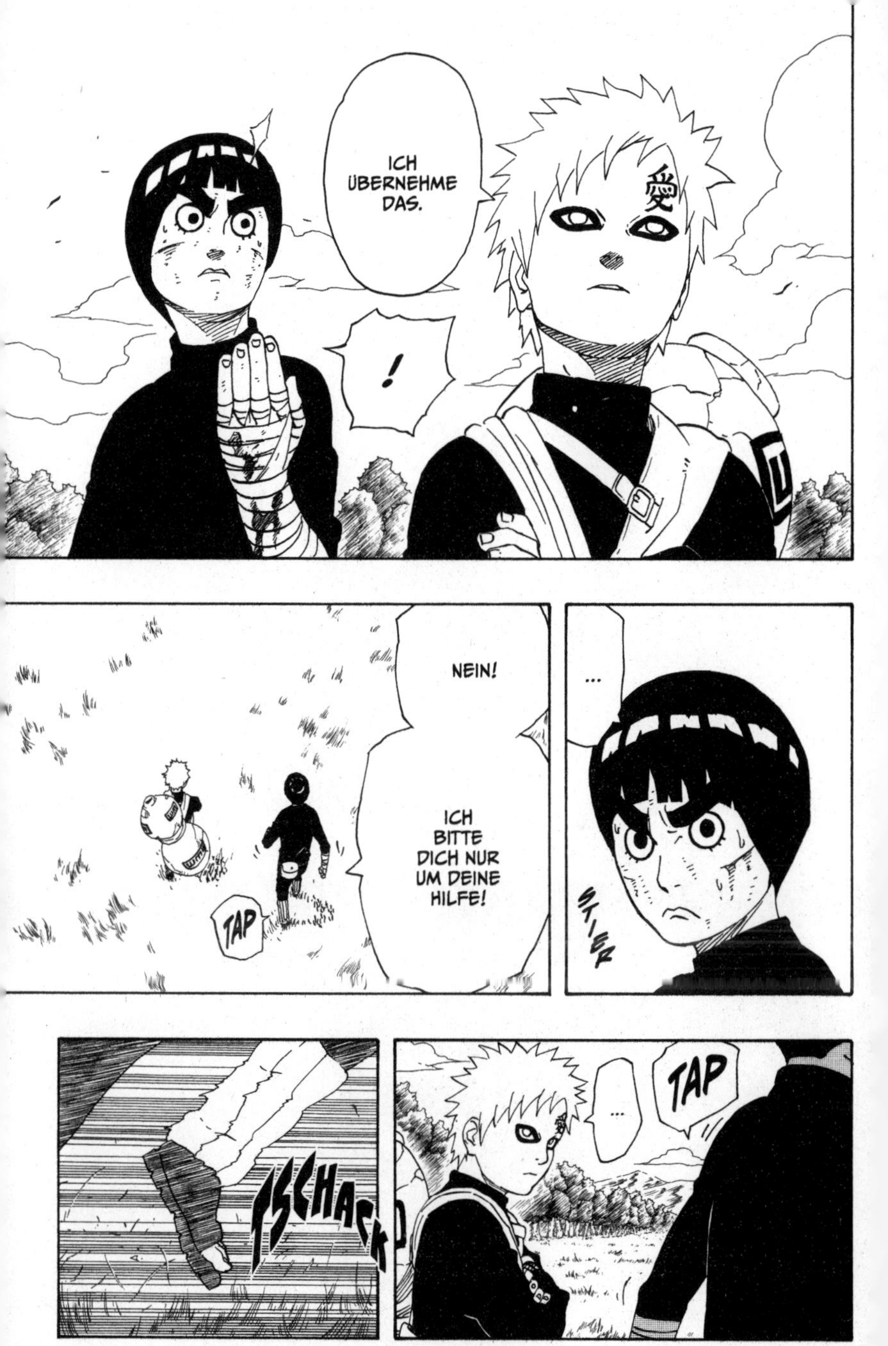
ICH ÜBERNEHME DAS.
!
NEIN!
ICH BITTE DICH NUR UM DEINE HILFE!
TAP
...
STIER
TAP
...
TSCHACK

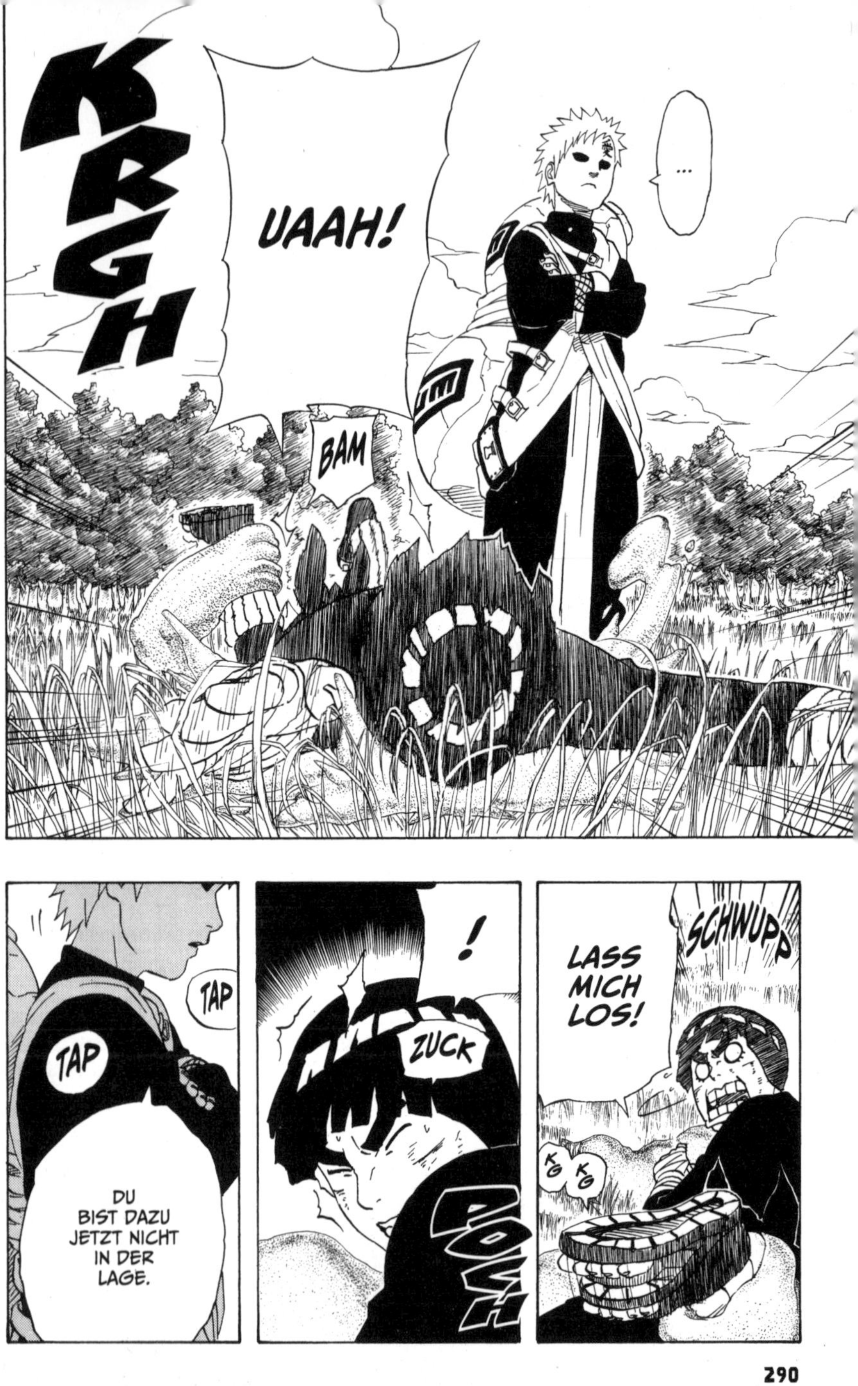
...
UAAH!
KRGH
BAM
LASS MICH LOS!
SCHWUPP
KG KG
!
ZUCK
POCH
TAP
TAP
DU BIST DAZU JETZT NICHT IN DER LAGE.

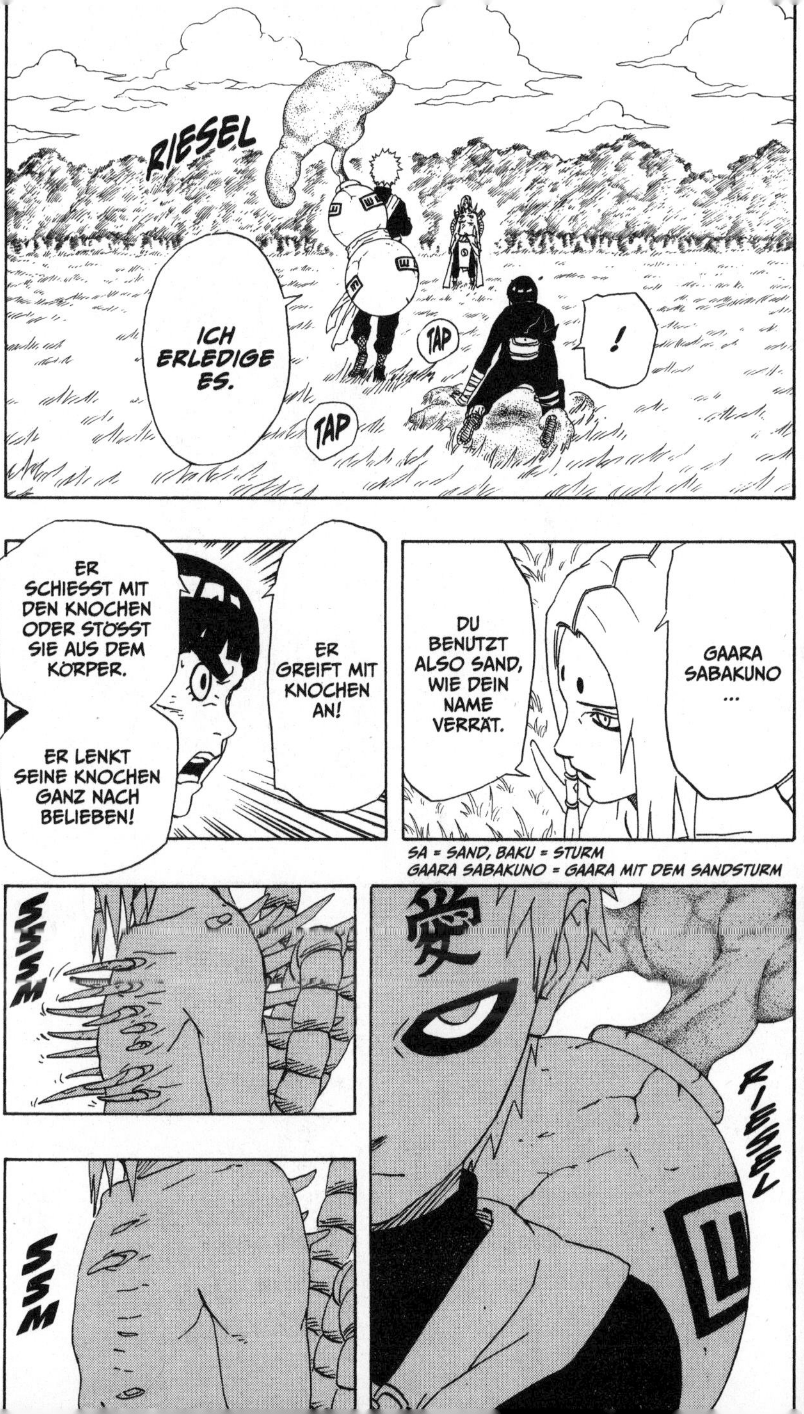
RIESEL
!
ICH ERLEDIGE ES.
TAP
TAP
GAARA SABAKUNO ...
DU BENUTZT ALSO SAND, WIE DEIN NAME VERRÄT.
SA = SAND, BAKU = STURM
GAARA SABAKUNO = GAARA MIT DEM SANDSTURM
ER GREIFT MIT KNOCHEN AN!
ER SCHIESST MIT DEN KNOCHEN ODER STÖSST SIE AUS DEM KÖRPER.
ER LENKT SEINE KNOCHEN GANZ NACH BELIEBEN!
RIESEL
SSSM
SSSM

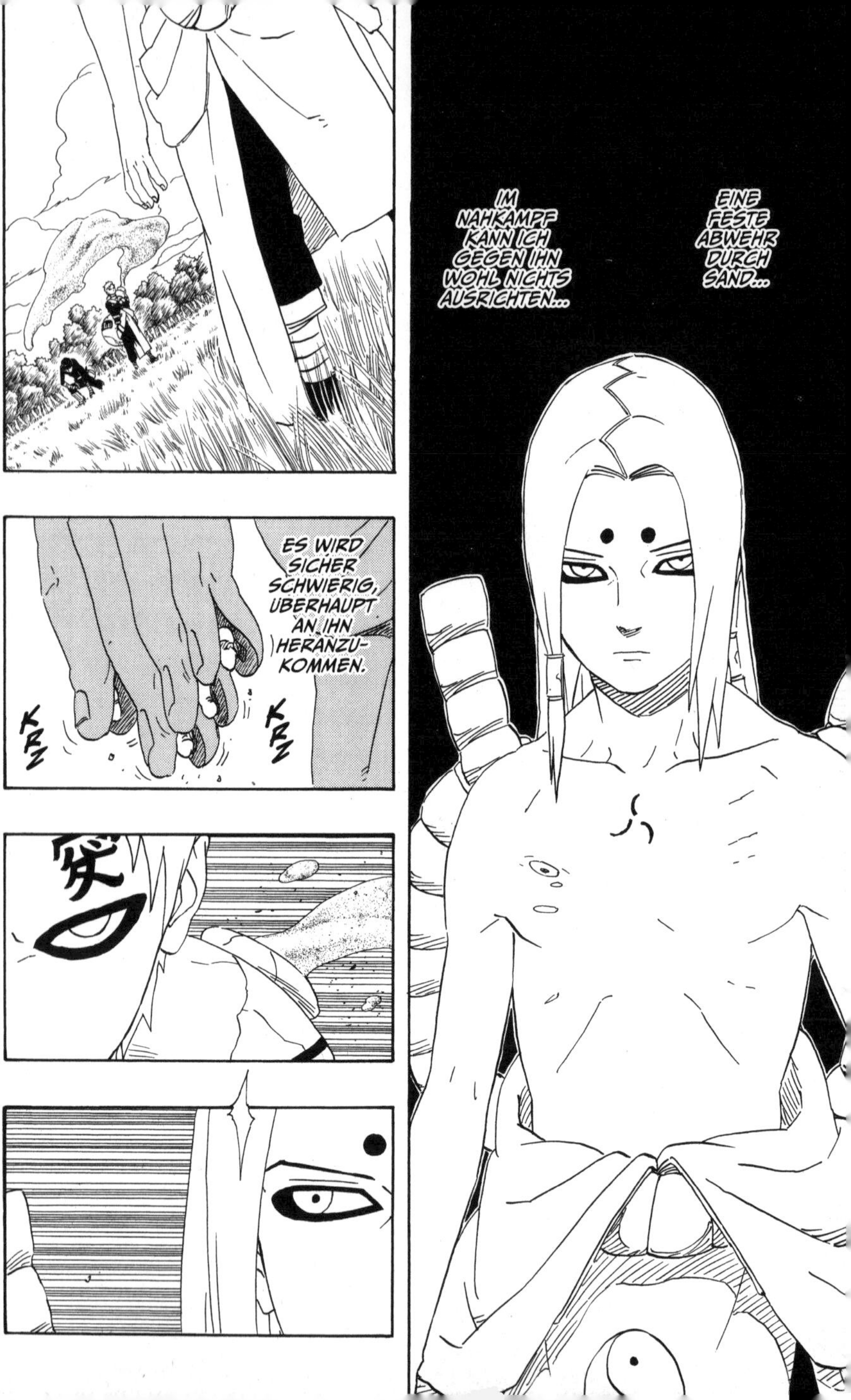

EINE FESTE ABWEHR DURCH SAND...
IM NAHKAMPF KANN ICH GEGEN IHN WOHL NICHTS AUSRICHTEN...
ES WIRD SICHER SCHWIERIG, ÜBERHAUPT AN IHN HERANZUKOMMEN.
KRZ
KRZ

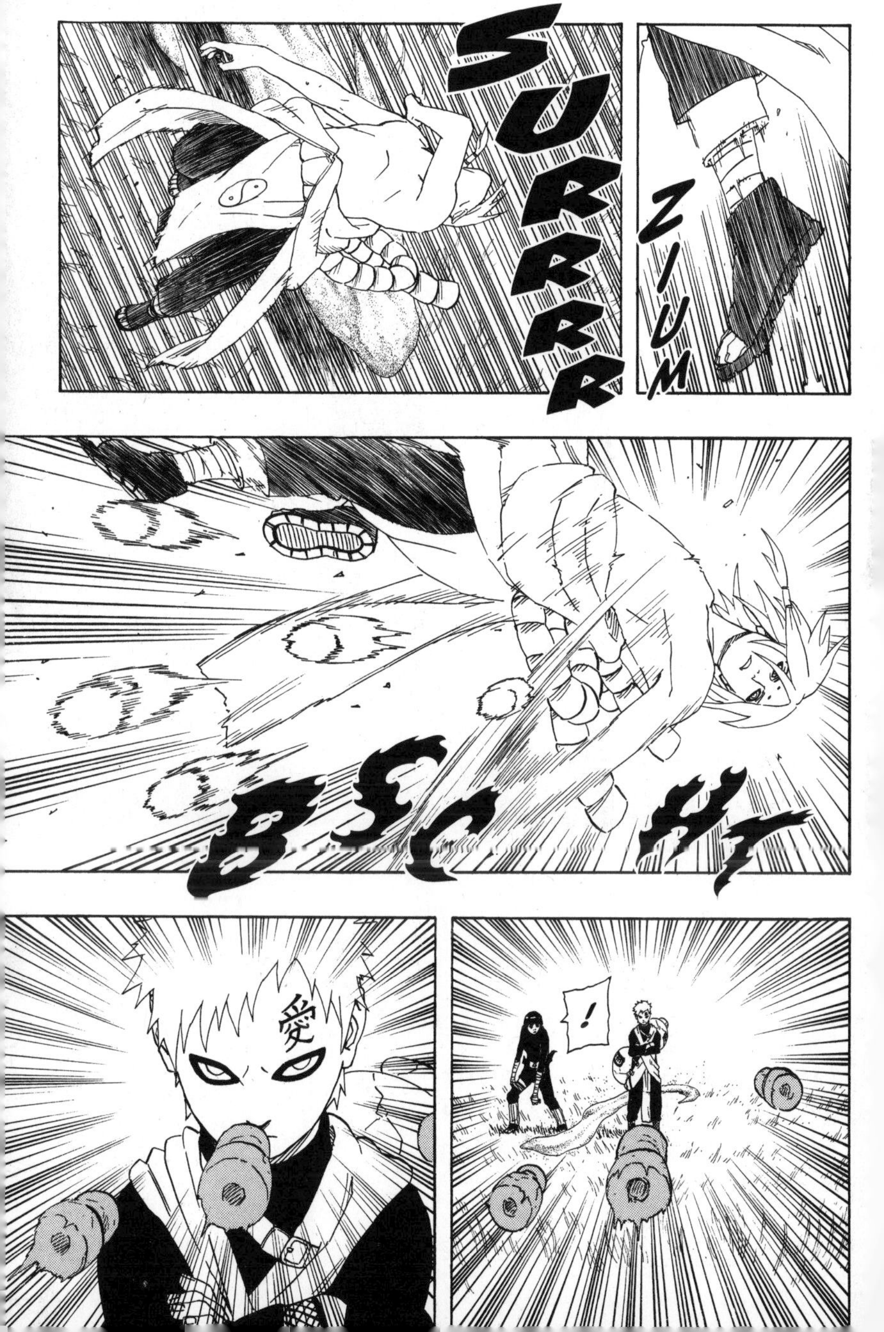
SURRRR
ZIUM
BSCHH
!

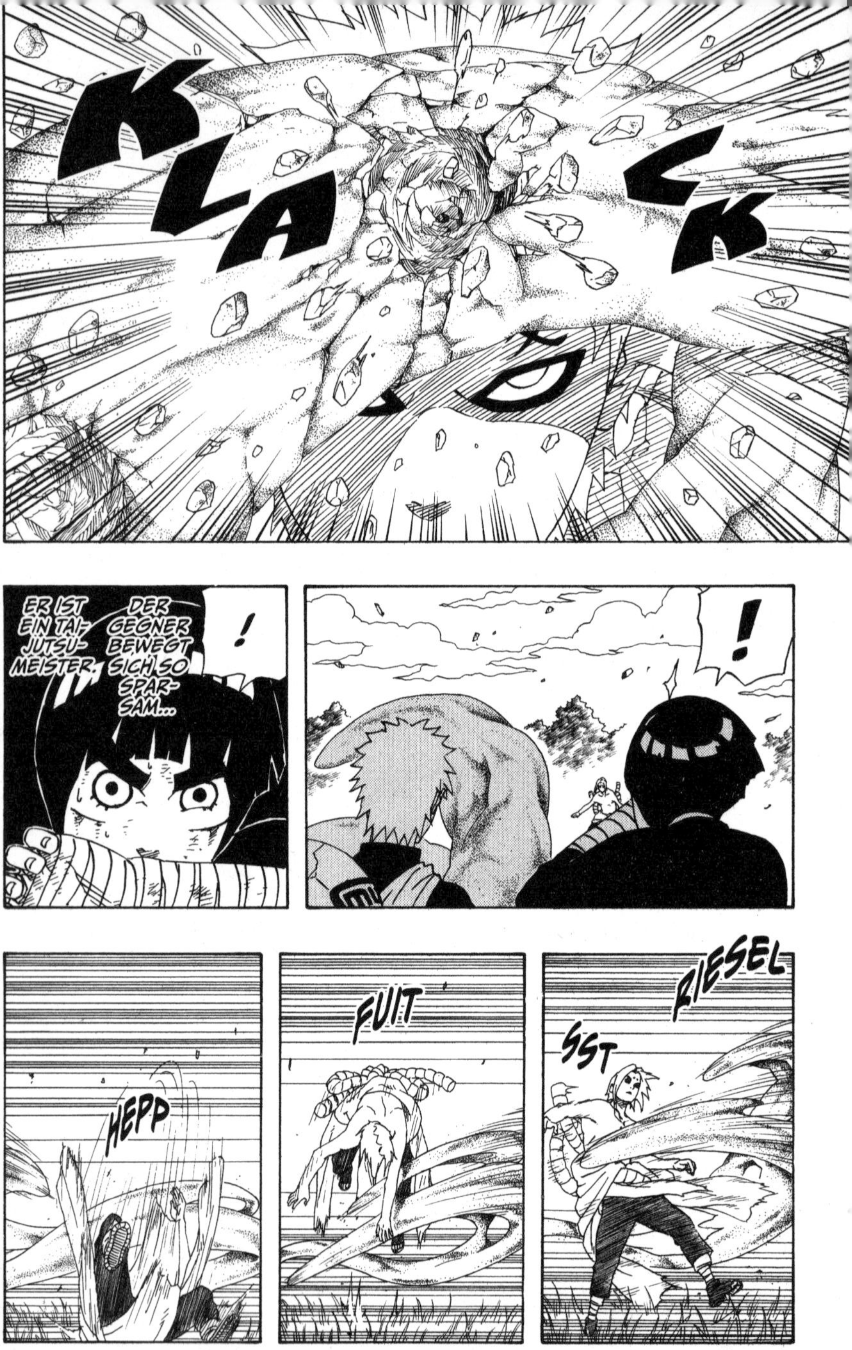
KLACK
!
!
DER GEGNER BEWEGT SICH SO SPARSAM...
ER IST EIN TAIJUTSU-MEISTER.
RIESEL
SST
FUIT
HEPP

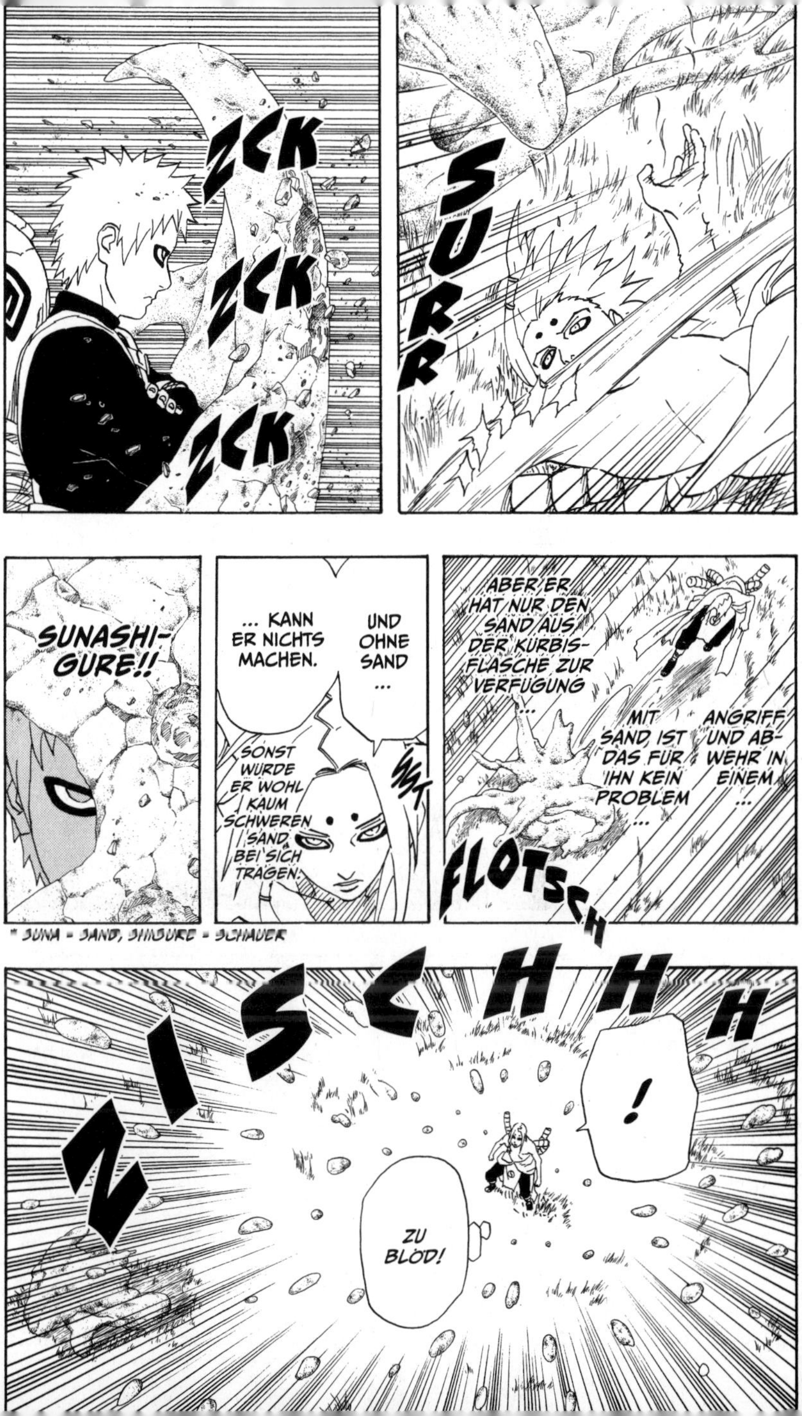

* SUNA = SAND, SHIGURE = SCHAUER

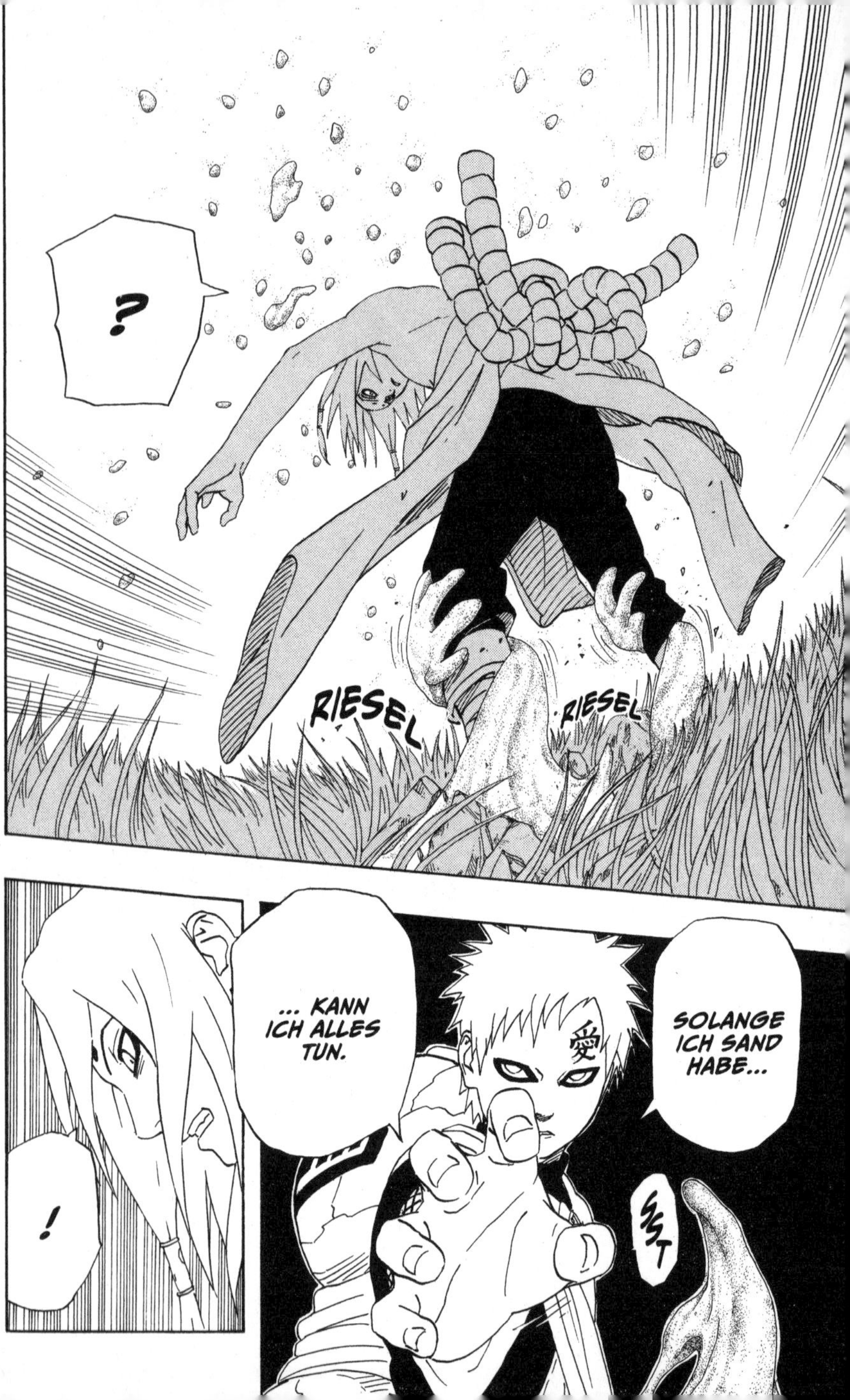
?
RIESEL
RIESEL
SOLANGE ICH SAND HABE...
... KANN ICH ALLES TUN.
SST
!

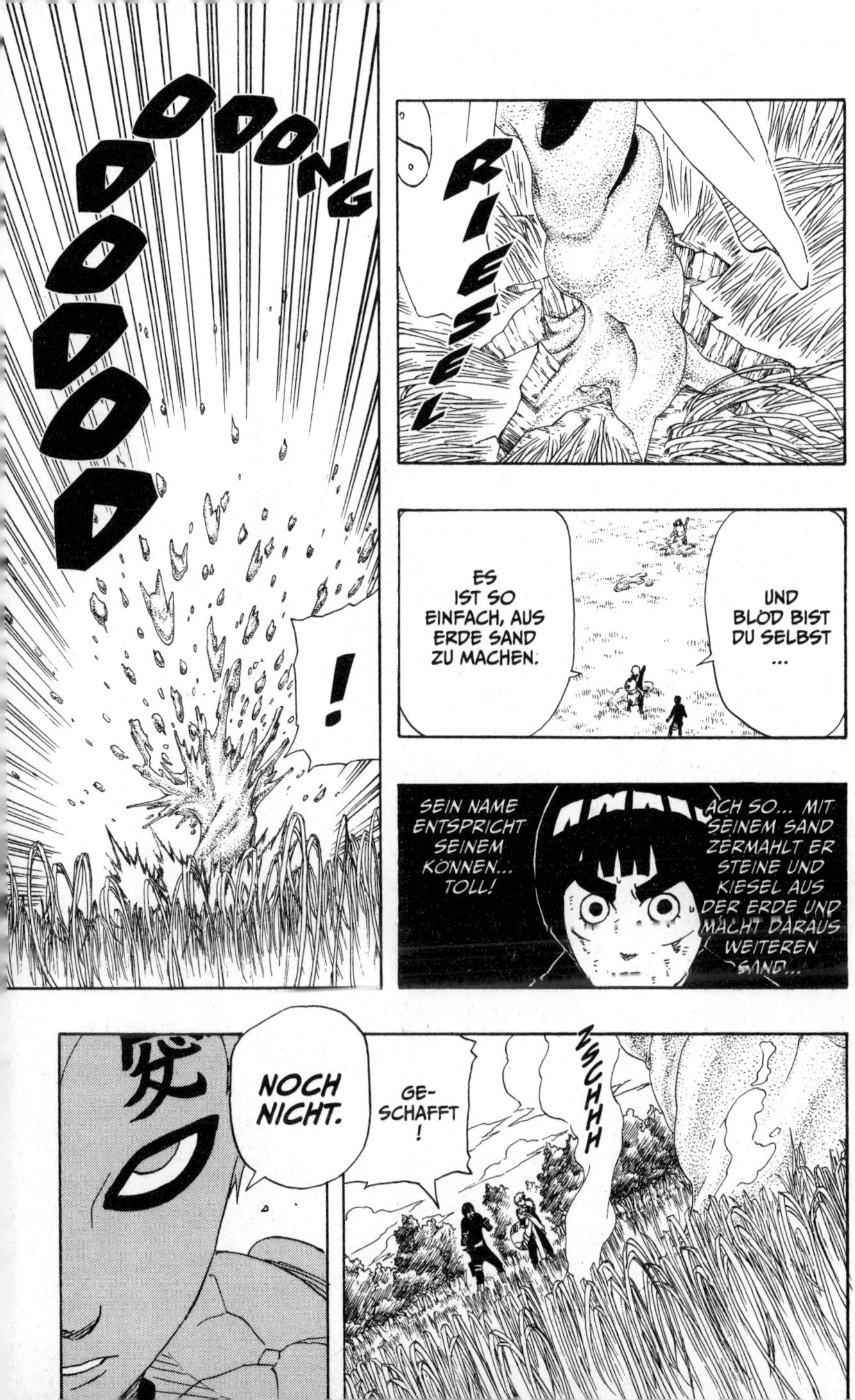
RIESEL
UND BLÖD BIST DU SELBST ...
ES IST SO EINFACH, AUS ERDE SAND ZU MACHEN.
ACH SO... MIT SEINEM SAND ZERMAHLT ER STEINE UND KIESEL AUS DER ERDE UND MACHT DARAUS WEITEREN SAND...
SEIN NAME ENTSPRICHT SEINEM KÖNNEN... TOLL!
DOOOOOOONG
!
ZSCHHH
GE-SCHAFFT!
NOCH NICHT.

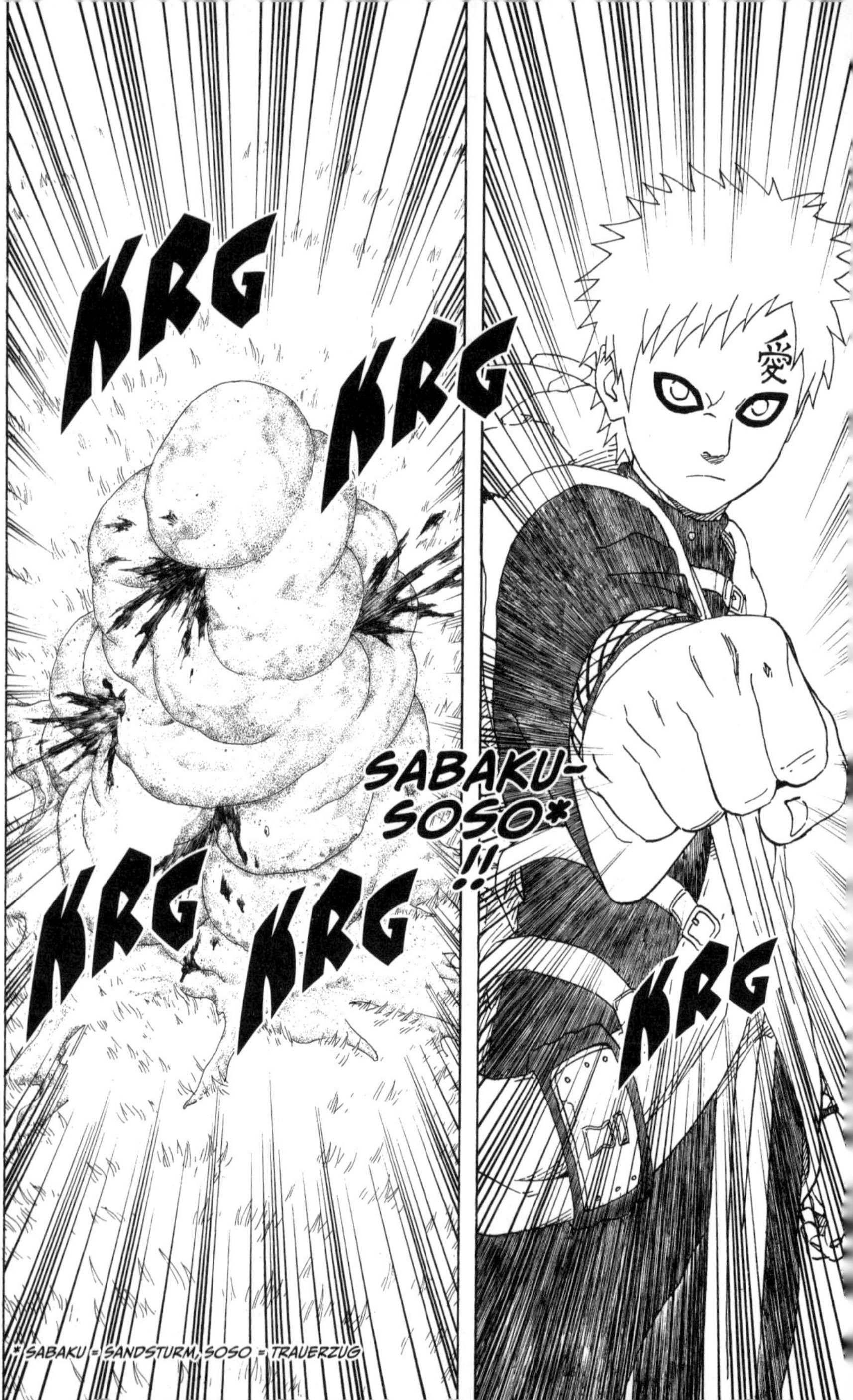

KRG
SABAKU-SOSO* !!
KRG
KRG
KRG
KRG
* SABAKU = SANDSTURM, SOSO = TRAUERZUG

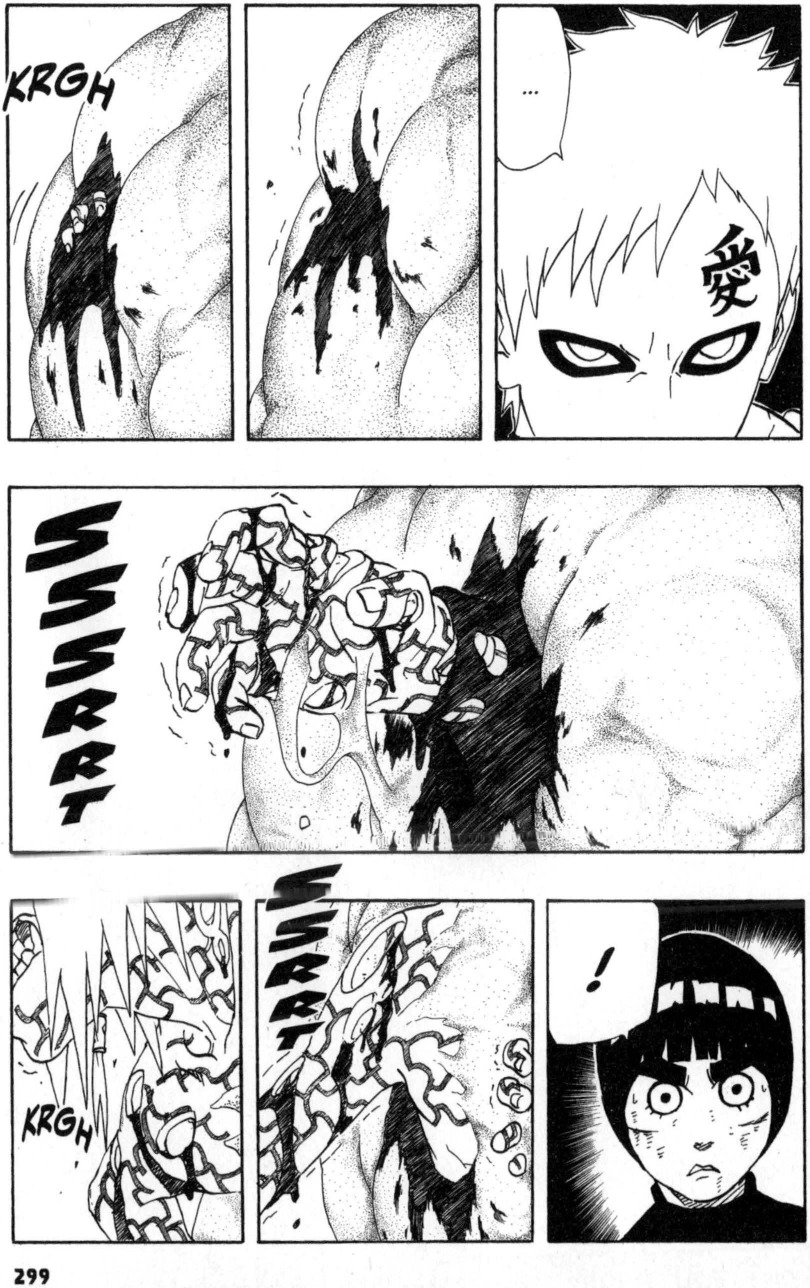
KRGH
...
SSSRRT
!
SSRRT
KRGH

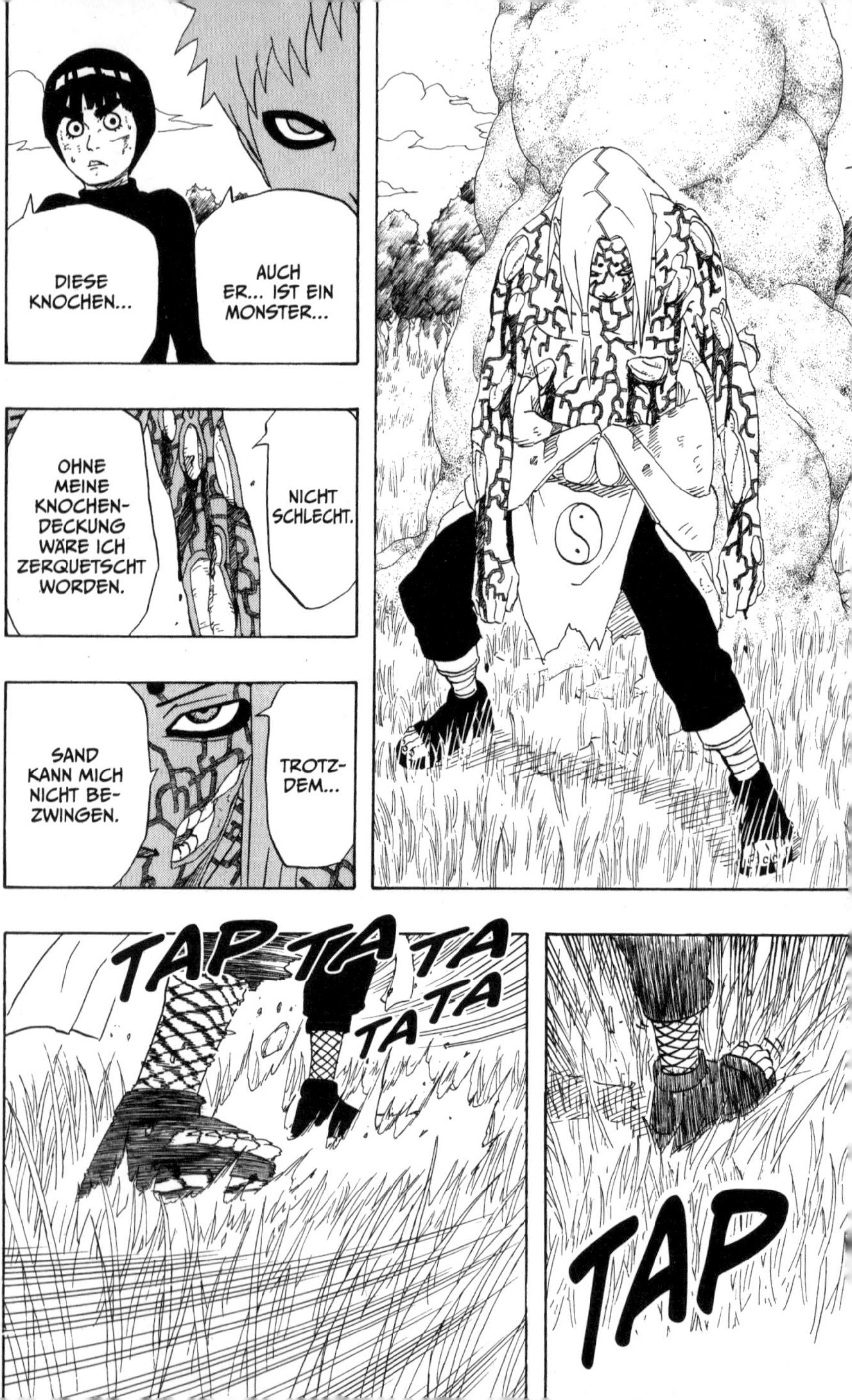

AUCH ER... IST EIN MONSTER...
DIESE KNOCHEN...
NICHT SCHLECHT.
OHNE MEINE KNOCHEN-DECKUNG WÄRE ICH ZERQUETSCHT WORDEN.
TROTZ-DEM...
SAND KANN MICH NICHT BE-ZWINGEN.
TAP
TAP TA TA TA TA TA

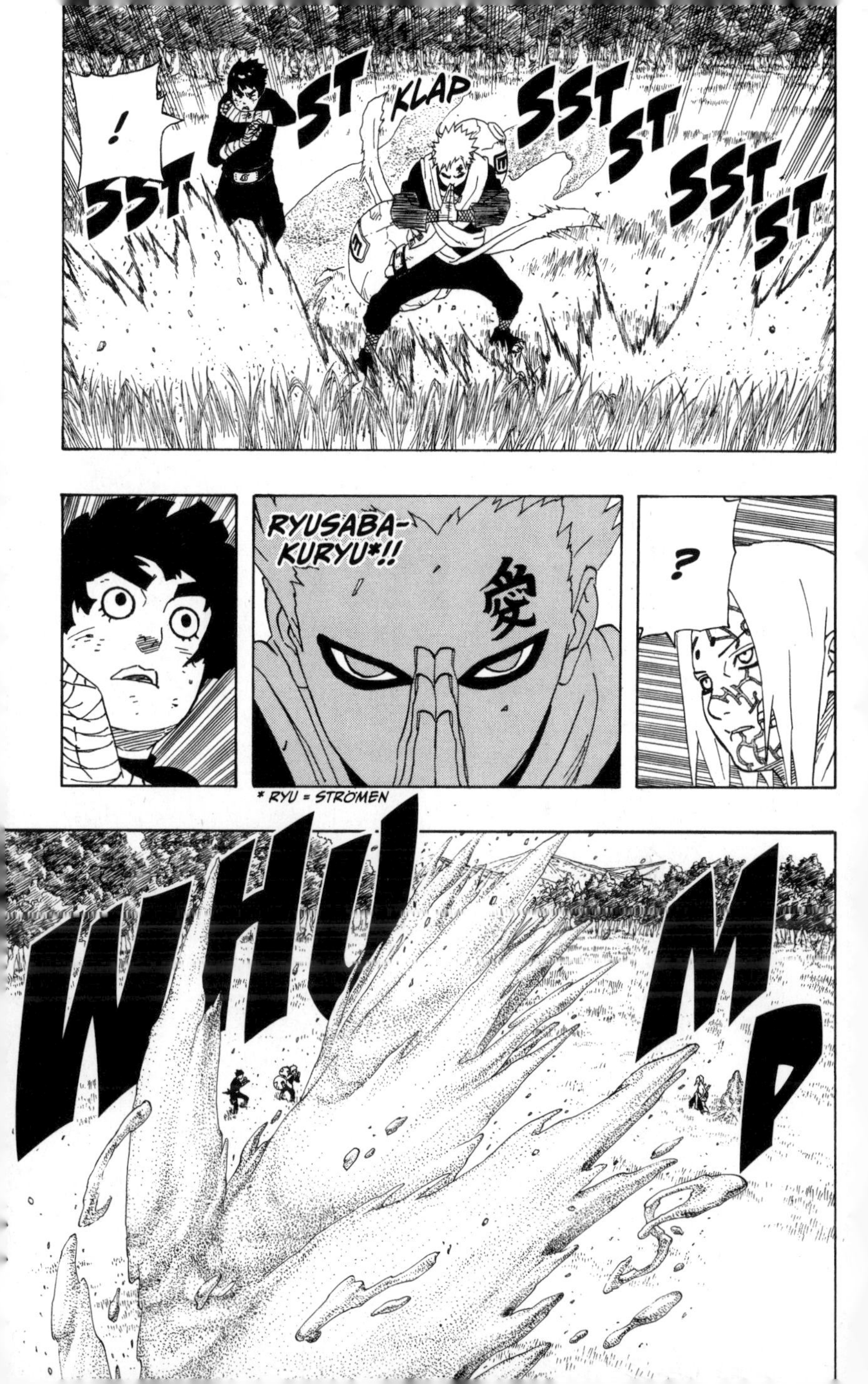

* RYU = STRÖMEN

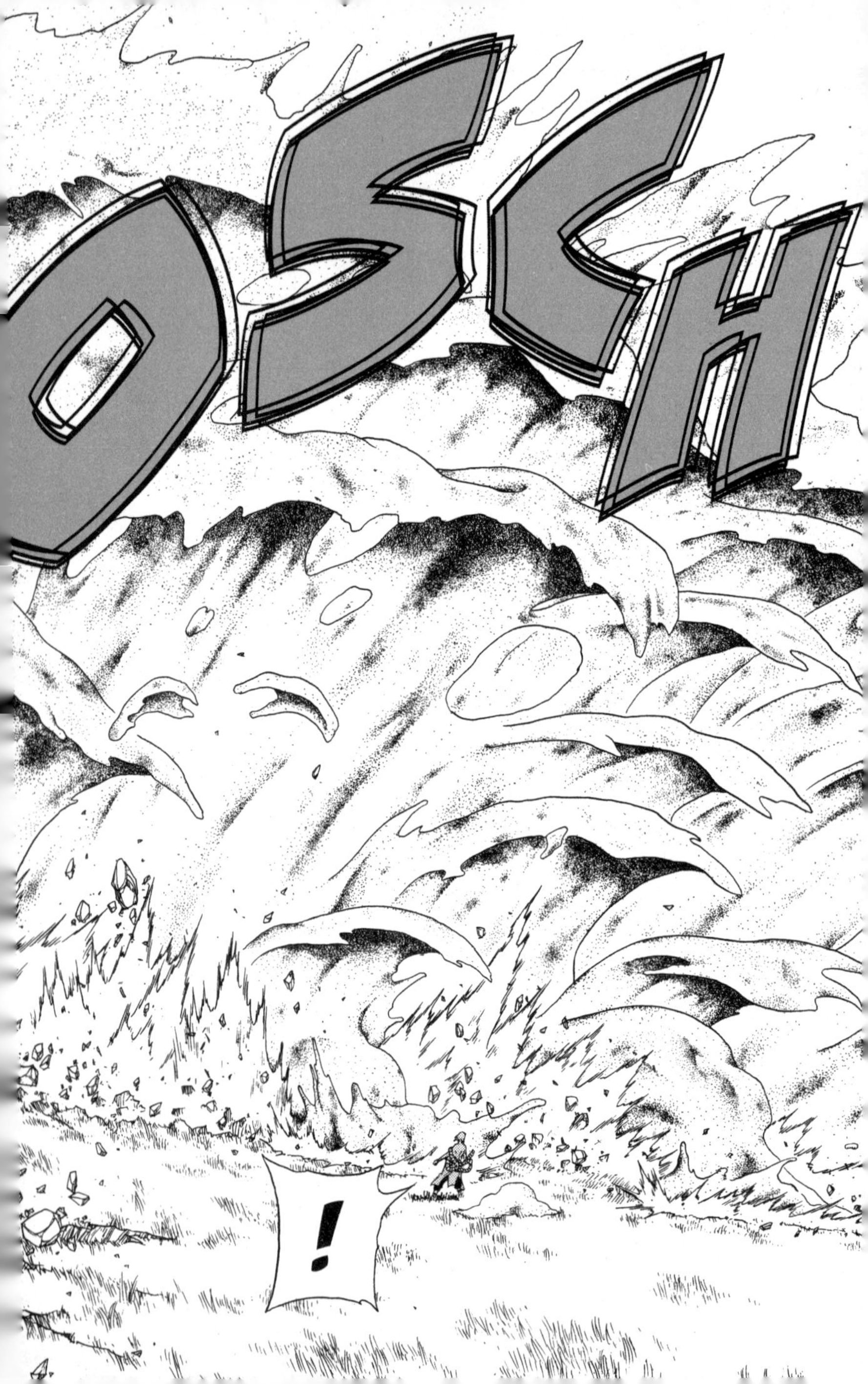
DOSCH
!

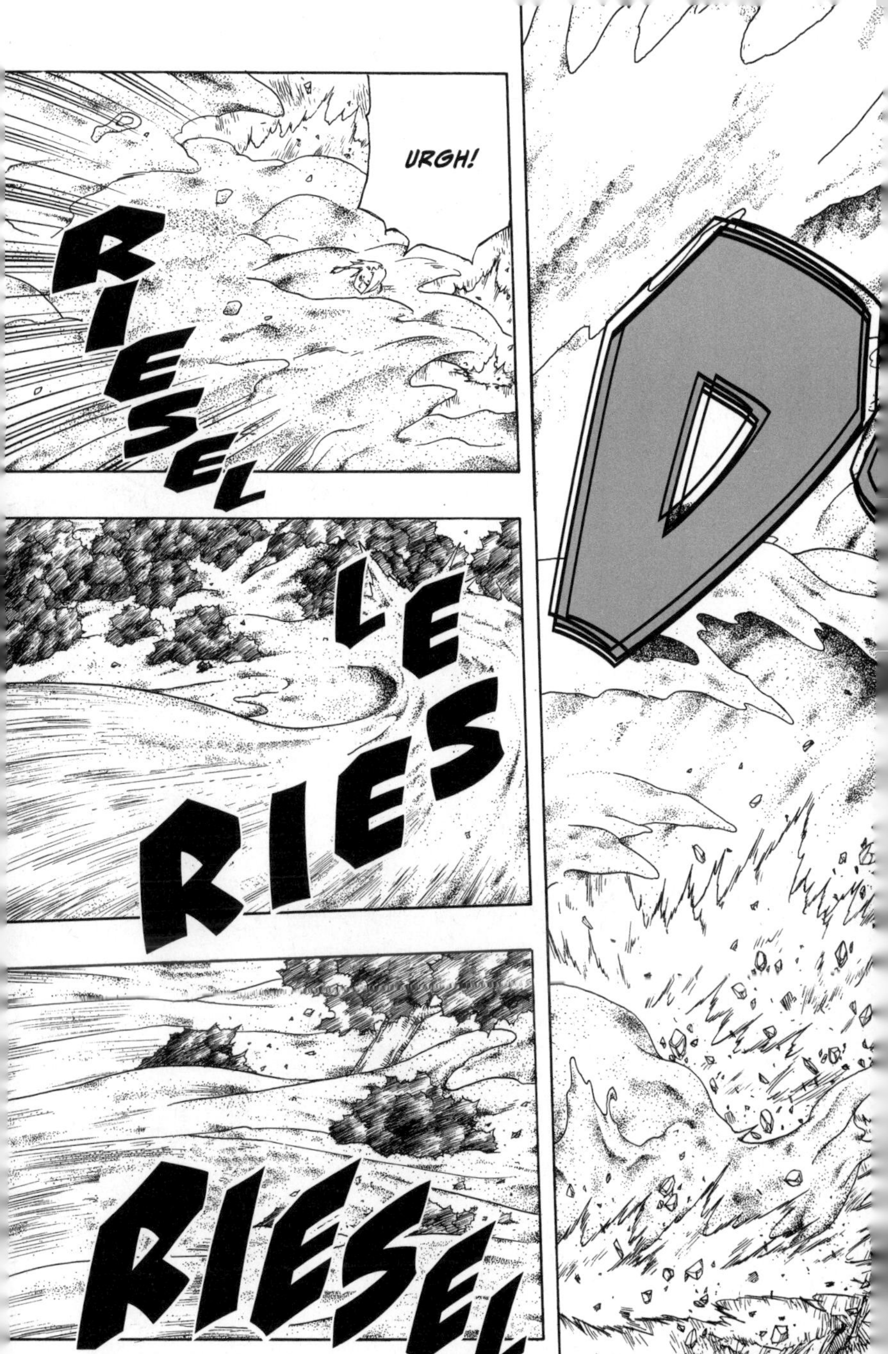
URGH!
RIESEL
RIESEL
RIESEL

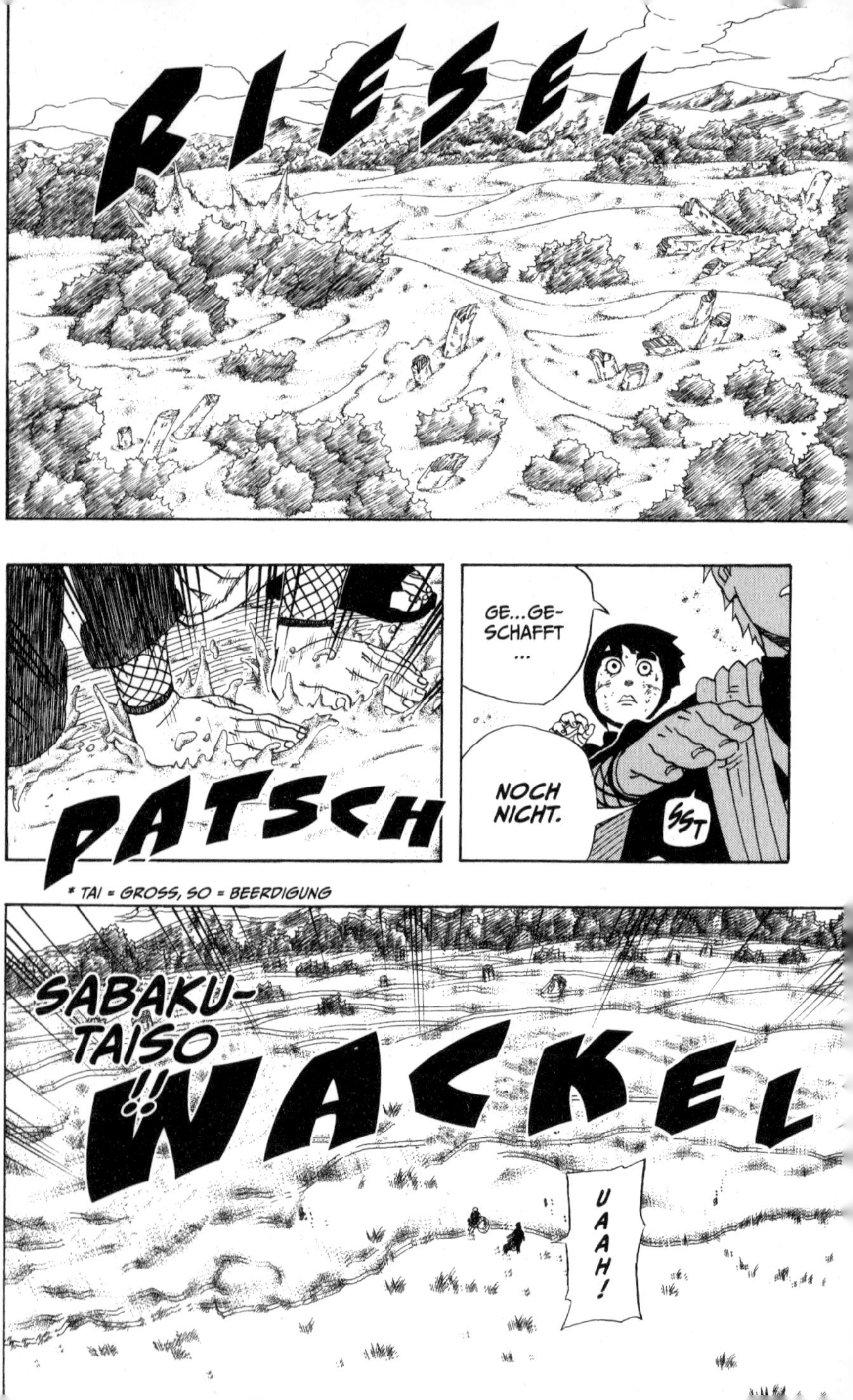
RIESEL
PATSCH
GE...GE-
SCHAFFT
...
NOCH
NICHT.
SST
* TAI = GROSS, SO = BEERDIGUNG
SABAKU-
TAISO
!!
WACKEL
UAAAH!

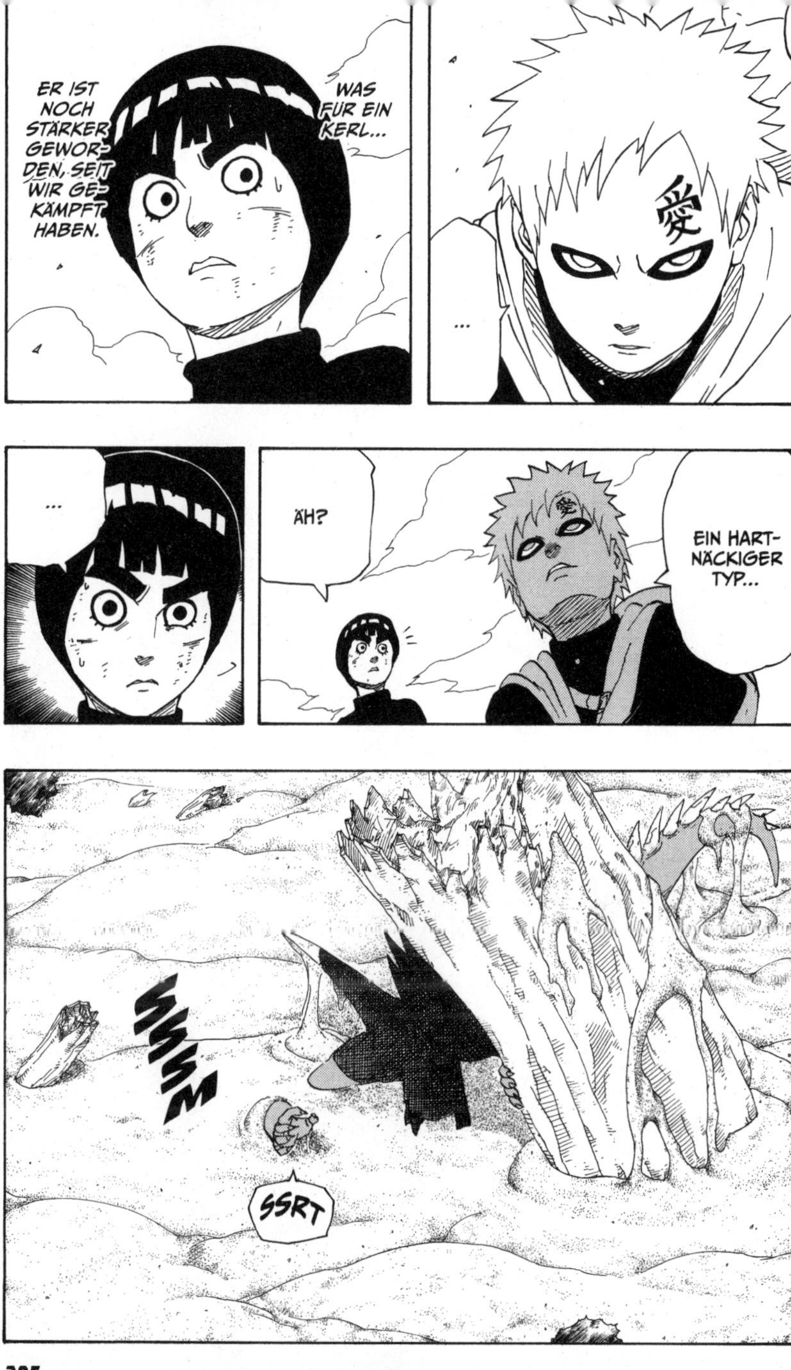
WAS FÜR EIN KERL...
ER IST NOCH STÄRKER GEWORDEN, SEIT WIR GEKÄMPFT HABEN.
...
愛
EIN HART-NÄCKIGER TYP...
ÄH?
...
SSSH
SSRT

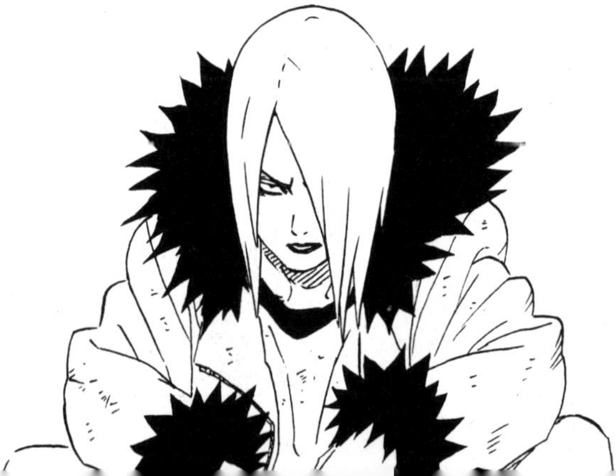

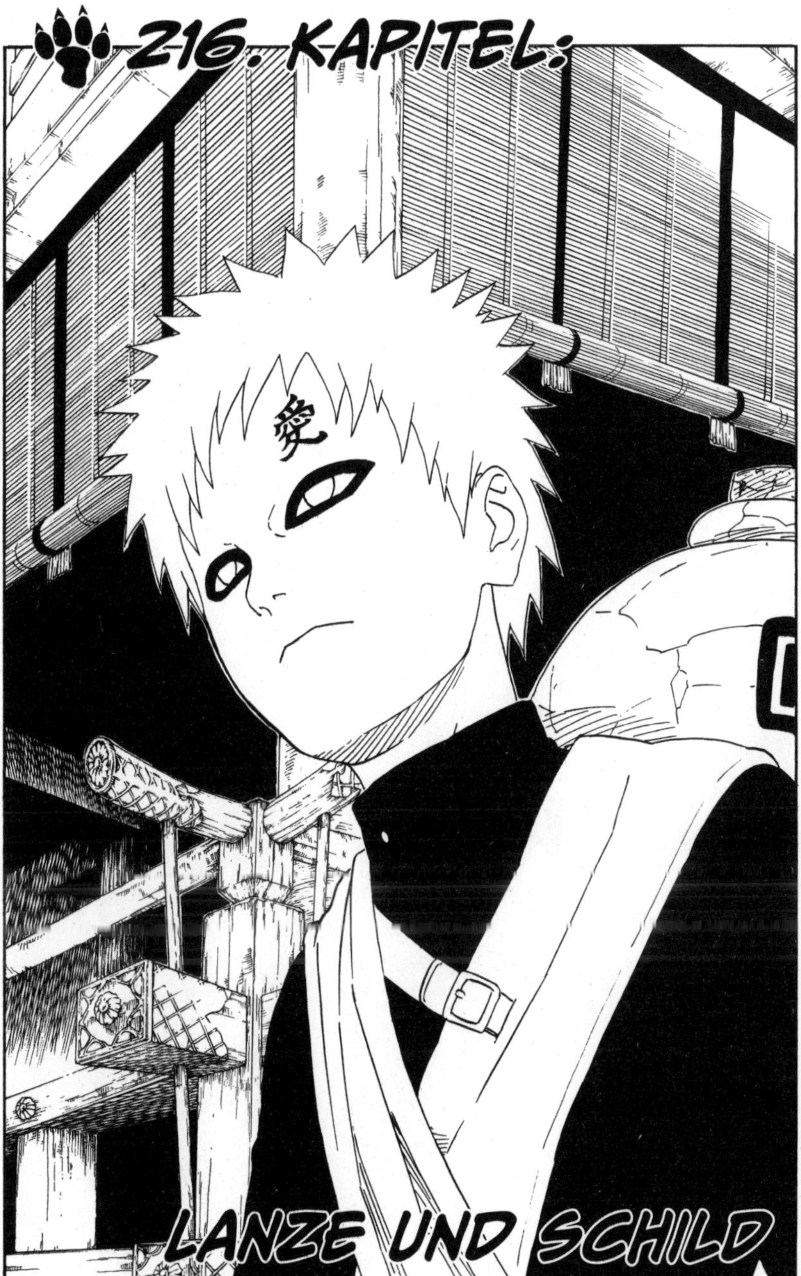
216. Kapitel:
Lanze und Schild

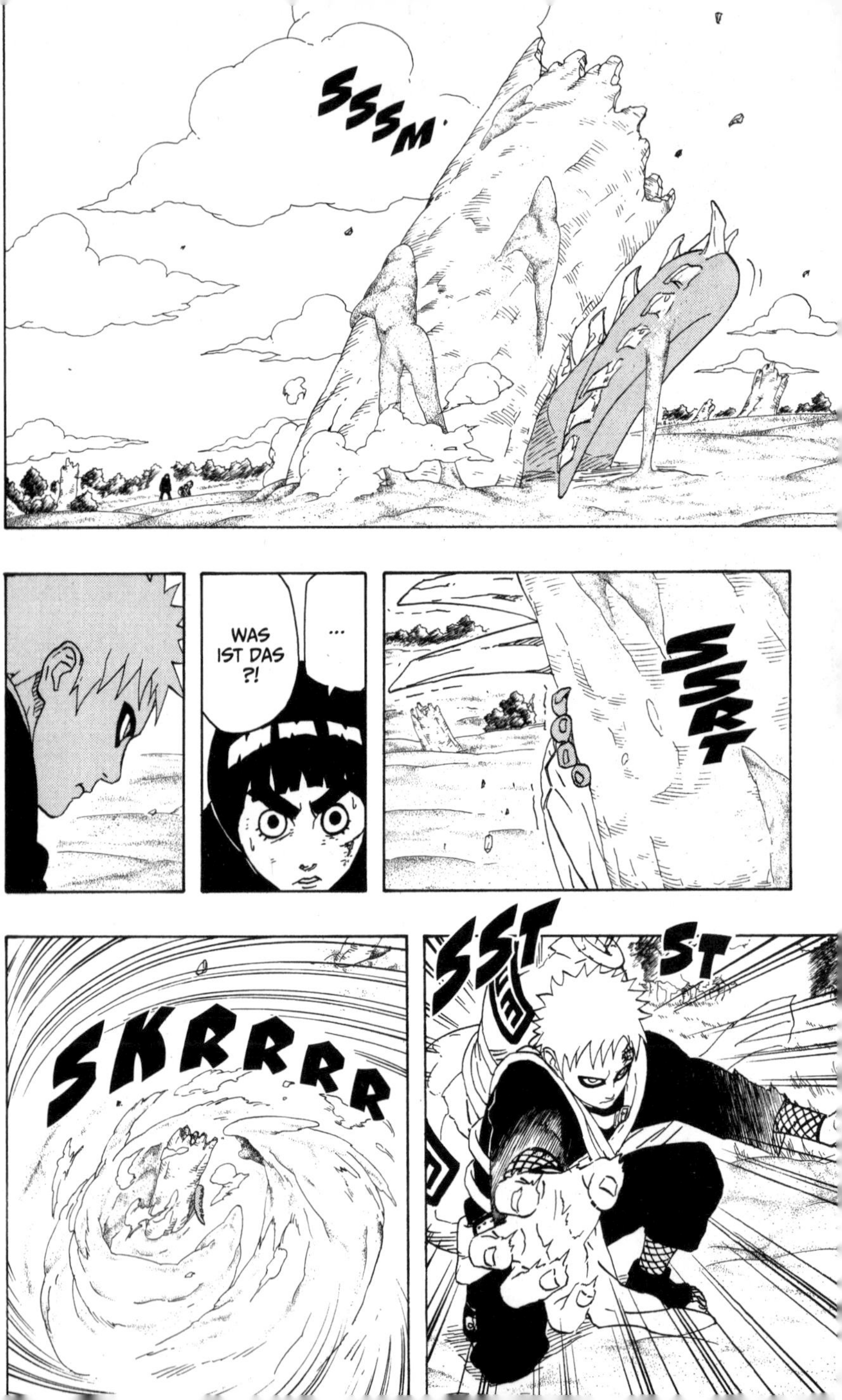
SSSM
...
WAS IST DAS ?!
SSRT
SST
ST
SKRRRRR

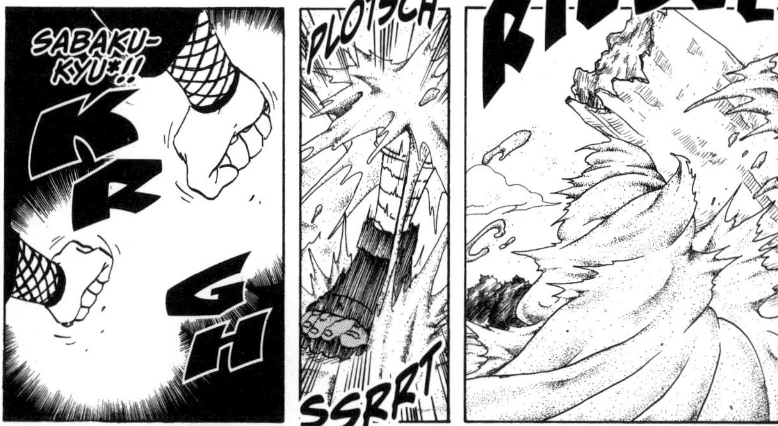

* SA = SAND, BAKU = FESSELN, KYU = SARG

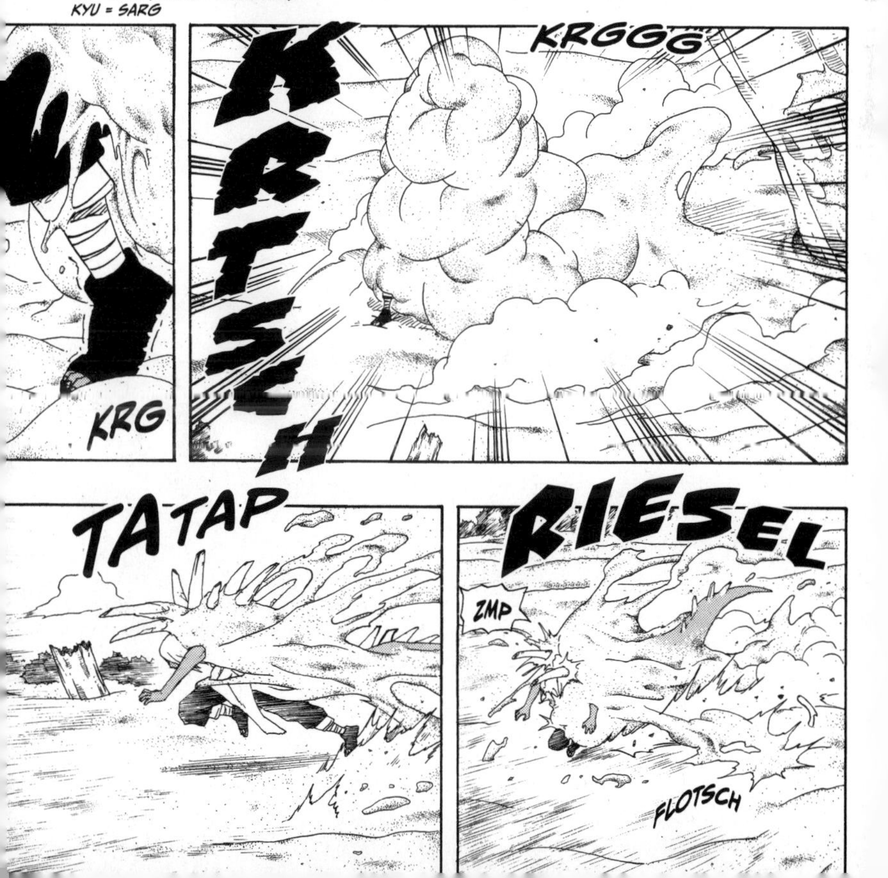

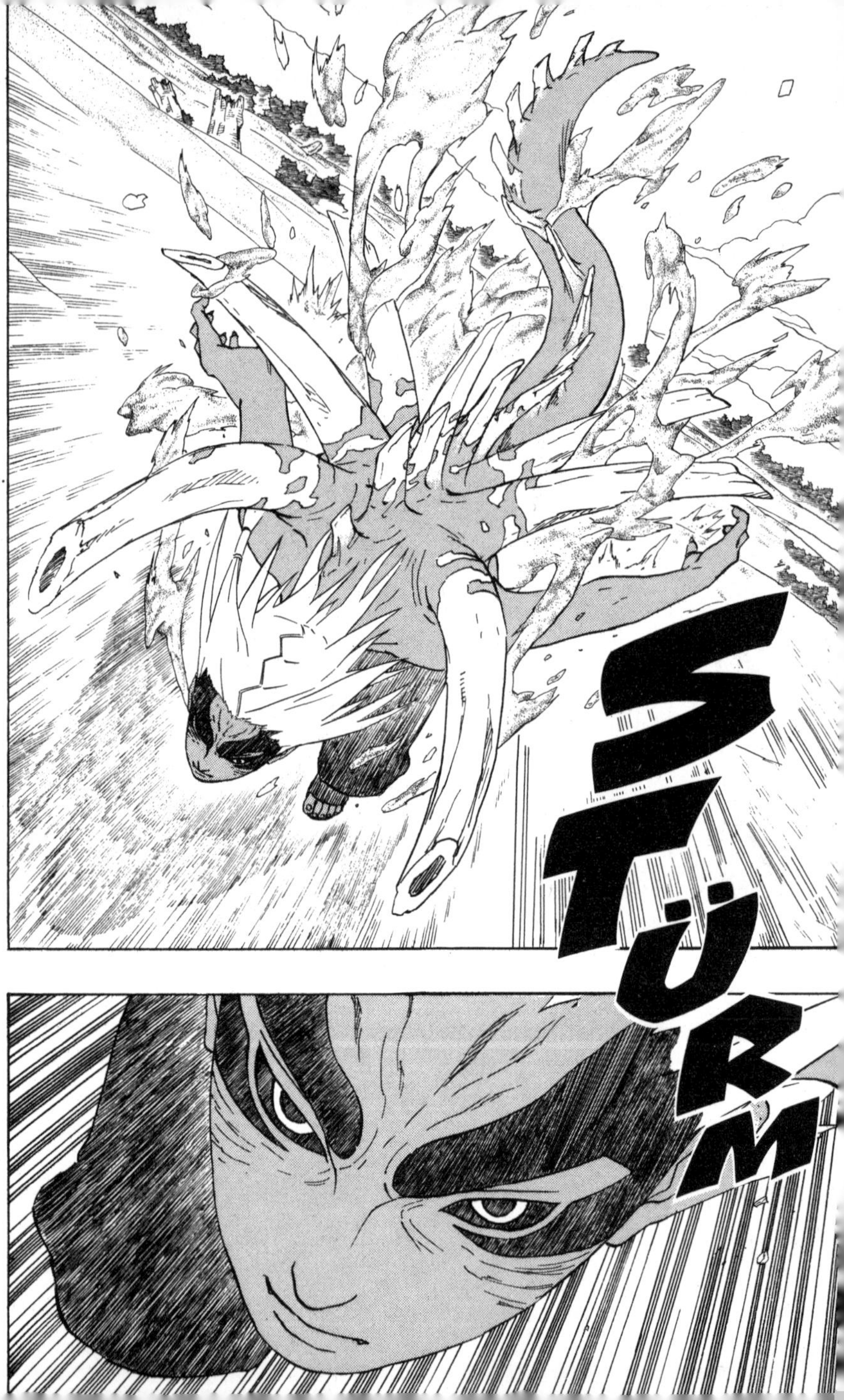
STÜRM

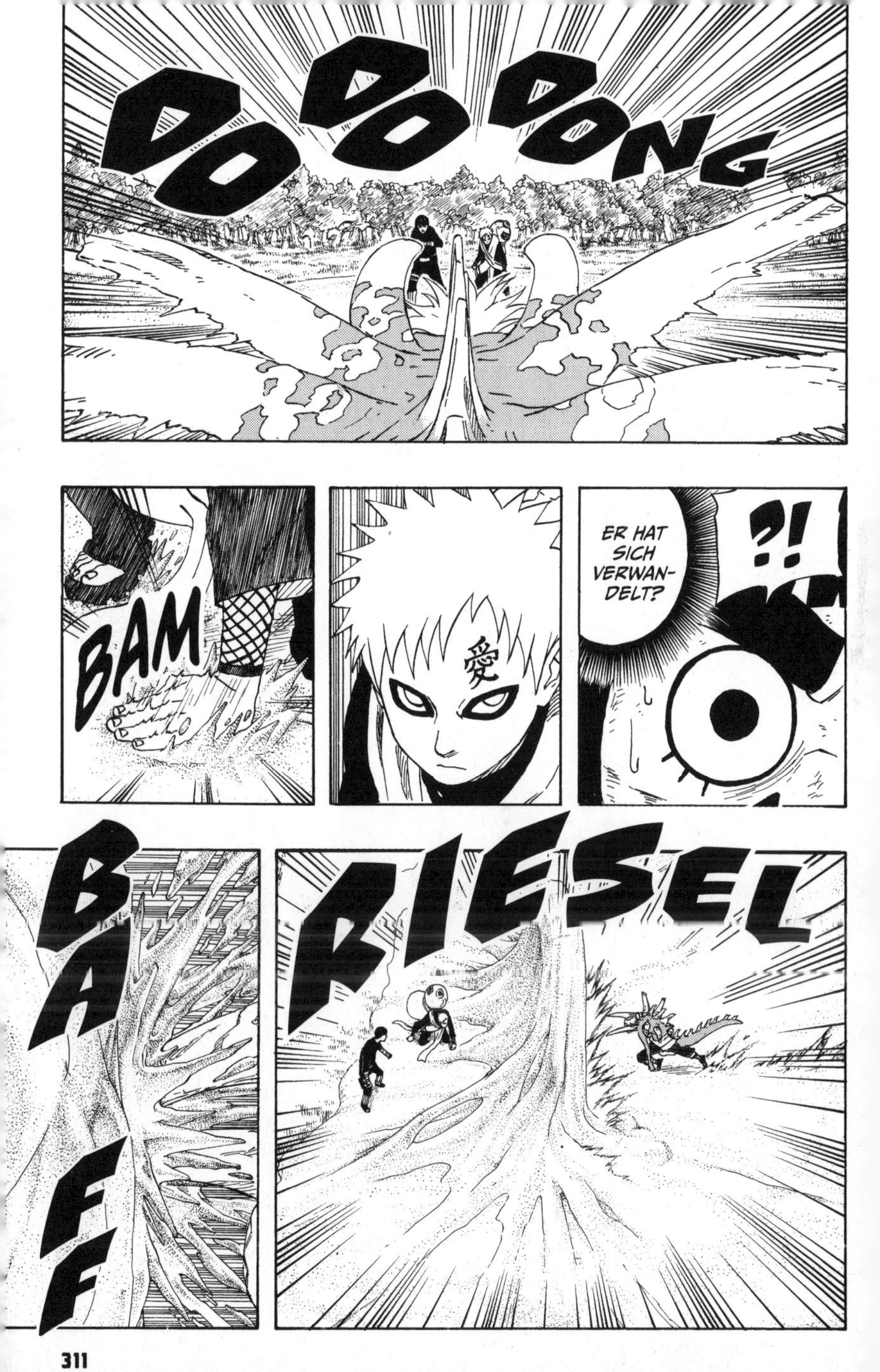
DO DO DONG
?!
ER HAT SICH VERWAN-DELT?
BAM
BIESEL
BAFFF

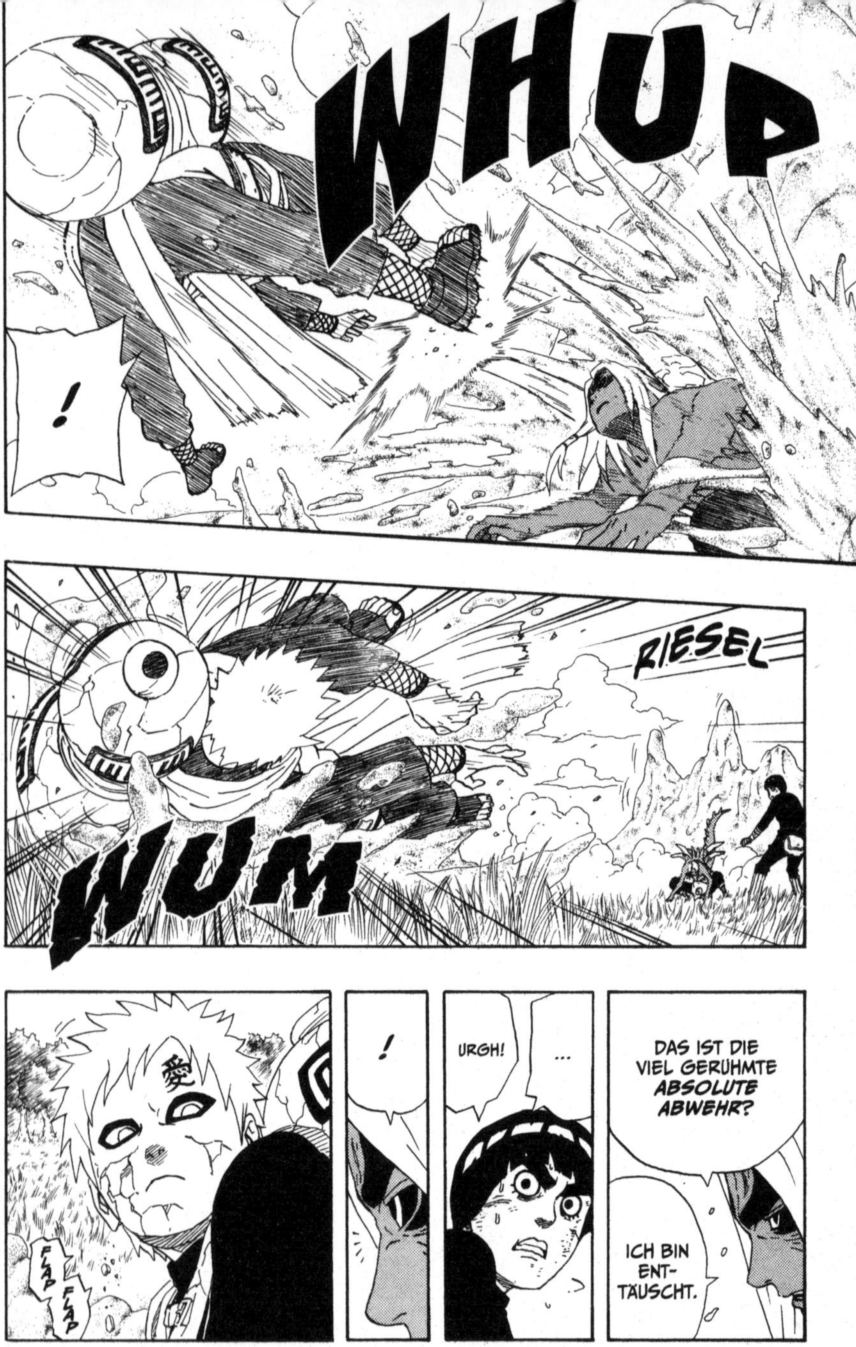
WHUP
!
RIESEL
WUM
DAS IST DIE VIEL GERÜHMTE ABSOLUTE ABWEHR?
ICH BIN ENT-TÄUSCHT.
...
URGH!
!
FLAP FLAP

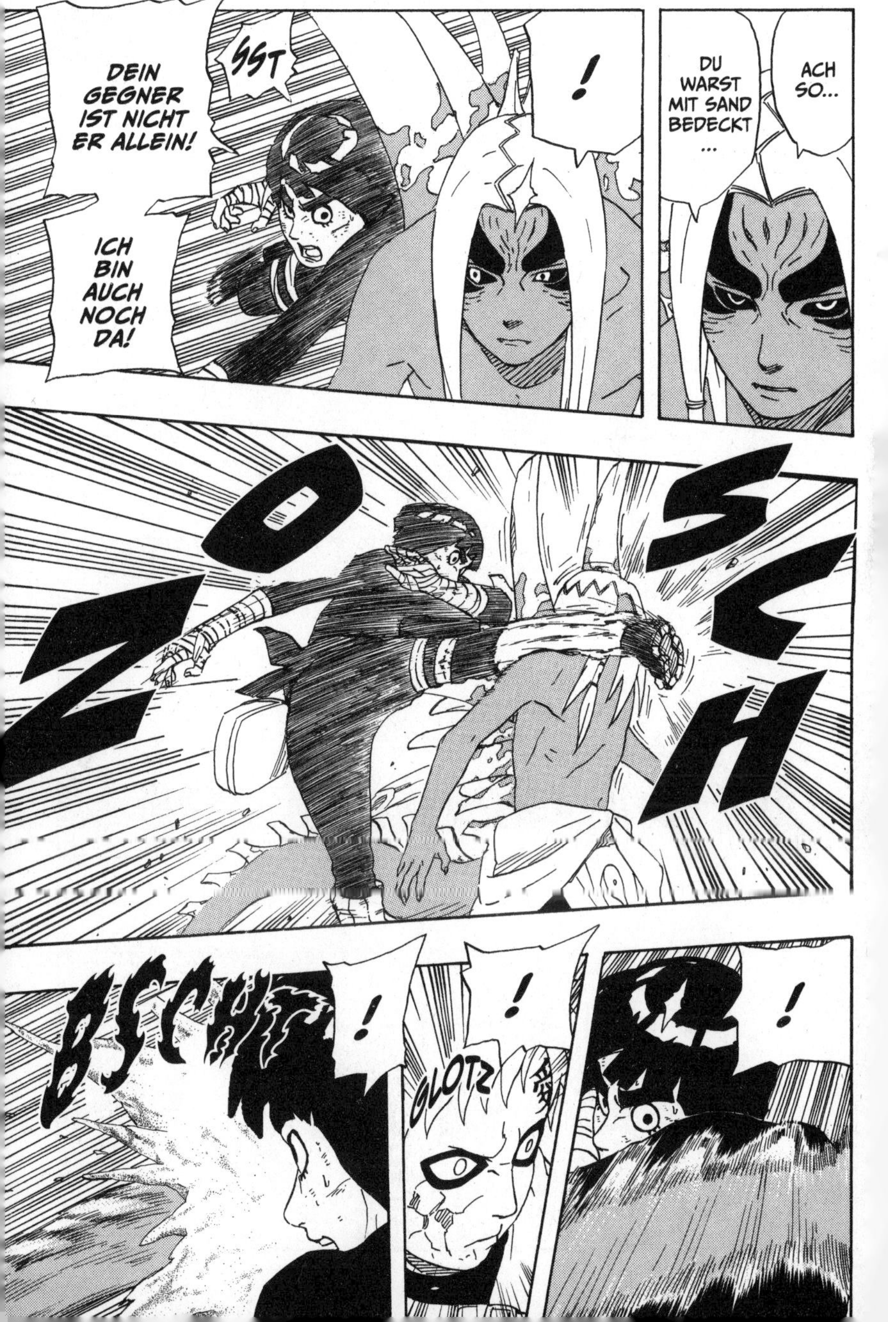
ACH SO...
DU WARST MIT SAND BEDECKT ...
!
SST
DEIN GEGNER IST NICHT ER ALLEIN!
ICH BIN AUCH NOCH DA!
SCH
ZOOM
!
!
GLOTZ
!
BSCHT

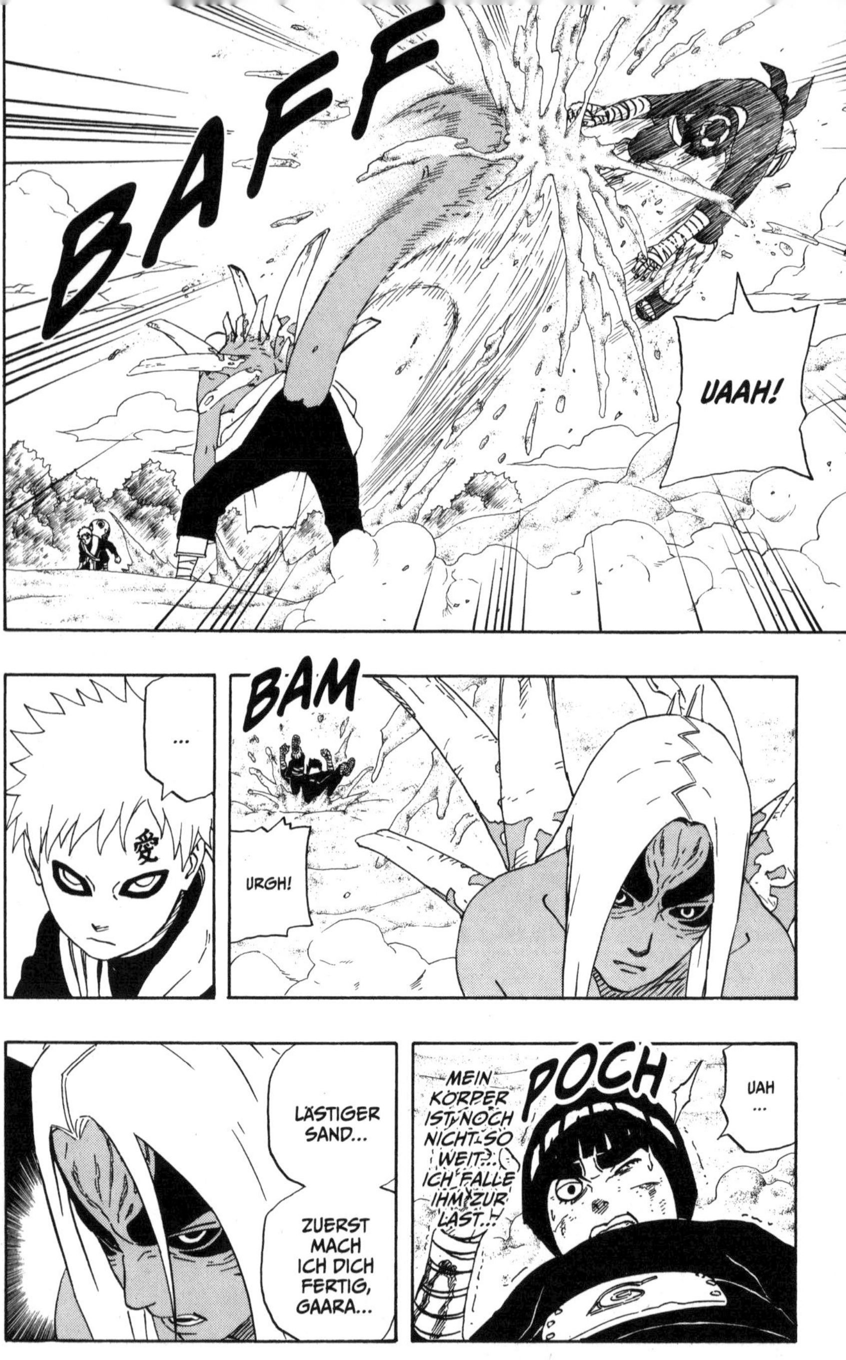
BAFF
UAAH!
...
BAM
URGH!
LÄSTIGER SAND...
ZUERST MACH ICH DICH FERTIG, GAARA...
POCH
UAH ...
MEIN KÖRPER IST NOCH NICHT SO WEIT... ICH FALLE IHM ZUR LAST...

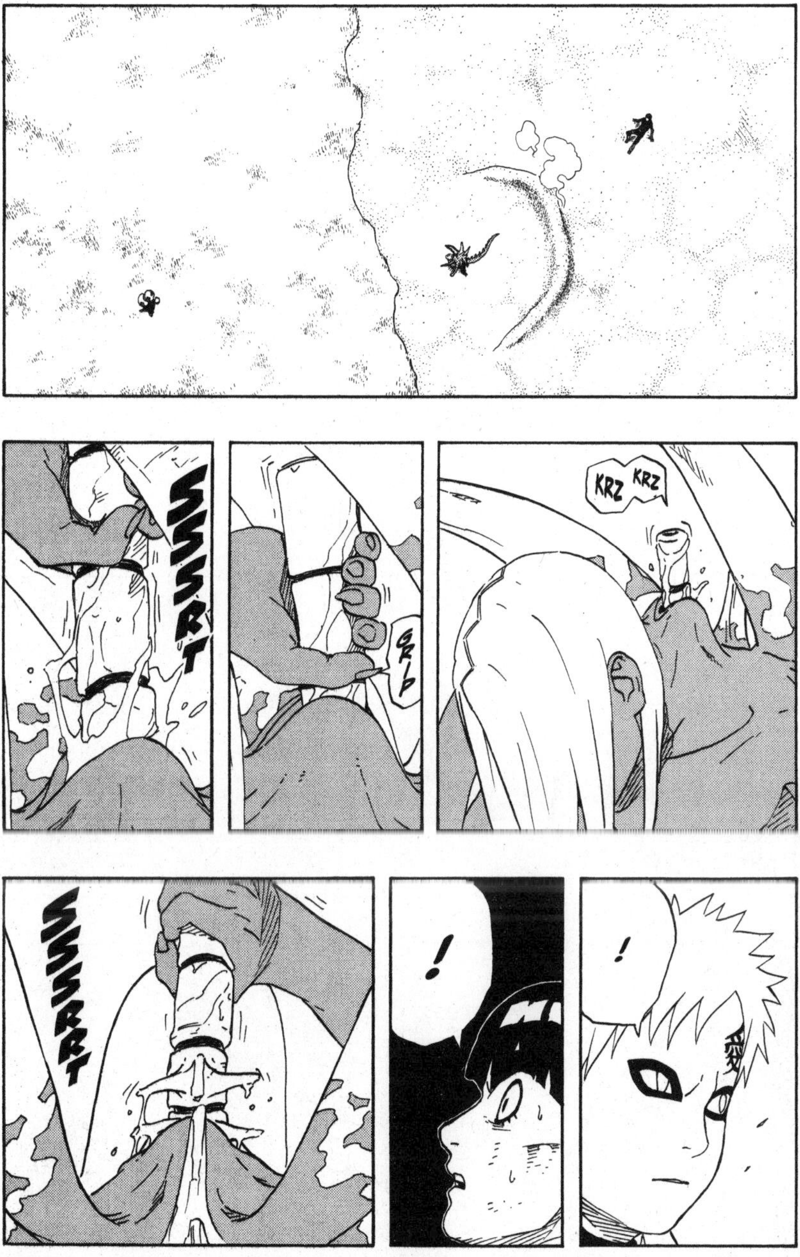
SSSRT
GRIP
KRZ KRZ
SSSRRT
!
!

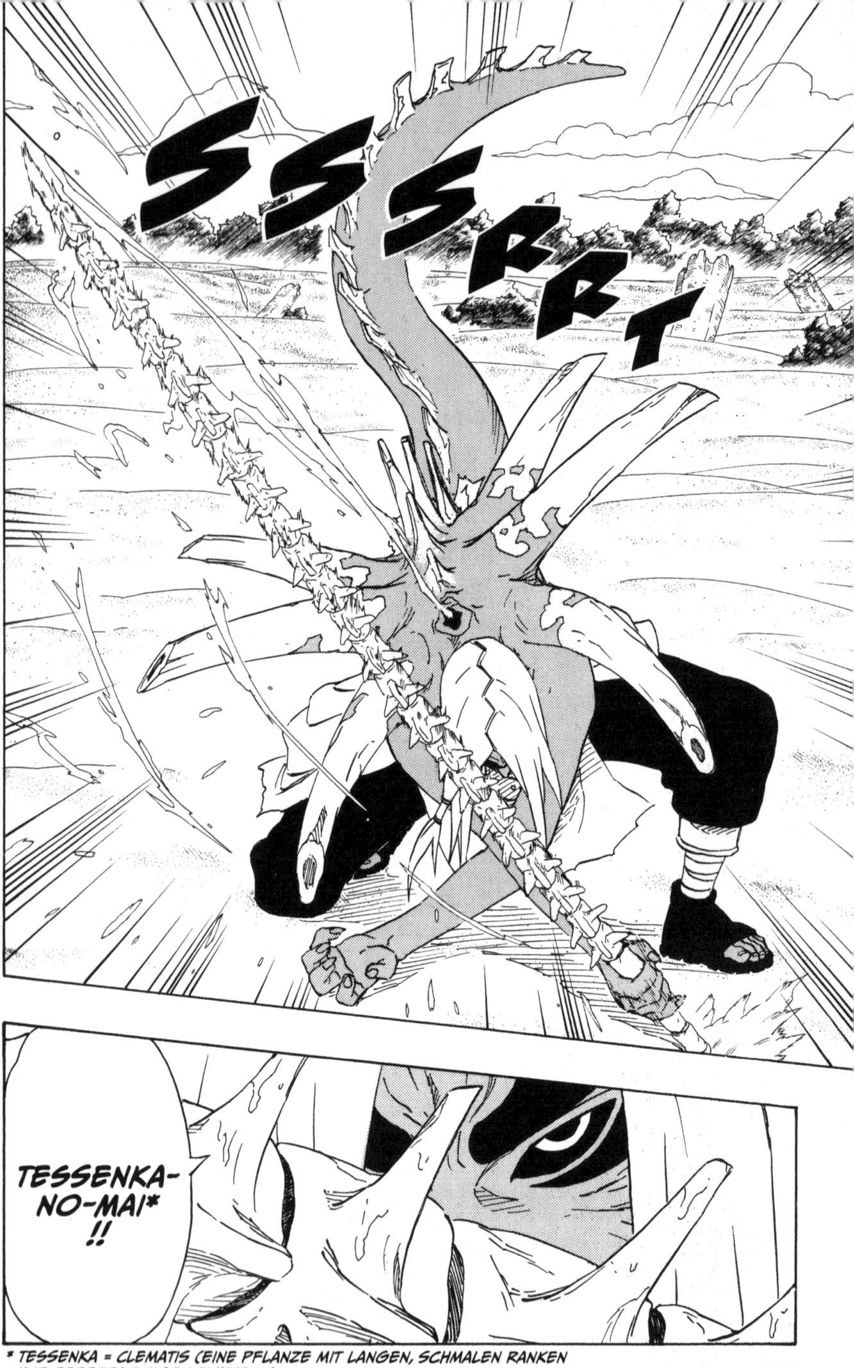

* TESSENKA = CLEMATIS (EINE PFLANZE MIT LANGEN, SCHMALEN RANKEN UND FEDERFÖRMIGEN BLÄTTERN)

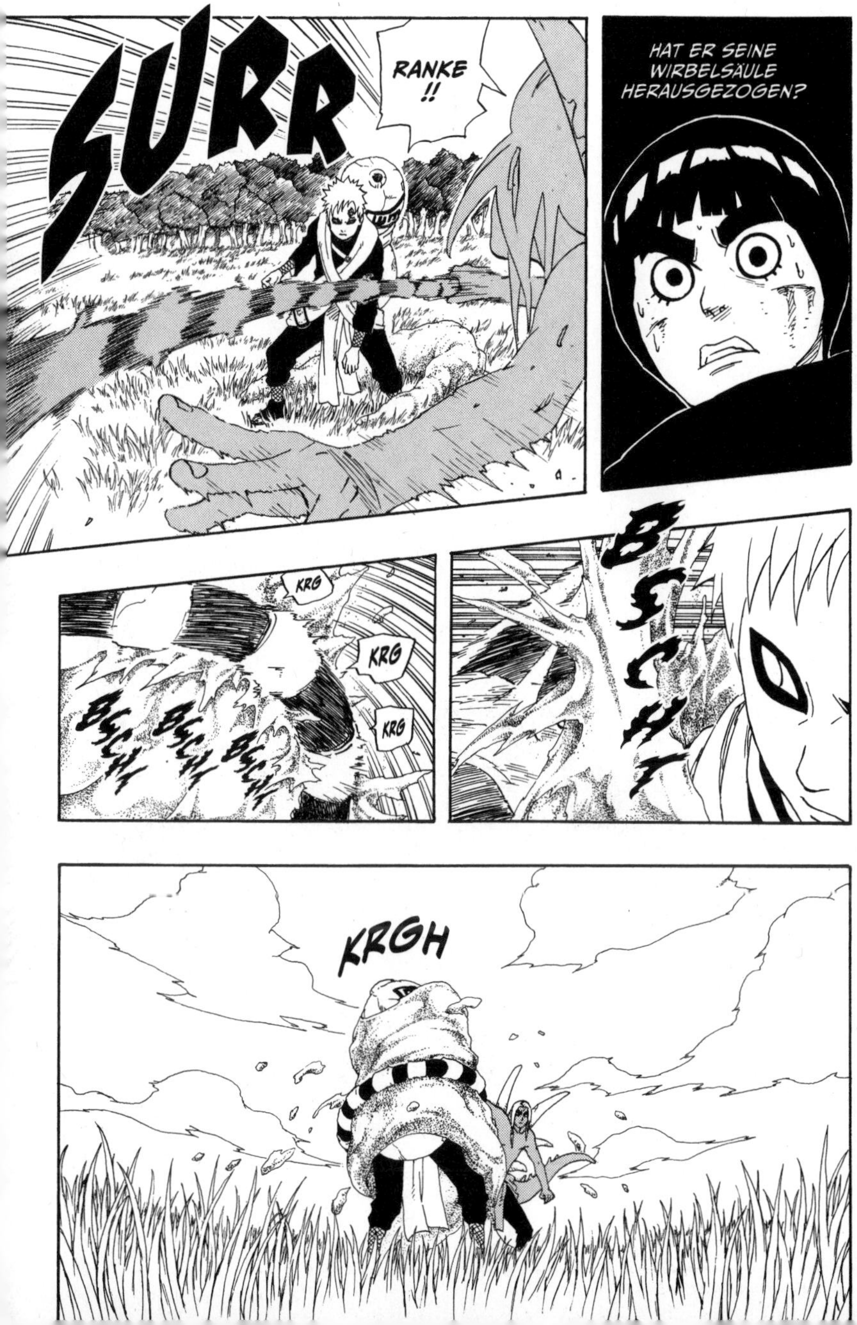
HAT ER SEINE WIRBELSÄULE HERAUSGEZOGEN?
RANKE !!
SURR
BSCHH
KRG
KRG
KRG
BSCHH
BSCHH
BSCHH
KRGH

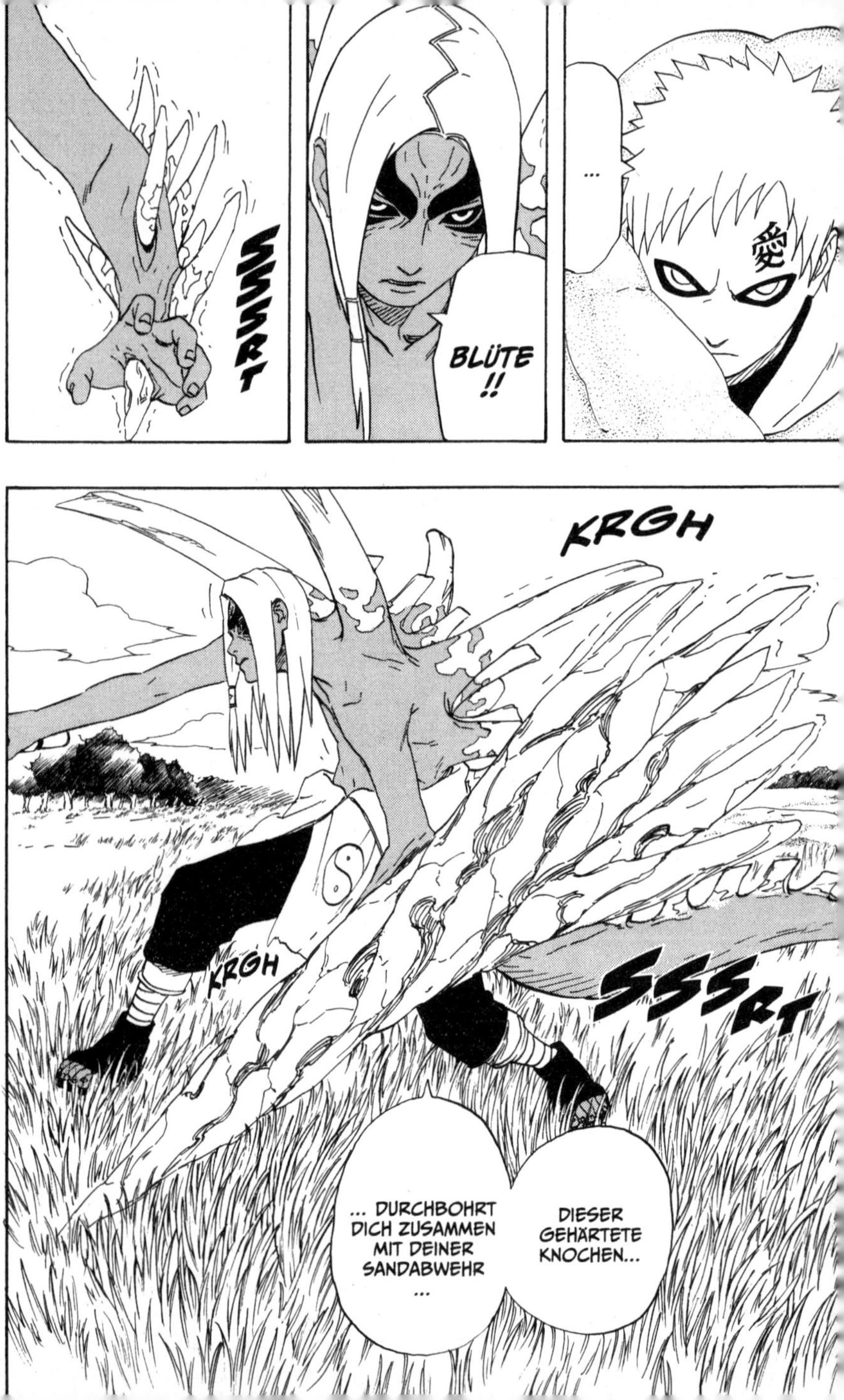
...
BLÜTE !!
SSSRT
KRGH
SSSRT
KRGH
DIESER GEHÄRTETE KNOCHEN...
... DURCHBOHRT DICH ZUSAMMEN MIT DEINER SANDABWEHR ...

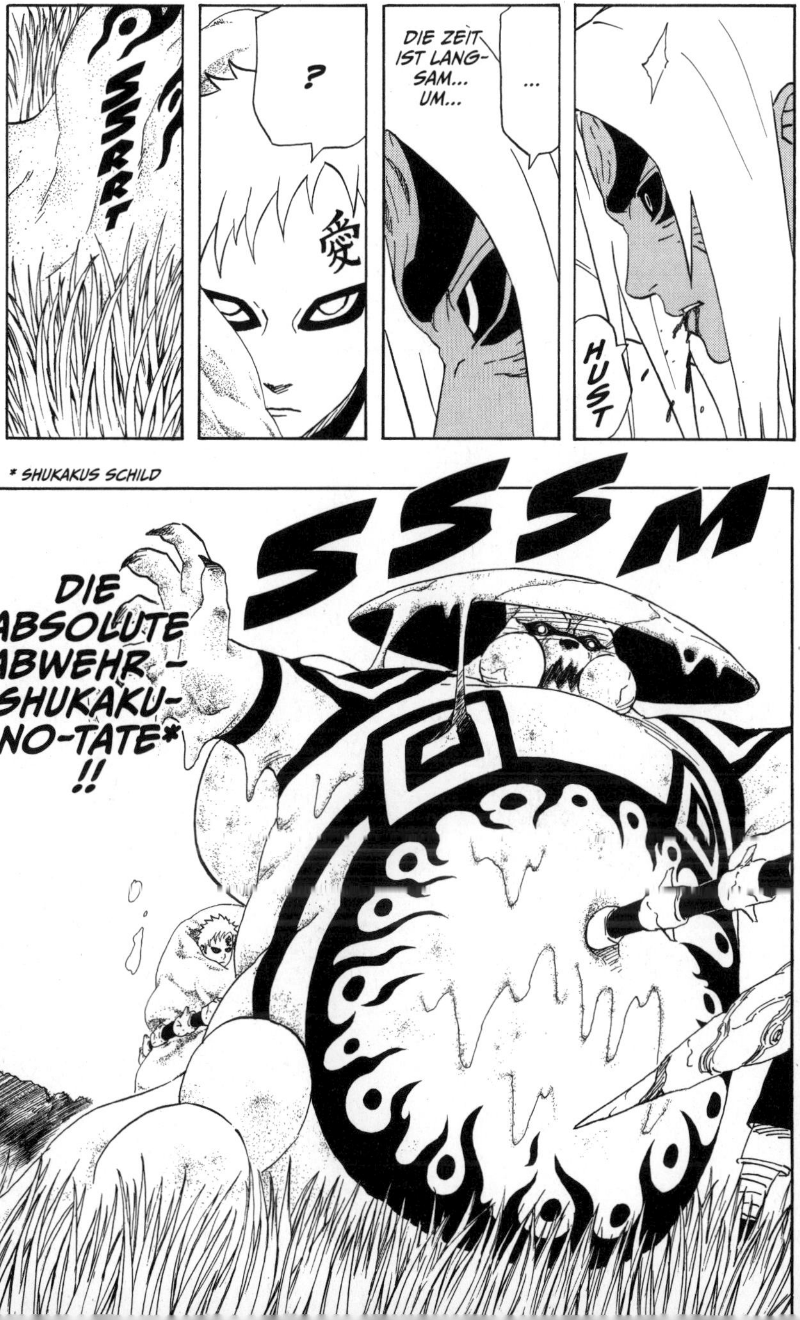
HUST
...
DIE ZEIT IST LANG-SAM... UM...
?
SSRRT
SSSM
DIE ABSOLUTE ABWEHR - SHUKAKU-NO-TATE* !!
* SHUKAKUS SCHILD

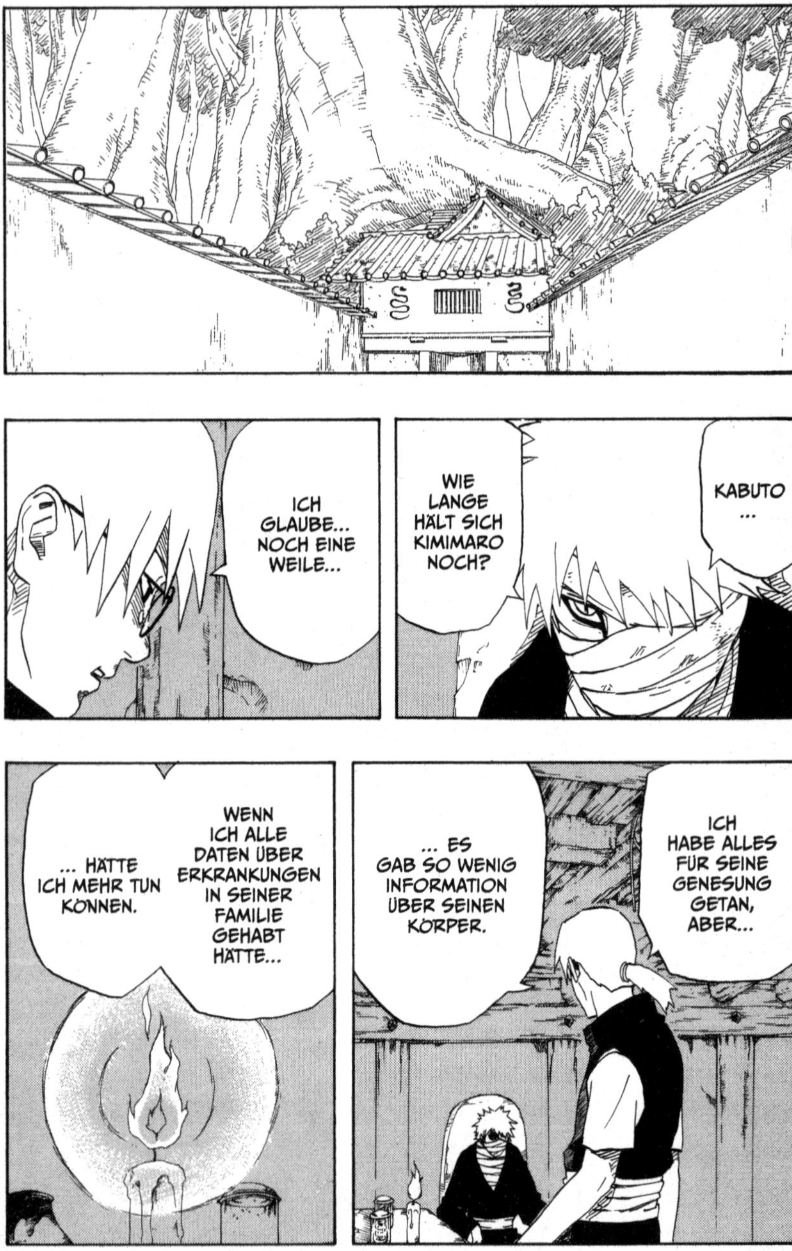
KABUTO ...
WIE LANGE HÄLT SICH KIMIMARO NOCH?
ICH GLAUBE... NOCH EINE WEILE...
ICH HABE ALLES FÜR SEINE GENESUNG GETAN, ABER...
... ES GAB SO WENIG INFORMATION ÜBER SEINEN KÖRPER.
WENN ICH ALLE DATEN ÜBER ERKRANKUNGEN IN SEINER FAMILIE GEHABT HÄTTE...
... HÄTTE ICH MEHR TUN KÖNNEN.

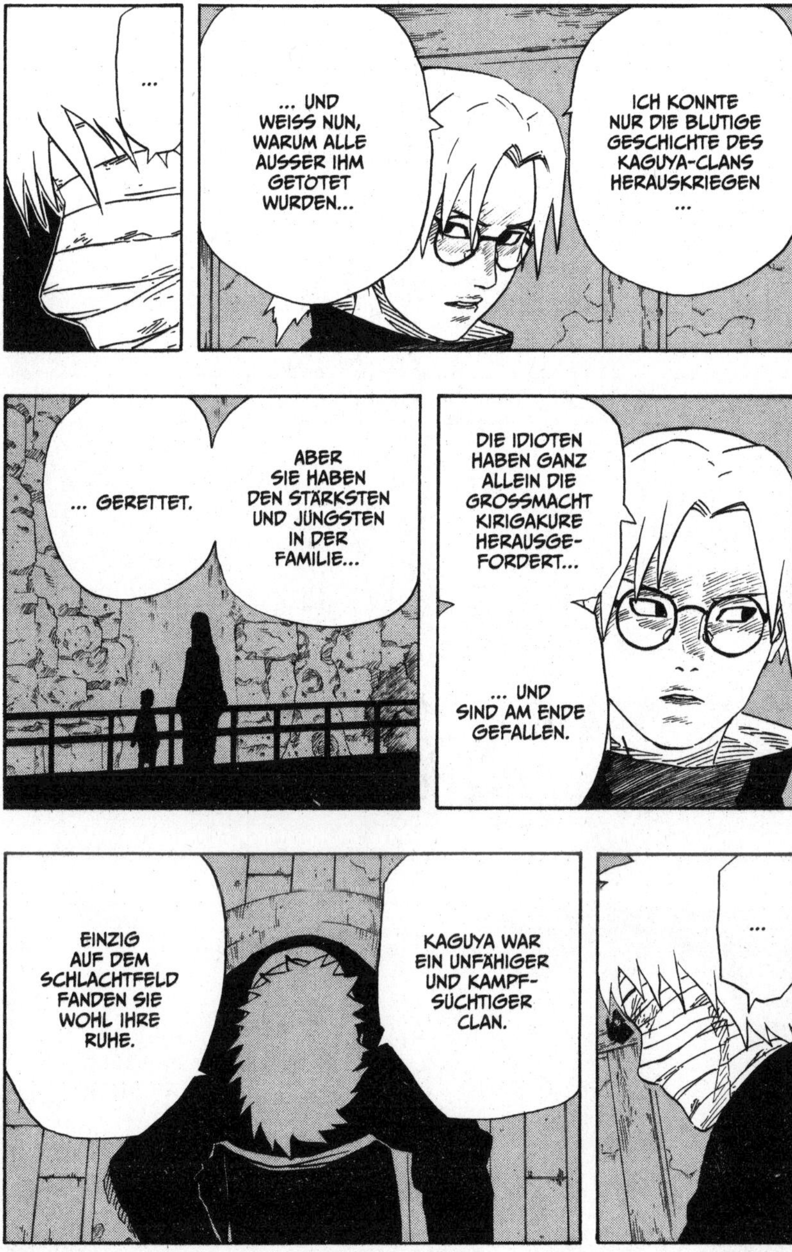
ICH KONNTE NUR DIE BLUTIGE GESCHICHTE DES KAGUYA-CLANS HERAUSKRIEGEN ...
... UND WEISS NUN, WARUM ALLE AUSSER IHM GETÖTET WURDEN...
...
DIE IDIOTEN HABEN GANZ ALLEIN DIE GROSSMACHT KIRIGAKURE HERAUSGEFORDERT...
... UND SIND AM ENDE GEFALLEN.
ABER SIE HABEN DEN STÄRKSTEN UND JÜNGSTEN IN DER FAMILIE...
... GERETTET.
...
KAGUYA WAR EIN UNFÄHIGER UND KAMPFSÜCHTIGER CLAN.
EINZIG AUF DEM SCHLACHTFELD FANDEN SIE WOHL IHRE RUHE.

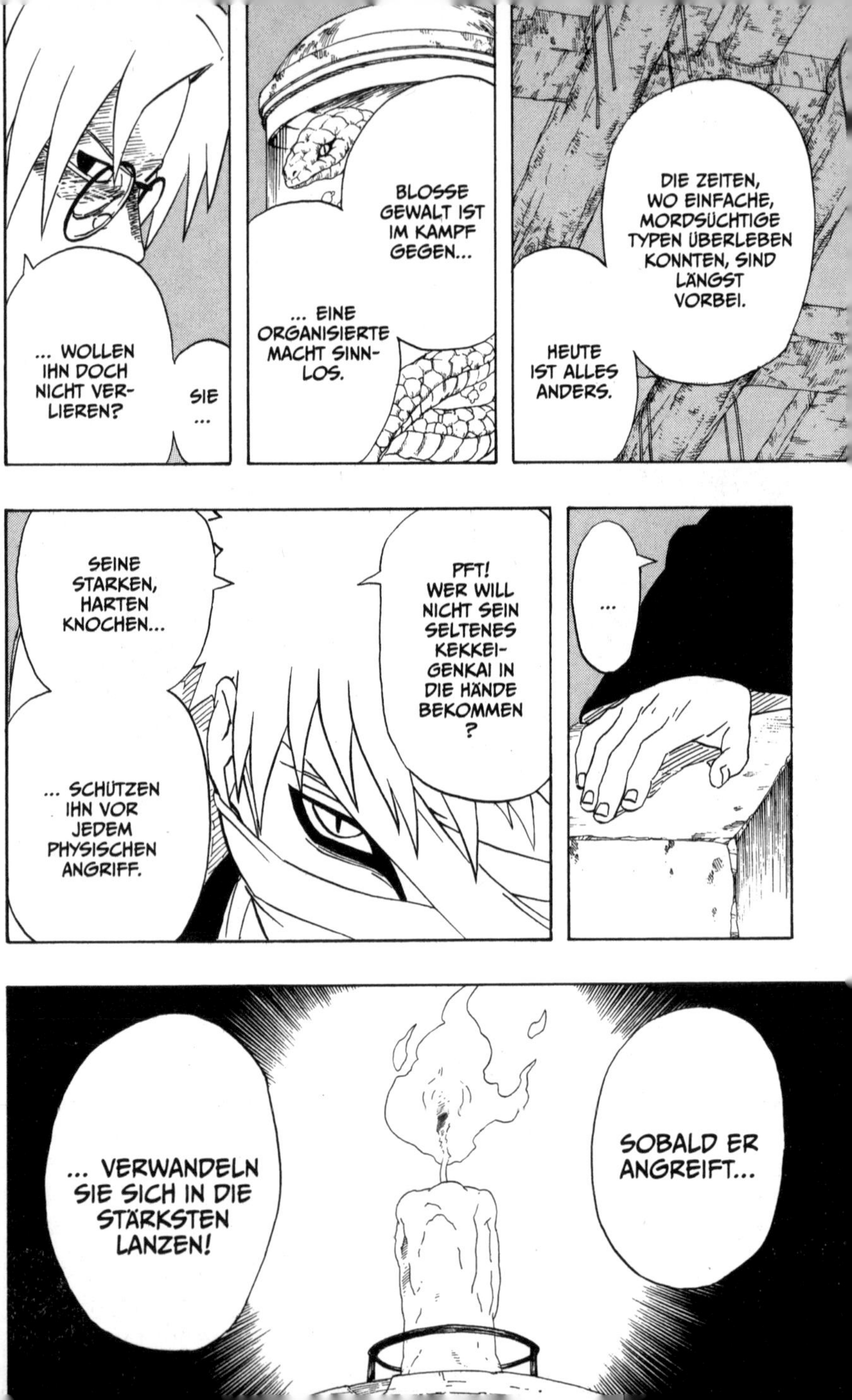
DIE ZEITEN, WO EINFACHE, MORDSÜCHTIGE TYPEN ÜBERLEBEN KONNTEN, SIND LÄNGST VORBEI.
HEUTE IST ALLES ANDERS.
BLOSSE GEWALT IST IM KAMPF GEGEN...
... EINE ORGANISIERTE MACHT SINNLOS.
SIE ...
... WOLLEN IHN DOCH NICHT VERLIEREN?
...
PFT! WER WILL NICHT SEIN SELTENES KEKKEI-GENKAI IN DIE HÄNDE BEKOMMEN ?
SEINE STARKEN, HARTEN KNOCHEN...
... SCHÜTZEN IHN VOR JEDEM PHYSISCHEN ANGRIFF.
SOBALD ER ANGREIFT...
... VERWANDELN SIE SICH IN DIE STÄRKSTEN LANZEN!

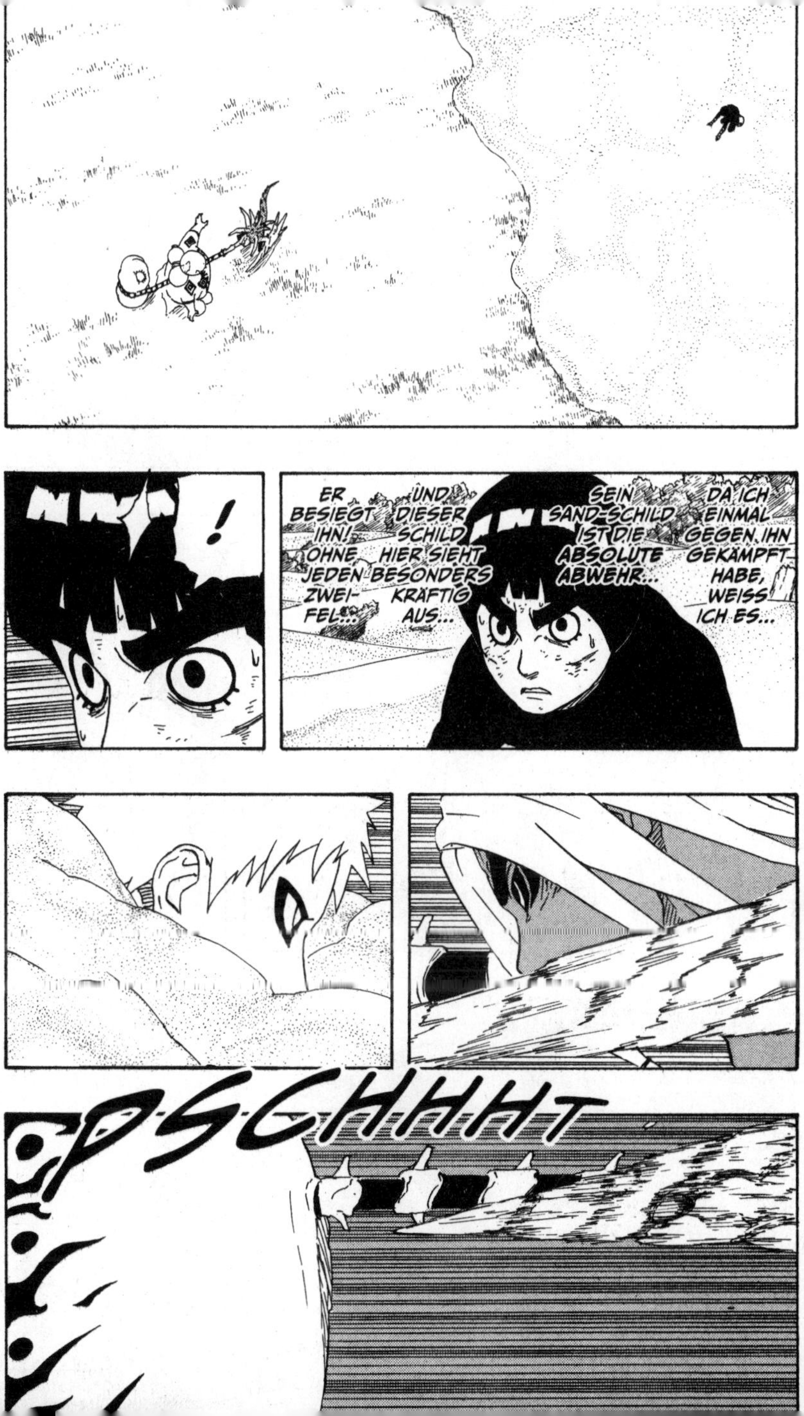
DA ICH EINMAL GEGEN IHN GEKÄMPFT HABE, WEISS ICH ES...
SEIN SAND-SCHILD IST DIE ABSOLUTE ABWEHR...
UND DIESER SCHILD HIER SIEHT BESONDERS KRÄFTIG AUS...
ER BESIEGT IHN! OHNE JEDEN ZWEIFEL...
!
DSCHHHT

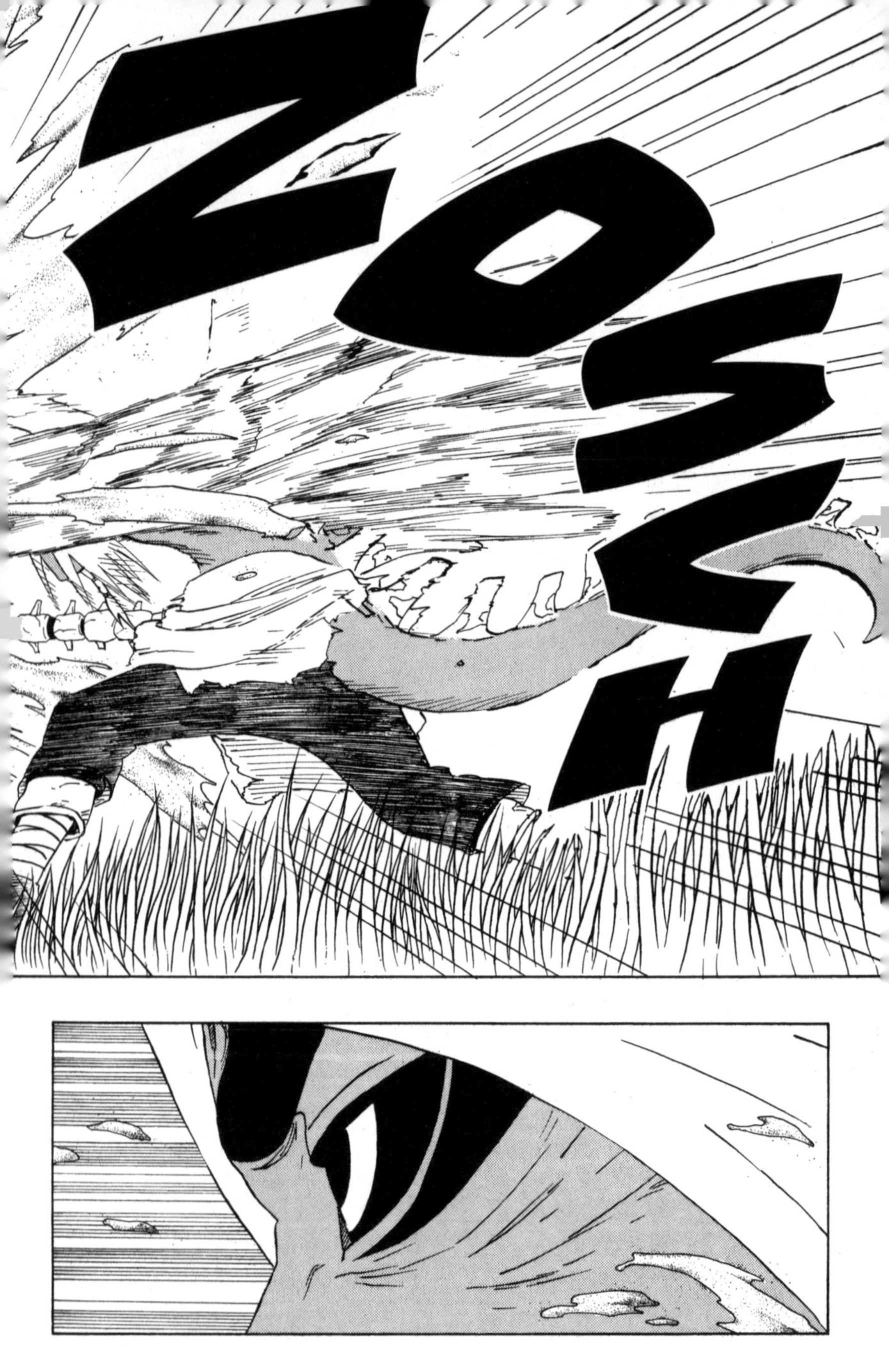
ZOOSH

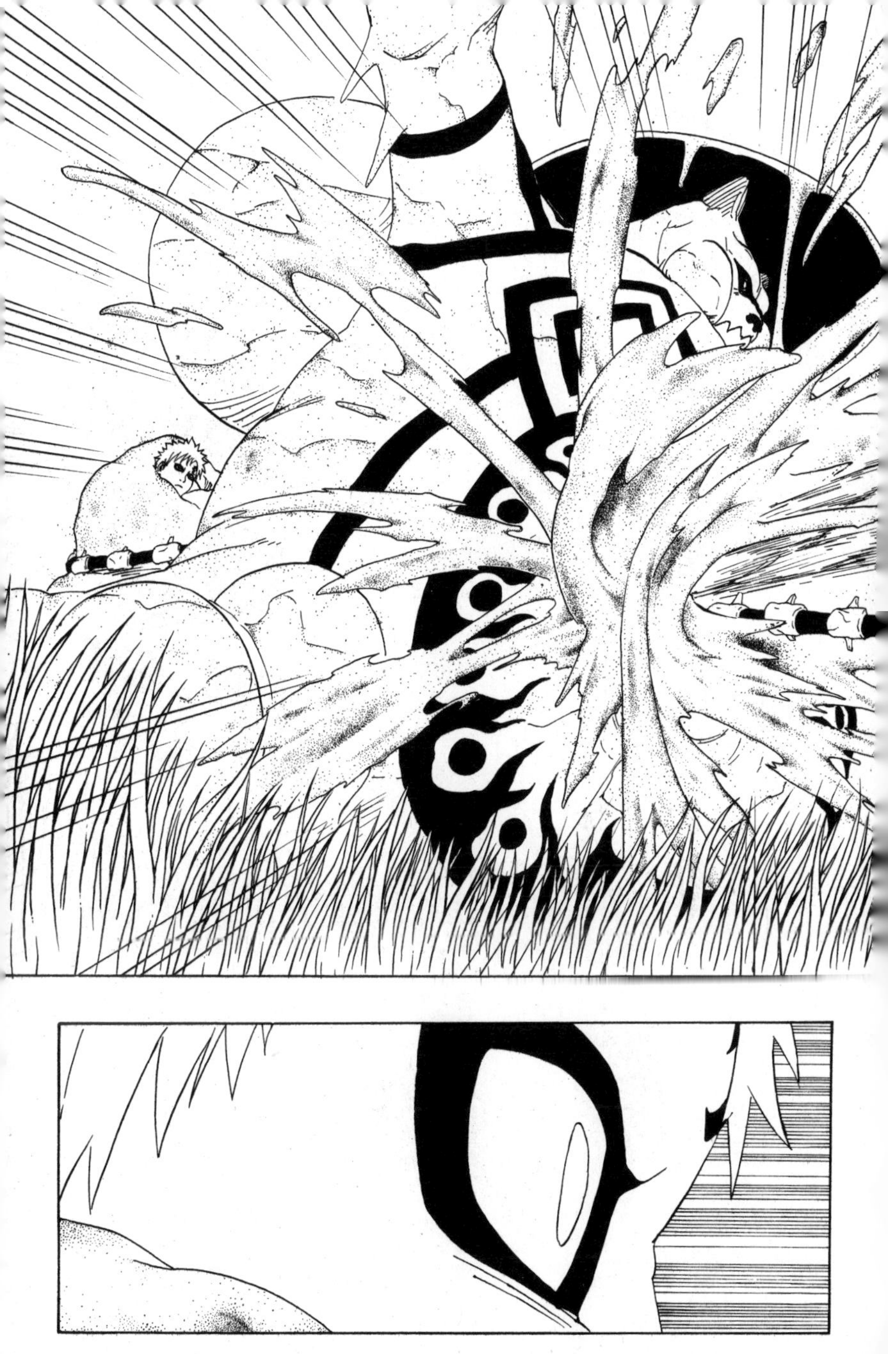

MASASHI KISHIMOTOS ASSISTENTEN-VORSTELLUNG / TEIL 8

WIEDER IST EIN JUNGER ASSISTENT ZU UNSEREM NARUTO-TEAM HINZUGEKOMMEN – LANGSAM FÄLLT DER ALTERSUNTERSCHIED ZWISCHEN MIR UND MEINEN ASSISTENTEN ECHT AUF. ICH FÜHLE MICH ALT...

ASSISTENT NR. 8: YUICHI ITAKURA

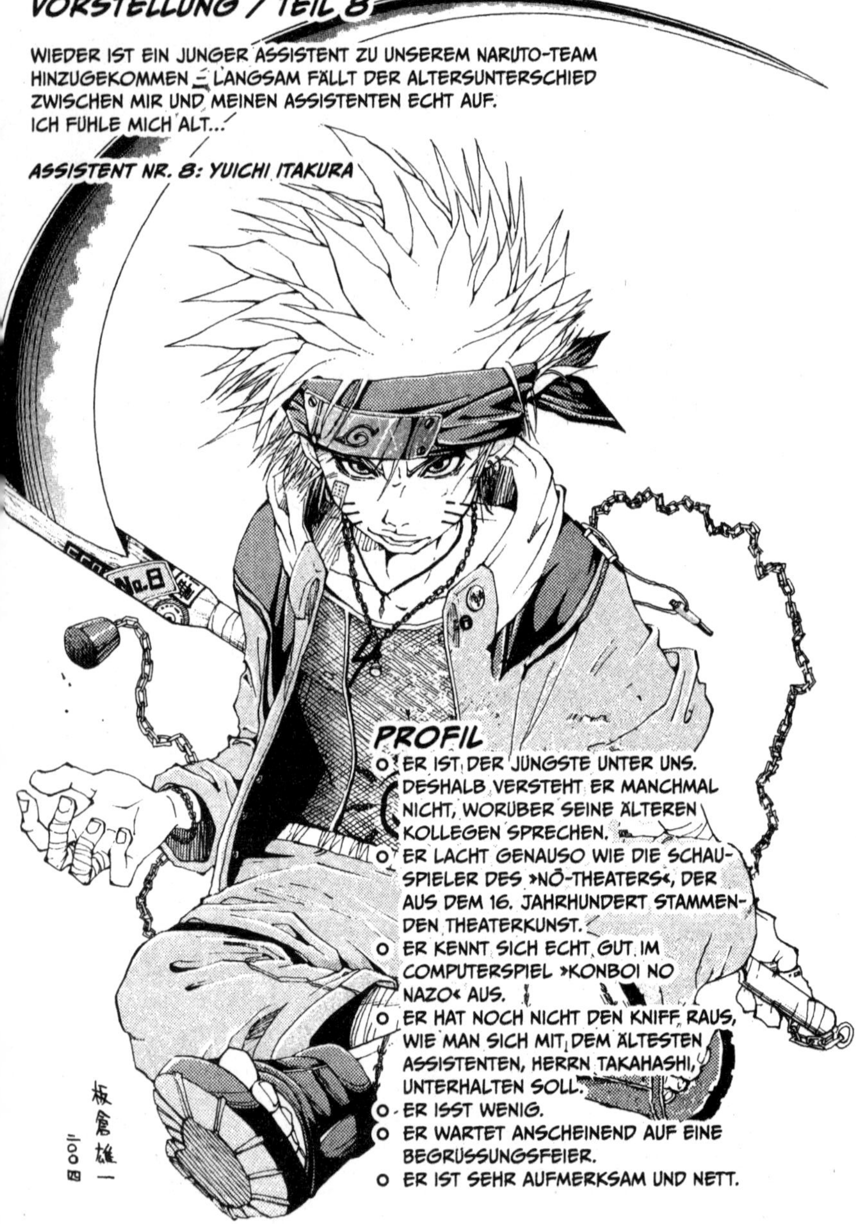

PROFIL

- ER IST DER JÜNGSTE UNTER UNS. DESHALB VERSTEHT ER MANCHMAL NICHT, WORÜBER SEINE ÄLTEREN KOLLEGEN SPRECHEN.
- ER LACHT GENAUSO WIE DIE SCHAUSPIELER DES »NŌ-THEATERS«, DER AUS DEM 16. JAHRHUNDERT STAMMENDEN THEATERKUNST.
- ER KENNT SICH ECHT GUT IM COMPUTERSPIEL »KONBOI NO NAZO« AUS.
- ER HAT NOCH NICHT DEN KNIFF RAUS, WIE MAN SICH MIT DEM ÄLTESTEN ASSISTENTEN, HERRN TAKAHASHI, UNTERHALTEN SOLL.
- ER ISST WENIG.
- ER WARTET ANSCHEINEND AUF EINE BEGRÜSSUNGSFEIER.
- ER IST SEHR AUFMERKSAM UND NETT.

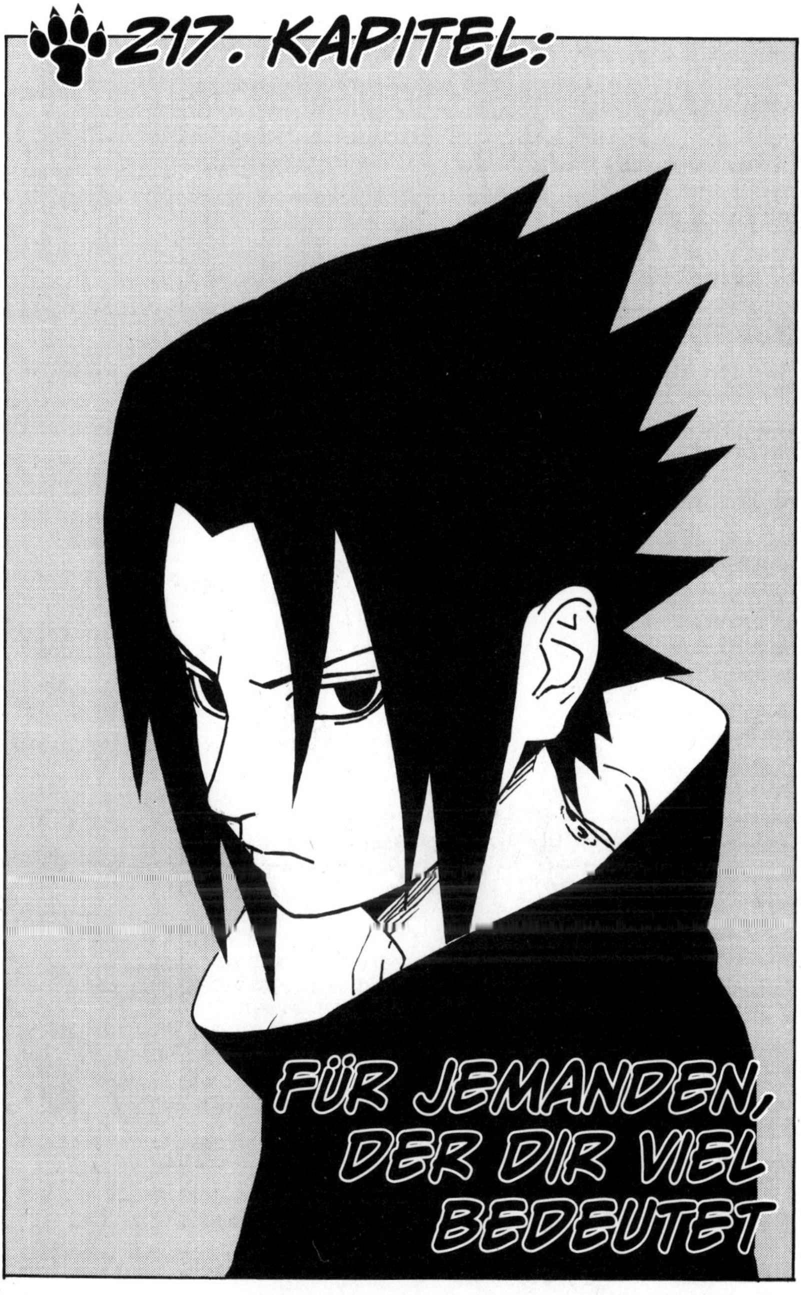
217. KAPITEL:
FÜR JEMANDEN,
DER DIR VIEL
BEDEUTET

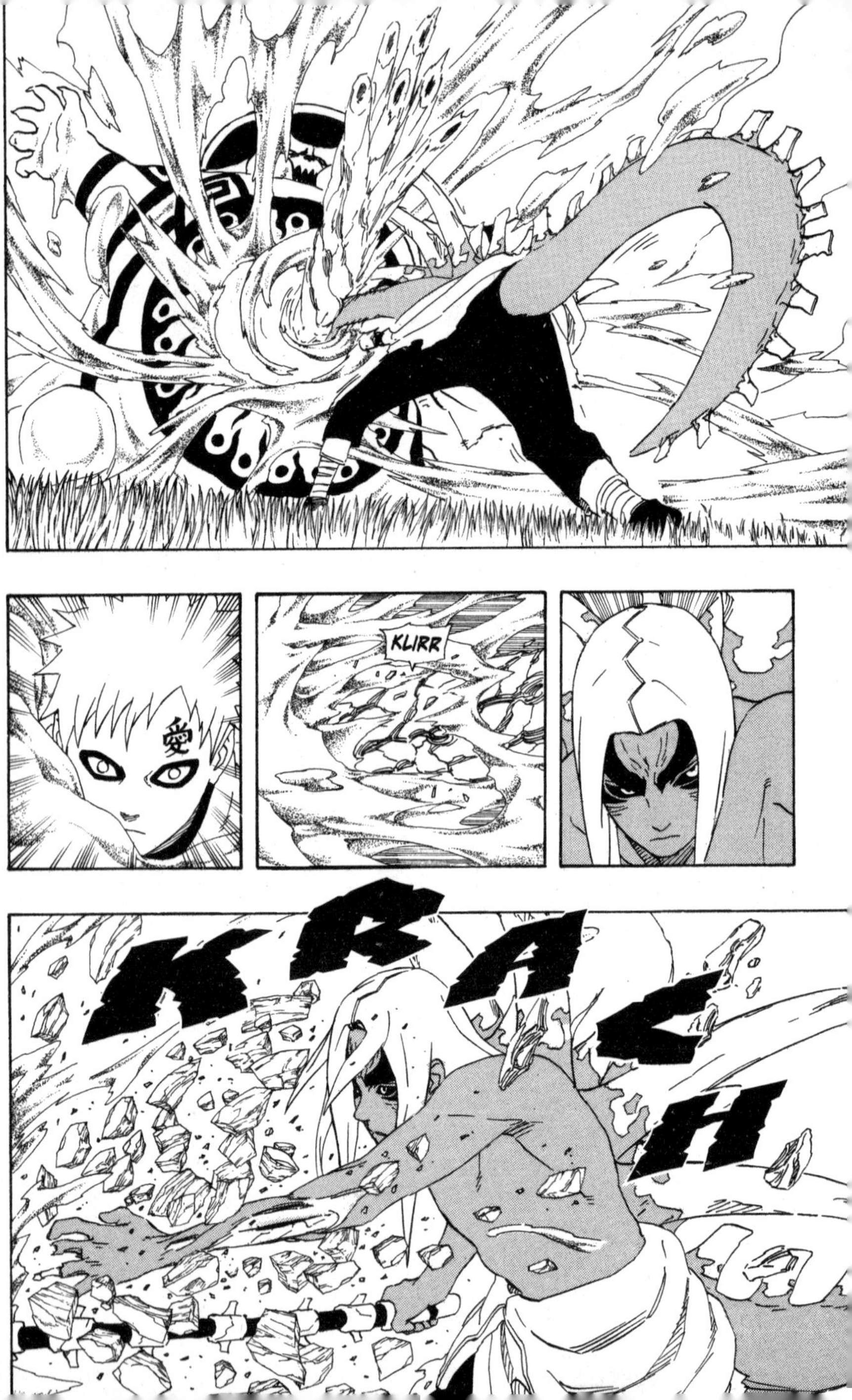
KLIRR
KRACH

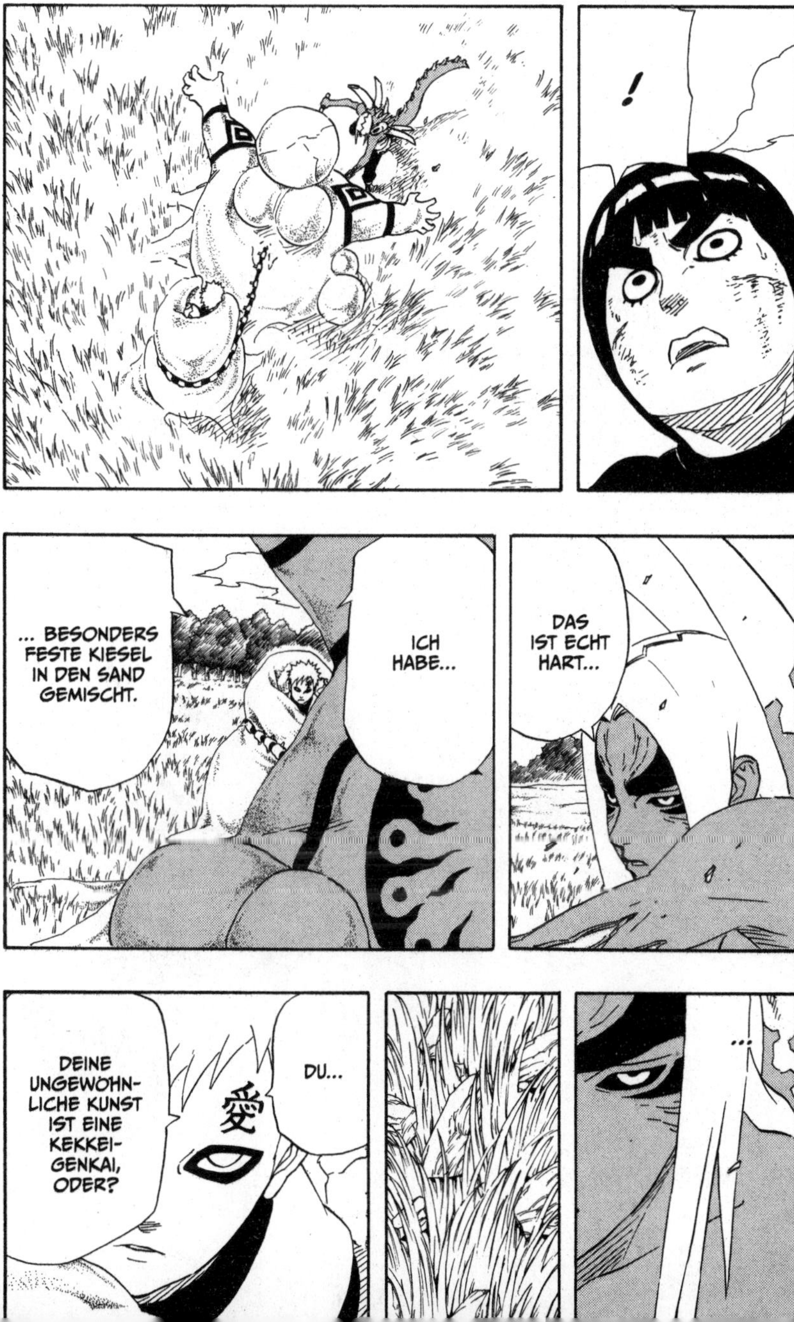
!
DAS IST ECHT HART...
ICH HABE...
... BESONDERS FESTE KIESEL IN DEN SAND GEMISCHT.
...
DU...
DEINE UNGEWÖHN-LICHE KUNST IST EINE KEKKEI-GENKAI, ODER?
愛

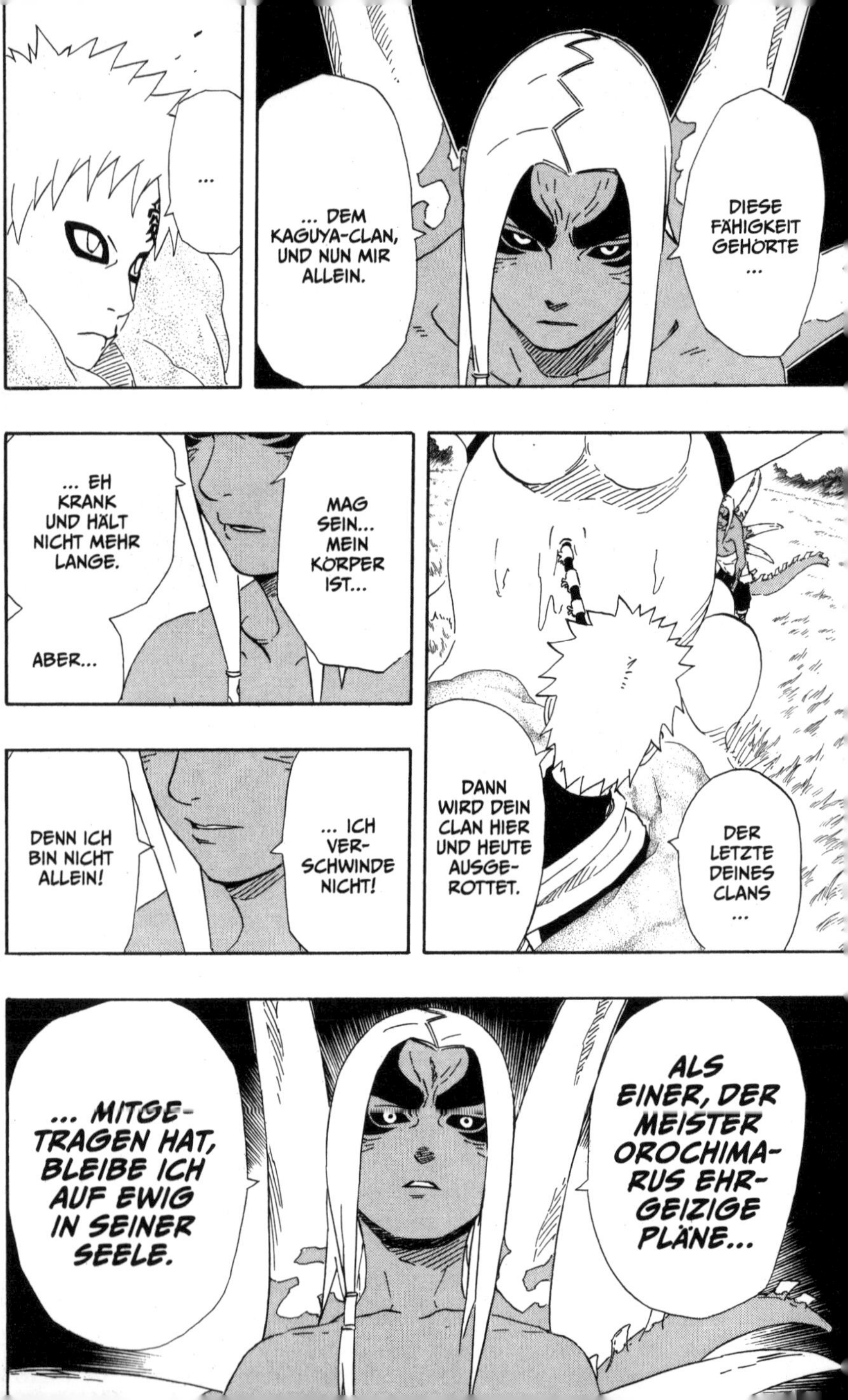

DIESE FÄHIGKEIT GEHÖRTE ...
... DEM KAGUYA-CLAN, UND NUN MIR ALLEIN.
...
DER LETZTE DEINES CLANS ...
DANN WIRD DEIN CLAN HIER UND HEUTE AUSGEROTTET.
MAG SEIN... MEIN KÖRPER IST...
... EH KRANK UND HÄLT NICHT MEHR LANGE.
ABER...
... ICH VERSCHWINDE NICHT!
DENN ICH BIN NICHT ALLEIN!
ALS EINER, DER MEISTER OROCHIMARUS EHRGEIZIGE PLÄNE...
... MITGETRAGEN HAT, BLEIBE ICH AUF EWIG IN SEINER SEELE.

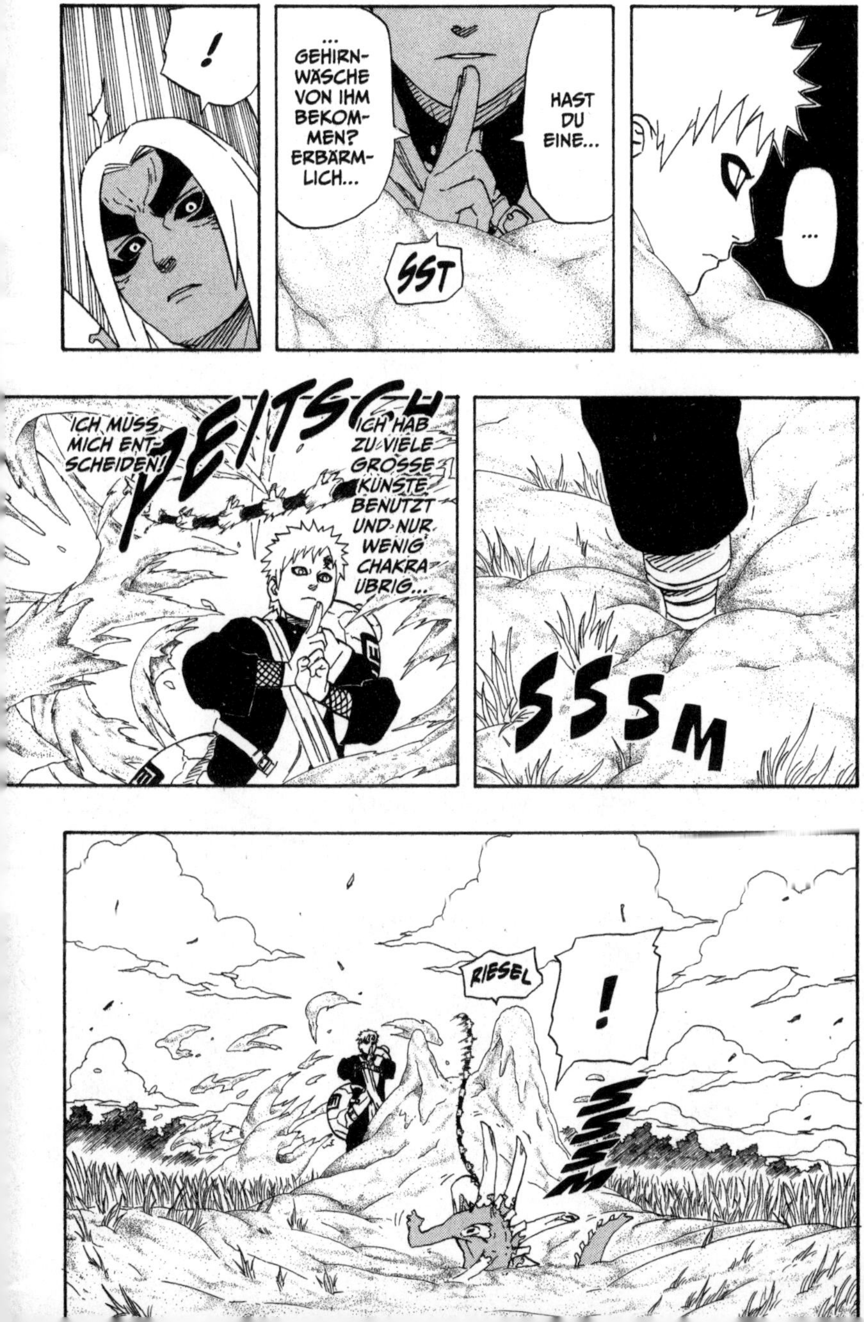
HAST DU EINE...
...
... GEHIRNWÄSCHE VON IHM BEKOMMEN? ERBÄRMLICH...
SST
!
SSSM
ICH HAB ZU VIELE GROSSE KÜNSTE BENÜTZT UND NUR WENIG CHAKRA ÜBRIG...
PEITSCH
ICH MUSS MICH ENTSCHEIDEN!
!
RIESEL

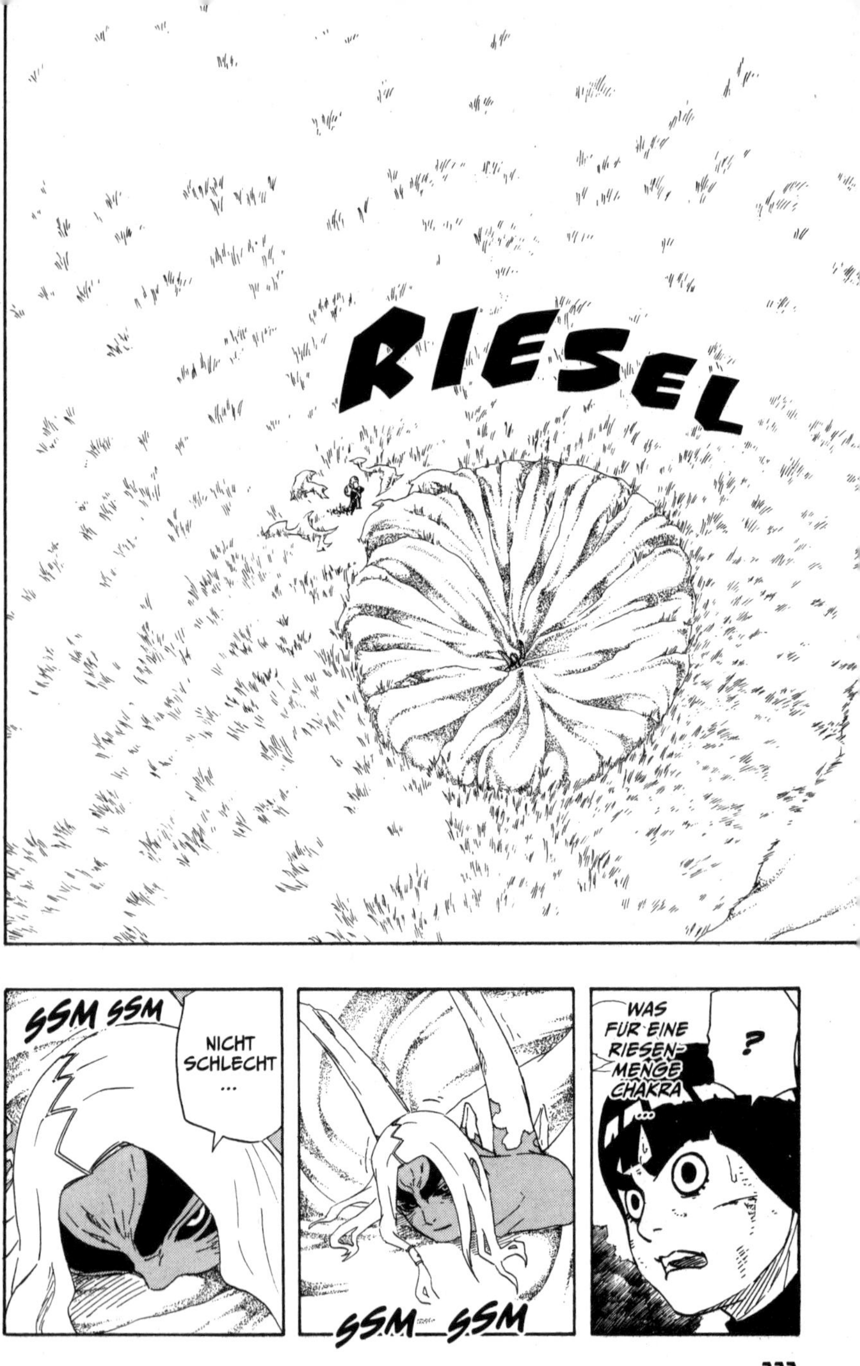
RIESEL
SSM SSM
NICHT SCHLECHT ...
SSM SSM
WAS FÜR EINE RIESENMENGE CHAKRA ...
?

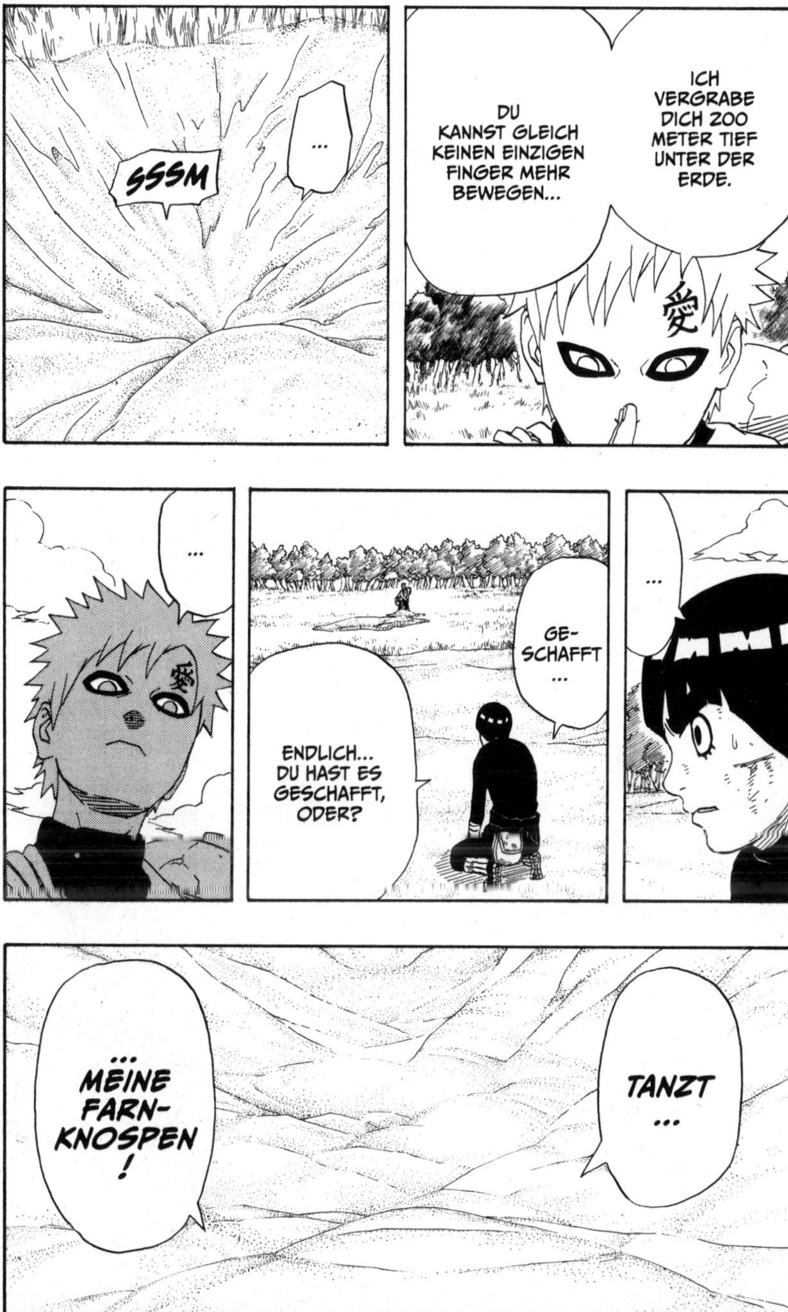
ICH VERGRABE DICH 200 METER TIEF UNTER DER ERDE.
DU KANNST GLEICH KEINEN EINZIGEN FINGER MEHR BEWEGEN...
...
SSSM
...
GE-SCHAFFT ...
ENDLICH... DU HAST ES GESCHAFFT, ODER?
...
TANZT ...
... MEINE FARN-KNOSPEN !

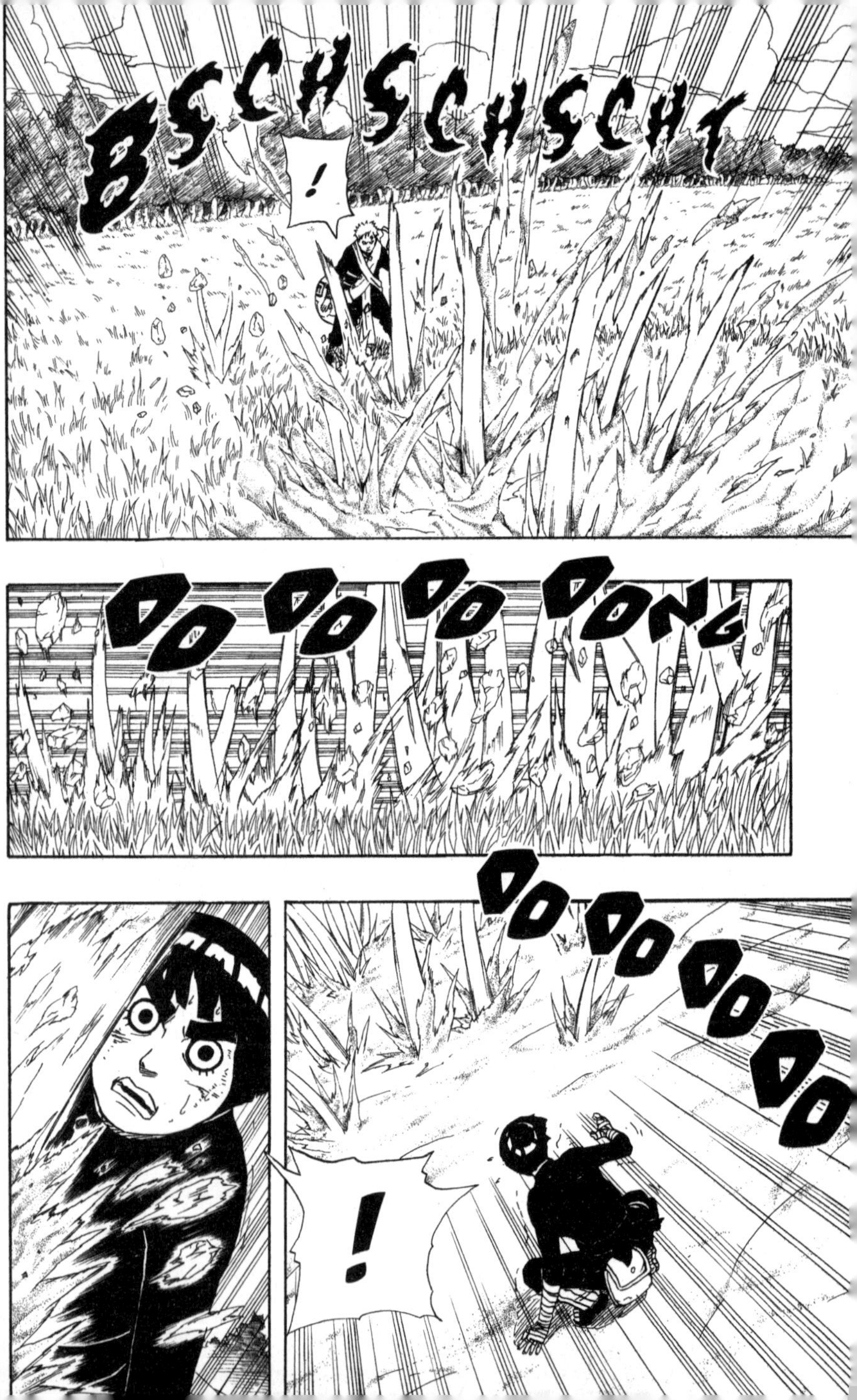
BSCHSCHSCHT
!
DO DO DO DONG
DO DO DO DO DO
!

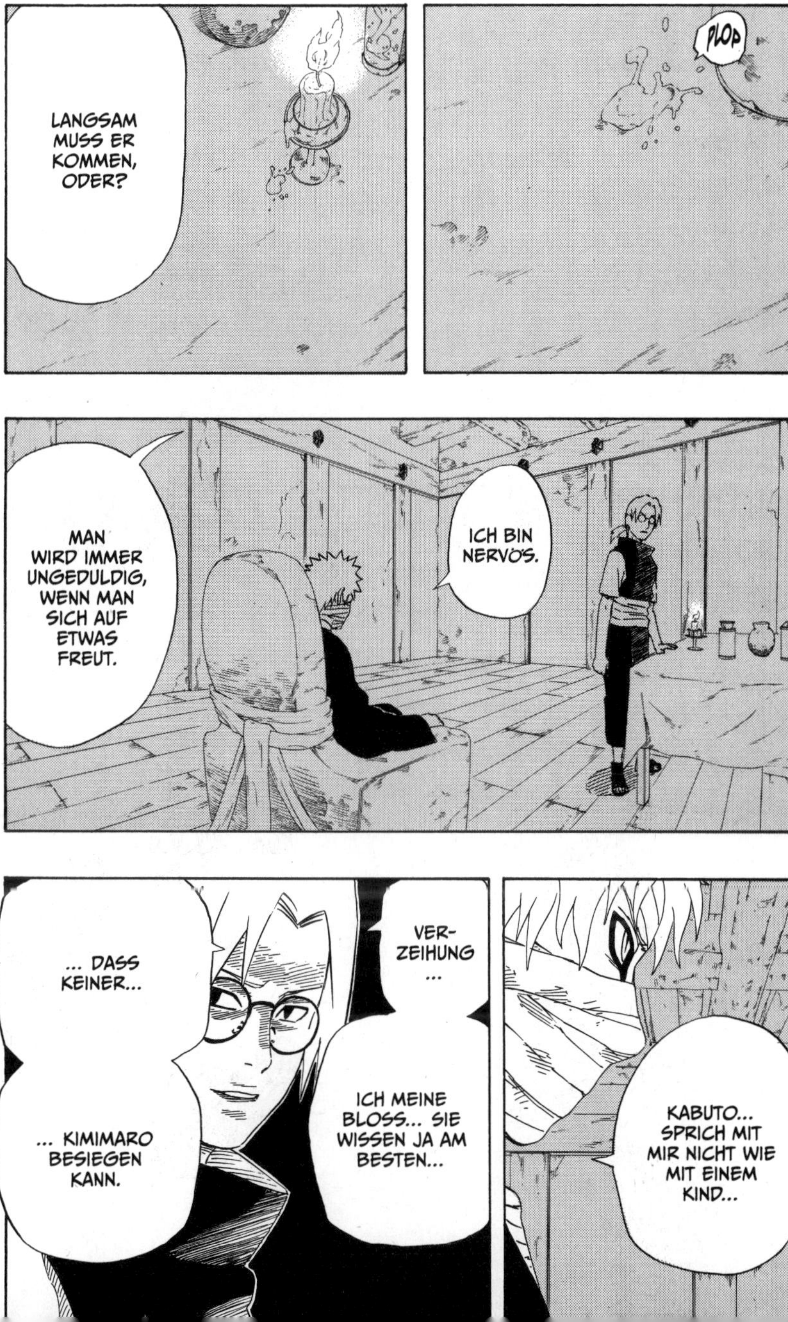
PLOP
LANGSAM MUSS ER KOMMEN, ODER?
ICH BIN NERVÖS.
MAN WIRD IMMER UNGEDULDIG, WENN MAN SICH AUF ETWAS FREUT.
KABUTO... SPRICH MIT MIR NICHT WIE MIT EINEM KIND...
VER-ZEIHUNG ...
ICH MEINE BLOSS... SIE WISSEN JA AM BESTEN...
... DASS KEINER...
... KIMIMARO BESIEGEN KANN.

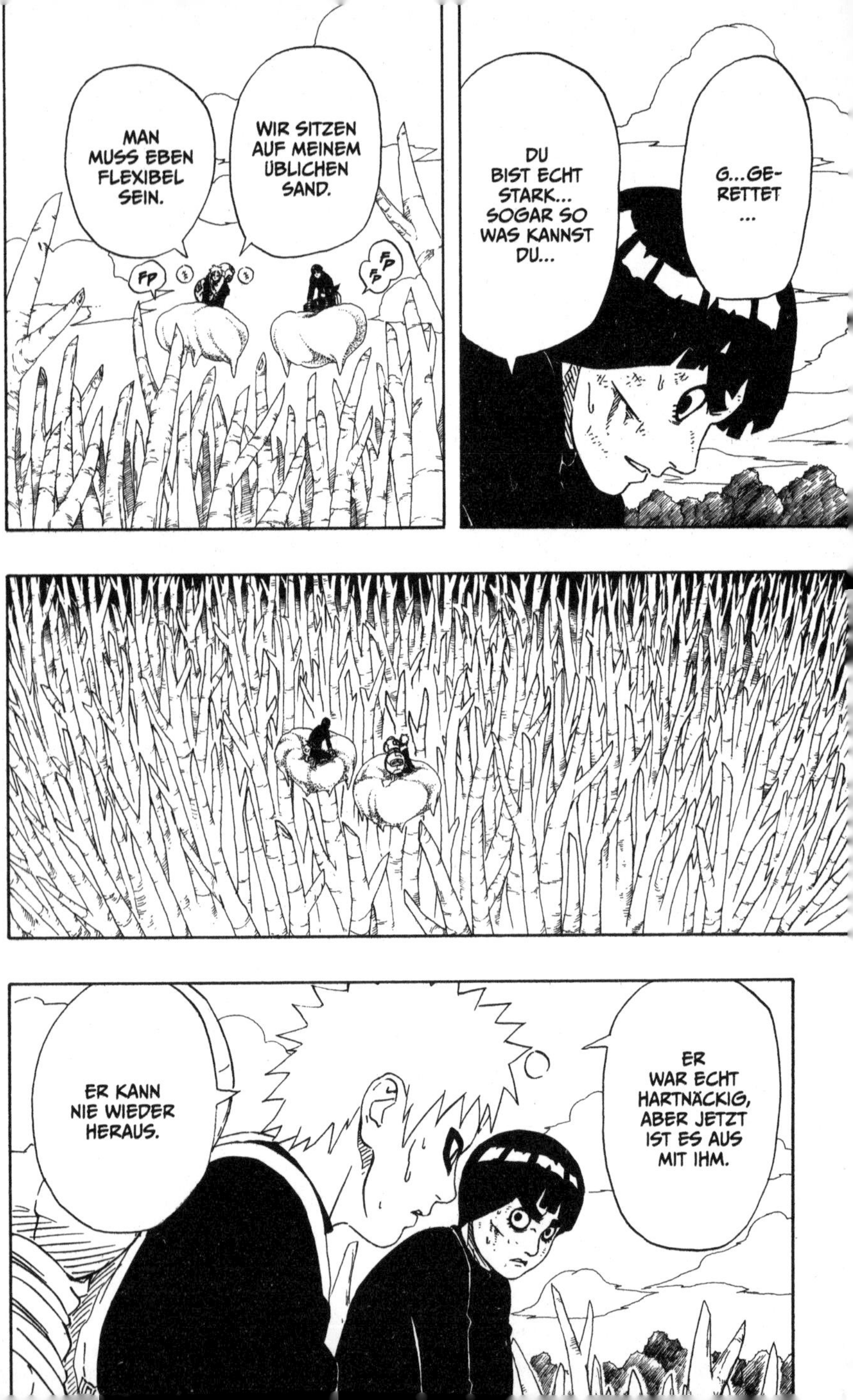
G...GE-
RETTET
...
DU
BIST ECHT
STARK...
SOGAR SO
WAS KANNST
DU...
WIR SITZEN
AUF MEINEM
ÜBLICHEN
SAND.
MAN
MUSS EBEN
FLEXIBEL
SEIN.
FP
FP
FP
ER
WAR ECHT
HARTNÄCKIG,
ABER JETZT
IST ES AUS
MIT IHM.
ER KANN
NIE WIEDER
HERAUS.

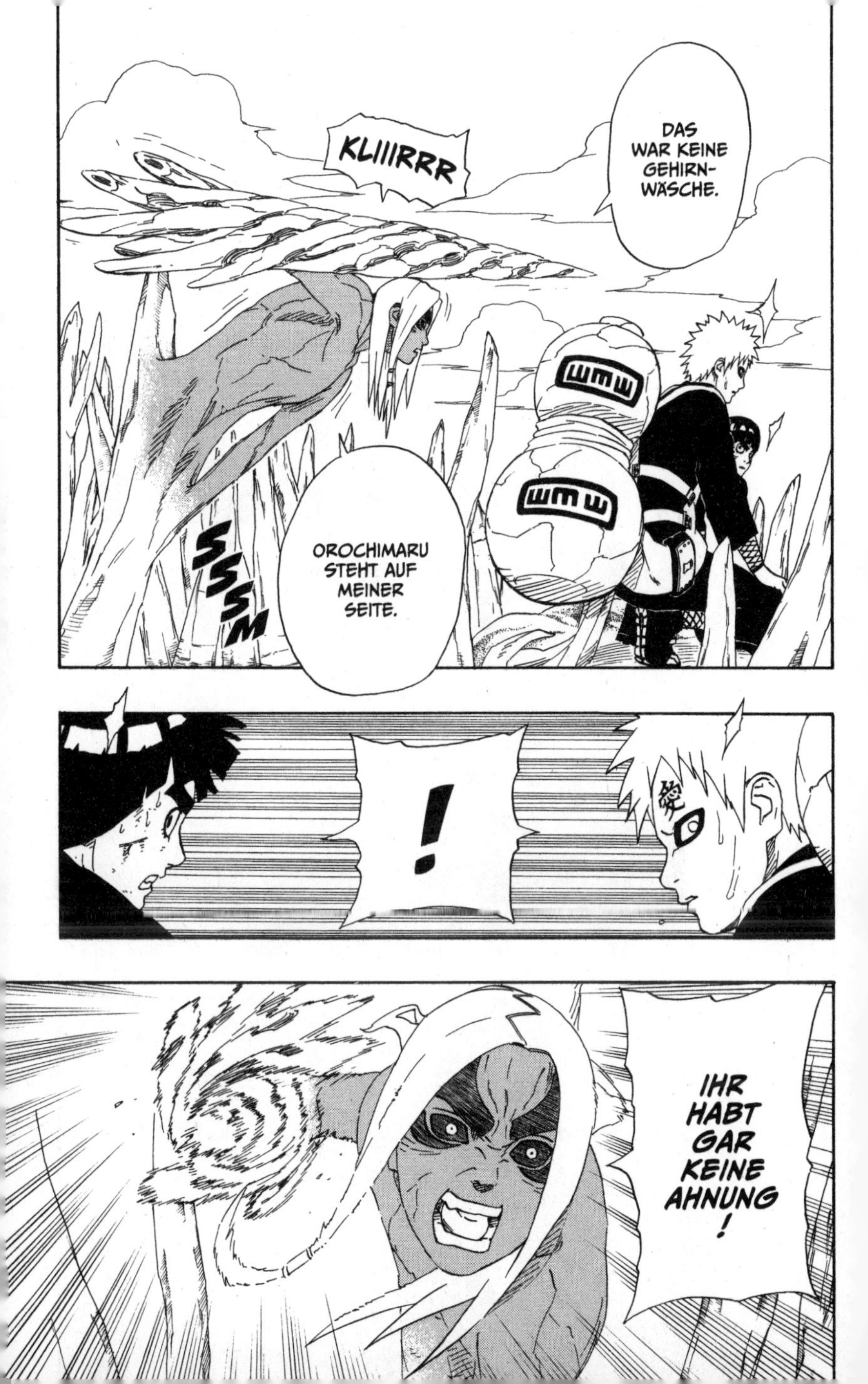
DAS WAR KEINE GEHIRN-WÄSCHE.
KLIIIRRR
OROCHIMARU STEHT AUF MEINER SEITE.
SSSM
!
IHR HABT GAR KEINE AHNUNG!

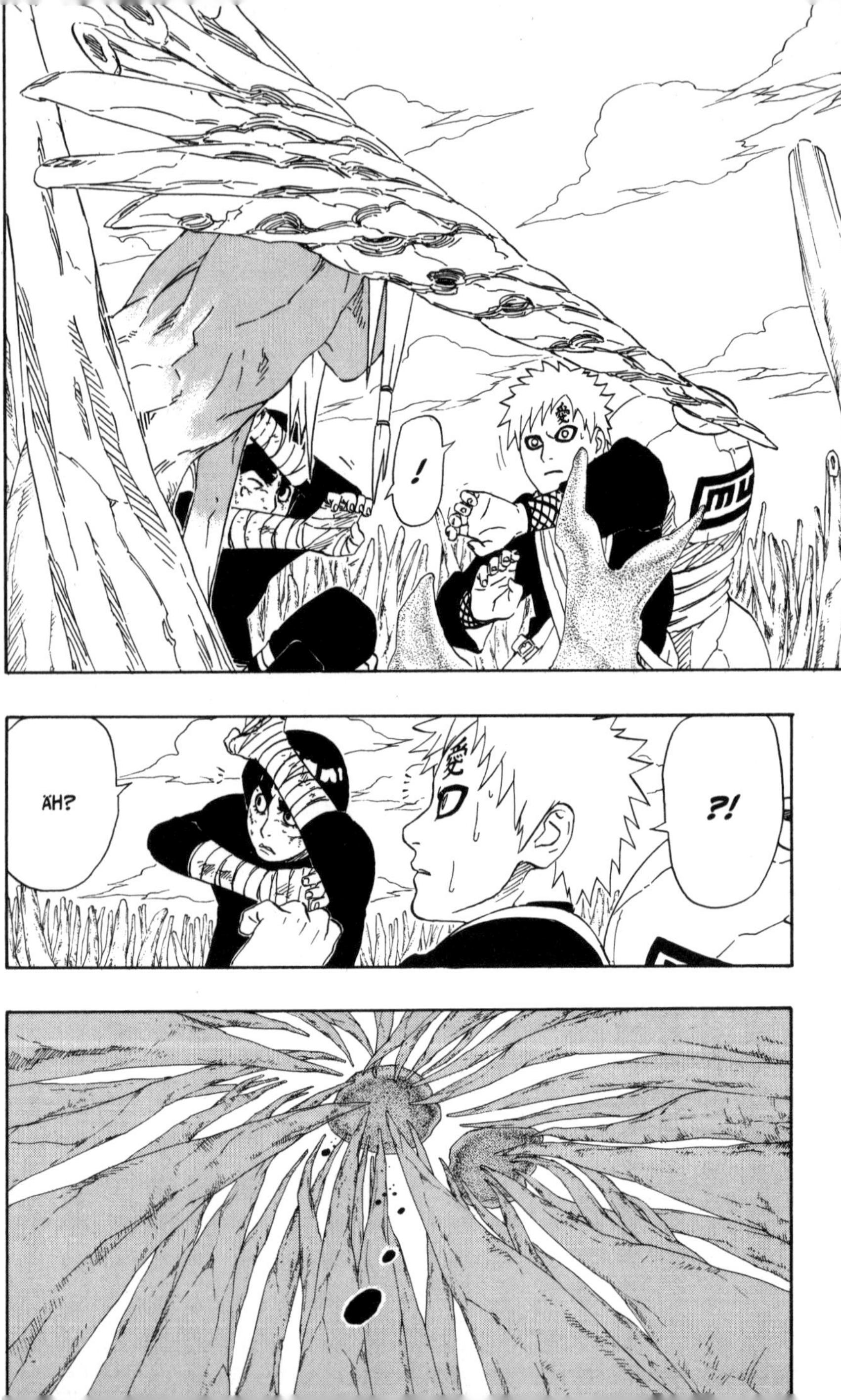
!
?!
ÄH?

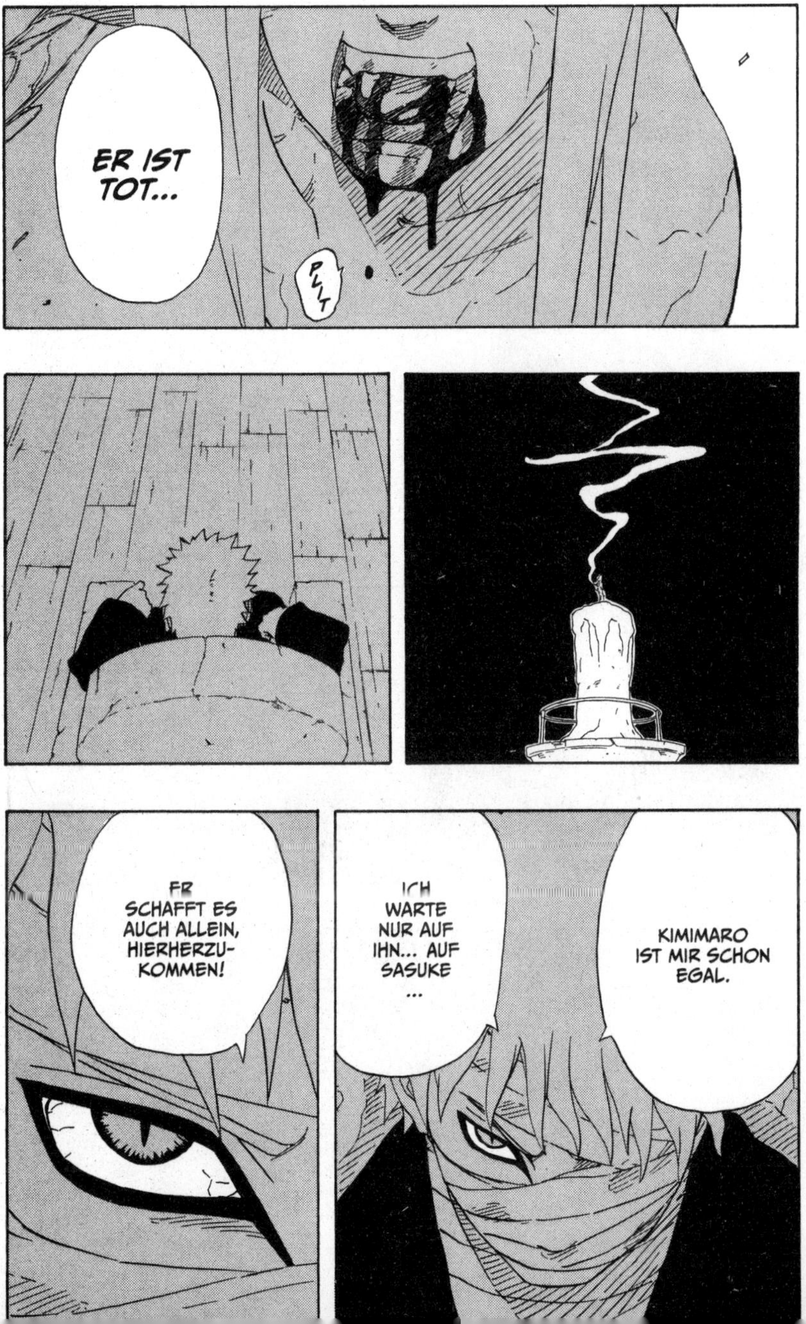
ER IST TOT...
PLIT
KIMIMARO IST MIR SCHON EGAL.
ICH WARTE NUR AUF IHN... AUF SASUKE ...
ER SCHAFFT ES AUCH ALLEIN, HIERHERZU-KOMMEN!

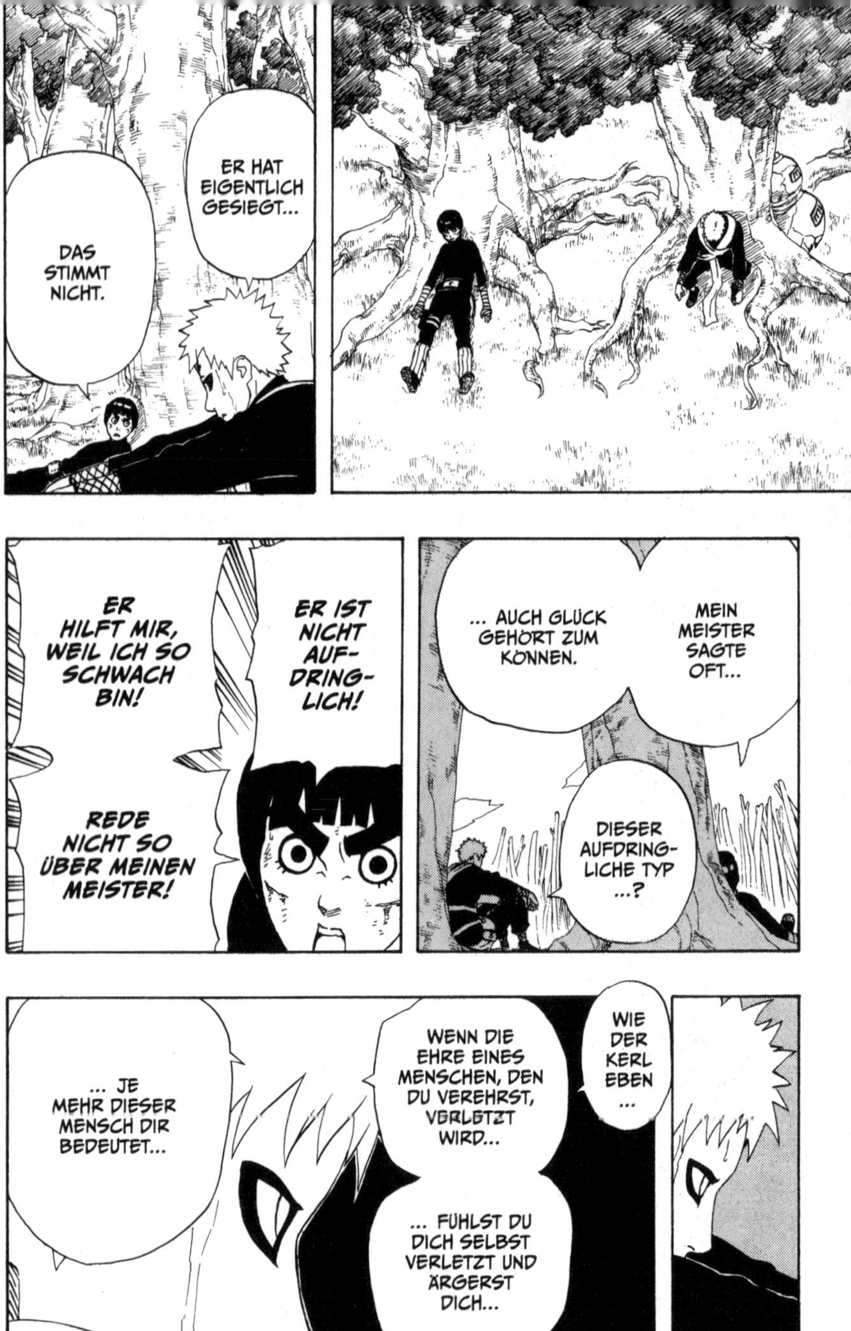
ER HAT EIGENTLICH GESIEGT...
DAS STIMMT NICHT.
MEIN MEISTER SAGTE OFT...
... AUCH GLÜCK GEHÖRT ZUM KÖNNEN.
DIESER AUFDRING-LICHE TYP ...?
ER IST NICHT AUF-DRING-LICH!
ER HILFT MIR, WEIL ICH SO SCHWACH BIN!
REDE NICHT SO ÜBER MEINEN MEISTER!
WIE DER KERL EBEN ...
WENN DIE EHRE EINES MENSCHEN, DEN DU VEREHRST, VERLETZT WIRD...
... FÜHLST DU DICH SELBST VERLETZT UND ÄRGERST DICH...
... JE MEHR DIESER MENSCH DIR BEDEUTET...

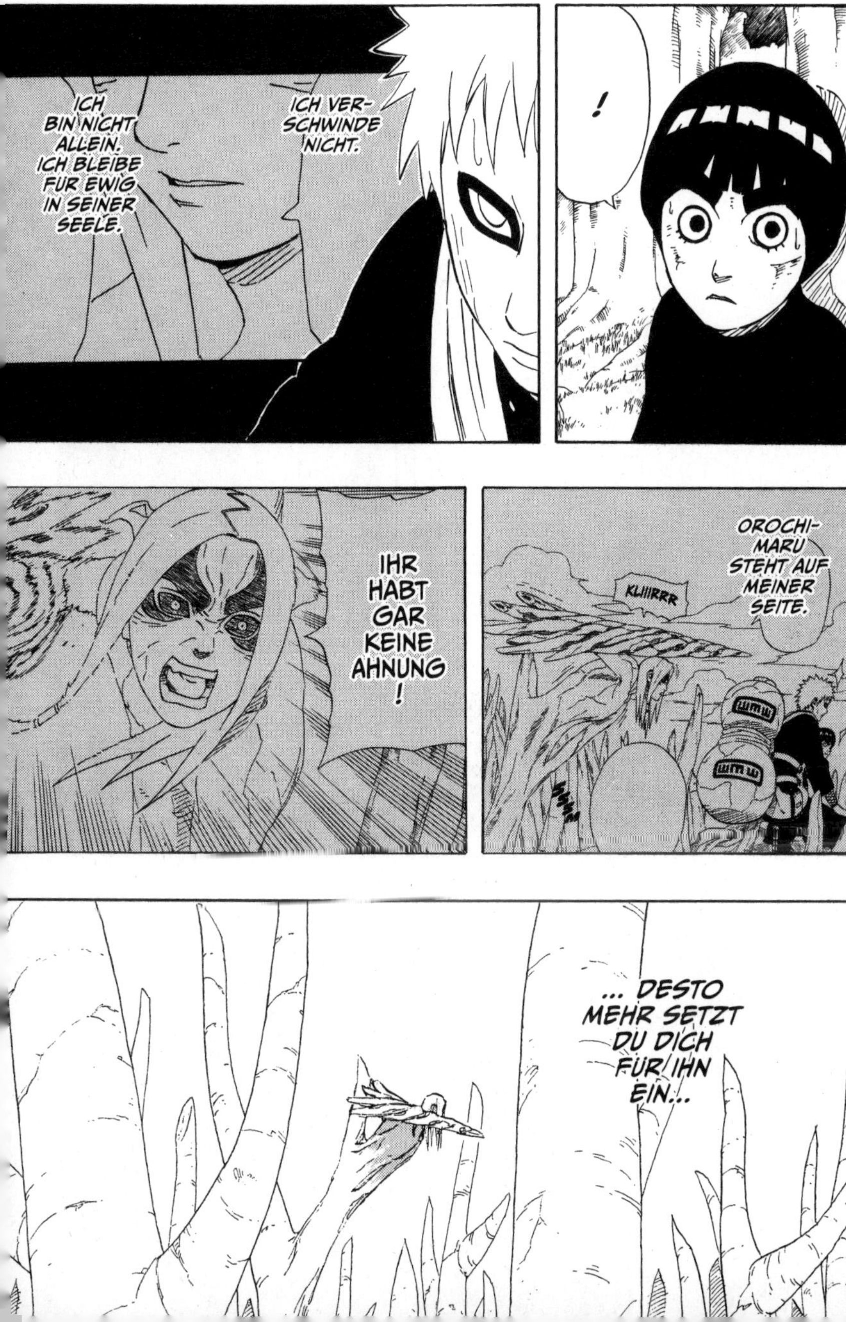
!
ICH VER-SCHWINDE NICHT.
ICH BIN NICHT ALLEIN. ICH BLEIBE FÜR EWIG IN SEINER SEELE.
OROCHI-MARU STEHT AUF MEINER SEITE.
KLIIIRRR
IHR HABT GAR KEINE AHNUNG!
... DESTO MEHR SETZT DU DICH FÜR IHN EIN...

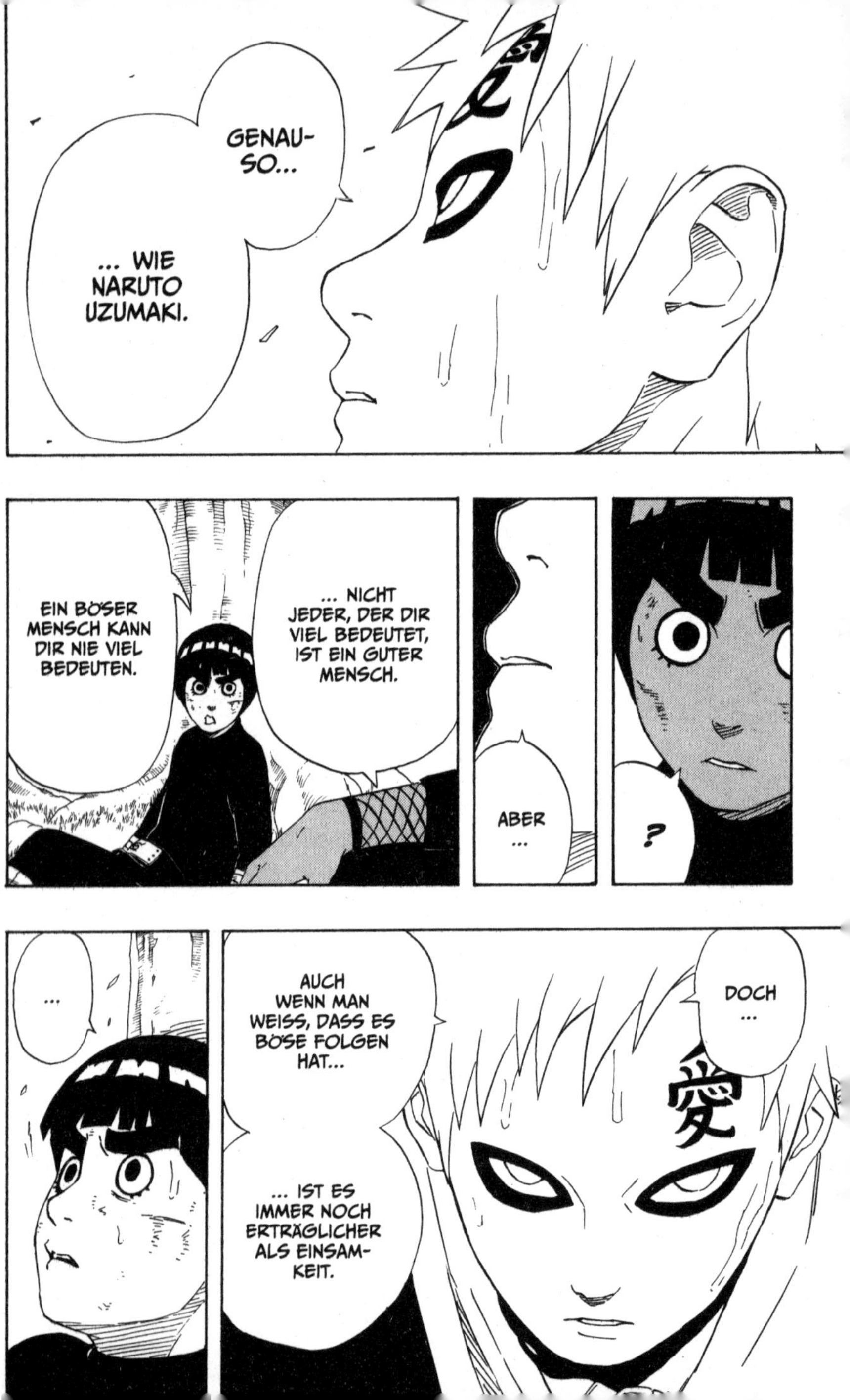
GENAU-SO...
... WIE NARUTO UZUMAKI.
?
ABER ...
... NICHT JEDER, DER DIR VIEL BEDEUTET, IST EIN GUTER MENSCH.
EIN BÖSER MENSCH KANN DIR NIE VIEL BEDEUTEN.
DOCH ...
AUCH WENN MAN WEISS, DASS ES BÖSE FOLGEN HAT...
... IST ES IMMER NOCH ERTRÄGLICHER ALS EINSAM-KEIT.
...

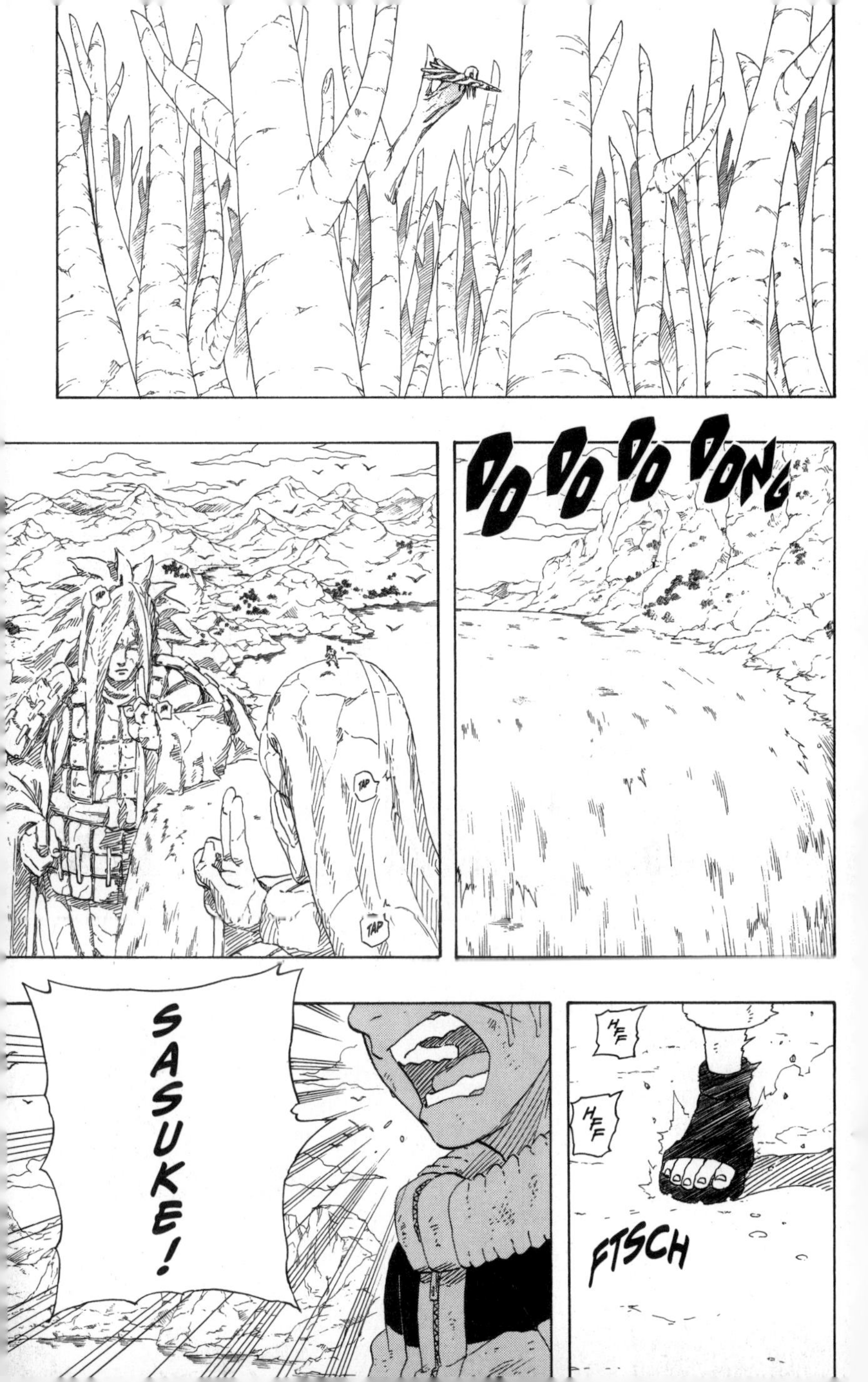
DO DO DO DONG
TAP
TAP
TAP
HFF
HFF
FTSCH
SASUKE!

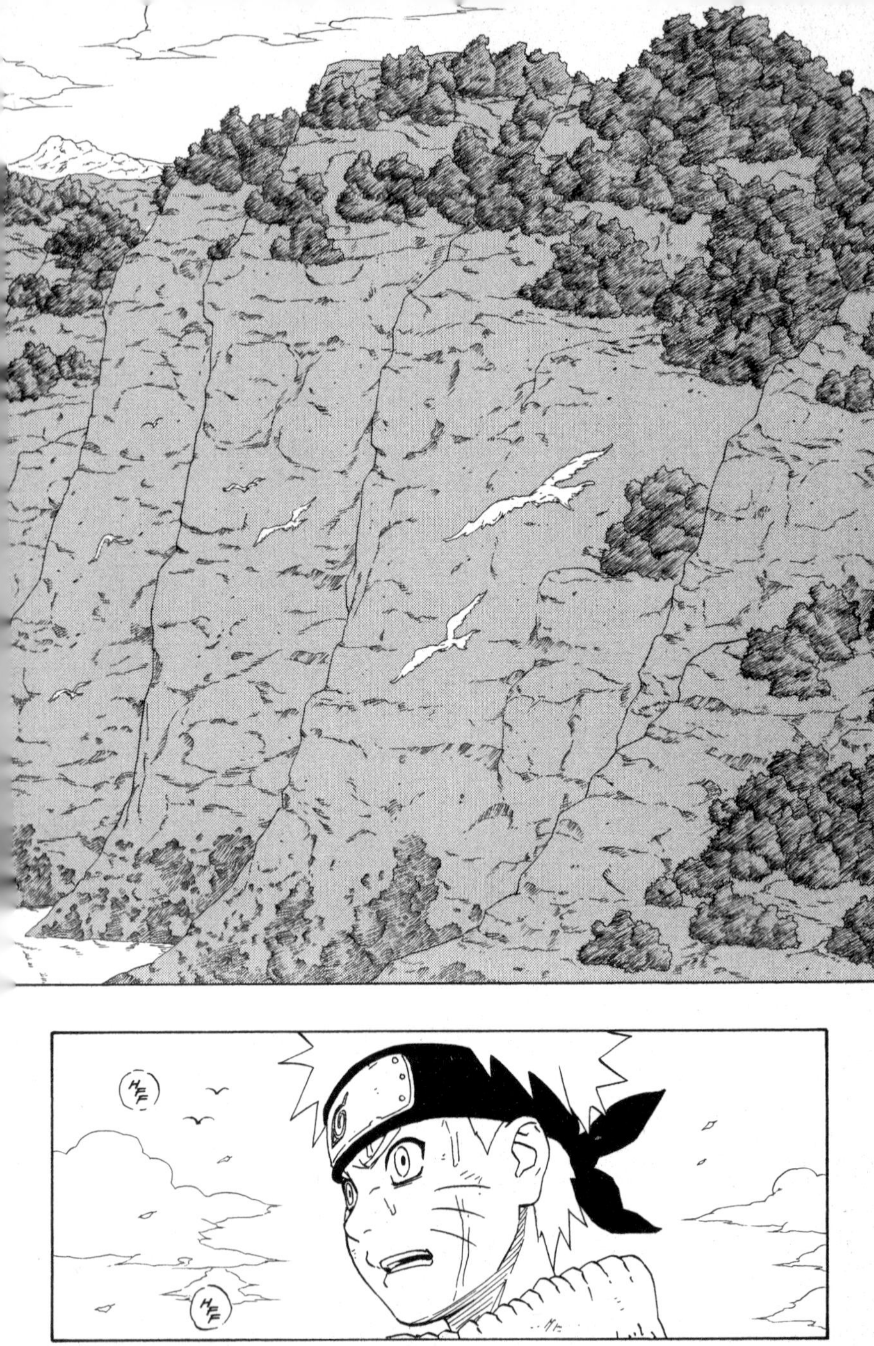
HFF
HFF

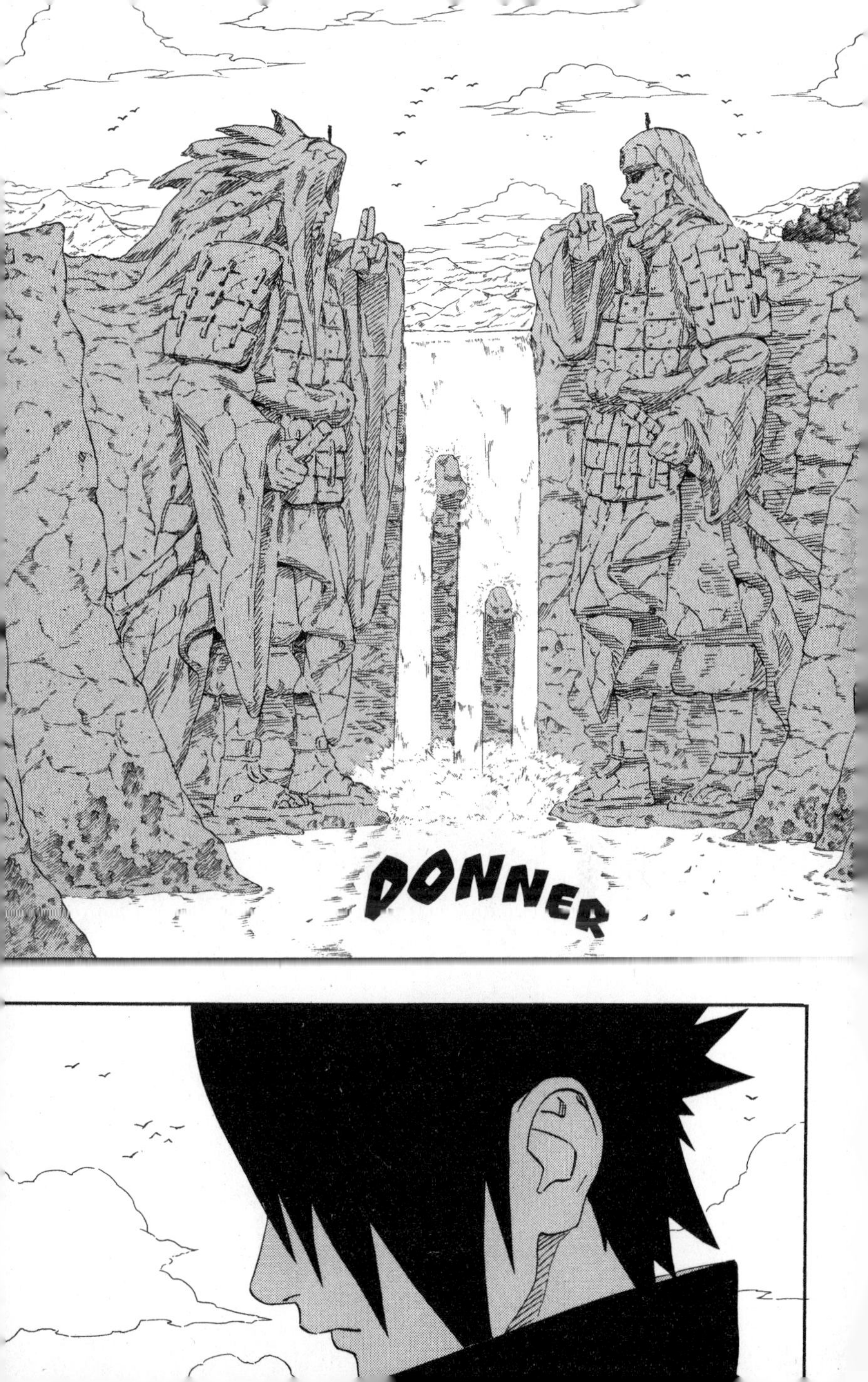
DONNER

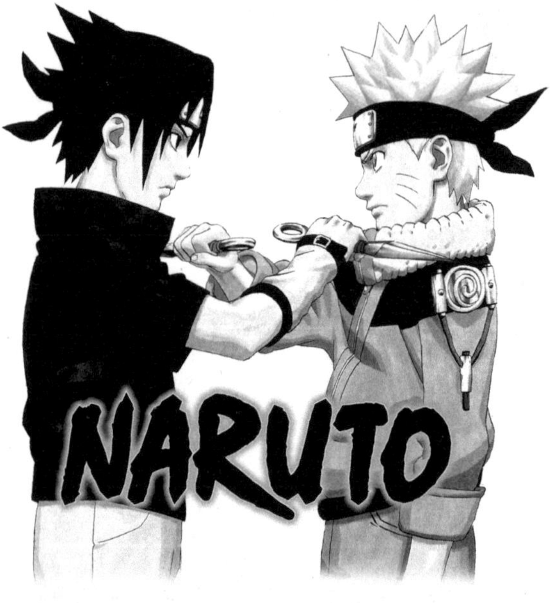
NARUTO

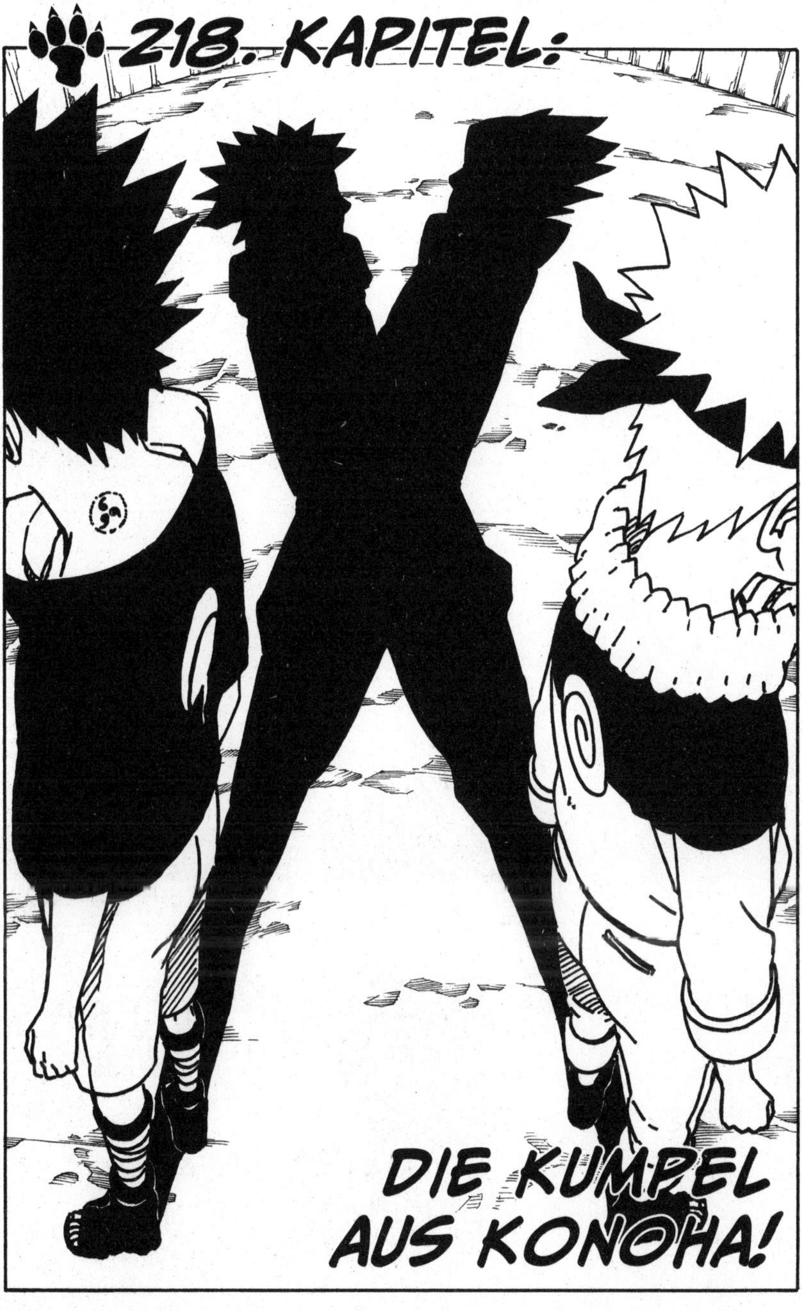
218. KAPITEL:
DIE KUMPEL AUS KONOHA!

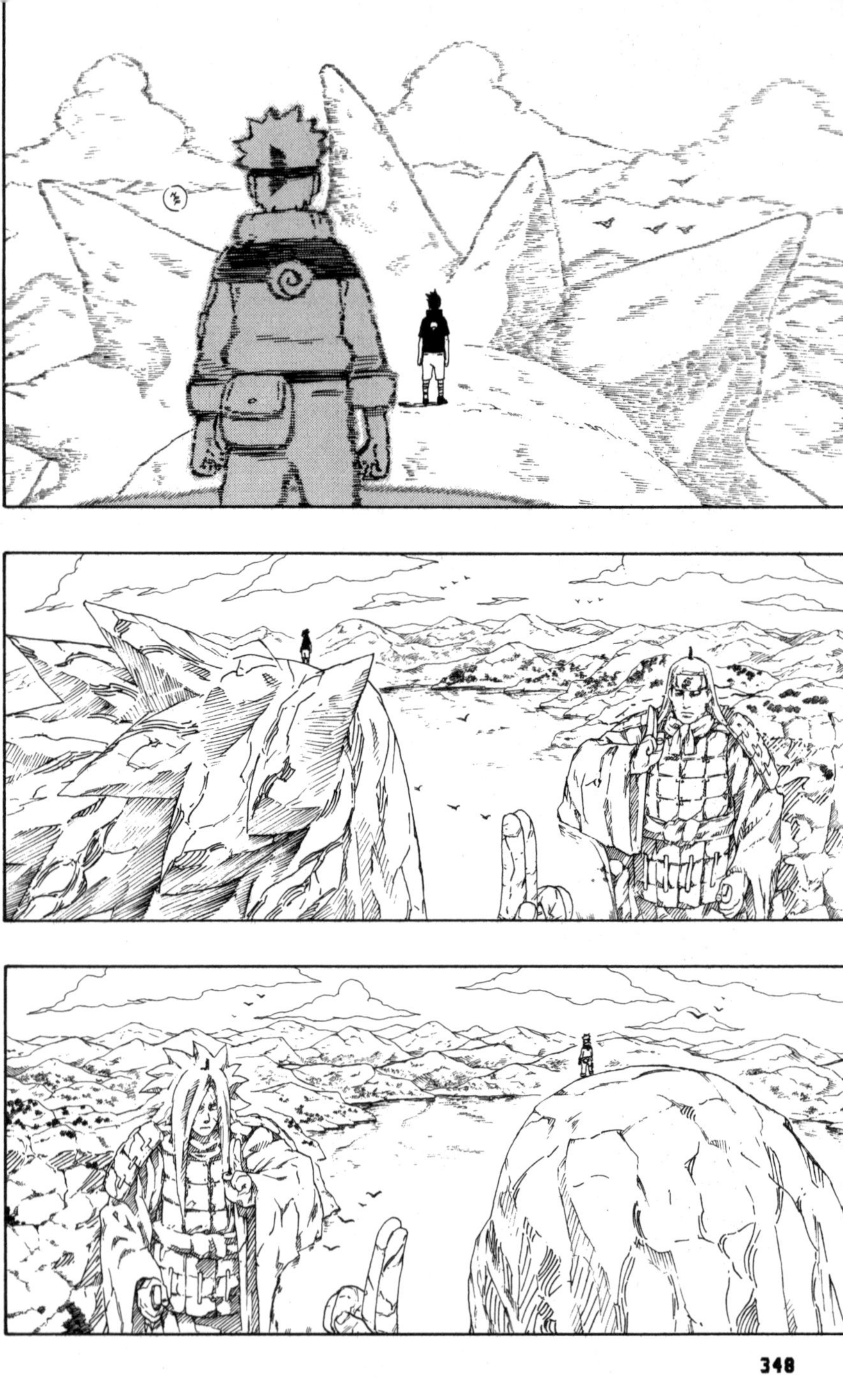

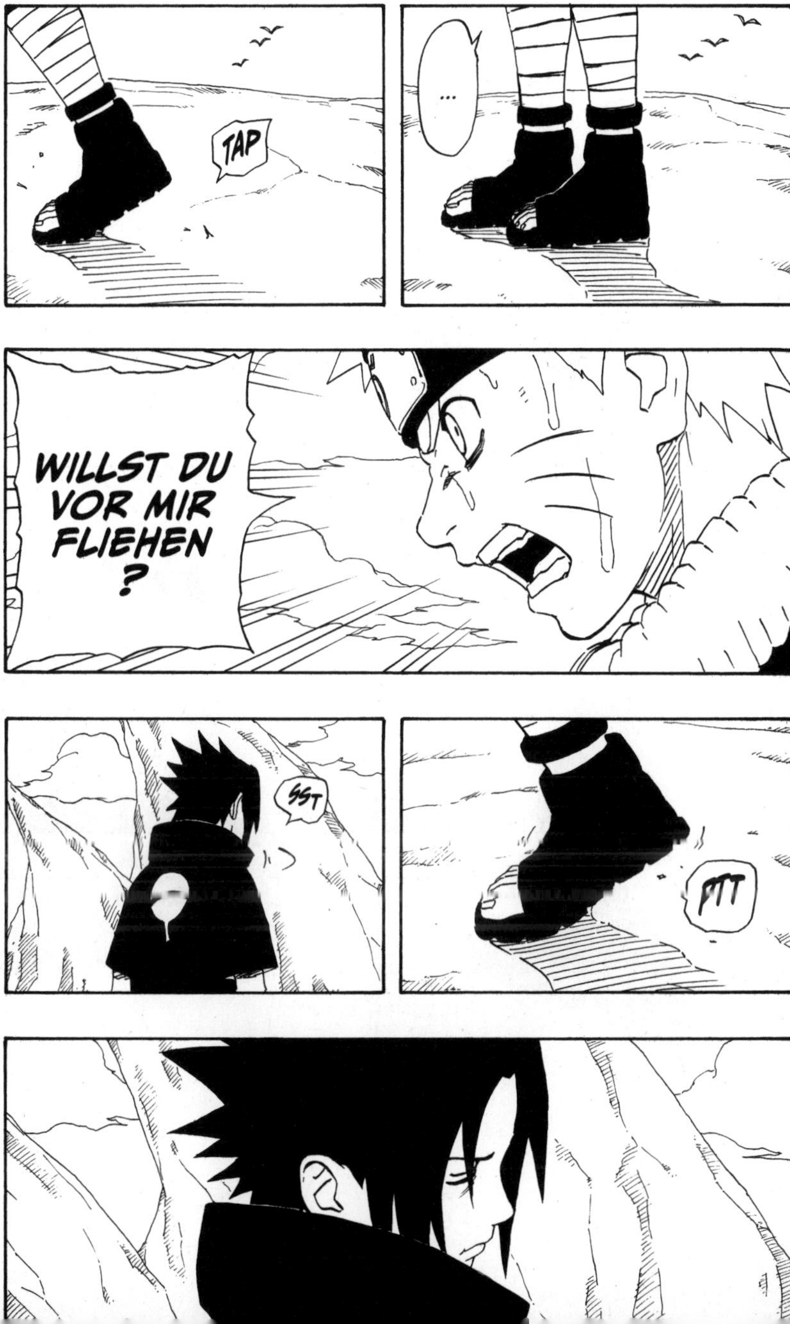
...
TAP
WILLST DU VOR MIR FLIEHEN ?
PTT
SST

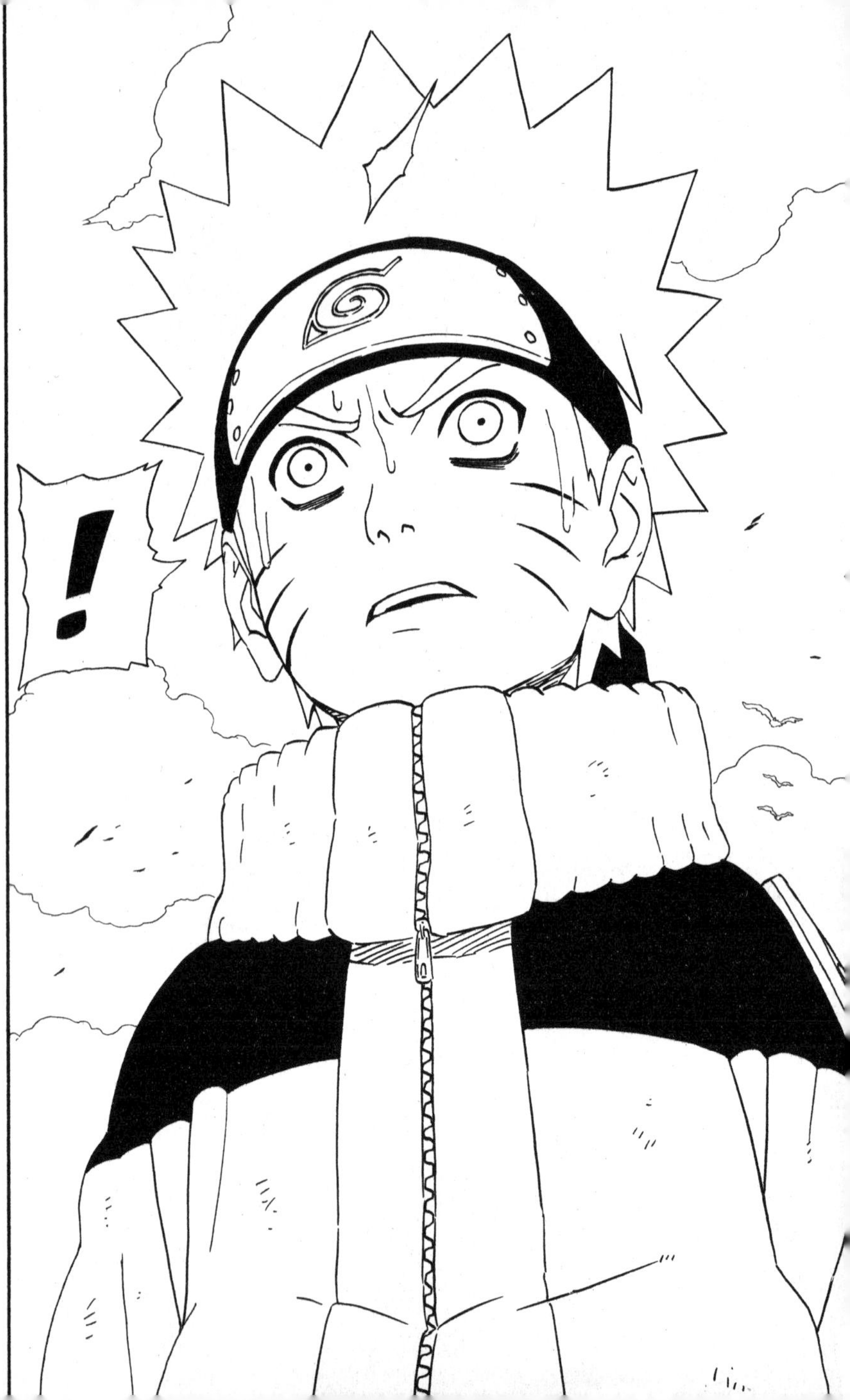

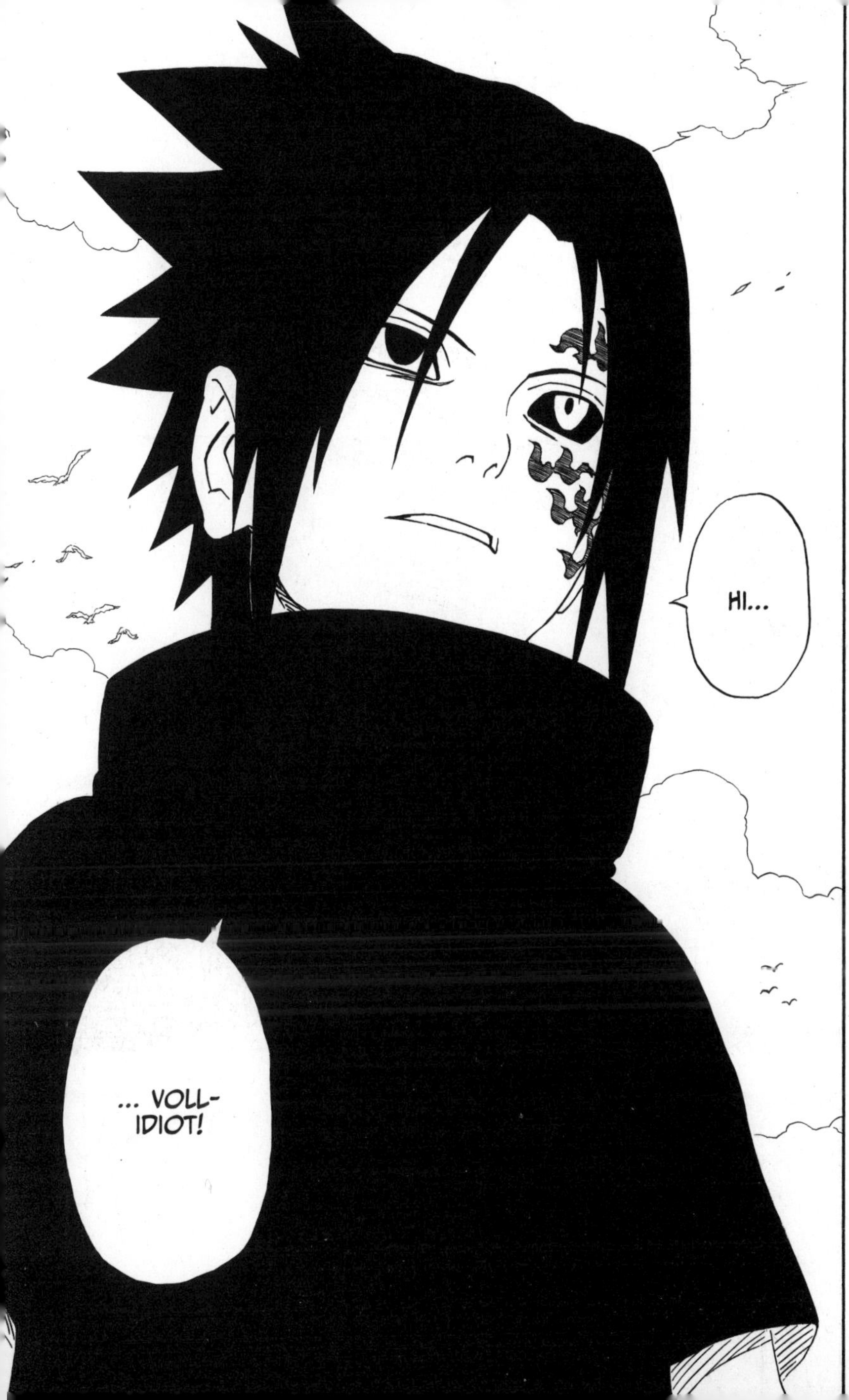
HI...
... VOLL-IDIOT!

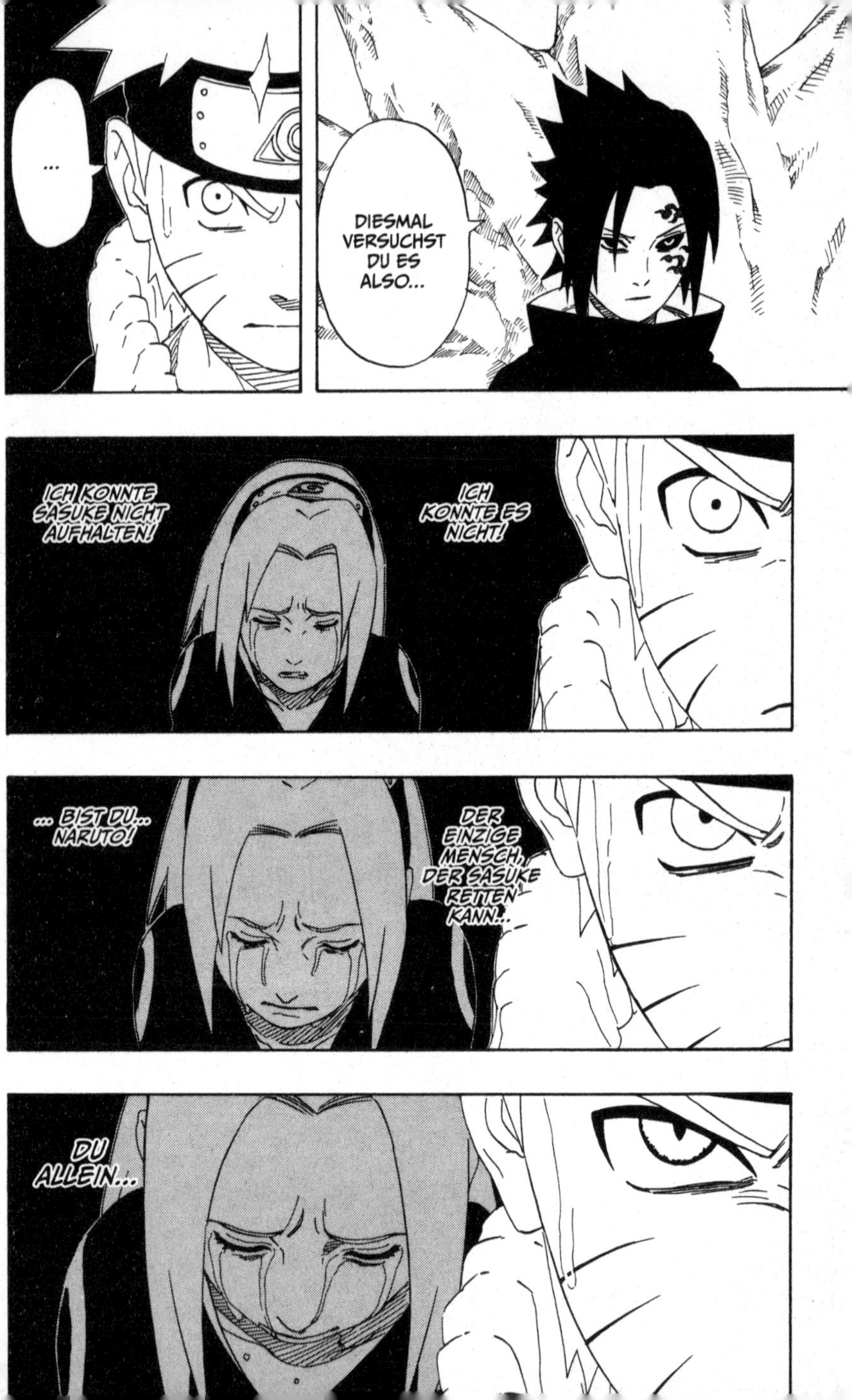
DIESMAL VERSUCHST DU ES ALSO...
...
ICH KONNTE ES NICHT!
ICH KONNTE SASUKE NICHT AUFHALTEN!
DER EINZIGE MENSCH, DER SASUKE RETTEN KANN...
... BIST DU... NARUTO!
DU ALLEIN...

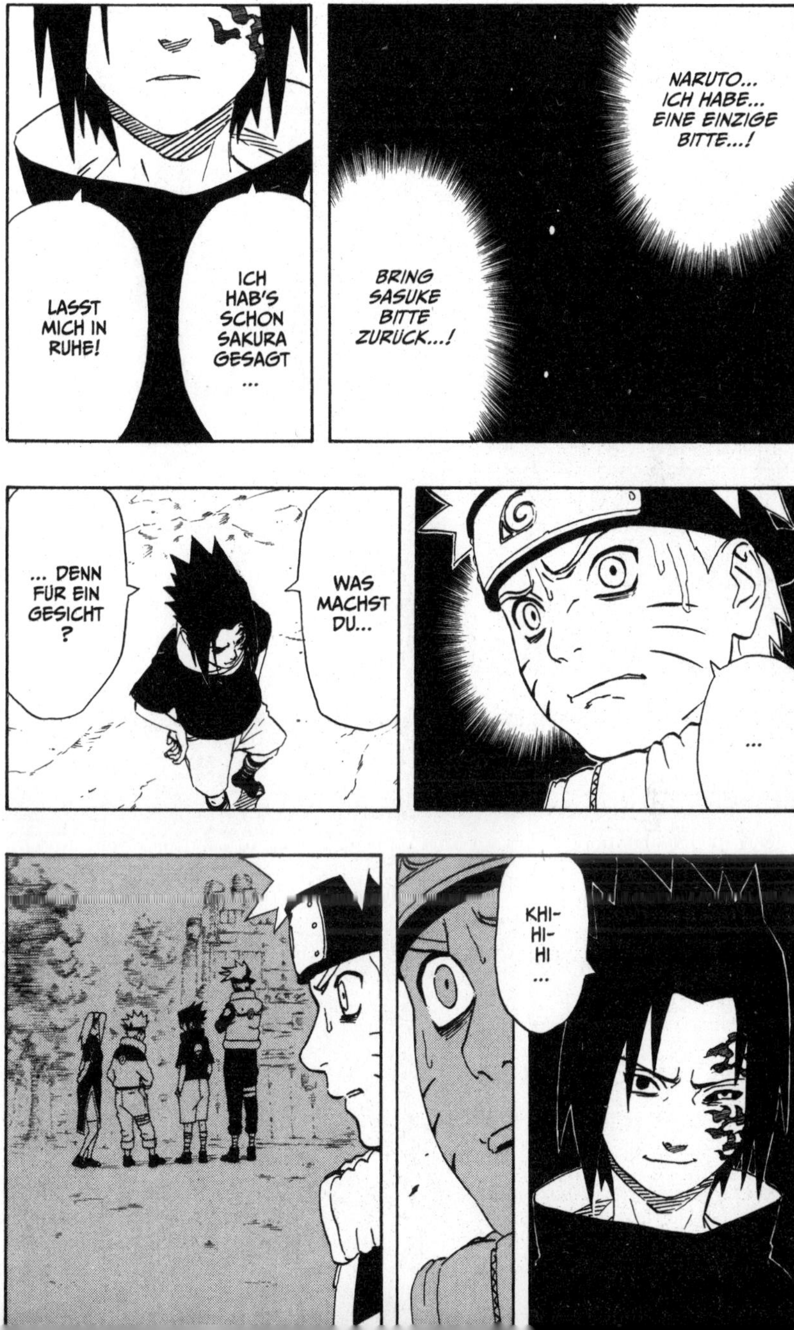
NARUTO... ICH HABE... EINE EINZIGE BITTE...!
BRING SASUKE BITTE ZURÜCK...!
ICH HAB'S SCHON SAKURA GESAGT ...
LASST MICH IN RUHE!
...
WAS MACHST DU...
... DENN FÜR EIN GESICHT ?
KHI-HI-HI ...

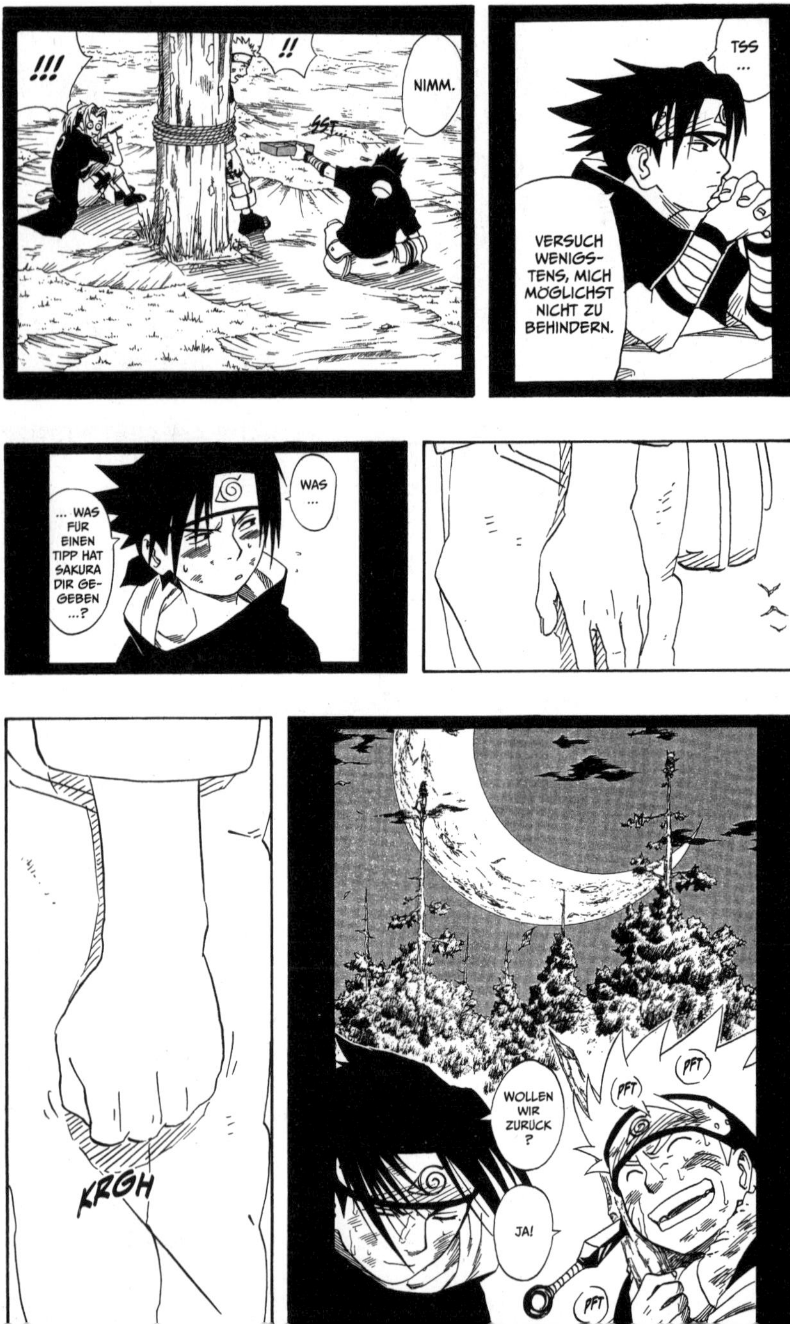
TSS ...
VERSUCH WENIGSTENS, MICH MÖGLICHST NICHT ZU BEHINDERN.
NIMM.
!!
!!!
WAS ...
... WAS FÜR EINEN TIPP HAT SAKURA DIR GEGEBEN ...?
PFT
PFT
WOLLEN WIR ZURÜCK ?
JA!
PFT
KRGH

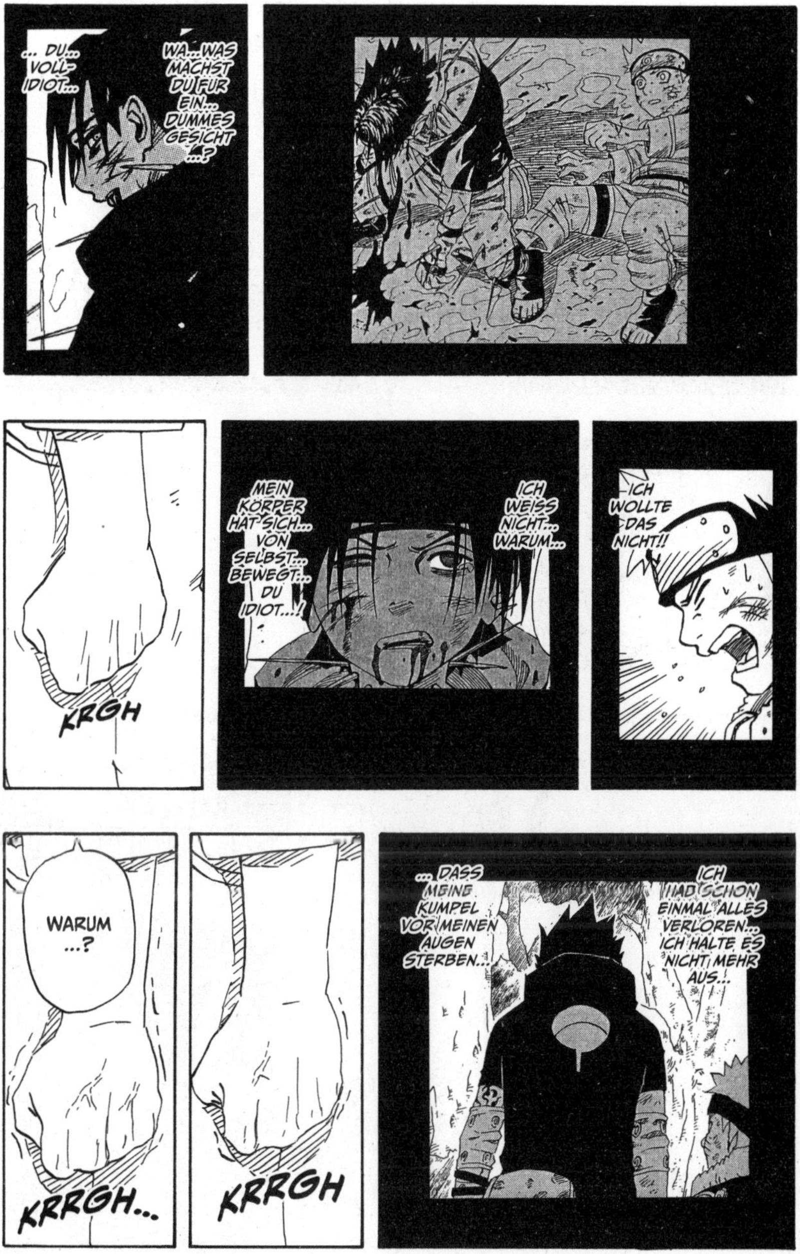
WA...WAS MACHST DU FÜR EIN... DUMMES GESICHT ...?
... DU... VOLL-IDIOT...
ICH WOLLTE DAS NICHT!!
ICH WEISS NICHT... WARUM...
MEIN KÖRPER HAT SICH... VON SELBST... BEWEGT... DU IDIOT...!
KRGH
ICH HAB SCHON EINMAL ALLES VERLOREN... ICH HALTE ES NICHT MEHR AUS...
... DASS MEIN KUMPEL VOR MEINEN AUGEN STERBEN...
KRRGH
WARUM ...?
KRRGH...

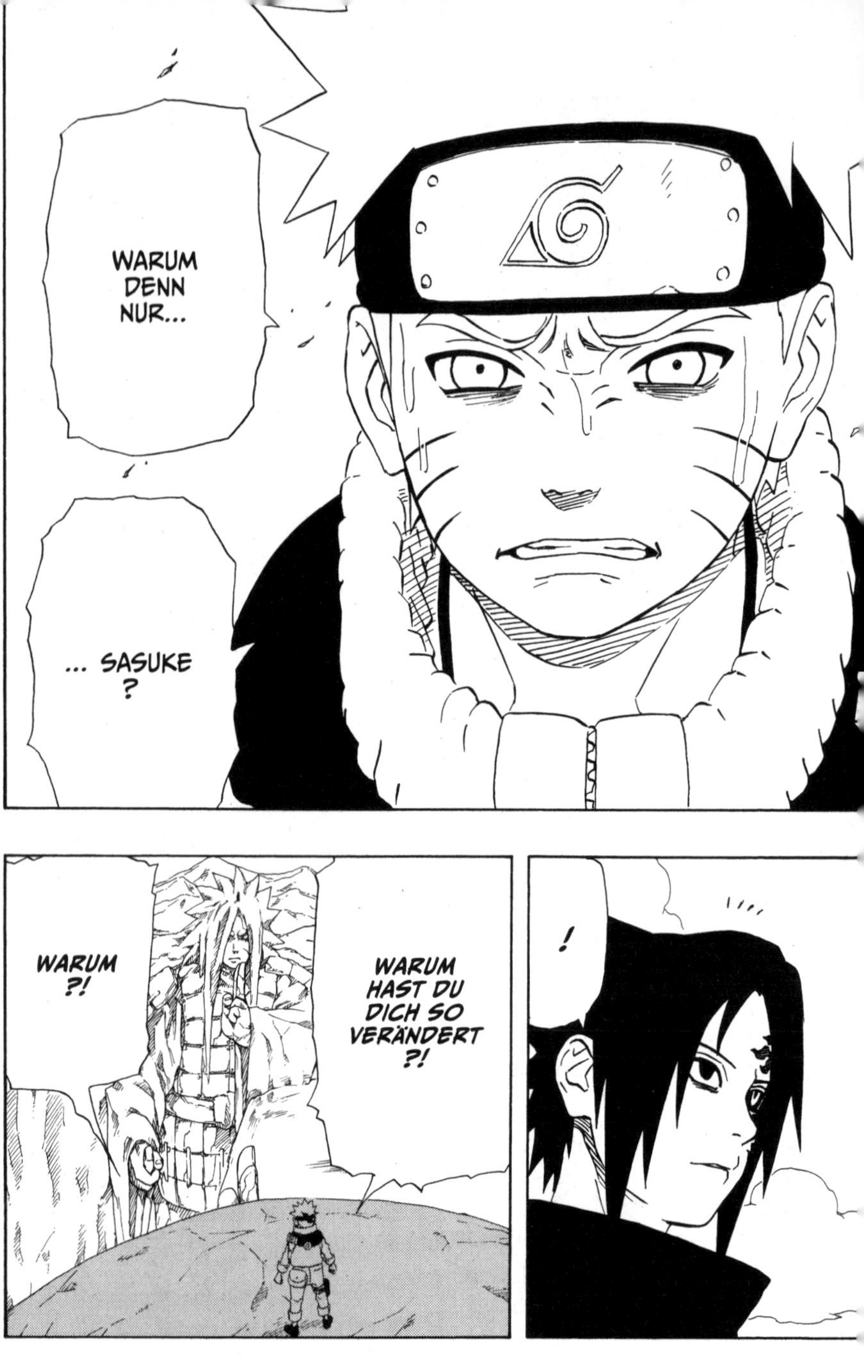
WARUM DENN NUR...
... SASUKE ?
WARUM ?!
WARUM HAST DU DICH SO VERÄNDERT ?!
!

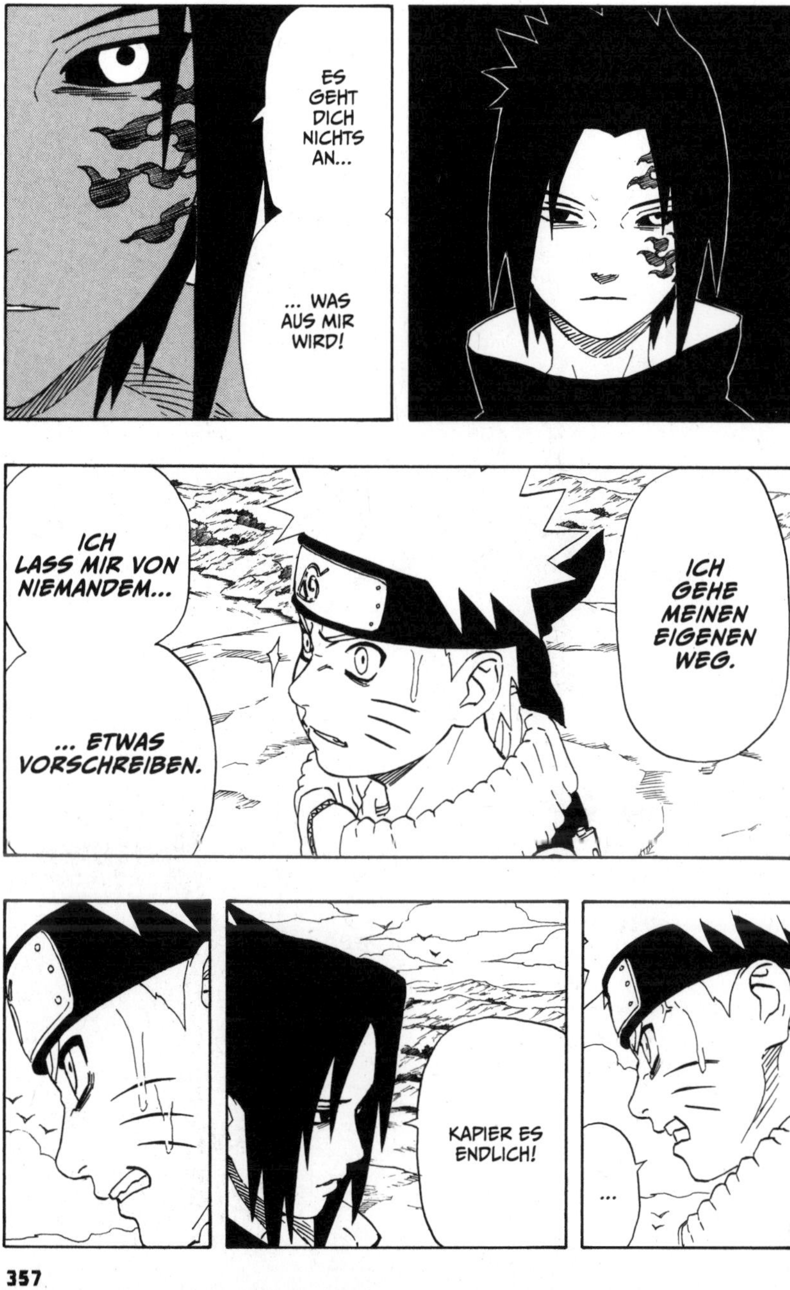
ES GEHT DICH NICHTS AN...
... WAS AUS MIR WIRD!
ICH GEHE MEINEN EIGENEN WEG.
ICH LASS MIR VON NIEMANDEM...
... ETWAS VORSCHREIBEN.
...
KAPIER ES ENDLICH!

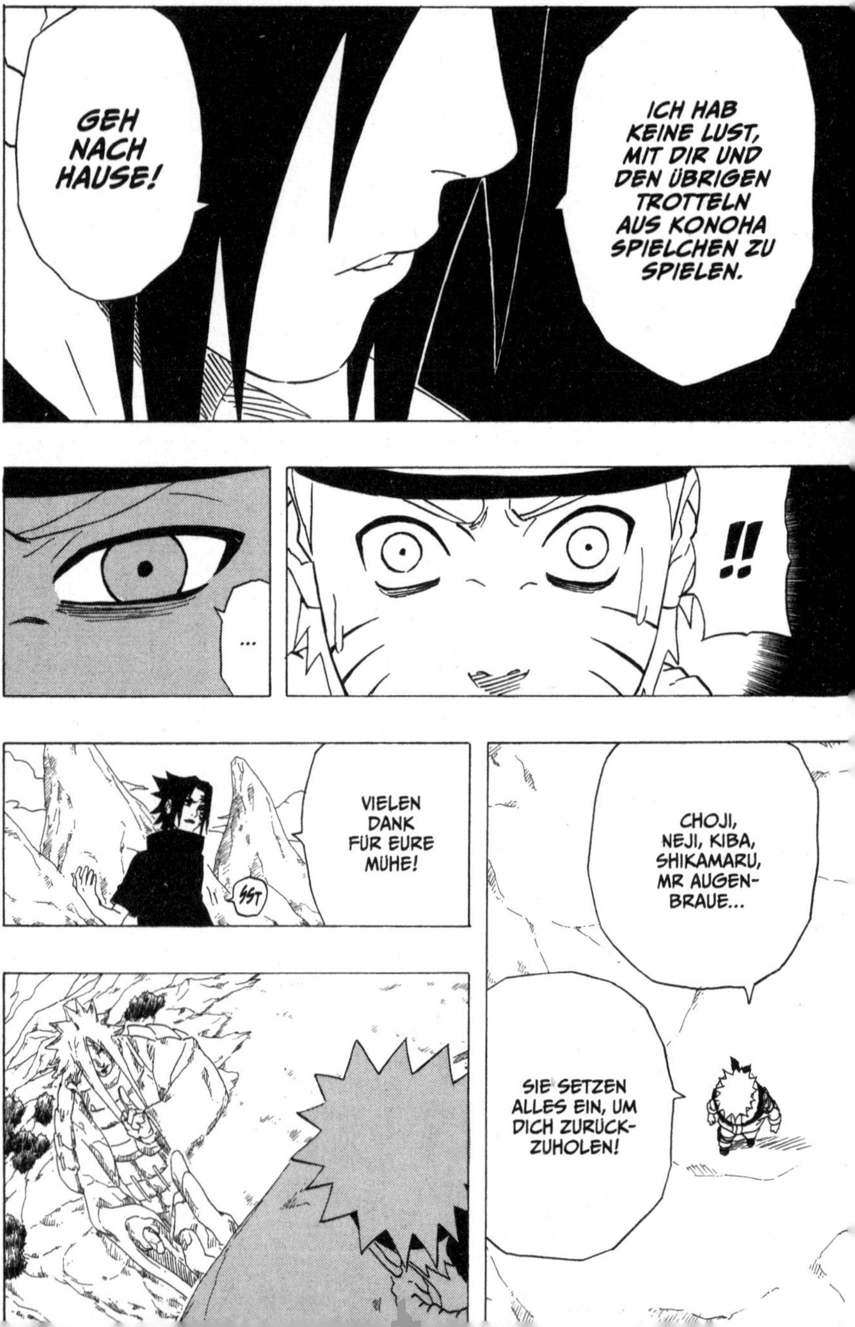
ICH HAB KEINE LUST, MIT DIR UND DEN ÜBRIGEN TROTTELN AUS KONOHA SPIELCHEN ZU SPIELEN.
GEH NACH HAUSE!
!!
...
VIELEN DANK FÜR EURE MÜHE!
SST
CHOJI, NEJI, KIBA, SHIKAMARU, MR AUGEN-BRAUE...
SIE SETZEN ALLES EIN, UM DICH ZURÜCK-ZUHOLEN!

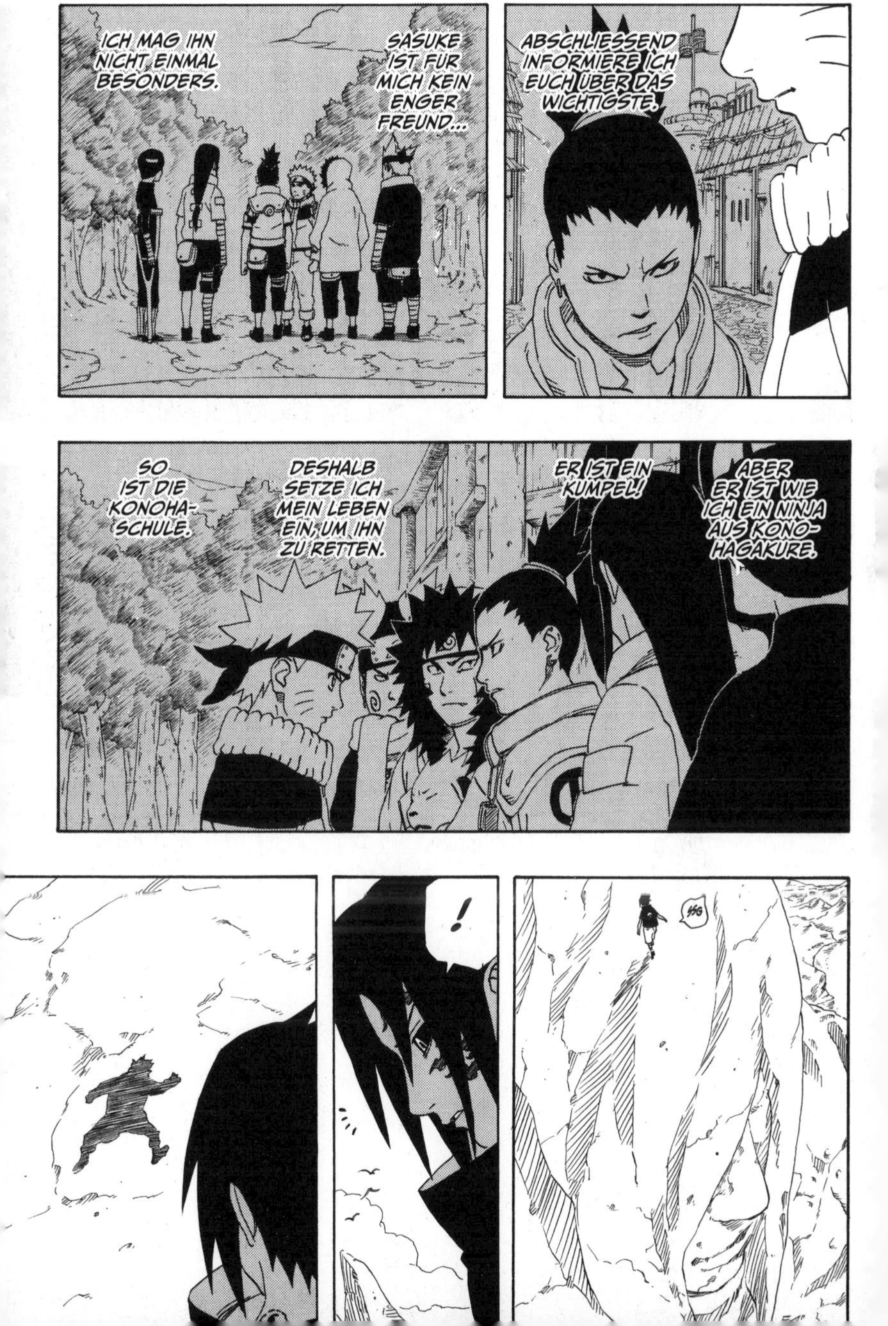
ABSCHLIESSEND INFORMIERE ICH EUCH ÜBER DAS WICHTIGSTE.
SASUKE IST FÜR MICH KEIN ENGER FREUND...
ICH MAG IHN NICHT EINMAL BESONDERS.
ABER ER IST WIE ICH EIN NINJA AUS KONOHAGAKURE.
ER IST EIN KUMPEL!
DESHALB SETZE ICH MEIN LEBEN EIN, UM IHN ZU RETTEN.
SO IST DIE KONOHA-SCHULE.
SSG
!

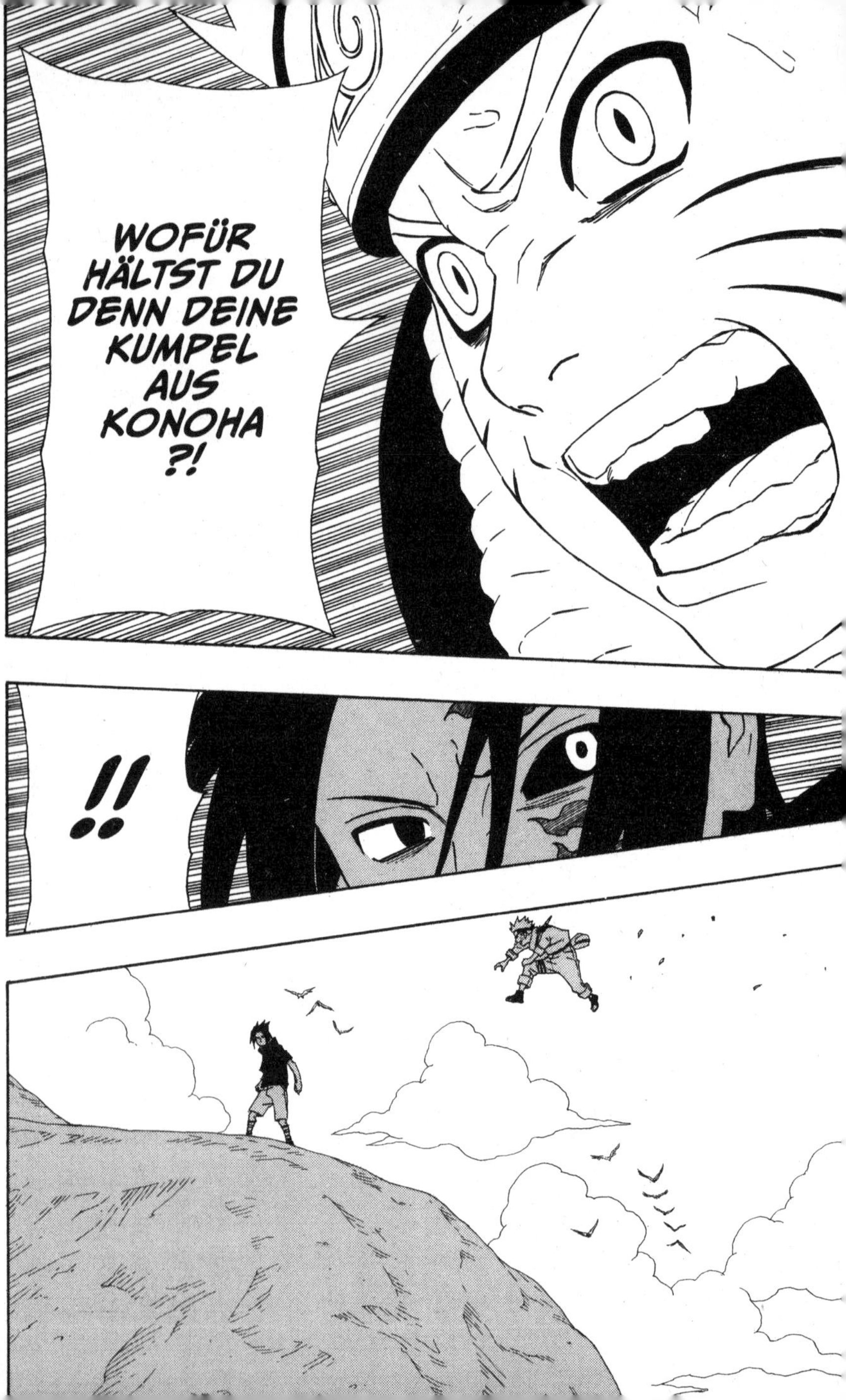
WOFÜR HÄLTST DU DENN DEINE KUMPEL AUS KONOHA ?!
!!

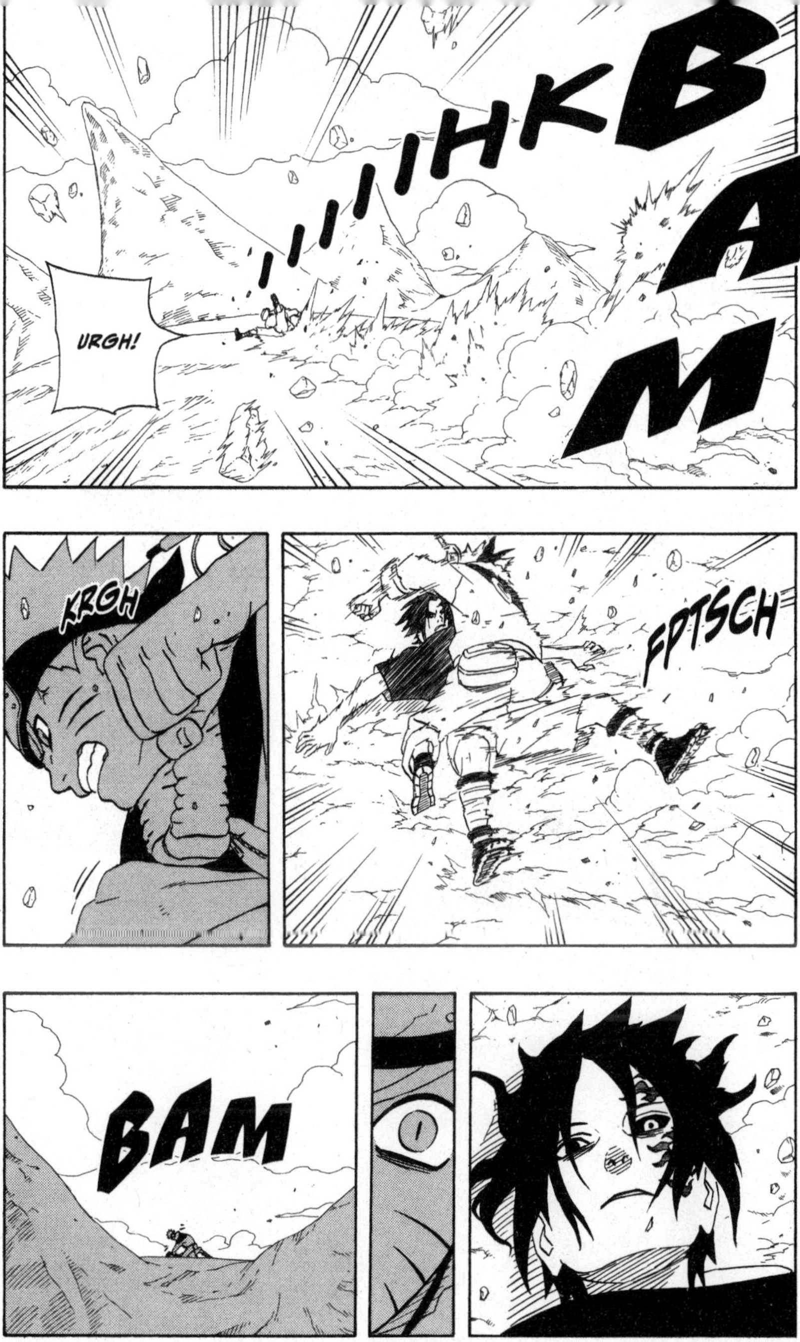
BAM
IIIIIHKB
URGH!
KRGH
FPTSCH
BAM

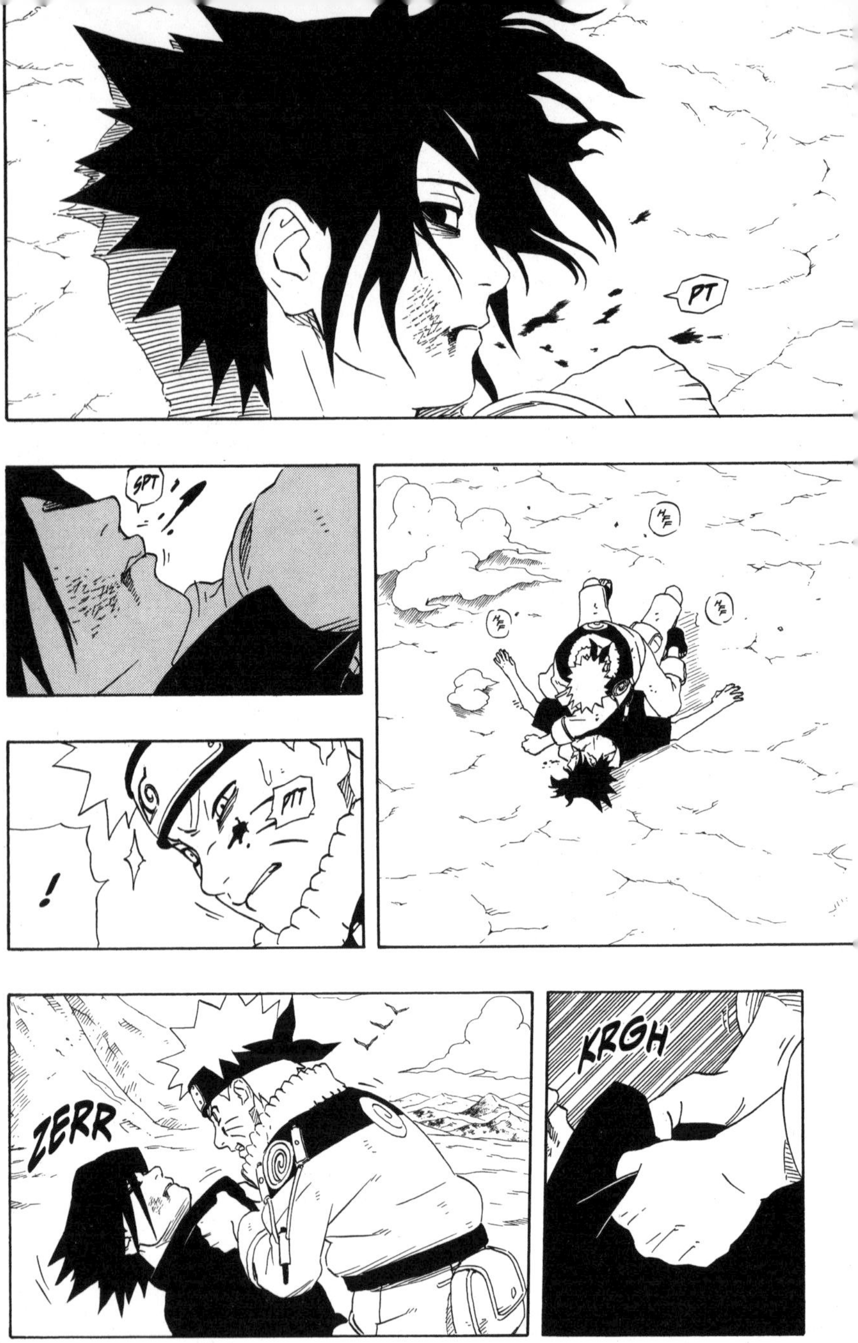
PT
HFF
HFF
HFF
SPT
PTT
!
KRGH
ZERR

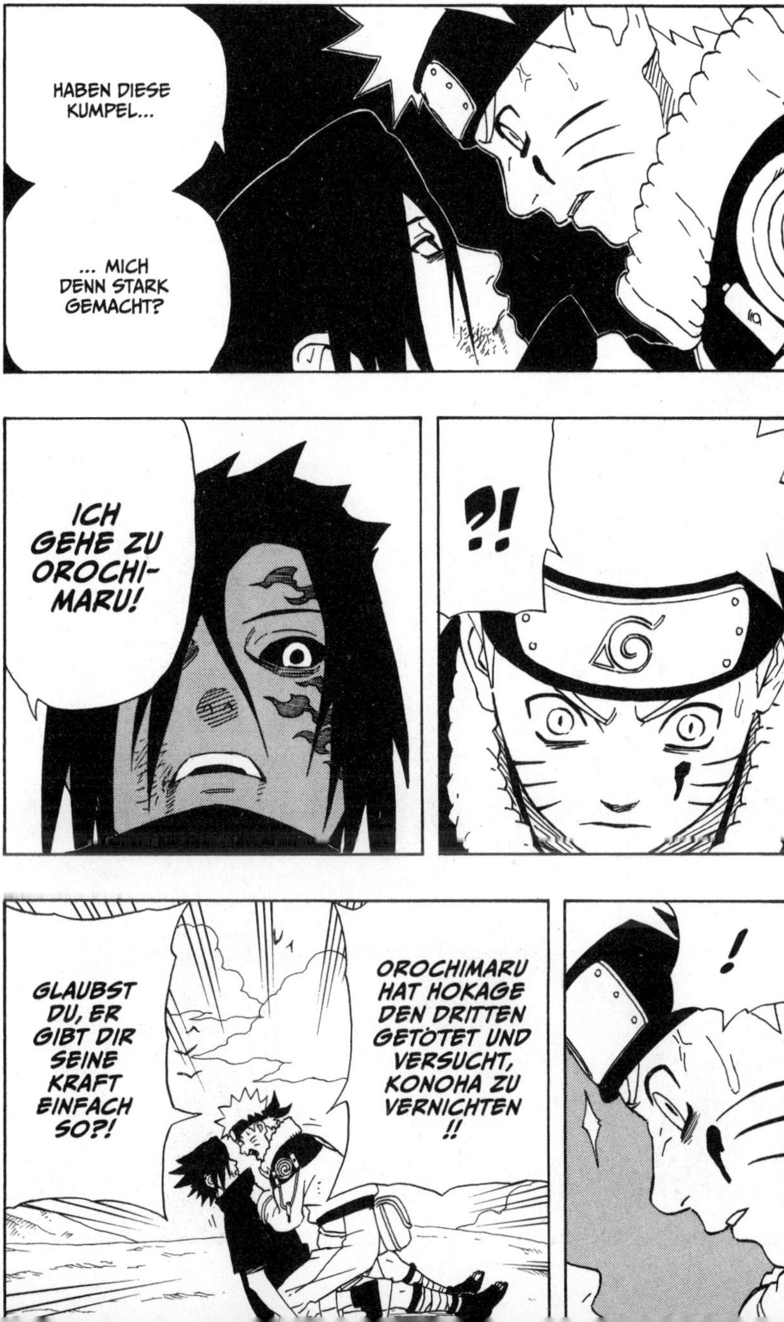
HABEN DIESE KUMPEL...
... MICH DENN STARK GEMACHT?
?!
ICH GEHE ZU OROCHI-MARU!
!
OROCHIMARU HAT HOKAGE DEN DRITTEN GETÖTET UND VERSUCHT, KONOHA ZU VERNICHTEN !!
GLAUBST DU, ER GIBT DIR SEINE KRAFT EINFACH SO?!

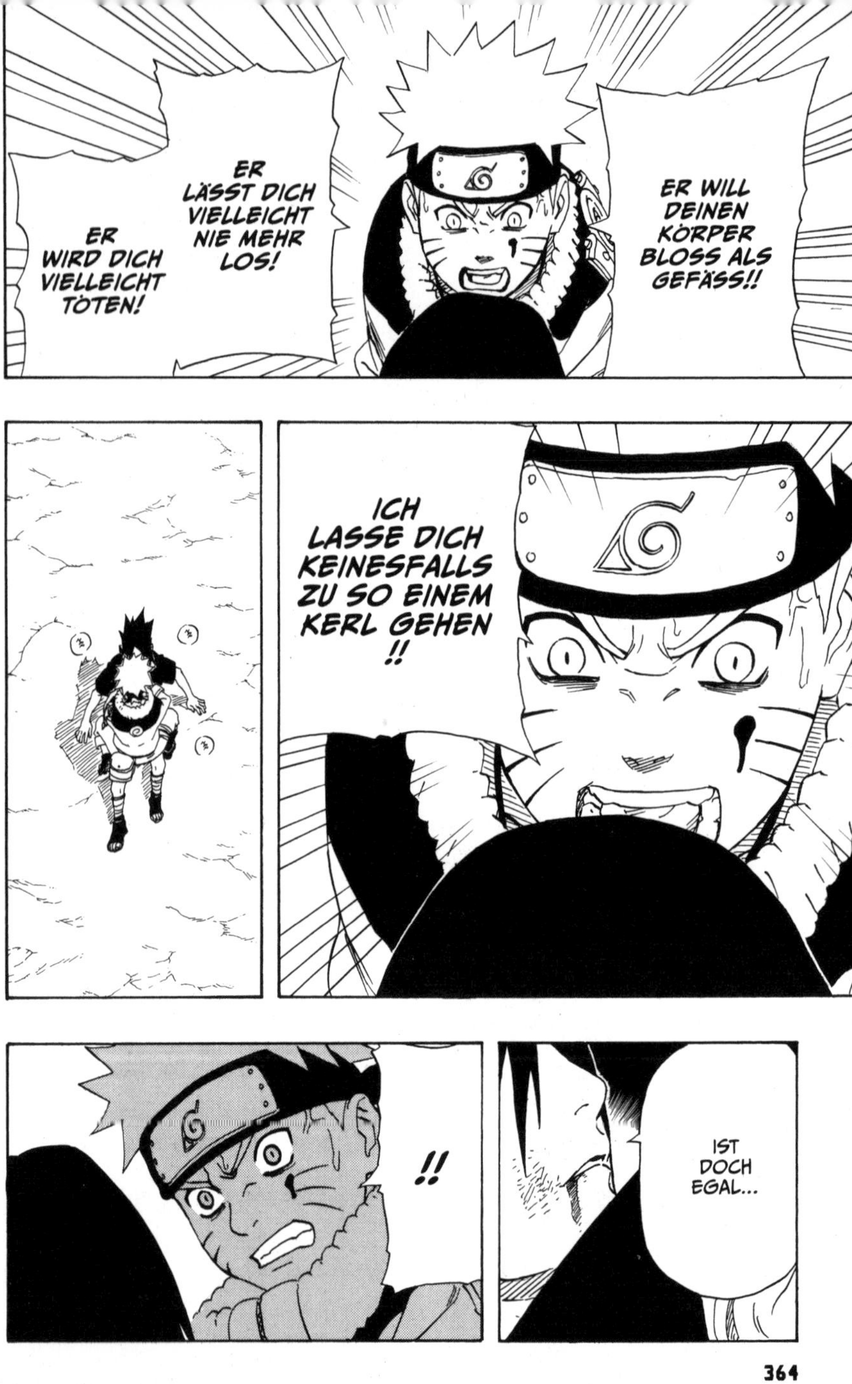
ER WILL DEINEN KÖRPER BLOSS ALS GEFÄSS!!
ER LÄSST DICH VIELLEICHT NIE MEHR LOS!
ER WIRD DICH VIELLEICHT TÖTEN!
ICH LASSE DICH KEINESFALLS ZU SO EINEM KERL GEHEN!!
IST DOCH EGAL...
!!

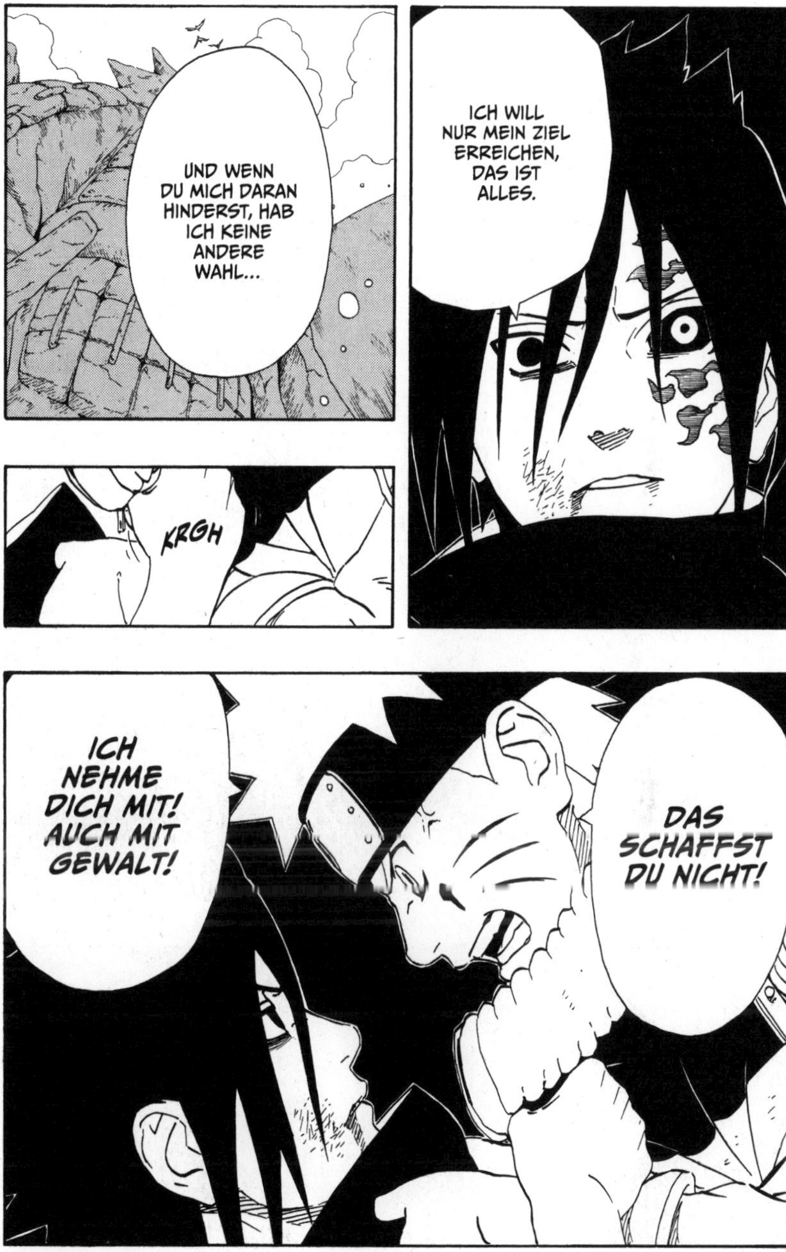
ICH WILL NUR MEIN ZIEL ERREICHEN, DAS IST ALLES.
UND WENN DU MICH DARAN HINDERST, HAB ICH KEINE ANDERE WAHL...
KRGH
DAS SCHAFFST DU NICHT!
ICH NEHME DICH MIT! AUCH MIT GEWALT!

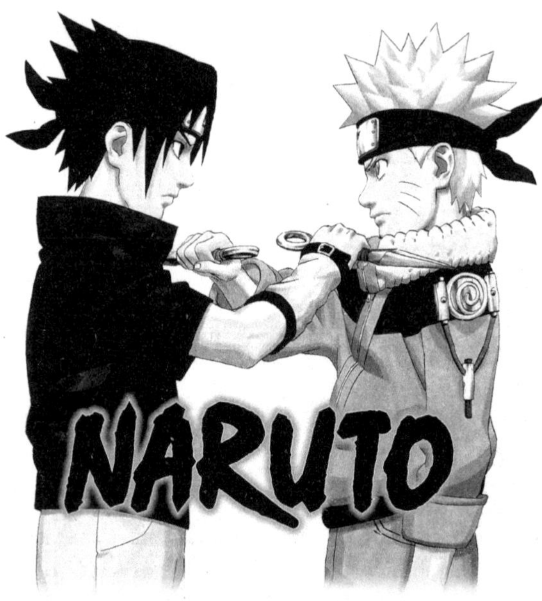
NARUTO

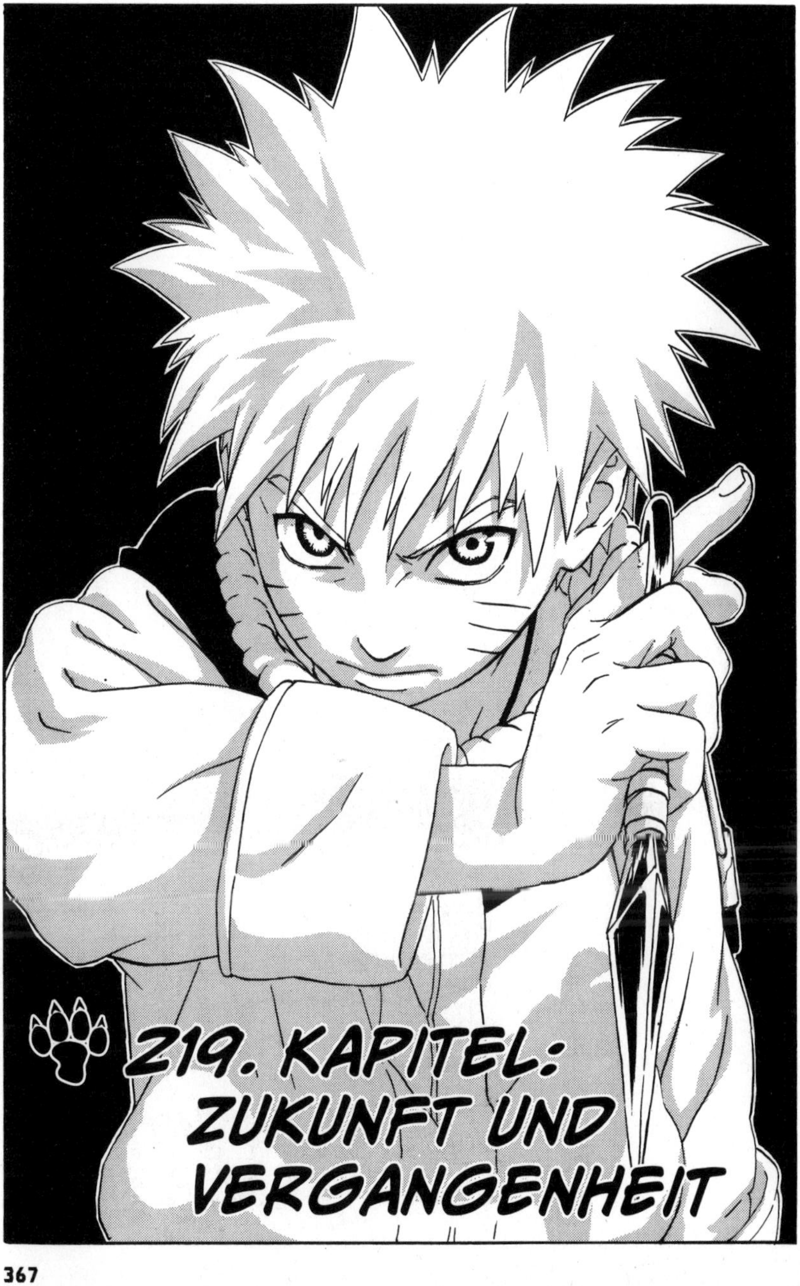
219. KAPITEL:
ZUKUNFT UND
VERGANGENHEIT

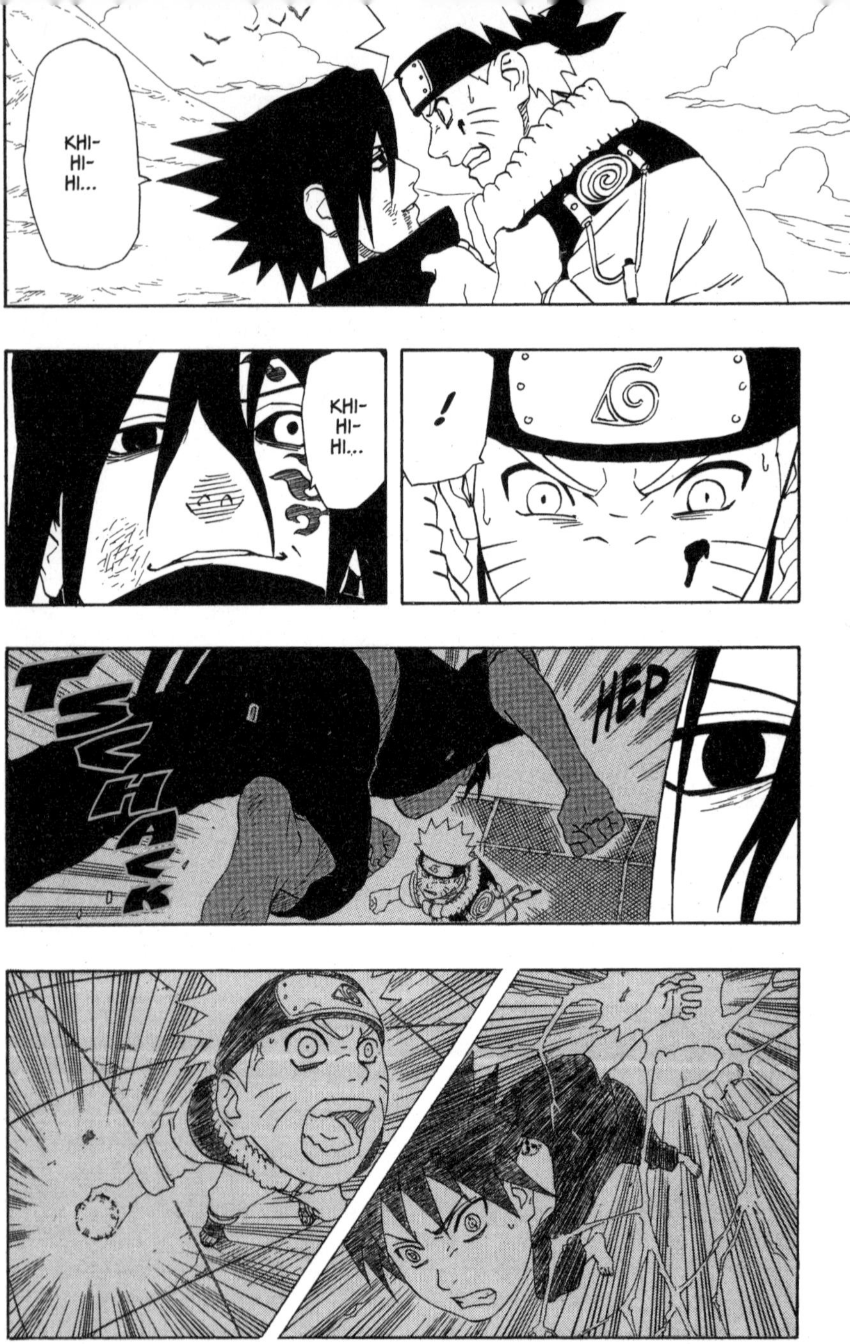
KHI-
HI-
HI...
KHI-
HI-
HI...
!
HEP
TSCHACK

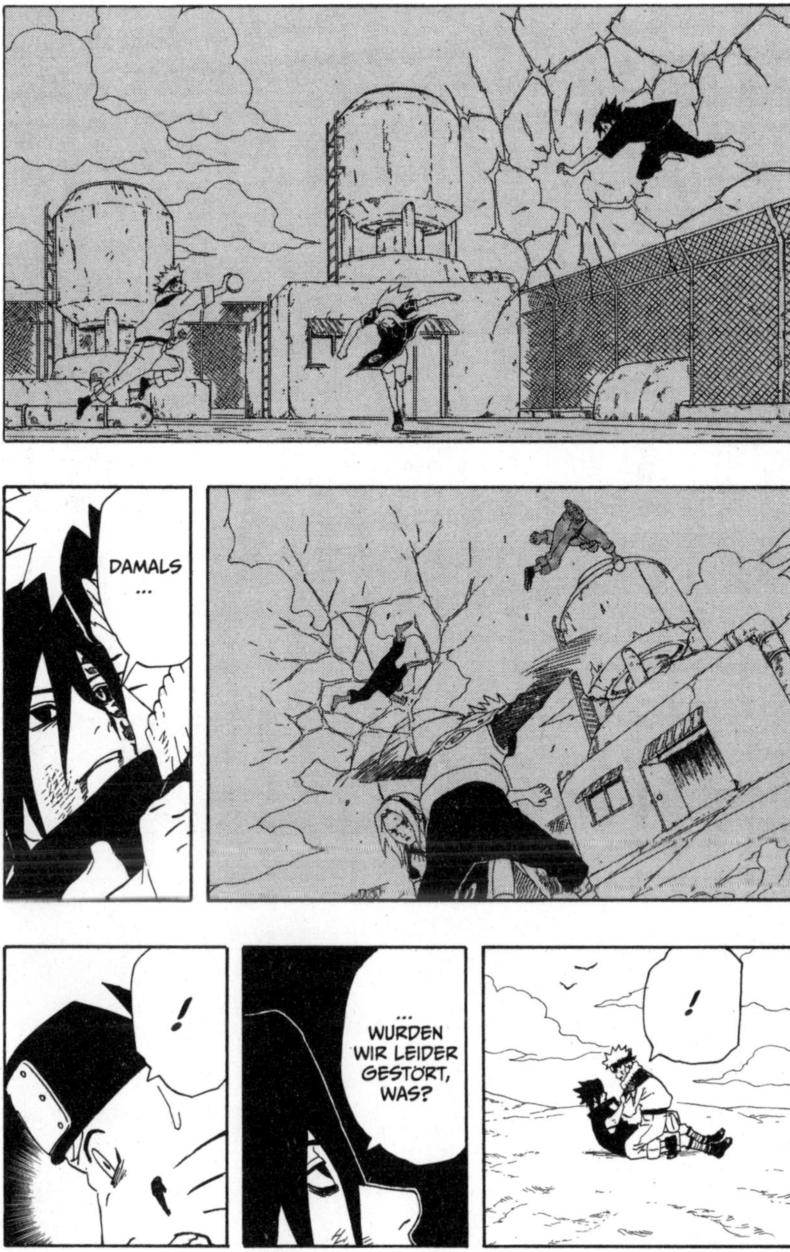
DAMALS ...
!
... WURDEN WIR LEIDER GESTÖRT, WAS?
!

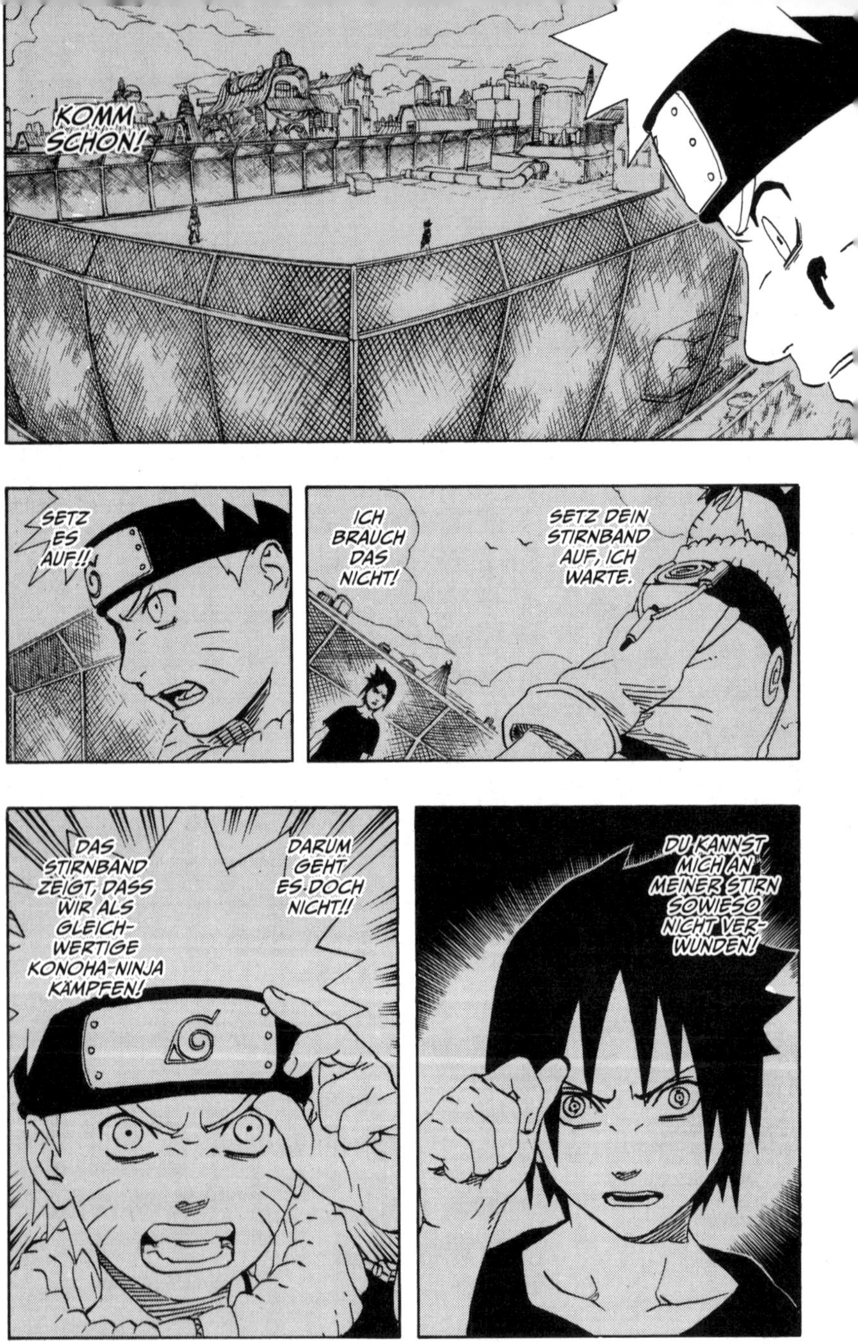
KOMM SCHON!
SETZ DEIN STIRNBAND AUF, ICH WARTE.
ICH BRAUCH DAS NICHT!
SETZ ES AUF!!
DARUM GEHT ES DOCH NICHT!!
DAS STIRNBAND ZEIGT, DASS WIR ALS GLEICH-WERTIGE KONOHA-NINJA KÄMPFEN!
DU KANNST MICH AN MEINER STIRN SOWIESO NICHT VER-WUNDEN!

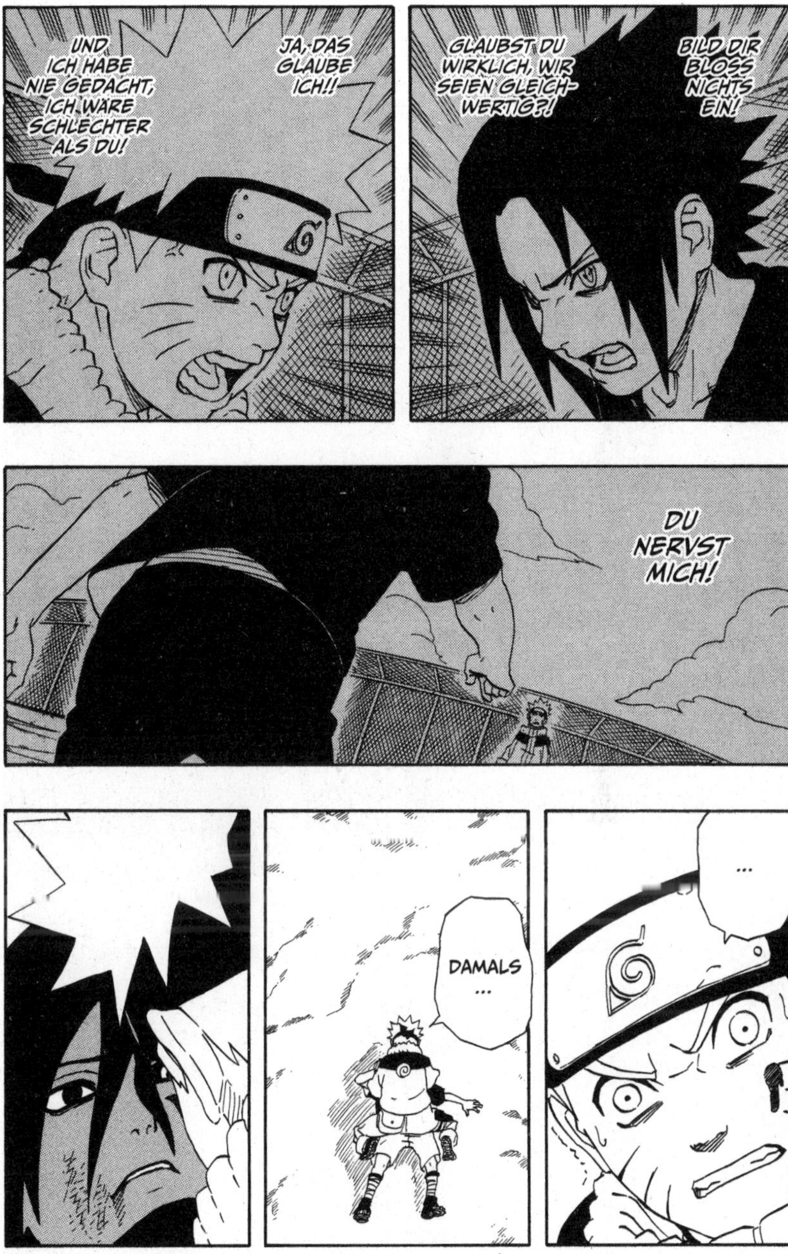
BILD DIR BLOSS NICHTS EIN!
GLAUBST DU WIRKLICH, WIR SEIEN GLEICH-WERTIG?!
JA, DAS GLAUBE ICH!!
UND ICH HABE NIE GEDACHT, ICH WÄRE SCHLECHTER ALS DU!
DU NERVST MICH!
...
DAMALS ...

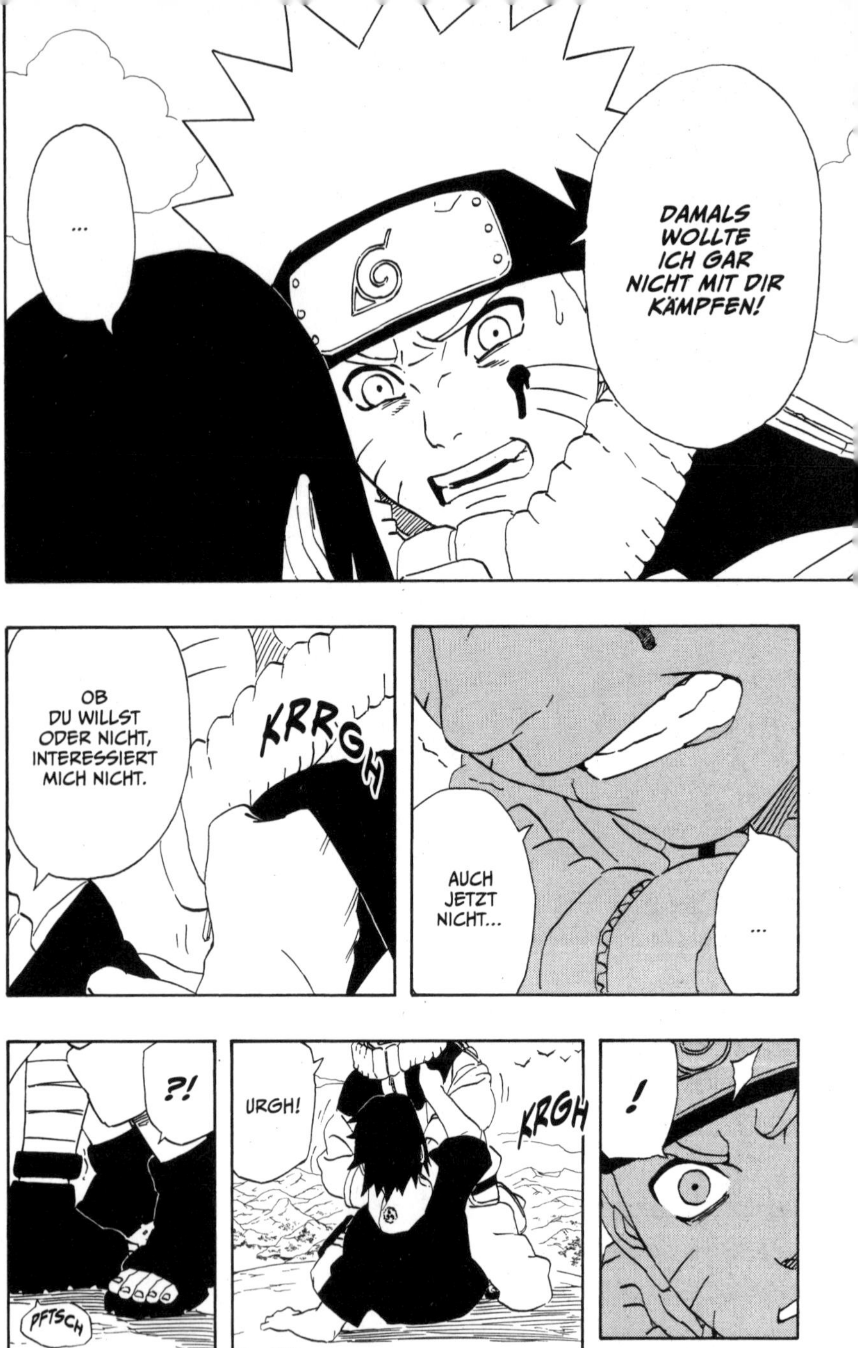
DAMALS WOLLTE ICH GAR NICHT MIT DIR KÄMPFEN!
...
OB DU WILLST ODER NICHT, INTERESSIERT MICH NICHT.
KRRGH
AUCH JETZT NICHT...
...
!
KRGH
URGH!
?!
PFTSCH

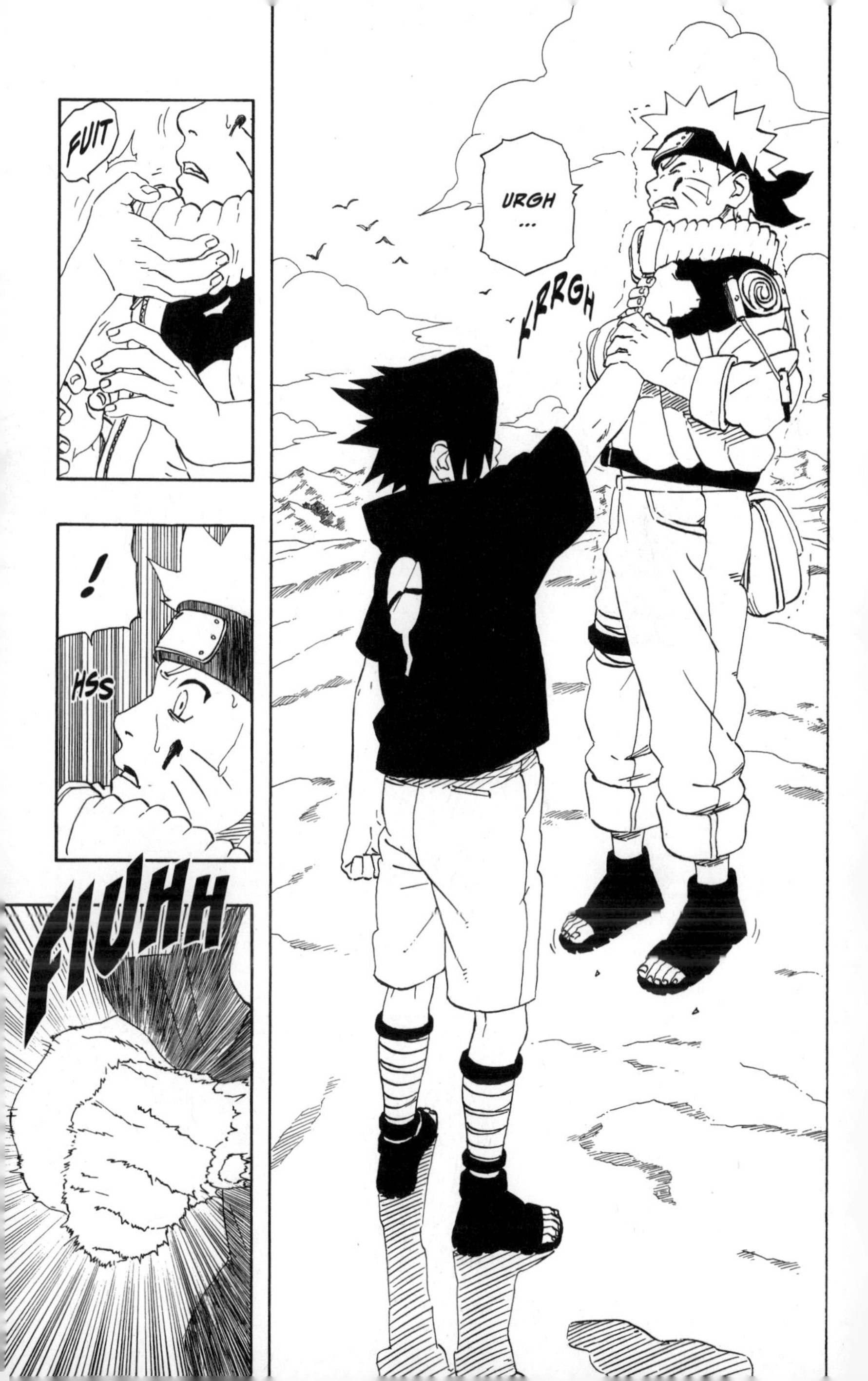
URGH ...
KRRGH
FUIT
!
HSS
FIUHH

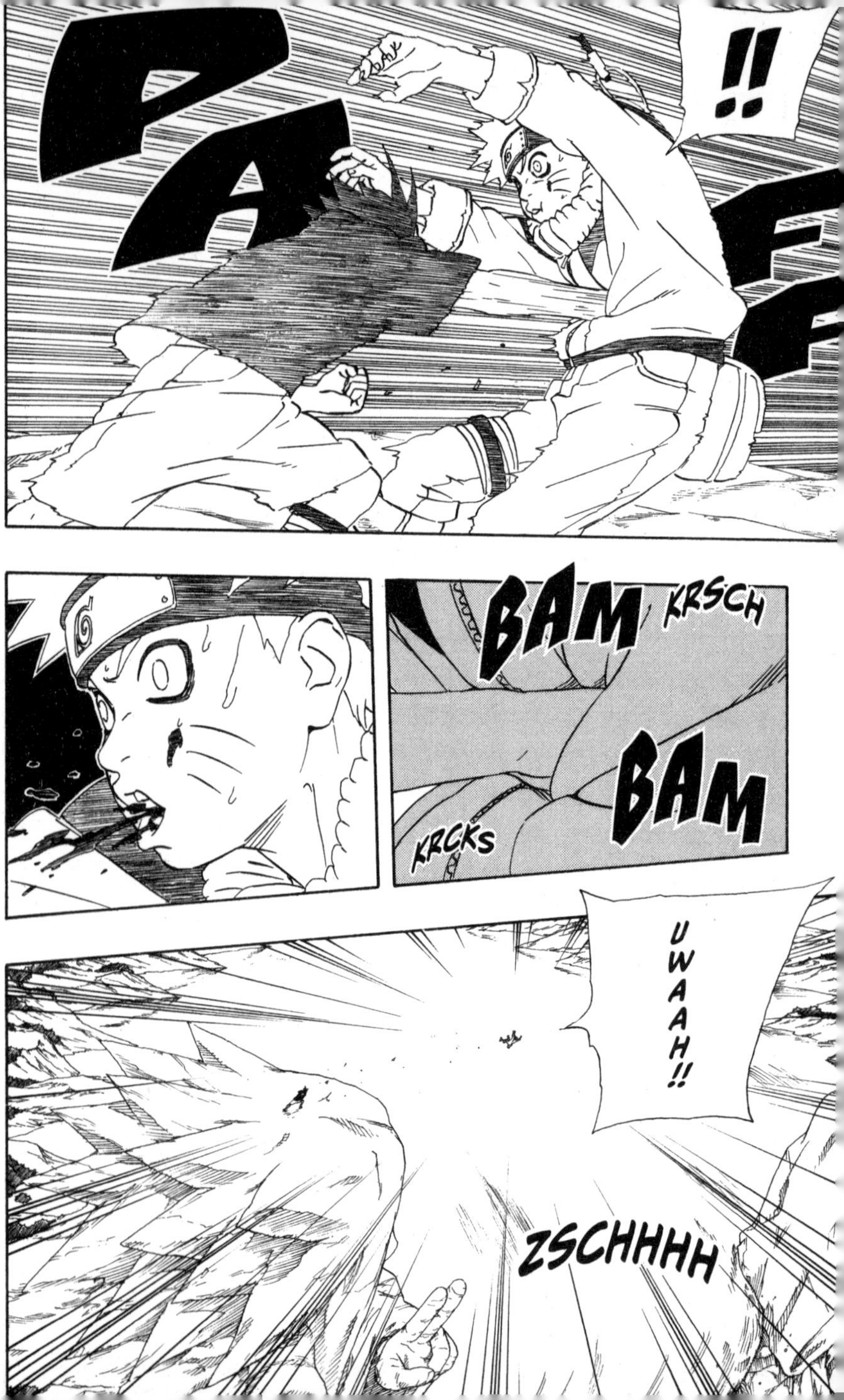
!!
DAK
PAFF
BAM
KRSCH
BAM
KRCKS
UWAAAH!!
ZSCHHHH

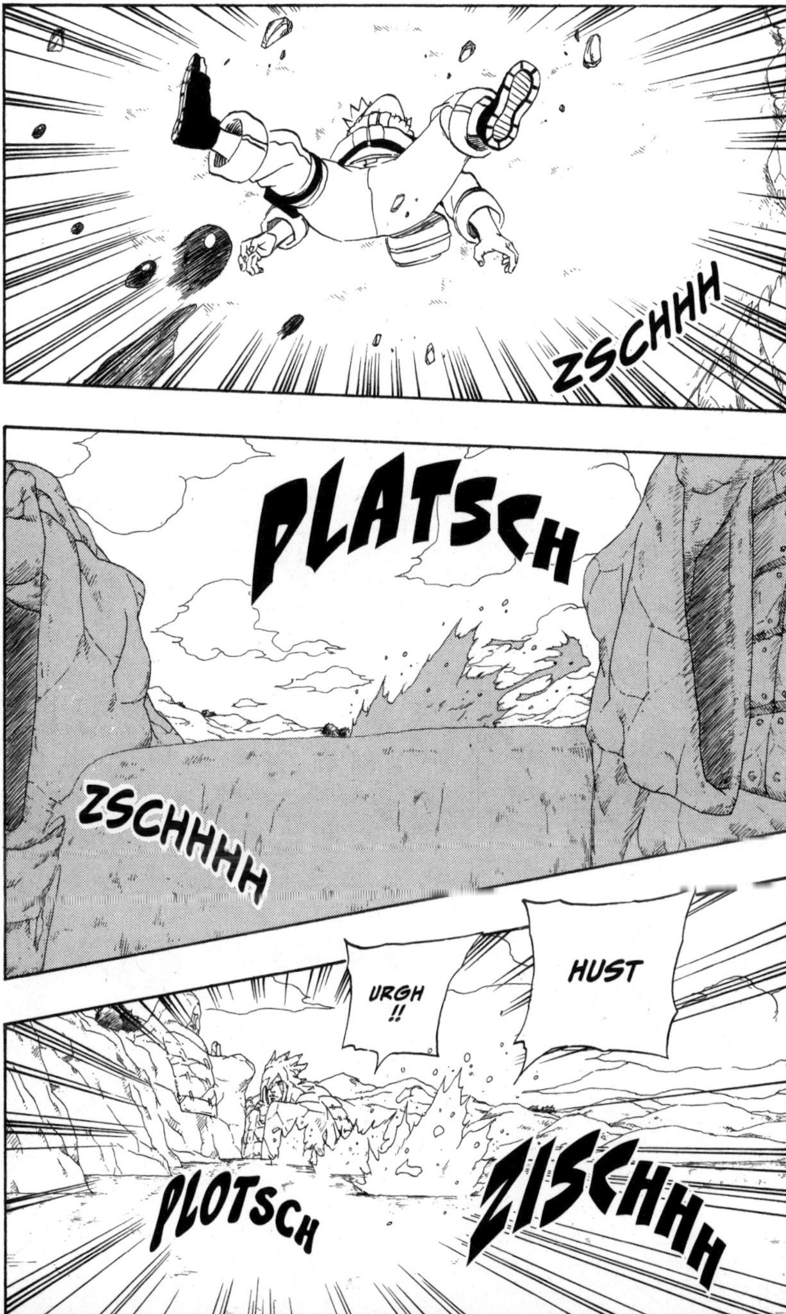
ZSCHHH
PLATSCH
ZSCHHHHH
HUST
URGH !!
ZISCHHH
PLOTSCH

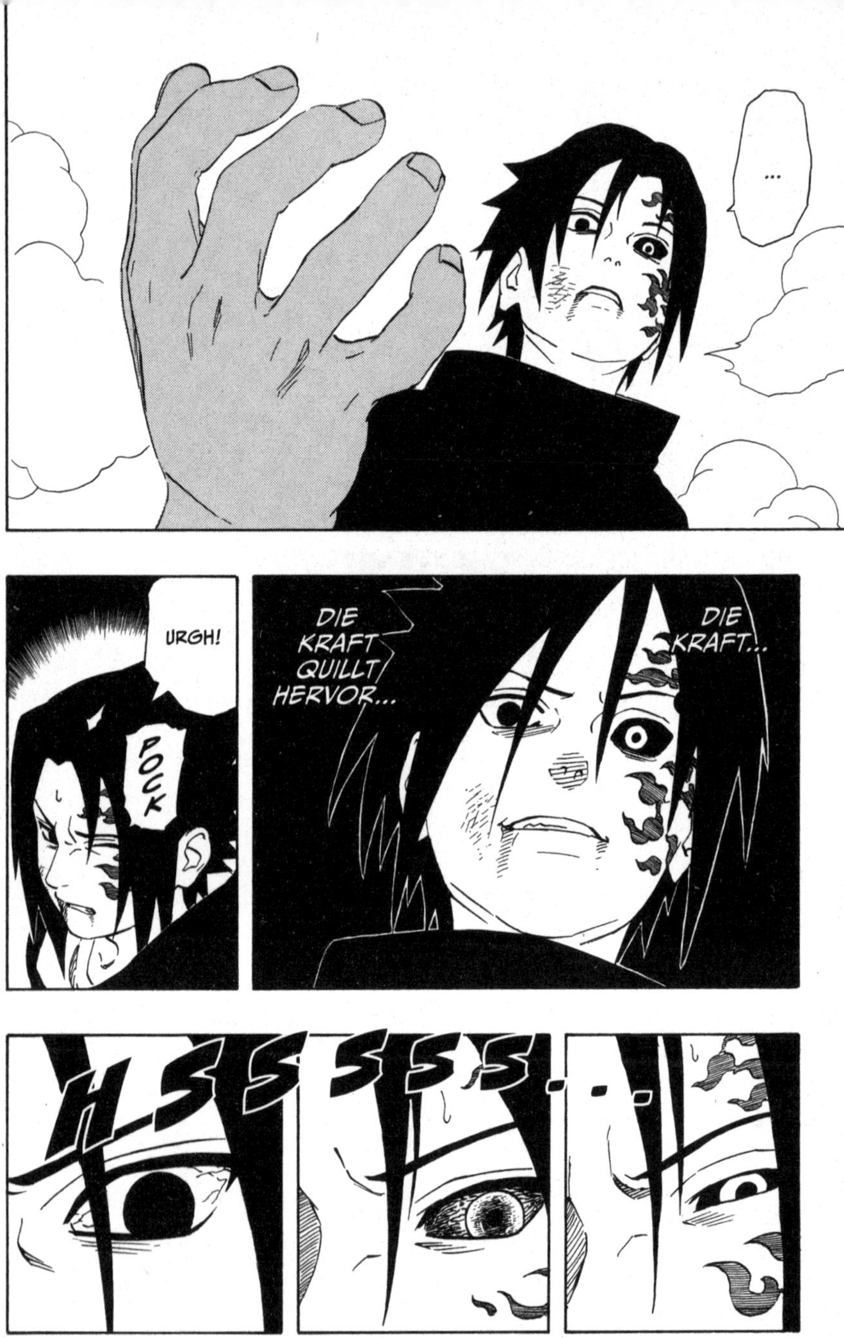
...
DIE KRAFT...
DIE KRAFT QUILLT HERVOR...
URGH!
POCK
HSSSSSS...

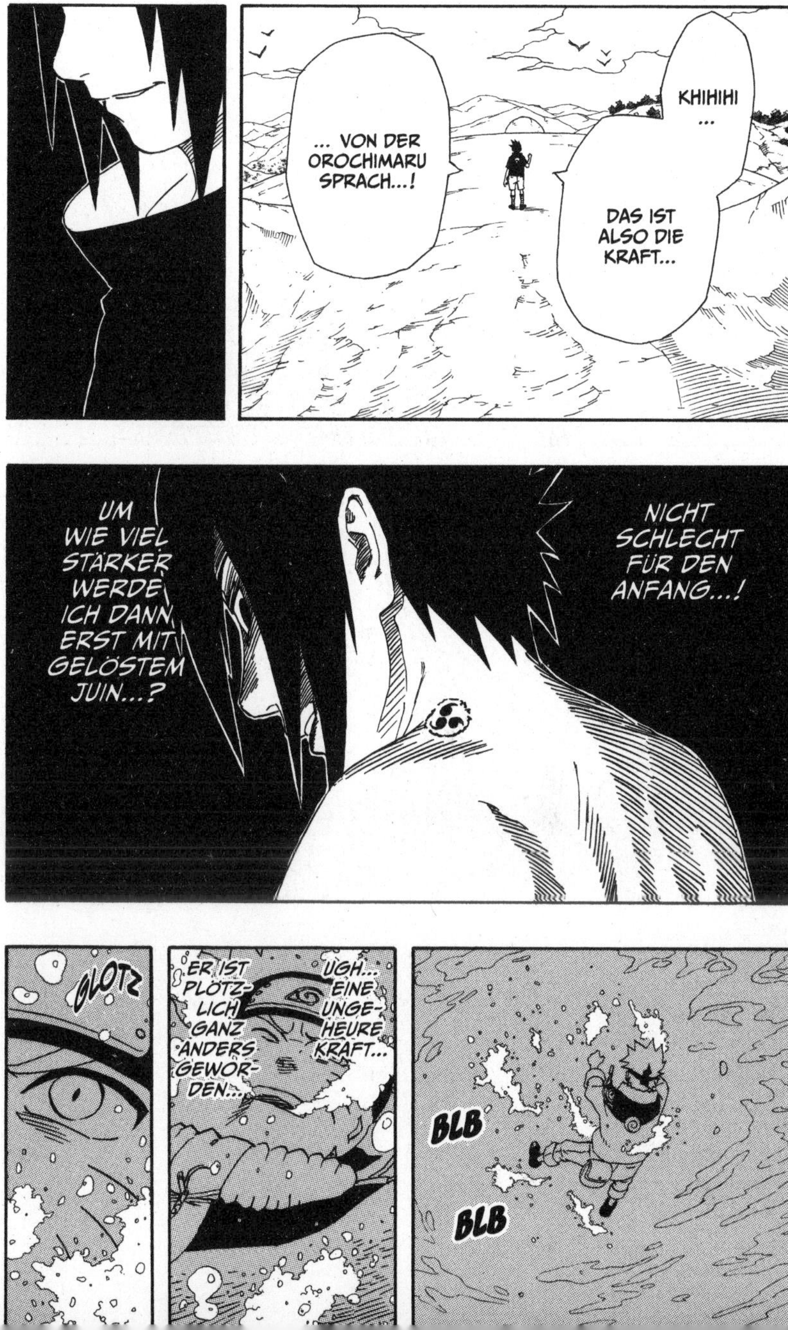
KHIHIHI ...
DAS IST ALSO DIE KRAFT...
... VON DER OROCHIMARU SPRACH...!
NICHT SCHLECHT FÜR DEN ANFANG...!
UM WIE VIEL STÄRKER WERDE ICH DANN ERST MIT GELÖSTEM JUIN...?
BLB
BLB
UGH... EINE UNGE-HEURE KRAFT...
ER IST PLÖTZ-LICH GANZ ANDERS GEWOR-DEN...
GLOTZ

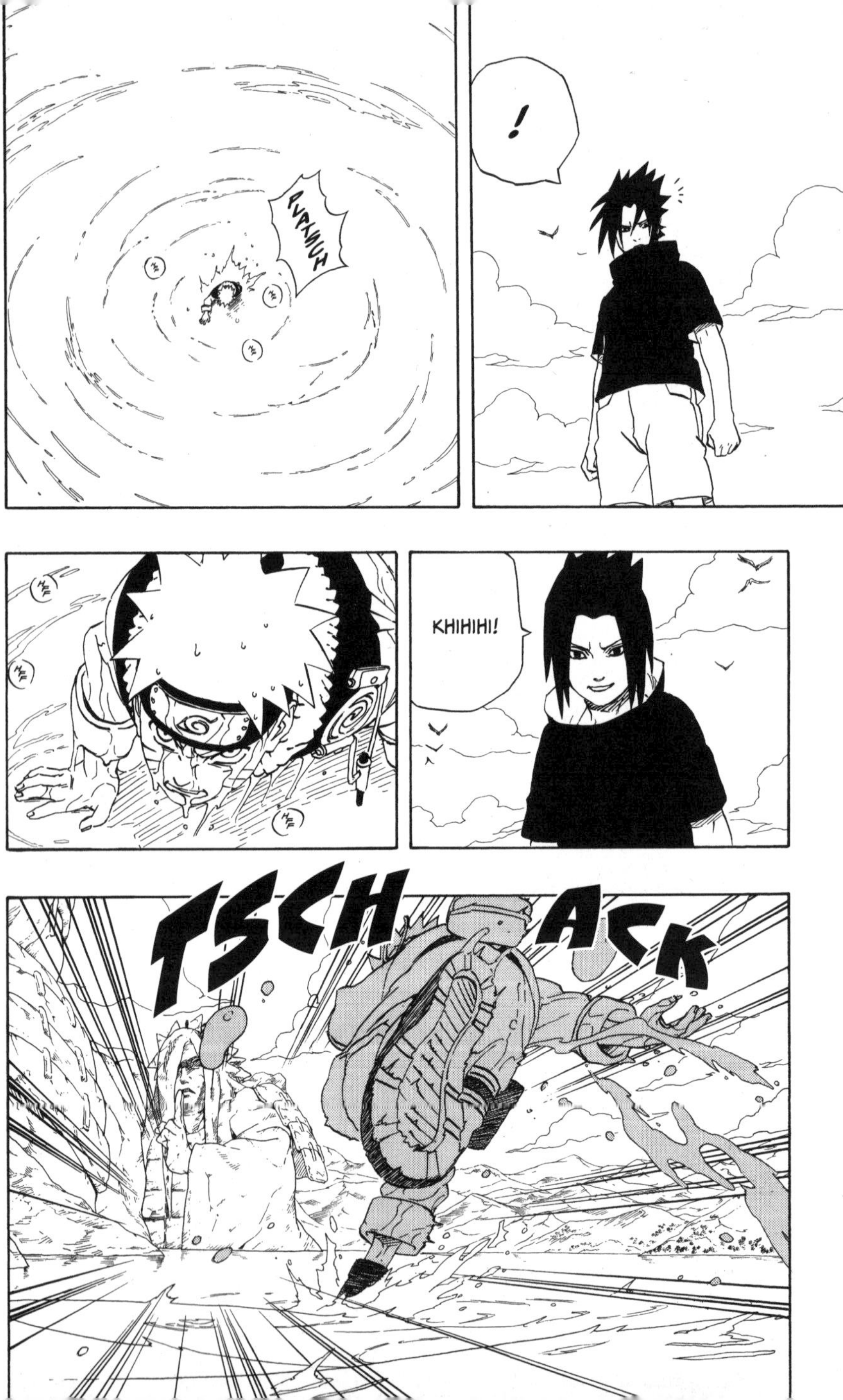
!
PLATSCH
HF
HF
HF
KHIHIHI!
HF
HF
HF
TSCHACK

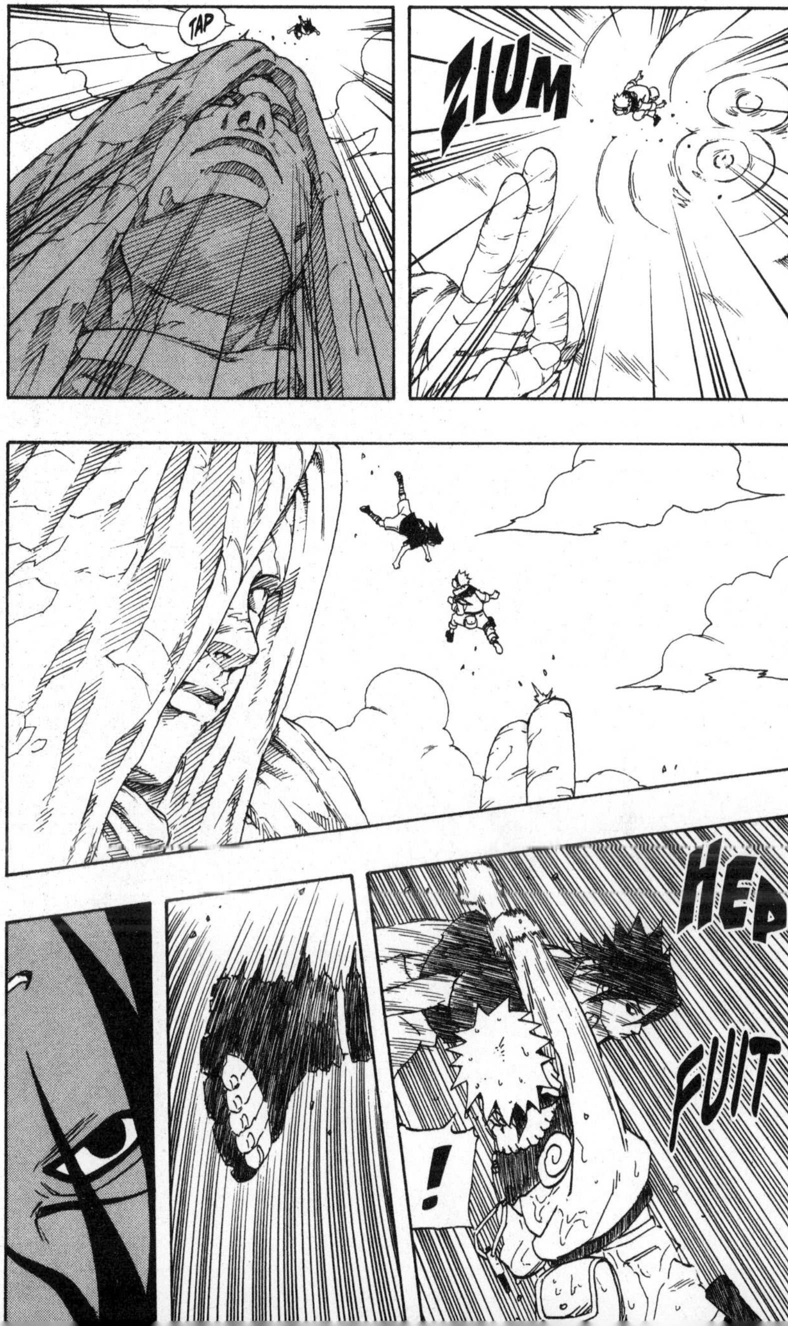
TAP
ZIUM
HEP
FUIT
!

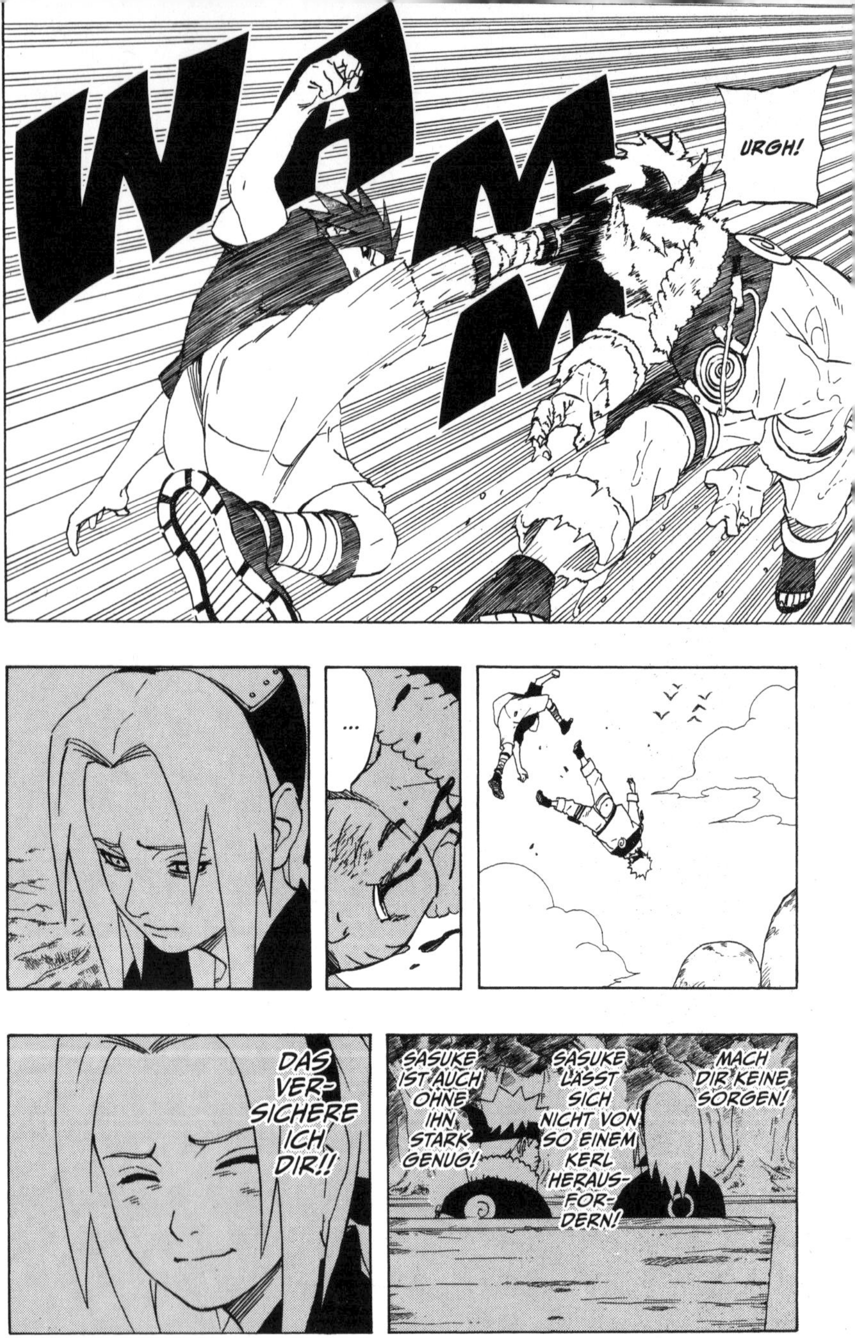
WAMM
URGH!
...
MACH DIR KEINE SORGEN!
SASUKE LÄSST SICH NICHT VON SO EINEM KERL HERAUS-FORDERN!
SASUKE IST AUCH OHNE IHN STARK GENUG!
DAS VER-SICHERE ICH DIR!!

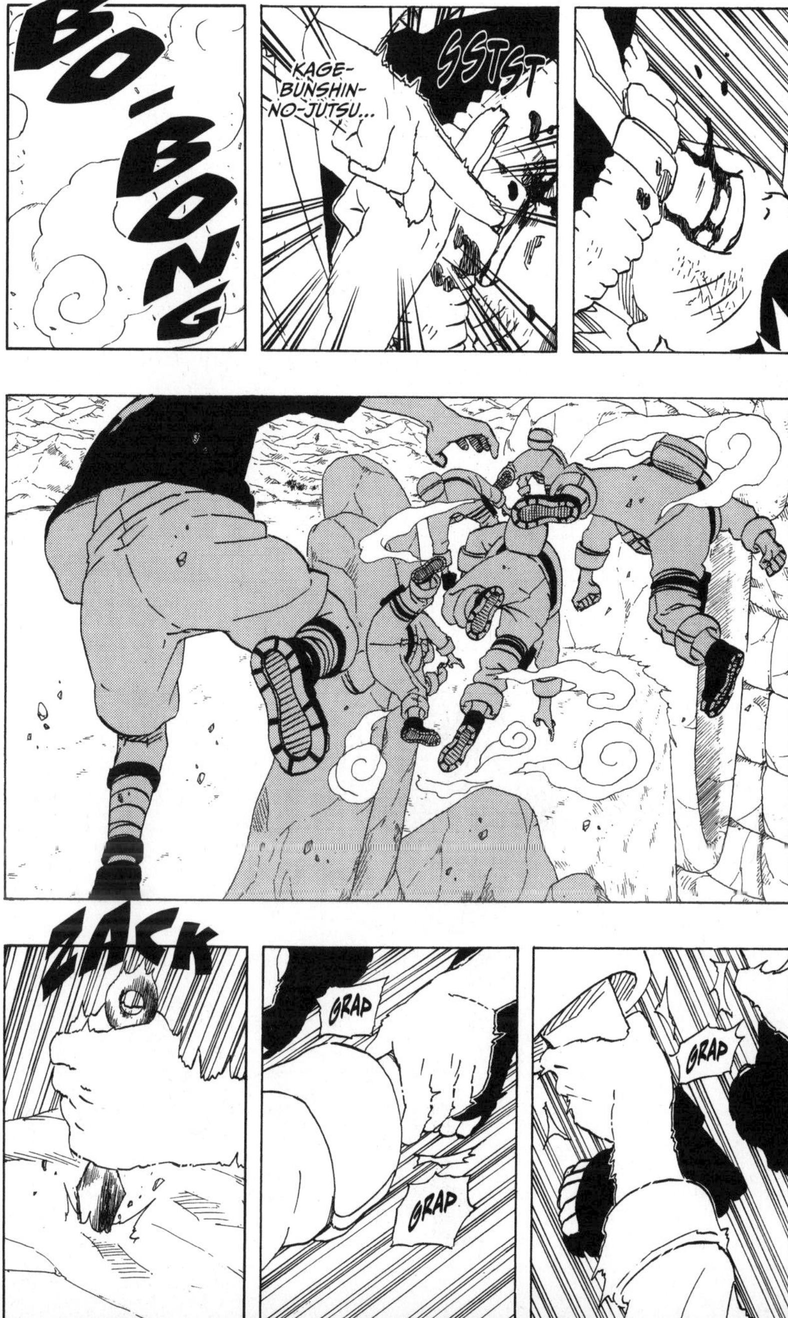

SSTST
KAGE-BUNSHIN-NO-JUTSU...
BO-BONG
GRAP
GRAP
GRAP
ZACK

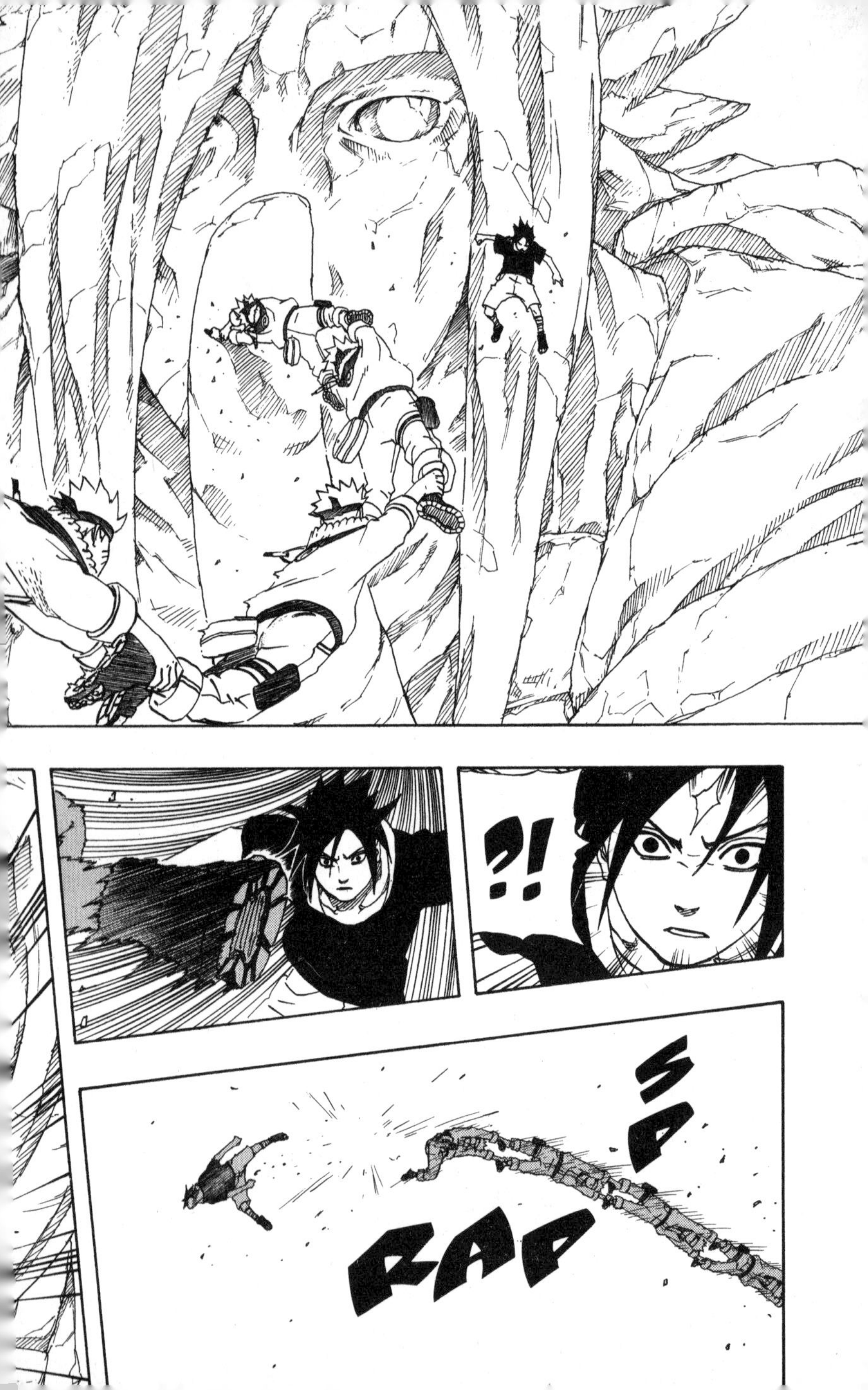
?!
SÁP
RAP

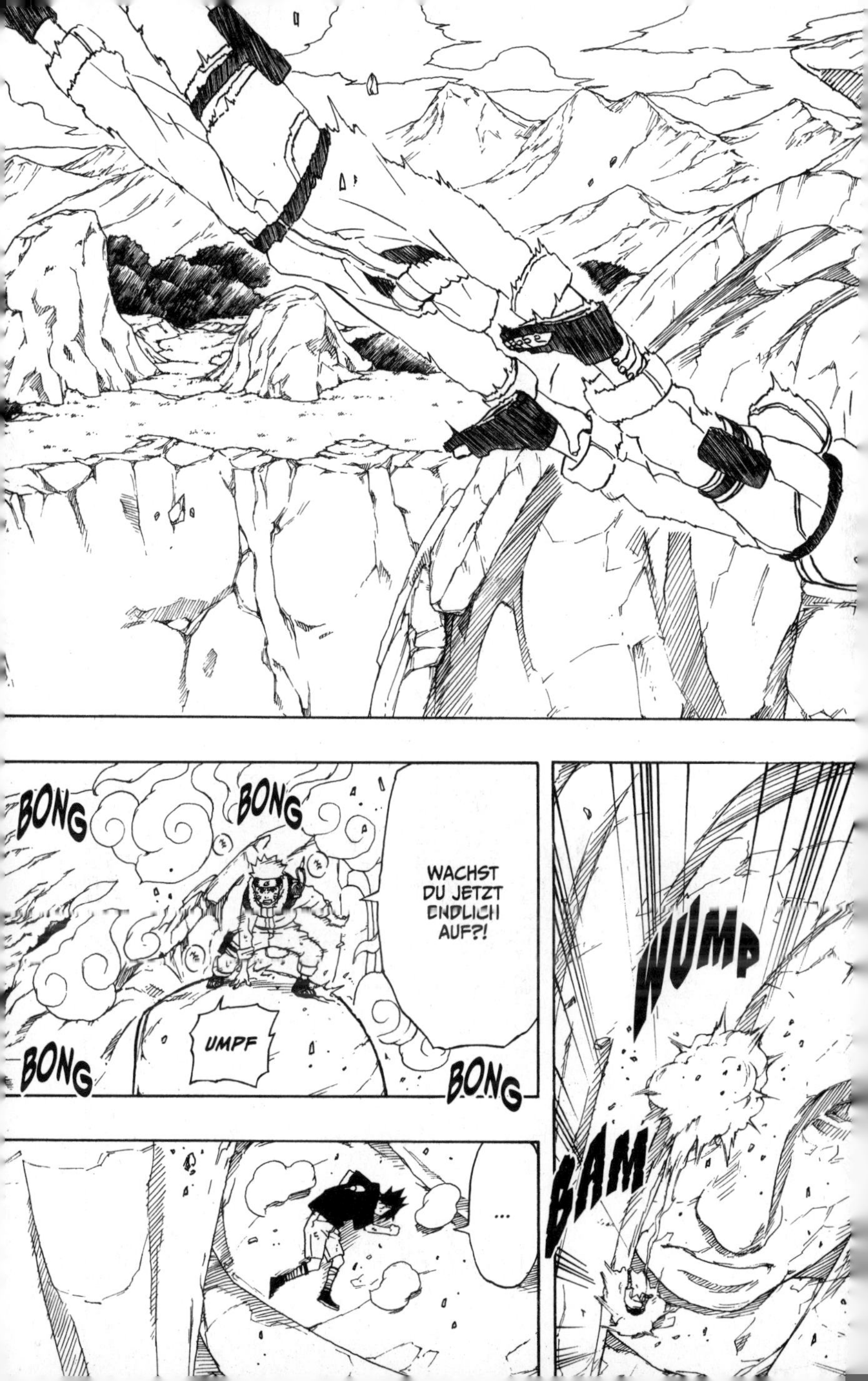
WUMP
BAM
BONG
BONG
WACHST DU JETZT ENDLICH AUF?!
BONG
UMPF
BONG
...

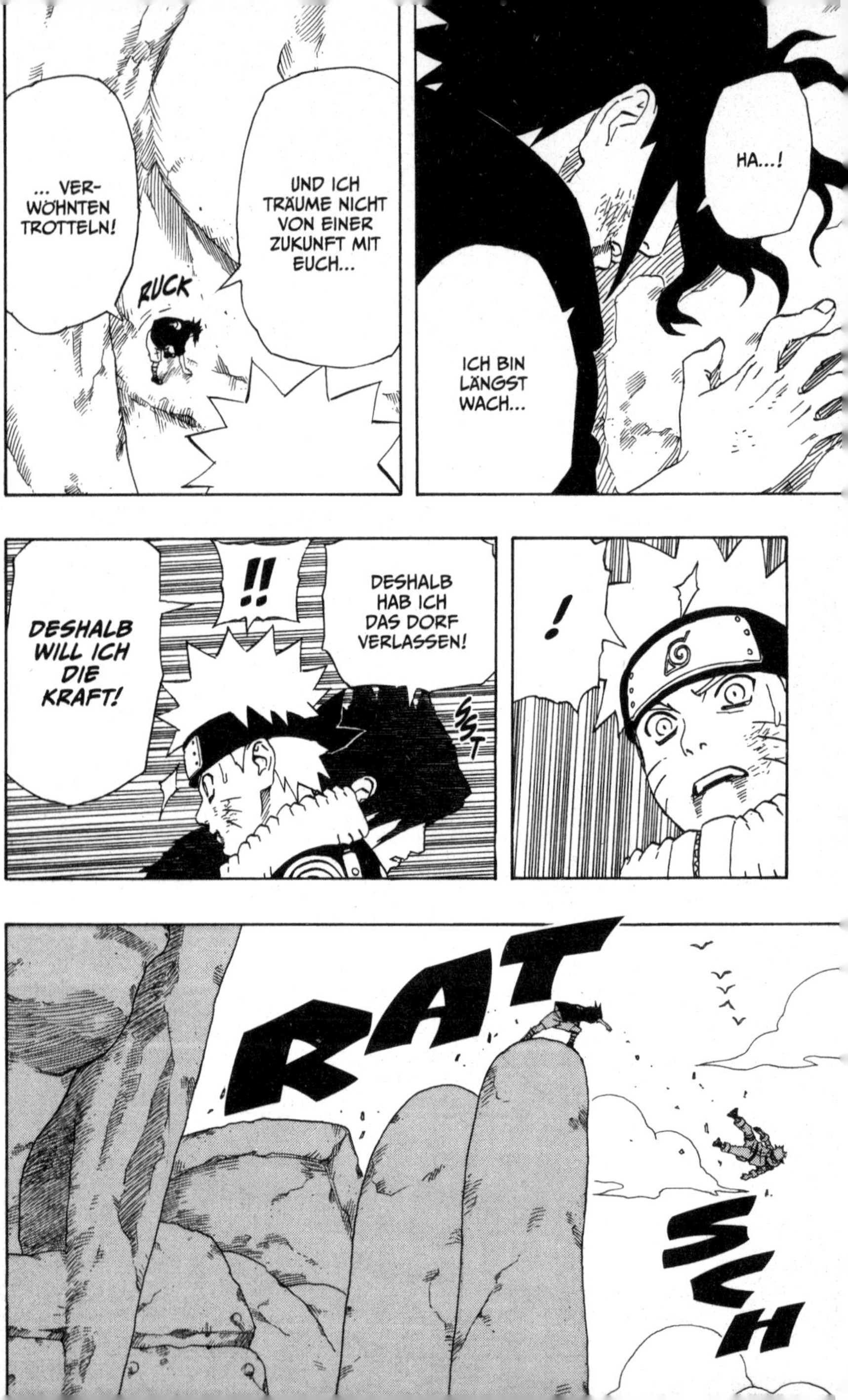
HA...!
ICH BIN LÄNGST WACH...
UND ICH TRÄUME NICHT VON EINER ZUKUNFT MIT EUCH...
RUCK
... VER-WÖHNTEN TROTTELN!
!
DESHALB HAB ICH DAS DORF VERLASSEN!
!!
SST
DESHALB WILL ICH DIE KRAFT!
RAT
SCH

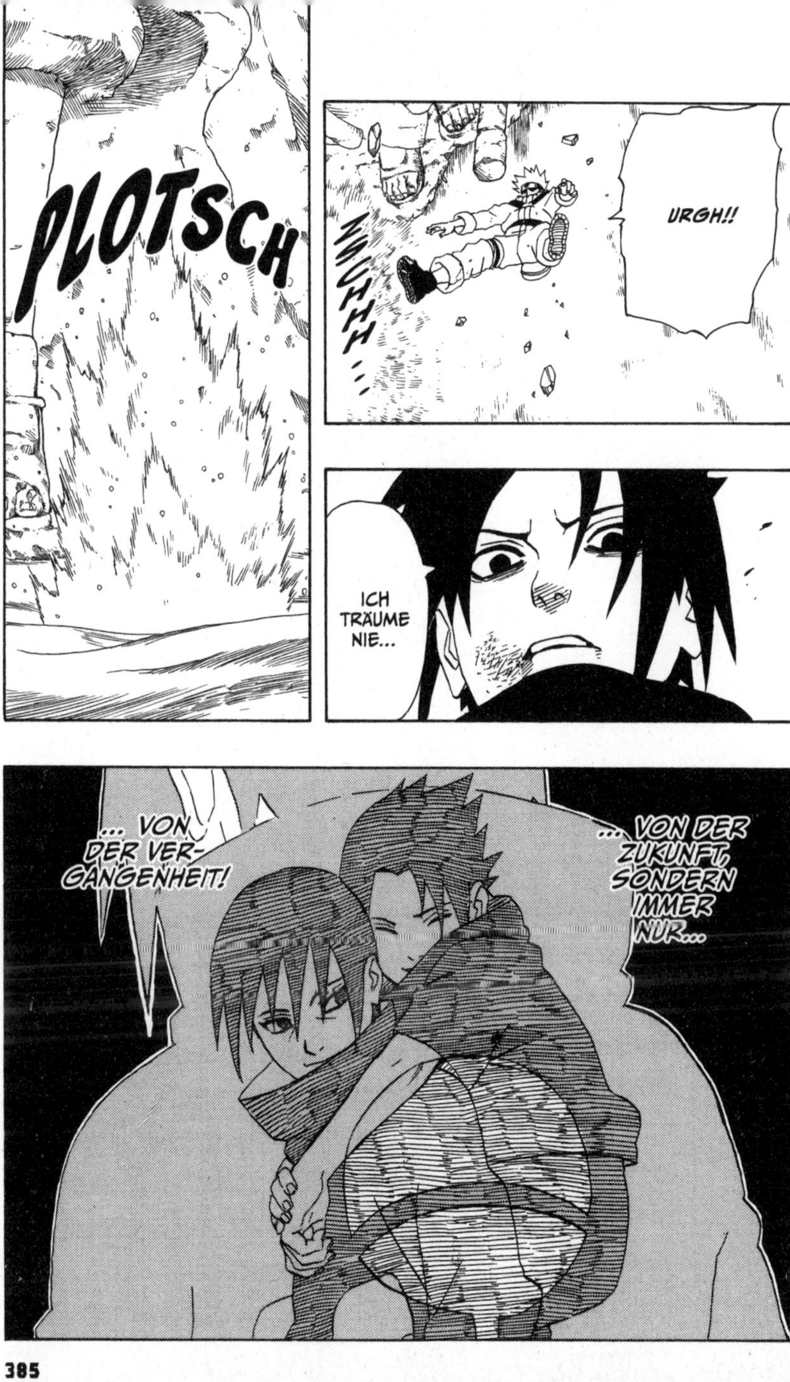
ZSCHHH...
URGH!!
ICH TRÄUME NIE...
PLOTSCH
... VON DER ZUKUNFT, SONDERN IMMER NUR...
... VON DER VERGANGENHEIT!

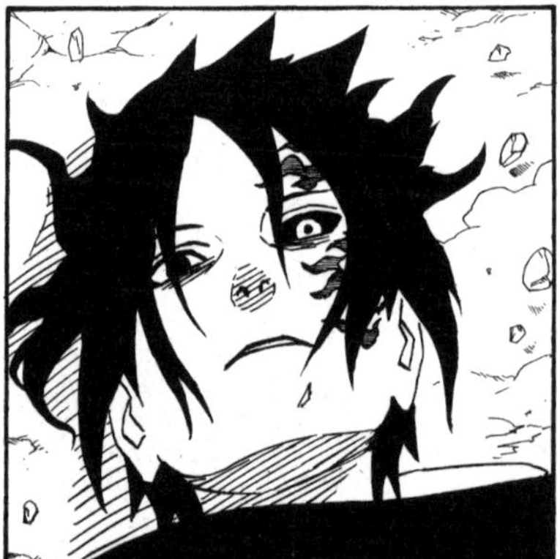

220. Kapitel:

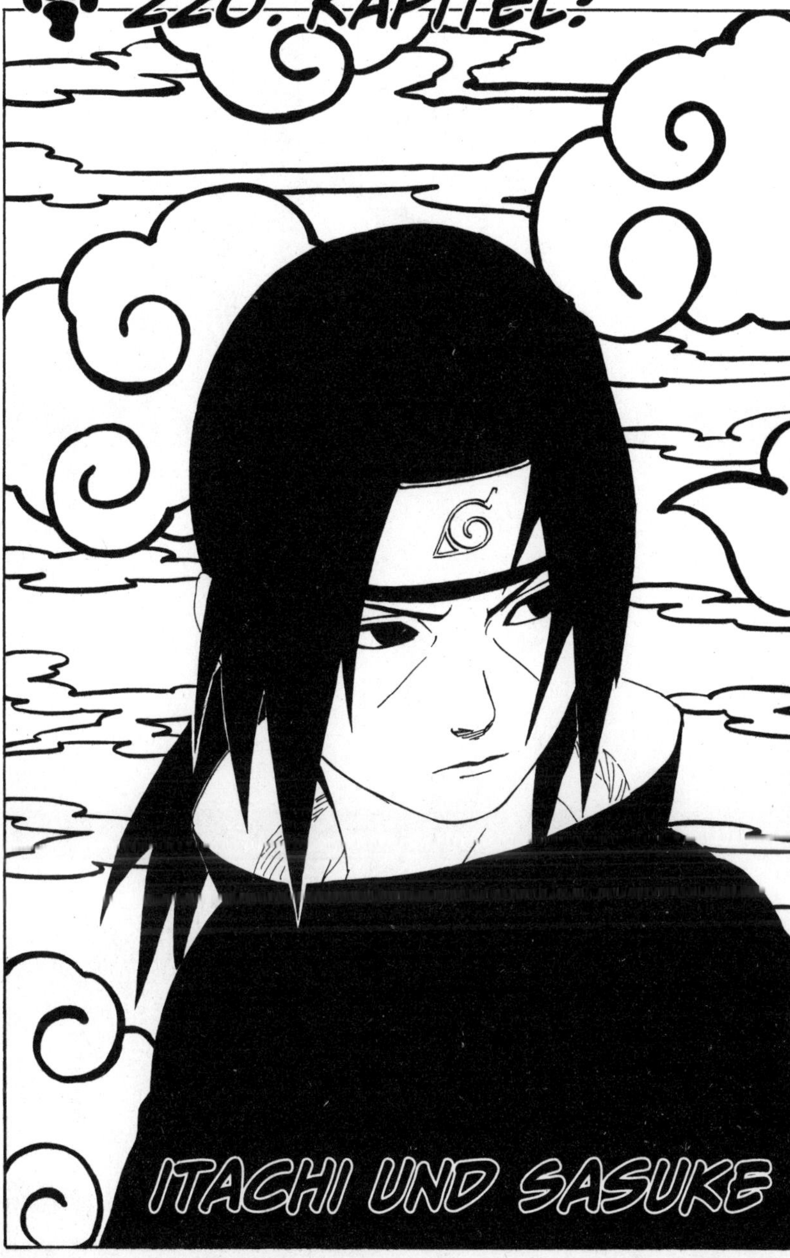

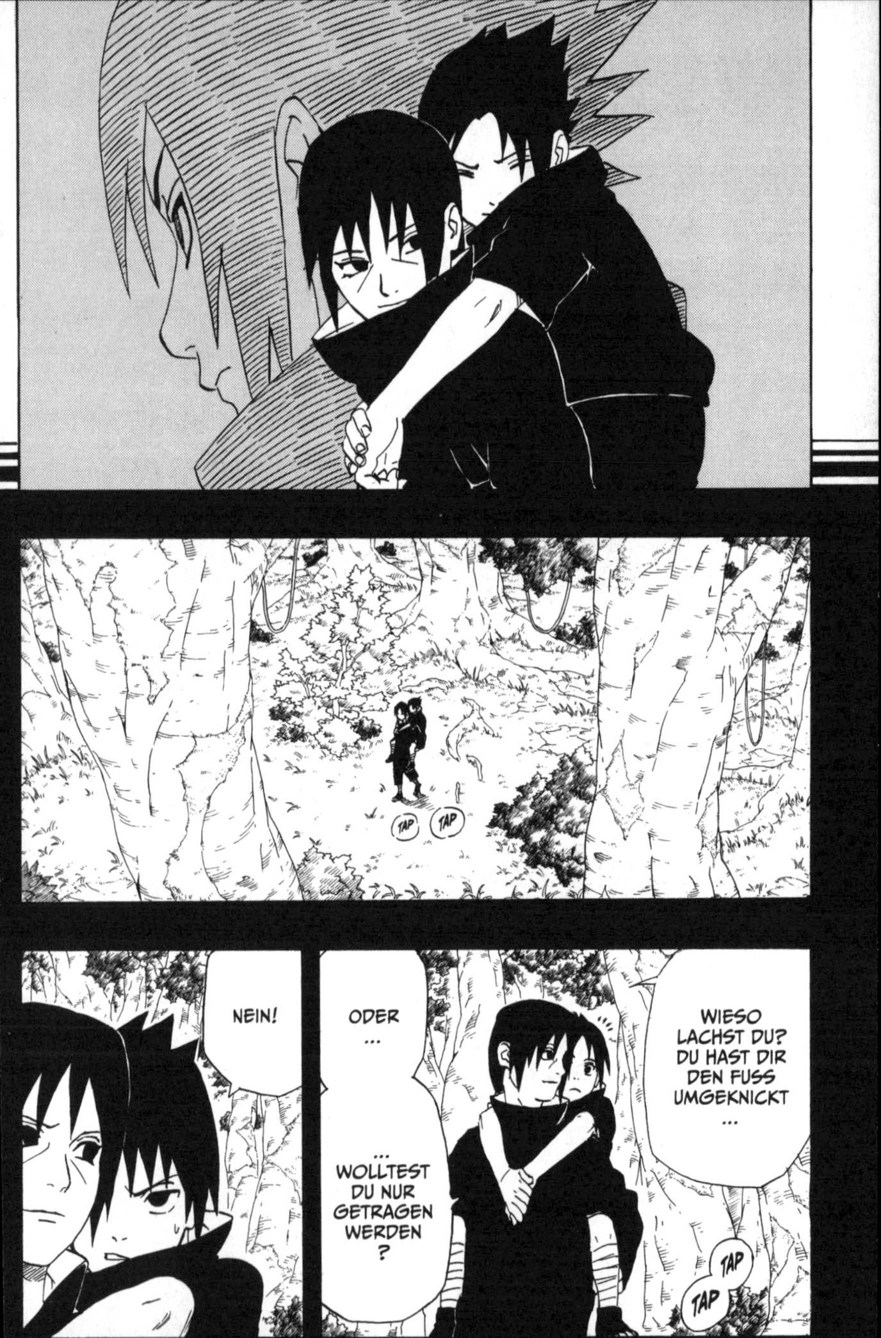
TAP
TAP
WIESO LACHST DU? DU HAST DIR DEN FUSS UMGEKNICKT ...
TAP
TAP
ODER ...
... WOLLTEST DU NUR GETRAGEN WERDEN ?
NEIN!

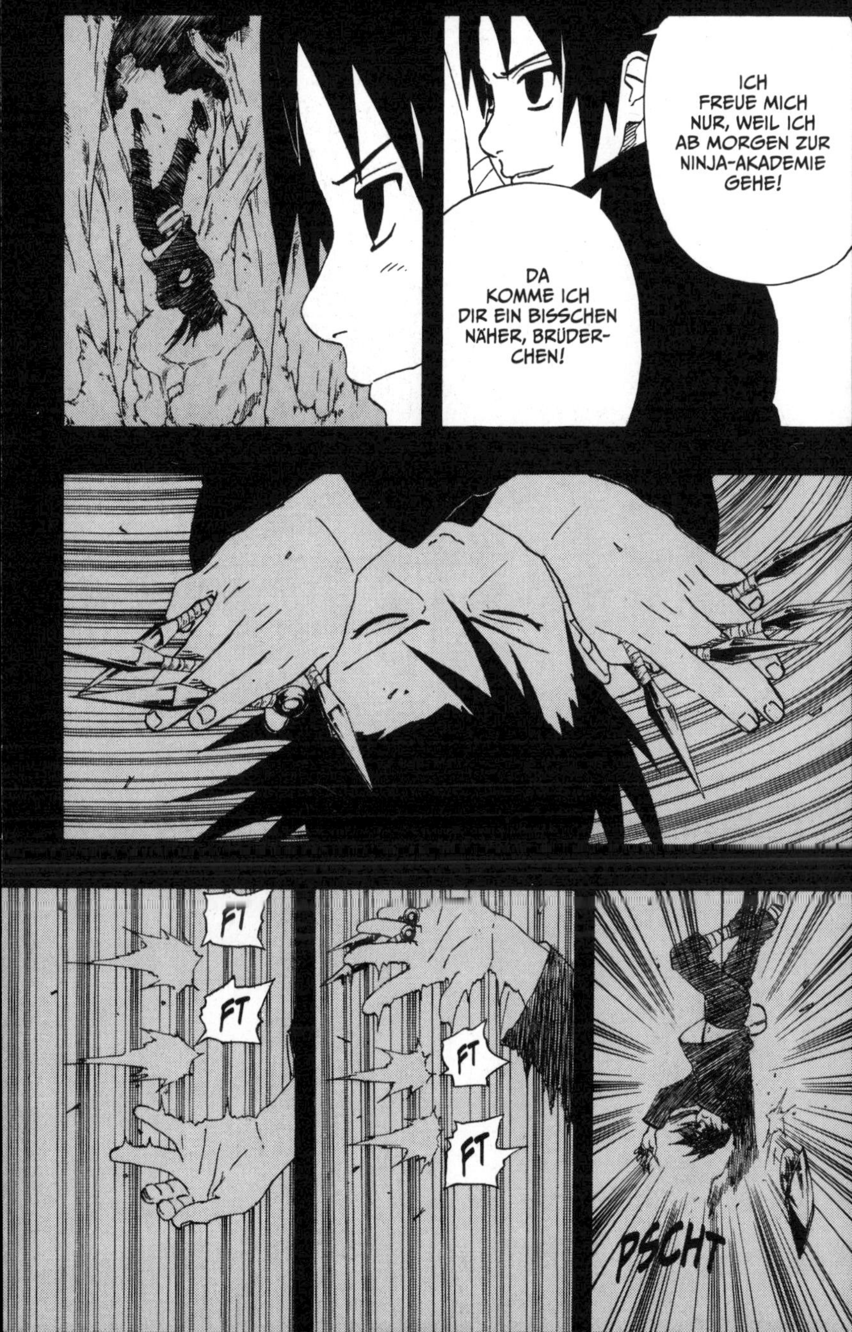
ICH FREUE MICH NUR, WEIL ICH AB MORGEN ZUR NINJA-AKADEMIE GEHE!
DA KOMME ICH DIR EIN BISSCHEN NÄHER, BRÜDERCHEN!
PSCHT
FT
FT
FT
FT

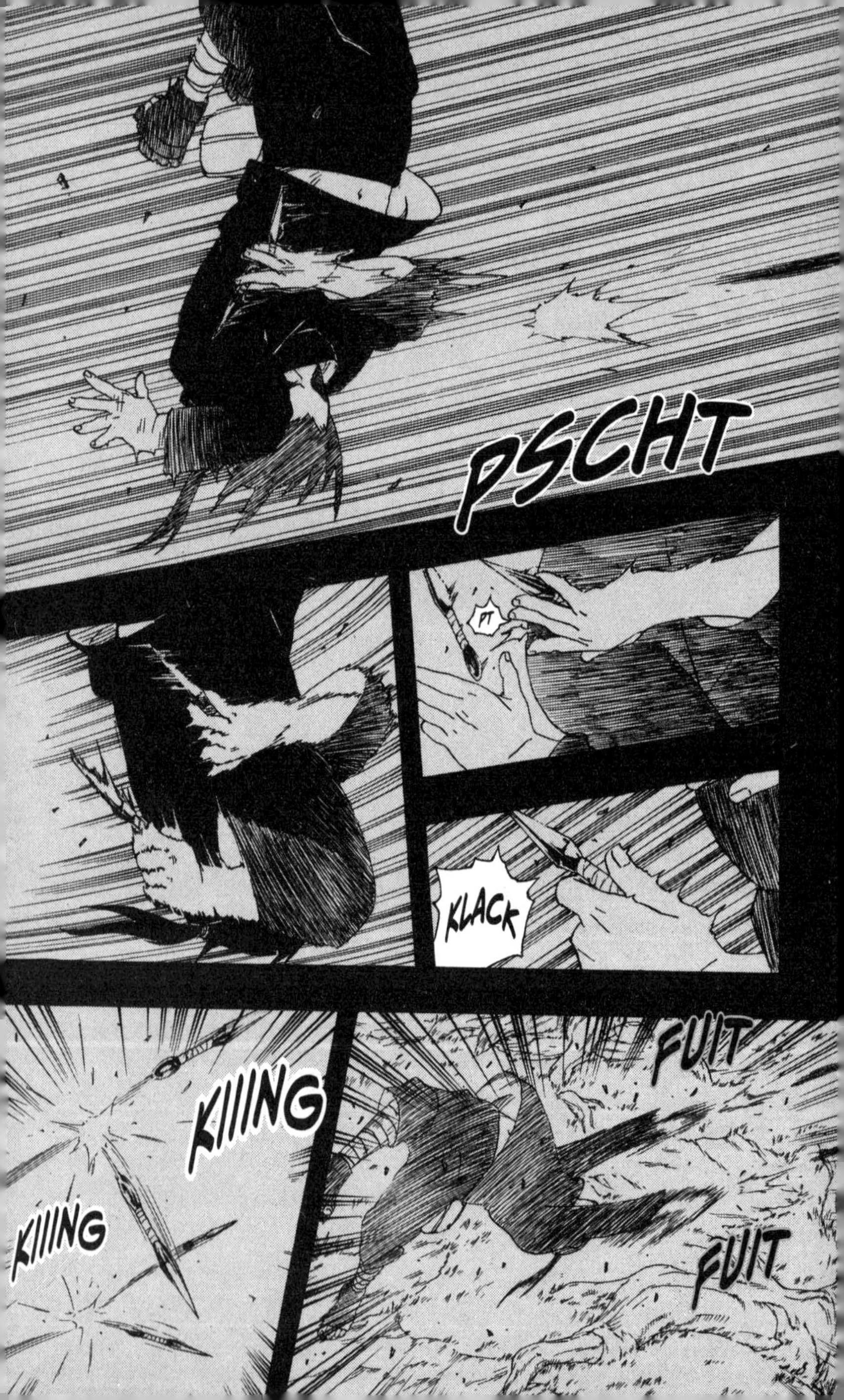
PSCHT
PT
KLACK
FUIT
FUIT
KIIING
KIIING

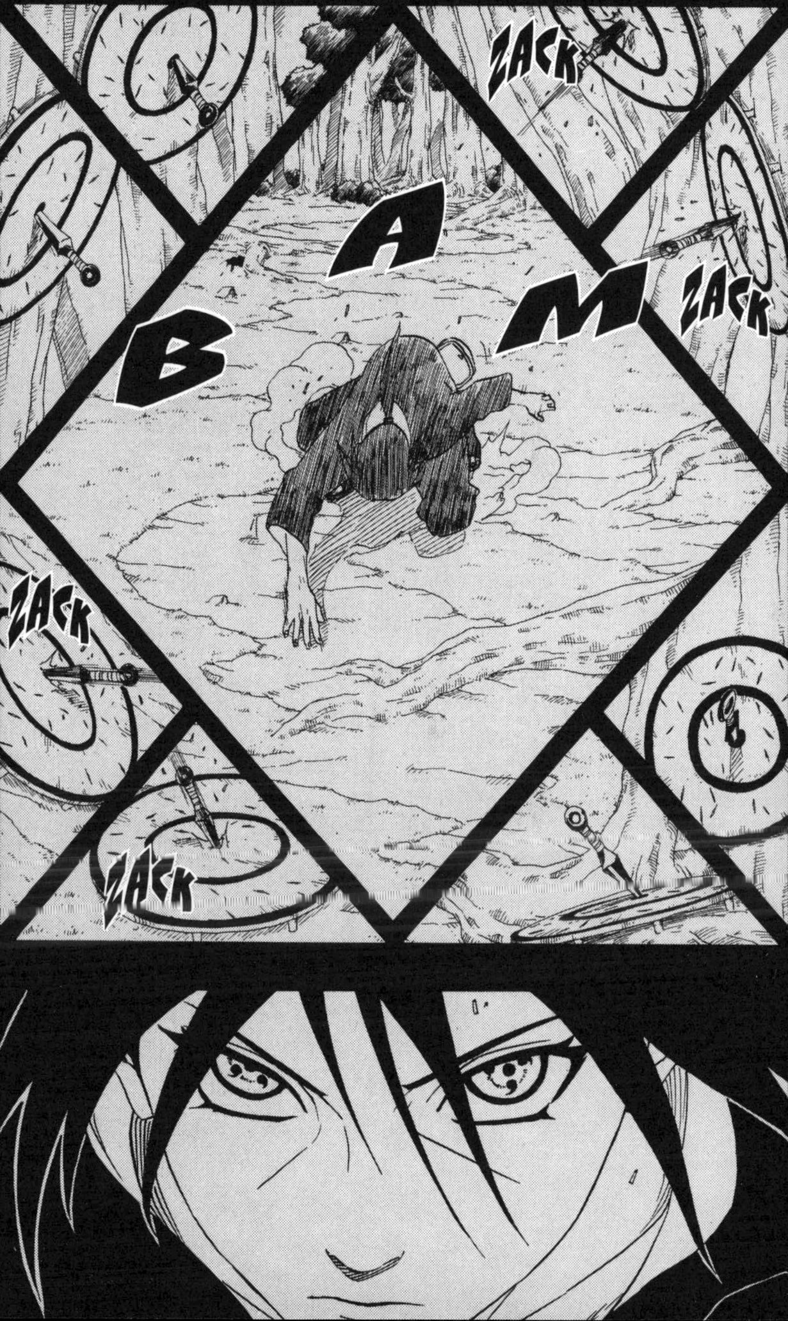
ZACK
ZACK
BAM
ZACK
ZACK

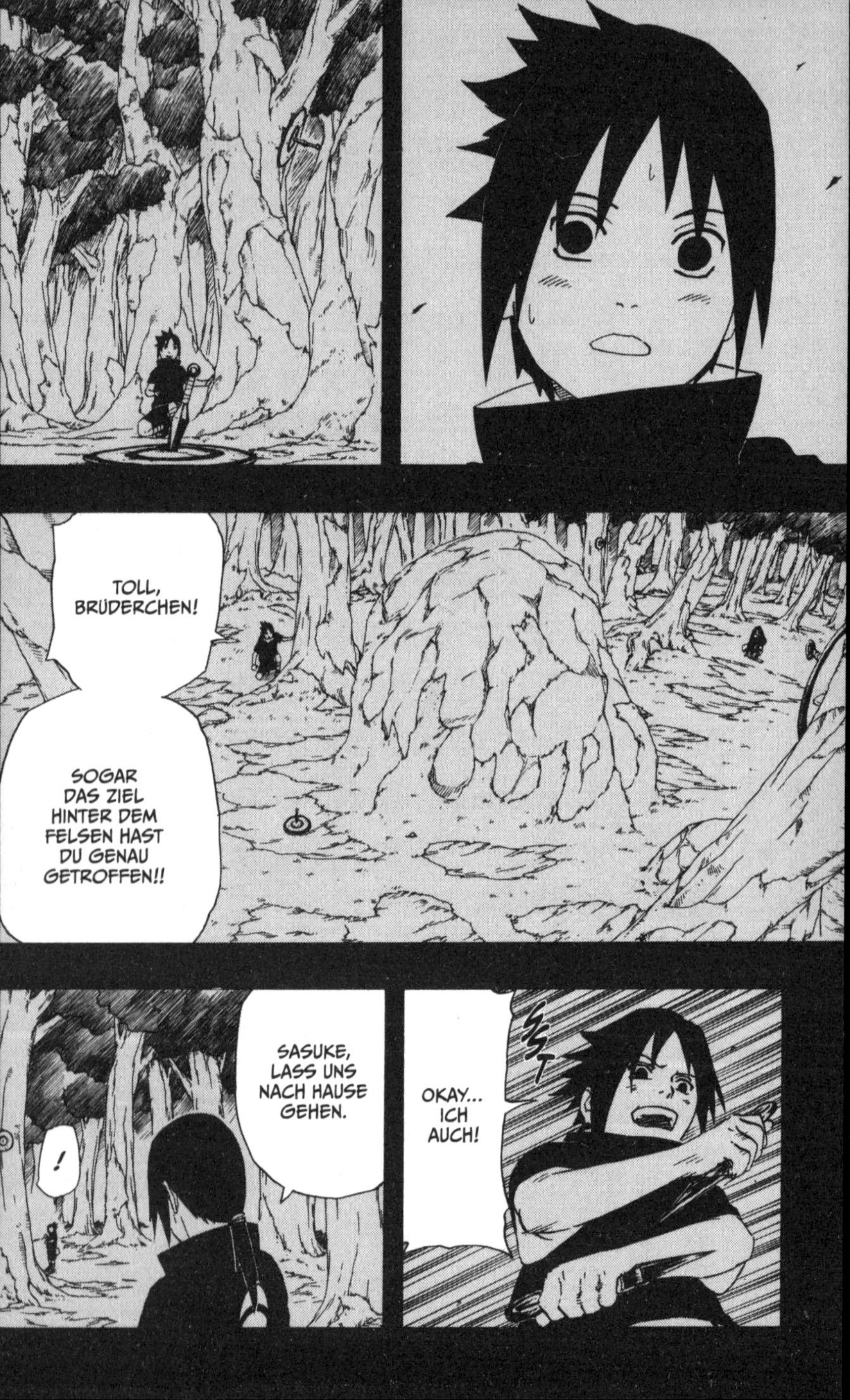
TOLL, BRÜDERCHEN!
SOGAR DAS ZIEL HINTER DEM FELSEN HAST DU GENAU GETROFFEN!!
SST
OKAY... ICH AUCH!
SASUKE, LASS UNS NACH HAUSE GEHEN.
!

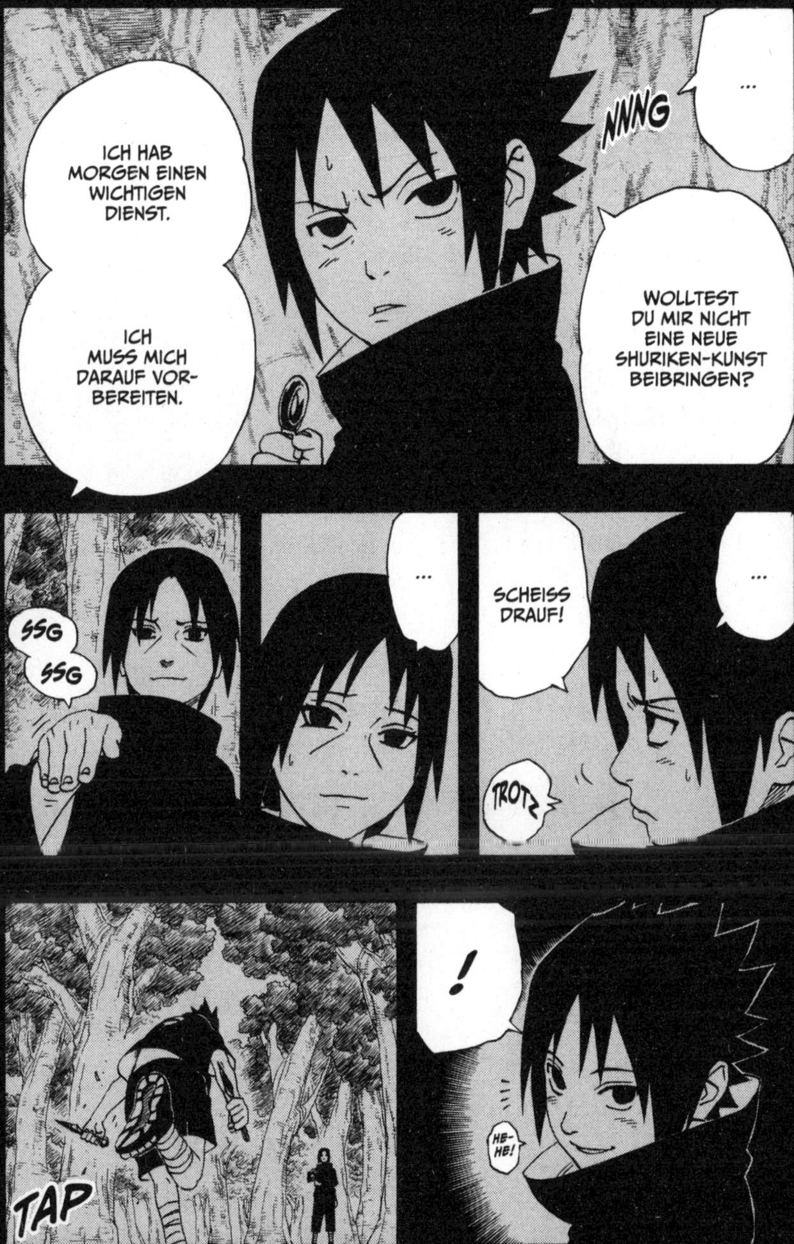

...
NNNG
WOLLTEST DU MIR NICHT EINE NEUE SHURIKEN-KUNST BEIBRINGEN?
ICH HAB MORGEN EINEN WICHTIGEN DIENST.
ICH MUSS MICH DARAUF VOR-BEREITEN.
...
SCHEISS DRAUF!
TROTZ
...
SSG
SSG
!
HE-HE!
TAP

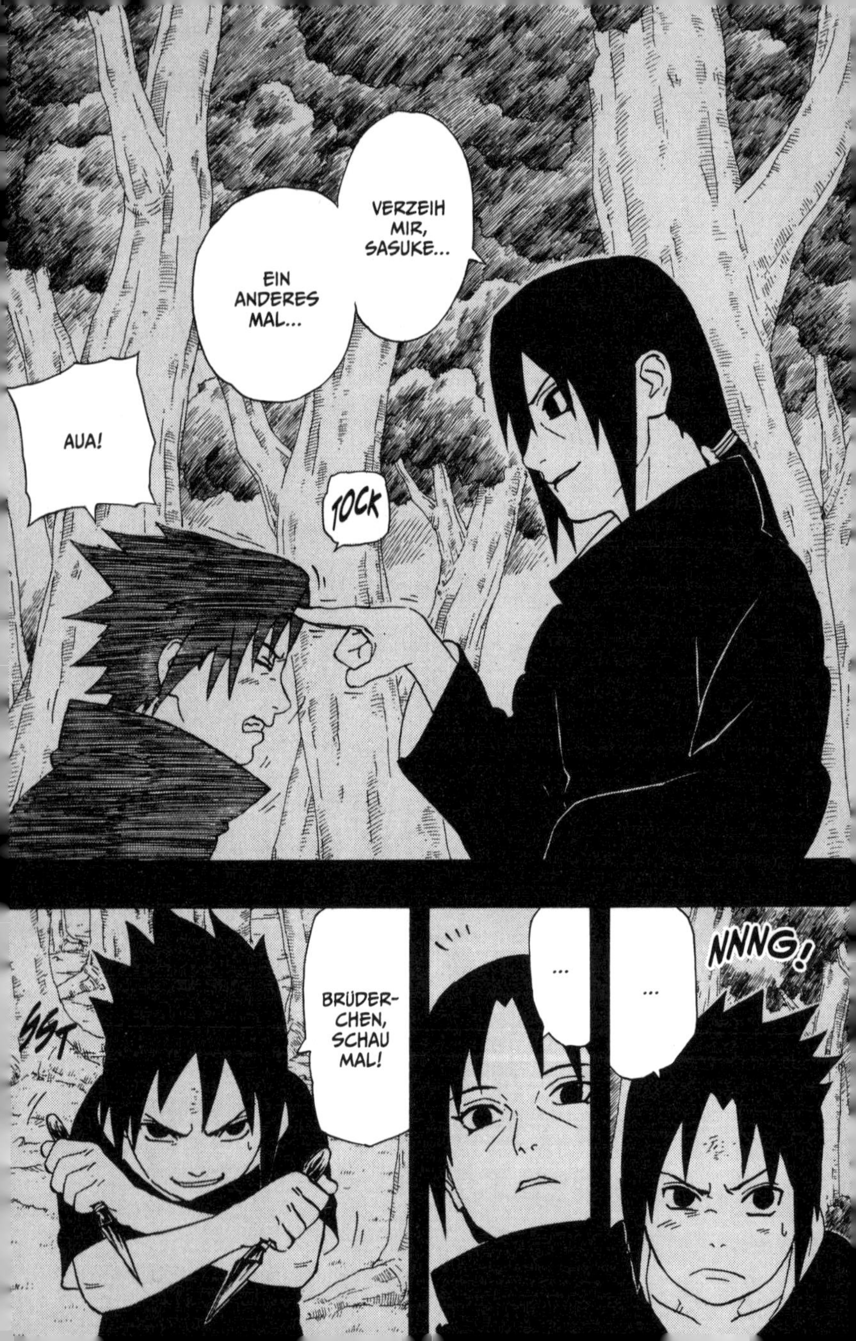
VERZEIH MIR, SASUKE...
EIN ANDERES MAL...
TOCK
AUA!
NNNG!
...
...
BRÜDER-CHEN, SCHAU MAL!
SSST

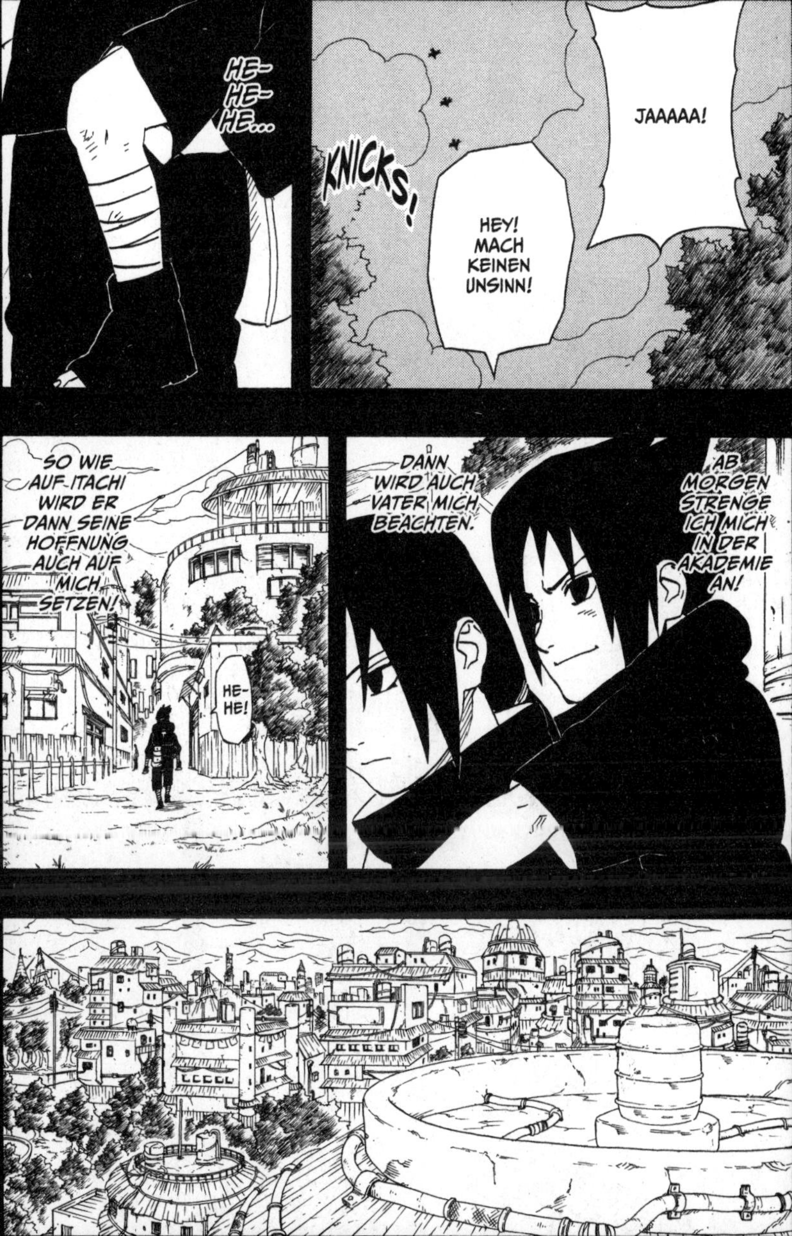
JAAAAA!
HEY! MACH KEINEN UNSINN!
KNICKS!
HE-HE-HE...
AB MORGEN STRENGE ICH MICH IN DER AKADEMIE AN!
DANN WIRD AUCH VATER MICH BEACHTEN.
SO WIE AUF ITACHI WIRD ER DANN SEINE HOFFNUNG AUCH AUF MICH SETZEN!
HE-HE!

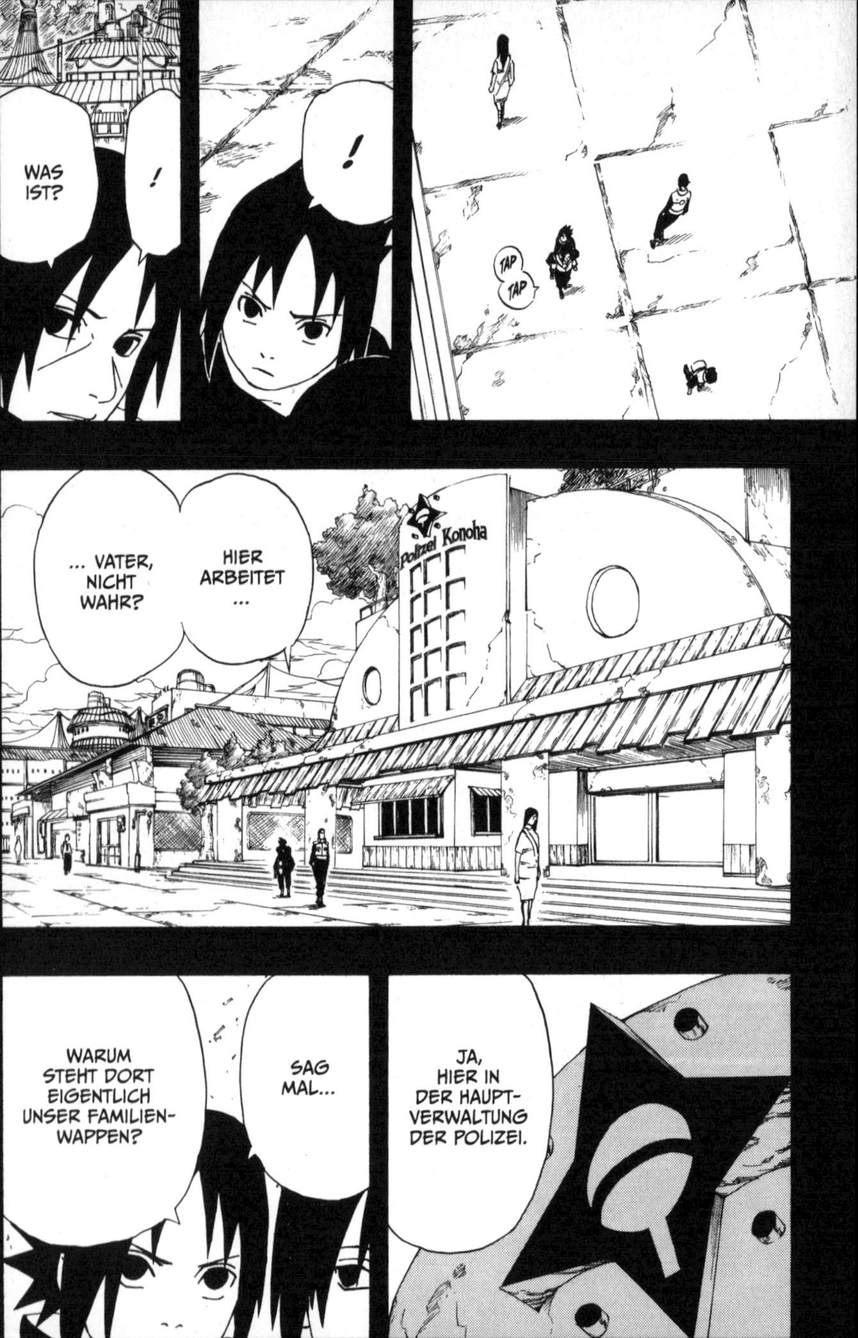
TAP
TAP
!
!
WAS IST?
Polizei Konoha
HIER ARBEITET ...
... VATER, NICHT WAHR?
JA, HIER IN DER HAUPT-VERWALTUNG DER POLIZEI.
SAG MAL...
WARUM STEHT DORT EIGENTLICH UNSER FAMILIEN-WAPPEN?

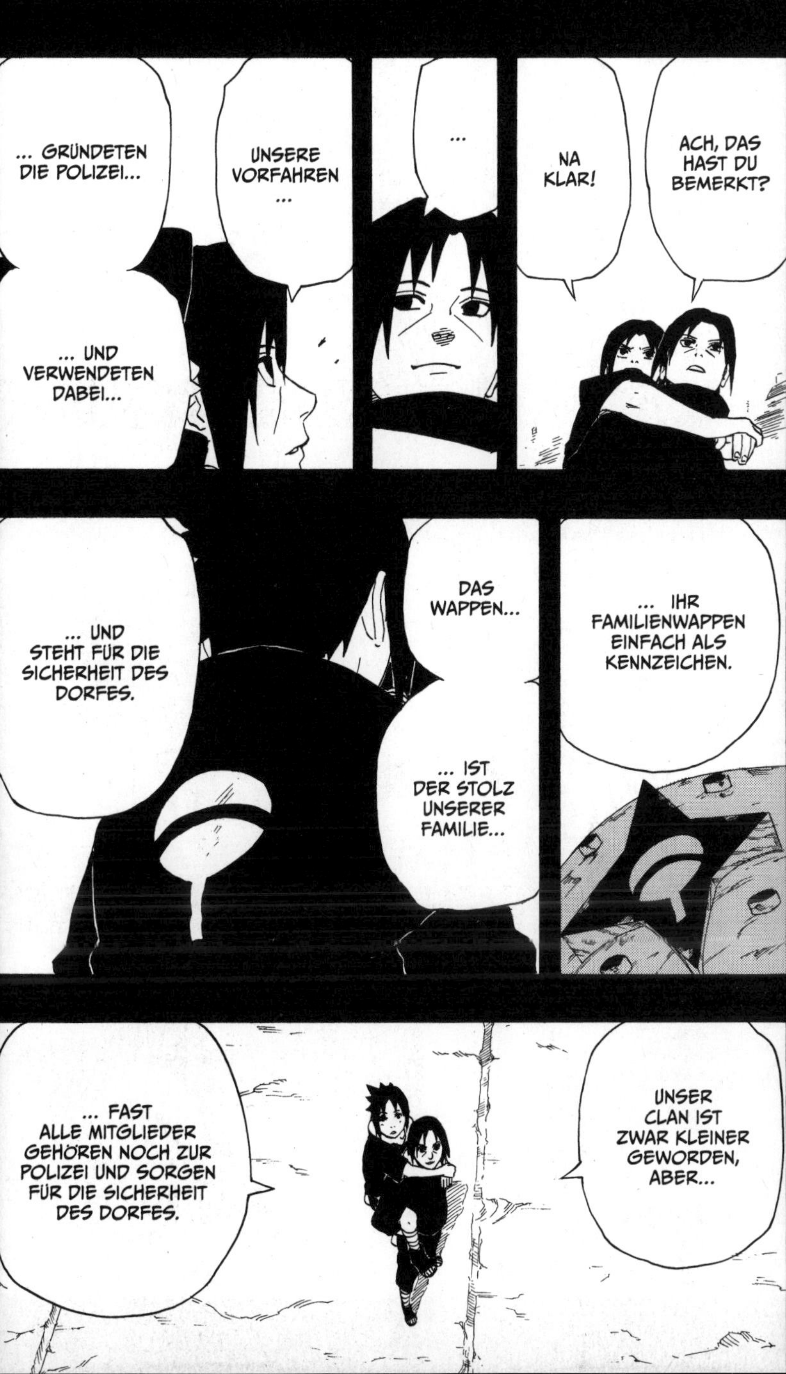
ACH, DAS HAST DU BEMERKT?
NA KLAR!
...
UNSERE VORFAHREN ...
... GRÜNDETEN DIE POLIZEI...
... UND VERWENDETEN DABEI...
... IHR FAMILIENWAPPEN EINFACH ALS KENNZEICHEN.
DAS WAPPEN...
... IST DER STOLZ UNSERER FAMILIE...
... UND STEHT FÜR DIE SICHERHEIT DES DORFES.
UNSER CLAN IST ZWAR KLEINER GEWORDEN, ABER...
... FAST ALLE MITGLIEDER GEHÖREN NOCH ZUR POLIZEI UND SORGEN FÜR DIE SICHERHEIT DES DORFES.

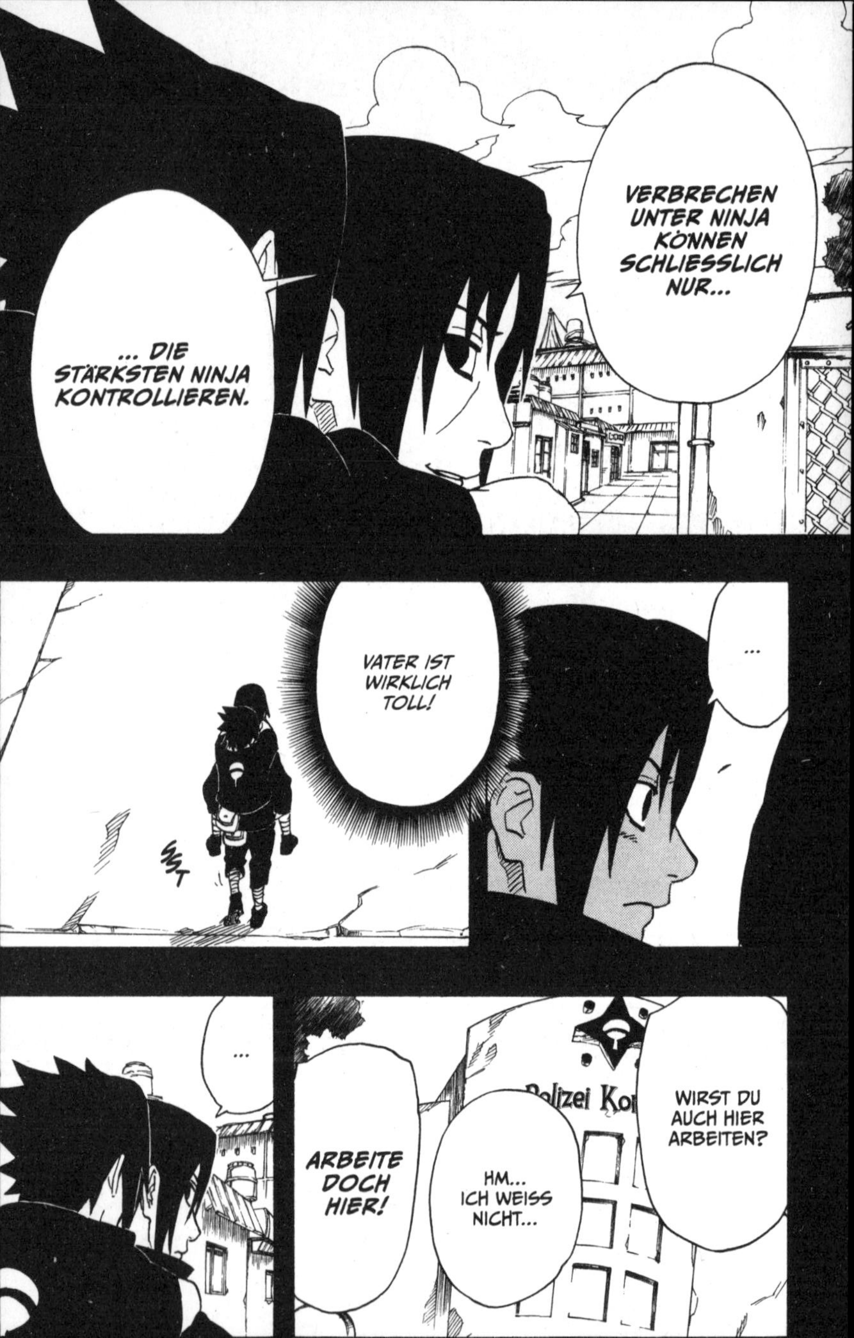
VERBRECHEN UNTER NINJA KÖNNEN SCHLIESSLICH NUR...
... DIE STÄRKSTEN NINJA KONTROLLIEREN.
...
VATER IST WIRKLICH TOLL!
WIRST DU AUCH HIER ARBEITEN?
HM... ICH WEISS NICHT...
ARBEITE DOCH HIER!
...

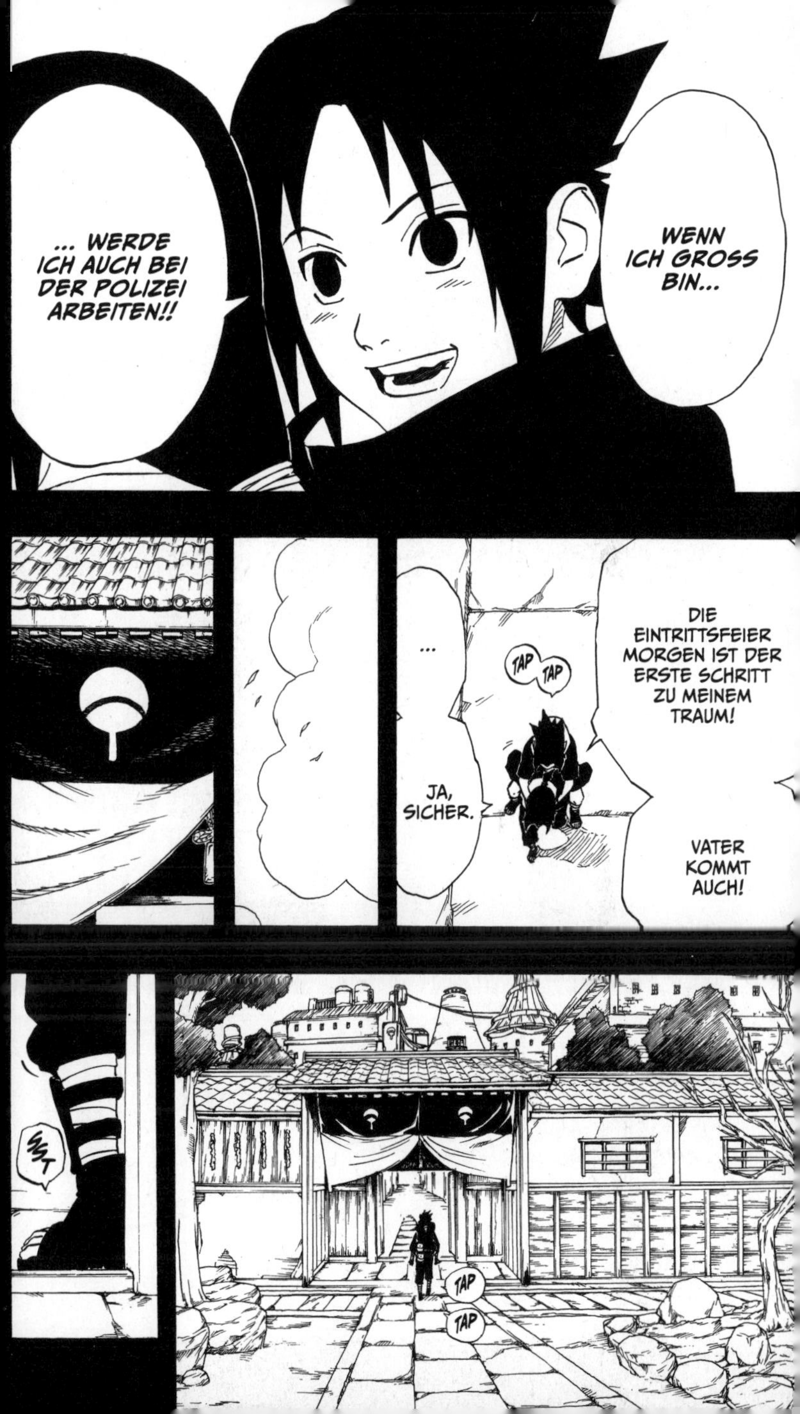

WENN ICH GROSS BIN...
... WERDE ICH AUCH BEI DER POLIZEI ARBEITEN!!
DIE EINTRITTSFEIER MORGEN IST DER ERSTE SCHRITT ZU MEINEM TRAUM!
VATER KOMMT AUCH!
TAP
TAP
...
JA, SICHER.
TAP
TAP

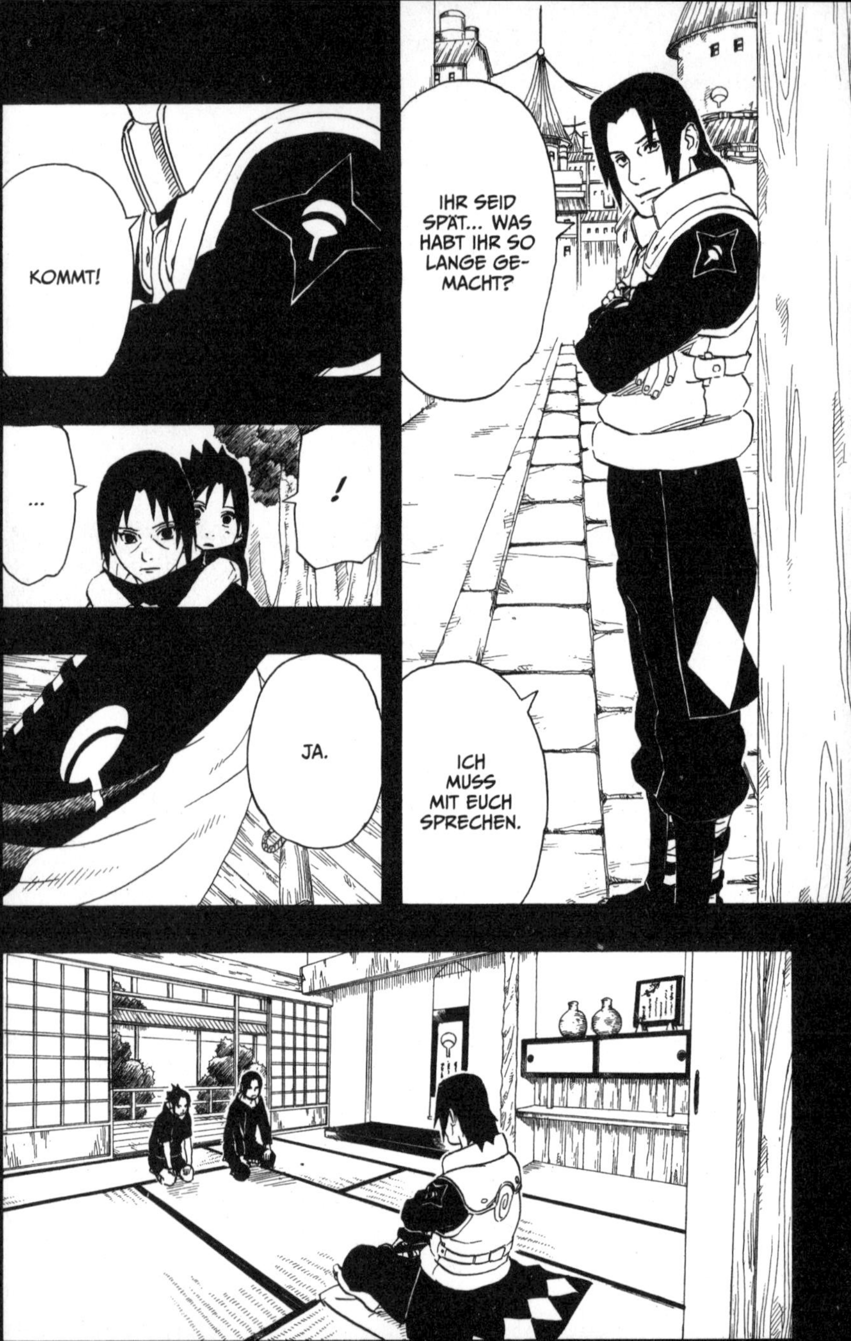
IHR SEID SPÄT... WAS HABT IHR SO LANGE GE-MACHT?
KOMMT!
!
...
ICH MUSS MIT EUCH SPRECHEN.
JA.

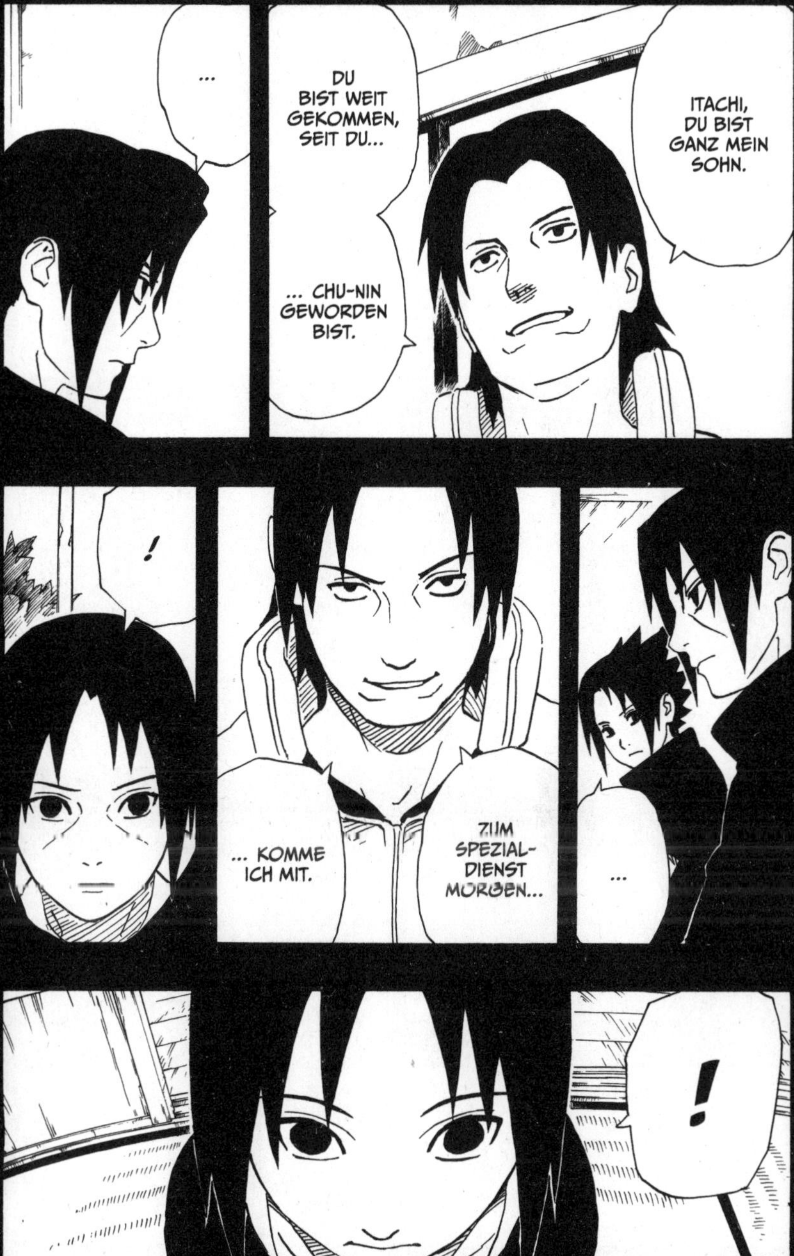
ITACHI, DU BIST GANZ MEIN SOHN.
DU BIST WEIT GEKOMMEN, SEIT DU...
... CHU-NIN GEWORDEN BIST.
...
...
ZUM SPEZIAL-DIENST MORGEN...
... KOMME ICH MIT.
!
!

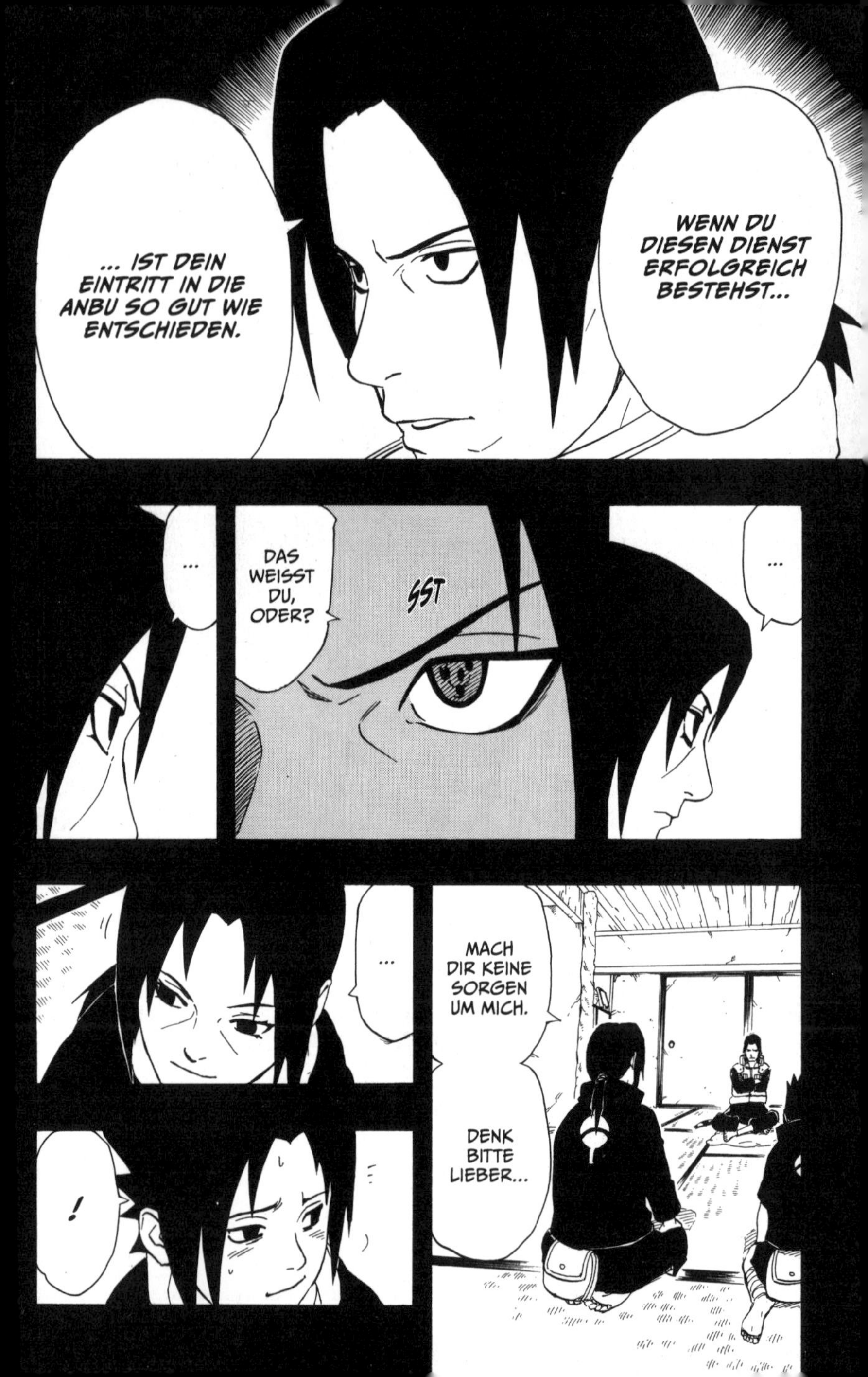
WENN DU DIESEN DIENST ERFOLGREICH BESTEHST...
... IST DEIN EINTRITT IN DIE ANBU SO GUT WIE ENTSCHIEDEN.
...
SST
DAS WEISST DU, ODER?
...
MACH DIR KEINE SORGEN UM MICH.
DENK BITTE LIEBER...
...
!

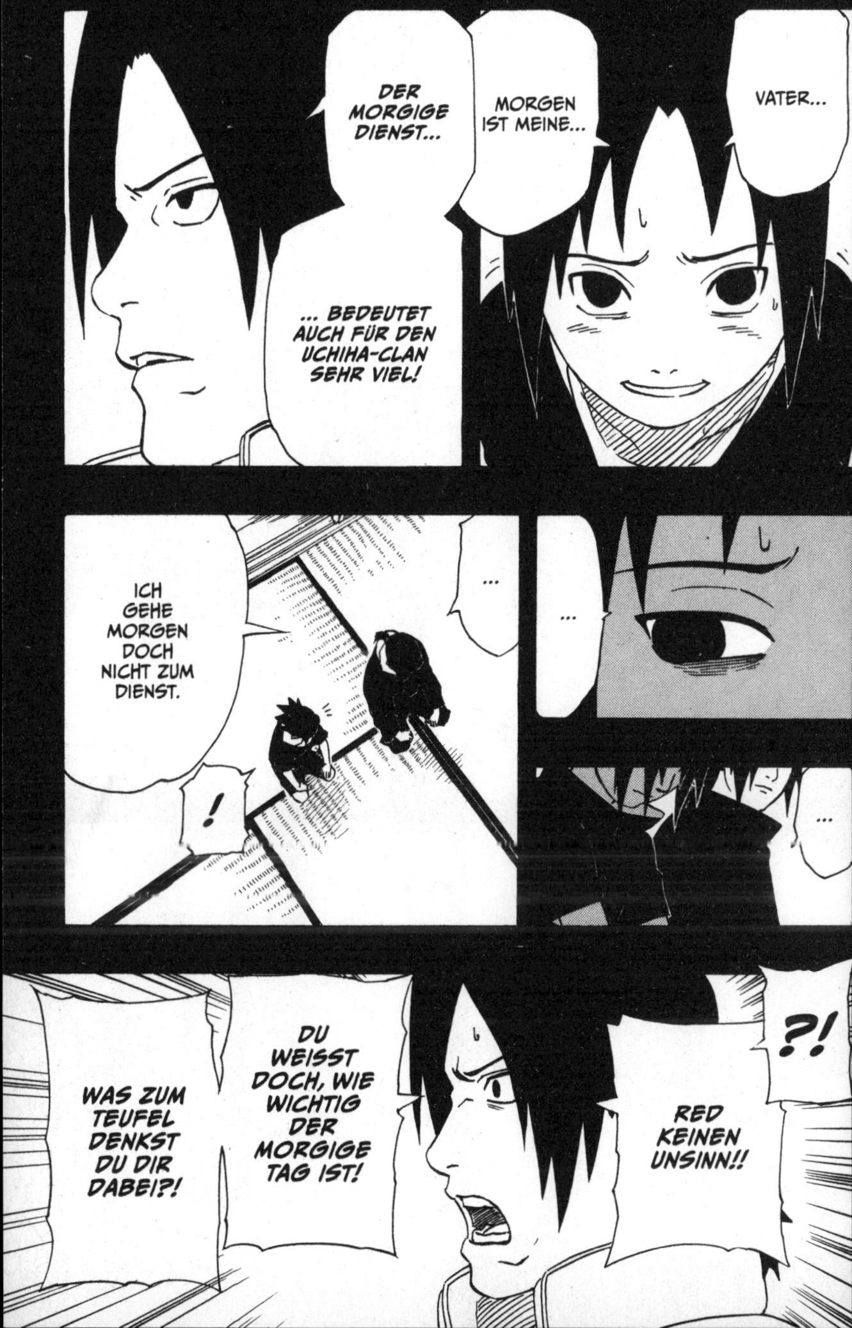
VATER...
MORGEN IST MEINE...
DER MORGIGE DIENST...
... BEDEUTET AUCH FÜR DEN UCHIHA-CLAN SEHR VIEL!
...
...
...
ICH GEHE MORGEN DOCH NICHT ZUM DIENST.
!
?!
RED KEINEN UNSINN!!
DU WEISST DOCH, WIE WICHTIG DER MORGIGE TAG IST!
WAS ZUM TEUFEL DENKST DU DIR DABEI?!

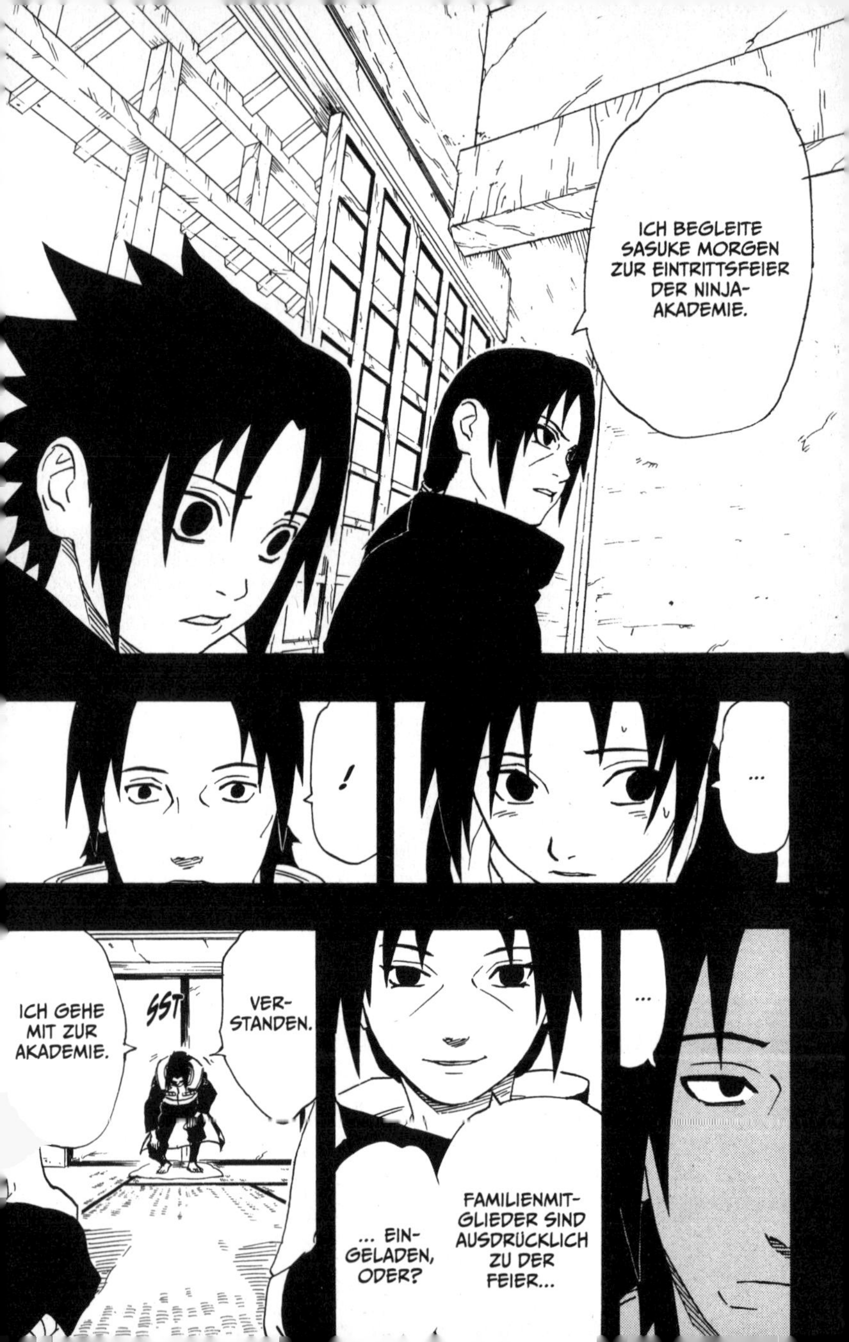
ICH BEGLEITE SASUKE MORGEN ZUR EINTRITTSFEIER DER NINJA-AKADEMIE.
...
!
...
VER-STANDEN.
SST
ICH GEHE MIT ZUR AKADEMIE.
FAMILIENMIT-GLIEDER SIND AUSDRÜCKLICH ZU DER FEIER...
... EIN-GELADEN, ODER?

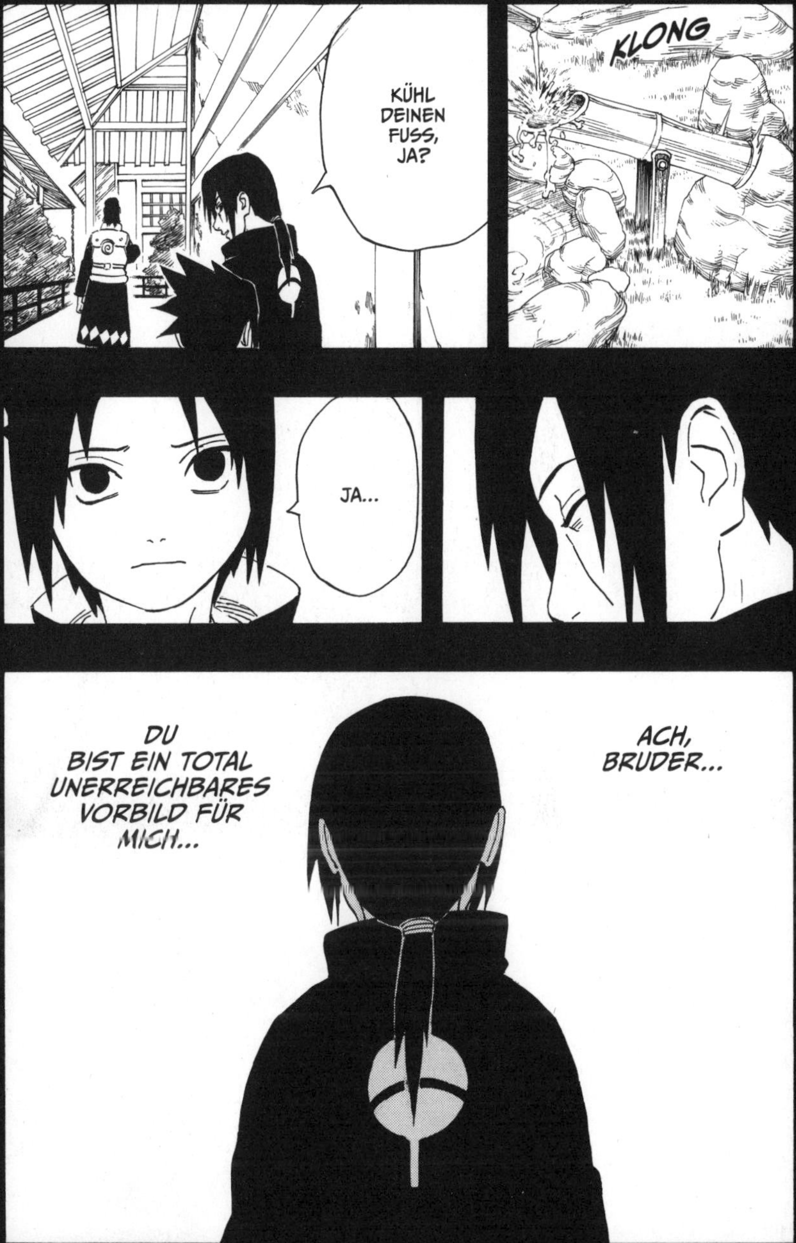
KLONG
KÜHL DEINEN FUSS, JA?
JA...
ACH, BRUDER...
DU BIST EIN TOTAL UNERREICHBARES VORBILD FÜR MICH...

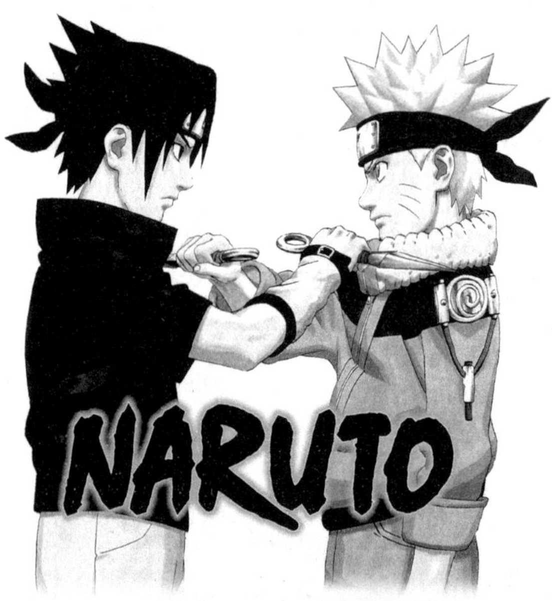
NARUTO

221. Kapitel:

Ein unerreichbarer Bruder

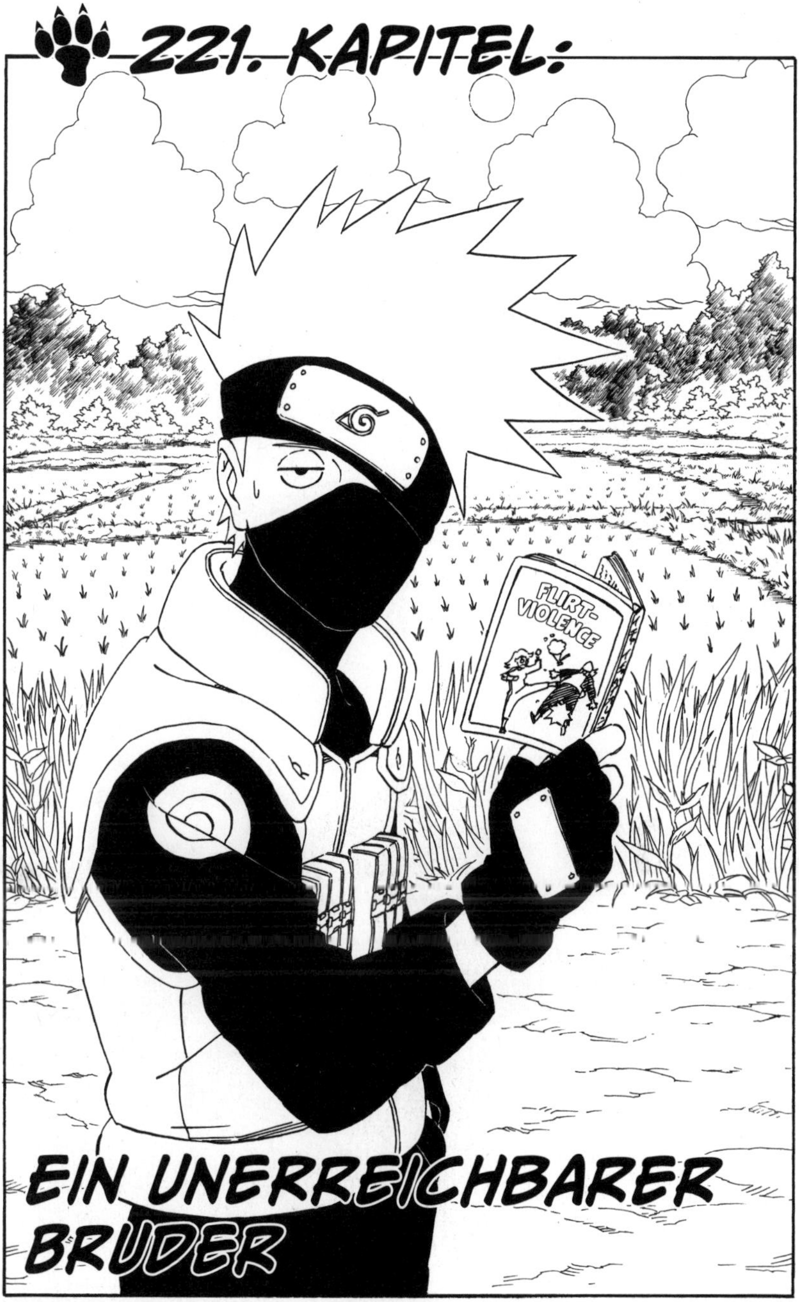

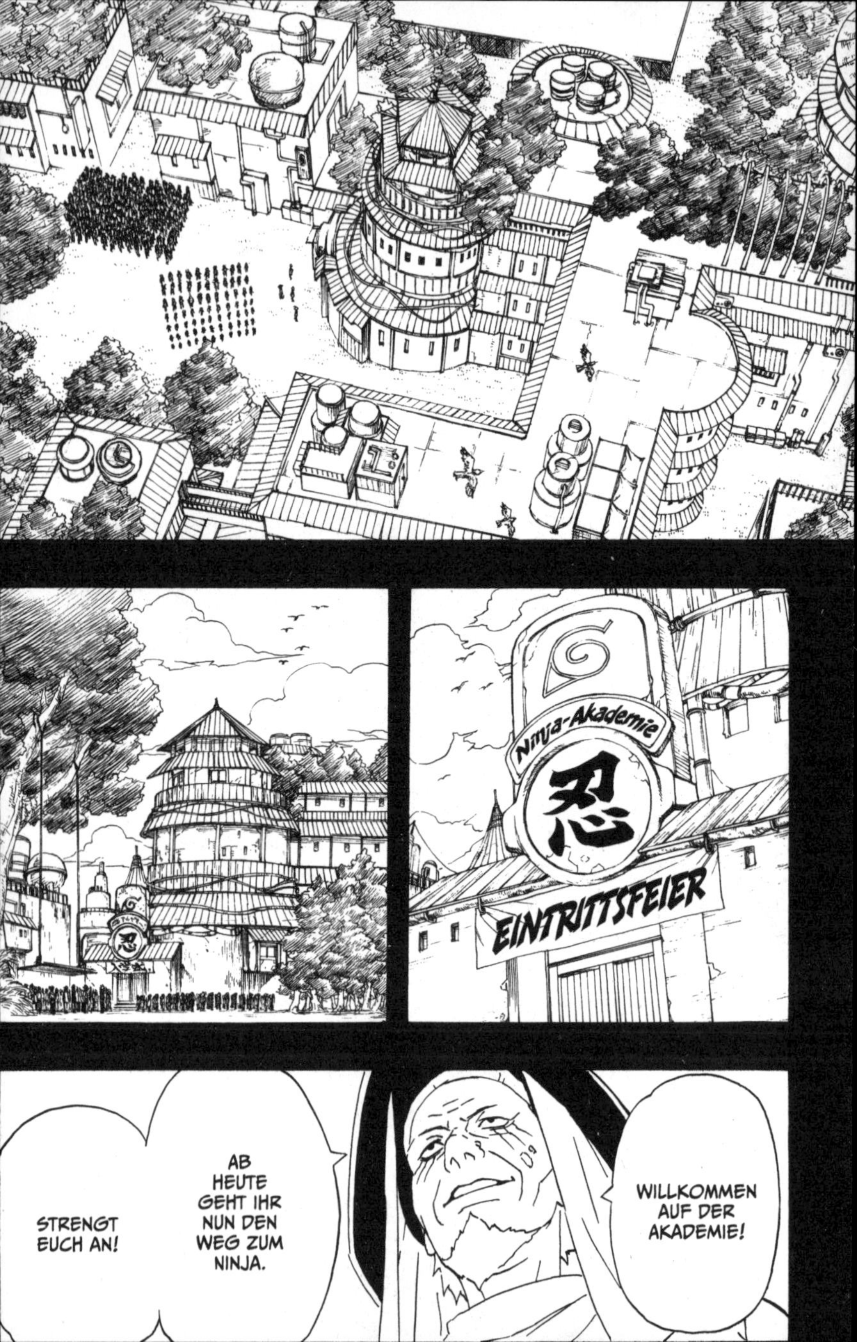
Ninja-Akademie
忍
EINTRITTSFEIER
WILLKOMMEN AUF DER AKADEMIE!
AB HEUTE GEHT IHR NUN DEN WEG ZUM NINJA.
STRENGT EUCH AN!

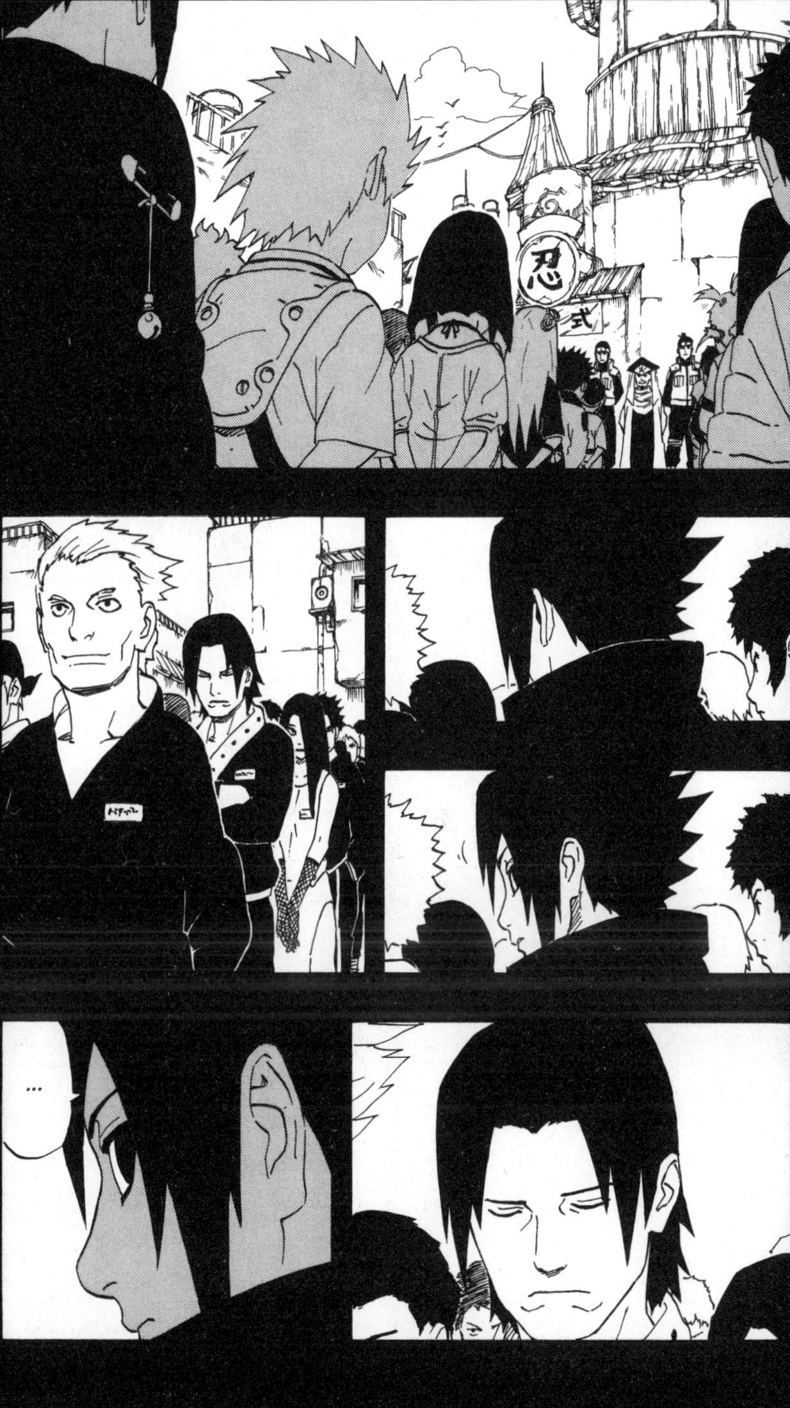

忍
式
...

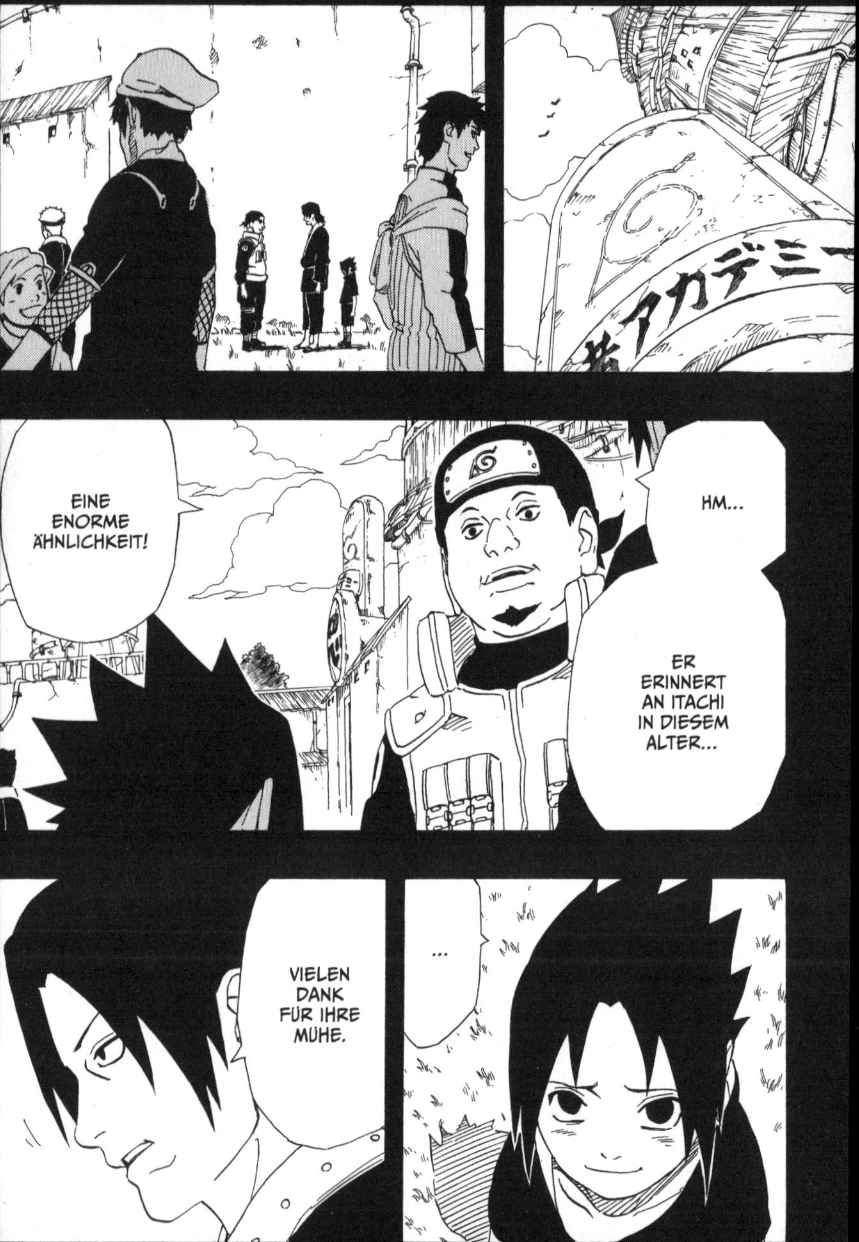
HM...
ER ERINNERT AN ITACHI IN DIESEM ALTER...
EINE ENORME ÄHNLICHKEIT!
...
VIELEN DANK FÜR IHRE MÜHE.

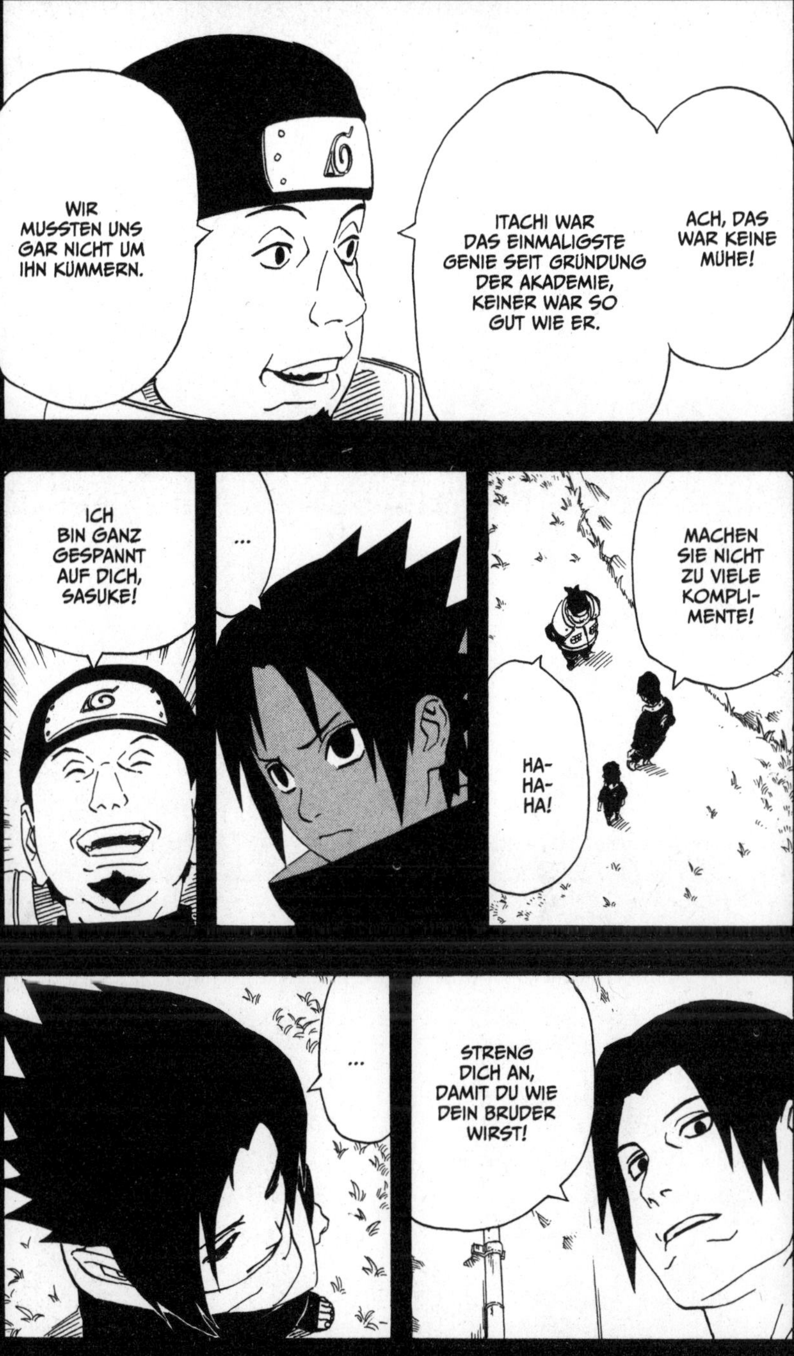
ACH, DAS WAR KEINE MÜHE!
ITACHI WAR DAS EINMALIGSTE GENIE SEIT GRÜNDUNG DER AKADEMIE, KEINER WAR SO GUT WIE ER.
WIR MUSSTEN UNS GAR NICHT UM IHN KÜMMERN.
MACHEN SIE NICHT ZU VIELE KOMPLI-MENTE!
HA-HA-HA!
...
ICH BIN GANZ GESPANNT AUF DICH, SASUKE!
STRENG DICH AN, DAMIT DU WIE DEIN BRUDER WIRST!
...

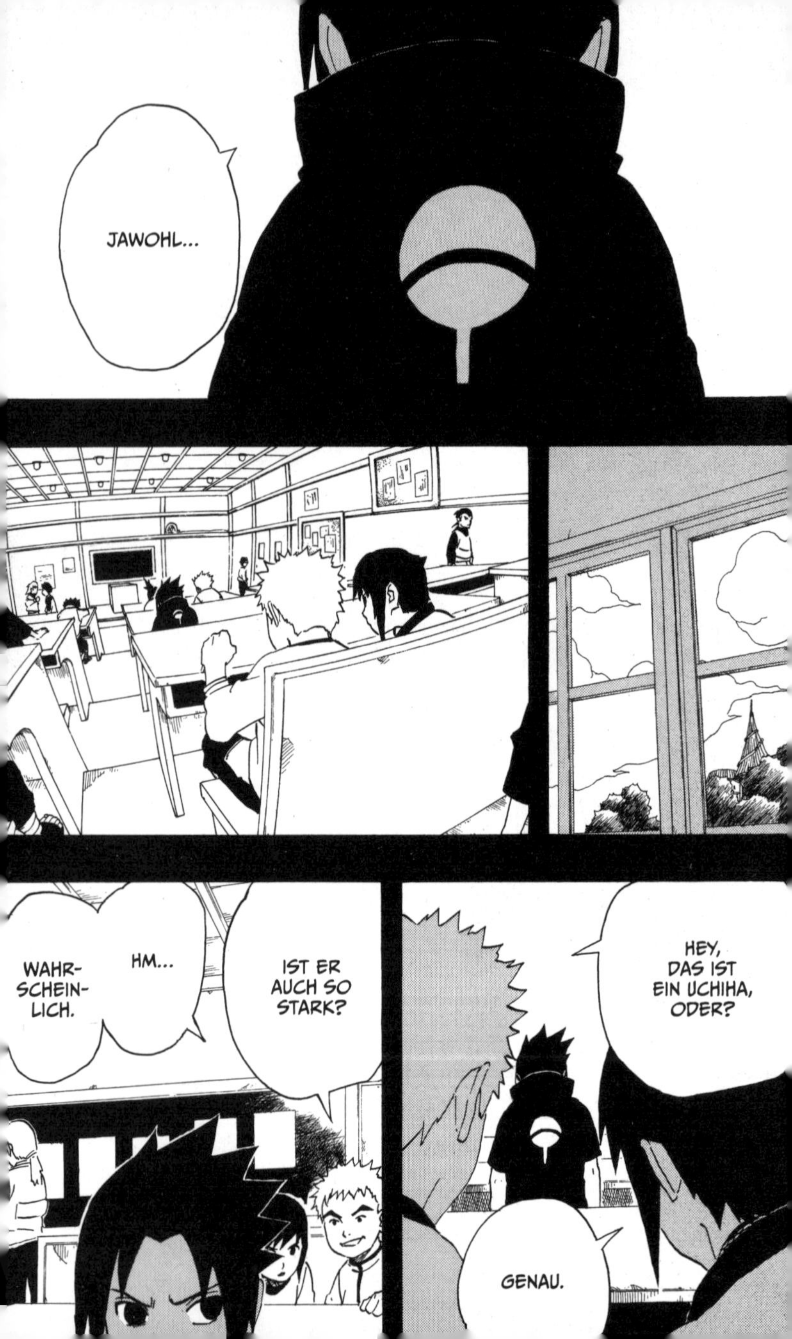
JAWOHL...
HEY, DAS IST EIN UCHIHA, ODER?
GENAU.
IST ER AUCH SO STARK?
HM...
WAHR-SCHEIN-LICH.

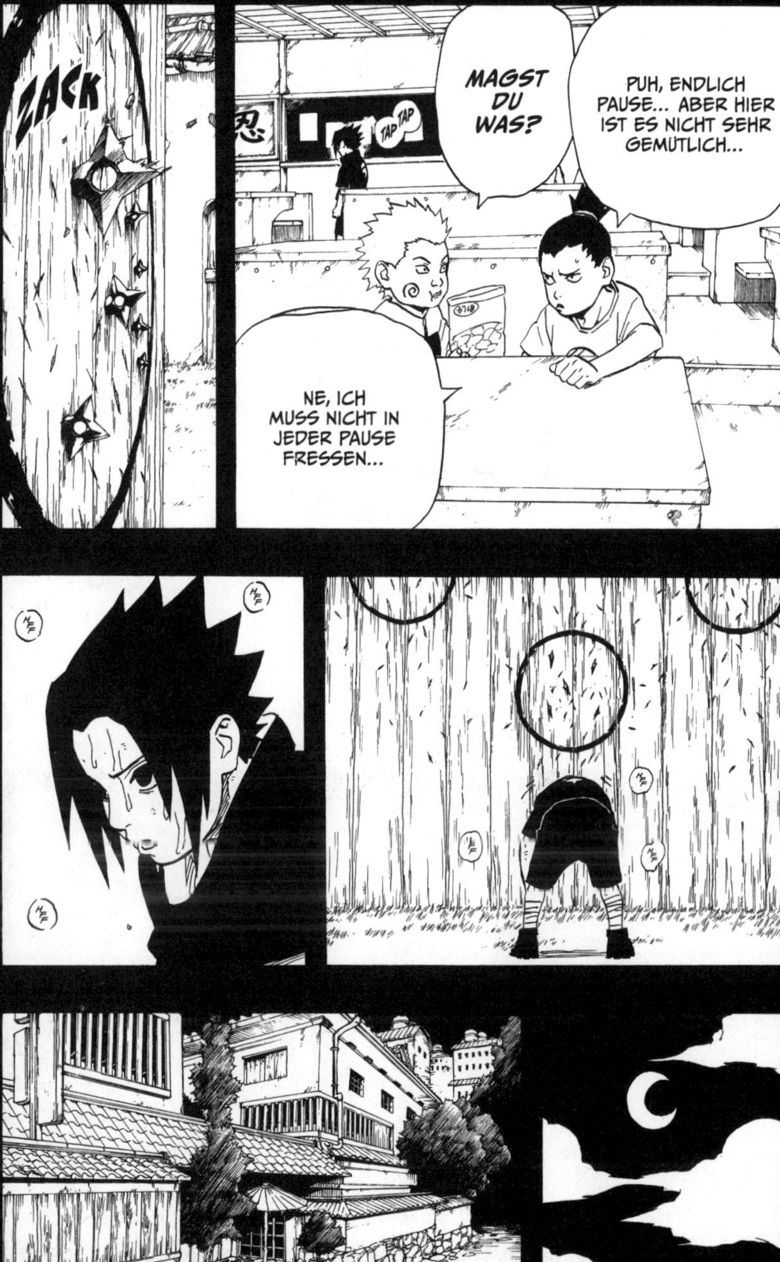
PUH, ENDLICH PAUSE... ABER HIER IST ES NICHT SEHR GEMÜTLICH...
MAGST DU WAS?
TAP TAP
NE, ICH MUSS NICHT IN JEDER PAUSE FRESSEN...
ZACK

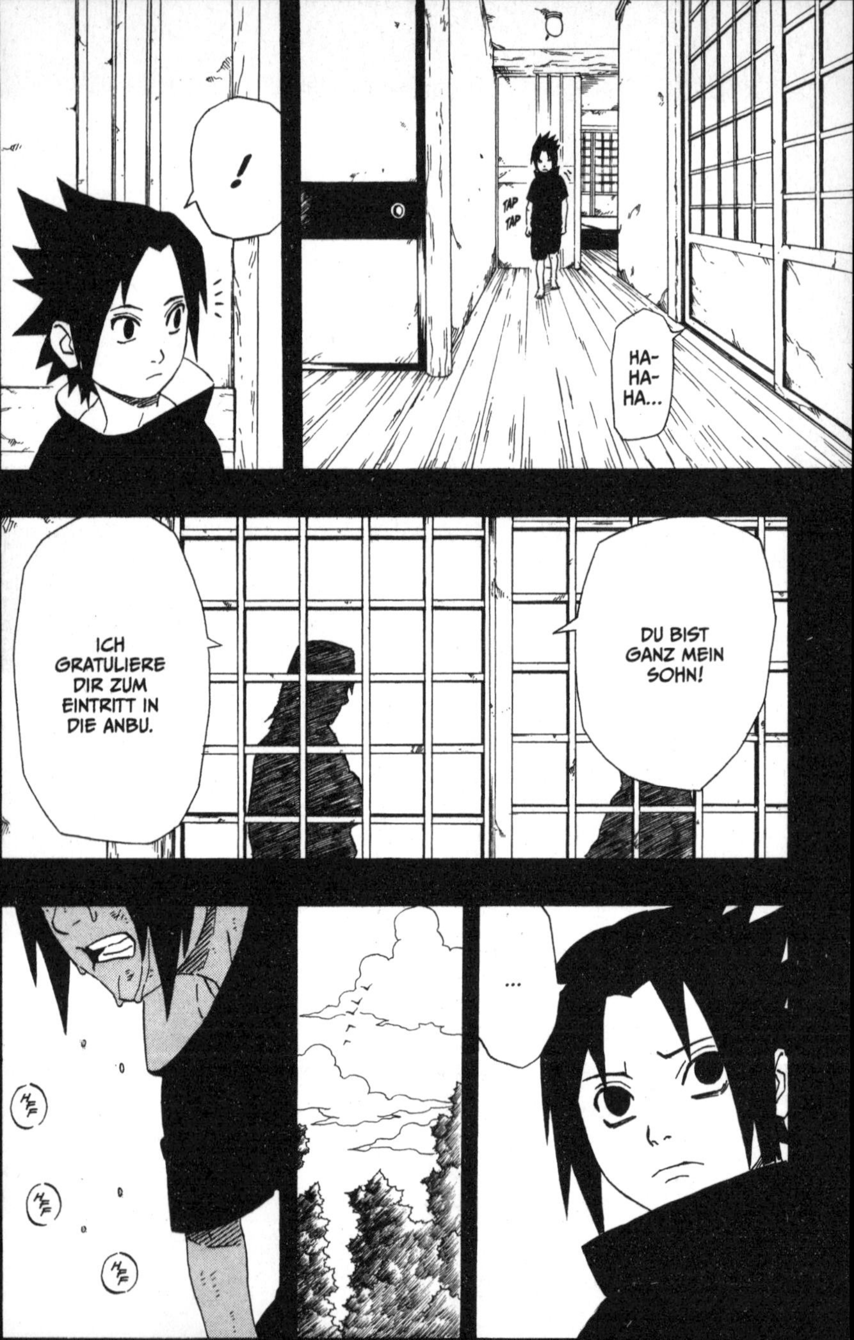
TAP
TAP
HA-
HA-
HA...
!
DU BIST
GANZ MEIN
SOHN!
ICH
GRATULIERE
DIR ZUM
EINTRITT IN
DIE ANBU.
...
HEF
HEF
HEF

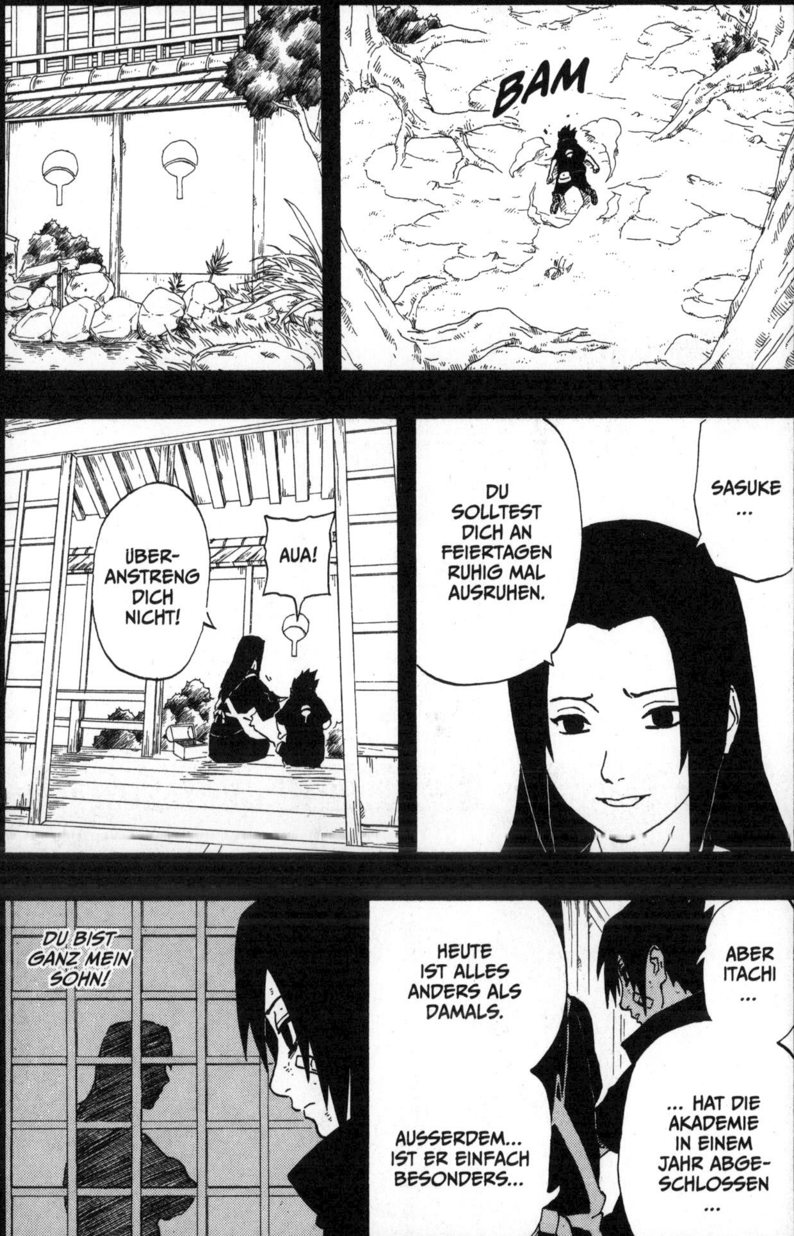
BAM
SASUKE ...
DU SOLLTEST DICH AN FEIERTAGEN RUHIG MAL AUSRUHEN.
AUA!
ÜBER-ANSTRENG DICH NICHT!
ABER ITACHI ...
... HAT DIE AKADEMIE IN EINEM JAHR ABGE-SCHLOSSEN ...
HEUTE IST ALLES ANDERS ALS DAMALS.
AUSSERDEM... IST ER EINFACH BESONDERS...
DU BIST GANZ MEIN SOHN!

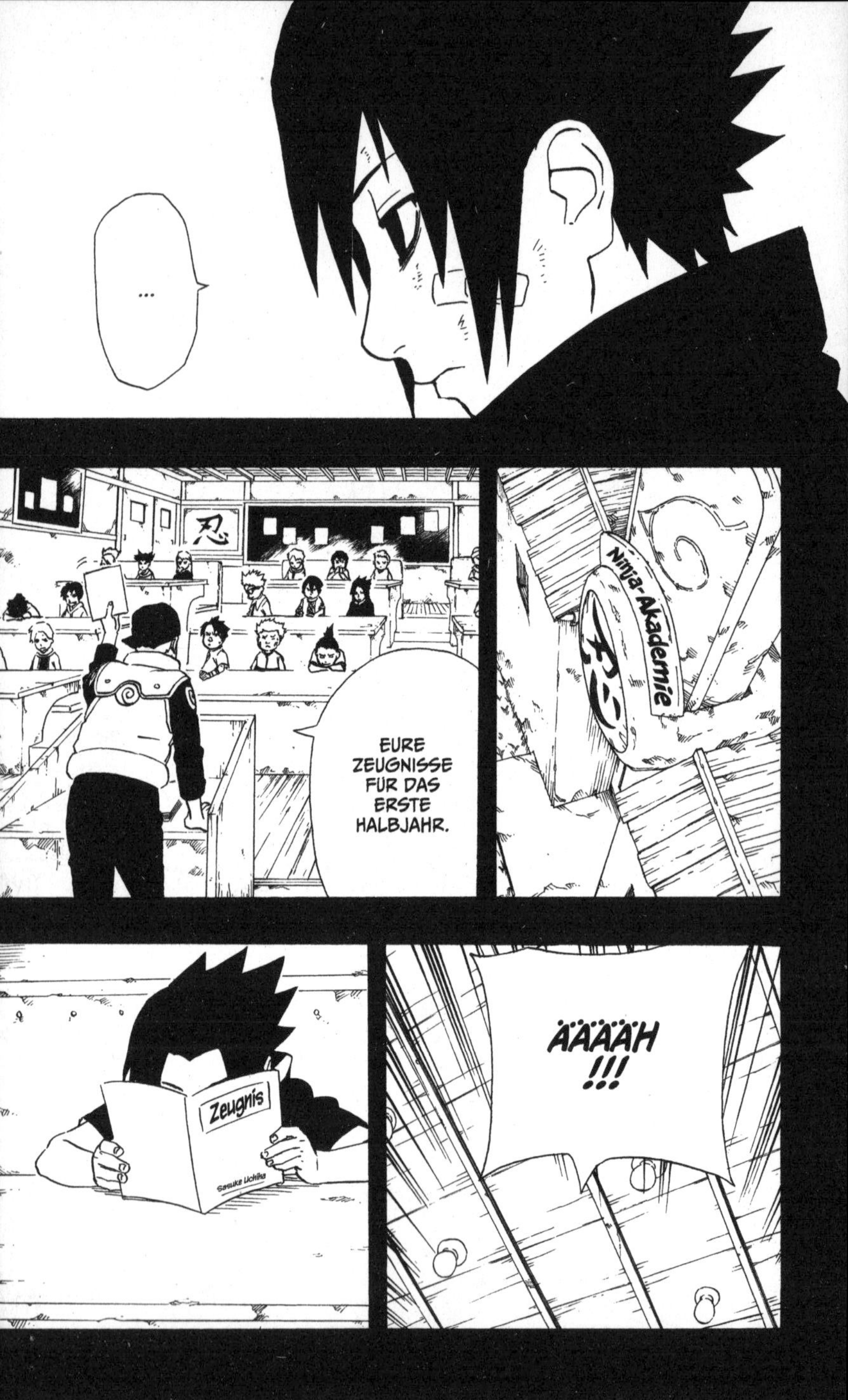
...
Ninja-Akademie
Eure Zeugnisse für das erste Halbjahr.
Zeugnis
Sasuke Uchiha
ÄÄÄÄH !!!

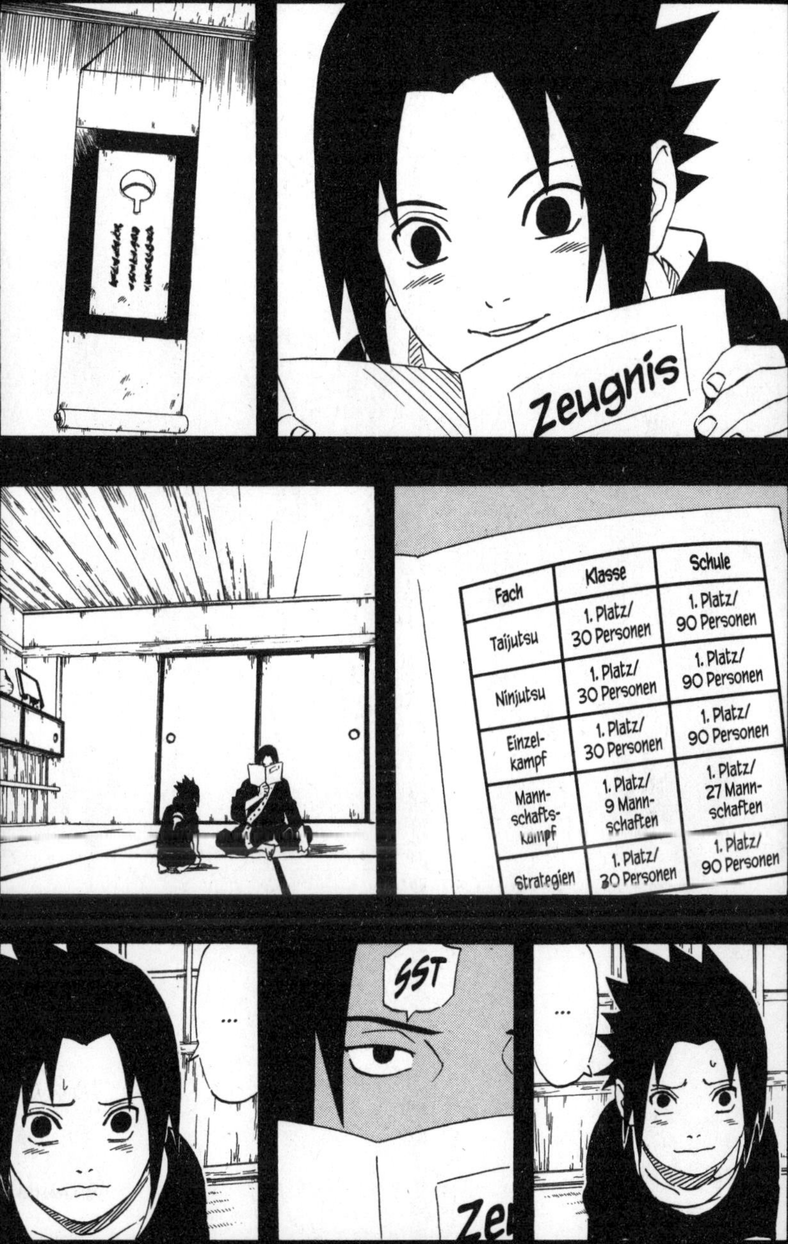

Zeugnis
Fach | Klasse | Schule
Taijutsu | 1. Platz/ 30 Personen | 1. Platz/ 90 Personen
Ninjutsu | 1. Platz/ 30 Personen | 1. Platz/ 90 Personen
Einzelkampf | 1. Platz/ 30 Personen | 1. Platz/ 90 Personen
Mannschaftskampf | 1. Platz/ 9 Mannschaften | 1. Platz/ 27 Mannschaften
Strategien | 1. Platz/ 30 Personen | 1. Platz/ 90 Personen
…
SST
…

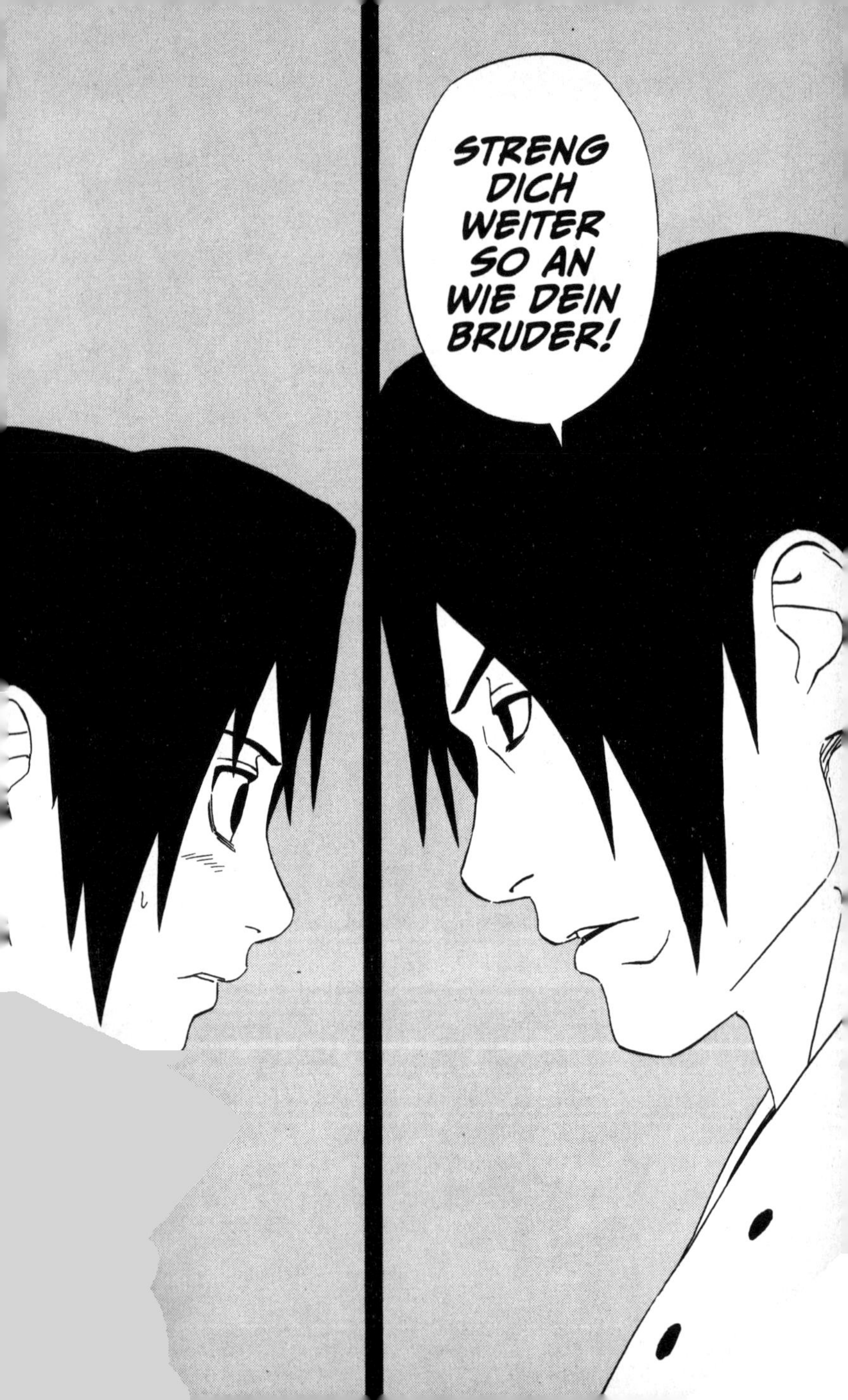
STRENG DICH WEITER SO AN WIE DEIN BRUDER!

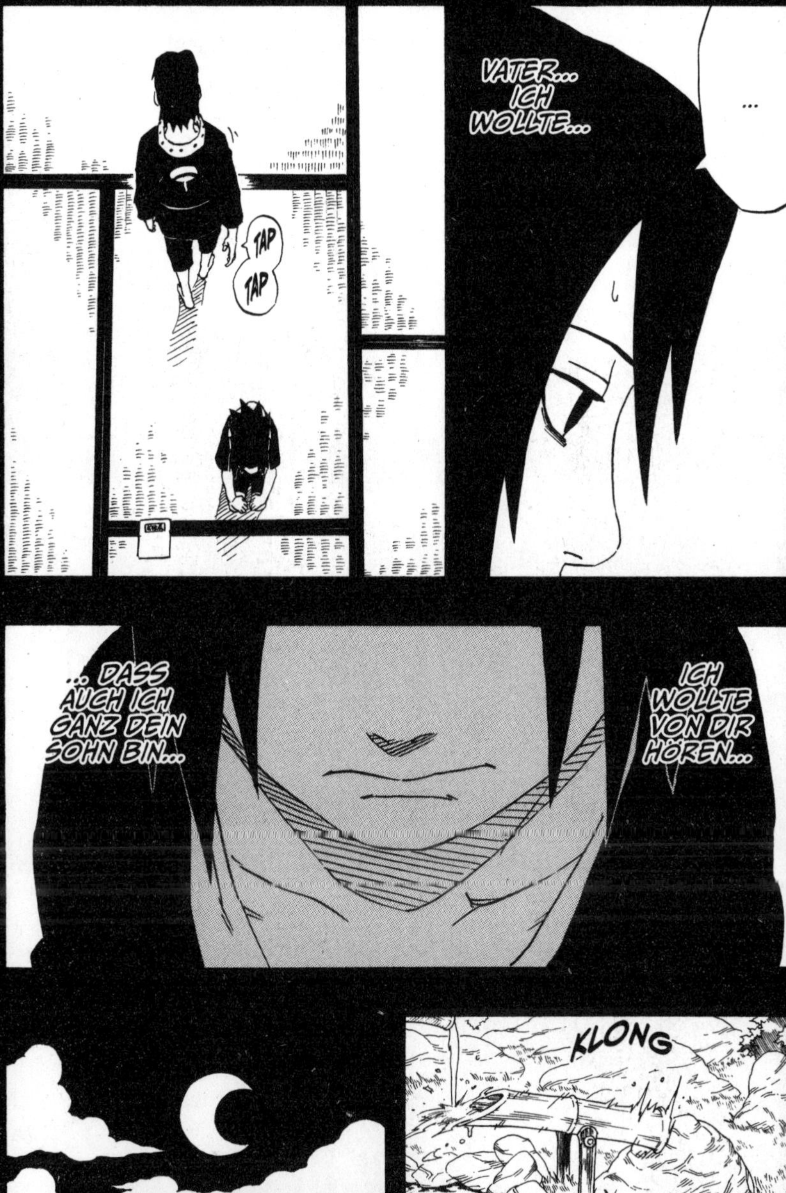
...
VATER... ICH WOLLTE...
TAP TAP
ICH WOLLTE VON DIR HÖREN...
... DASS AUCH ICH GANZ DEIN SOHN BIN...
KLONG

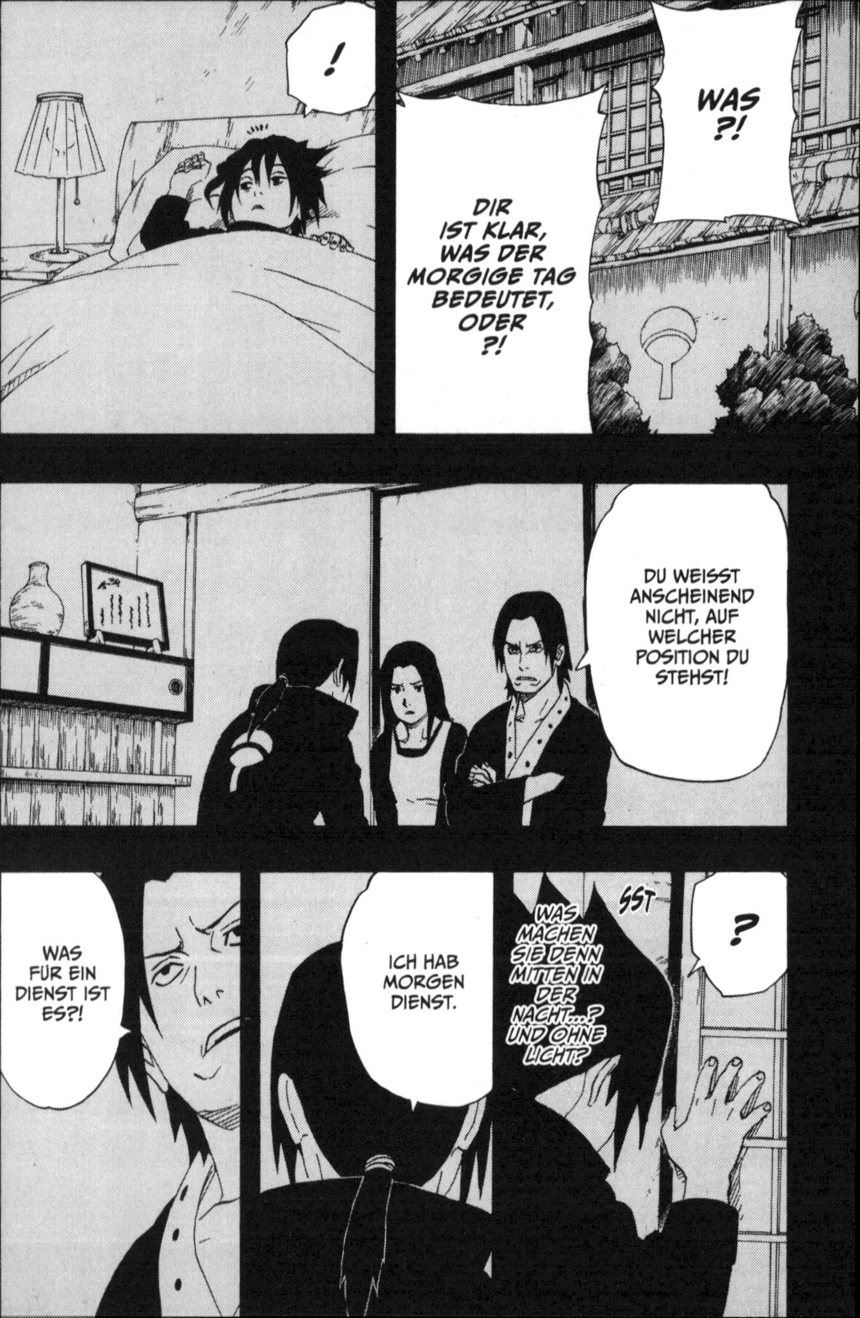
WAS ?!
DIR IST KLAR, WAS DER MORGIGE TAG BEDEUTET, ODER ?!
!
DU WEISST ANSCHEINEND NICHT, AUF WELCHER POSITION DU STEHST!
?
SST
WAS MACHEN SIE DENN MITTEN IN DER NACHT...? UND OHNE LICHT?
ICH HAB MORGEN DIENST.
WAS FÜR EIN DIENST IST ES?!

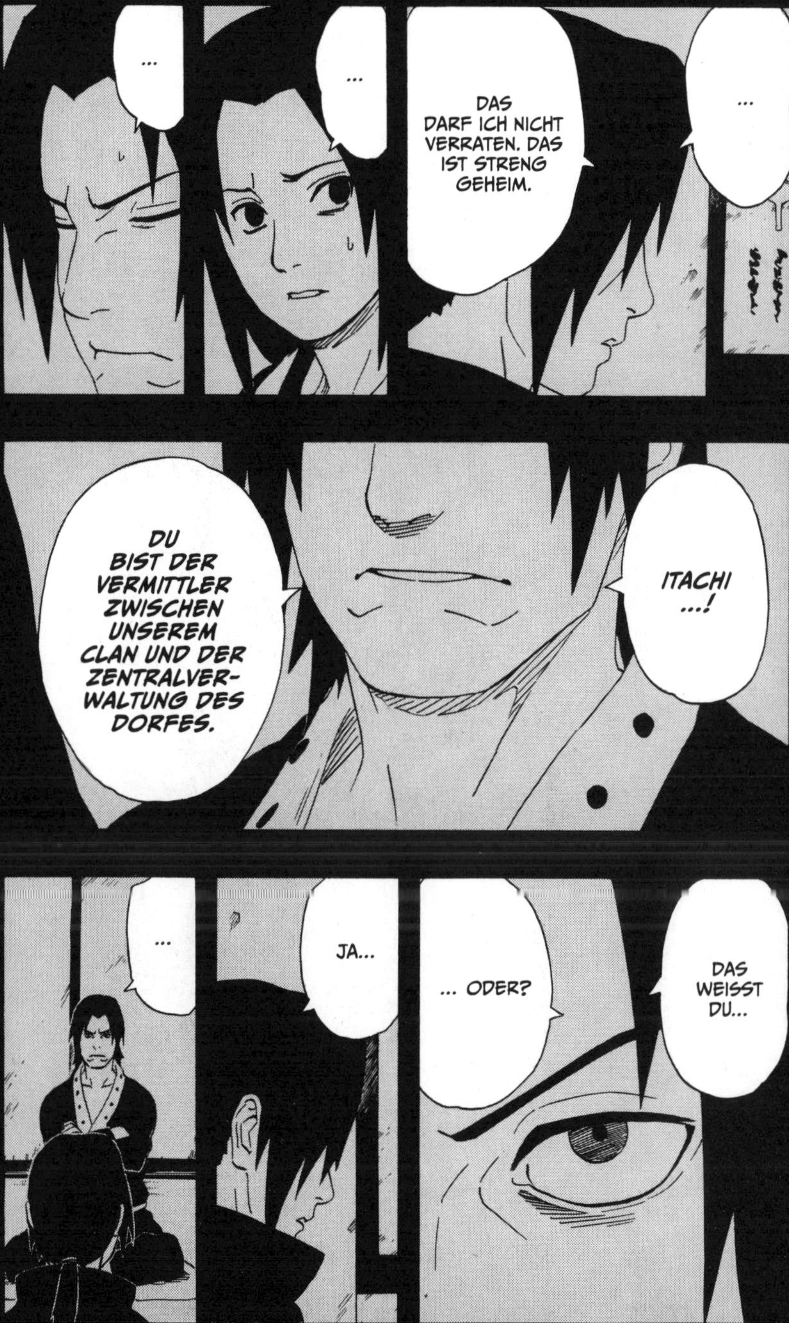
...
DAS DARF ICH NICHT VERRATEN. DAS IST STRENG GEHEIM.
...
...
ITACHI ...!
DU BIST DER VERMITTLER ZWISCHEN UNSEREM CLAN UND DER ZENTRALVER-WALTUNG DES DORFES.
DAS WEISST DU...
... ODER?
JA...
...

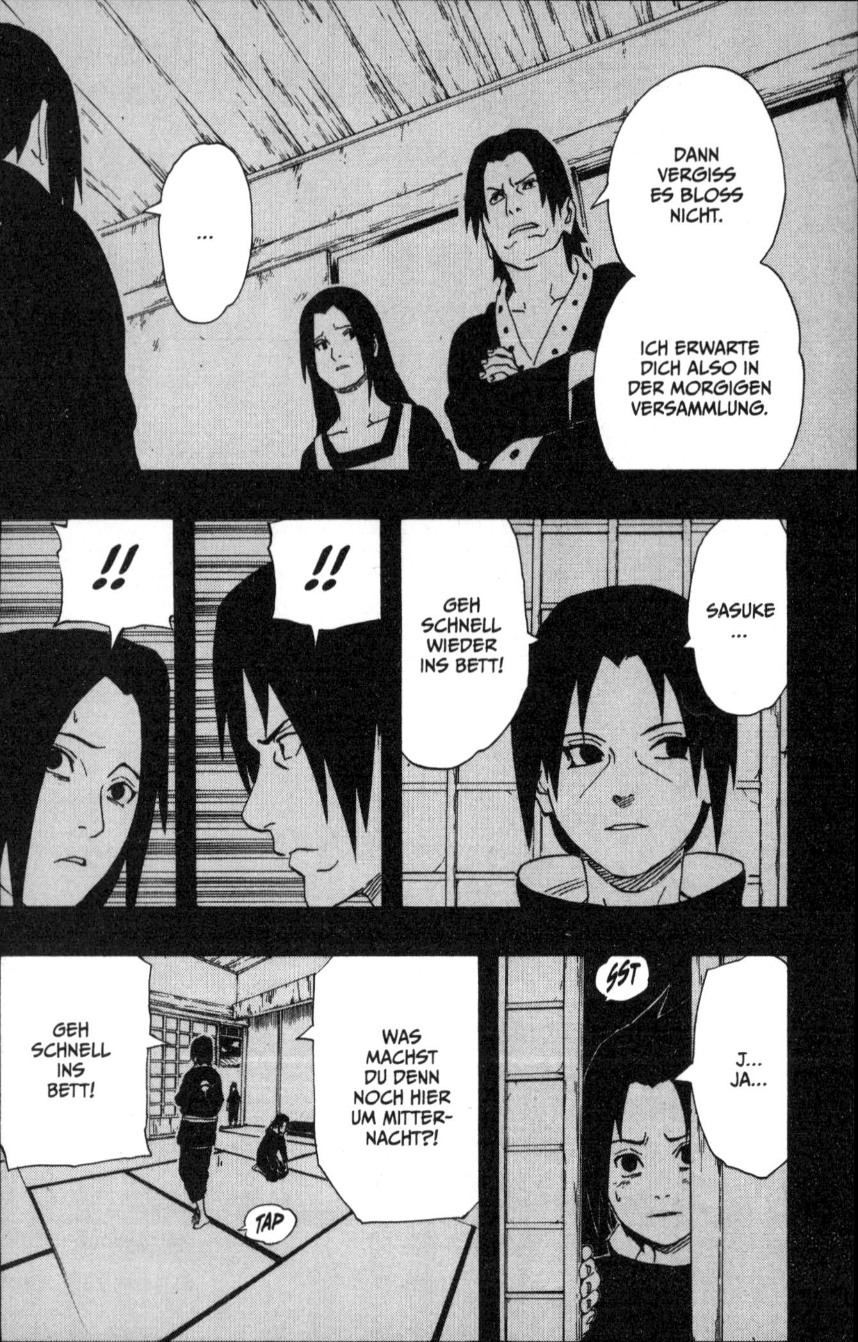
DANN VERGISS ES BLOSS NICHT.
ICH ERWARTE DICH ALSO IN DER MORGIGEN VERSAMMLUNG.
...
SASUKE ...
GEH SCHNELL WIEDER INS BETT!
!!
!!
SST
J... JA...
WAS MACHST DU DENN NOCH HIER UM MITTERNACHT?!
GEH SCHNELL INS BETT!
TAP

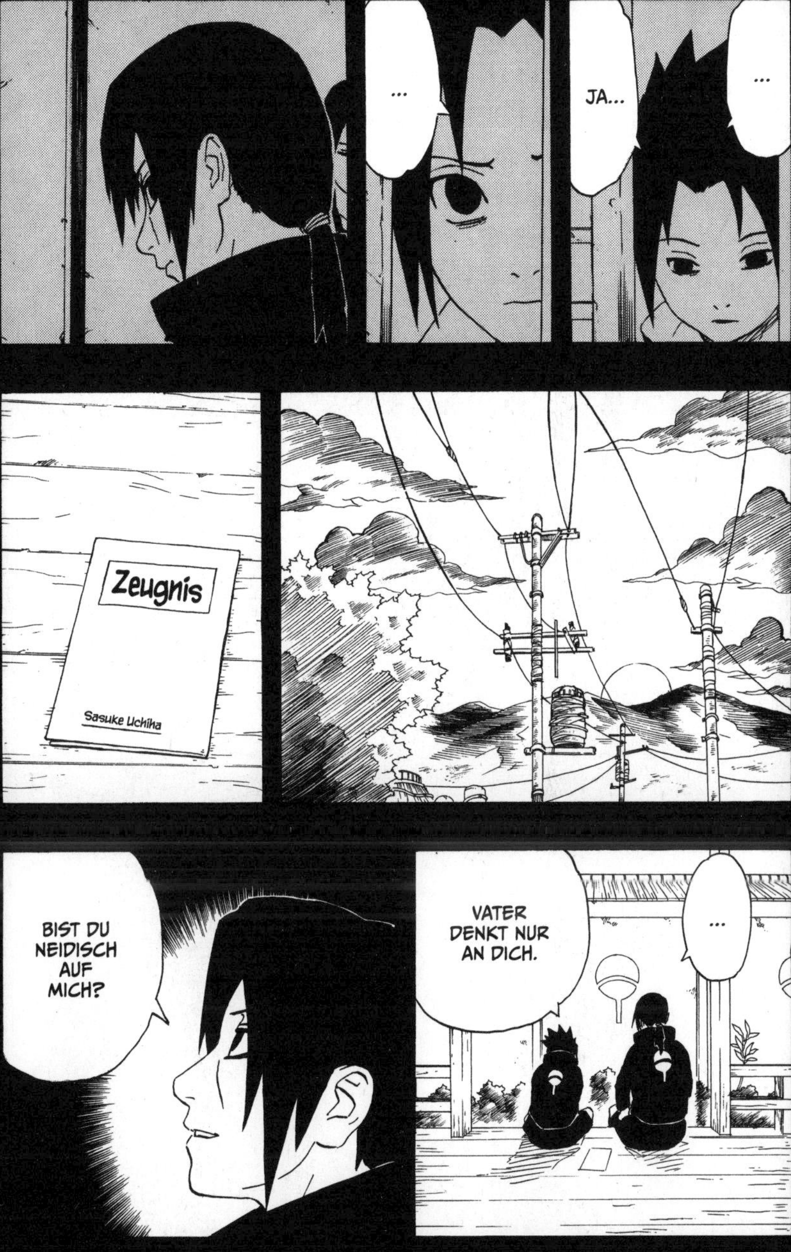
...
JA...
...
Zeugnis
Sasuke Uchiha
...
VATER DENKT NUR AN DICH.
BIST DU NEIDISCH AUF MICH?

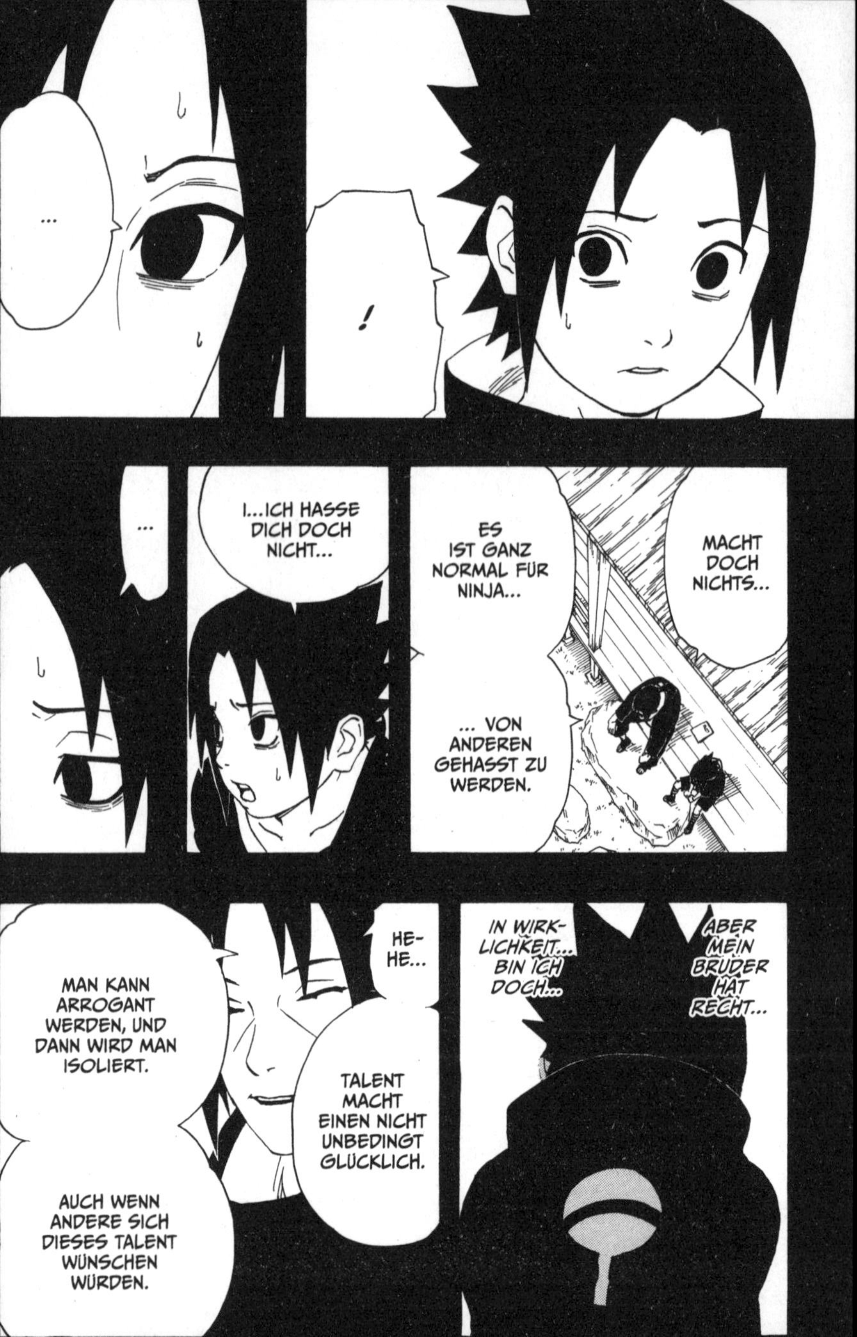
!
...
MACHT DOCH NICHTS...
ES IST GANZ NORMAL FÜR NINJA...
... VON ANDEREN GEHASST ZU WERDEN.
I...ICH HASSE DICH DOCH NICHT...
...
ABER MEIN BRUDER HAT RECHT...
IN WIRKLICHKEIT... BIN ICH DOCH...
HE-HE...
TALENT MACHT EINEN NICHT UNBEDINGT GLÜCKLICH.
MAN KANN ARROGANT WERDEN, UND DANN WIRD MAN ISOLIERT.
AUCH WENN ANDERE SICH DIESES TALENT WÜNSCHEN WÜRDEN.

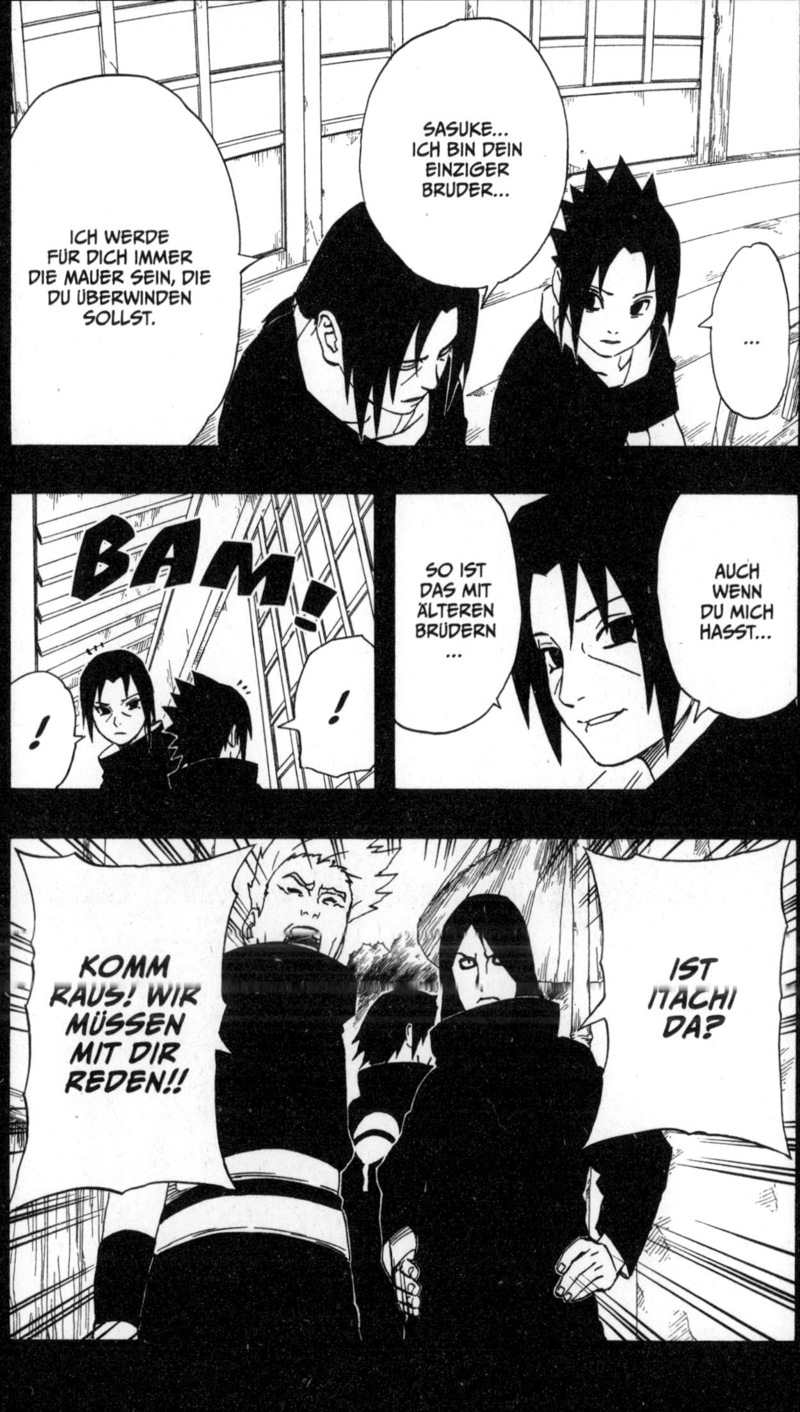

SASUKE... ICH BIN DEIN EINZIGER BRUDER...
ICH WERDE FÜR DICH IMMER DIE MAUER SEIN, DIE DU ÜBERWINDEN SOLLST.
...
AUCH WENN DU MICH HASST...
SO IST DAS MIT ÄLTEREN BRÜDERN ...
BAM!
!
!
IST ITACHI DA?
KOMM RAUS! WIR MÜSSEN MIT DIR REDEN!!

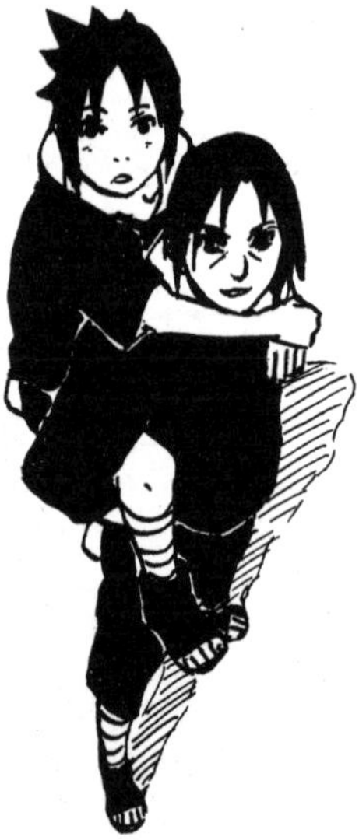

222. Kapitel:

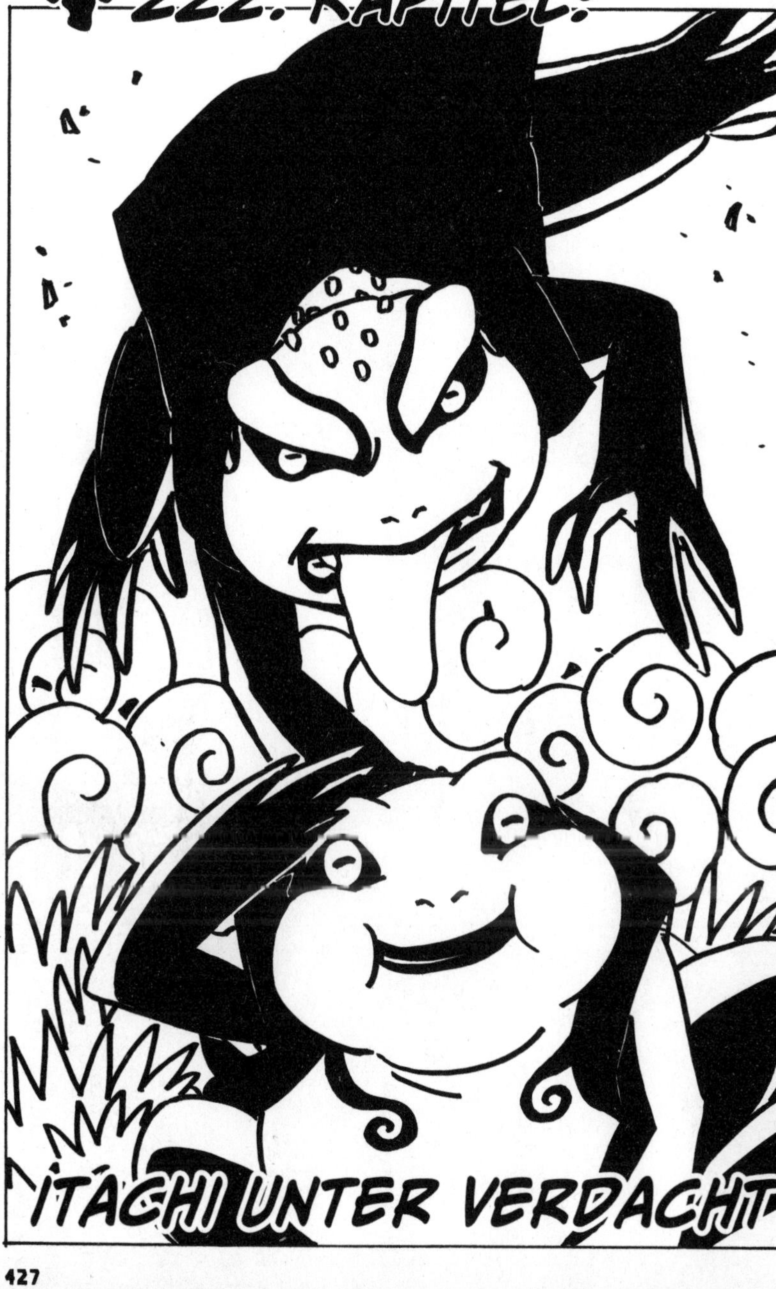

Itachi unter Verdacht

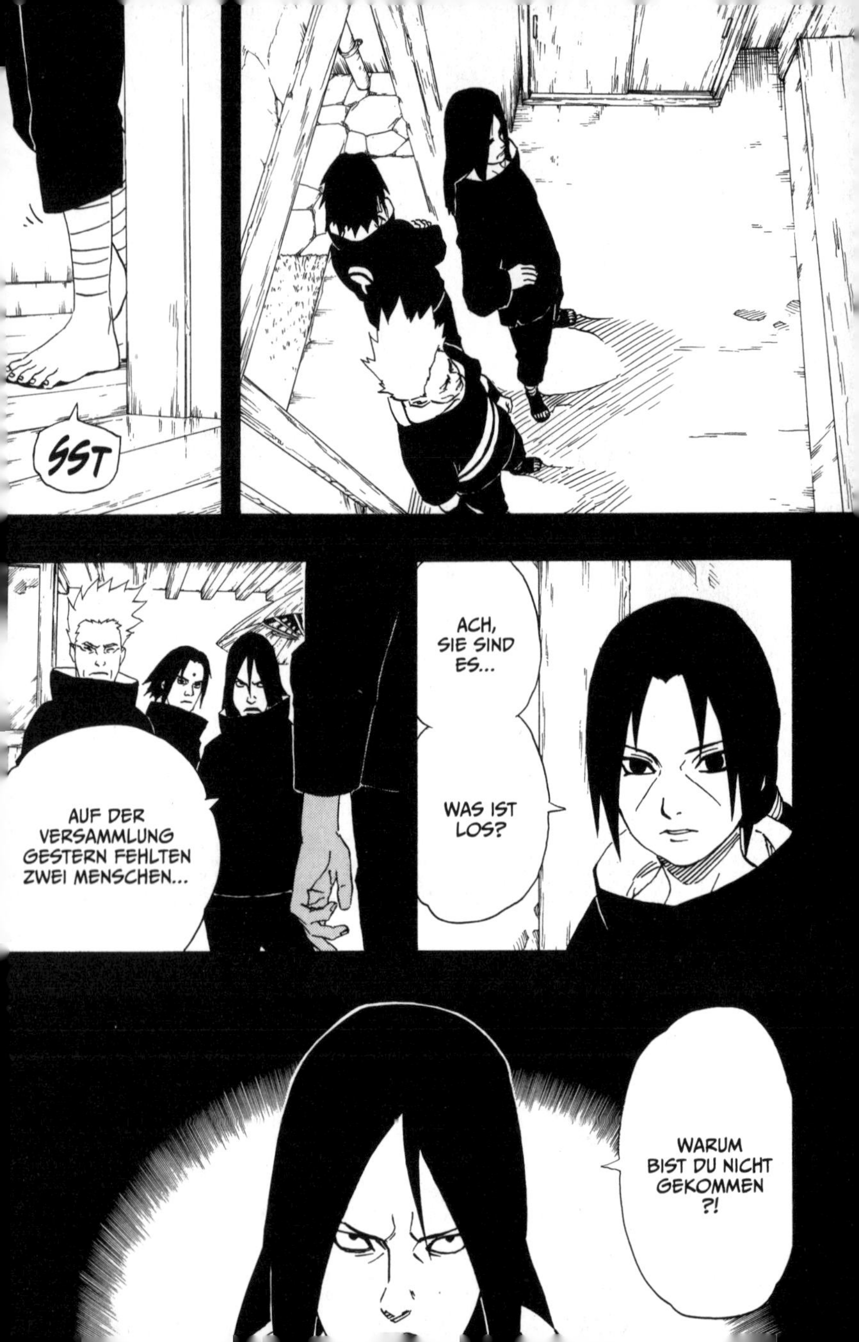
SST
ACH, SIE SIND ES...
WAS IST LOS?
AUF DER VERSAMMLUNG GESTERN FEHLTEN ZWEI MENSCHEN...
WARUM BIST DU NICHT GEKOMMEN ?!

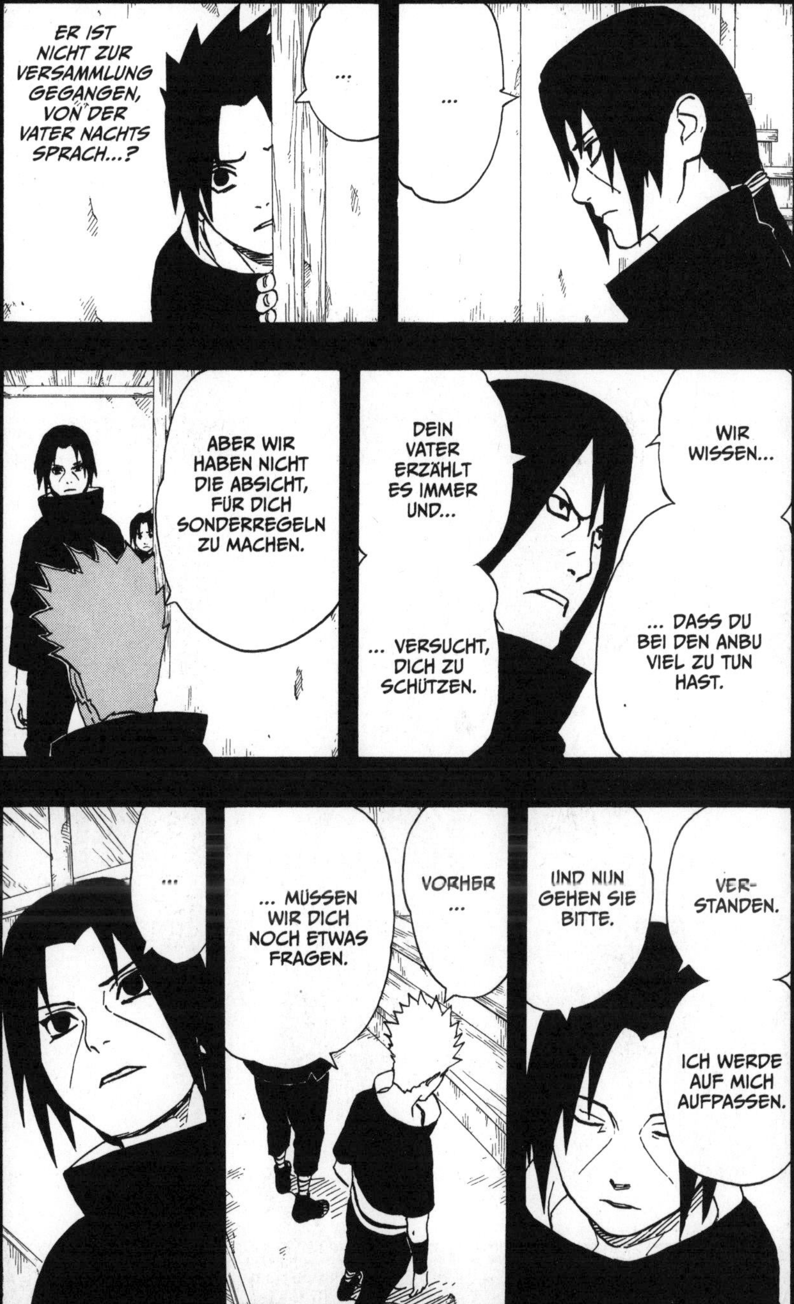
...
...
ER IST NICHT ZUR VERSAMMLUNG GEGANGEN, VON DER VATER NACHTS SPRACH...?
WIR WISSEN...
... DASS DU BEI DEN ANBU VIEL ZU TUN HAST.
DEIN VATER ERZÄHLT ES IMMER UND...
... VERSUCHT, DICH ZU SCHÜTZEN.
ABER WIR HABEN NICHT DIE ABSICHT, FÜR DICH SONDERREGELN ZU MACHEN.
VER-STANDEN.
ICH WERDE AUF MICH AUFPASSEN.
UND NUN GEHEN SIE BITTE.
VORHER ...
... MÜSSEN WIR DICH NOCH ETWAS FRAGEN.
...

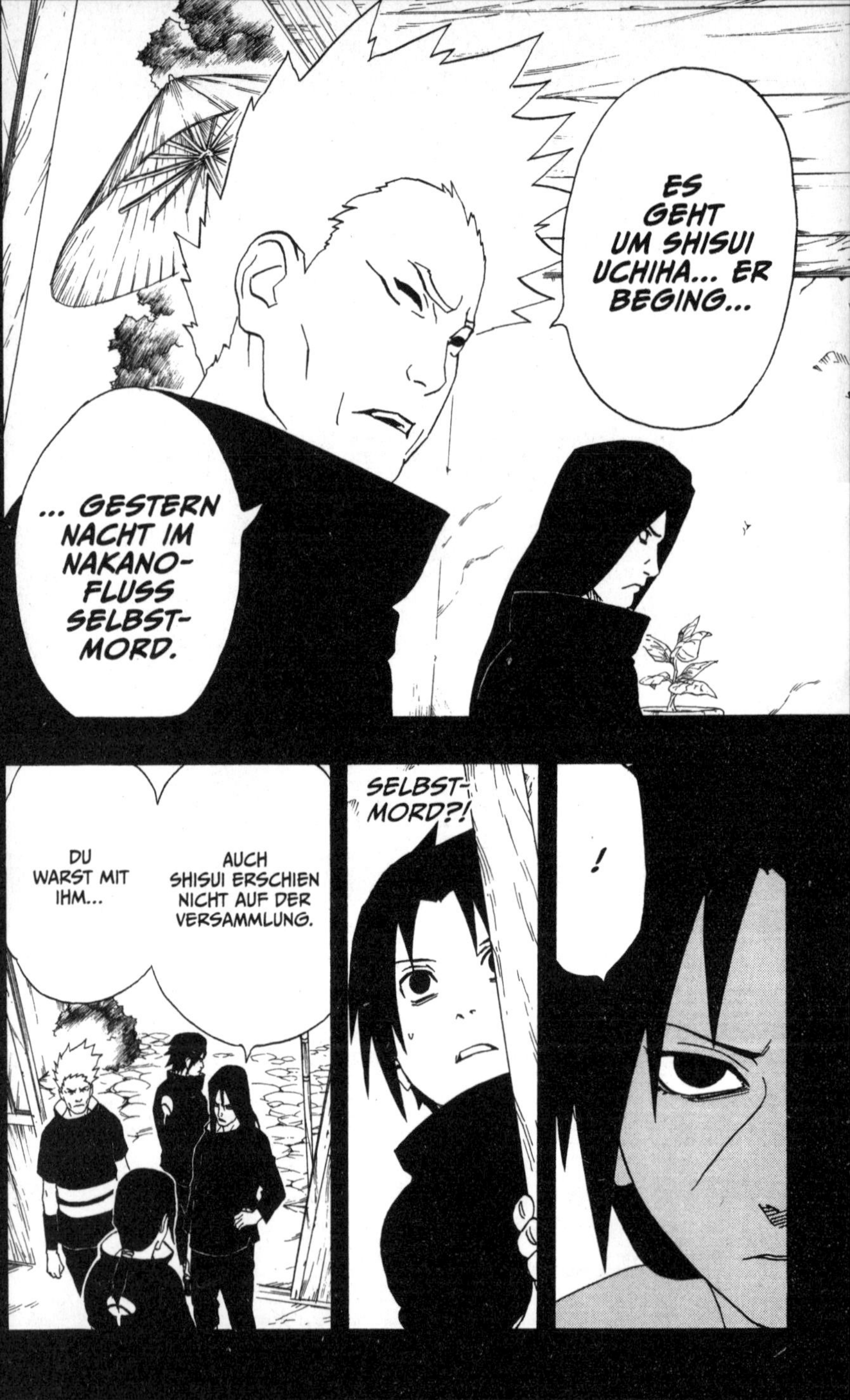

ES GEHT UM SHISUI UCHIHA... ER BEGING...
... GESTERN NACHT IM NAKANO-FLUSS SELBSTMORD.
!
SELBSTMORD?!
AUCH SHISUI ERSCHIEN NICHT AUF DER VERSAMMLUNG.
DU WARST MIT IHM...

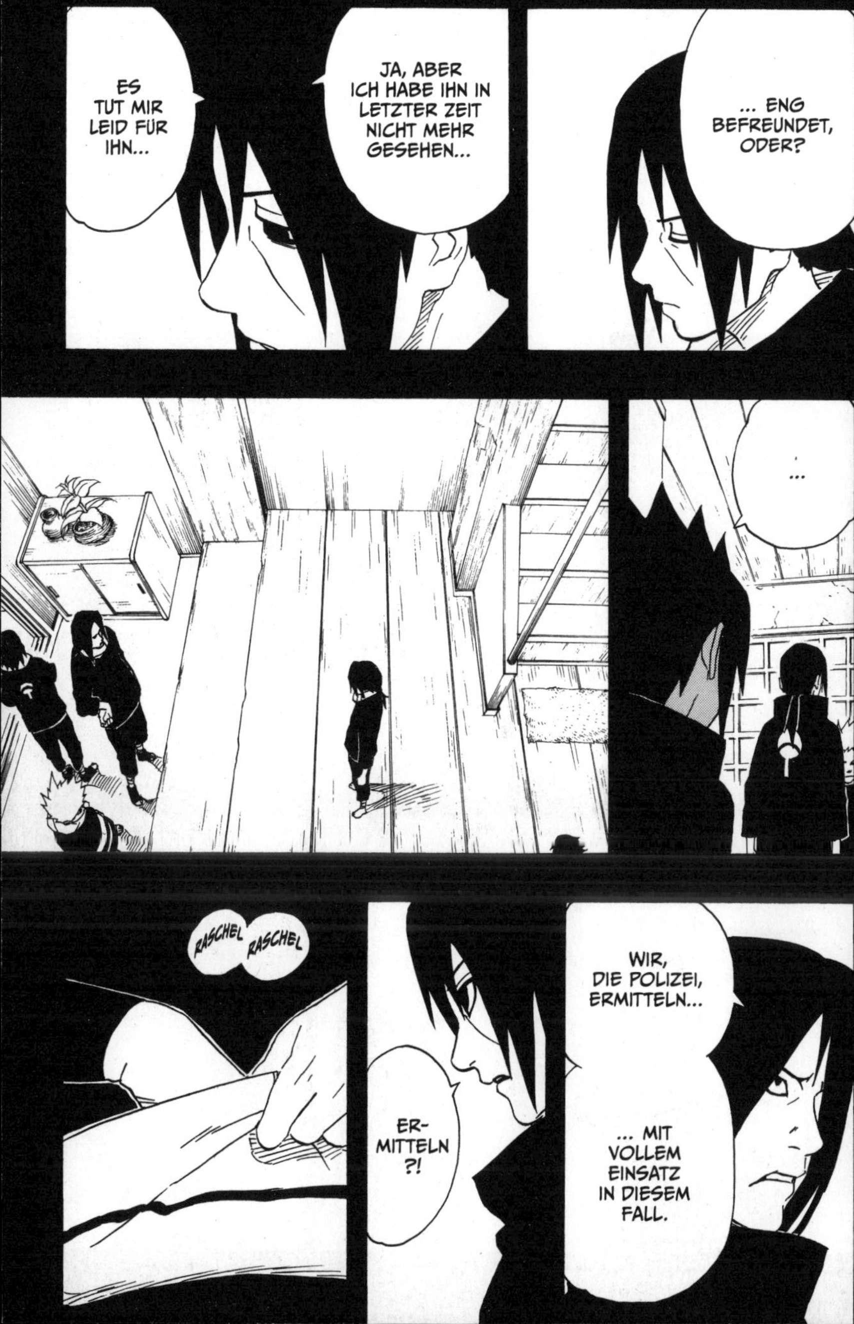
... ENG BEFREUNDET, ODER?
JA, ABER ICH HABE IHN IN LETZTER ZEIT NICHT MEHR GESEHEN...
ES TUT MIR LEID FÜR IHN...
...
WIR, DIE POLIZEI, ERMITTELN...
... MIT VOLLEM EINSATZ IN DIESEM FALL.
ER-MITTELN ?!
RASCHEL
RASCHEL

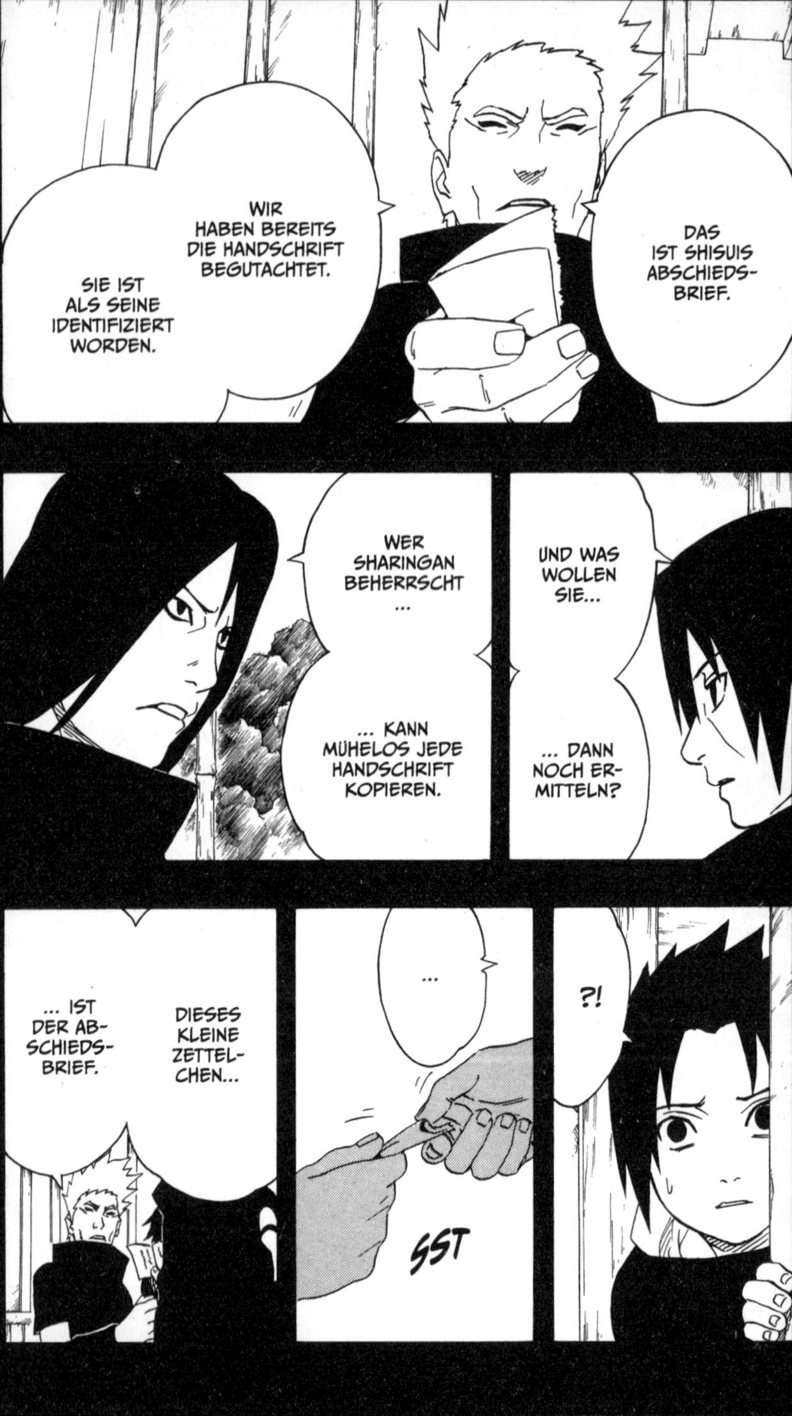
DAS IST SHISUIS ABSCHIEDS-BRIEF.
WIR HABEN BEREITS DIE HANDSCHRIFT BEGUTACHTET.
SIE IST ALS SEINE IDENTIFIZIERT WORDEN.
UND WAS WOLLEN SIE...
... DANN NOCH ER-MITTELN?
WER SHARINGAN BEHERRSCHT ...
... KANN MÜHELOS JEDE HANDSCHRIFT KOPIEREN.
?!
...
SST
DIESES KLEINE ZETTEL-CHEN...
... IST DER AB-SCHIEDS-BRIEF.

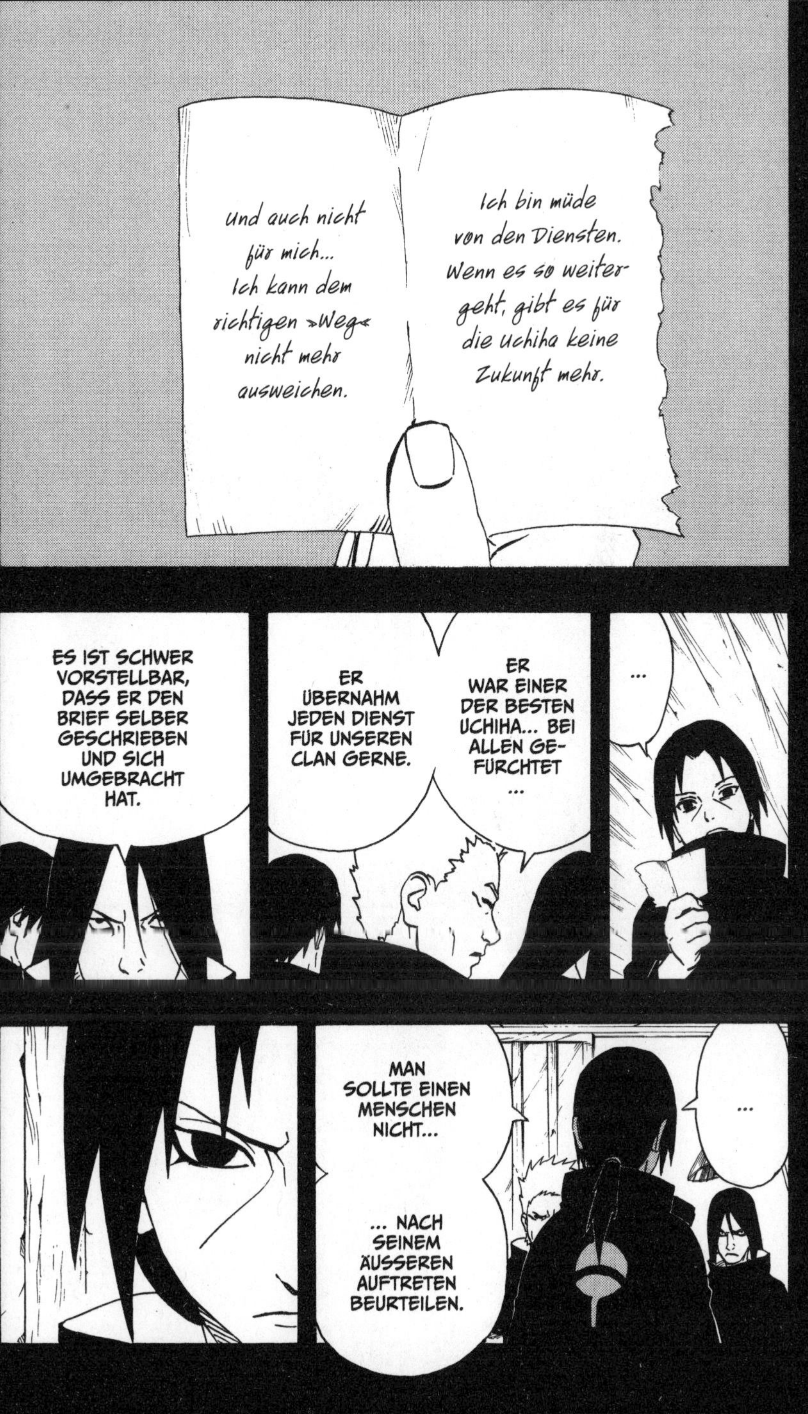
Ich bin müde von den Diensten. Wenn es so weiter-geht, gibt es für die Uchiha keine Zukunft mehr.
Und auch nicht für mich... Ich kann dem richtigen »Weg« nicht mehr ausweichen.
...
ER WAR EINER DER BESTEN UCHIHA... BEI ALLEN GE-FÜRCHTET ...
ER ÜBERNAHM JEDEN DIENST FÜR UNSEREN CLAN GERNE.
ES IST SCHWER VORSTELLBAR, DASS ER DEN BRIEF SELBER GESCHRIEBEN UND SICH UMGEBRACHT HAT.
...
MAN SOLLTE EINEN MENSCHEN NICHT...
... NACH SEINEM ÄUSSEREN AUFTRETEN BEURTEILEN.

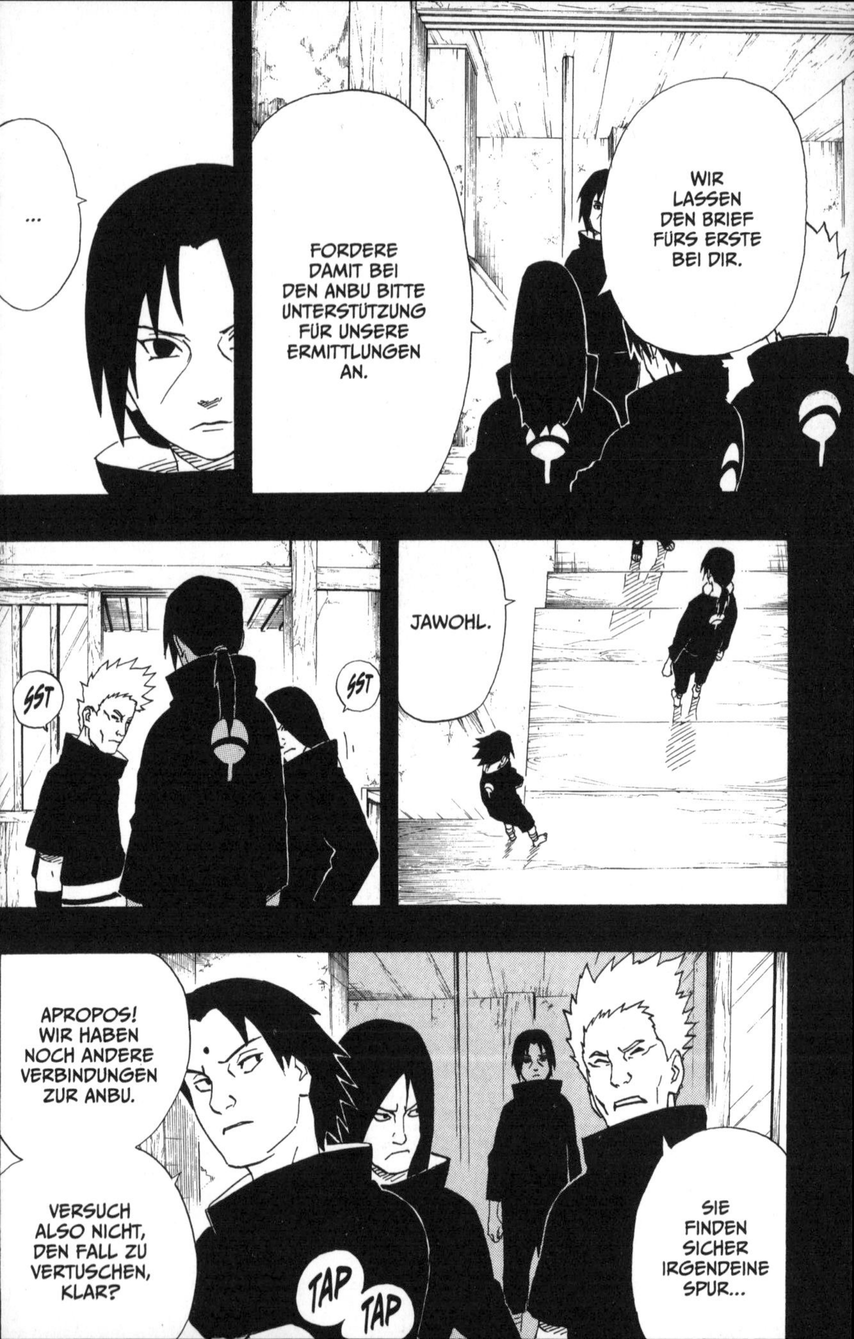
WIR LASSEN DEN BRIEF FÜRS ERSTE BEI DIR.
FORDERE DAMIT BEI DEN ANBU BITTE UNTERSTÜTZUNG FÜR UNSERE ERMITTLUNGEN AN.
...
JAWOHL.
SST
SST
SIE FINDEN SICHER IRGENDEINE SPUR...
APROPOS! WIR HABEN NOCH ANDERE VERBINDUNGEN ZUR ANBU.
VERSUCH ALSO NICHT, DEN FALL ZU VERTUSCHEN, KLAR?
TAP
TAP

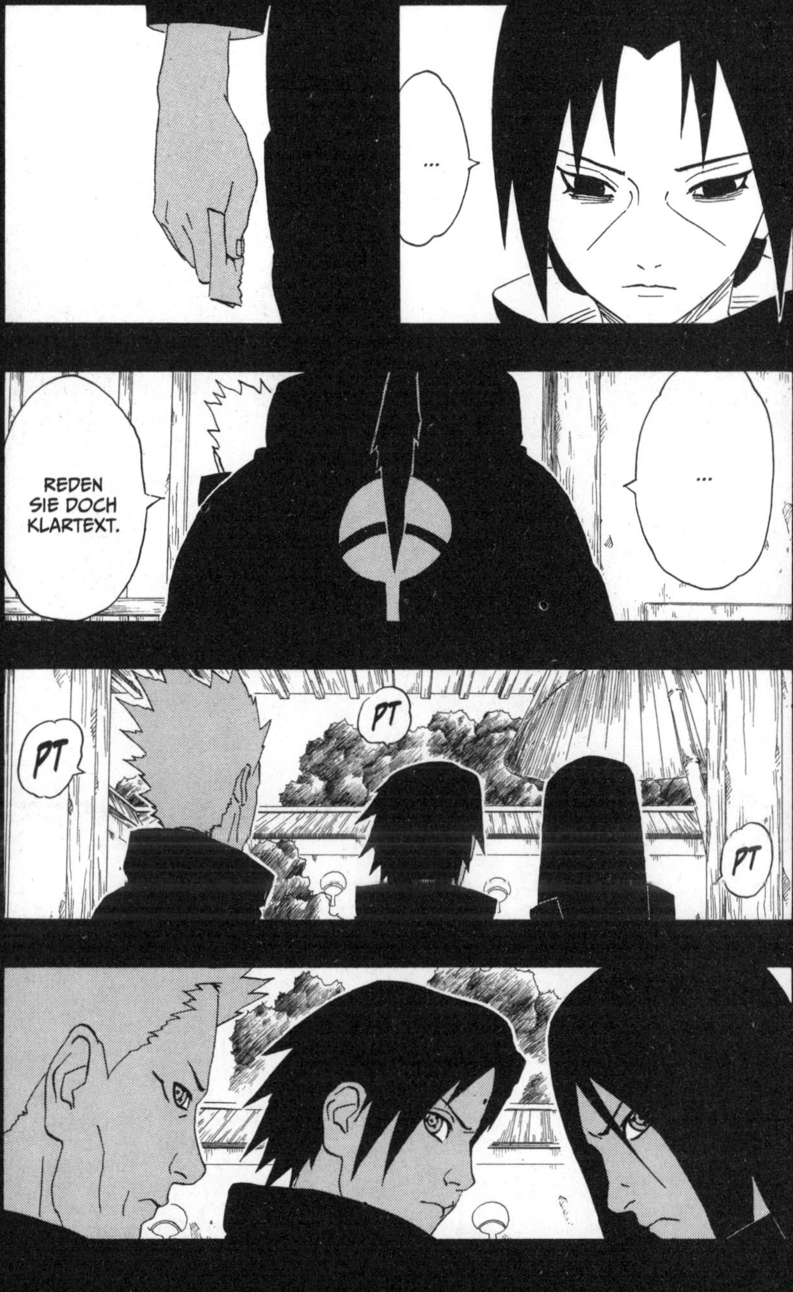
...
...
REDEN SIE DOCH KLARTEXT.
PT
PT
PT

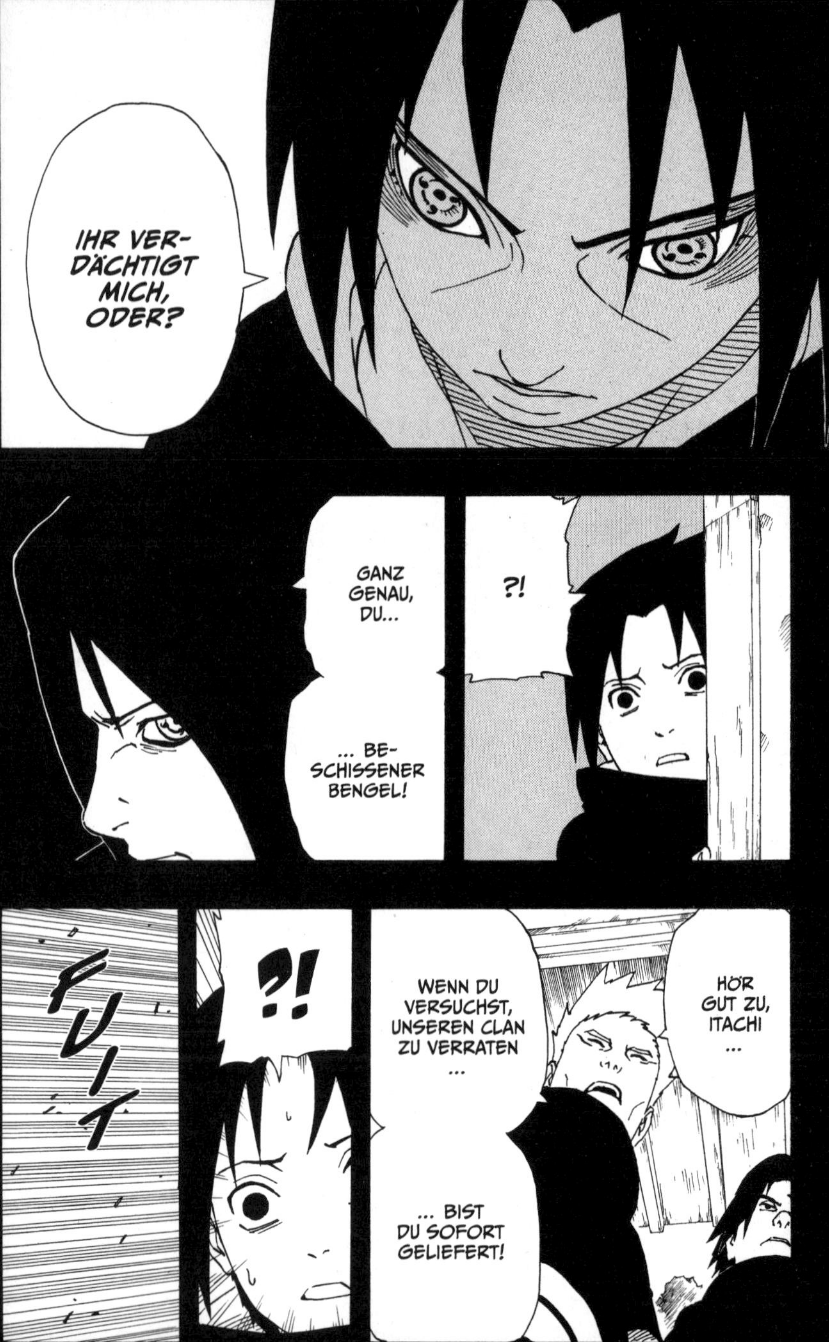
IHR VER-DÄCHTIGT MICH, ODER?
?!
GANZ GENAU, DU...
... BE-SCHISSENER BENGEL!
HÖR GUT ZU, ITACHI ...
WENN DU VERSUCHST, UNSEREN CLAN ZU VERRATEN ...
... BIST DU SOFORT GELIEFERT!
?!
FUIT

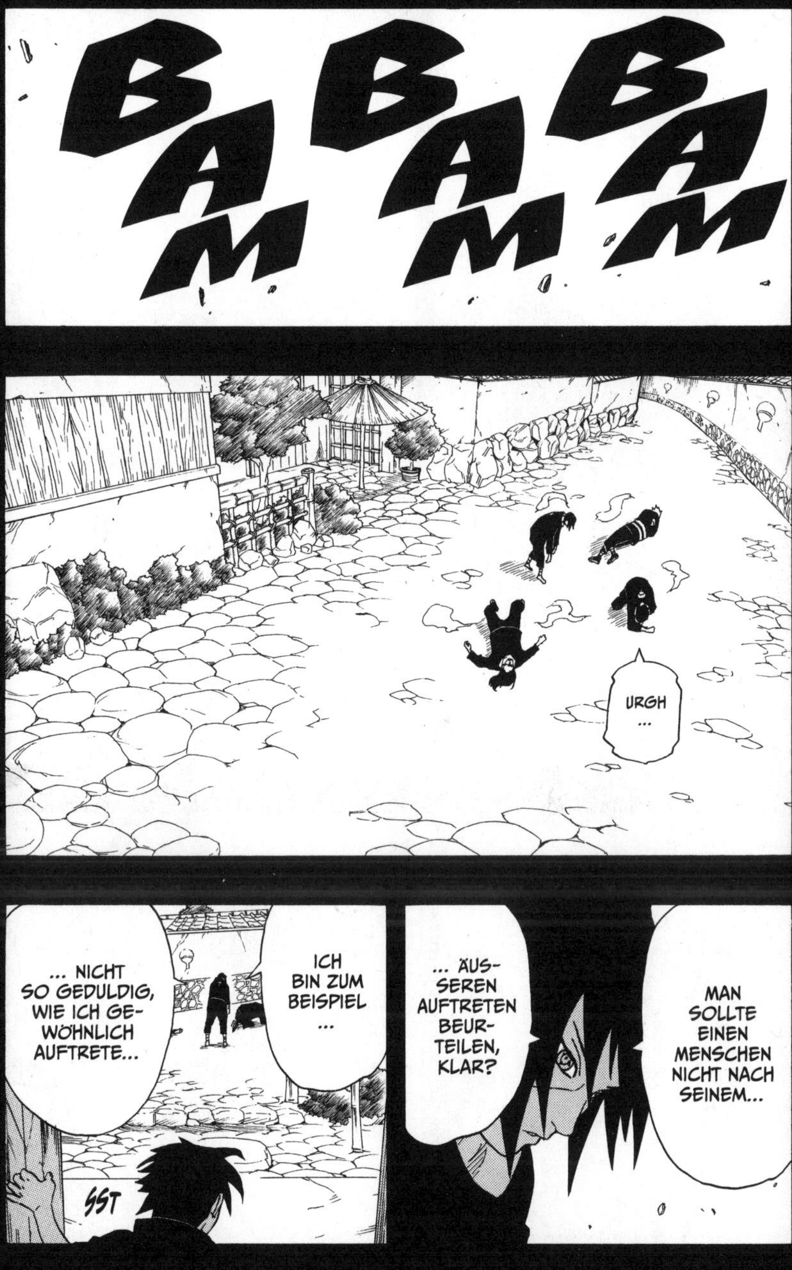
BAM BAM BAM
URGH ...
MAN SOLLTE EINEN MENSCHEN NICHT NACH SEINEM...
... ÄUS-SEREN AUFTRETEN BEUR-TEILEN, KLAR?
ICH BIN ZUM BEISPIEL ...
... NICHT SO GEDULDIG, WIE ICH GE-WÖHNLICH AUFTRETE...
SST

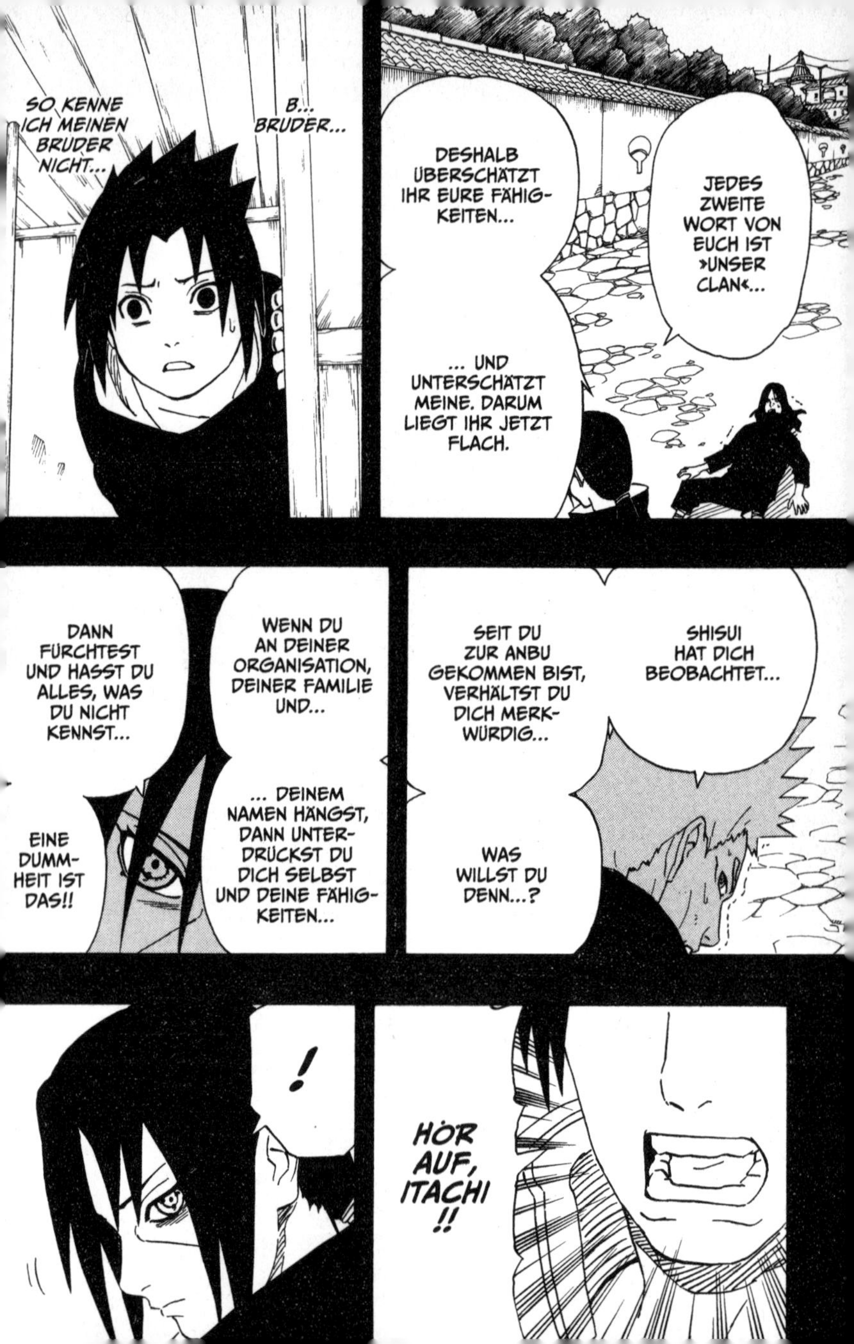
JEDES ZWEITE WORT VON EUCH IST »UNSER CLAN«...
DESHALB ÜBERSCHÄTZT IHR EURE FÄHIGKEITEN...
... UND UNTERSCHÄTZT MEINE. DARUM LIEGT IHR JETZT FLACH.
B... BRUDER...
SO KENNE ICH MEINEN BRUDER NICHT...
SHISUI HAT DICH BEOBACHTET...
SEIT DU ZUR ANBU GEKOMMEN BIST, VERHÄLTST DU DICH MERKWÜRDIG...
WAS WILLST DU DENN...?
WENN DU AN DEINER ORGANISATION, DEINER FAMILIE UND...
... DEINEM NAMEN HÄNGST, DANN UNTERDRÜCKST DU DICH SELBST UND DEINE FÄHIGKEITEN...
DANN FÜRCHTEST UND HASST DU ALLES, WAS DU NICHT KENNST...
EINE DUMMHEIT IST DAS!!
HÖR AUF, ITACHI!!
!

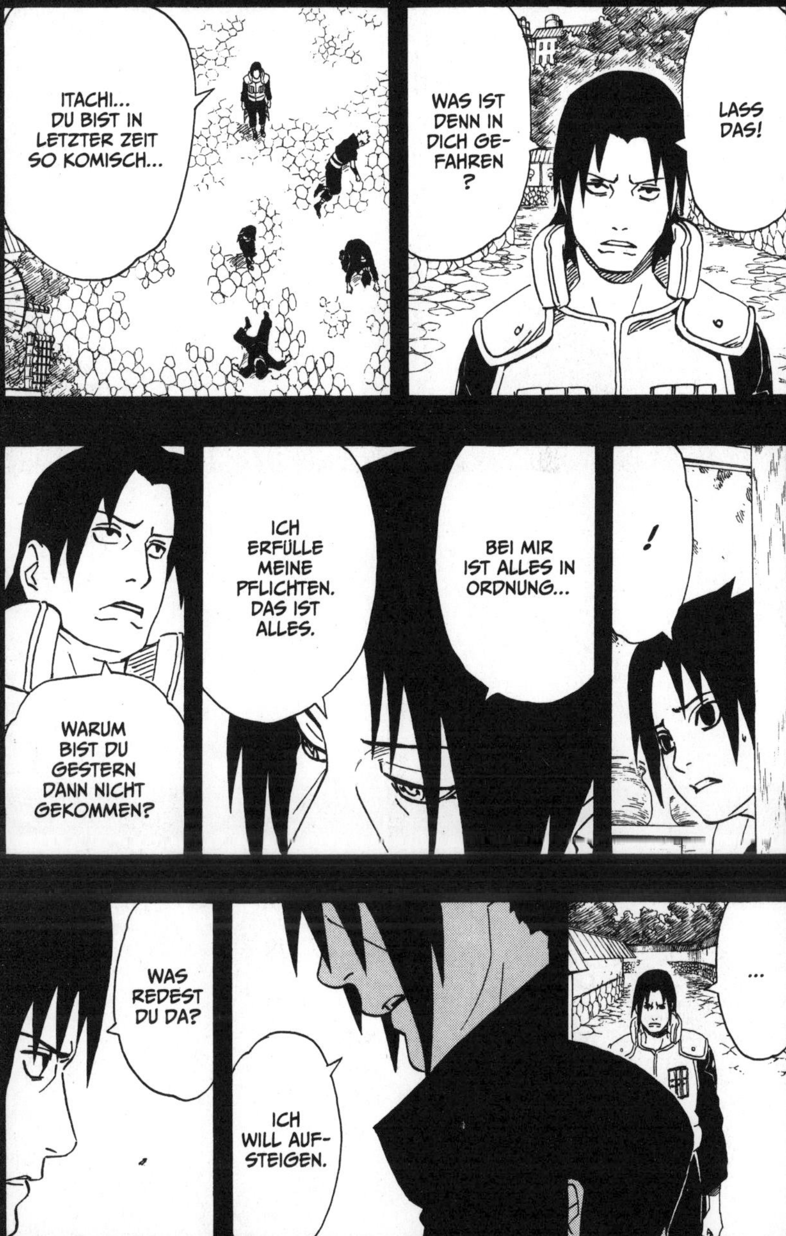
LASS DAS!
WAS IST DENN IN DICH GEFAHREN?
ITACHI... DU BIST IN LETZTER ZEIT SO KOMISCH...
!
BEI MIR IST ALLES IN ORDNUNG...
ICH ERFÜLLE MEINE PFLICHTEN. DAS IST ALLES.
WARUM BIST DU GESTERN DANN NICHT GEKOMMEN?
...
ICH WILL AUFSTEIGEN.
WAS REDEST DU DA?

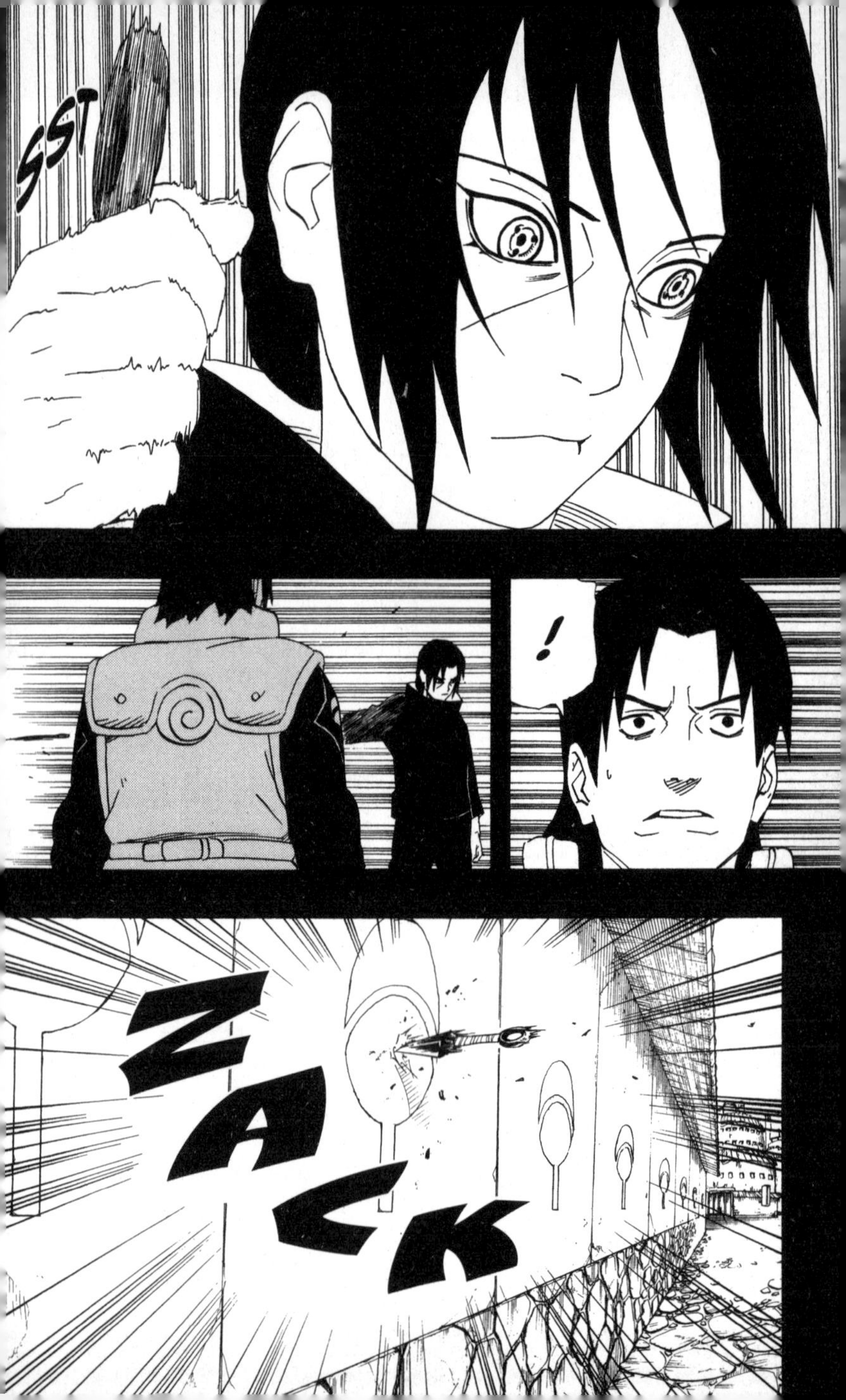
SST
!
ZACK

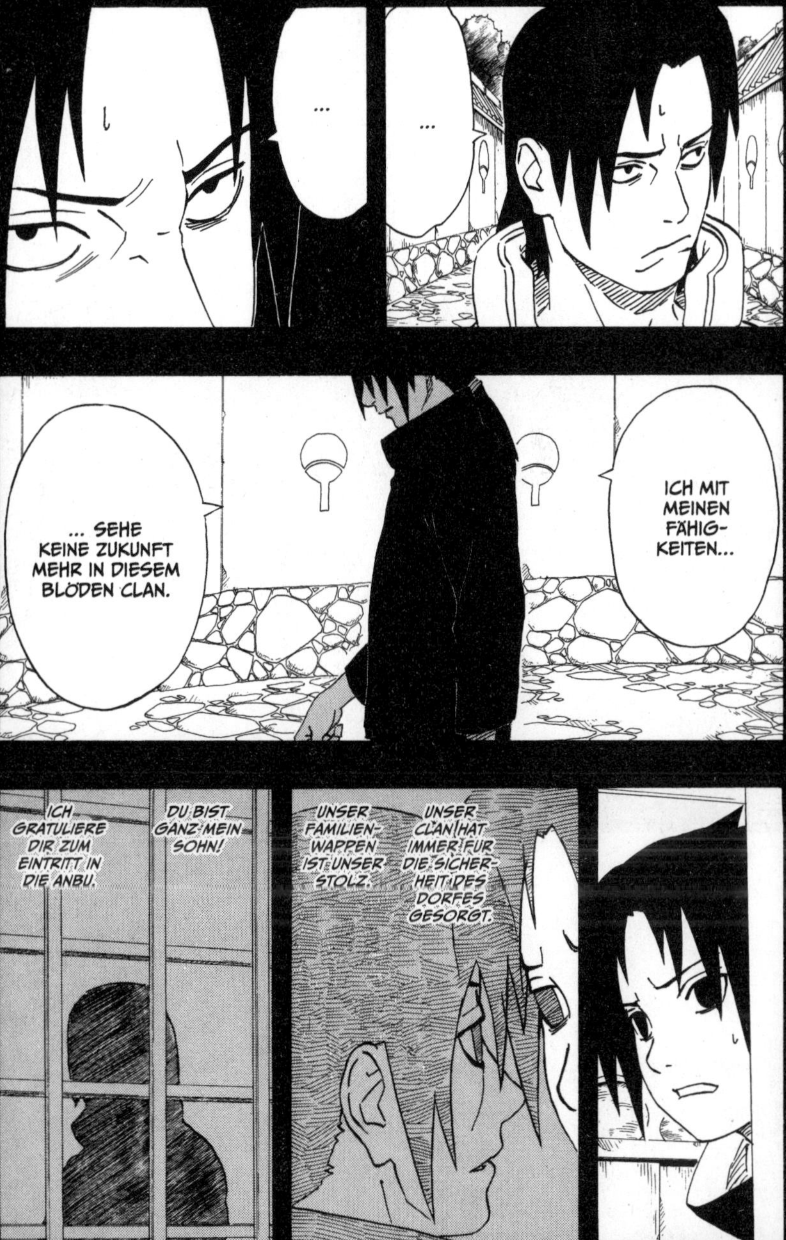
...
...
ICH MIT MEINEN FÄHIG-KEITEN...
... SEHE KEINE ZUKUNFT MEHR IN DIESEM BLÖDEN CLAN.
UNSER CLAN HAT IMMER FÜR DIE SICHERHEIT DES DORFES GESORGT.
UNSER FAMILIEN-WAPPEN IST UNSER STOLZ.
DU BIST GANZ MEIN SOHN!
ICH GRATULIERE DIR ZUM EINTRITT IN DIE ANBU.

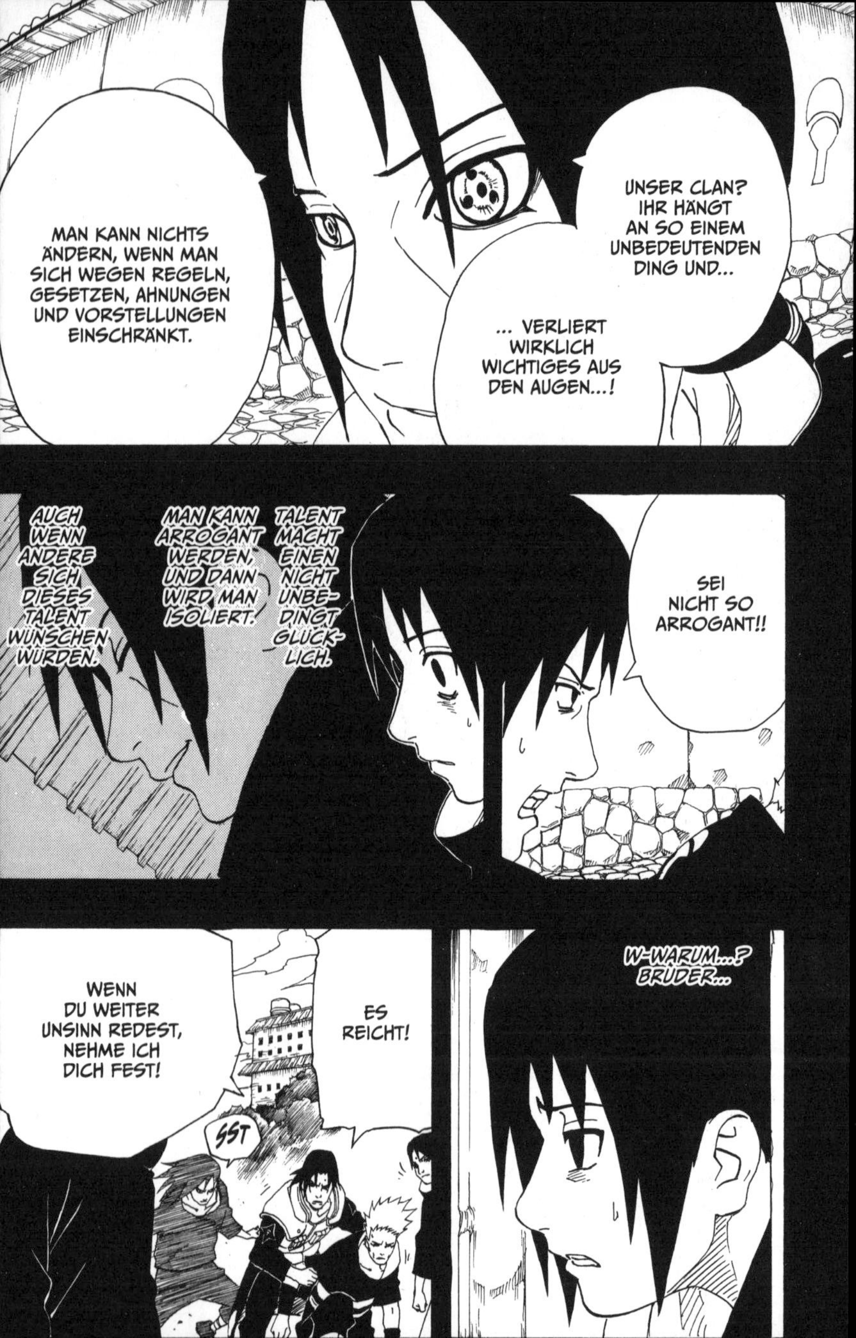
UNSER CLAN? IHR HÄNGT AN SO EINEM UNBEDEUTENDEN DING UND...
... VERLIERT WIRKLICH WICHTIGES AUS DEN AUGEN...!
MAN KANN NICHTS ÄNDERN, WENN MAN SICH WEGEN REGELN, GESETZEN, AHNUNGEN UND VORSTELLUNGEN EINSCHRÄNKT.
SEI NICHT SO ARROGANT!!
TALENT MACHT EINEN NICHT UNBE-DINGT GLÜCK-LICH.
MAN KANN ARROGANT WERDEN, UND DANN WIRD MAN ISOLIERT.
AUCH WENN ANDERE SICH DIESES TALENT WÜNSCHEN WÜRDEN.
W-WARUM...? BRÜDER...
ES REICHT!
SST
WENN DU WEITER UNSINN REDEST, NEHME ICH DICH FEST!

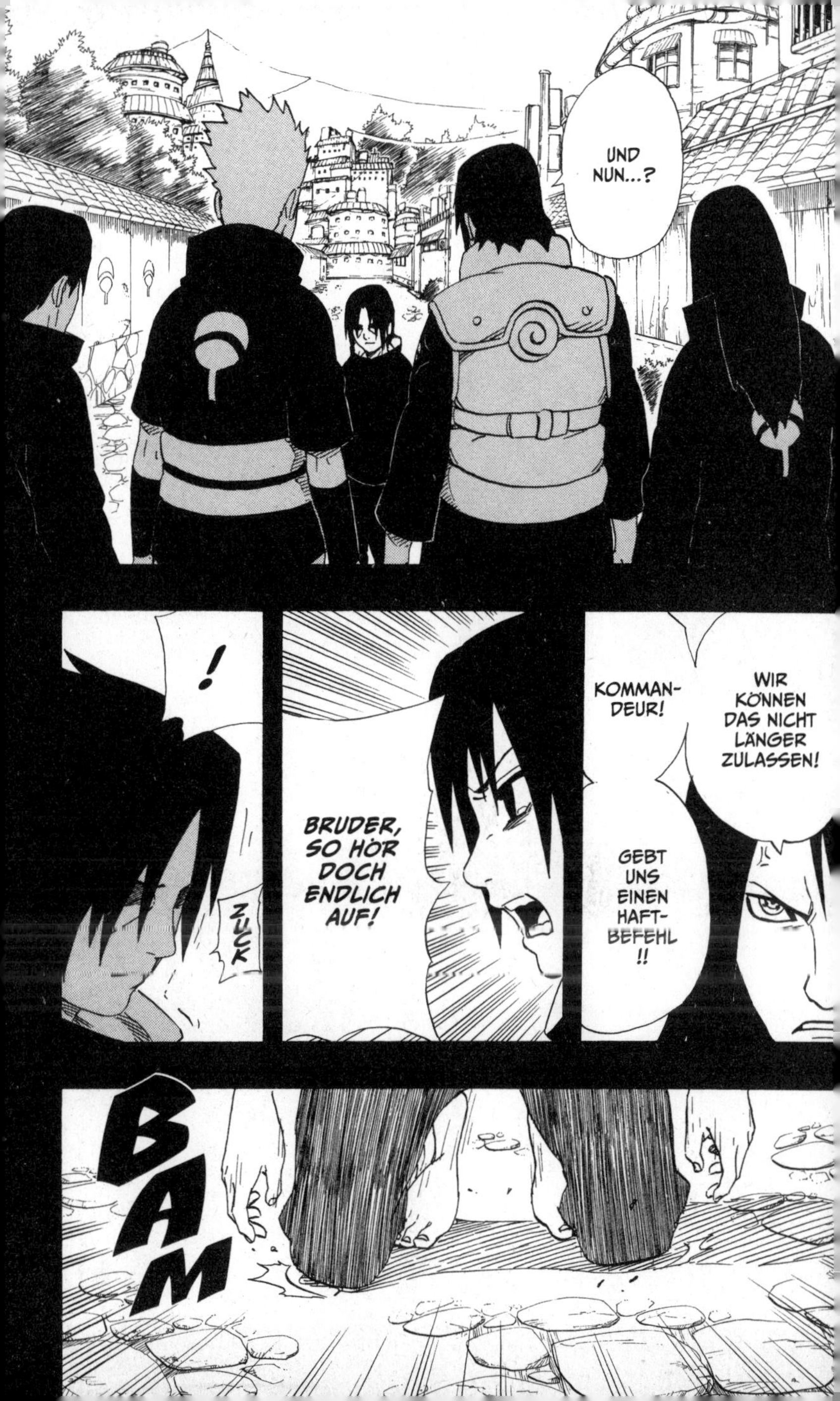
UND NUN...?
WIR KÖNNEN DAS NICHT LÄNGER ZULASSEN!
KOMMAN-DEUR!
GEBT UNS EINEN HAFT-BEFEHL !!
BRUDER, SO HÖR DOCH ENDLICH AUF!
!
ZUCK
BAM

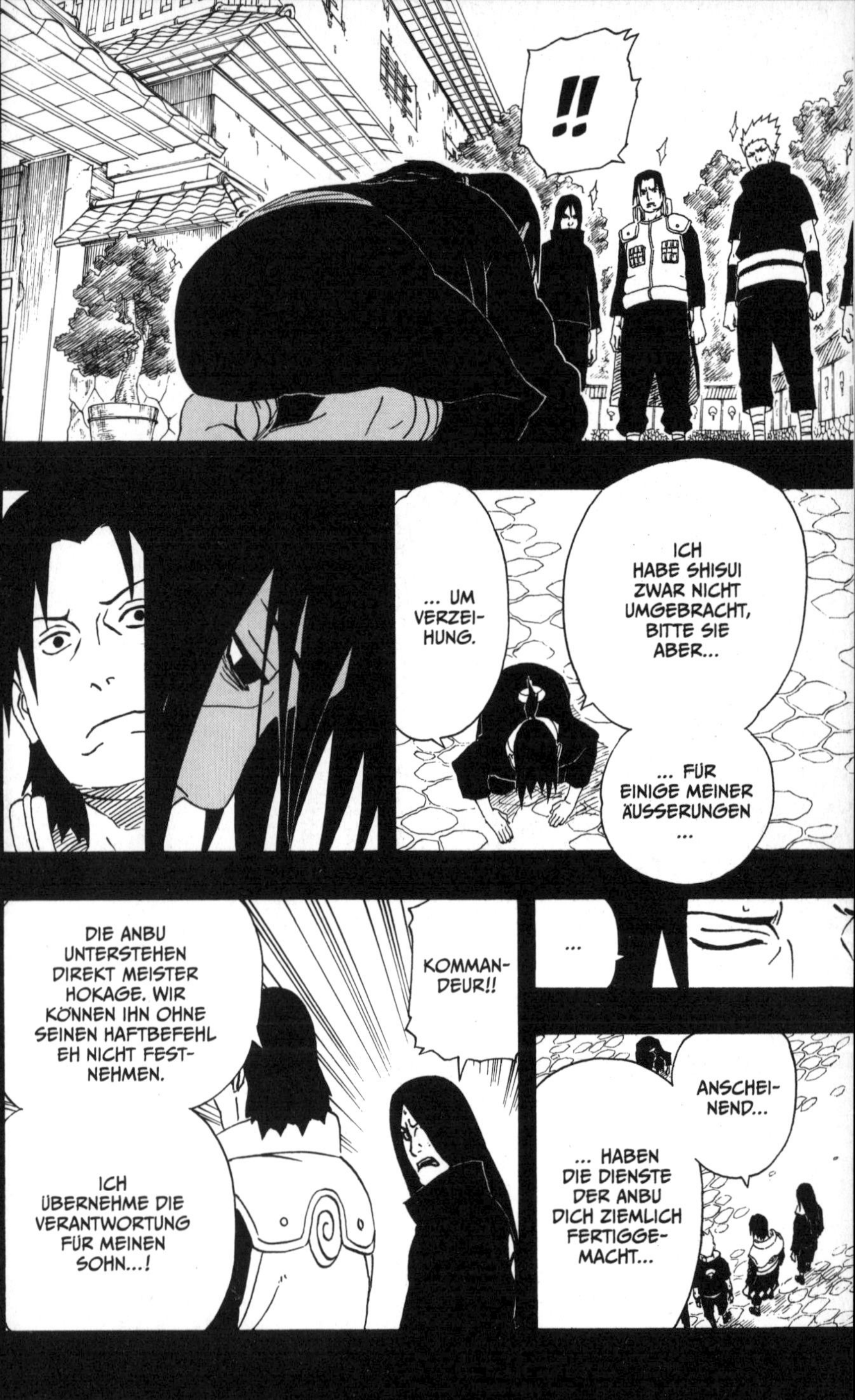
!!
ICH HABE SHISUI ZWAR NICHT UMGEBRACHT, BITTE SIE ABER...
... FÜR EINIGE MEINER ÄUSSERUNGEN ...
... UM VERZEIHUNG.
...
KOMMANDEUR!!
DIE ANBU UNTERSTEHEN DIREKT MEISTER HOKAGE. WIR KÖNNEN IHN OHNE SEINEN HAFTBEFEHL EH NICHT FESTNEHMEN.
ICH ÜBERNEHME DIE VERANTWORTUNG FÜR MEINEN SOHN...!
ANSCHEINEND...
... HABEN DIE DIENSTE DER ANBU DICH ZIEMLICH FERTIGGEMACHT...

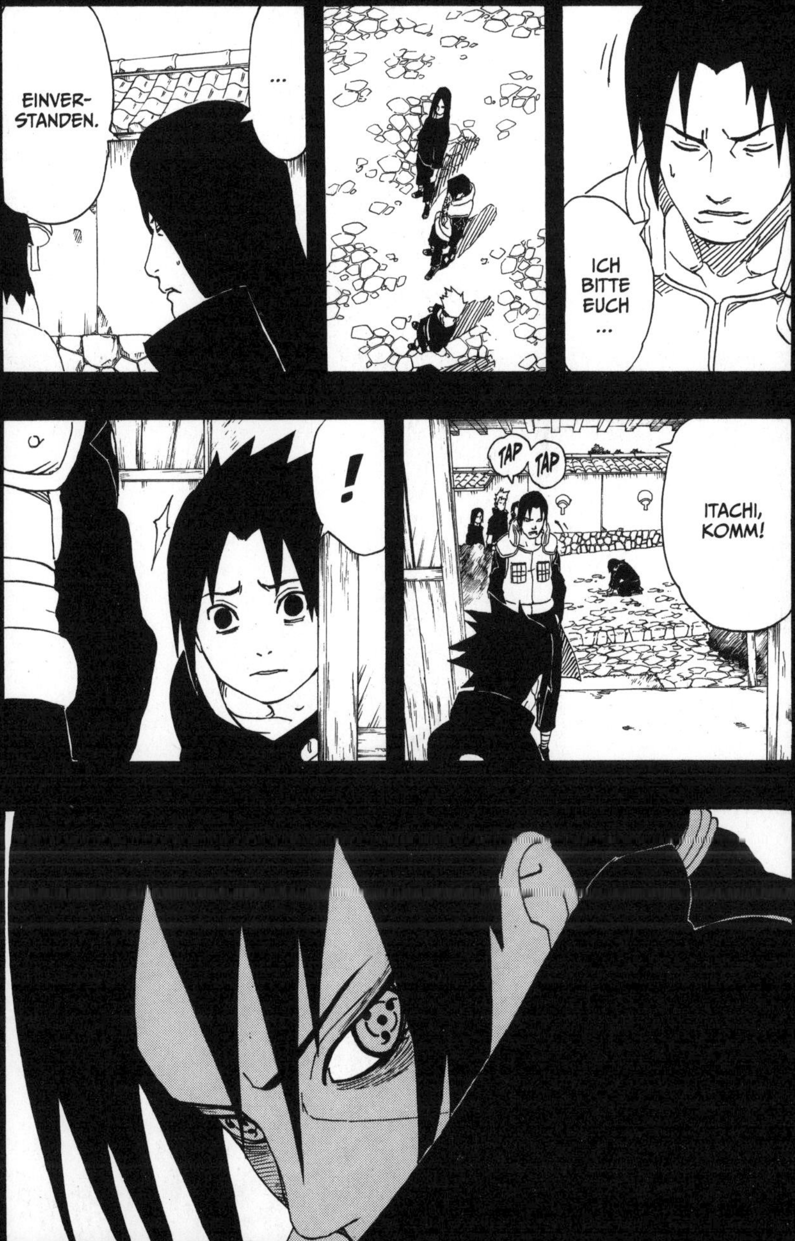
ICH BITTE EUCH …
…
EINVER-STANDEN.
ITACHI, KOMM!
TAP
TAP
!

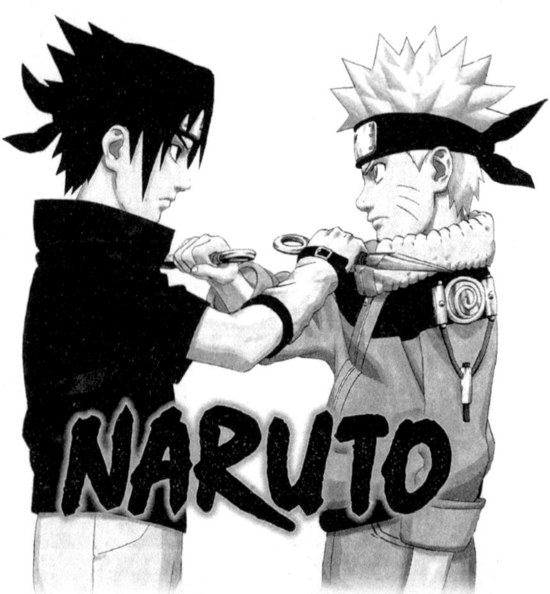
NARUTO

223. Kapitel: Sasuke und sein Vater

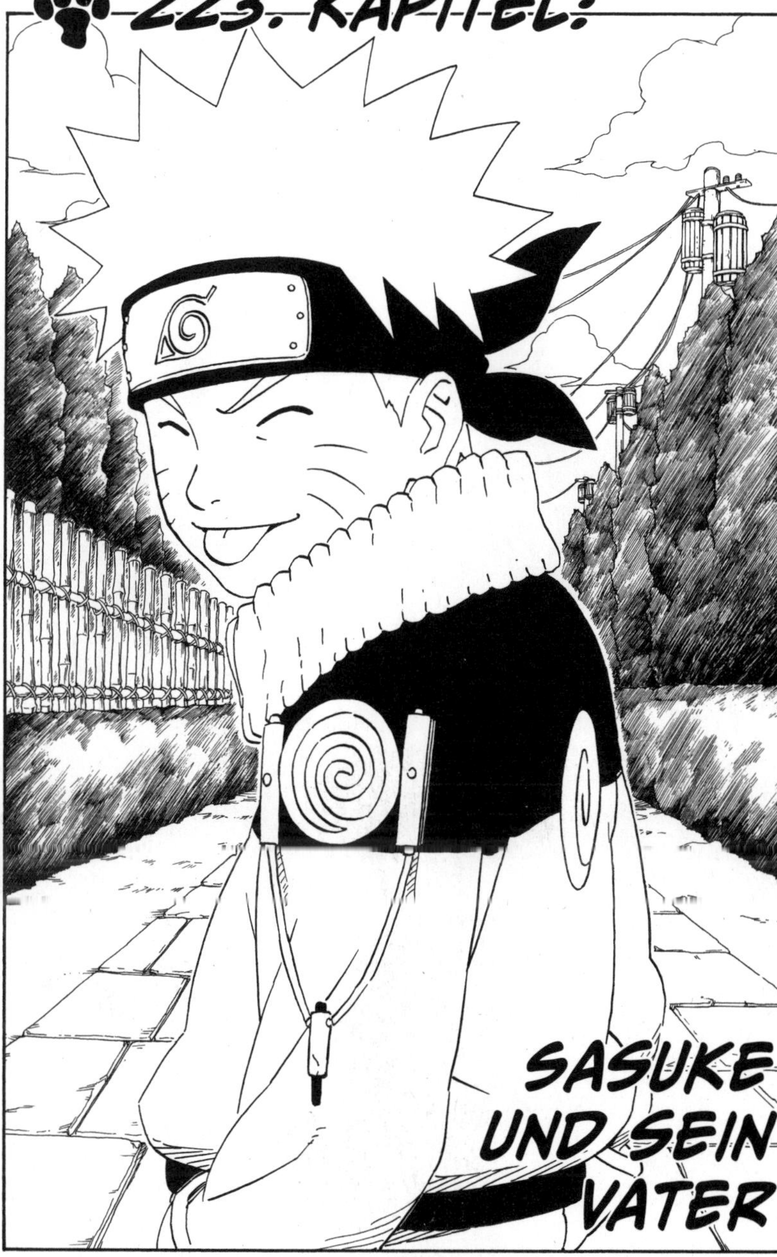

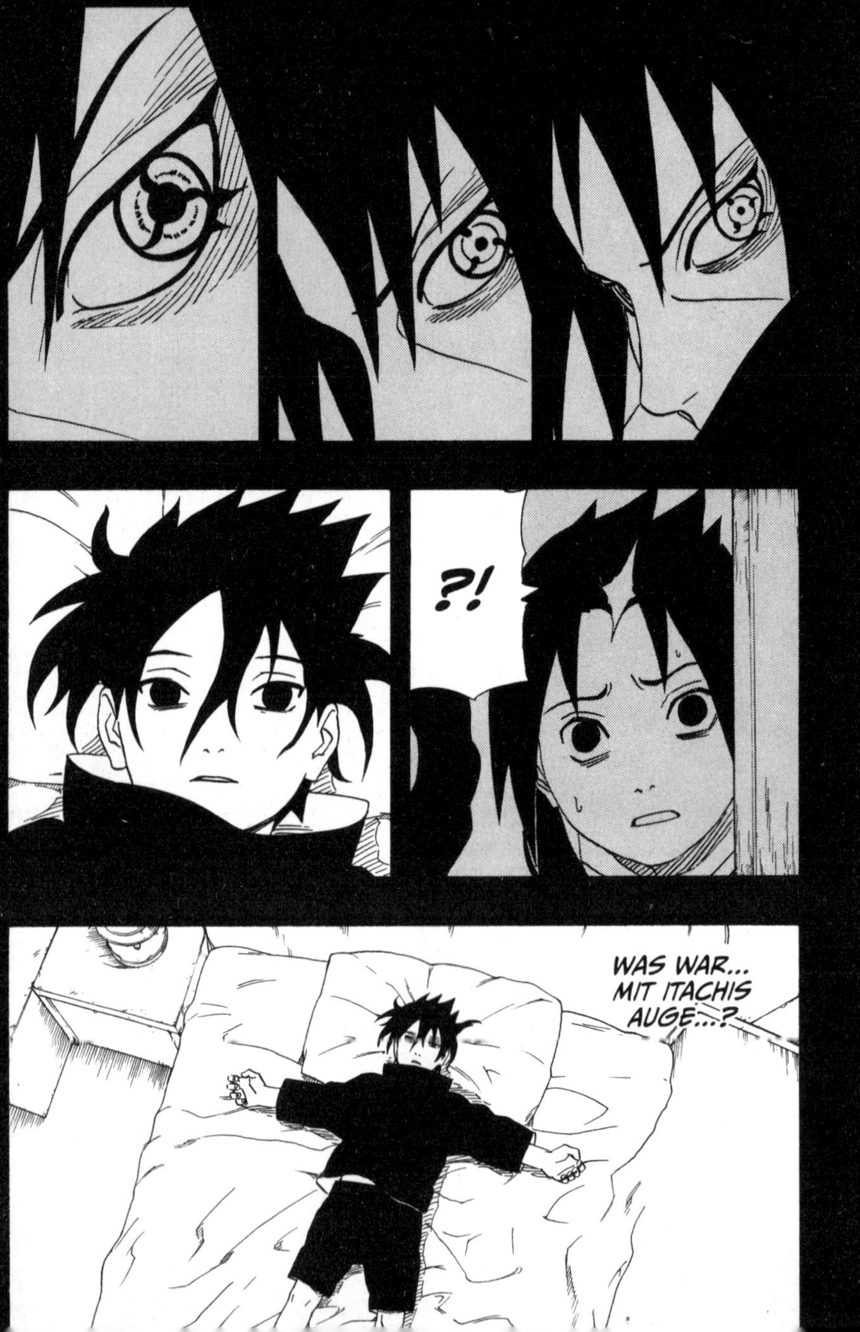
?!
WAS WAR... MIT ITACHIS AUGE...?

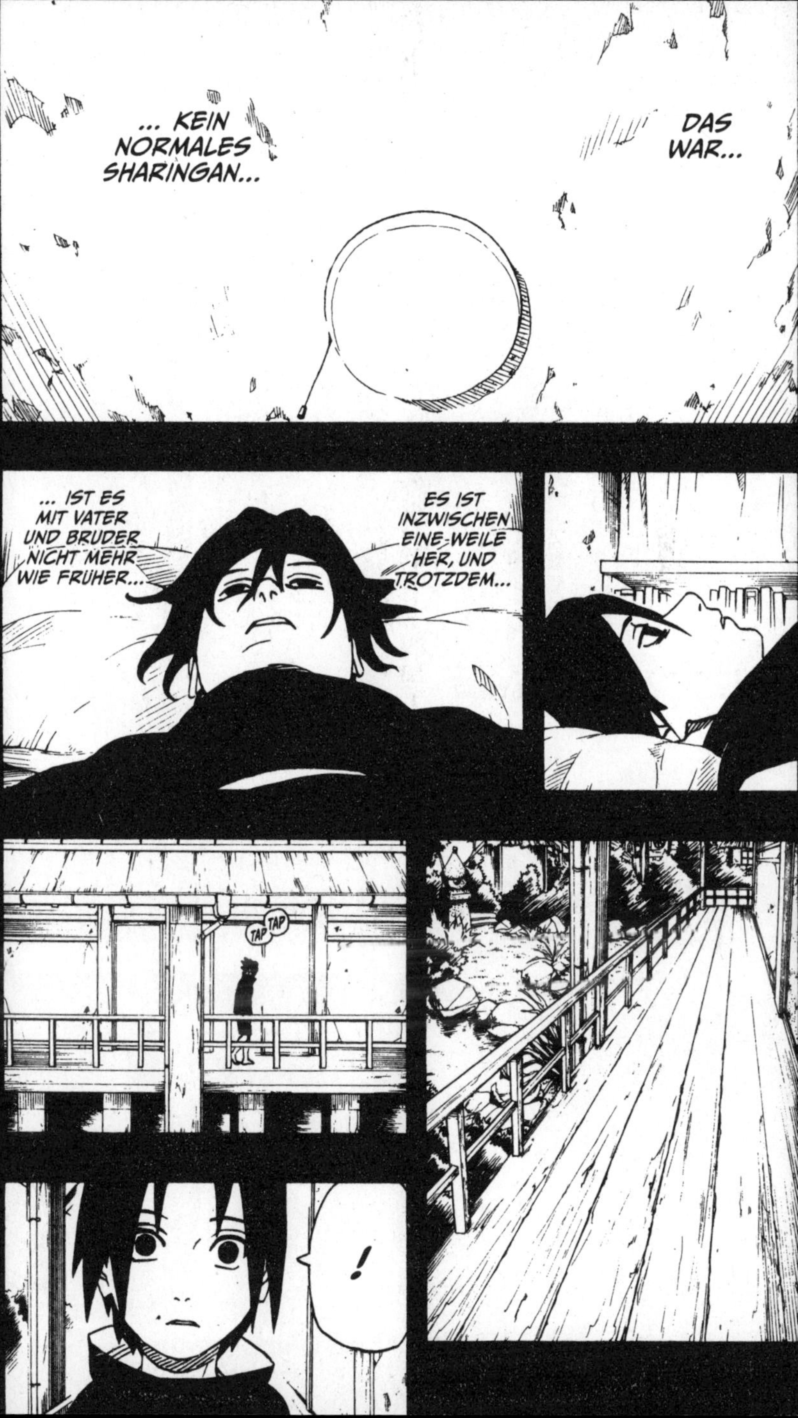
DAS WAR...
... KEIN NORMALES SHARINGAN...
ES IST INZWISCHEN EINE WEILE HER, UND TROTZDEM...
... IST ES MIT VATER UND BRUDER NICHT MEHR WIE FRÜHER...
TAP TAP
!

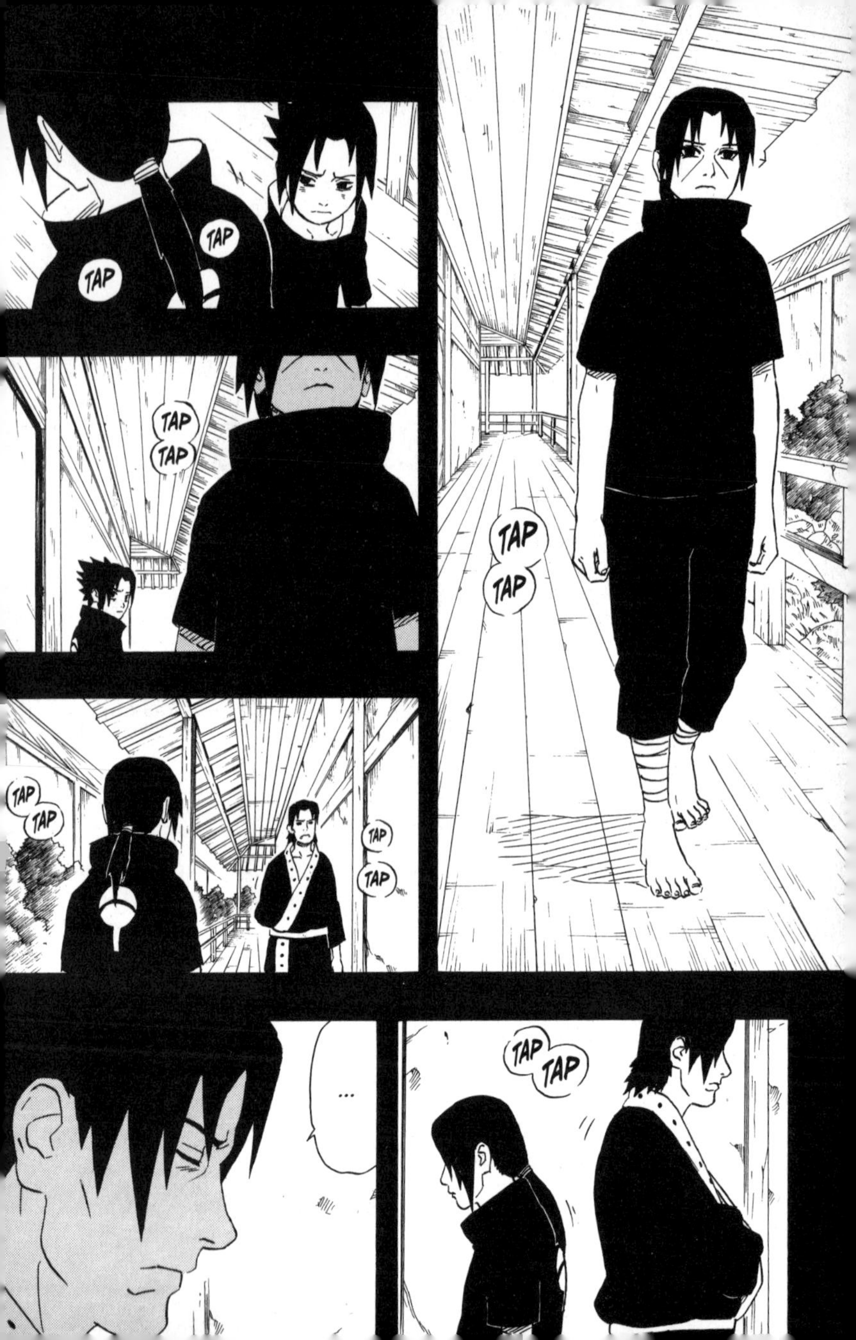
TAP
TAP
TAP
TAP
TAP
TAP
TAP
TAP
TAP
TAP
TAP
TAP
...

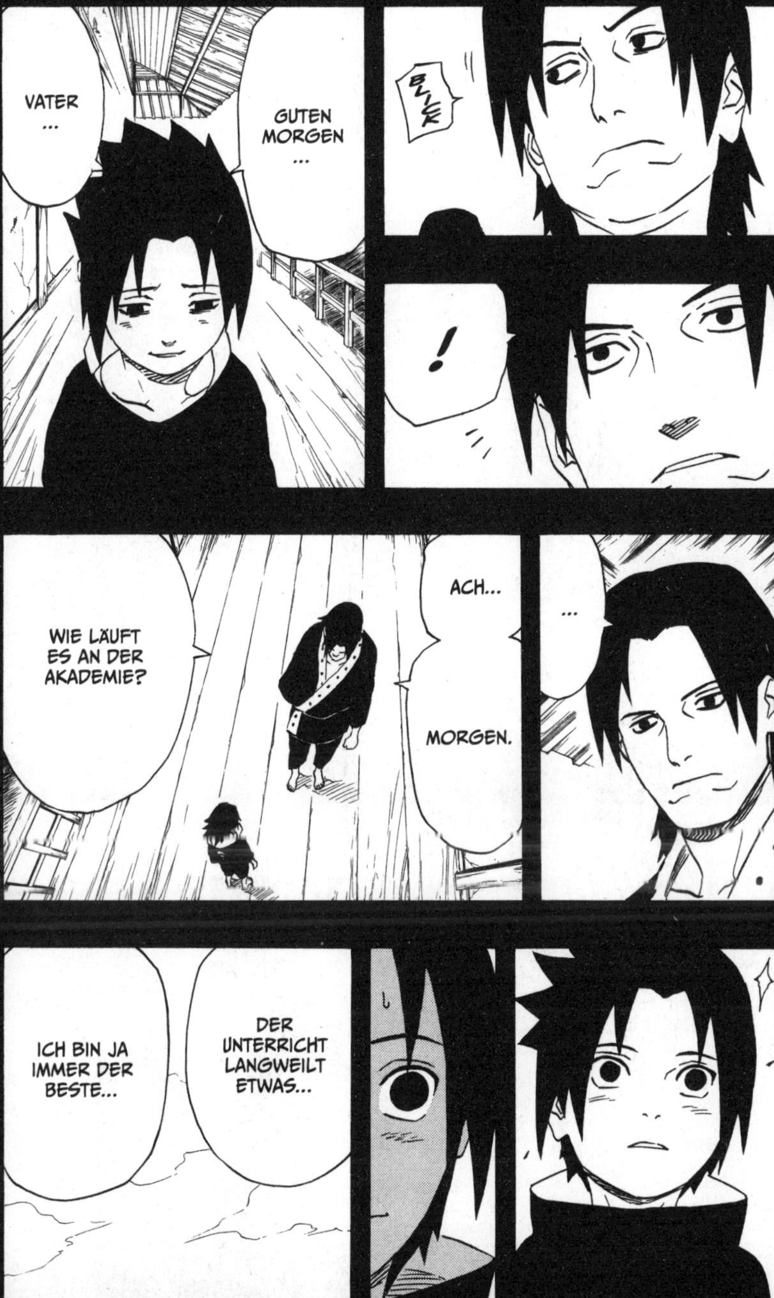
BLICK
GUTEN MORGEN ...
VATER ...
!
...
ACH...
MORGEN.
WIE LÄUFT ES AN DER AKADEMIE?
DER UNTERRICHT LANGWEILT ETWAS...
ICH BIN JA IMMER DER BESTE...

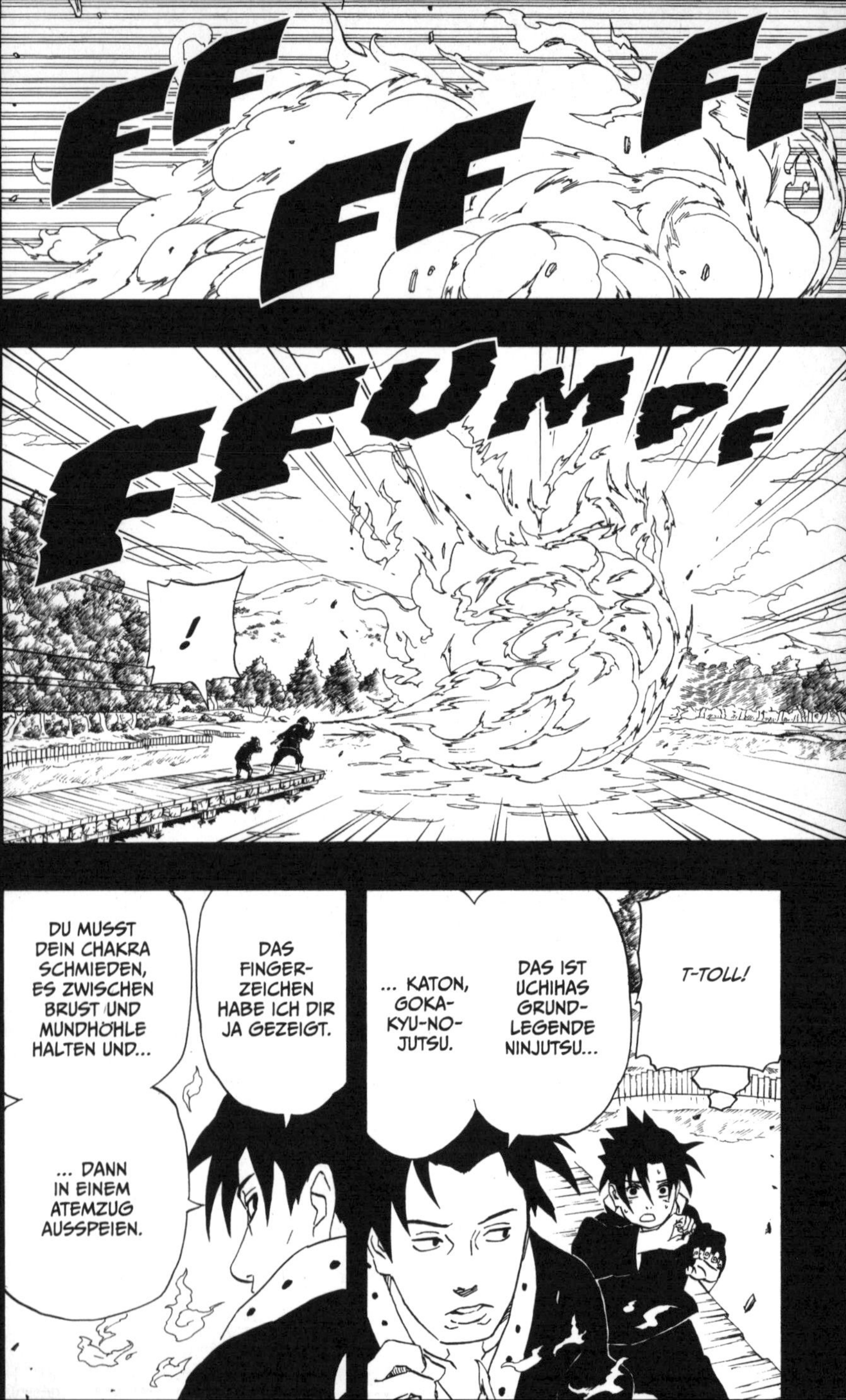
FF
FF
FF
FFUMPF
!
T-TOLL!
DAS IST UCHIHAS GRUNDLEGENDE NINJUTSU...
... KATON, GOKA-KYU-NO-JUTSU.
DAS FINGERZEICHEN HABE ICH DIR JA GEZEIGT.
DU MUSST DEIN CHAKRA SCHMIEDEN, ES ZWISCHEN BRUST UND MUNDHÖHLE HALTEN UND...
... DANN IN EINEM ATEMZUG AUSSPEIEN.

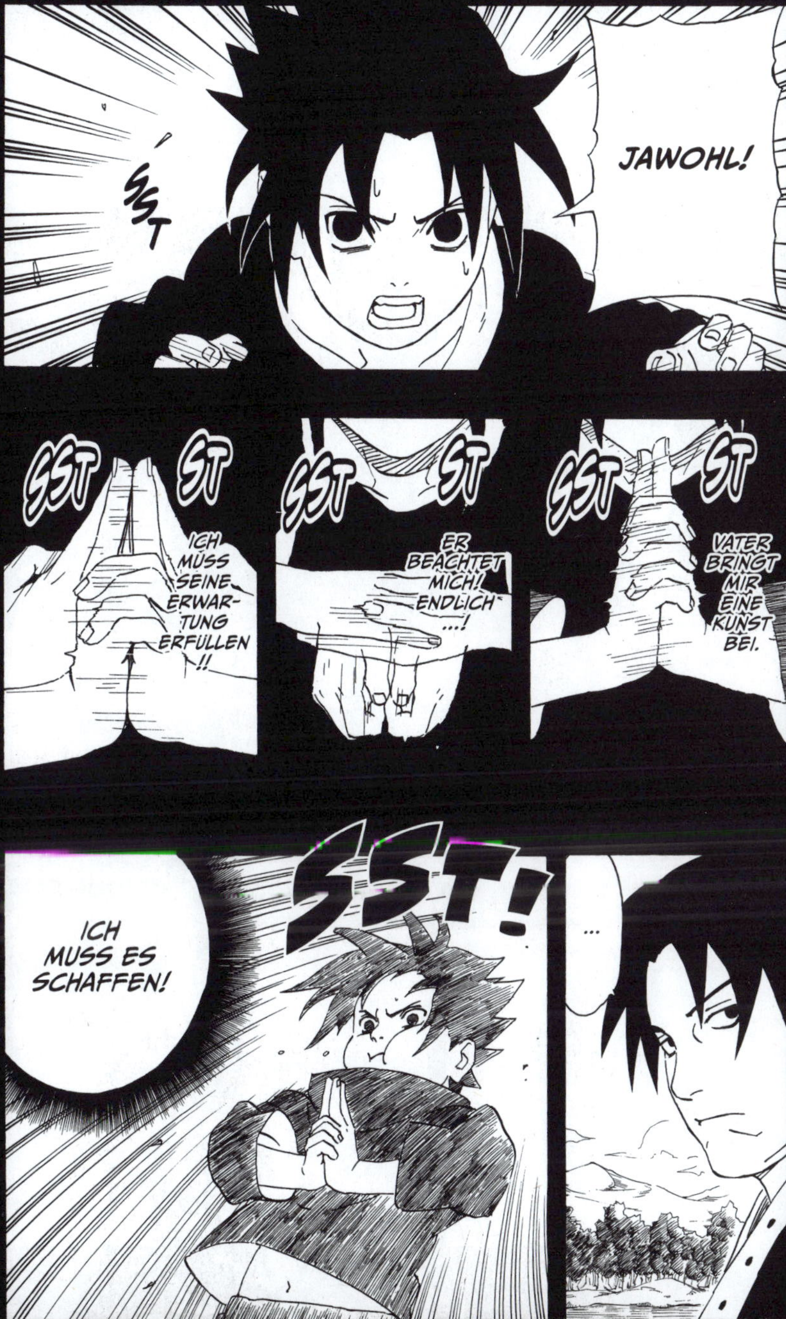
JAWOHL!
SST
SST ST
VATER BRINGT MIR EINE KUNST BEI.
SST ST
ER BEACHTET MICH! ENDLICH ...!
SST ST
ICH MÜSS SEINE ERWAR-TUNG ERFÜLLEN!!
...
SST!
ICH MUSS ES SCHAFFEN!

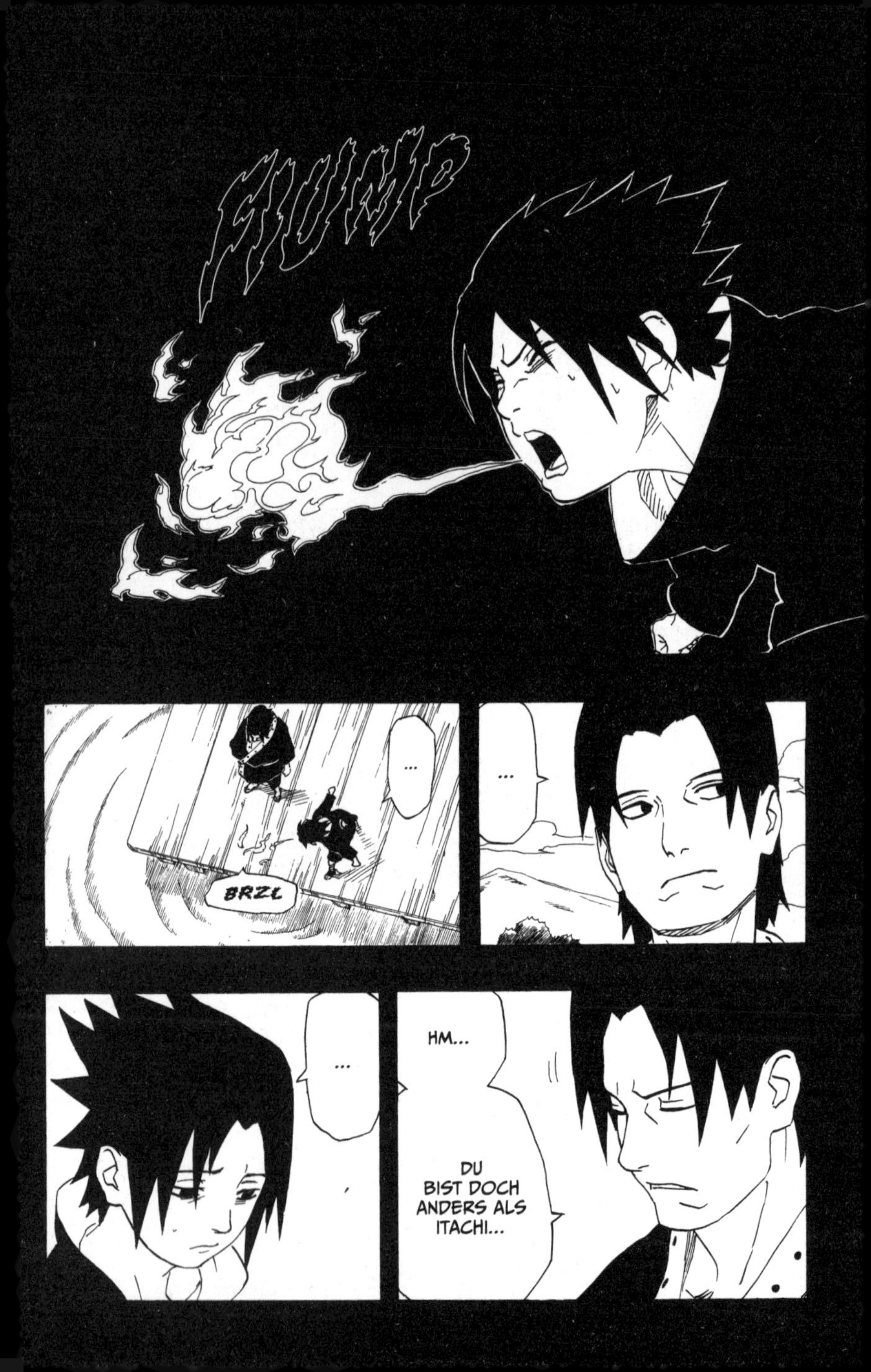
FLUMP
...
...
BRZL
...
HM...
DU
BIST DOCH
ANDERS ALS
ITACHI...

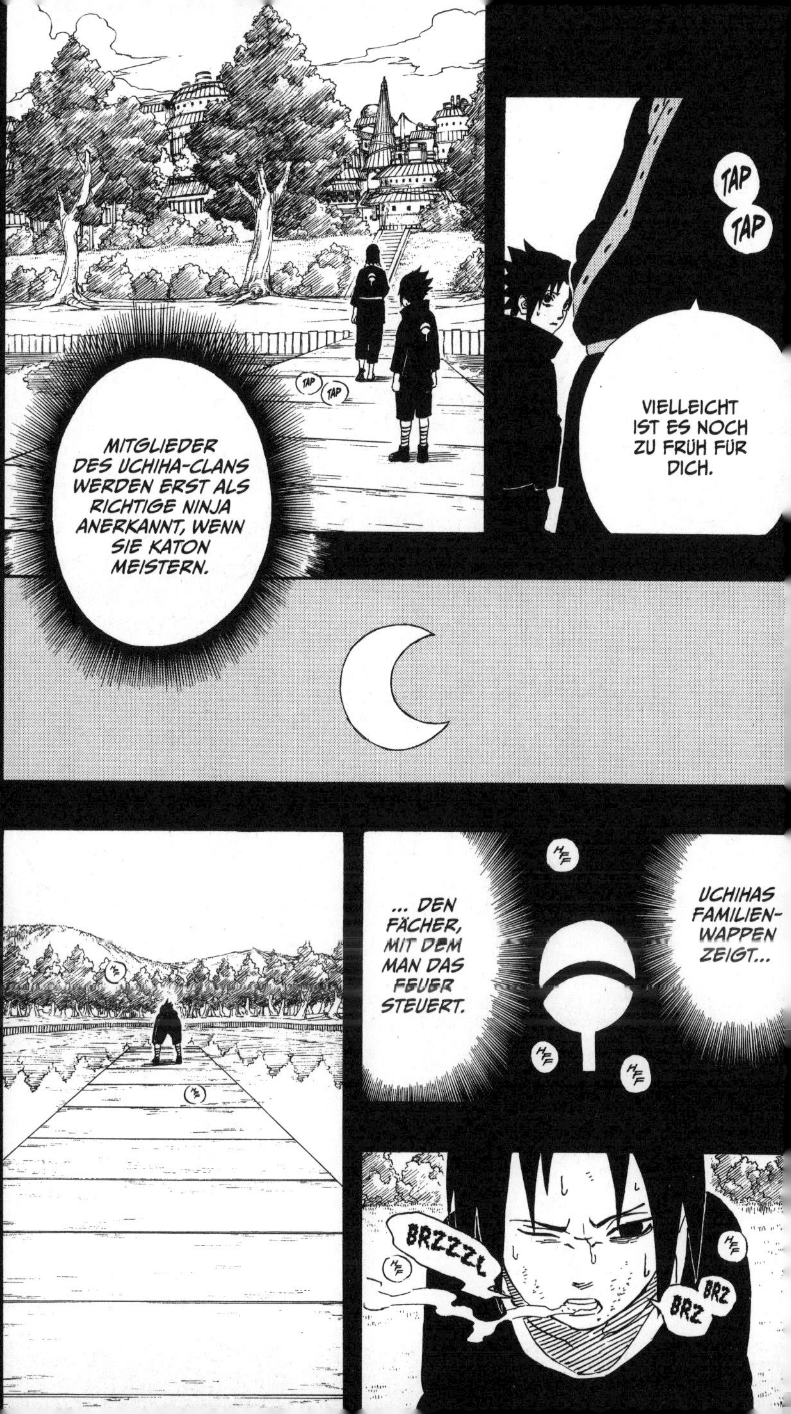
TAP
TAP
VIELLEICHT IST ES NOCH ZU FRÜH FÜR DICH.
TAP
TAP
MITGLIEDER DES UCHIHA-CLANS WERDEN ERST ALS RICHTIGE NINJA ANERKANNT, WENN SIE KATON MEISTERN.
UCHIHAS FAMILIEN-WAPPEN ZEIGT...
... DEN FÄCHER, MIT DEM MAN DAS FEUER STEUERT.
HF
HF
HF
HF
HF
BRZ
BRZ
BRZZZL
HF

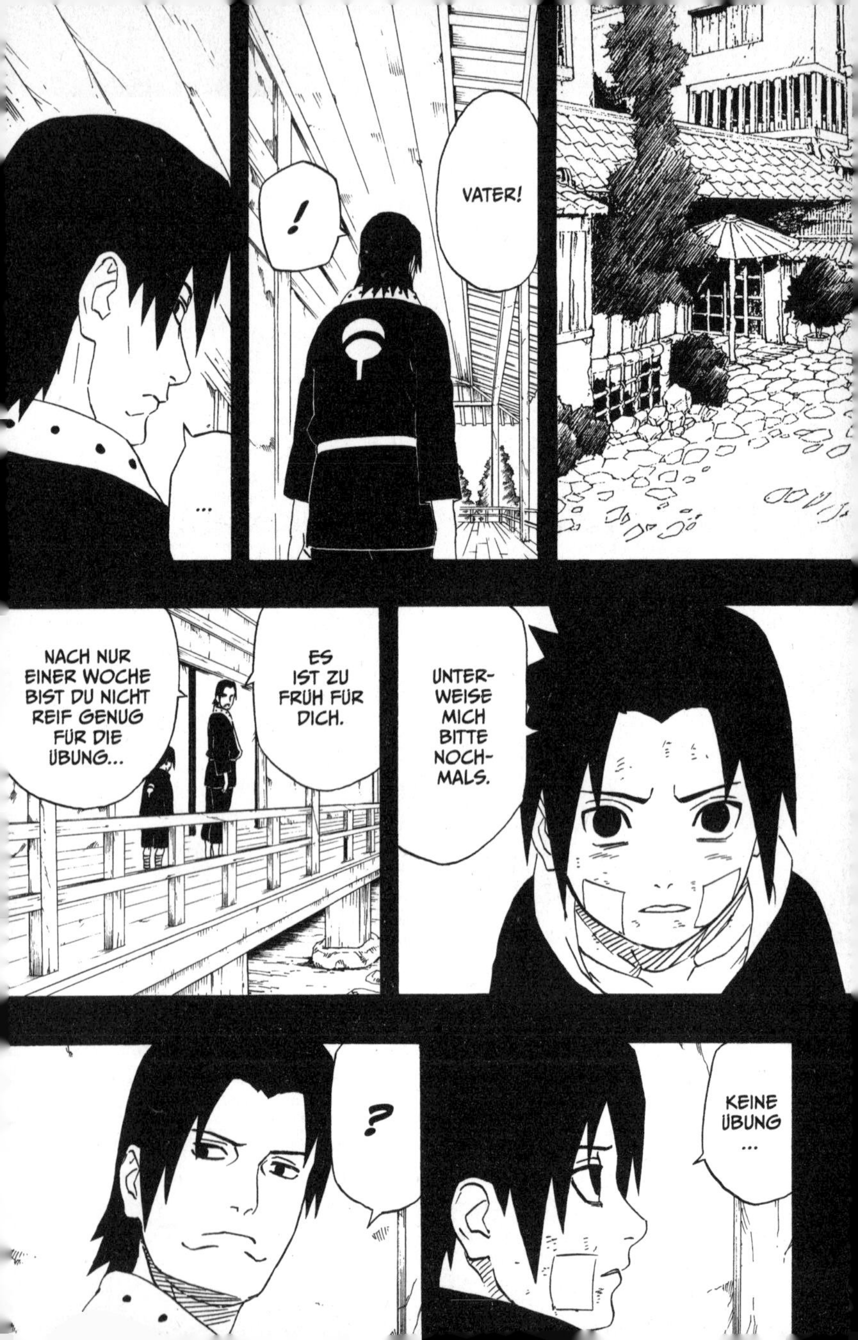
VATER!
!
...
UNTER-WEISE MICH BITTE NOCH-MALS.
ES IST ZU FRÜH FÜR DICH.
NACH NUR EINER WOCHE BIST DU NICHT REIF GENUG FÜR DIE ÜBUNG...
KEINE ÜBUNG ...
?

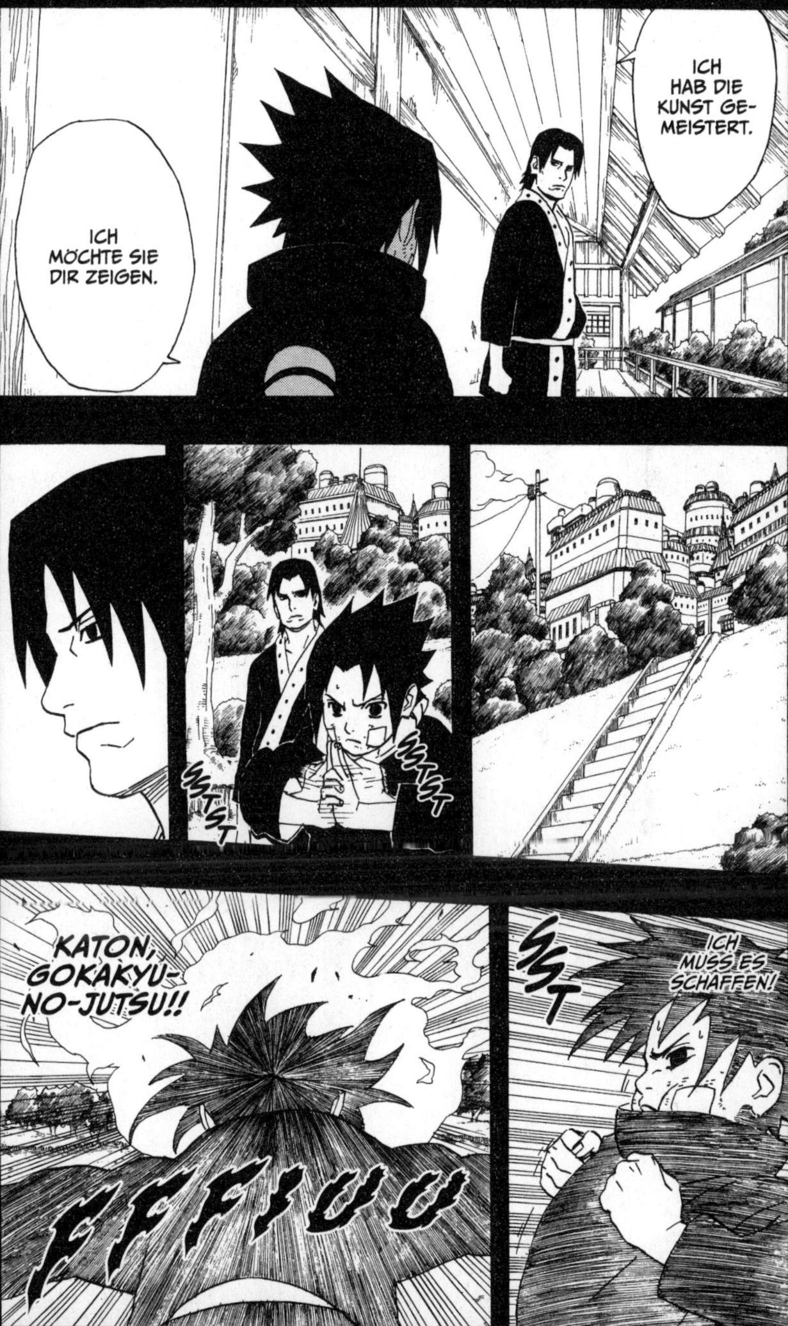
ICH HAB DIE KUNST GE-MEISTERT.
ICH MÖCHTE SIE DIR ZEIGEN.
SSTST
SSTST
ICH MUSS ES SCHAFFEN!
SST
KATON, GOKAKYU-NO-JUTSU!!
FFFFIUU

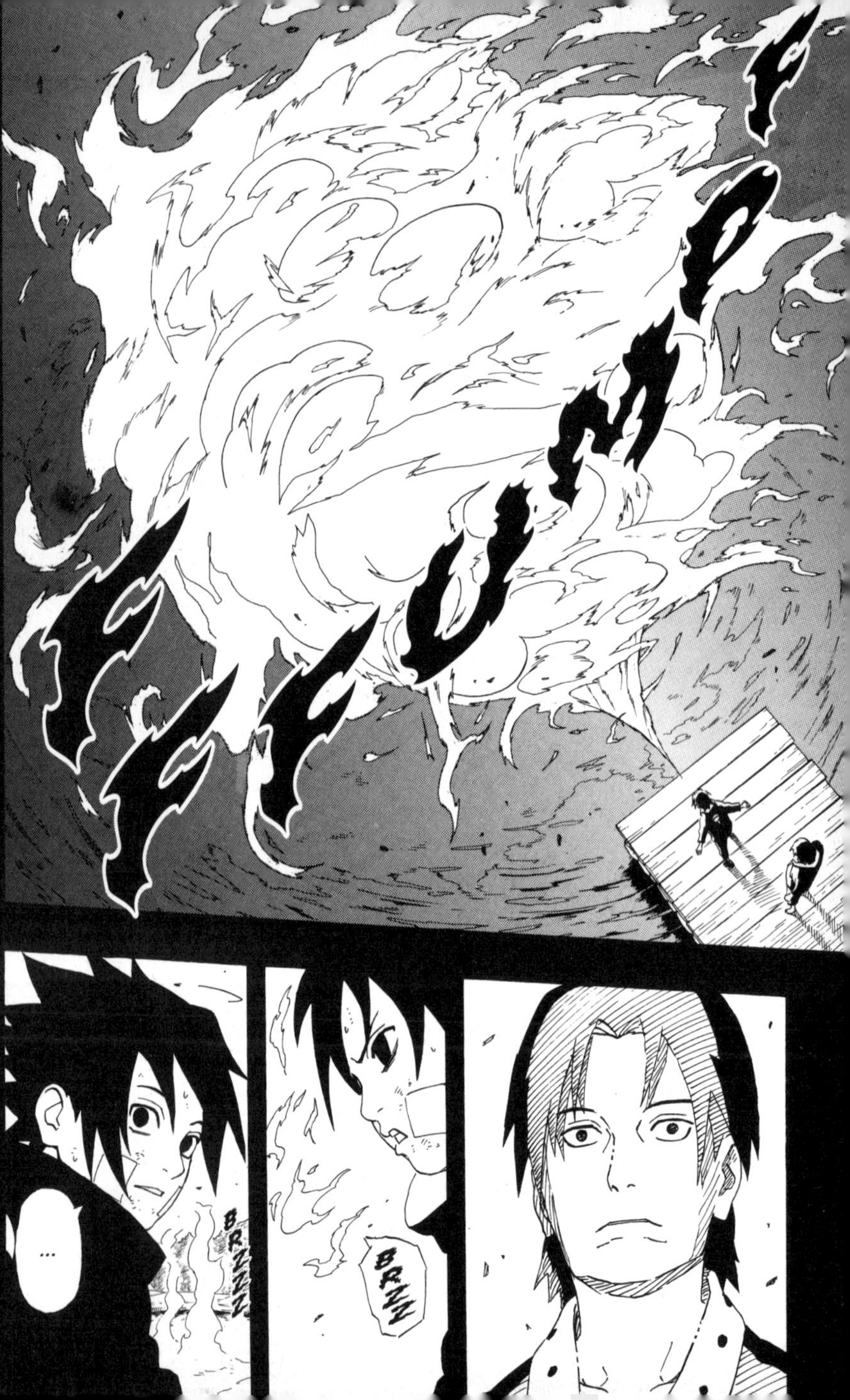

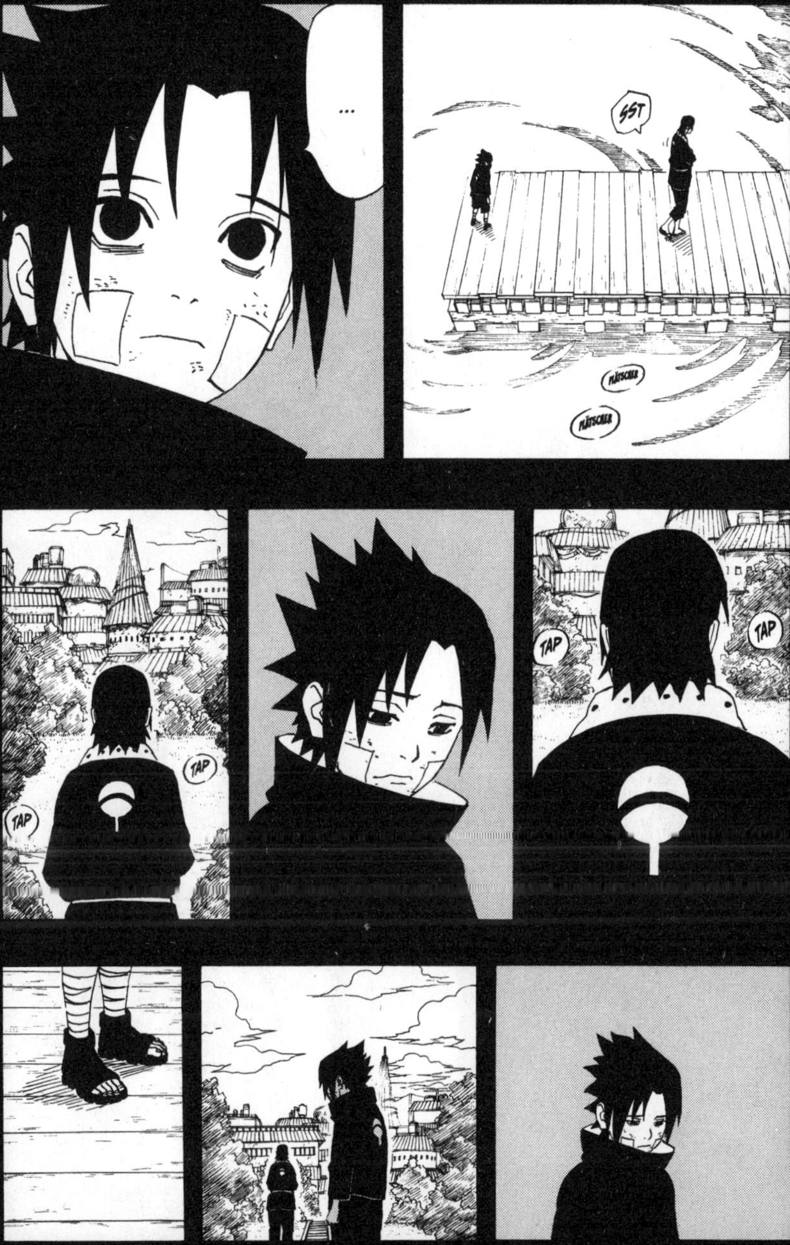

SST
PLÄTSCHER
PLÄTSCHER
...
TAP
TAP
TAP
TAP

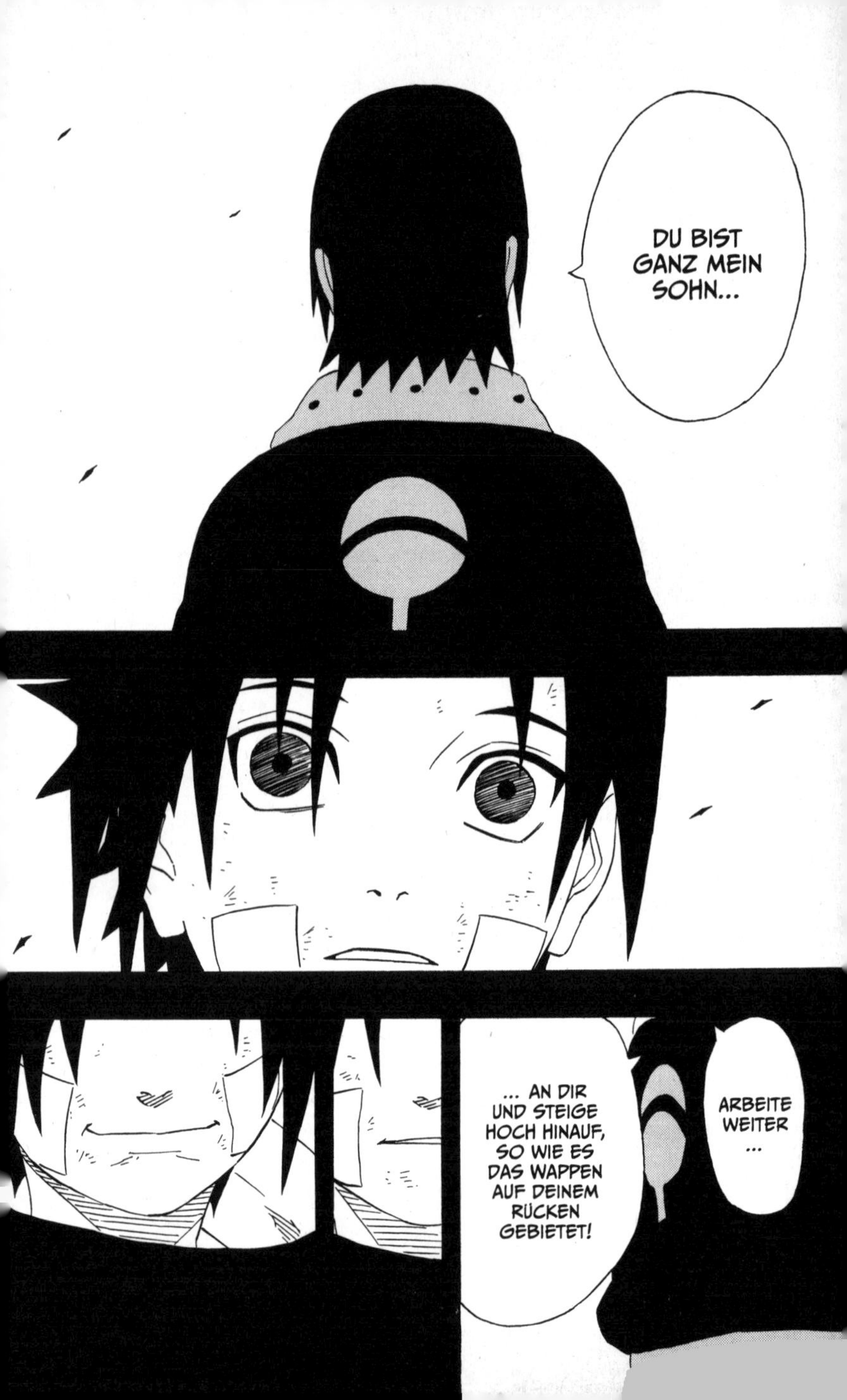
DU BIST GANZ MEIN SOHN...
ARBEITE WEITER ...
... AN DIR UND STEIGE HOCH HINAUF, SO WIE ES DAS WAPPEN AUF DEINEM RÜCKEN GEBIETET!

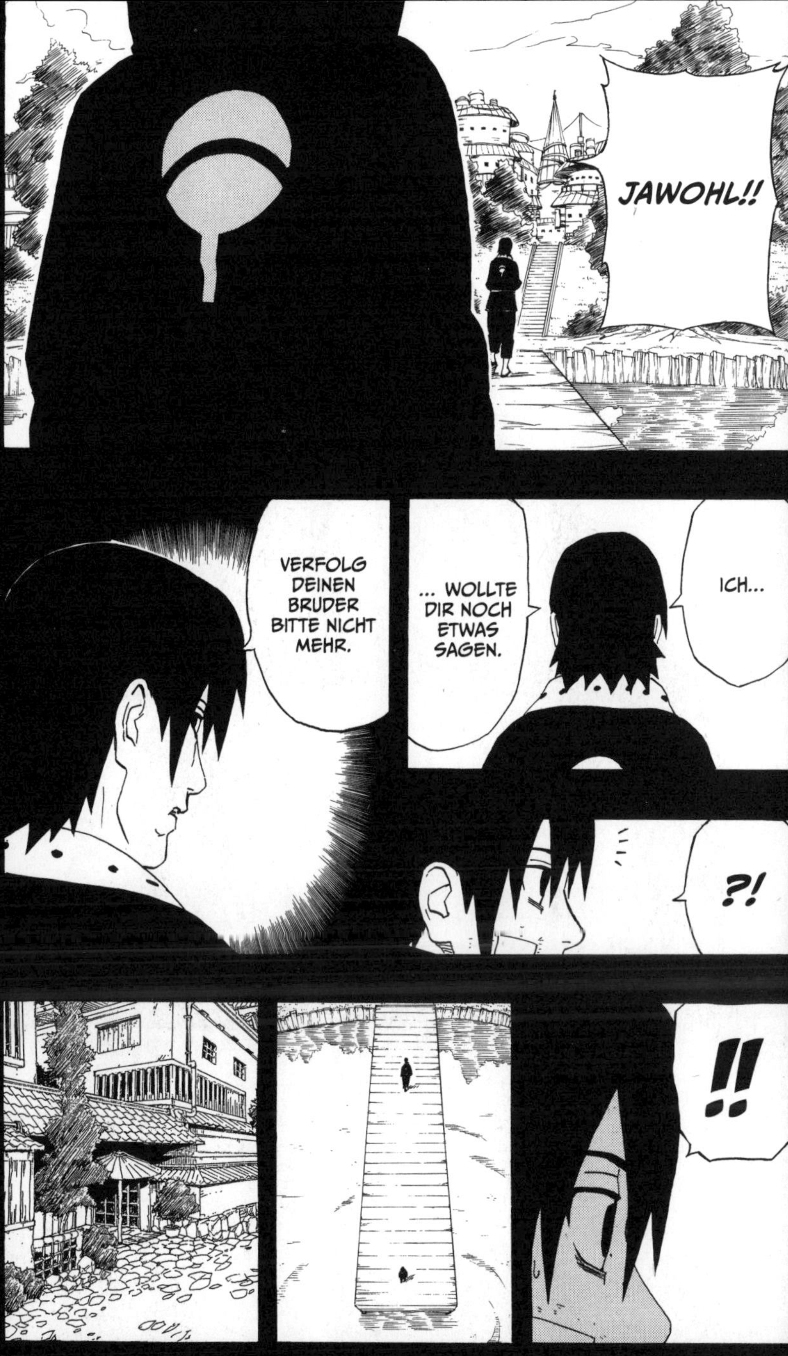
JAWOHL!!
ICH...
... WOLLTE DIR NOCH ETWAS SAGEN.
VERFOLG DEINEN BRUDER BITTE NICHT MEHR.
?!
!!

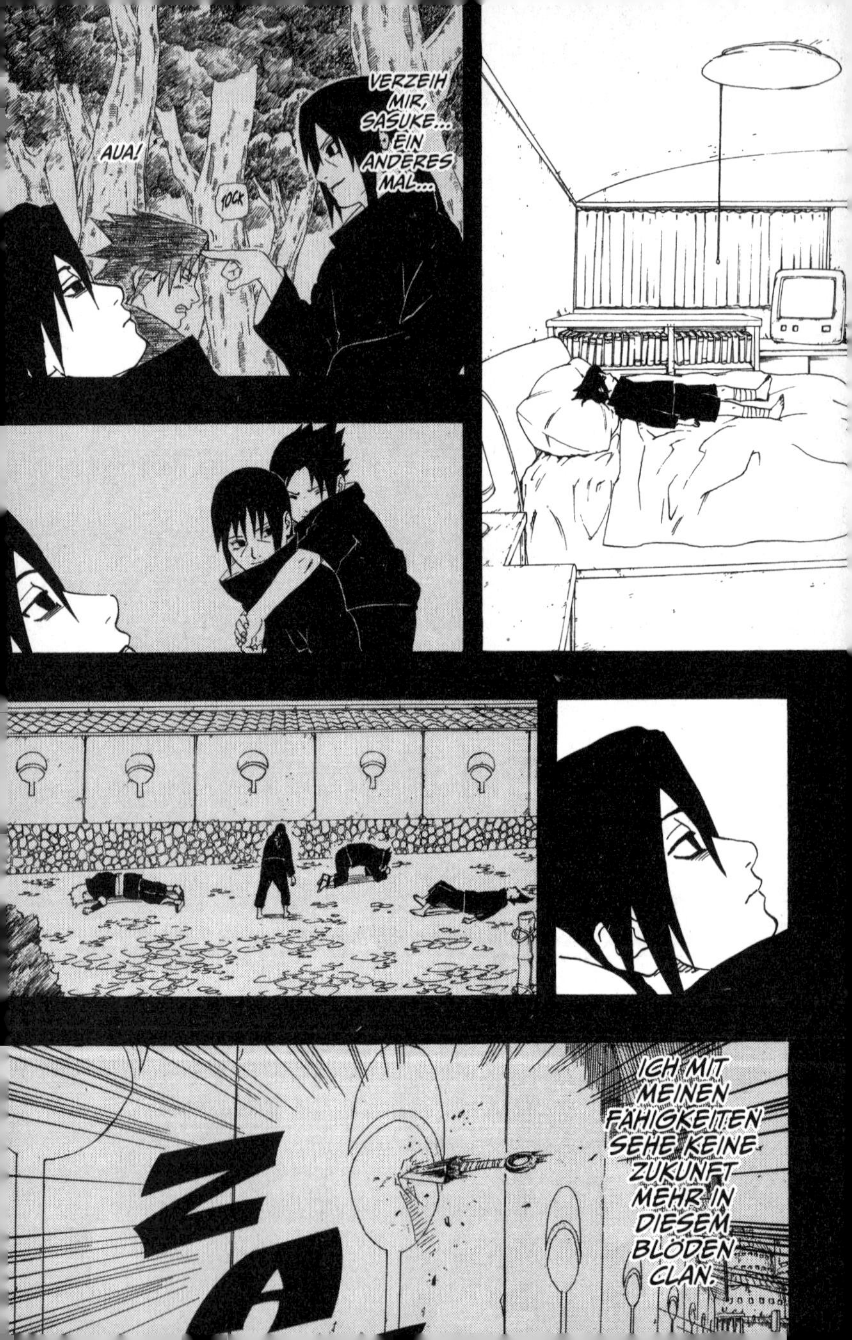
VERZEIH MIR, SASUKE... EIN ANDERES MAL...
TOCK
AUA!
ICH MIT MEINEN FÄHIGKEITEN SEHE KEINE ZUKUNFT MEHR IN DIESEM BLÖDEN CLAN.

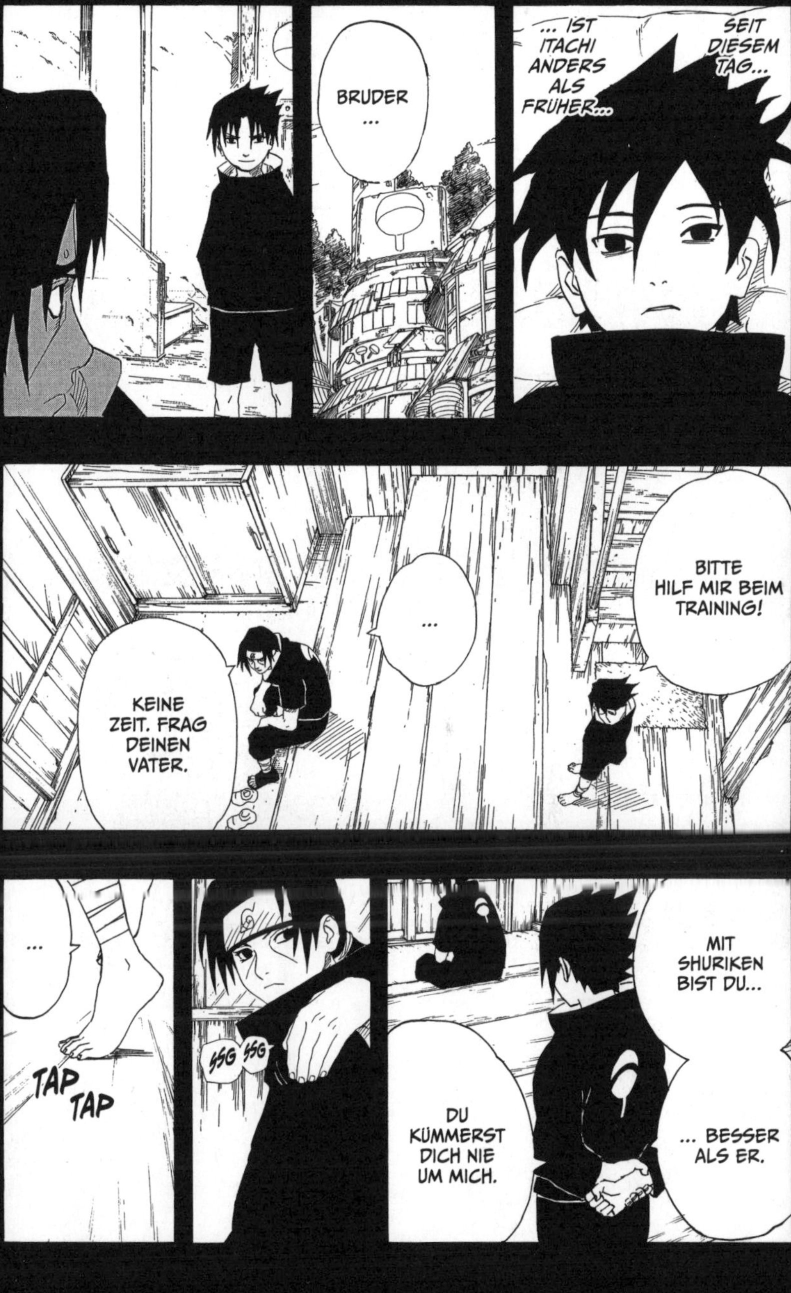
SEIT DIESEM TAG...
... IST ITACHI ANDERS ALS FRÜHER...
BRUDER ...
BITTE HILF MIR BEIM TRAINING!
...
KEINE ZEIT. FRAG DEINEN VATER.
MIT SHURIKEN BIST DU...
... BESSER ALS ER.
DU KÜMMERST DICH NIE UM MICH.
SSG SSG
...
TAP TAP

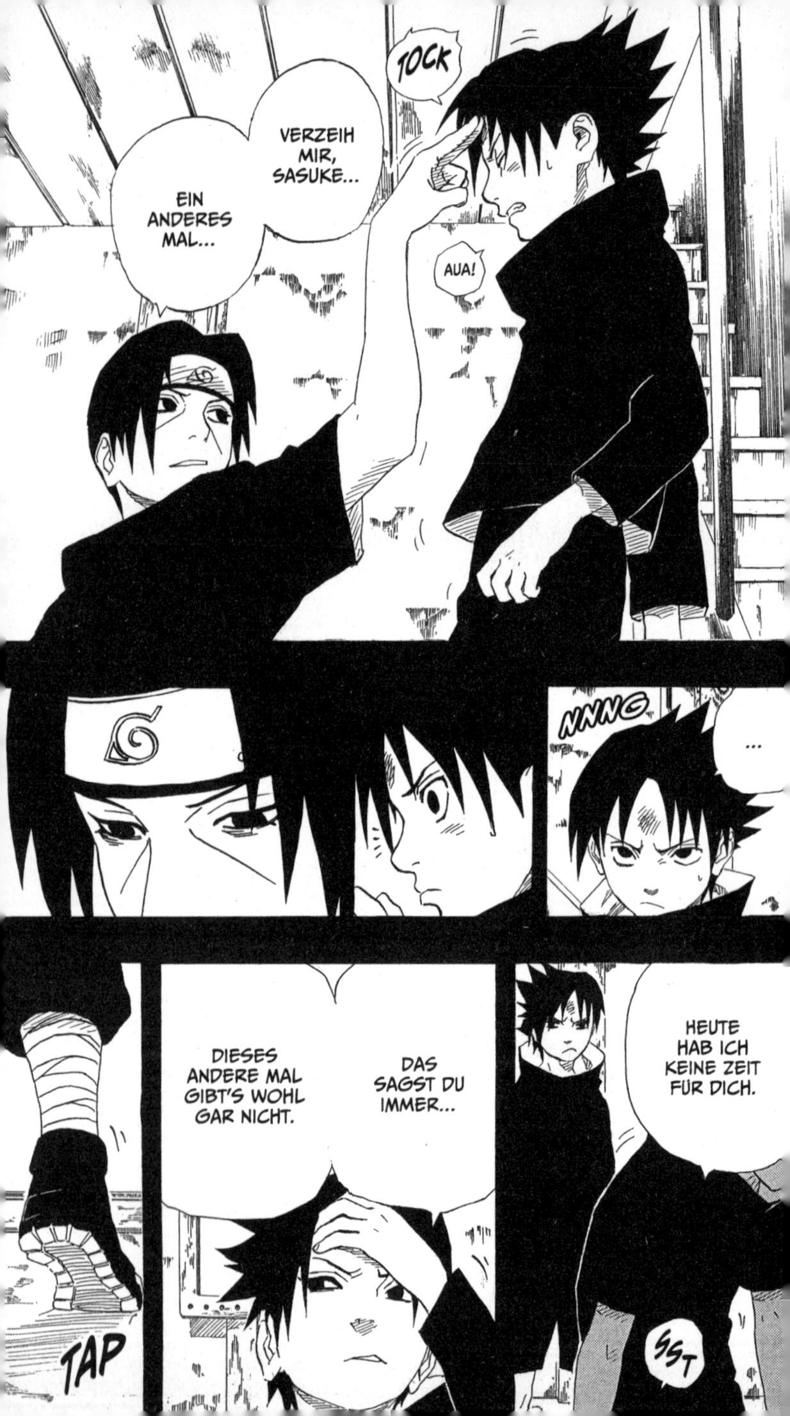
TOCK
VERZEIH MIR, SASUKE...
EIN ANDERES MAL...
AUA!
NNNG
...
HEUTE HAB ICH KEINE ZEIT FÜR DICH.
SST
DAS SAGST DU IMMER...
DIESES ANDERE MAL GIBT'S WOHL GAR NICHT.
TAP

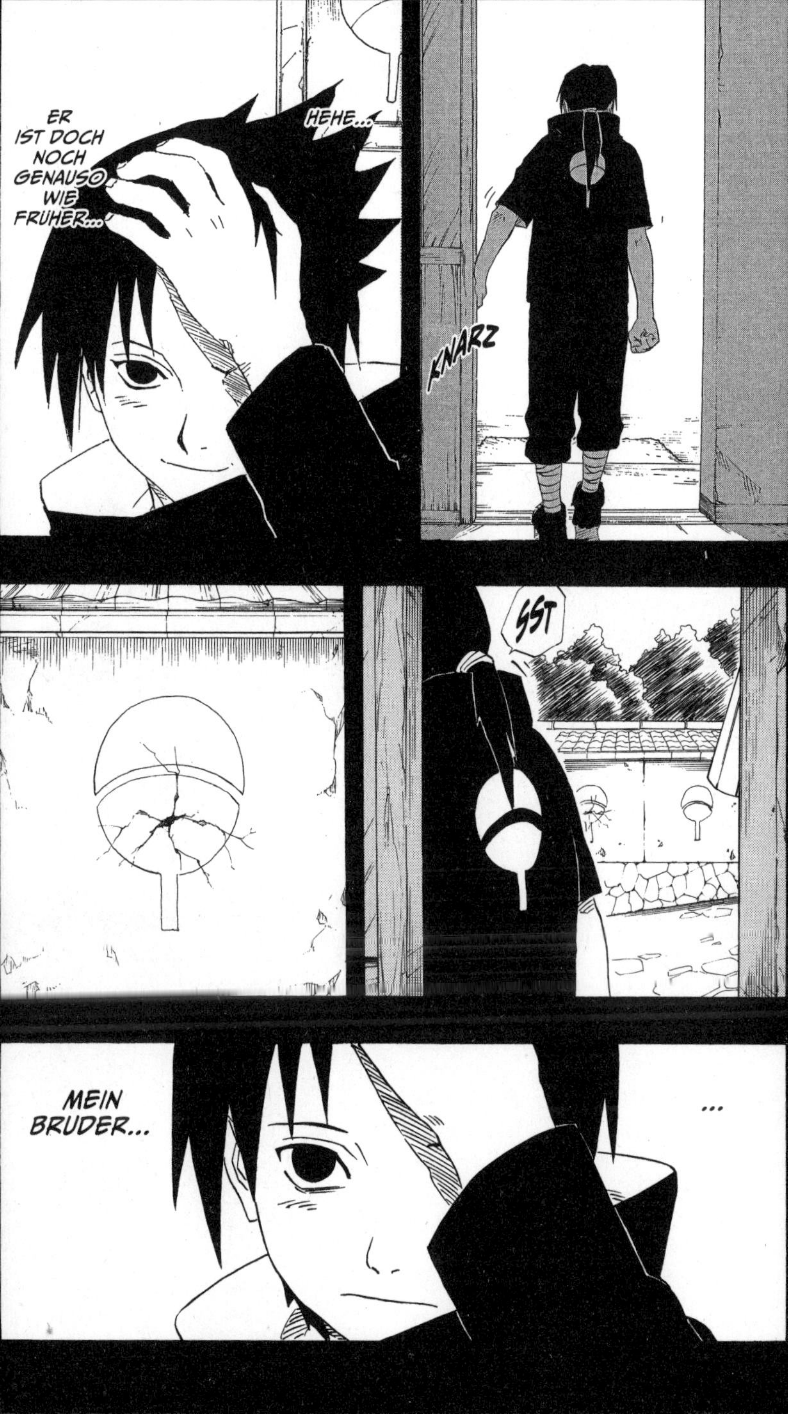
HEHE...
ER IST DOCH NOCH GENAUSO WIE FRÜHER...
KNARZ
SST
...
MEIN BRUDER...

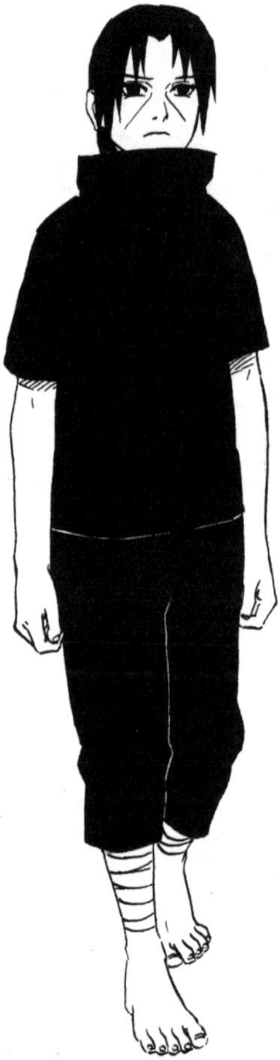

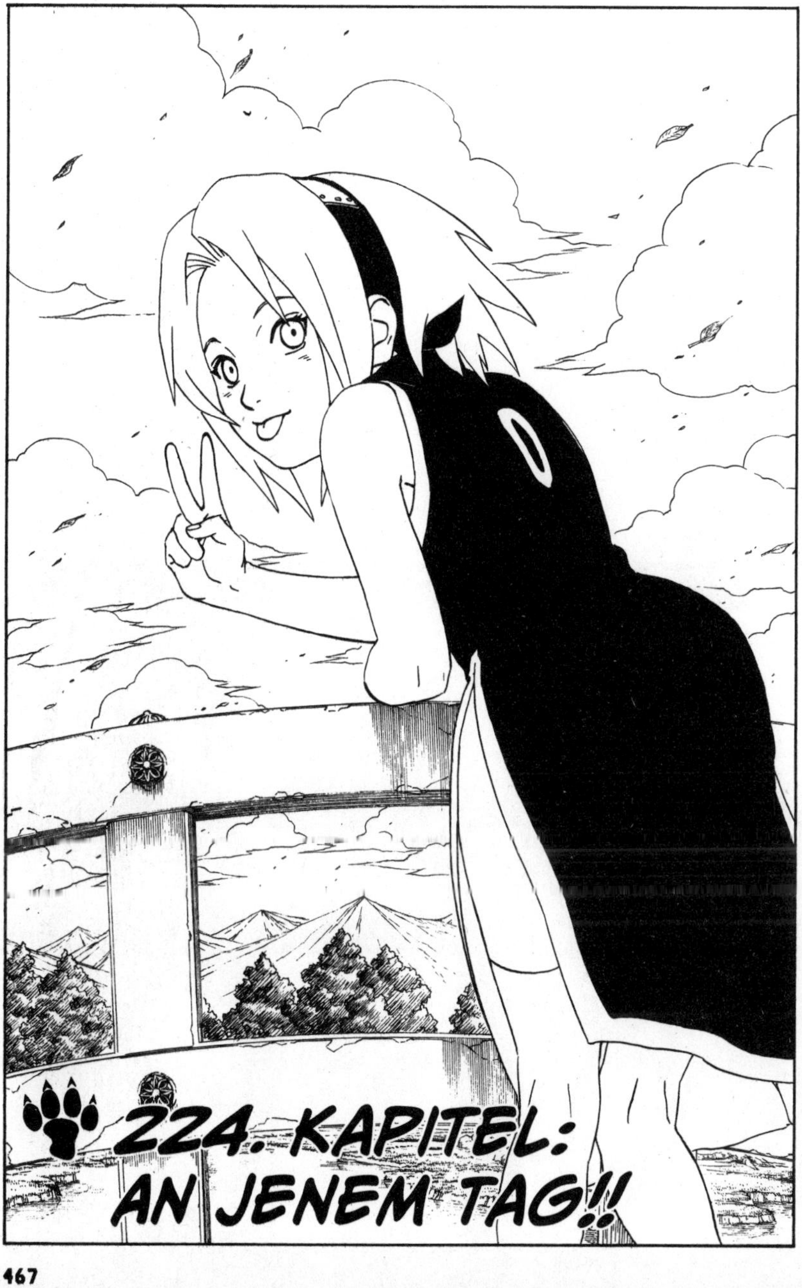
224. Kapitel:
An jenem Tag!!

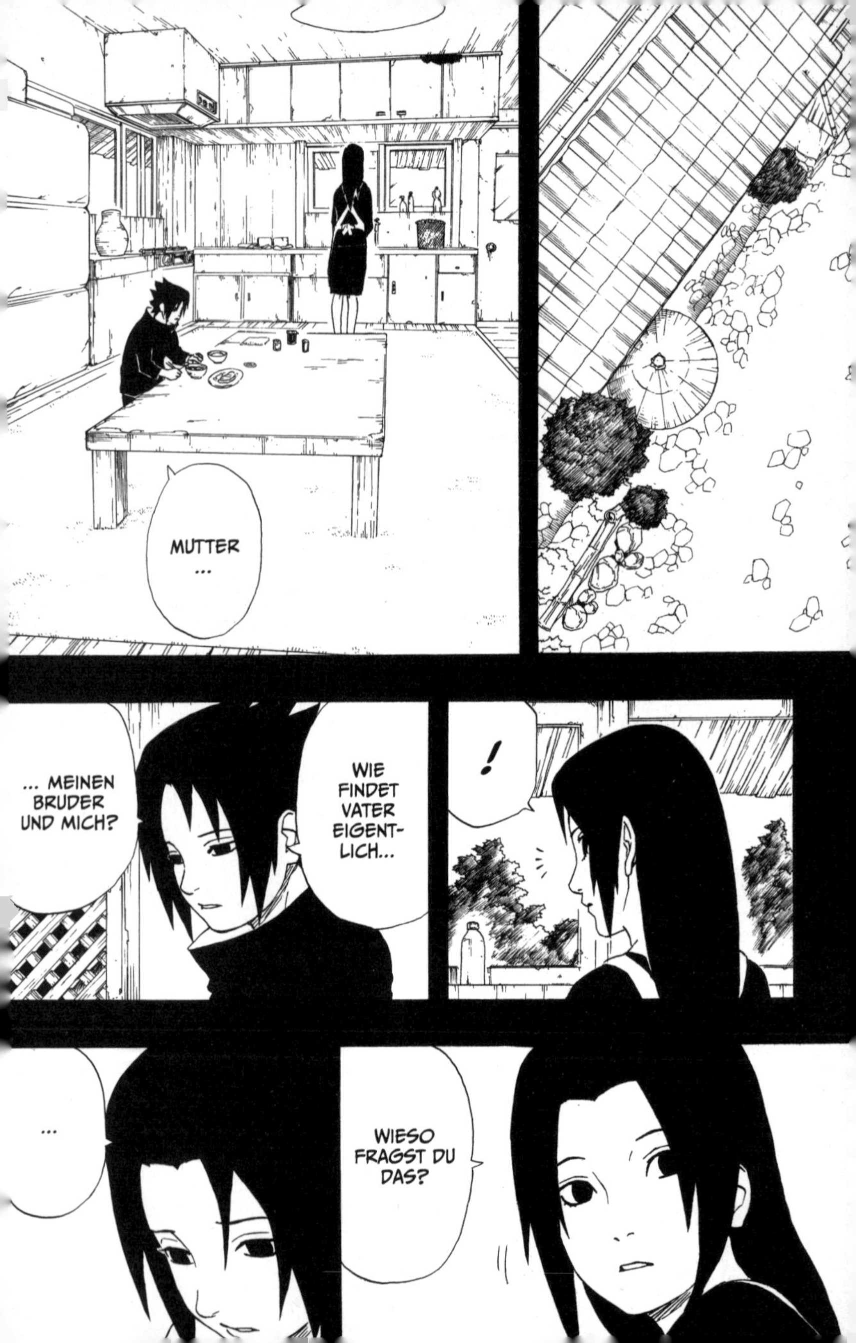

MUTTER ...
!
WIE FINDET VATER EIGENT-LICH...
... MEINEN BRUDER UND MICH?
WIESO FRAGST DU DAS?
...

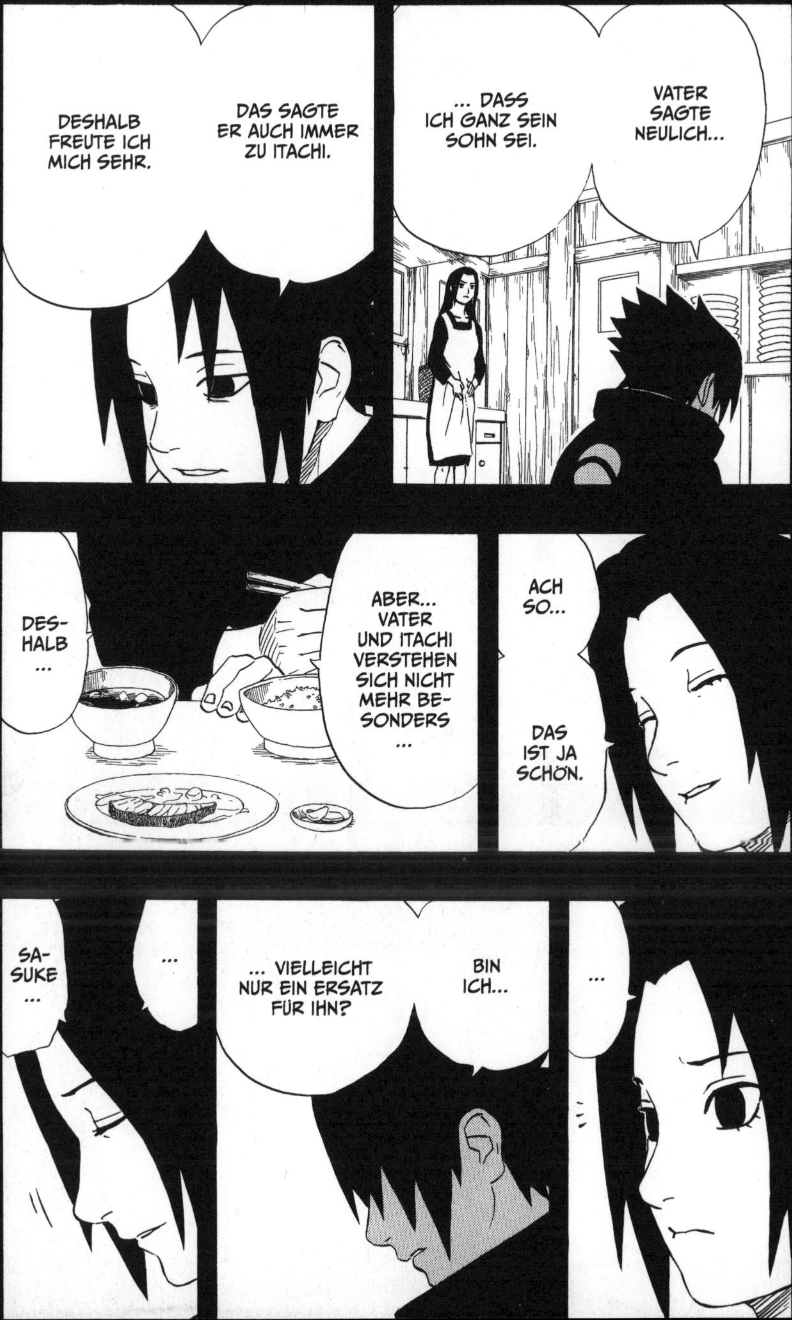
VATER SAGTE NEULICH...
... DASS ICH GANZ SEIN SOHN SEI.
DAS SAGTE ER AUCH IMMER ZU ITACHI.
DESHALB FREUTE ICH MICH SEHR.
ACH SO...
DAS IST JA SCHÖN.
ABER... VATER UND ITACHI VERSTEHEN SICH NICHT MEHR BE-SONDERS ...
DES-HALB ...
...
BIN ICH...
... VIELLEICHT NUR EIN ERSATZ FÜR IHN?
...
SA-SUKE ...

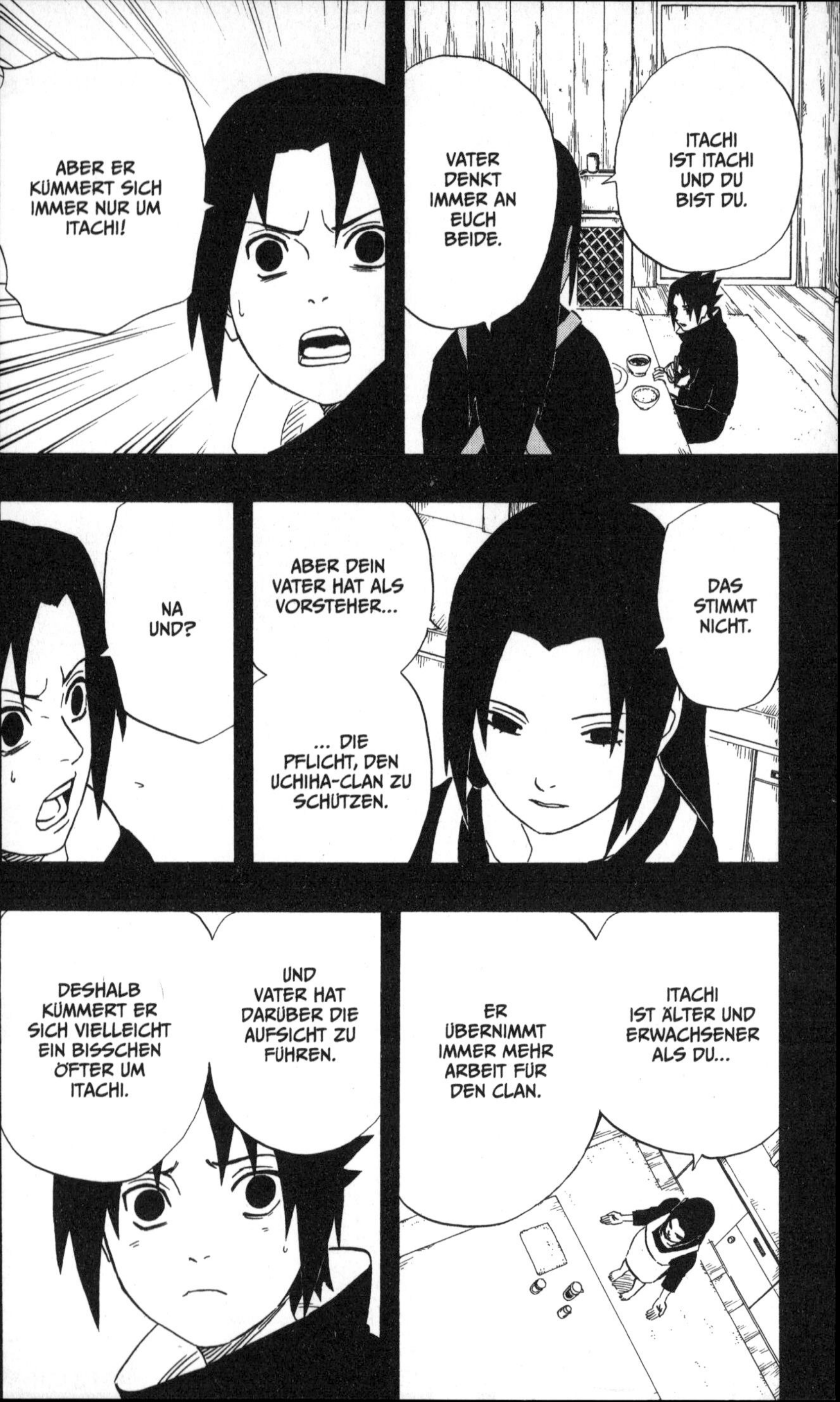
ITACHI IST ITACHI UND DU BIST DU.
VATER DENKT IMMER AN EUCH BEIDE.
ABER ER KÜMMERT SICH IMMER NUR UM ITACHI!
DAS STIMMT NICHT.
ABER DEIN VATER HAT ALS VORSTEHER...
... DIE PFLICHT, DEN UCHIHA-CLAN ZU SCHÜTZEN.
NA UND?
ITACHI IST ÄLTER UND ERWACHSENER ALS DU...
ER ÜBERNIMMT IMMER MEHR ARBEIT FÜR DEN CLAN.
UND VATER HAT DARÜBER DIE AUFSICHT ZU FÜHREN.
DESHALB KÜMMERT ER SICH VIELLEICHT EIN BISSCHEN ÖFTER UM ITACHI.

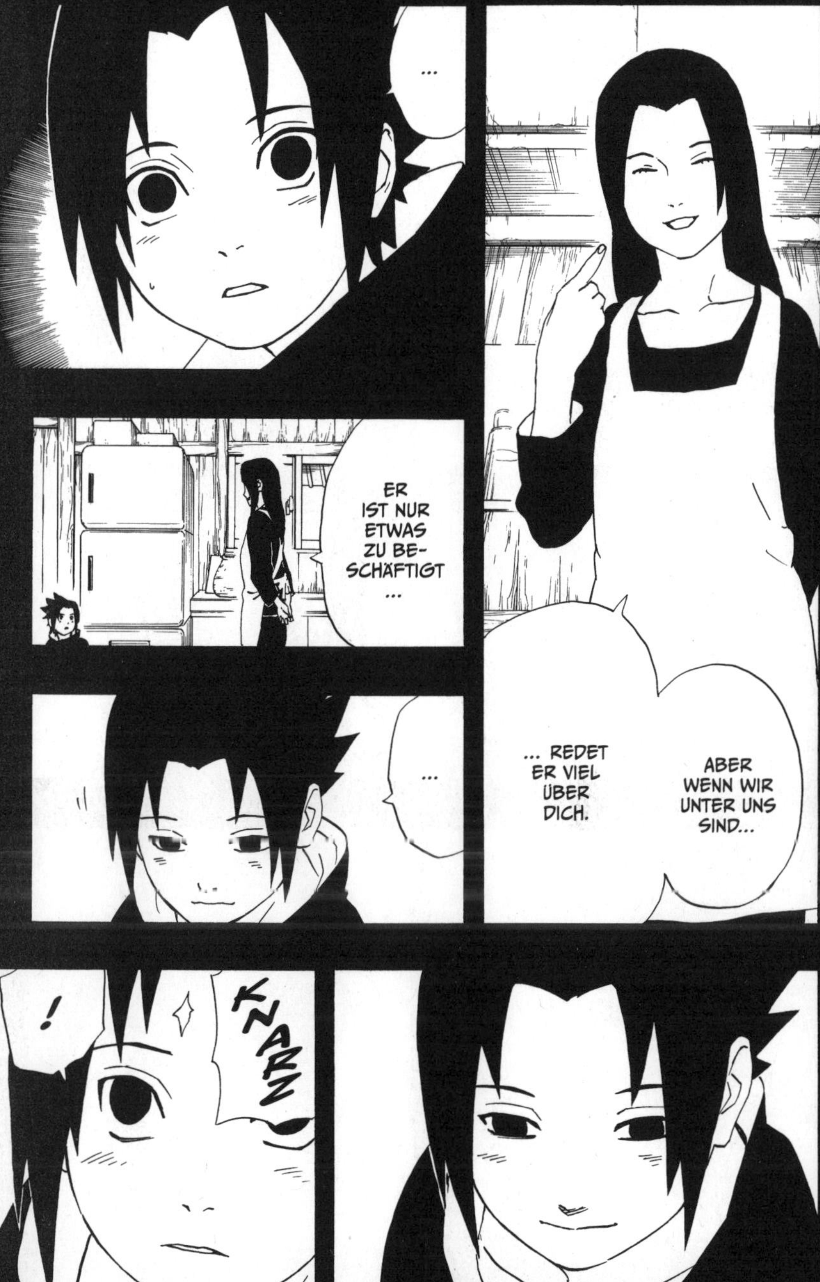
...
ER IST NUR ETWAS ZU BE-SCHÄFTIGT ...
ABER WENN WIR UNTER UNS SIND...
... REDET ER VIEL ÜBER DICH.
...
!
KNARZ

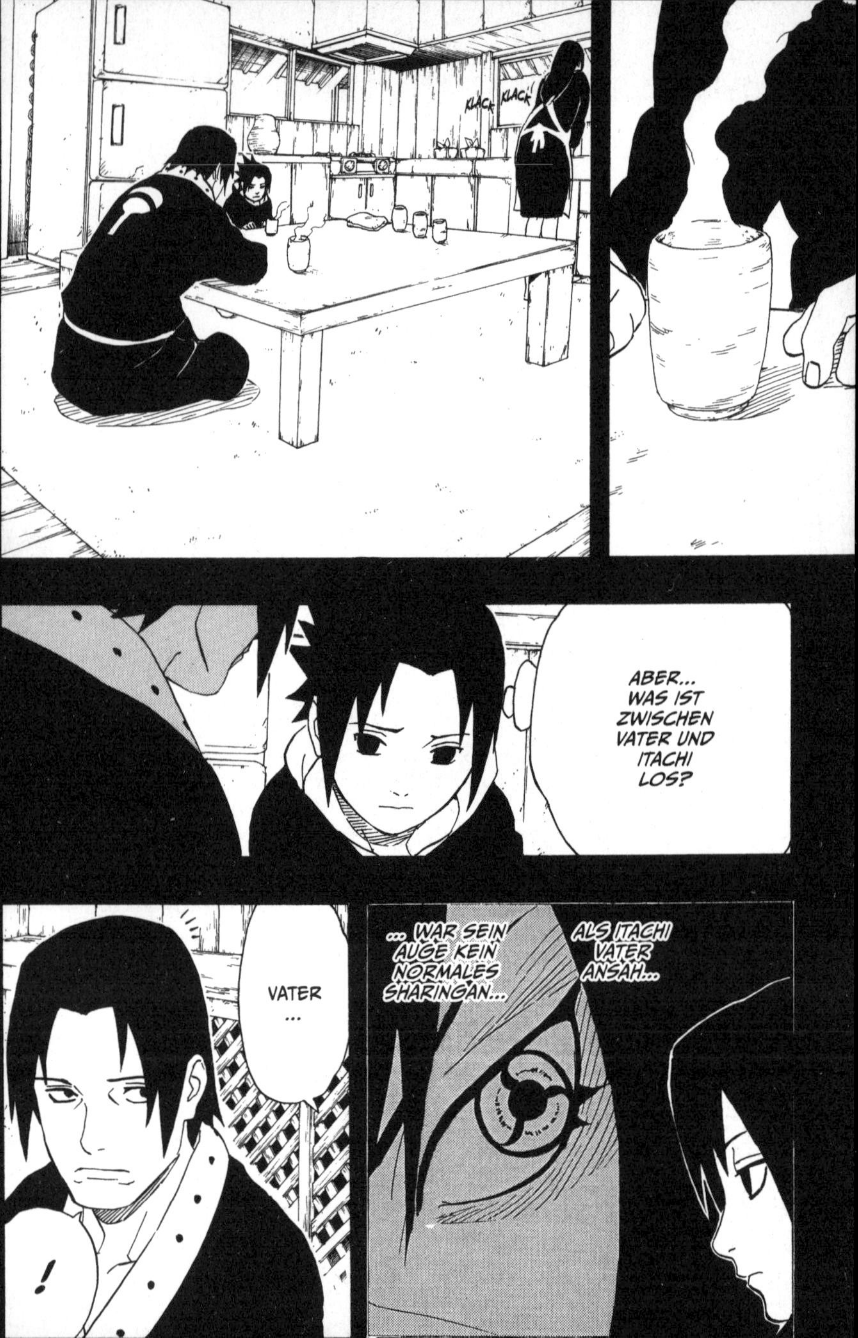
KLACK KLACK
ABER... WAS IST ZWISCHEN VATER UND ITACHI LOS?
ALS ITACHI VATER ANSAH...
... WAR SEIN AUGE KEIN NORMALES SHARINGAN...
VATER ...
!

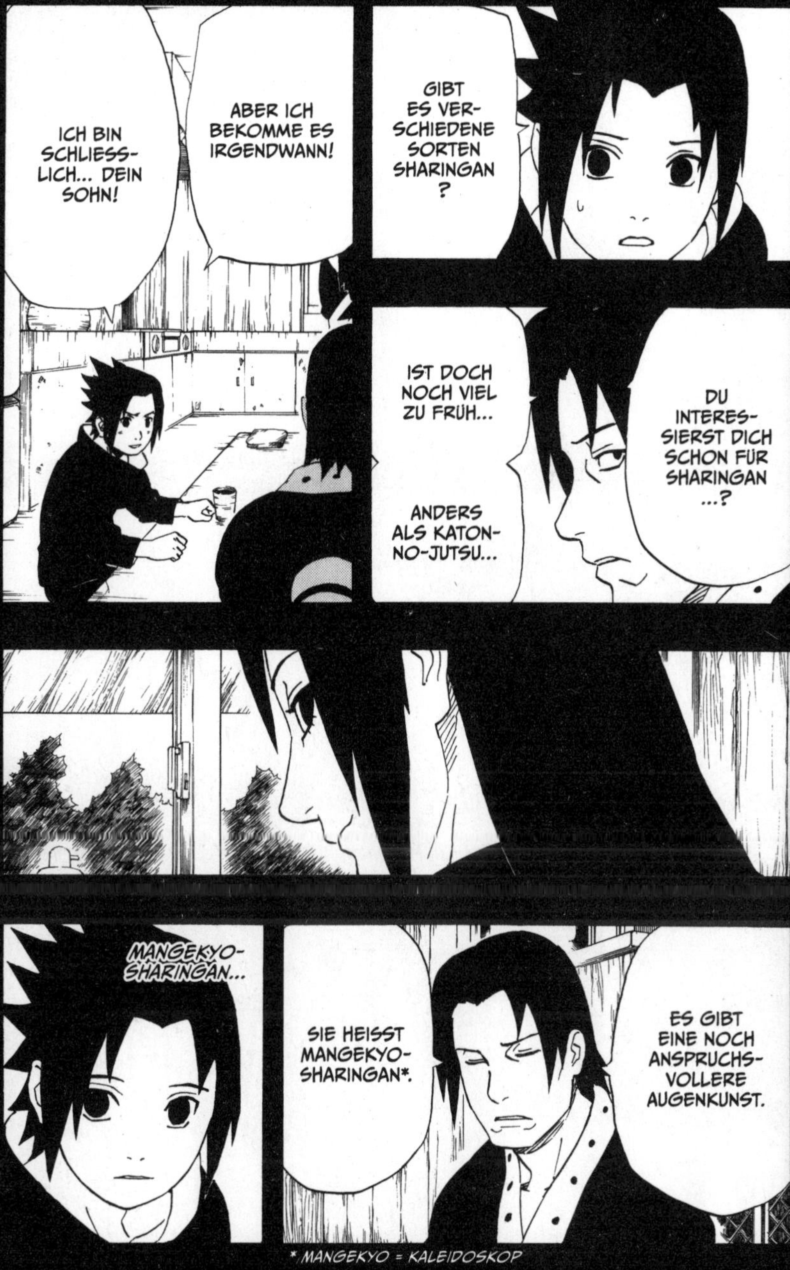

*MANGEKYO = KALEIDOSKOP

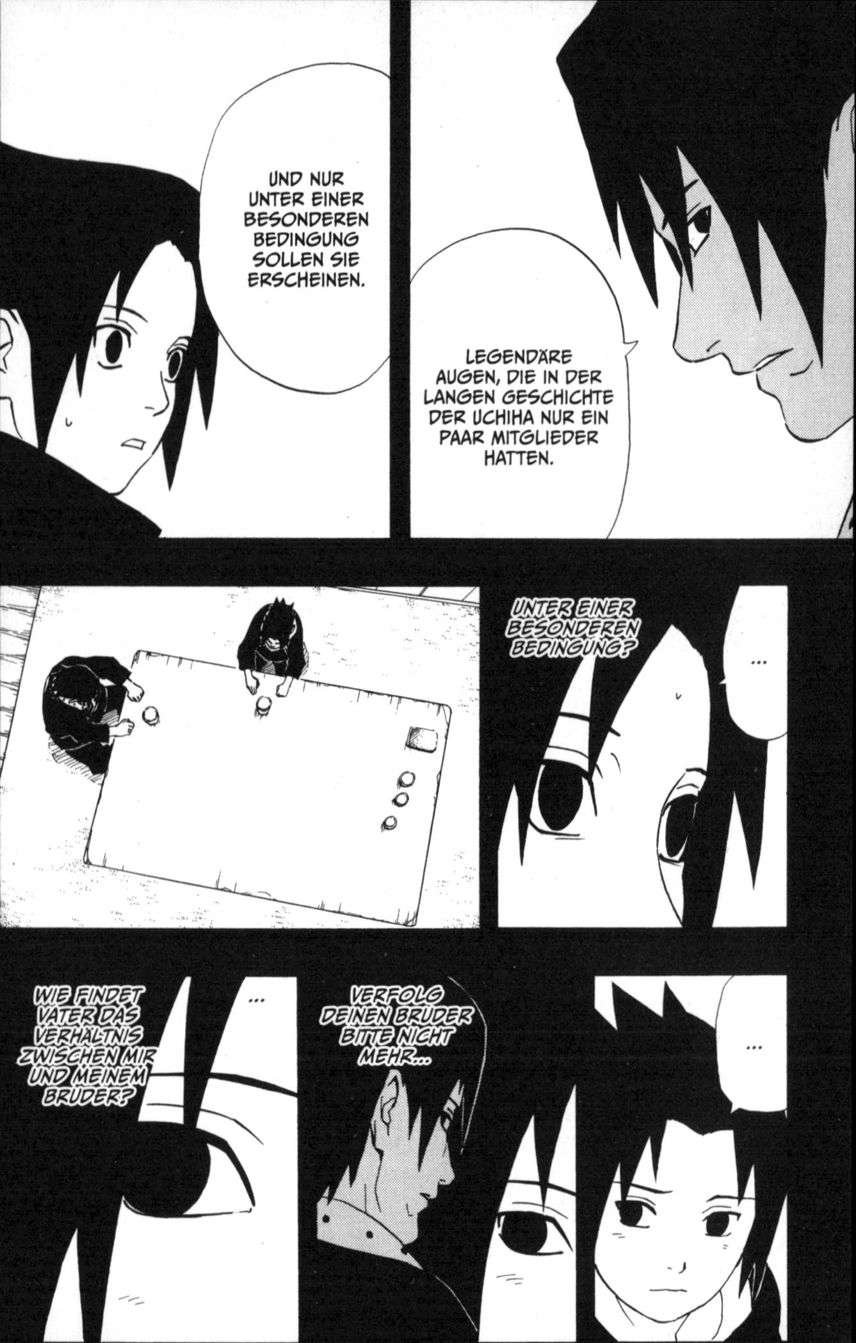
UND NUR UNTER EINER BESONDEREN BEDINGUNG SOLLEN SIE ERSCHEINEN.
LEGENDÄRE AUGEN, DIE IN DER LANGEN GESCHICHTE DER UCHIHA NUR EIN PAAR MITGLIEDER HATTEN.
...
UNTER EINER BESONDEREN BEDINGUNG?
...
VERFOLG DEINEN BRUDER BITTE NICHT MEHR...
...
WIE FINDET VATER DAS VERHÄLTNIS ZWISCHEN MIR UND MEINEM BRUDER?

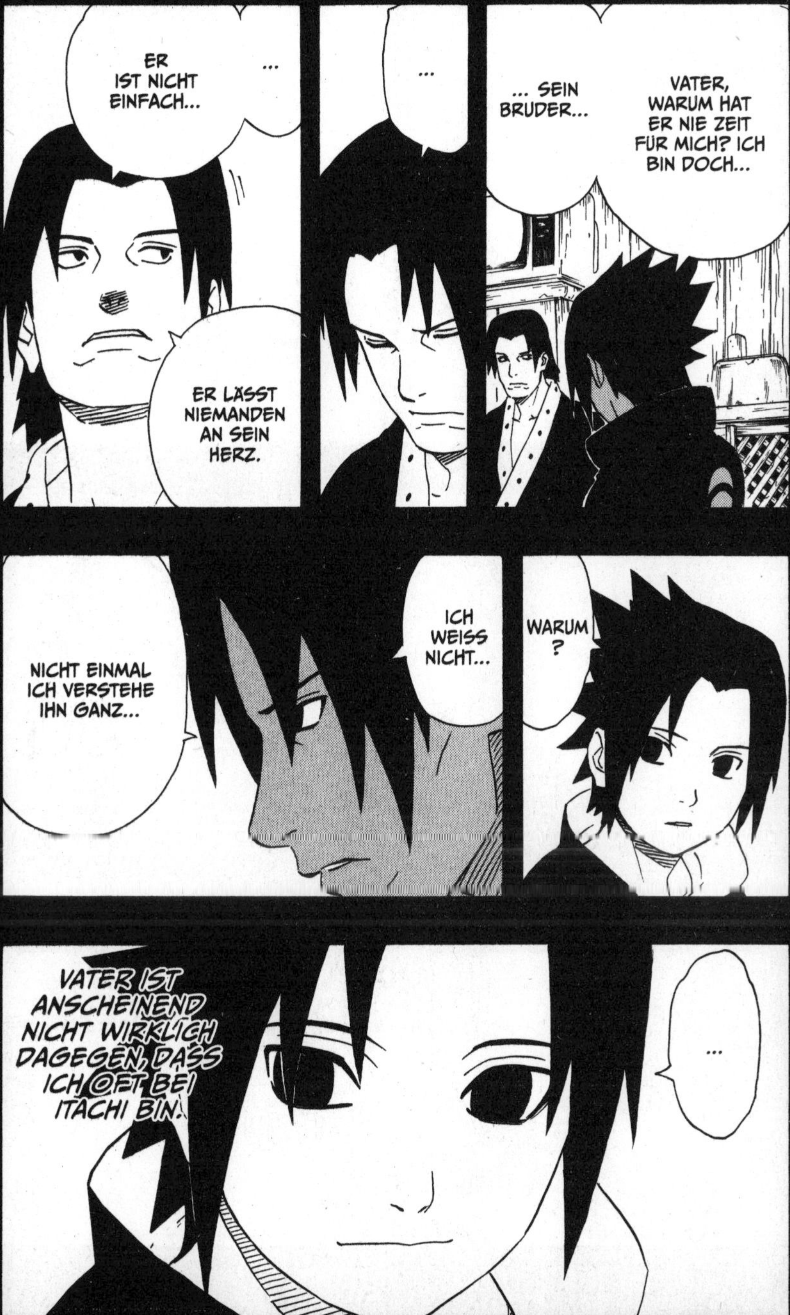
VATER, WARUM HAT ER NIE ZEIT FÜR MICH? ICH BIN DOCH...
... SEIN BRUDER...
...
...
ER IST NICHT EINFACH...
ER LÄSST NIEMANDEN AN SEIN HERZ.
WARUM ?
ICH WEISS NICHT...
NICHT EINMAL ICH VERSTEHE IHN GANZ...
...
VATER IST ANSCHEINEND NICHT WIRKLICH DAGEGEN, DASS ICH OFT BEI ITACHI BIN.

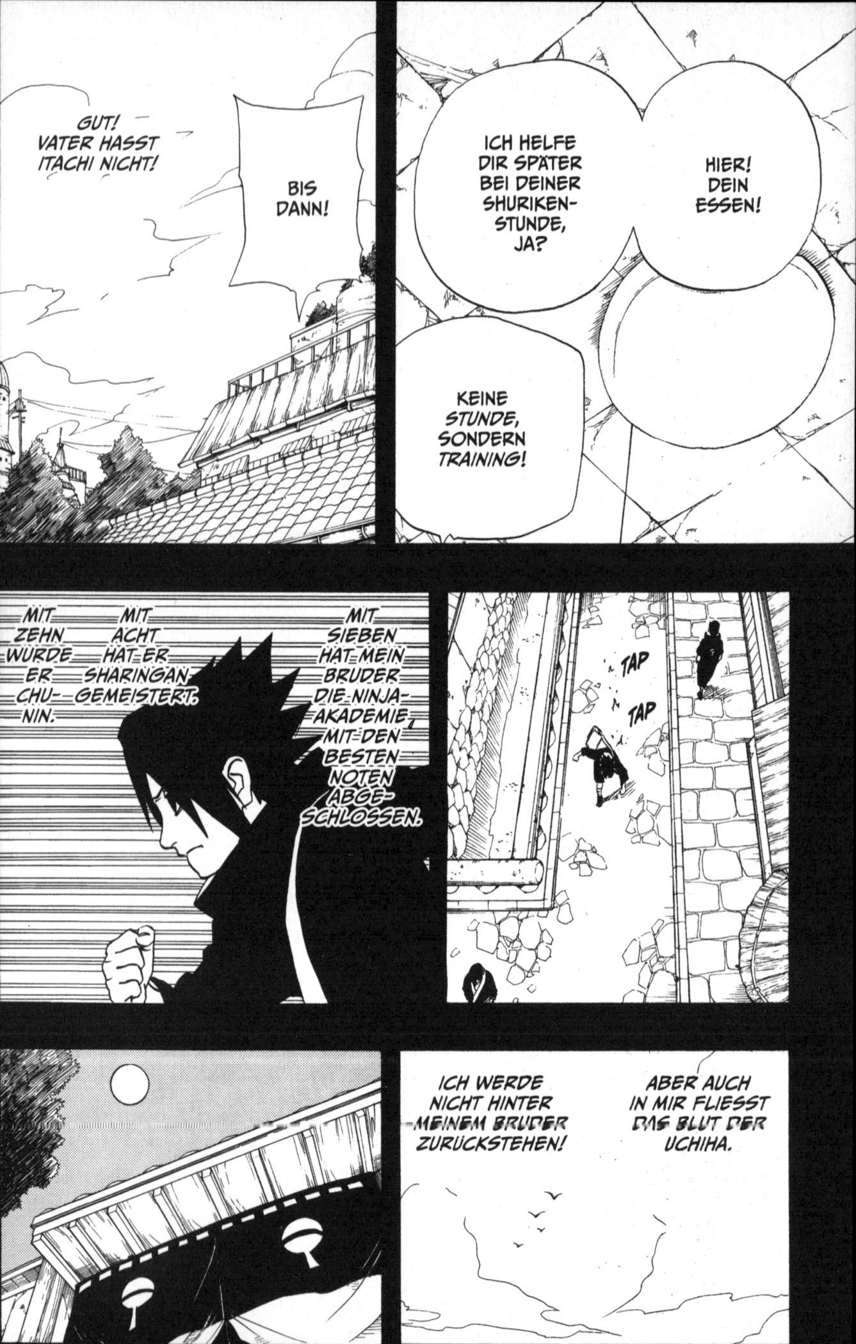
HIER! DEIN ESSEN!
ICH HELFE DIR SPÄTER BEI DEINER SHURIKEN-STUNDE, JA?
KEINE STUNDE, SONDERN TRAINING!
BIS DANN!
GUT! VATER HASST ITACHI NICHT!
TAP
TAP
MIT SIEBEN HAT MEIN BRUDER DIE NINJA-AKADEMIE MIT DEN BESTEN NOTEN ABGE-SCHLOSSEN.
MIT ACHT HAT ER SHARINGAN GEMEISTERT.
MIT ZEHN WURDE ER CHU-NIN.
ABER AUCH IN MIR FLIESST DAS BLUT DER UCHIHA.
ICH WERDE NICHT HINTER MEINEM BRUDER ZURÜCKSTEHEN!

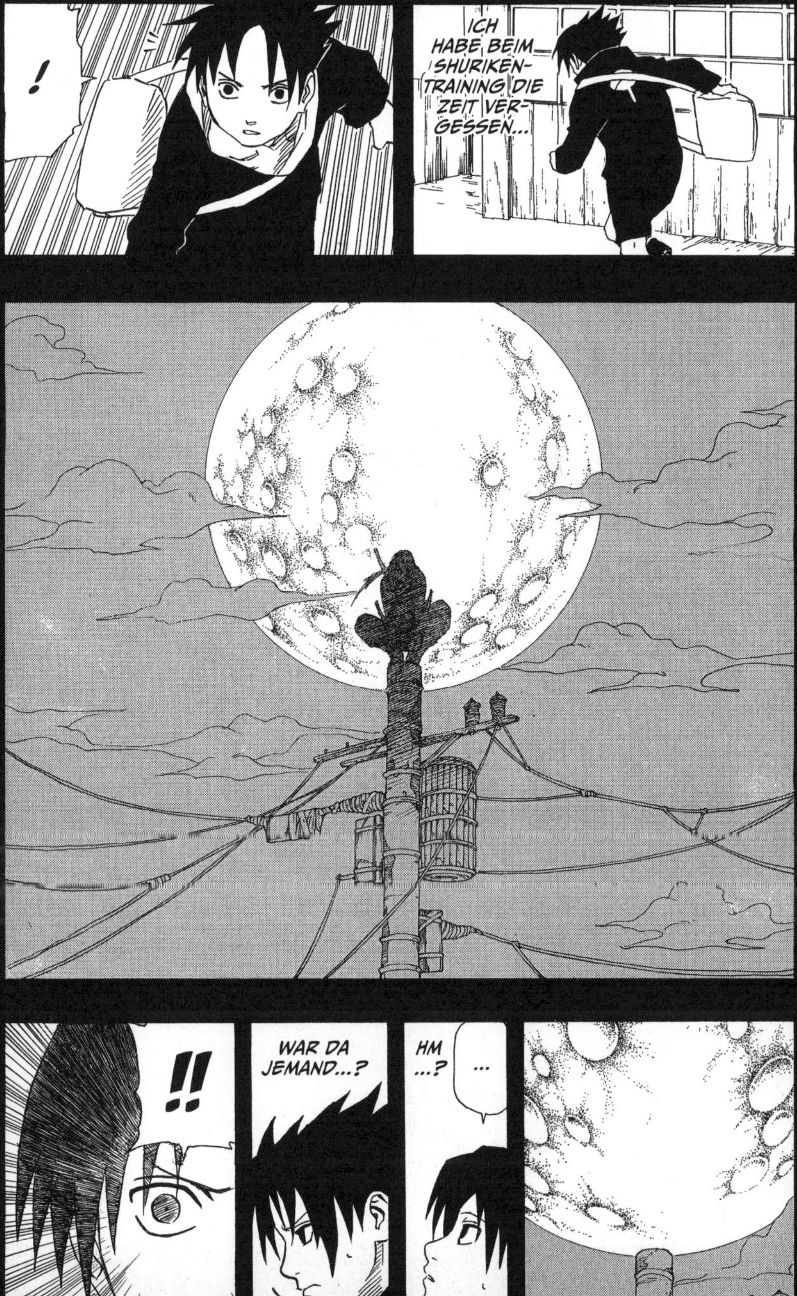
ICH HABE BEIM SHURIKEN-TRAINING DIE ZEIT VERGESSEN...
!
!!
...
HM ...?
WAR DA JEMAND...?

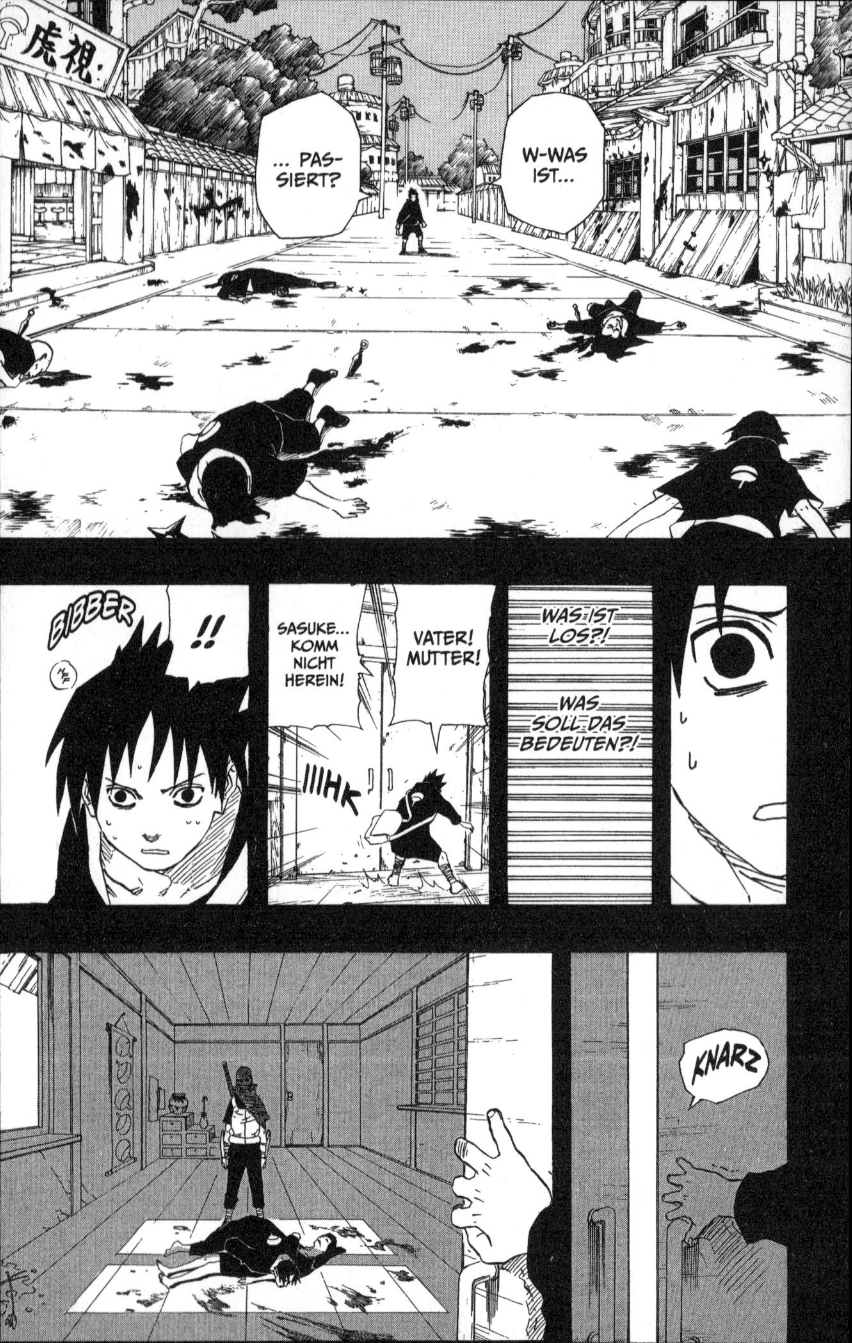
W-WAS IST...
... PAS-SIERT?
WAS IST LOS?!
WAS SOLL DAS BEDEUTEN?!
VATER! MUTTER!
SASUKE... KOMM NICHT HEREIN!
IIIHK
BIBBER
!!
KNARZ

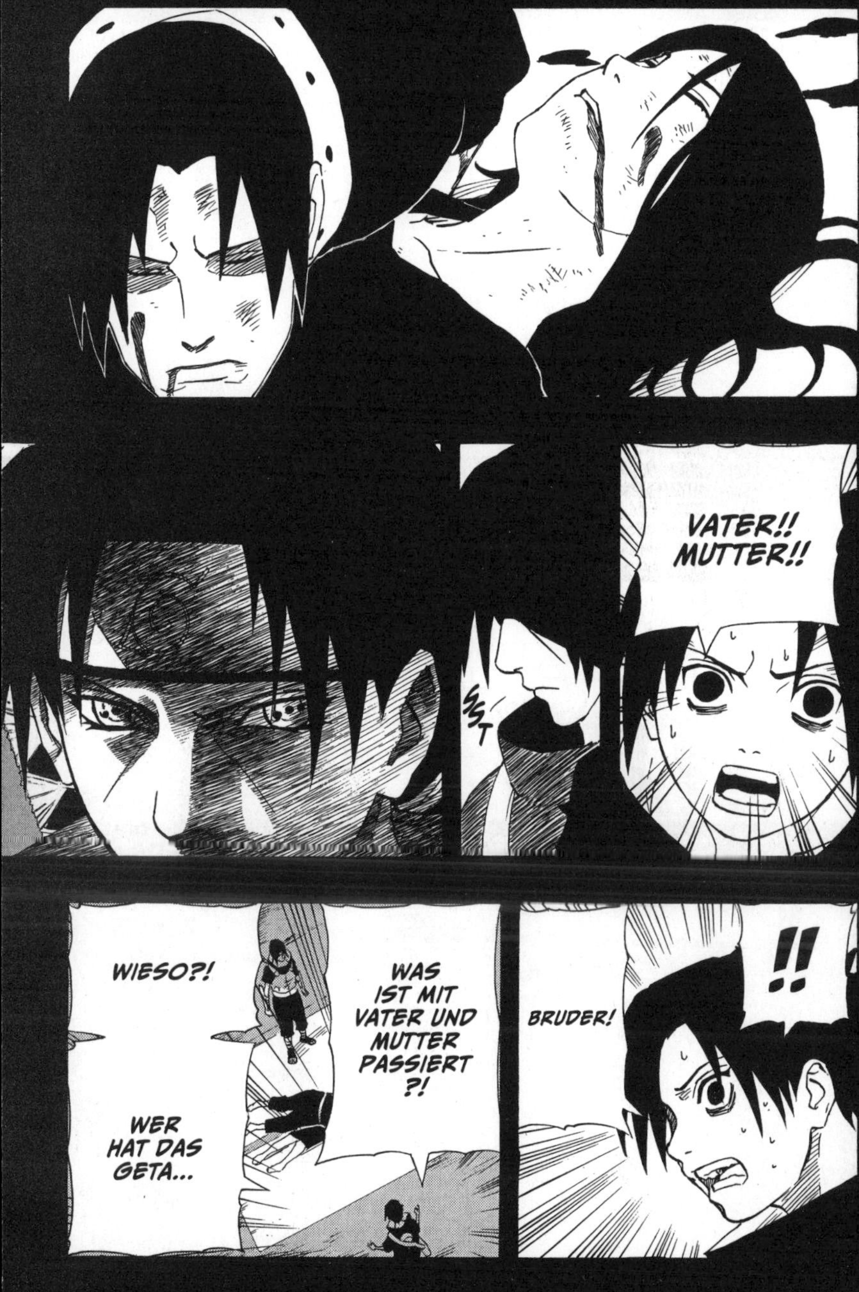
VATER!! MUTTER!!
SST
!!
BRUDER!
WAS IST MIT VATER UND MUTTER PASSIERT ?!
WIESO?!
WER HAT DAS GETA...

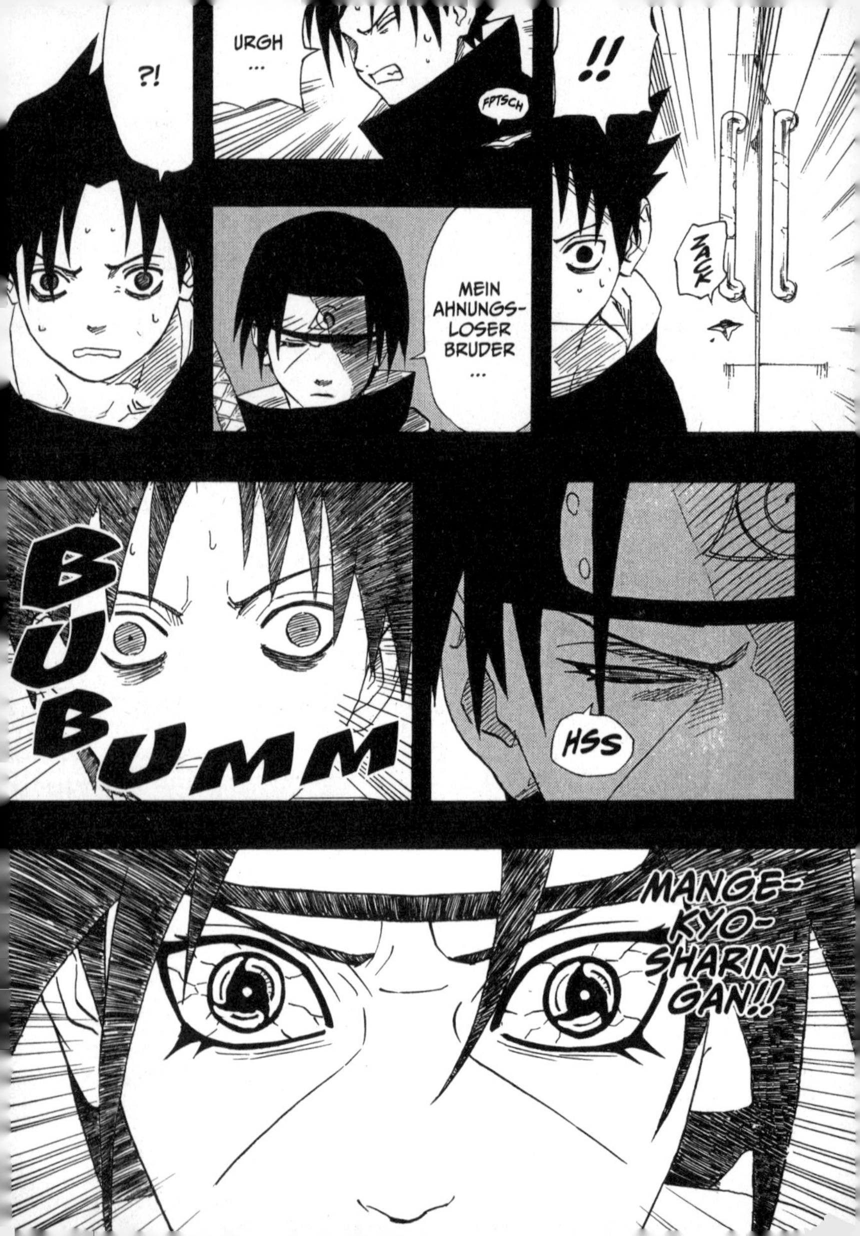
!!
FPTSCH
URGH ...
?!
ZACK
MEIN AHNUNGS-LOSER BRUDER ...
HSS
BUBUMM
MANGE-KYO-SHARIN-GAN!!

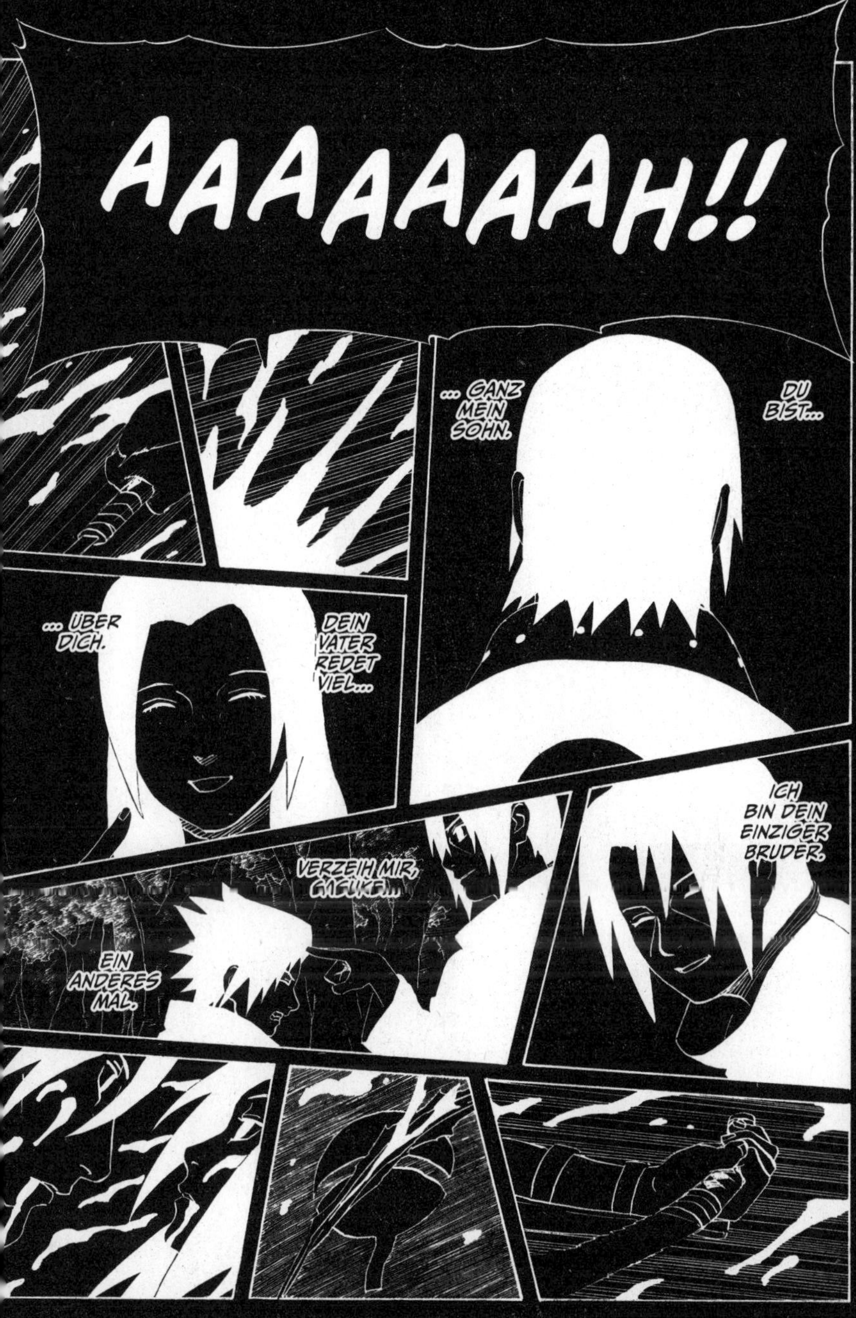
AAAAAAAH!!
DU BIST...
... GANZ MEIN SOHN.
DEIN VATER REDET VIEL...
... ÜBER DICH.
ICH BIN DEIN EINZIGER BRUDER.
VERZEIH MIR,
EIN ANDERES MAL.

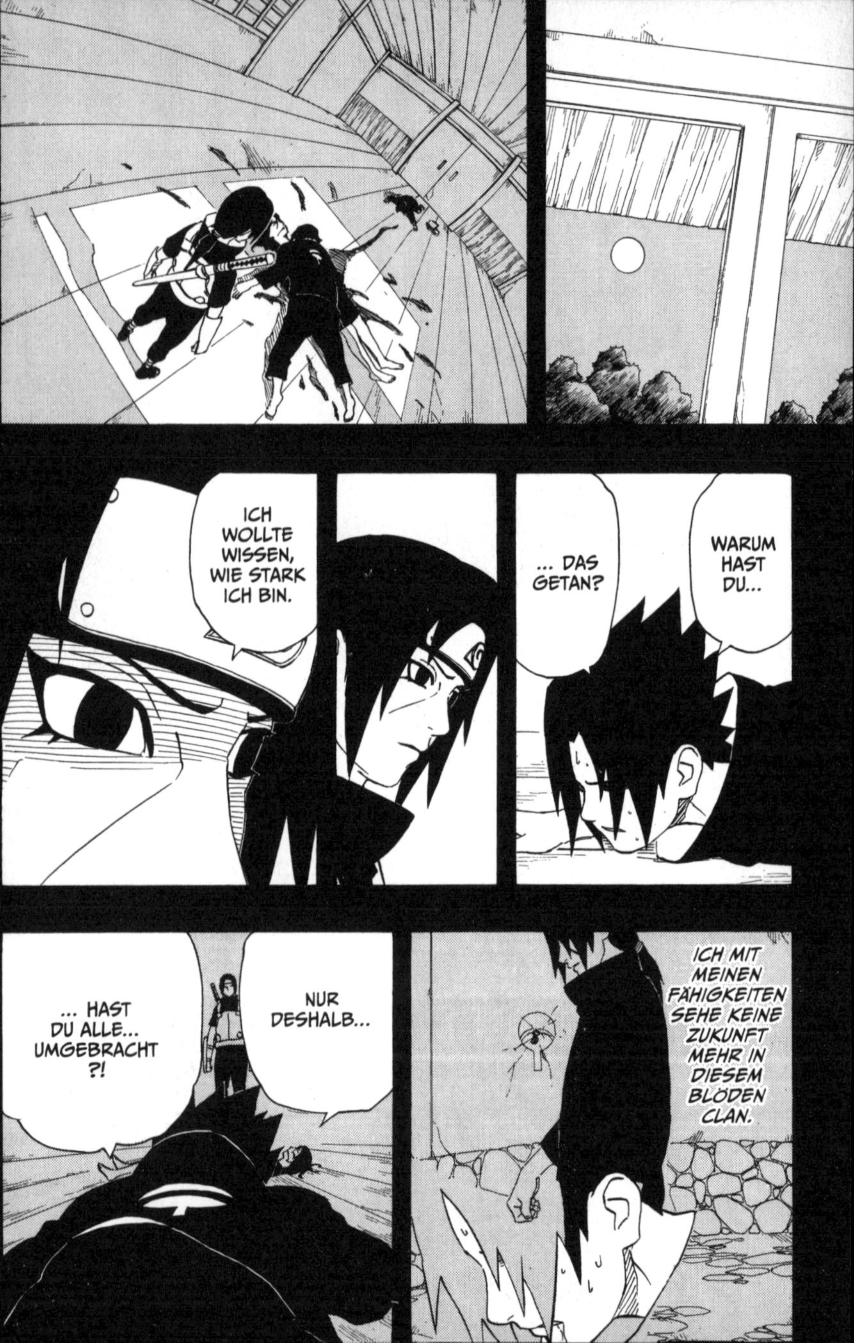
WARUM HAST DU...
... DAS GETAN?
ICH WOLLTE WISSEN, WIE STARK ICH BIN.
ICH MIT MEINEN FÄHIGKEITEN SEHE KEINE ZUKUNFT MEHR IN DIESEM BLÖDEN CLAN.
NUR DESHALB...
... HAST DU ALLE... UMGEBRACHT?!

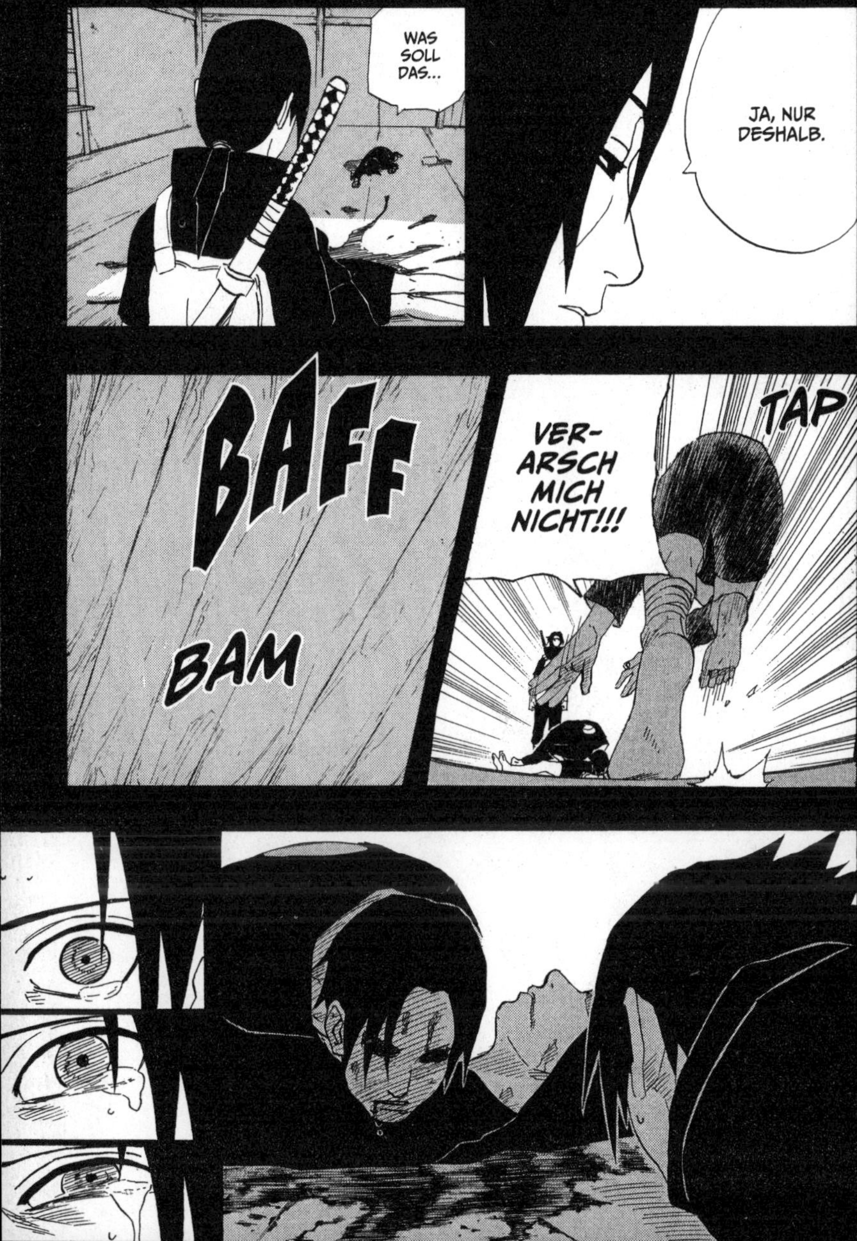
JA, NUR DESHALB.
WAS SOLL DAS...
TAP
VER-ARSCH MICH NICHT!!!
BAFF
BAM

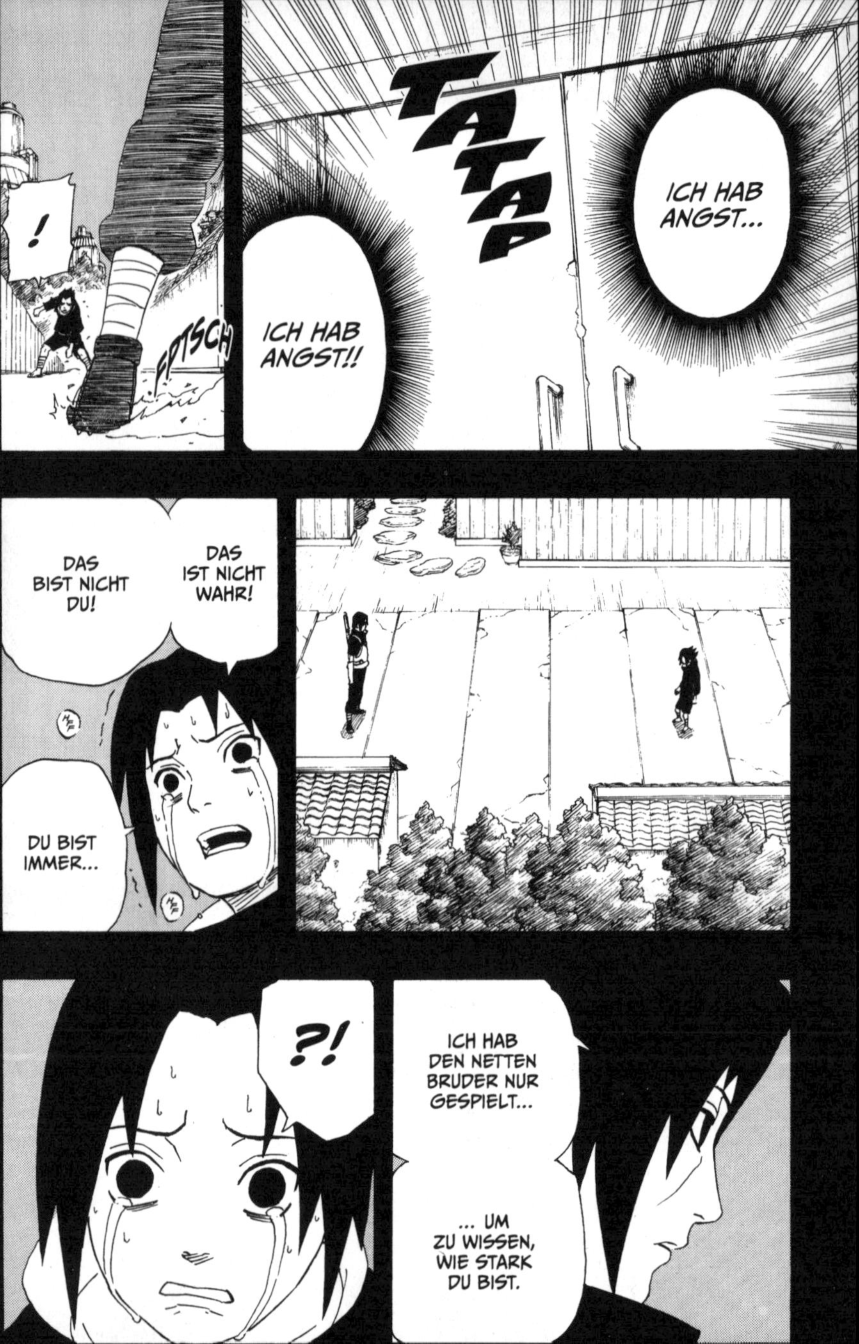
ICH HAB ANGST...
TATAP
ICH HAB ANGST!!
!
FPTSCH
DAS IST NICHT WAHR!
DAS BIST NICHT DU!
HEF
DU BIST IMMER...
HEF
ICH HAB DEN NETTEN BRUDER NUR GESPIELT...
... UM ZU WISSEN, WIE STARK DU BIST.
?!

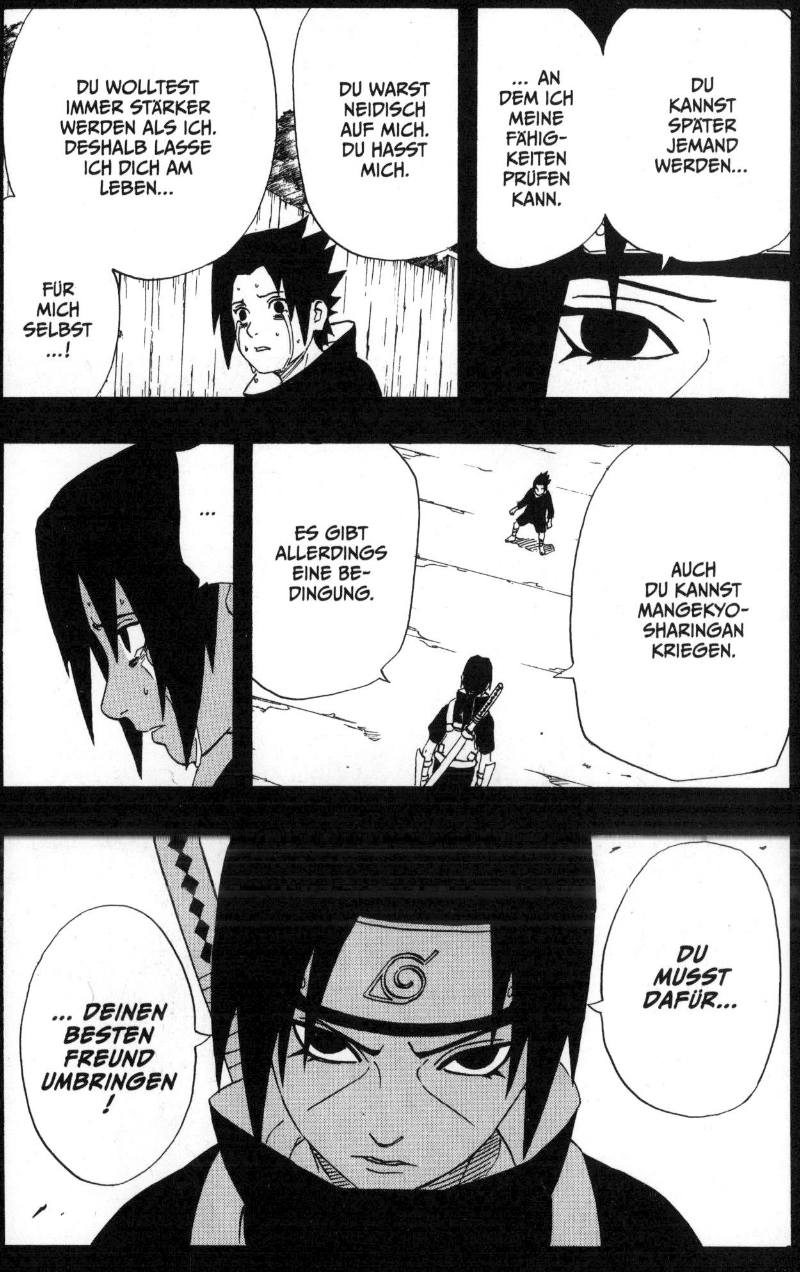
DU KANNST SPÄTER JEMAND WERDEN...
... AN DEM ICH MEINE FÄHIGKEITEN PRÜFEN KANN.
DU WARST NEIDISCH AUF MICH. DU HASST MICH.
DU WOLLTEST IMMER STÄRKER WERDEN ALS ICH. DESHALB LASSE ICH DICH AM LEBEN...
FÜR MICH SELBST ...!
AUCH DU KANNST MANGEKYO-SHARINGAN KRIEGEN.
ES GIBT ALLERDINGS EINE BEDINGUNG.
...
DU MUSST DAFÜR...
... DEINEN BESTEN FREUND UMBRINGEN!

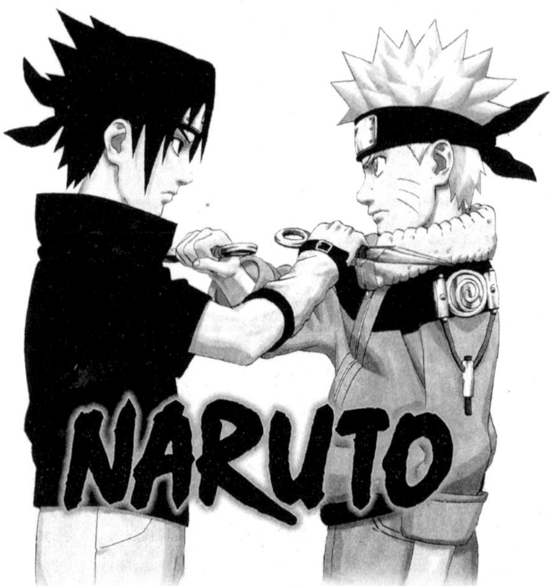
NARUTO

225. Kapitel: In der Finsternis

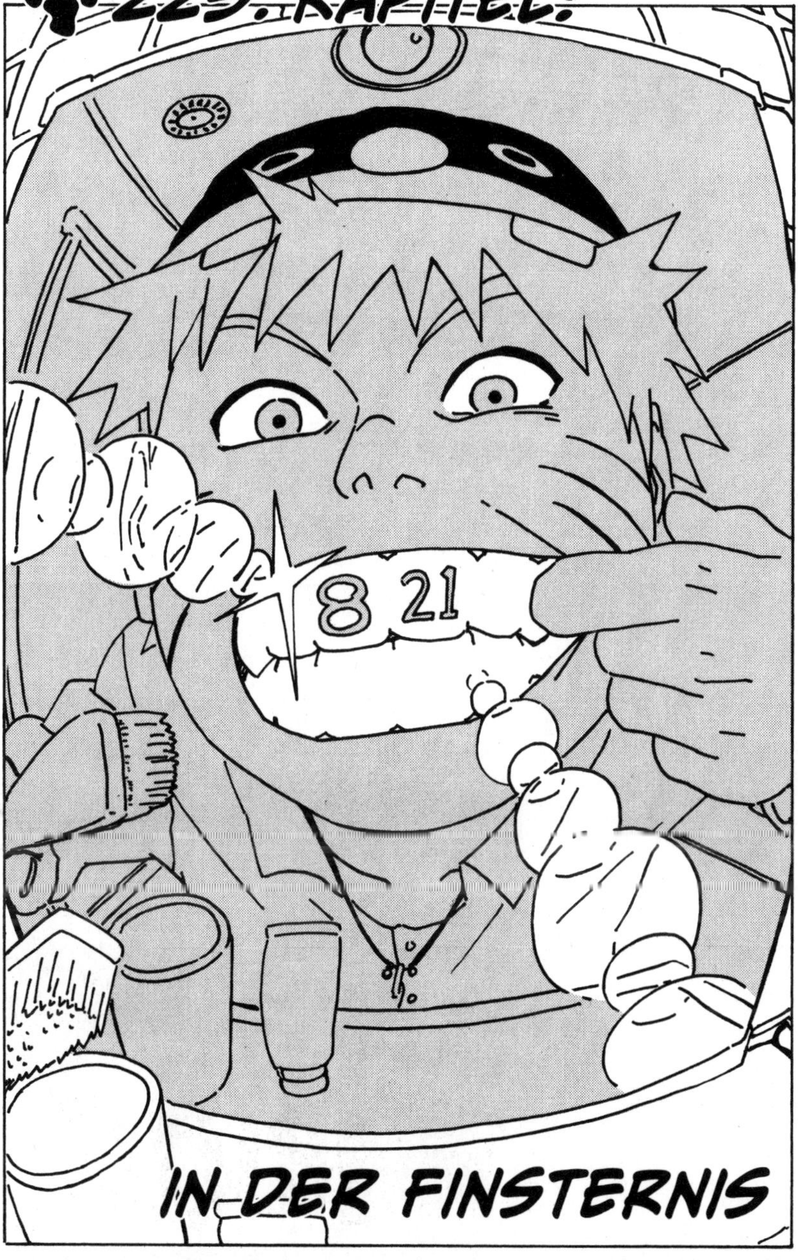

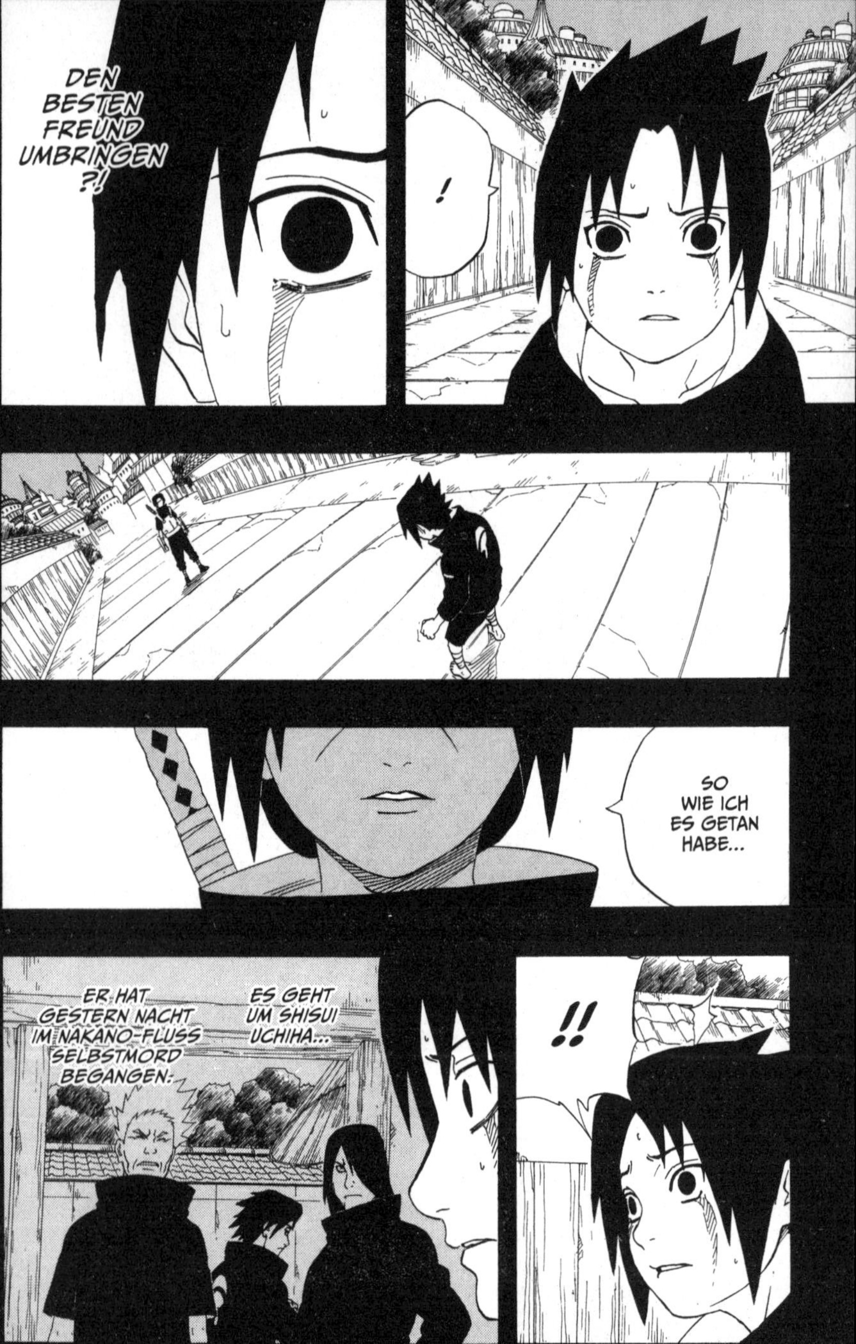
!
DEN BESTEN FREUND UMBRINGEN ?!
SO WIE ICH ES GETAN HABE...
!!
ES GEHT UM SHISUI UCHIHA...
ER HAT GESTERN NACHT IM NAKANO-FLUSS SELBSTMORD BEGANGEN.

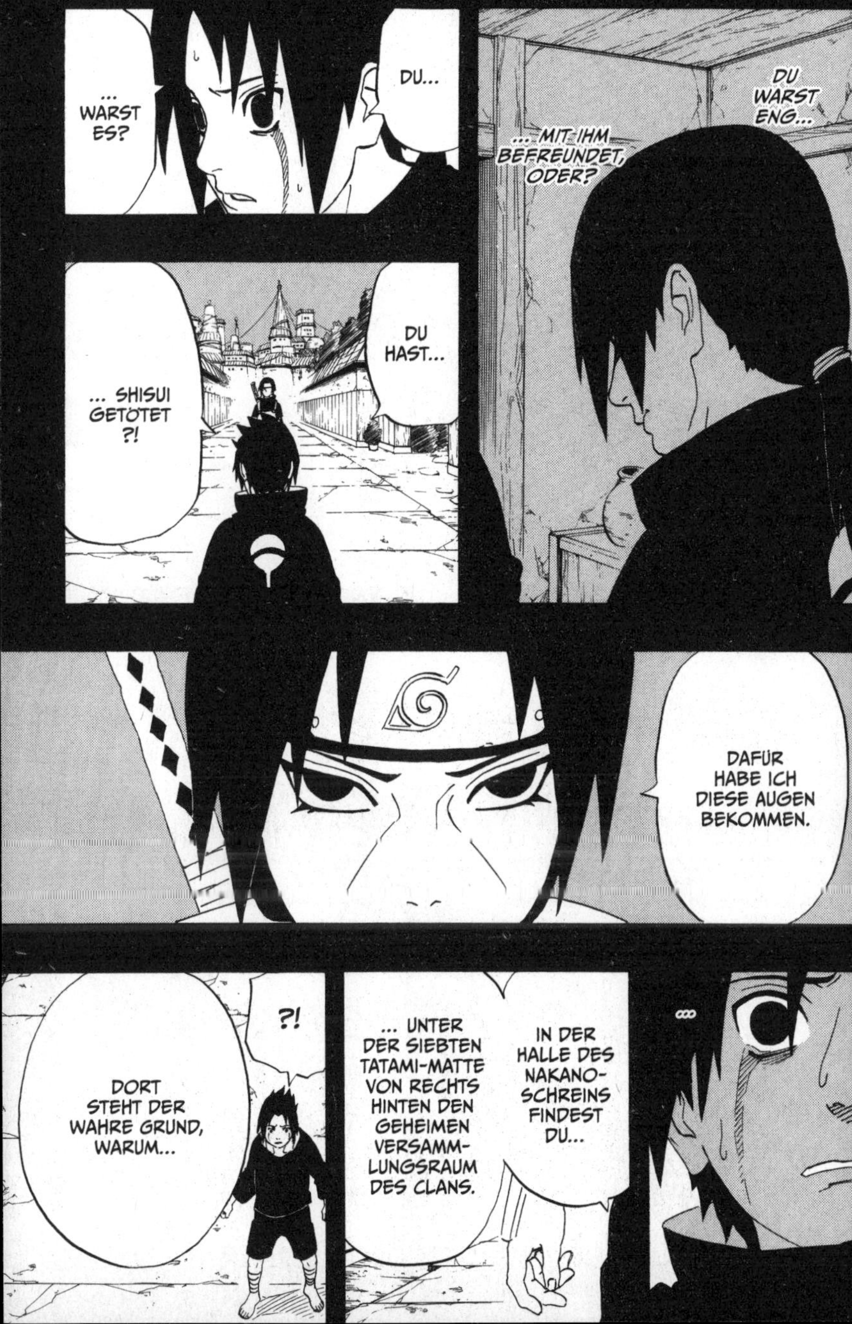

DU WARST ENG...
... MIT IHM BEFREUNDET, ODER?
DU...
... WARST ES?
DU HAST...
... SHISUI GETÖTET ?!
DAFÜR HABE ICH DIESE AUGEN BEKOMMEN.
IN DER HALLE DES NAKANO-SCHREINS FINDEST DU...
... UNTER DER SIEBTEN TATAMI-MATTE VON RECHTS HINTEN DEN GEHEIMEN VERSAMM-LUNGSRAUM DES CLANS.
?!
DORT STEHT DER WAHRE GRUND, WARUM...

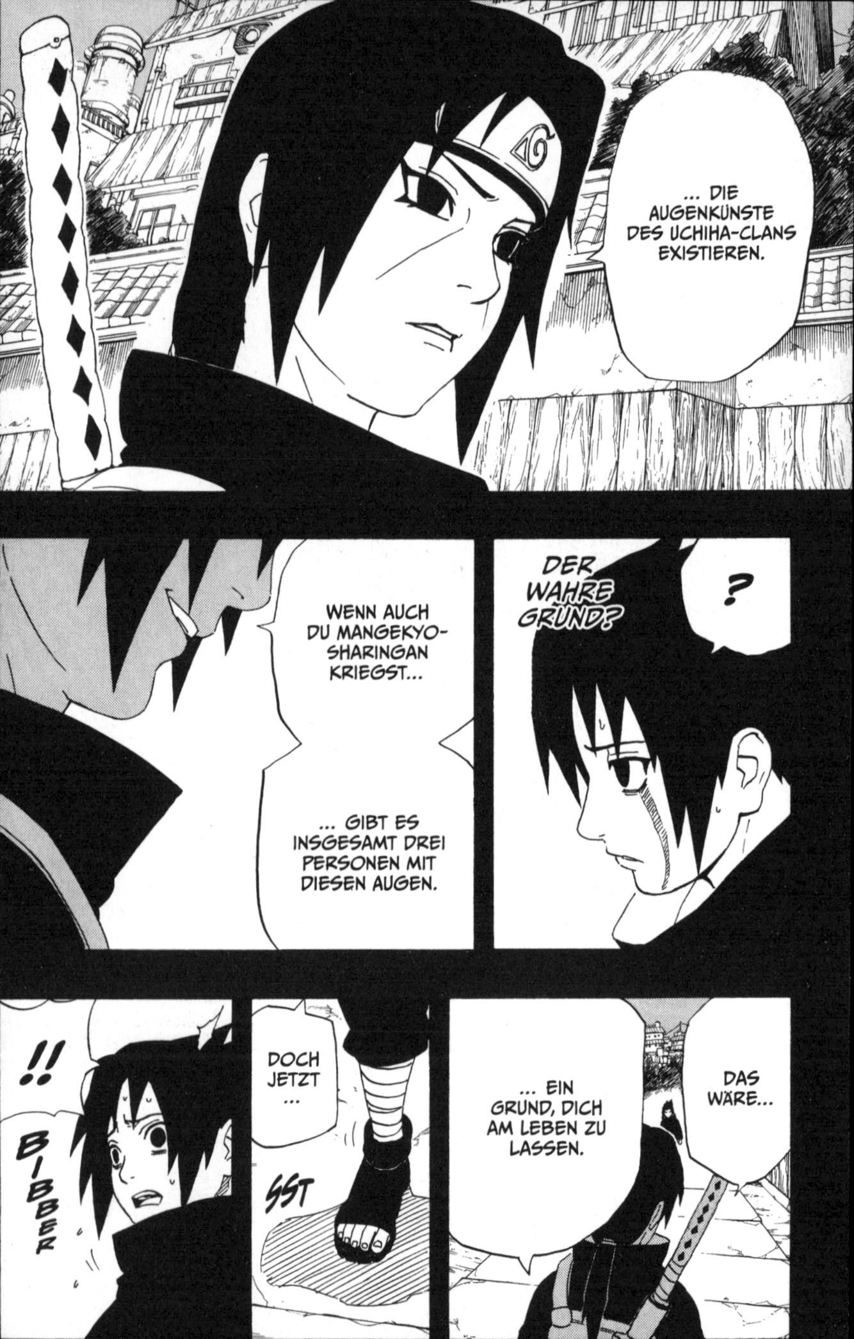
... DIE AUGENKÜNSTE DES UCHIHA-CLANS EXISTIEREN.
?
DER WAHRE GRUND?
WENN AUCH DU MANGEKYO-SHARINGAN KRIEGST...
... GIBT ES INSGESAMT DREI PERSONEN MIT DIESEN AUGEN.
DAS WÄRE...
... EIN GRUND, DICH AM LEBEN ZU LASSEN.
DOCH JETZT ...
SST
!!
BIBBER

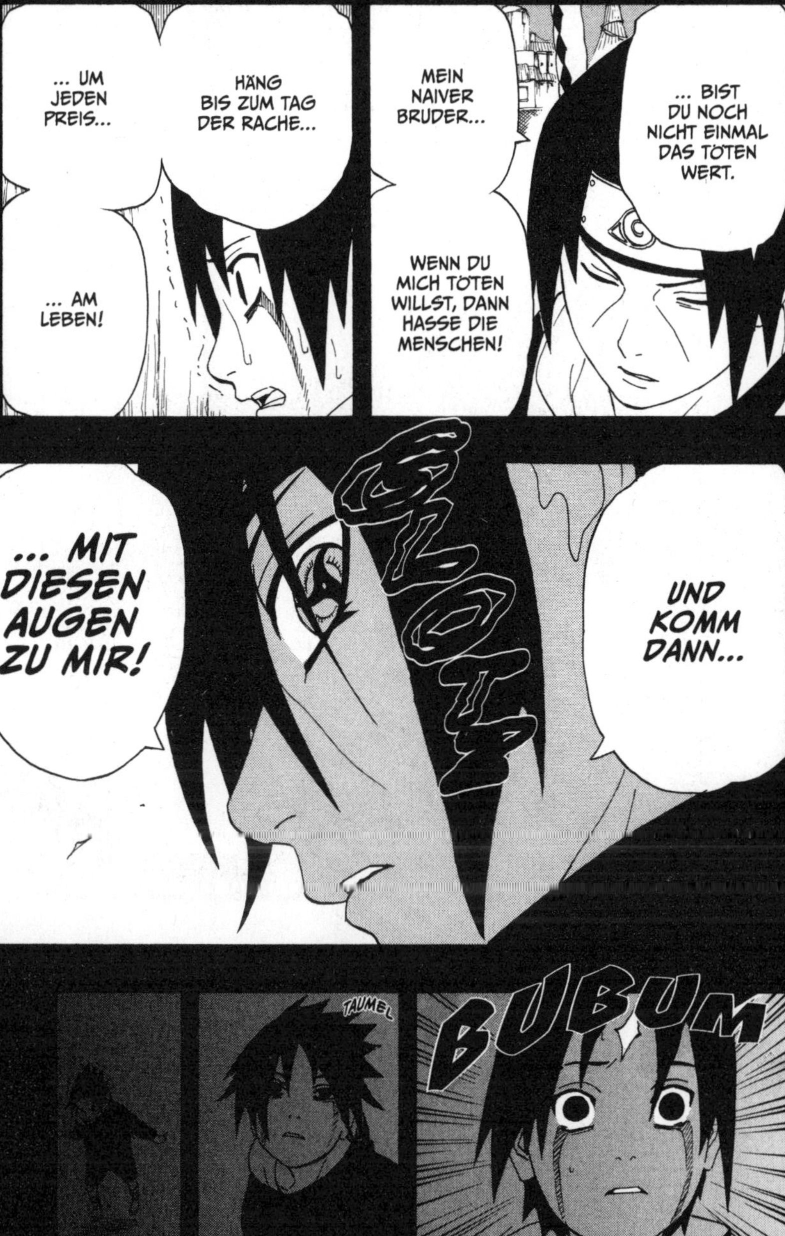

... BIST DU NOCH NICHT EINMAL DAS TÖTEN WERT.
MEIN NAIVER BRUDER...
WENN DU MICH TÖTEN WILLST, DANN HASSE DIE MENSCHEN!
HÄNG BIS ZUM TAG DER RACHE...
... UM JEDEN PREIS...
... AM LEBEN!
UND KOMM DANN...
... MIT DIESEN AUGEN ZU MIR!
BUBUM
TAUMEL

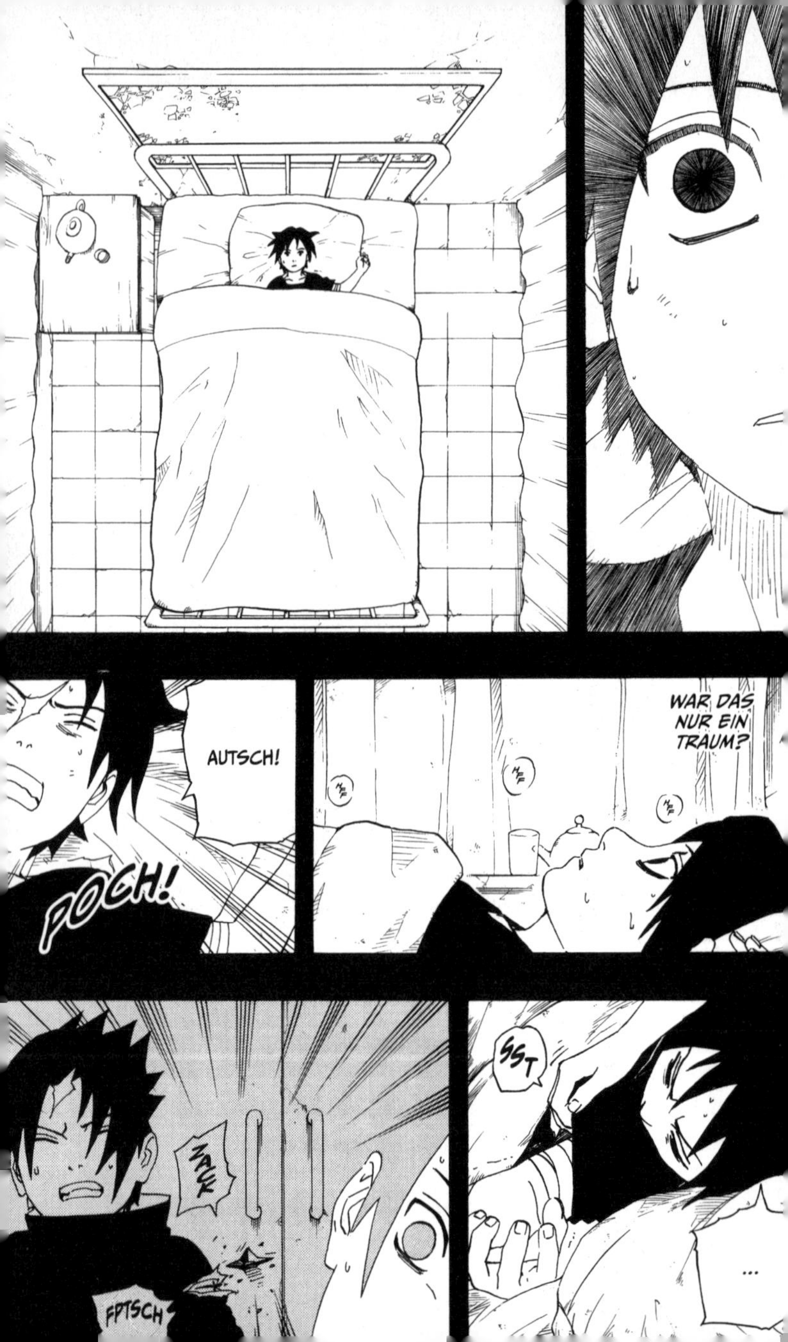
WAR DAS NUR EIN TRAUM?
AUTSCH!
POCH!
SST
...
ZACK
FPTSCH

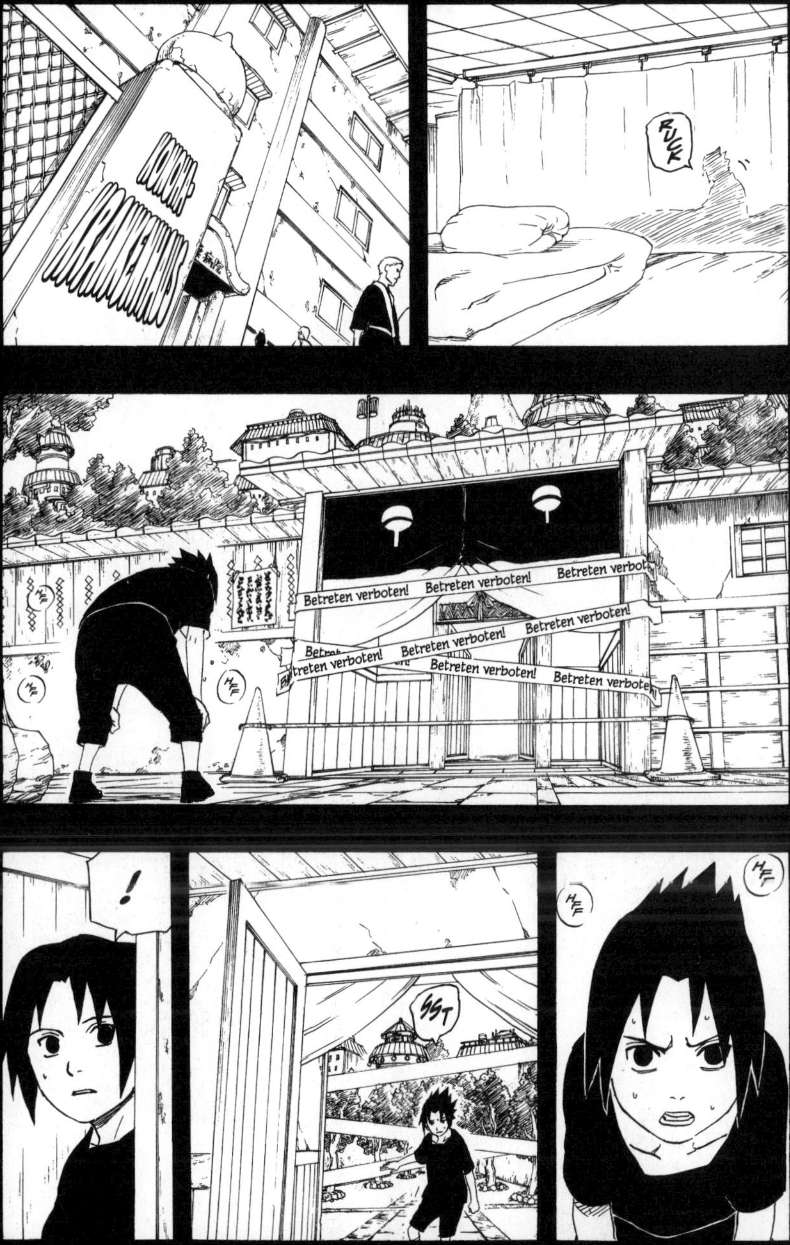
RUCK
KONOHA-
KRANKENHAUS
HFF
HFF
HFF
Betreten verboten!
Betreten verboten!
Betreten verbot
Betreten verboten!
Betreten verboten!
treten verboten!
Betreten verboten!
Betreten verbote
HFF
HFF
SST
!

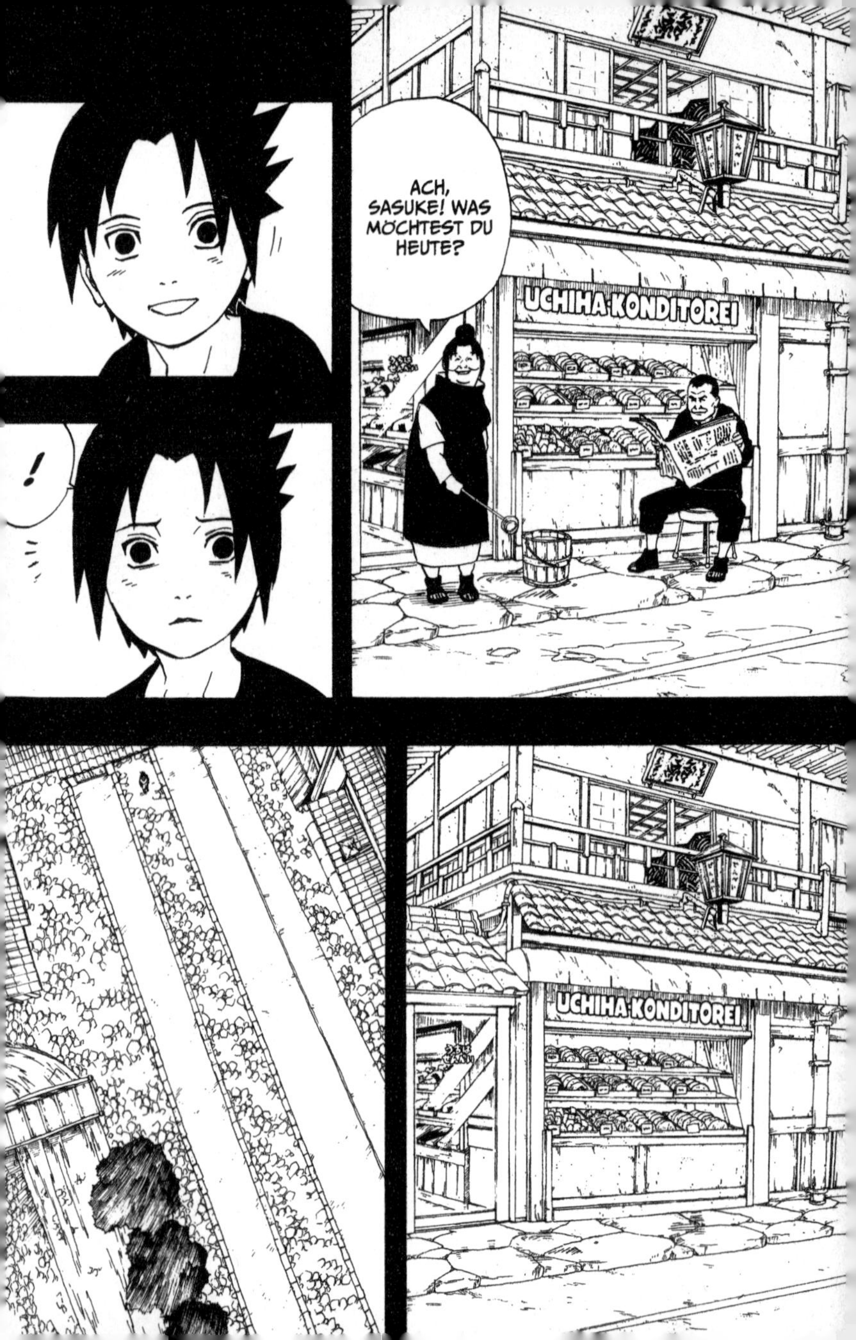
ACH, SASUKE! WAS MÖCHTEST DU HEUTE?
UCHIHA-KONDITOREI
!
UCHIHA-KONDITOREI

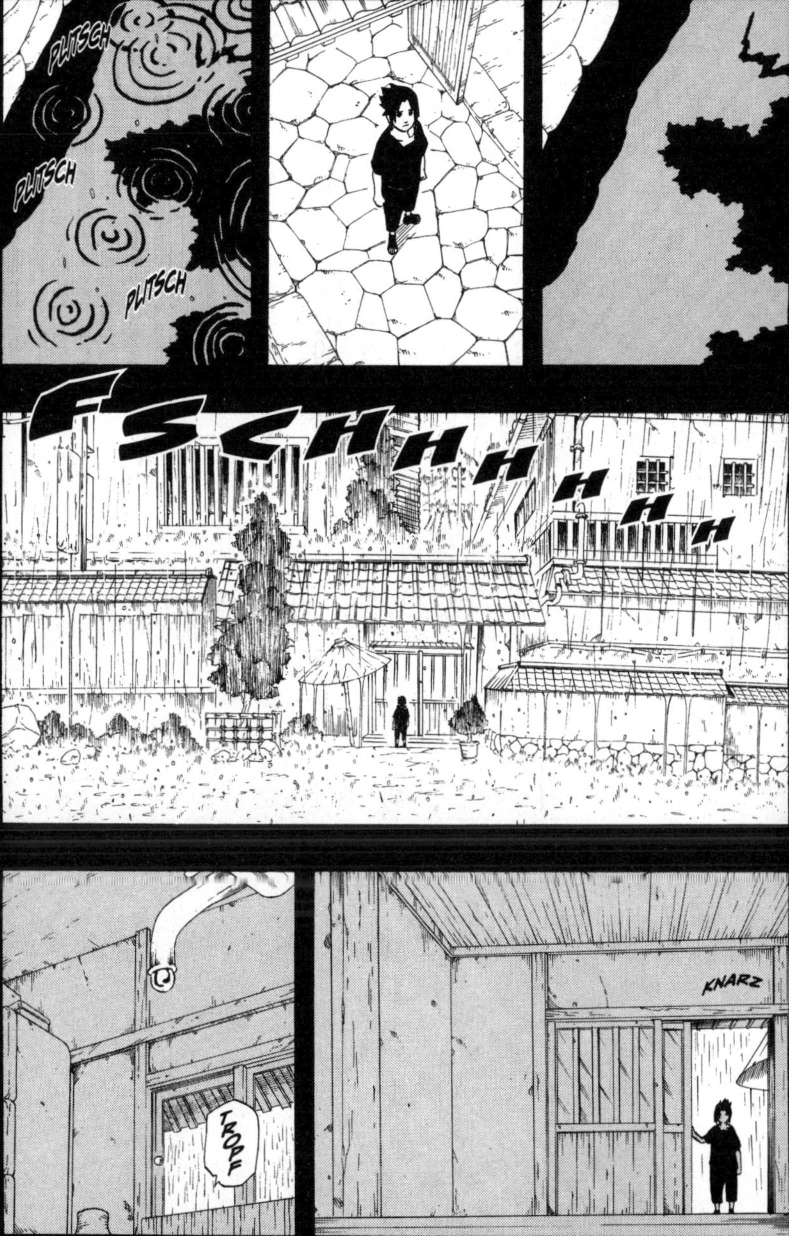
PLITSCH
PLITSCH
PLITSCH
FSCHHHHHH
KNARZ
TROPF

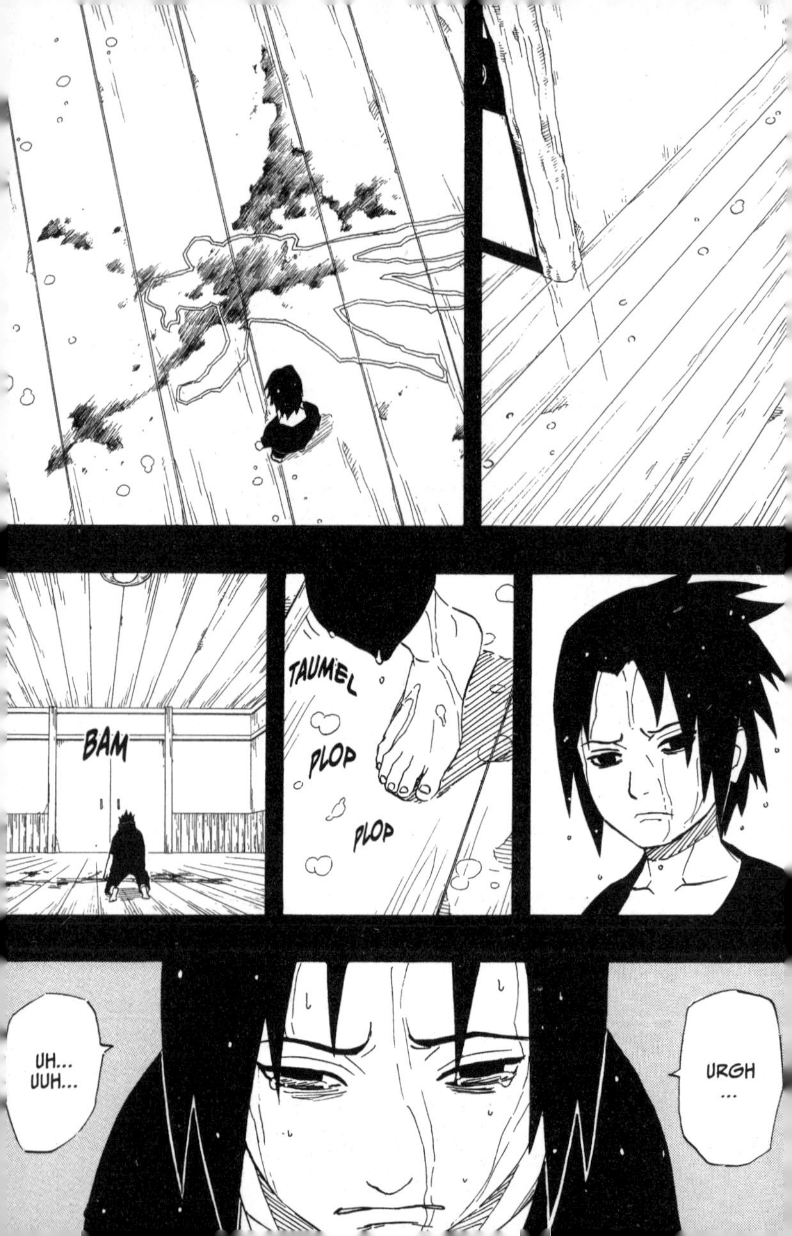
BAM
TAUMEL
PLOP
PLOP
URGH
...
UH...
UUH...

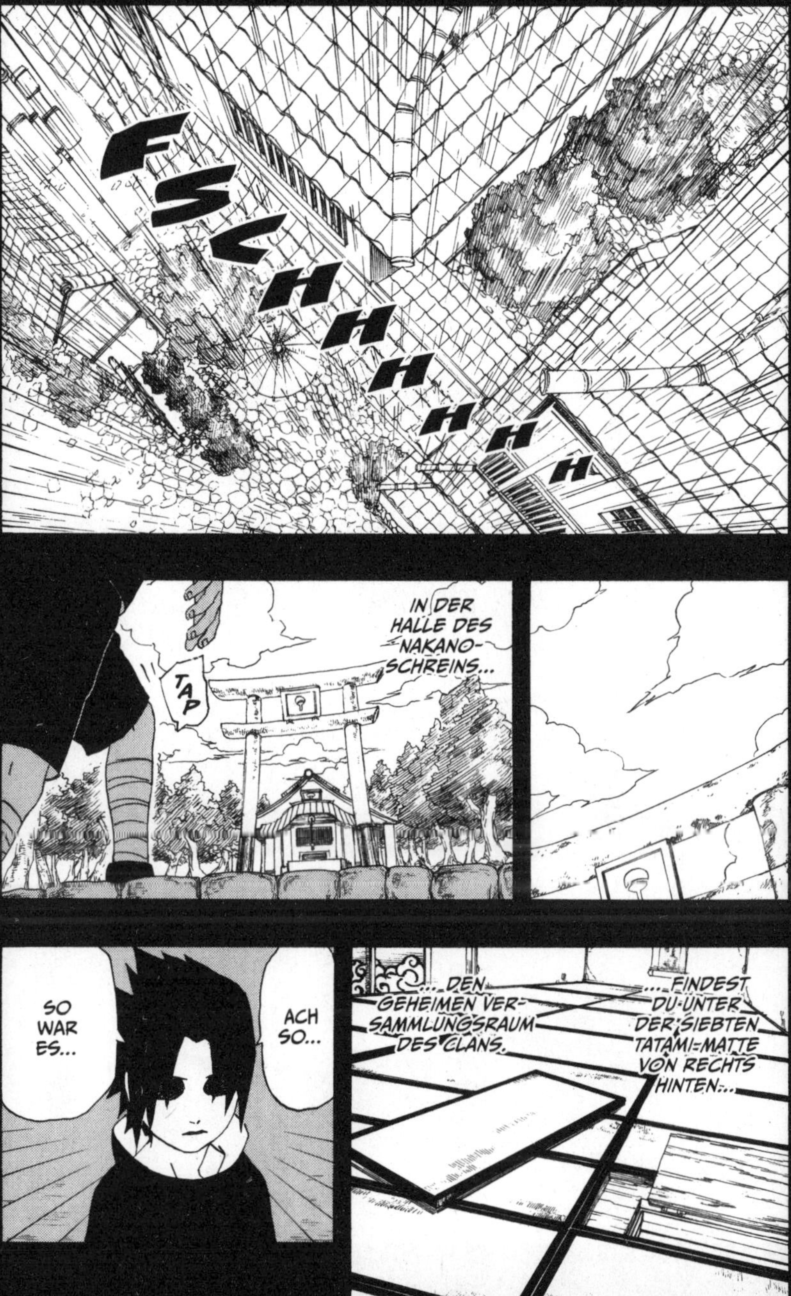
FSCHHHHHH
IN DER HALLE DES NAKANO-SCHREINS...
TAP
...FINDEST DU UNTER DER SIEBTEN TATAMI-MATTE VON RECHTS HINTEN...
...DEN GEHEIMEN VERSAMMLUNGSRAUM DES CLANS.
ACH SO...
SO WAR ES...

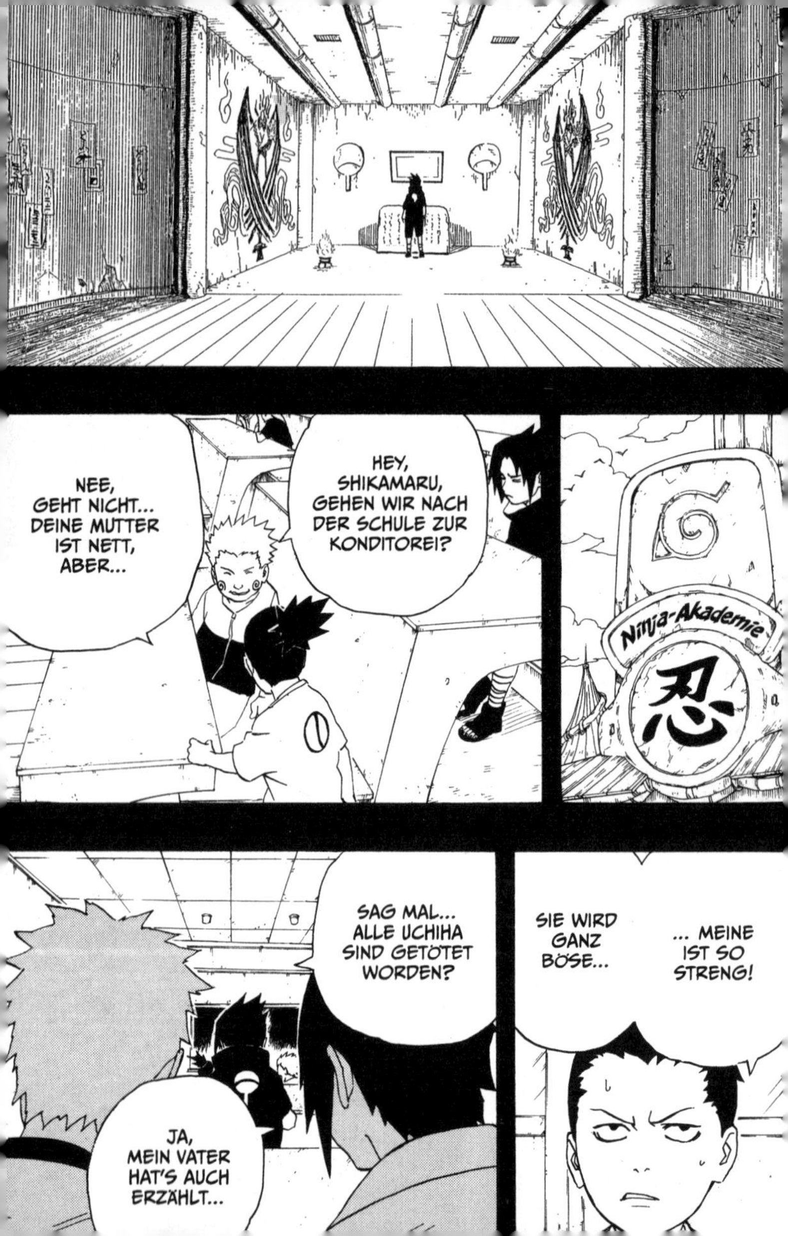
Ninja-Akademie
忍
HEY, SHIKAMARU, GEHEN WIR NACH DER SCHULE ZUR KONDITOREI?
NEE, GEHT NICHT... DEINE MUTTER IST NETT, ABER...
... MEINE IST SO STRENG!
SIE WIRD GANZ BÖSE...
SAG MAL... ALLE UCHIHA SIND GETÖTET WORDEN?
JA, MEIN VATER HAT'S AUCH ERZÄHLT...

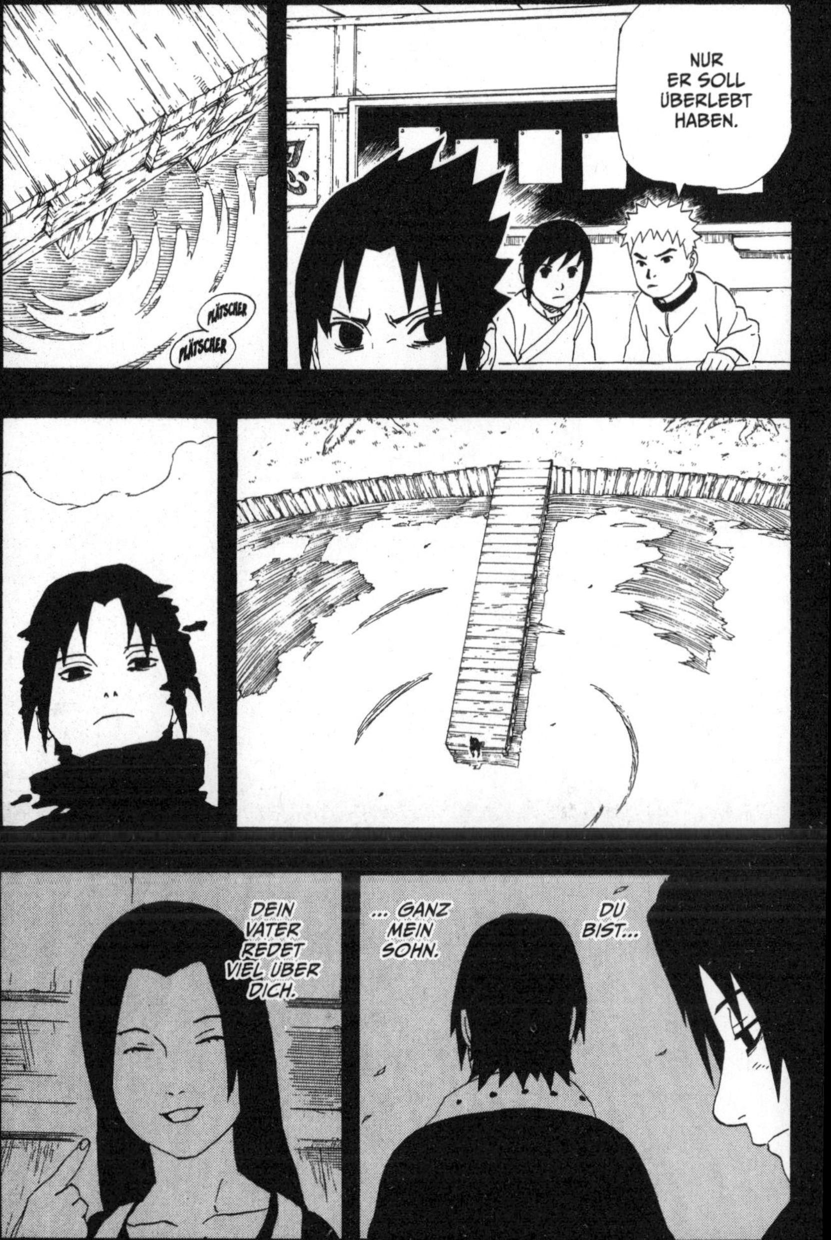
NUR ER SOLL ÜBERLEBT HABEN.
PLÄTSCHER
PLÄTSCHER
DU BIST...
... GANZ MEIN SOHN.
DEIN VATER REDET VIEL ÜBER DICH.

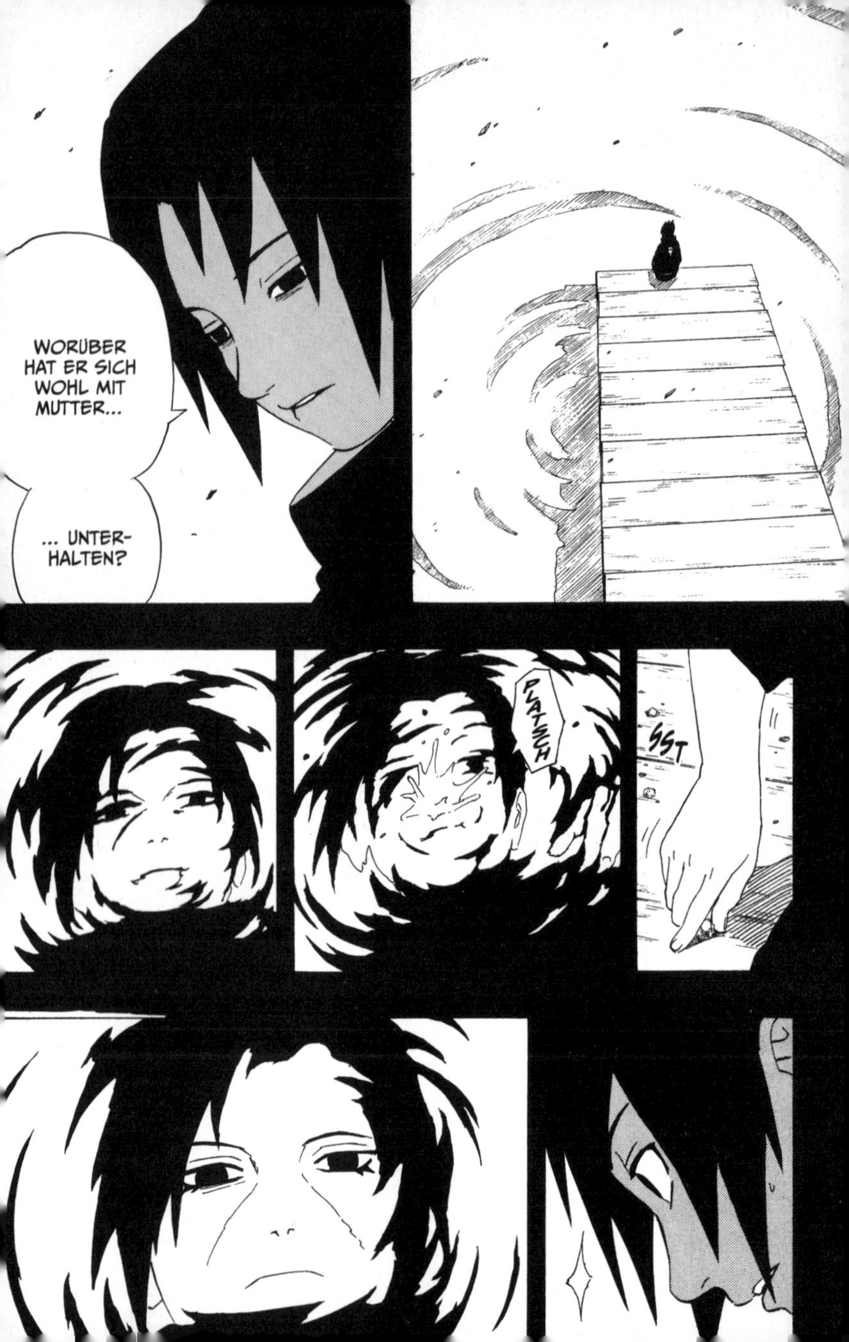

WORÜBER HAT ER SICH WOHL MIT MUTTER...
... UNTER-HALTEN?
PLATSCH
SST

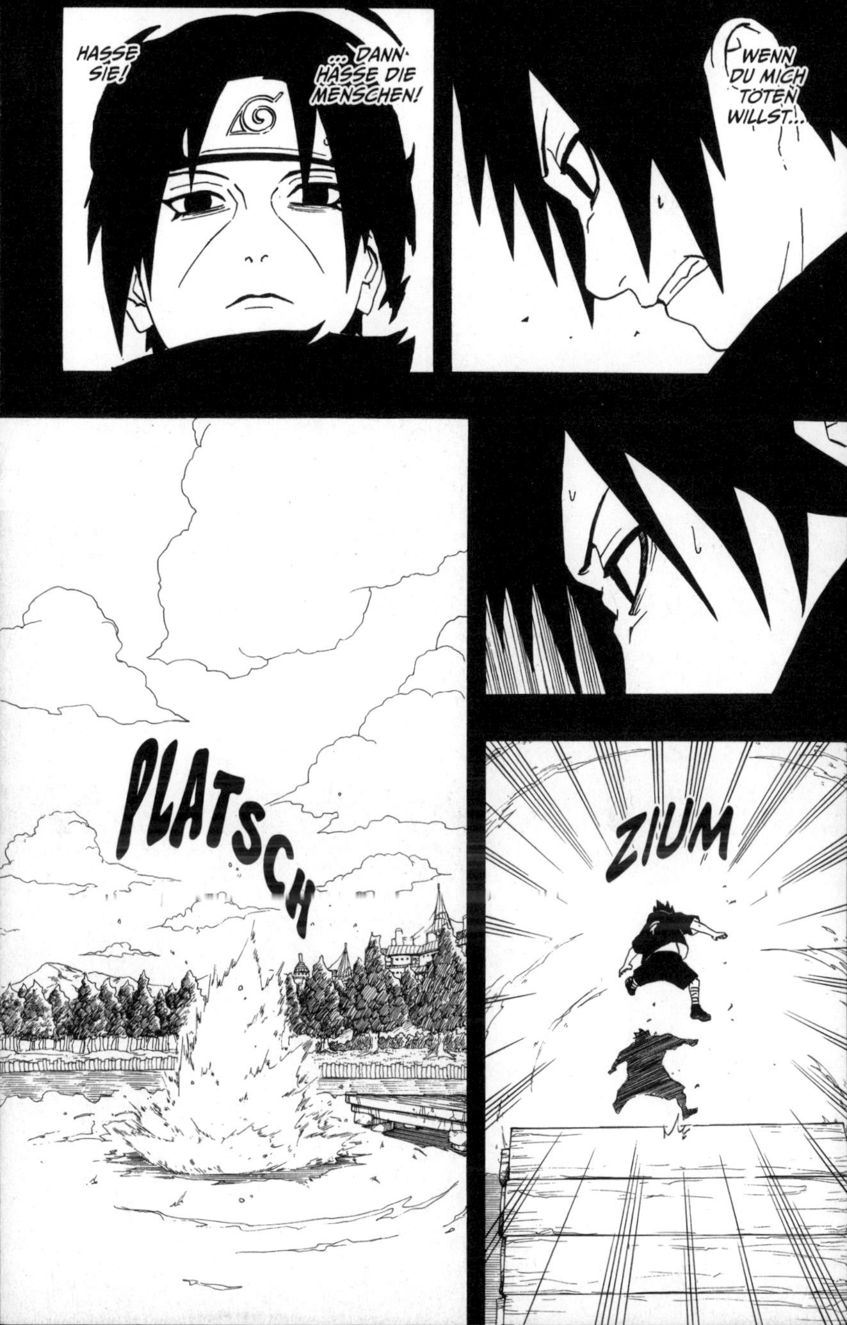
WENN DU MICH TÖTEN WILLST...
... DANN HASSE DIE MENSCHEN!
HASSE SIE!
ZIUM
PLATSCH

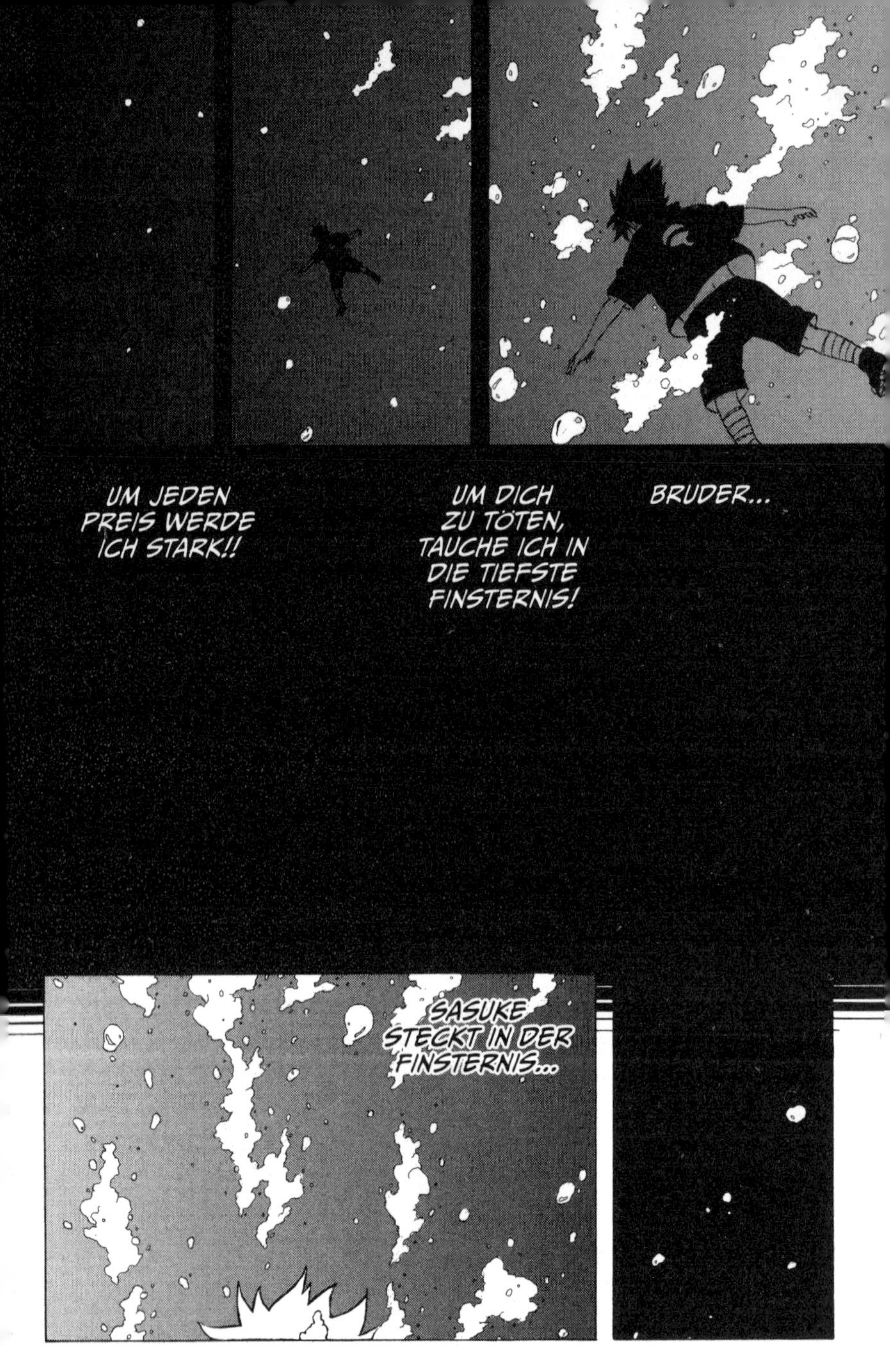
BRUDER...
UM DICH ZU TÖTEN, TAUCHE ICH IN DIE TIEFSTE FINSTERNIS!
UM JEDEN PREIS WERDE ICH STARK!!
SASUKE STECKT IN DER FINSTERNIS...

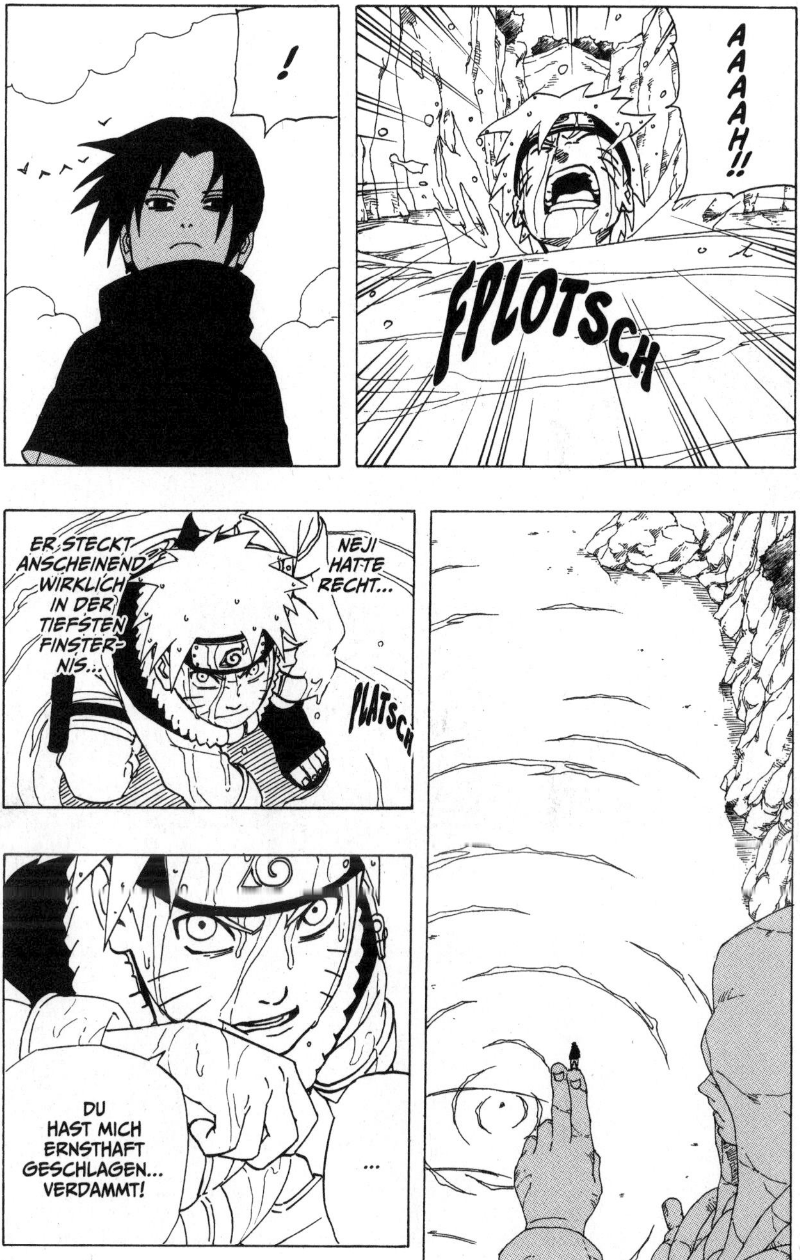
AAAAAH!!
FPLOTSCH
!
NEJI HATTE RECHT...
ER STECKT ANSCHEINEND WIRKLICH IN DER TIEFSTEN FINSTERNIS...
PLATSCH
...
DU HAST MICH ERNSTHAFT GESCHLAGEN... VERDAMMT!

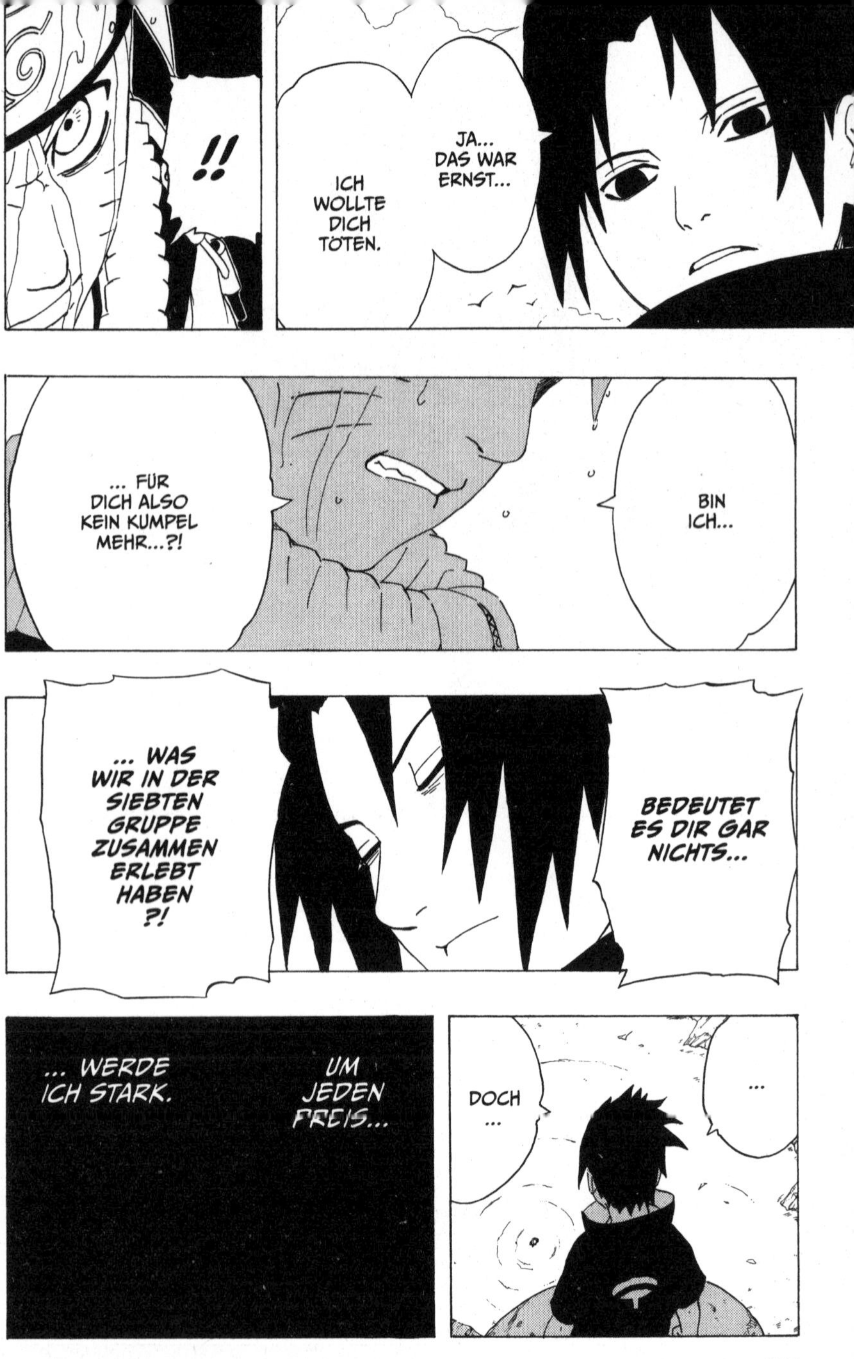

JA... DAS WAR ERNST...
ICH WOLLTE DICH TÖTEN.
!!
BIN ICH...
... FÜR DICH ALSO KEIN KUMPEL MEHR...?!
BEDEUTET ES DIR GAR NICHTS...
... WAS WIR IN DER SIEBTEN GRUPPE ZUSAMMEN ERLEBT HABEN ?!
...
DOCH ...
UM JEDEN PREIS...
... WERDE ICH STARK.

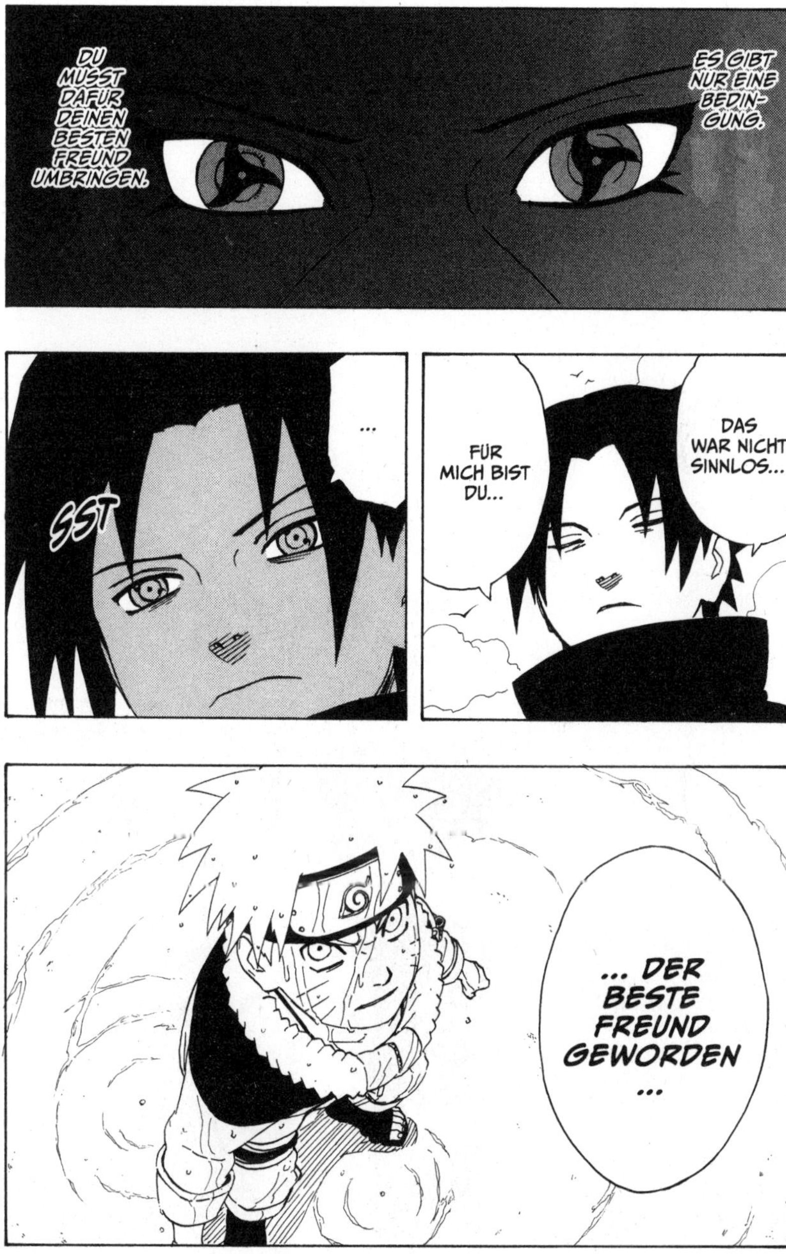
ES GIBT NUR EINE BEDIN-GUNG.
DU MUSST DAFÜR DEINEN BESTEN FREUND UMBRINGEN.
...
SST
DAS WAR NICHT SINNLOS...
FÜR MICH BIST DU...
... DER BESTE FREUND GEWORDEN ...

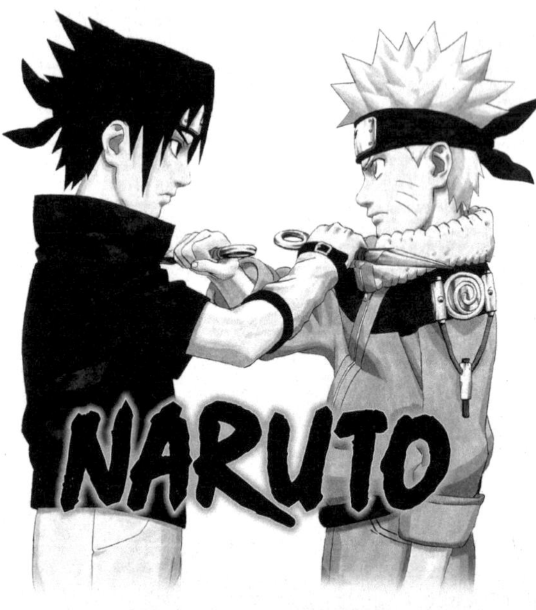
NARUTO

CARLSEN MANGA! NEWS
jeden Monat neu per E-Mail
www.carlsenmanga.de
www.carlsen.de

CARLSEN MANGA
Deutsche Ausgabe/German Edition

Völckersstraße 14-20, 22765 Hamburg
Aus dem Japanischen von Miyuki Tsuji

First published in Japan in 1999 by SHUEISHA Inc., Tokyo.
German translation rights in Germany, Austria, Luxembourg and german-speaking
Switzerland arranged by SHUEISHA Inc. through VME PLB SAS, France.
Redaktion: Anne Berling, Jonas Blaumann
Textbearbeitung: Ina Schiele
Herstellung: Gunta Lauck & Ronny Willisch

Bei Fragen zum Produkt: carlsen.de/kontakt
ISBN 978-3-551-79534-2

HALT!

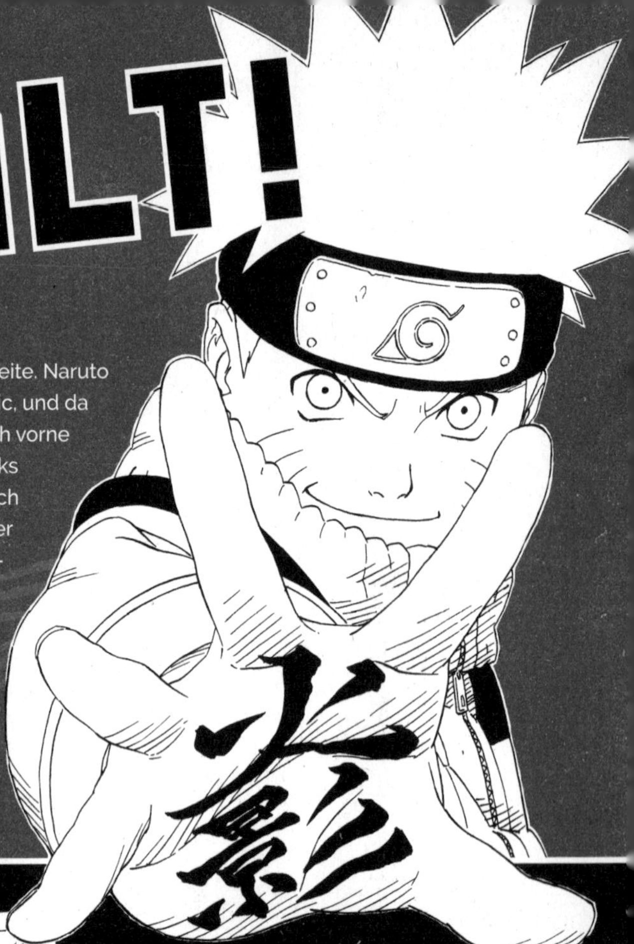

Das ist nicht die erste Seite. Naruto ist ein japanischer Comic, und da in Japan von hinten nach vorne und von rechts nach links gelesen wird, musst auch du diesen Comic von der anderen Seite aufschlagen und von hinten nach vorne lesen.

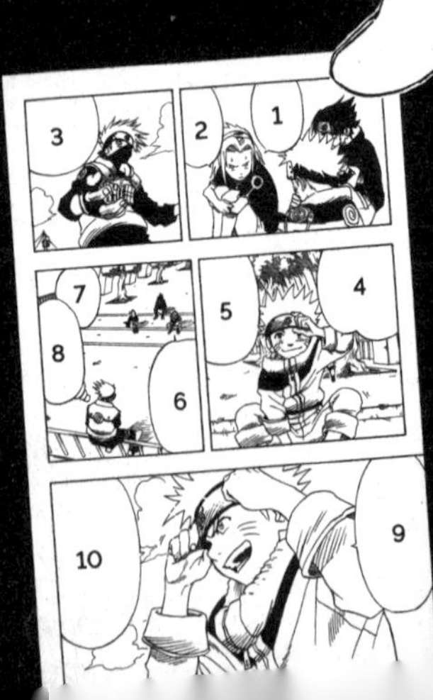

Auch die Bilder und Sprechblasen werden von rechts oben nach links unten gelesen, so wie es die Grafik hier zeigt. Schwer? Zuerst ungewohnt, doch es bringt richtig Spaß. Probiert es aus!

Viel Vergnügen mit **NARUTO** und der ganzen Ninja-Bande!